임원경제지
권99-101

이운지 怡雲志 1

임원경제지
권99-101

이운지

怡雲志 1

문화예술 백과사전

권1·은거지[衡泌]의 배치
 ·휴양(休養)에 필요한 도구

권2·임원에서 즐기는 청아한 즐길거리(상)

권3·임원에서 즐기는 청아한 즐길거리(하)

풍석 서유구 지음 추담 서우보 교정
임원경제연구소 정진성, 정명현, 김수연 외 옮김

풍석문화재단

이 책은 ㈜DYB교육 송오현 대표 외 수많은 개인의 기부 및 문화체육관광부의 지원으로
완역 출판되었습니다.

임원경제지 이운지1

지은이 　　　 풍석 서유구
교　정 　　　 추담 서우보
옮기고 쓴 이 　🌿**임원경제연구소** [정진성, 정명현, 김수연, 민철기, 정정기,
　　　　　　　　　　　　　　　　　　 김현진, 강민우, 김광명, 최시남, 김용미]
　　　　　　　원문 및 번역 전체 정리 : 정명현
　　　　　　　자료정리 : 고윤주
　　　　　　　감수 : 안대회(성균관대학교 교수)
　　　　　　　박동춘(동아시아 차문화연구소장)
　　　　　　　정진단(한국향도협회회장), 김세중(서울과학기술대 강사)
　　　　　　　윤영신(하수꽃꽂이협회회장), 김태연(대구대학교 명예교수)
펴낸 곳 　　　 🏛️**풍석문화재단**
　　　　　　　펴낸 이 : 신정수
　　　　　　　진행 : 진병춘, 박정진　진행지원 : 박소해
　　　　　　　전화 : 02)6959-9921　E-mail : pungseok@naver.com
일러스트 　　 이함렬
편집디자인 　 아트퍼블리케이션 디자인 고흐
펴낸 날 　　　 초판 1쇄 2019년 8월 19일
ISBN 　　　　 979-11-89801-07-6

이 도서의 국립중앙도서관 출판예정도서목록(CIP)은 서지정보유통지원시스템 홈페이지
(http://seoji.nl.go.kr)와 국가자료종합목록 구축시스템(http://kolis-net.nl.go.kr)에서 이용하실 수
있습니다. (CIP제어번호 : CIP2019029265)

* 표지그림 : 문방도 병풍, 국립고궁박물관 소장
* 사진 사용을 허락해주신 국립고궁박물관, 국립국악원, 국립민속박물관, 국립수목원, 국립중앙도서관,
 국립중앙박물관, 도일(道一)스님(《칠현금경》 저자), 김태연(대구대학교 명예교수), 블로그 도화원
 (https://blog.naver.com/keypin777), 블로그 한시앙(https://blog.naver.com/xorkftm86) 여러분께 감사드립니다.

《임원경제지·이운지》를 펴내며

지금(2019년)으로부터 177년 전, 풍석 서유구 선생은《임원경제지(林園經濟志)》를 완성하고 난 뒤 다음과 같은 글을 남기셨습니다.

"내가 수십 년에 걸쳐 저술에 공을 들여《임원경제지》백여 권을 최근에야 겨우 끝마쳤으나, 책을 맡아 보관할 자식도 아내도 없으니 한스럽구나. 우연히 웅집역(熊執易)의 사연을 보고 나니 구슬퍼져 한참 동안 눈물이 흘러내린다."

평생에 걸쳐 완성한《임원경제지》를 출판하지 못하고 필사본으로만 남겨야 하는데, 이마저도 제대로 맡아 보관할 자식도 아내도 없는 비통한 상황을 안타까워한 것입니다.

《임원경제지》첫 책으로 〈섬용지(贍用志)〉 1권과 2권을 출간한 것이 2016년의 일입니다. 그때부터 2018년까지 〈섬용지〉 3권, 〈유예지(遊藝志)〉 3권, 〈상택지(相宅志)〉 1권, 〈예규지(倪圭志)〉 2권을, 이제 〈이운지(怡雲志)〉 4권을 출간해《임원경제지》전체 16지 중 5지가 완역되어 출판된 것입니다. 용어사전까지 포함한 전체 분량 67권 중에서 13권이 나왔으니, 20% 가량이 출간된 셈입니다. 2016년 이후 현재까지 채 20%가 안 되는《임원경제지》가 출간되었지만 미치는 파급효과는 참으로 큽니다.《임원경제지》를 주제로 한 학술논문이 많이 나오고 있고, 다양한 전통문화콘텐츠를 포함한 각 지역의 박물관이나 기념관, 또 다양한 두서의 콘텐츠가《임원경제지》를 기반으로 수정되기도 합니다.

서울 강북구에서는 서유구 선생이 노년에 후학들과 함께《임원경제지》를 완성한 "번계산장"을 모티브로 하여 서유구 기념관을 추진하고 있으며, 전라북도 순창군에서는 순창군수를 역임한 서유구 선생을 모티브로 하여

《임원경제지》 중 '치유'와 관련된 내용을 기반으로 "서유구 치유테마센터"를 모색하고 있습니다. 또 《임원경제지》〈정조지(鼎俎志)〉를 토대로 다양한 음식 복원 결과물들이 나오면서 식생활문화의 개선과 외식산업 발전에도 기여하고 있습니다.

《임원경제지》의 완간이 어느 정도 진행되면 《임원경제지》를 일본어, 중국어, 영어로 번역할 예정이며 《임원경제지》를 중심으로 남·북한, 일본, 중국 동아시아 3국의 학술문화의 협력과 유네스코 세계기록유산 등재도 계획하고 있습니다. 서유구 선생이 눈물 속에 완성한 동양 3국 실용지학의 종합체인 《임원경제지》가 동아시아 3국의 공통의 문화유산을 토대로 아시아의 평화와 단결에도 크게 기여할 수 있을 것으로 기대하고 있습니다.

《임원경제지》 전체 16지 중 특히 〈이운지〉는 서유구 선생의 인생 목적과도 관련이 있는 매우 특별한 책입니다. 서유구 선생의 저서와 삶을 찬찬히 살펴보면 선생의 평생의 꿈은 두 가지였던 것으로 생각됩니다. 첫 번째는 《임원경제지》의 완성입니다. 《임원경제지》는 선생의 할아버지이자 학문적 스승이었던 서명응 선생으로부터 시작된 서씨 집안의 3대에 걸친 노력의 결실이면서 동시에 초계문신을 육성하여 지식 기반의 문명국가 건설을 추구했던 정조 대왕과 당대 지식인들의 공동 목표이기도 하였습니다. 서유구 선생 개인에게 남겨진 시대 구성원 전체의 꿈이 선생에게 닥친 수많은 시련과 좌절, 비극 속에서도 끝까지 《임원경제지》를 완성할 수 있었던 것이 아닐까 생각됩니다.

서유구 선생의 두 번째 꿈은 아이러니하게도 모든 것을 내려놓고 임원(林園)에 머물며 "맑은 마음으로 고상함을 기르고 한가로이 소요하며 유유자적하는 것"이었습니다. 이런 점에서 〈이운지〉는 서유구 선생의 두 번째 꿈이 담긴 책이기도 합니다.

이운지는 8권 4책으로 구성되어 있어 〈인제지(仁濟志)〉를 제외하면 《임원경제지》에서 가장 많은 분량을 차지하고 있습니다. 이운지는 〈은거지의 배치〉, 〈휴양에 필요한 도구〉, 〈임원에서 즐기는 청아한 즐길거리〉, 〈서재의 고상한 벗들〉, 〈골동품과 예술작품 감상〉, 〈도서의 보관과 열람〉, 〈한가로운 삶의 일과〉, 〈명승지 여행〉, 〈시문과 술을 즐기는 잔치〉, 〈각 절기의 구경거리와 즐거운 놀이〉 총 10개의 대 제목 체제로 구성되어 있습니다. 대목차를 가만히 살펴보면 임원에서 생활하는 것이 생각보다는 바빠 보이기도 합니다. 근대에 들어서면서 많은 동서양의 철학자들은 인간이 호모 사피엔스(Homo sapiens 생각하는 인간), 호모 파베르(Homo Faber 도구의 인간)을 거쳐 호모 루덴스(Homo Ludens 유희하는 인간)의 개념으로 변해 왔다고 결론 내렸습니다. 〈이운지〉의 목차와 구성을 보다보면 서유구 선생이야말로 시대를 훌쩍 앞서서 진정한 의미의 호모 루덴스를 지향하지 않았나 하는 생각이 듭니다.

시대를 훌쩍 뛰어넘어 《임원경제지》가 단절된 동아시아 실용지식의 집대성으로 그 의미를 부여받아 점점 각광을 받고 있습니다. 눈물 속에 흐르던 책이 많은 분야에서 조명을 받기 시작하며 앞으로 점점 더 의미 있는 역할을 하게 될 것이 틀림없습니다.

〈이운지〉를 출간하면서 여러분께 새삼스럽게 고마운 마음을 다시금 갖게 됩니다. 《임원경제지》 번역을 발기하고 17년째 끈기 있게 추진해오고 있는 정명현 소장 이하 임원경제연구소의 구성원 여러분, 지금껏 아낌없는 재원을 투입해 주고 계신 DYB교육의 송오현 대표와 그 밖의 많은 후원자분이 없었다면 이 일은 시작도 되지 못했을 것입니다. 진심으로 감사드립니다. 풍석 서유구 선생의 고귀한 정신과 《임원경제지》의 가치에 공감하여 재단의 설립에 동참해주신 재단의 이사와 고문 여러분들, 그리고 집중적인 헌신과 열정으로 시대적 과제를 밀고 가는 재단의 사무국 직원들과 전북지부 및 음식연구소 구성원 여러분들께도 감사의 마음을 전합니다. 아울러 이 과제의 학술 문화적 가치를 정당하게 평가해주고 지원을 아끼지 않은 문화체육관광부 박양우 장관님 이하 전통문화과 구성원 여러분들께도 다시 한번 감사드립니다.

앞으로 갈 길이 한참 남았지만, 이 일을 함께하는 풍석문화재단과 임원경제연구소의 단단한 결심과 후원자들의 일관된 지지, 정부의 전폭적인 지원이 있기 때문에 마지막까지 성공적으로 과제를 마무리할 수 있다고 확신합니다.

〈이운지〉가 우리 전통문화를 연구하고 현실에 적용하고자 하는 많은 독자 여러분들에게 도움이 되기를 기대합니다.

2019년 7월
풍석문화재단 이사장 신정수

차례

이운지 권제1 怡雲志 卷第一　임원십육지 99 林園十六志 九十九

은거지[衡泌]의 배치 衡泌舖置

1. 총론 總論

2. 원림과 연못 園林, 潤沼

이운지 권제2 怡雲志 卷第二   임원십육지 100 林園十六志 一百

임원에서 즐기는 청아한 즐길거리(상) 山齋淸供(上)

1. 차 茶供

풍로 風爐 | 광주리 筥 | 탄과 炭檛 | 화협 火筴 | 솥 鍑 | 교상 交牀 | 집게 夾 |
지낭 紙囊 | 연 碾 | 나합 羅合 | 찻숟가락 則 | 수방 水方 | 녹수낭 漉水囊 | 표주박 瓢 |
죽협 竹夾 | 차궤 鹺簋 | 숙우 熟盂 | 다완 盌 | 둥구미 畚 | 찰 札 | 척방 滌方 |
재방 滓方 | 다건 巾 | 구열 具列 | 도람 都籃

2. 향 香供

강남이왕 장중향 江南李王帳中香 | 당 화도사 아향 唐化度寺牙香 | 옹문철랑중 아

이운지 권제3 怡雲志 卷第三　임원십육지 101 林園十六志 一百一

임원에서 즐기는 청아한 즐길거리(하) 山齋淸供(下)

1. 꽃과 돌 花, 石供

2. 조수(鳥獸)와 물고기 禽魚供

일러두기

- 이 책은 풍석 서유구의 《임원경제지》를 표점, 교감, 번역, 주석, 도해한 것이다.

- 저본은 정사(正寫) 상태, 내용의 완성도, 전질의 구성 등을 고려하여 고려대학교 도서관 소장본으로 했다.

- 현재 남아 있는 이본 가운데 서울대학교 규장각한국학연구원, 일본 오사카 나카노시마부립도서관본을 교감하고, 교감 사항은 각주로 처리했으며, 각각 규장각본, 오사카본으로 약칭했다.

- 교감은 본교(本校) 및 대교(對校)와 타교(他校)를 중심으로 하고, 필요에 따라서는 이교(理校)를 반영했으며 교감 사항은 각주로 밝혔다.

- 번역주석의 번호는 일반 숫자(9)로, 교감주석의 번호는 네모 숫자(⑨)로 구별했다.

- 원문에 네모 칸이 쳐진 注, 法 등과 서유구의 의견을 나타내는 案, 又案 등은 원문의 표기와 유사하게 네모를 둘렀다.

- 원문의 주석은【 】로 표기했다.

- 서명과 편명은 번역문에만 각각 《 》 및 〈 〉로 표시했다.

- 표점 부호는 마침표(.), 쉼표(,), 물음표(?), 느낌표(!), 쌍점(:), 쌍반점(;), 인용부호(" ", ' '), 가운데점(·), 모점(、), 괄호(( )), 서명 부호(《 》)를 사용하고 인명, 지명 등 고유명사에는 밑줄을 그었다.

- 字, 號, 諡號 등으로 표기된 인명은 성명으로 바꿔서 옮겼다.

《이운지》 해제

1) 제목 풀이

《이운지》는 문화예술 백과사전으로, 8권 4책, 184,475자로 구성되어 있다. 의학 백과사전인 《인제지》 다음으로 분량이 많다.

'이운(怡雲)'은 중국 남조시대 양나라 처사 도홍경(陶弘景)의 일에서 취했다고 한다.[1] 양 무제가 잠저 시절, 나라를 세울 뜻을 두고 도홍경을 부르기 위해 그에게 "산중에 무엇이 있는가"라고 편지로 묻자, 도홍경이 "산중에 무엇이 있을까/ 봉우리 위 흰 구름 많지/ 혼자만 즐길 수 있을 뿐/ 그대에게 부쳐줄 순 없지"라는 시를 지어 거사에 참여하기를 거절한 일화를 말하는 것이다. 이 시에서 풍석이 '운(雲)'과 '이(怡)'를 따온 것인데, 그렇다면 이는 '산중의 구름을 혼자서 즐긴다'는 정도의 뜻을 담고 있을 것이다. 풍석의 독창적인 작명은 아니다. 중국의 문헌에도 이운각이니 이운정이니 하는 이름이 자주 나온다. 그러니까 《이운지》는 임원에 살면서 여가에 즐길 만한 일들을 정리한 것이라 이해하면 되겠다.

〈이운지 서문〉은 재미있는 이야기로 시작한다. 비교적 긴 분량을 할애한 이 이야기에서, 네 사람이 상제(上帝)에게 자신의 희망사항을 말한다. 앞세 사람이 벼슬(권력), 재산(부), 문장력(지식)을 요구하자 상제는 그 희망을

---

[1] "齊高祖問之曰: '山中何所有?' 弘景賦詩以答之曰: '山中何有所, 英英多白雲, 只可自怡悅, 不堪持寄君.' 高祖賞之. 齊無高祖, 疑梁武也." 陳耀文, 《天中記》卷7〈山〉. 원문에서는 제나라 고조가 물은 것으로 되어 있으나, 고조는 양 무제를 가리킨다는 해설이 있다. 도홍경의 답시도 이를 전하는 문헌에 따라 글자의 출입이 있으나 여기서는 통용되는 글자를 따랐다.

모두 들어주겠다고 한다. 그런데 네 번째 사람이 "임원에서 고상하게 수양
하면서 세상에 구하는 것 없이 한 몸을 마치고 싶습니다"라고 하자 상제는
"이 혼탁한 세상에서 청복(淸福)을 누리는 것은 불가능하니, 너는 함부로 구
하지 말라"며 그 다음 소원을 말하라고 한다.

서유구는 이 이야기가 임원에서 고상하게 사는 일의 어려움을 말하는
것이라고 해석한다. 사람들은 흔히 임원에서 청복을 누리는 일을 은자들의
특권으로 받아들인다. 어떤 이유에서건 세상과 단절하고 자연과 벗하며 사
는 은자. 그러나 풍석은 위의 일화가, 그리고 《이운지》에서 다루는 내용이
이런 은자를 염두에 두거나 하는 것이리라는 오해를 불식시킨다. 시대를
잘못 만나 일시적으로 은둔할 수는 있어도, 인륜까지 저버리고 은둔하는
일은 취할 바가 아니다. 일가족과 시골에서 살며 한적하게 삶을 즐기는 일,
이것을 《이운지》에서 다루었다. "맑은 마음으로 고상함을 기르고 한가로이
소요하며 유유자적하는" 삶의 풍도를 알려주겠다는 것이다. 왕유(王維)·예
찬(倪瓚)·고덕휘(顧德輝)·도홍경 4인을 대표적인 인간형으로 든 까닭은 바로
이 때문이다.

2) 목차 내용에 대한 설명

《이운지》는 다음과 같이 10가지의 대제목 체제를 갖추었다. 〈은거지의
배치〉, 〈휴양에 필요한 도구〉, 〈임원에서 즐기는 청아한 즐길거리〉, 〈서재의
고상한 벗들〉, 〈골동품과 예술 작품 감상〉, 〈도서의 보관과 열람〉, 〈한가로
운 삶의 일과(연한공과)〉, 〈명승지 여행〉, 〈시문과 술을 즐기는 잔치(문주연회)〉,
〈각 절기의 구경거리와 즐거운 놀이〉. 이 목록만 보아도 세상과 담쌓은 은
둔자의 생활과는 멀다. 앞의 몇 항목에 배치된 내용들은 은둔자에게 유익
할 것이나, 뒷부분은 가족·친지·벗과 마을 사람들과의 긴밀한 사회적 유
대 속에 살 때 유용한 정보이기 때문이다.

권1은 〈은거지의 배치〉와 〈휴양(休養)에 필요한 도구〉를 다룬다. 총 100개

의 표제어를 거느리고 있을 만큼 내용이 다양하다. "총론"에서는 은거지의 자연 조건과 거주자가 갖춰야 할 자세, 산림에 집 짓고 조경하는 방법, 신선이 산다는 이상향인 '봉래산'처럼 꾸미고 우아하게 사는 법 등을 소개했다. 상상만 해도 즐겁다. 은자들이 어떻게 살았을지 대충 감을 잡을 수 있는데다, 그 삶이 예상과 달리 허름한 집 한 칸에 산나물 뜯어 먹으며 자연과의 합일을 추구하는 소박한 삶과는 사뭇 규모가 다르기 때문이다.

"원림(園林)과 연못"에서는 다양한 유형의 정원을 소개하고 나무 심기와 연못 조성하기 등 정원 조경법을 보여준다. '장취원(將就園, 이상향의 정원)'에서는 명나라 황주성(黃周星, 1611~1680)의 〈장취원기(將就園記)〉에 나오는 '장취원(將就園)'이 소개된다. 높은 산이 사방을 둘러싼 데다 넓고 기름진 들판에 냇물이 흐르는 곳, 세상의 온갖 물산이 다 갖춰져 있고 그래서인지 사람들은 친절하고 겸손하며 탐욕과 간사함이 없는 곳에 자리한다. 이 무릉도원의 동쪽 장산(將山) 아래 자리한 장원(將園)과 서쪽 취산(就山) 아래 자리한 취원(就園)이 곧 지성인들이 꿈꾸던 '상상 속의 정원'[2]인데, 총 2,591자나 되는 많은 분량으로 정원에 들어선 건축물과 조경 등이 상세하게 묘사되고 있다. 장원과 취원은 비슷하면서도 다른 아름다움이 있어, 두 아름다움이 합치되어야 더욱 빛이 난다며 두 정원을 따로 만드는 이유를 밝혔다.

"용도서(龍圖墅)"는 황하에서 나온 용의 무늬를 본떠 만들었다는 하도(河圖)의 형상을 응용해 만든 별장이다(〈그림〉 참조). 가운데 지은 다섯 칸짜리 누각은 천오天五를 상징하고 단 외부를 빙 두른 8개의 계단은 선천(先天)의 팔괘(八卦)를 상징한다는 식으로, 모든 건축물과 조경에 상징성을 부여한다. 동그라미 부분에는 돈대를 쌓아 꽃과 나무를 심는데, 하도의 수 55(1부터 10까지의 합)가 갖춰지도록 한다. 조선의 《산림경제보》에서 인용한 이 글의 말미에서는 다른 사람들이 고안한 적이 없는 아이디어임을 은근히 자부한다.

---

2 안대회, 〈상상 속의 정원〉 《문헌과 해석》 16호, 문헌과 해석사, 2001.

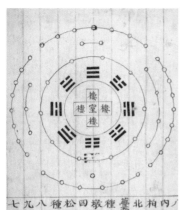

〈용도서〉

〈구문원〉

“구문원(龜文園)”은 하나라 우임금 때 거북이가 등에 지고 나온 무늬를 본떠 문왕(文王)이 그렸다고 알려진 낙서(洛書)의 위치와 수를 응용한 정원이다. 중앙의 원형 섬에는 태극을 상징하는 정자를 짓고 사방에는 연못 4개를 두른다. 섬과 연못을 합해 중오(中五)의 수가 되게 만든 것이다. 그 주위에 설치한 반달 모양의 돈대 역시 수를 상징한다. 연못과 사방의 돈대에는 각종 화초와 나무를 심는다. 이 역시 《산림경제보》에 나오는 제안이다.

여기까지 소개한 정원 3개가 다소 이상적이고 특수한 사례였다면, 이후에 소개하는 내용은 현실에서 구현하기 쉽다. 정원에 울타리 치는 법과 정원 내 과실수 심을 곳, 텃밭 만들 곳, 텃밭 및 연못 관리법 등을 하나씩 짚어준다. 울타리 치는 법은 《만학지》에 나오는 내용을 상호 참조하도록 했다. 연못은 집 가까이에는 작게, 멀리 떨어진 곳에는 크게 파서 물 기운으로 인한 집과 사람의 피해가 없도록 해야 한다고 조언한다. 수원지가 없는 곳에 연못을 만들 경우, 물 빠짐 현상을 극복하기 위한 여러 아이디어도 제안했다. 그중 연못 바닥을 진흙으로 다진 뒤 땔감을 쌓아놓고 불 때서 단

단해지도록 만드는 방법이 있는데, 풍석은 이를 소개하면서도 《섬용지》 권
1에서 다룬 물 저장고[水庫]를 만들어야 물이 새는 병폐를 막을 수 있다고
강조했다. 도랑을 내거나 대나무 통을 연결해 멀리서 물을 끌어오는 방법
도 소개한다.[3] 연못 주위에 돌을 쌓고 인공 산을 만들어 풍치를 자아내는
법을 안내할 때는 웅황(雄黃)과 노감석(爐甘石) 같은 돌을 쓰면 뱀을 막고 안
개 끼는 현상을 연출할 수 있다고 했다.

"임원 삶터의 여러 건축물과 정자"에서는 기본 주거 용도 외 다양한 용
도의 건축물을 짓고 조경하는 법과 이동식 구조물 및 놀잇배 제작법을 다
루었다. 집안의 여러 공간 건축법을 설명한 《섬용지》 권1과는 내용이 비슷
하면서도 다르다. 임원에서 고아한 품위를 유지하기 위한 문화공간이라 특
정 용도에 맞게 치밀하게 설계해야 하기 때문이다.

휴식 공간인 원실(圜室), 숯으로 습기를 줄이는 방습실인 온각(熅閣), 찻
방, 금(琴) 연주실, 향나무로 만든 정자, 소나무 사이에 세운 집, 이동식 정
자인 택승정(擇勝亭), 이동식 암자인 관설암(觀雪庵) 등은 중국 문헌, 특히
《준생팔전(遵生八牋)》에 많이 의존했다. 이 중에 금 연주실은 연주대 지하에
큰 항아리를 두고 그 속에 종을 걸어 두어 금 튕기는 소리가 공명하게 하라
고 제안했다. 금 연주 때 물고기가 춤추도록 하는 법도 알려주었다. 먼저
작은 연못을 연주실 가까이에 두어 금을 연주할 때마다 금붕어에게 먹이
를 준다. 그러면 손님 앞에서 연주할 때 금붕어가 반응하여 튀어오르게 된
다. '파블로프의 개'[4]가 연상되는 이 흥미 있는 기사에서, 옛사람들은 이미
'조건반사'의 원리를 오래전에 체득해 실생활에 활용해 왔다는 사실에 놀라

---

3 풍석이 밝히지는 않았지만, 《본리지》 권12 〈그림으로 보는 관개 시설(상)〉 '연통'에 나오는 내용을
   그대로 다시 언급했다.
4 파블로프(Ivan Petrovich Pavlov, 1849~1936)는 침이 입 밖으로 나오도록 수술한 개에게 먹이를
   주는 실험을 통해, 먹이를 주는 주인의 발소리나 먹이가 나올 때 울리는 종소리 같은 외부 정보가
   개의 대뇌를 자극하여 침이 분비된다는 사실을 밝혀 '조건반사'라는 개념을 낳았다. 파블로프는
   이 공로로 1904년 노벨생리의학상을 받았다.

게 된다.

이들을 제외한 나머지 공간 설명은 거의 모두 서유구 자신의 저술 《금화경독기》에서 왔다. 서재, 약제실, 도서실인 장서각(藏書閣), 활자 보관실인 취진당(聚珍堂), 응접실인 영빈관(迎賓館), 서당, 활 쏘는 정자, 농사를 독려하는 정자인 망행정(望杏亭), 가을걷이를 감독하는 누각인 첨포루(瞻蒲樓), 누에방 춘경료(春鶊寮)와 길쌈방 추솔와(秋蟀窩), 가축농장과 양어장인 전어사(佃漁社), 채소밭 정자, 시냇가 정자, 강가 누각, 저수지 정자, 대나무 정자, 띠로 지붕을 얹은 정자, 놀잇배 차여택(此予宅)은 모두 서유구의 제안이다. 각각의 용도에 맞는 건축법, 건축물 간의 실용적 동선, 실내공간의 배치는 물론 공간의 운영 관리법까지 세세히 적어 놓았다.

건축물의 성격을 볼 때, 농사·목축·어로·누에치기·베 짜기 등 1차 생산물을 생산·관리·감독하는 공간은 물론 몸을 단련하는 공간, 질병에 대응하는 공간, 공부하고 가르치고 출판하는 공간, 휴식하는 공간 등에 대한 건축학적 정보와 독창적인 개념을 매우 다각적이고도 심층적으로 표명했다. 그의 농학 저술인 《행포지(杏蒲志)》의 '행포'가 망행정과 첨포루의 작명 유래와 같고, 누에치기와 옷감 짜기를 다룬 저술인 《경솔지(鶊蟀志)》의 '경솔'이 춘경료와 추솔과 작명 유래가 일치하고, 《전어지(佃漁志)》의 '전어'가 전어사와 같은 용어인 것은 결코 우연이 아니다. 각종 건축물에 대한 이같은 세밀한 안내는, 풍석이 건축가의, 그리고 문화 공간을 창출하는 디자이너의 면모를 지니고 있었음을 나타낸다.

그러나 한 사대부가 위에서 제안한 모든 공간을 다 갖추기란 쉽지 않았을 것이다. 서유구도 말년에 번계(樊溪, 지금의 서울시 번동 부근)로 이사한 뒤 자신이 제안한 건물들을 갖추려고 시도했지만 모두 짓지는 못했다. 《이운지》의 건물 중 실제 번계산장에 구현한 건물로는 자연경실(自然經室, 서재), 자이열재(自怡悅齋, 기거공간), 거연정(居然亭, 정자), 광여루(曠如樓, 농사 독려하는 누각), 오여루(奧如樓, 휴식하는 누각) 등 5가지 정도이다(이 중에서 자연경실은, 이미 여러 번 언급했다시피, '자연경실장(自然經室藏)'이라는 《임원경제지》 오사카본 원고의 생산지이기도 하다).[5] 따라서 《이운지》의 내용은 각자 자신의 처지에 맞게 가감하라는 의도를 헤아려 집 안에 들어앉힐 수 있는 모든 건축물을 소개한 것으로 이해해야 할 것이다. 일반 사대부들도 쉽게 시도하기 어려울 일처럼 보이는 이런 다양한 건축물은, 가난하고 소박하게 사는 서민적 이미지와는 상당히 괴리가 있다.

"궤(几)와 탑(榻)과 문구(文具)의 배치"에서는 집 안 곳곳에 들어갈 가구들의 배치를 주로 다룬다. 특정한 물건이 어느 곳에 있어야 좋은지, 어떤 물건을 들여서는 안 되는지, 인테리어는 어떤 콘셉트로 해야 하는지 말해준다. 모두 명나라 문진형(文震亨, 1585~1645)의 《청재위치(淸齋位置)》를 인용했다.

〈휴양(休養)에 필요한 도구〉에서는 "상(牀)과 탑(榻)", "침구류", "병풍과 장막", "여러 휴대용 도구", "이구(餌具)", "음주 도구"를 소개한다.

"상(牀)과 탑(榻)"에서는 여름에 통풍이 잘되고 겨울에 따뜻한 평상, 누워서 독서할 수 있는 평상, 등받이 각도를 조절할 수 있는 평상, 나뭇등걸의 자연스런 모양을 살린 평상, 글 쓰다 피곤하면 휴식을 취할 수 있는 평상 등 다양한 용도의 평상을 제작하고 이용하는 법을 알려준다. 등받이와 안석 등 평상에 필수적인 보조용품, 겨울에 알맞은 부들 의자, 겨울 외에 알맞은 등나무 의자, 발 지압 의자, 기혈이 잘 돌게 하는 좌선용 의자 등을 만드는 법과 활용법도 소개했다.

"침구류"에서는 잠자리의 필수품인 요·이불·베개를 비롯해 쿠션·대자리·방석도 소개한다. 당시 조선에서 일반적으로 사용했을 물품과 거리가 있는 것도 많다. 종이로 두루마리를 아래에 2개, 위에 1개를 놓아 '품(品)' 자 모양으로 만든 베개, 부들꽃을 넣어 만든 요, 갈대꽃을 넣어 만든 이불 같은 것들이 그렇다. 대부분이 중국의 사례이다.

---

5 曹蒼綠, 《楓石 徐有榘에 대한 한 研究》, 성균관대학교 박사학위논문, 2002. 98~105쪽 참조.

"병풍과 장막"에서는 장식용 병풍, 외풍을 막는 병풍, 여름이나 겨울에 쓸 수 있는 여러 휘장들을 소개했다. 이 중 빈틈없는 휘장은 모기나 벌레 등이 들어오지 못하게 막는 역할을 한다. "여러 휴대용 도구"에서는 그림·칼·불진(拂塵) 등을 거는 걸이, 먼지떨이나 벌레를 잡는 용도로 쓰인 불진, 법회나 설법 때 위용을 덧입히는 여의(如意), 둥글부채의 제작법과 종류를 설명했다.

"이(구餌具)"에서는 음식 보관을 위한 일본과 중국의 찬합, 갈이틀[旋木車, 나무를 둥글게 깎는 기계]6로 대나무를 깎아 만든 바리때, '향연'이라는 과일을 담는 쟁반(향연반)을 소개한다. 조선에는 향연이 나지 않기 때문에 굴이나 유자를 담는 데 써야 한다고 풍석은 제안한다. "음주 도구"에서는 다양한 술그릇과 술잔, 술 주전자를 소개하는데, 특히 술을 데우는 각종 기구나 잔들이 많다. 여행할 때 안주도 담을 수 있는 술통을 만드는 법을 설명하기도 했다.

권2의 대주제는 〈임원에서 즐기는 청아한 즐길거리〉 상편이다. 그 우아함에 걸맞게 차·향·금(및 여러 악기)·검 등을 다룬다. 권3의 주인공들인 꽃·돌·새·사슴·물고기가 정원을 노니는 벗들이라면 여기 등장하는 소품들은 실내의 벗이다.

"차"에서는 차의 재료인 찻잎을 이미 얻었다는 전제하에 그 이후의 가공법과 가공에 필요한 도구를 다루고 있다. 차 재배법에 대해서는 이미 《만학지》에서 자세히 설명했기 때문이다. 먼저 물의 품등을 상설한다. 산물, 강물, 샘물, 우물물, 빗물, 눈물[雪水] 등으로 나누고, 다시 어떤 상태에서 얼었는지, 빛깔이나 맛이 어떤지, 어떻게 길어서 어떻게 보관했는지에 따라 더 좋고 덜 좋은지를 논했다. 물 끓이는 땔감에 대해서는, 깨끗한 숯을 최고로 치지만 이를 항상 구비하거나 얻을 수는 없기에 숯 이외의 땔감 중 좋

---

6 갈이틀에 대한 좀 더 자세한 사항은 〈섬용지 해제〉를 참조 바람.

은 것과 좋지 않은 것을 구분해서 정리해놓았다. 대체로 연기가 많이 나거나 좋지 않은 냄새를 풍기는 것은 땔감으로 적절하지 못하다고 했다.

차를 마시려면 물 끓이는 기술이 중요한데, 차를 가장 맛있고 운치 있게 음미할 수 있는 물 상태를 찾는 게 관건이다. 물 온도가 너무 낮으면 차 맛이 제대로 우러나지 않고 너무 높거나 많이 끓이면 차 맛이 써지므로 불 조절을 잘해야 한다고 했다. 물을 끓인 뒤에는 물을 잔에 따르는 법과 찻잎을 씻는 법에 유의해야 한다. 찻물 끓일 때 소금이나 생강을 첨가하는 풍습에 대해서는 그다지 권장하지 않았으며, 과일이나 향이 나는 잎을 넣는 것에 대해서도 향과 맛과 색을 빼앗길 수 있다면서 차의 본래 맛을 음미하도록 권유했다. 이어서는 차 마시는 법도를 언급했다.

중국에서 차 마시는 일이 일종의 취미이면서 일상의 중요한 일과이기도 하다. 따라서 차에 들이는 정성이 대단하여 다구(茶具)에도 큰 관심을 기울였다. 풍로나 숯 광주리를 비롯하여 《다경(茶經)》에 나오는 다구 25개와 《준생팔전(遵生八牋)》에 나오는 23개를 소개하고, 각자의 사정이나 차 마시는 공간의 조건, 개인적인 취향에 따라 적절하게 선택하도록 했다. 다구는 권 8에 나오는, 여행할 때 챙길 도구에서도 다룬다.

《한국의 차 문화 천년》에 수록한 문헌을 보면 차 문화에 대해 《이운지》만큼 체계적이고 많은 정보를 소개한 책을 발견할 수 없다. 《이운지》가 갖고 있는 독보적인 특성을 짐작할 수 있는 대목이다.

"향"에서는 먼저 향의 이름과 뜻을 밝히고, 향의 품등, 향 만드는 법, 향 만드는 재료, 향 보관법, 향 활용법 등과 향을 피우거나 관리하기 위해 필요한 도구들까지 모두 망라했다. 특수한 용도의 향 만드는 법도 따로 설명하고 있어 관심을 기울일 만하다. 표제어가 24개나 된다.

품등을 이야기하는 대목에서는, 어느 향을 피우면 마음이 맑아진다거나, 시를 읊조리게 된다거나 하는 특수한 분위기를 연출하는 향의 부류를 설명하기도 하고, 고급과 저질의 특징을 말하기도 한다. 향 만드는 법에서는

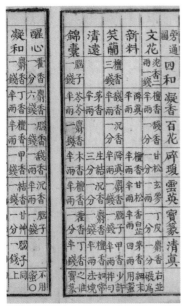

〈방통도〉

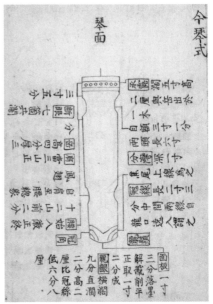

금(琴) 도해

총 45종의 향 제조법을 소개했다. 특히 《거가필용(居家必用)》에서 인용한 방통도(旁通圖, 여러 줄과 칸으로 된 직사각형 표)에서는 가로 7개, 세로 7개를 배열해 14가지 향 제조법을 정리했다. 45종 중에 조선의 향은 1개만이 소개되었는데, 《동의보감》에 수록된 동국부용향(東國芙蓉香)이 그것이다.

향 재료로는 모두 31종이 소개되었다. 풍석이 본초서(本草書)와 여러 향 관련 보록(譜錄)을 정리하여 《금화경독기》에 수록한 글이다. 이 글에서 서유구는 향 재료가 대부분 먼 남방에서 나고, 중국에서는 열에 한둘, 조선에서는 백에 한둘이 날 뿐이라며 모조품이 많기 때문에 이를 구별할 수 있도록 도움을 주려는 의도로 작성한다고 말했다.

'향 묻는 법'에서는 향을 조제한 뒤 한 달 가량 땅속에 묻어두어 향을 더욱 진하게 만드는 법을 소개하고 있다. 이어 향의 주요 성분인 꿀과 숯을 가공하는 법과 향냄새가 약해지지 않게 보관하는 법을 알려준다. 향의 연기가 흩어지지 않게 모으거나, 모은 향 연기를 나누어 구름이나 글자체를 만들거나, 호리병에 자석을 넣어 연기를 빨아들이는 법도 소개한다. 또 일정 시간 동안 타기 때문에 시간의 흐름을 알 수 있는 향, 사자나 토끼 같은 동물 모양의 향, 물에 떠도 꺼지지 않는 향에 대해 설명하고, 동그란 환 모양인 떡향 만드는 법, 향로에 두면 향불이 꺼지지 않게 하는 재 만드는 법 등을 싣기도 했다.

향을 피우기 위한 도구로, 먼저 '향로'에서는 향로의 종류, 향로에 색을 입히는 법, 향로에 광택 내는 법, 깨끗하게 손질하는 법 등을 다루었다. 이어 향의 향기가 새지 않게 보관할 수 있는 향합, 향불을 다루는 향 수저와 부젓가락, 부젓가락 꽂는 병, 향불을 덮어 향기가 그윽하고 오래 지속되도록 격화(隔火) 역할을 하는 사기 조각, 향을 꽂아두는 향 쟁반, 서재에 비치하는 향 받침대, 그리고 향과 그 관련 도구들을 함께 보관하는 상자까지 차근차근 설명한다. 한편 향 관련 제품을 설명한 중국 문헌의 여러 군데에서 일본의 제품이 뛰어나다고 상찬하고 있는 것을 보면, 일본의 향 가공 기술이 오래전부터 수준급이었음을 짐작할 수 있다.

"금(琴供)·검(劍供)"에서는 먼저 실내에서 연주할 수 있는 악기들을 다루었는데, 그중 금琴을 대표적으로 서술하고 있다. 서재에는 반드시 금을 두어, 연주를 잘하든 못하든 금을 퉁김으로써 만끽할 수 있는 아취를 즐기라고 권한다. 달밤에 한두 곡 타면서 성품을 도야하고 수신하는 방도로 금이 매우 좋은 수단이라는 것이다.

금은 우리나라의 거문고와는 다른 악기이다. 금은 주로 오동나무와 가래나무로 만드는데, 앞면은 양목(陽木)인 오동나무를, 바닥은 음목(陰木)인 가래나무를 쓰면 좋다고 하면서도 이 두 나무를 어떤 조건에서 취하고 어떻게 가공해야 하는지 여러 설을 소개한다. 풍석은 부속품인 진(軫)과 휘(徽), 줄의 품등까지 세밀하게 다루면서 값비싸고 귀한 것보다는 실용적이고 고아한 정취를 낼 수 있는 금을 쓰도록 권유한다.

금 만드는 법에서는 송나라 조희곡(趙希鵠)의 《동천청록(洞天淸錄)》을 주로 인용하여 명품을 만드는 데 얼마나 많은 공력과 정성, 고도의 집중력이 필요한지 보여준다. 금의 모양은 고금(古琴, 옛 금)의 경우 두 가지였으나 근세로 오면서 다양한 모양으로 변했다고 한다. 우리나라 금은 현금(玄琴)이라는 명칭으로 대표된다. 고구려 왕산악이 중국 금을 본받아 고쳐 만들었는데, 이 현금이 중국의 옛 금에 가장 가깝단다. 서양 금(양금)이 중국에 들어온 시기와 그 특성에 대해서도 언급하고 있다.

옛 금을 식별하는 법도 비교적 자세히 다루고 있는데, 금을 위조하여 어떻게 옛 금처럼 보이게 하는지 그 과정을 설명한다. 또 금에는 9가지 덕성이 있고, 이런 특성 외에 좋은 소리가 나는 금을 최고급으로 친다고도 했다. 통짜로 만들기에는 길이가 짧아 나무 조각을 아교로 단단하게 고정하여 만든 백랍금(百衲琴)은 소리가 제대로 나지 않는다는 이유로 천하다고 평가했다.

금을 좋은 상태로 유지하기 위해서는 다른 물건에 부딪히지 않게 유의하고, 손에 땀이 나지 않도록 해야 하며 이슬 아래에서 타서는 안 되고, 보관할 때는 습기와 먼지를 멀리할수록 좋다고 했다. 금 소리가 제대로 나지 않을 때 줄을 손질하거나 통판의 습기를 제거하여 고치는 법도 소개하고 있다.

금을 탈 때의 주의 사항도 빠질 수 없다. 연주할 때 향을 사를 경우에는 연기가 적은 향을 써야 하고, 꽃을 마주할 때는 꽃 향이 짙어서는 안 되며, 너무 이른 시간이나 늦은 시간에 타서도 안 되고, 물소리가 큰 물가에서 연주하는 것도 안 된다고 했다. 날씨가 대체로 화창한 봄이나 가을, 소나무 사이로 바람 부는 소리와 시냇물 소리가 섞이는 곳을 가장 적합한 장소로 꼽았다. 주의 사항의 기사로 풍석은 도구성(陶九成)의 《설부(說郛)》와 도륭(屠隆)의 《산림경제적(山林經濟籍)》에 실린 《동천청록》을 대조하며 인용했는데, 두 책을 대조한 결과, 《산림경제적》에 틀린 내용이 많다고 지적하기도 했다.

금 보관에 적합한 상자와 집, 금 받침대를 언급했고, 위에서 말한 연주 장소 아래에 항아리와 종을 묻어 소리를 더 맑게 해야 한다는 주장을 반박하면서 금 연주실로는 소리가 흩어지지 않는 높은 누각 아래가 좋다고 했다.

금 외에 다른 악기들도 소개했다. 생황과 피리는 그 이름과 뜻, 만드는 법에 대해서, 종과 경쇠는 그 쓰임새에 대해서, 풍경은 그 쓰임새와 효과에 대해서 서술했다. 이 중 풍경은 일본산이 좋다는 풍석 자신의 견해를 밝힌 점이 특이하다.

마지막으로 검(劍)에 대해서는, 도둑을 막거나 신체를 방어하는 수단으로보다는 서재에 장식하면 용맹스러운 기운을 얻을 수 있다는 소박한 믿음에 근거하여 실내에 걸어둘 것을 권유하고 있다. 무력 배양보다는 심신 수양에 중점을 둔 조선의 선비 정신이 느껴진다. 《섬용지》에서 검 만드는 방법을 세세하게 설명한 점에 비추어볼 때 사대부가 왜 검 만드는 데까지 관심을 가져야 하는지 짐작할 수 있을 것 같다.

권3은 〈임원에서 즐기는 청아한 즐길거리〉 하편이다. 여기서는 "꽃과 돌", "조수(鳥獸)와 물고기"에 대해 이야기한다. 분재의 아름다움을 찬미하고 분재의 종류에 따라 뿜어내는 아취를 묘사하며, 분재할 다양한 화분을 소개한다. 방이 좁거나 집을 자주 옮기는 사람은 화병의 꽃을 감상하는 일이 필요하다고 전제하고, 이를 위해 꽃병과 여기에 꽂을 꽃에 대해 9품등으로 나누어 소개한 후, 각 철에 나는 꽃을 취하면 된다고 한다. 병에 꽂을 꽃을 얻으려면 꽃나무의 가지치기를 해야 하는데, 집 뜰이나 이웃의 정원에서 자르되 시기를 잘 맞추어야 한단다. 병에 꽂는 방식에는 더욱더 섬세하고도 예술적인 감각이 필요하다. 꽃꽂이 방법과 꽃꽂이를 마친 꽃을 관리하는 여러 방법을 구체적으로 해설하는 부분에서는 풍석의 여성적인 심미감이 돋보인다. 꽃에 주는 물은 비와 이슬이 가장 좋고, 우물물은 피해야 하며, 가급적 매일 갈아주어야 한단다. 물에 독성이 있을지도 모르기 때문이다.

매화·모란·연꽃·치자 등 11종의 꽃꽂이법을 소개하면서는 사철에 피는 꽃들을 마음에 따라 선택하여 꽃병에 꽂으라고 조언한다. 꽃도 하루가 지나면 아주 부드럽게 물을 뿌려주어야 하고 기름기 있는 손으로 잡는 일, 향을 피우는 일 등은 꽃이 꺼리니 피해야 한다고 알려주었다. 또 꽃을 잘 관리하여 겨울에도 오랫동안 실내에서 감상할 수 있는 방법도 언급했다.

천연꽃이 아닌 인조꽃으로라도 분위기를 자아내고자 하는 마음은 고금이 똑같은가 보다. 풍석은 공작의 꽁지깃을 자기병에 꽂거나 윤회매(輪回梅)를 꽂는 법을 소개한다. 윤회매는 종이로 만든 꽃받침과 밀납으로 만든 꽃잎, 노루털로 만든 꽃술을 서로 접합시킨 다음 매화나무나 복숭아나무 가지에 부착시킨 것을 말한다. 만드는 법이 자못 상세한 이 내용은 풍석의 한 세대 선배인 이덕무(李德懋, 1741~1793)의 경험담이 적힌 '윤회매십전(輪回梅十箋)'[7]에서 온 것으로, 그림도 함께 실려 실습이 가능하다. '윤회매십전'에 따르면 이덕무는 17~18세 때부터 윤회매 제작에 취미를 붙여 전문가의 경지에 이르렀다고 한다.

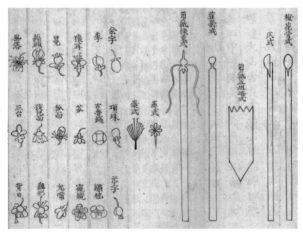

윤회매

7   李德懋, 《靑莊館全書》 卷62 〈西海旅言〉 "輪回梅十箋"(《韓國文集叢刊》 259, 109~114쪽). 이 글에서는 총 10개의 조항이 있는데, 풍석은 이 중 앞의 7개 조항을 인용했다.

이어진 '종이꽃' 기사 역시 윤회매를 설명한 부분에서 일부 취한 것인데, 이덕무 자신이 장인들보다 더 독창적이라고 자부하며 기록한 종이 조화(造花) 제조법이 그 내용이다.[8] 또 밀납으로 만든 조화와 생화를 함께 놓아 꽃향기가 끊이지 않는다는 한 한양 사는 사대부의 감실에 대해 전하기도 했다.

'괴석 살펴보는 법'부터는 실내에 장식할 돌에 대한 이야기다. 빼어남·수척함·우아함·투명함 이 4가지로 돌을 평가한다는 설명에서부터 돌에 이끼 끼게 하는 법, 돌을 염색하는 법, 수석 감상하는 법으로 이어진다. 흡수성이 좋아 꼭대기까지 물을 빨아들일 수 있는 돌을 좋은 괴석(怪石)으로 친다. 그러나 겨울에는 물기를 제거해서 보관해야 하고, 괴석을 옮길 때는 흙을 주위에 발라 굳게 말린 뒤에 옮겨야 손상이 없다고 했다.

중국과 조선에서 나는 돌의 품등에 대해서도 정리해 두었다. 여기시는, 두드리면 맑은 소리가 나고 향기를 머금을 수 있는 영벽석(靈壁石), 광채가 찬란하고 구멍이 많은 청주석(靑州石) 등 총 32종의 중국 돌과 흡수성이 매우 좋아 한낮에도 마르지 않는 경천석(敬天石), 높은 바위와 깊은 구멍이 구름과 연기가 모여드는 형세를 이루어 조선에서 으뜸으로 치는 덕적도산 덕적석(德積石) 등 12종의 조선 돌을 소개했다.

"조수(鳥獸)와 물고기"에서는 학·비오리 등의 조류와 사슴 같은 들짐승, 금붕어·붕어·거북이 같은 물고기를 다루었다. 좋은 품새와 성질을 가진 학을 고르는 법, 야생 학을 잡아 길들이는 법, 학이 물과 대나무를 가까이 하고 사슴을 친구 삼게 하는 법, 물고기와 쌀을 먹여 학을 기르는 법, 때에 맞춰 먹이를 주거나 뜨거운 구들에 표주박을 놓아두어 학이 일정 시간이나 일정 장소에서 춤추게 하는 법 등은 당시 학 사육을 어떻게 했는지 알 수 있는 유용한 정보이다. 한편 비오리는 알을 가져다가 닭에게 품게 한 뒤 새끼 때부터 기른다고 했다.

8　李德懋, 《靑莊館全書》 卷62, 위의 글.

사슴의 경우, 사슴에게 주는 9가지 풀[九芻]이 있다고 알려져 있으나 콩·쌀·창포 등으로 길러도 된다며 병이 들면 소금을 콩에 섞어 먹이라고 했다. 금붕어는 따로 금붕어라는 어종이 있는 것이 아니라 색깔이나 종이 매우 다양해 이 부류의 물고기를 총칭한 표현이라 했다. 금붕어 기르는 법, 먹이를 주어 붕어를 금붕어로 바꾸는 법, 수정 어항에 길러 서재에서도 연못에서처럼 금붕어 감상하는 법 등을 이어 설명하고 있다. 금붕어를 기를 때 짝으로 길러야 하는 거북이에 대해서는 생강즙을 등에 발라 털이 나게 하는 법을 이야기했다.

〈서재의 고상한 벗들〉 상편은 "붓"과 "먹"에 대해 본격적으로 다루었다 (벼루·종이를 포함한 나머지 문방구는 다음 권4에서 다루었다). 붓털은 토끼털·양털·쥐 수염 등으로 만든 것이 최상품이라 했으나 풍석은 인용한 문헌에 따라 최상품에 대한 견해가 다르다는 것을 밝히고 있다. 중국 문헌에서는 고려의 백추지(白硾紙)와 낭미필(狼尾筆)이 좋다고 했는데, 박지원은 낭미필이 중국산의 좋은 붓털만 못하다고 했다. 중국에서 이방의 물산이라 좋다고 한 것이지 정말 품질이 좋아서 좋다고 한 것이 아니라는 것이다. 박지원의 이 같은 태도는 권4에서 다루고 있는 "종이"를 대할 때도 동일하다.

붓대는 유리나 상아 같은 고급 재료보다 가볍고 쓰기 편한 대나무로 만든 것이 좋다고 했다. 붓털 만드는 법은 붓 만들기의 핵심 기술이기 때문에 여러 문헌을 인용해 자세히 설명했다. 붓을 쓴 뒤에는 오랫동안 붓의 품질이 유지되도록 곧장 씻어 습기가 배지 않게 보관하는 법을 서술했고, 붓걸이·붓통·붓받침대·필선·필점·필세(붓 빼는 그릇)·필병 등 붓을 사용하고 보관하는 데 필요한 도구들의 종류, 모양새, 용도 등을 세밀하게 설명했다.

"먹"은 붓보다 제작 과정이 훨씬 복잡하다. 총 28개의 표제어에 담았다. 우선 먹은 세월이 지나도 변색되지 않도록 반드시 좋은 제품을 써야 한다는 얘기로 시작한다. 좋은 먹은 먹의 빛과 색, 두드려서 나는 소리, 벼루에 갈 때의 소리 등 여러 요소로 판별할 수 있다고 한다.

먹의 원료인 *그을음*을 채취하는 시기를 잘 맞추어야 좋은 먹을 만들 수 있음은 두말할 나위가 없다. 송연(松煙, 소나무 그을음)이 먹의 가장 보편적인 원료인데, 어떤 소나무의 어떤 부위를 어떻게 태워야 좋은 그을음을 얻을 수 있는지 알려준다. 삼기름이나 오동나무기름 같은 기름을 태운 그을음, 즉 유연(油煙)을 얻는 방법도 여럿 소개하고, 이 과정에서 필요한 물동이·기름 잔·그을음 사발·등초(燈草) 같은 도구의 모양과 이용법도 곁들여 언급했다.

채취한 그을음은 체로 잘 거른 뒤 사슴뿔·소가죽·부레 등으로 만든 아교와 배합한다. 먹이 좋지 않더라도 훌륭한 아교를 만나면 상품 먹이 된다고 할 정도로 아교 녹이기가 중요하다고 한다. 여기에 진주·사향·용뇌(龍腦)같은 약제를 섞어 쓰는 전통이 오래되었는데, 약제를 넣지 않은 먹이 더 좋다는 등 여러 설을 동시에 소개하고 있다. 그을음에 아교(또는 약제 섞은 아교)를 부어 가능한 한 빨리 반죽한 뒤, 이 반죽을 시루에 찐다. 충분히 찐 뒤에는 찐 반죽을 절구에 넣고 절구질하는데, 많이 찧을수록 좋다. 찧은 것은 다시 다듬이판에 고정시킨 뒤 다섯 사람이 번갈아 가며 수백 번 쇠망치질을 하고, 이를 손으로 펴서 환을 만든다. 이어 환의 모양을 잡고 무늬를 넣는다. 무늬 넣는 방법은 비전으로 전해지기에, 풍석은 없어질까 걱정된다며 무늬 넣는 법 6가지를 공개해놓았다. 《임원경제지》를 풍부하고도 치밀하게 기록하는 것을 가능케 했던 서유구의 기록 정신이 드러나는 대목이다. 또한 먹 모양으로 찍어내기 위해 필요한 먹틀의 재료와 먹틀 만드는 법, 사용법을 그림과 함께 설명해놓았다.

이렇게 찍어낸 먹은 재 속에 넣어 적절하게 건조시킨 뒤 다시 재에서 꺼내어 잡스런 물질을 제거하고 윤을 낸다. 그리고 나서는 습기가 스미거나 모양이 변형되지 않도록 잘 보관해야 한다.

먹을 쓸 때는 가는 법에 유의해야 한다. 풍석은 이에 필요한 몇 가지 지침을 제시하면서, 용도나 목적에 따라서는 물과 함께 생강즙·쌀뜨물·고추

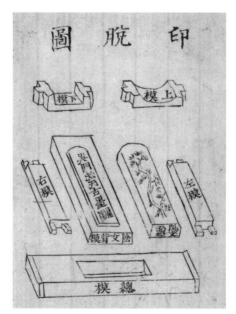

먹틀그림(인탈도)

즙 등을 섞어 쓰도록 했다.

조선과 일본의 먹 만드는 법도 소개하고 있는데, 매우 소략하게 다루었다. 먹을 보관하는 묵갑, 갈고 난 먹을 놓아두는 먹 받침대도 간략하게 소개한 뒤, 그을음이 아닌 다른 재료, 즉 은주(銀硃)나 자황(雌黃) 같은 물질로 먹을 만드는 법도 보여주었다.

권4는 〈서재의 고상한 벗들〉 하편으로, "벼루", "종이", "도장", "서실의 기타 도구"를 수록했다. "벼루"는 견고하고 윤기가 나며 발묵(發墨, 먹을 갈 때 나오는 검은 색)이 좋아야 한다는 등 명품 벼루의 조건에서부터 시작한다. 이어 최상품 벼루라는 단계연(端溪硯, 단계에서 생산되는 벼루), 그 다음으로 쳐주는 흡연(歙硯, 용미계에서 생산되는 벼루)의 품질을 논한다. 흡연의 경우, 돌의 결에 따라 세라문(細羅紋)·추라문(麤羅紋) 등 25종으로 나누어 해설하기도 했다. 이어 그 밖의 지역 15곳에서 나는 벼루를 소개하고 있다.

또한 조선에서 가장 많이 쓰이고 가장 좋은 품질을 자랑했던 남포연을 포함한 여러 조선산 벼루와, 적간관(赤間關)에서 나는 벼루를 비롯한 일본산 벼루의 품등을 고찰한 다음, 도기로 만든 벼루와 옥·수정·은·구리·쇠 등으로 만든 벼루의 모양, 특성을 살펴보기도 했다. 이렇게 "벼루"에서는 총 18개의 표제어 중 8항목을 통해 벼루의 품등을 비교하고 자세히 설명하여, 벼루 제품의 다양성을 보여주고 있다.

더 나아가 풍석은 벼루 모양이 너무나 많아 획일적으로 논할 수 없다면서도, 모양에 따른 장단점과 예술적 완성도까지 논하고 있다. 또 벼루를 처음 쓸 때 밀납을 전체에 바르라는 등의 손질법이나 변색과 망가짐을 막기 위한 관리법에 대해서도 세세히 설명하고 있다. 황랍(黃蠟)이나 지렁이를 파잎 속에 넣어 생기는 액으로 깨진 벼루를 붙이는 법도 흥미롭다. 이어 벼루 보관함·벼루 병풍·연적 등 벼루 관련 소품의 모양과 특징을 소개하고 있다.

"종이"에서는 여러 재료로 종이 만드는 법을 소개하는 데 큰 비중을 두고 있다. 종이 제조법만 총 8개의 표제어에서 다루었다. 먼저 종이의 유래와 고금의 종이 종류를 망라하고, 이어 대나무종이·죽순종이·쌀가루종이·일용종이·삼종이·배접용종이·송전색(宋箋色) 제조법을 설명한다. 여러 색종이 제조법에서는 14종의 색종이 제조법을 해설하고, 종이를 두드려 건조시키는 법을 보여준다.

조선 종이의 품등에 대해서도 논했다. 일반적으로 우리는 조선 종이가 중국 종이에 못지않게 매우 우수했다고 알고 있고, 중국에서도 해동의 종이를 가장 귀중하게 여겼다는 기록들이 남아 있다. 그러나 풍석은 조선 종이가 중국산보다 품질이 떨어진다고 평가하고 있다. 중국 문인들이 고려 종이를 높게 쳤다고 해도 그것은 이미 고려시대의 것이고, 그것도 외국의 종이라서 귀하게 여겼을 뿐이라고 생각한 것이다. 비법 전수가 안 되어 제조 기술이 퇴보한 때문일 가능성도 일축하고 있다. 이 같은 입장은 붓과 종이에 대한 박지원의 태도와 일치한다. 박지원은 조선 종이는 두드리지 않으면

털이 일어나고 다듬이질을 하면 너무 굳고 미끄러워져 붓이 머물지 못하고 먹을 잘 빨아들이지도 못한다고 평가했다. "호남의 전주·남원·남평에서 생산되는 종이는 본래 나라 안에서 제일이라 했다. 그러나 까칠하고 뻣뻣한 것이 단점이다. 이 종이로 그림이나 책을 찍으면 책이 너무 무겁고, 그림을 표구하면 뻣뻣하고 거칠어서 접고 펴기가 불편하다."[9]는 것이다. 서유구의 평가이다. 중국산이라면 무조건 좋다는 인식 때문이 아니라 실제로 사용해보면 저절로 알게 되는 수준에서의 비교인 것이다.

'북지(北紙) 만드는 법'은 조선의 종이 제조법 중 유일하게 수록된 내용으로, 《산림경제보》를 인용했다. 이어서 일본의 종이 제조법과 일본 종이의 품등을 설명하고 있다.

종이 다루는 법에서는 종이가 잘 잘리게 하는 법, 먹이 잘 스미게 하는 법, 종이 주름 제거법, 말리는 법, 아교 없이 염색한 종이에 그림 그리는 법을 해설했다. 편지지에 대해서는 중국과 조선의 편지지와 편지봉투에 대해 설명하고, 조선에서는 편지지 낭비가 심하다는 점을 지적했다. 쌀가루를 종이에 발라 만드는 편지지 제조법도 아울러 소개했다. 문진(글 쓸 때 종이를 눌러 고정시키는 도구)에 대해서는 만드는 재료와 모양, 크기, 무게, 종류 등에 대해 설명했고, 압척(壓尺), 팔 받침대, 종이 광내는 도구, 종이 재단하는 칼, 가위, 풀 그릇, 봉투 붙일 때 쓰는 밀랍 녹이는 그릇 등 종이 제조 공정에 쓰이는 도구들의 재료, 모양, 크기, 용도 등을 해설해 놓았다.

"도장"을 만드는 재료는 금·옥·돌·도기 등이고, 손잡이 부분[印鈕]의 양식은 매우 다양하다. 전서(篆書)는 5자(字)를 많이 썼고 4자를 쓰기도 했다. 도장 새기는 법에서는 바른 획을 새기는 평도법(平刀法), 둥근 획을 새기는 쌍입정도법(雙入正刀法) 등 14가지의 도법(刀法)에 대해 설명하고 있다. 도

---

9 "湖南之全州, 南原, 南平産者, 素號國中第一而亦患橫悍蟲硬. 以之摹印圖籍, 則卷軸太重, 以之襯贉書畵則勁悍, 不便卷舒.《이운지》권4〈서재의 고상한 벗들 (하)〉"종이"'우리나라 종이의 품등'.

장에 기름과 인주가 많이 끼었을 때는 등잔과 향로에 담가 씻어내는 것이 가장 좋다고 했다. 인주 만드는 방법도 매우 다양해, 20여 가지 방법을 소개하고 있다. 특히 《소창청기(小窓淸記)》에서 인용한 방법들은 오사카본에는 수록되지 않은 것으로, 나중에 보완된 게 확실하다. 마지막에는 도장을 보관하는 도장갑과 인주를 담는 인주합의 모양과 품질을 논했다.

"서실의 기타 도구"에서는 의자에 앉아서 쓰는 책상, 누워서 책을 읽을 수 있게 만든 책상, 독서용 등불, 책장, 안경을 비교적 간략하게 다루었다. 안경에 대해서는 주로 《화한삼재도회》를 인용하여 일본 사례를 소개했는데 이를 통해 당시에 돋보기, 근시용 안경, 원시용 안경 등 눈 상태에 맞는 여러 용도의 안경을 제작했음을 알 수 있다. 안경에 기름이나 먼지가 묻었을 때는 재를 묻히거나 침을 뱉어 닦으라는 조언도 곁들이고 있다. 《금화경독기》에서 인용한 마지막 기사에서 풍석은 당시 조선에 안경을 끼지 않은 사람이 없을 정도로 안경이 퍼져 있다면서, 여름에는 수정 안경을, 겨울에는 유리 안경을 쓴다고들 했다. 조선에서도 경주에서 오수정(烏水晶)이 나기 때문에 그것으로 안경을 만들고 있지만, 중국산이나 일본산만큼 잘 만들지는 못한다는 말로 글을 맺는다.

권5는 〈골동품과 예술 작품 감상〉 상편으로, 구리·옥·도자기 골동품 및 금석문(金石文)과 묵적(墨蹟) 등 서예 작품에 관련한 온갖 사항들을 다루고 있다. 중국의 하·은·주 삼대와 진·한, 수·당시대 등의 구리 골동품을 다룬 "옛 동기"에서는 먼저 골동품의 이름, 문양, 관지(款識), 색, 두께, 비린내, 크기, 구리 주조물 제작을 위한 밀납 모형물에 대해 설명했다. 오랜 세월을 겪은 이런 골동품에는 많은 우여곡절이 서려 있어 푸닥거리도 필요하다고 했다. 또 하·은·주 삼대에 만들어진 기물의 특성을 논하면서 이후의 기물이 삼대의 기물에 미치지 못한 이유를 들기도 했다.

이어 옛 동기에 대한 선호도가 높을수록 모조품이 성행하게 된다며 수은과 석영을 섞은 약제를 이용하는 등의 모조품 제조법에 대해서도 매우 상세히 밝히고 있다. 옛 동기는 오랜 세월이 지나면서 본래의 용도와는 다르게 사용되기도 하는데, 정(鼎)이라는 식기가 분향 도구로 쓰이는 등의 경우가 그 예라 한다. 옛 동기를 보수할 때는 보수 목적으로 제조된 약을 바르고 암실에서 건조시키라고 덧붙여놓았다.

"옛 옥기"는 감황색을 제일로, 양지색(백색)을 그 다음으로 친다고 한다. 옛 옥기는 대부분 출토된 것으로, 흙에 부식된 토고(土古)와 시체에 침습된 시고(尸古) 두 종류가 있다. 한대의 옥기는 대부분 순장에 쓰였던 기물로서, 고아하고 속되지 않으며, 송대의 옥기는 한대의 것만큼 정교하지는 못하다고 평가하고 있다. 위조품을 잘 판별해야 하며 아름다운 돌이라고 해서 모두 옥이 아니니 자세히 구별해야 한다고 충고한다.

"옛 도자기"에서는 후주시대 도자기인 시요(柴窯), 송대 여주에서 시작된 여요(汝窯), 송대에 관에서 주관한 관요(官窯), 남송대에 용천현 형제 도공 중 형이 제작한 가요(哥窯), 송대에 정주 지방에서 만든 정요(定窯) 등 여러 도자기를 비교·품평하고 있다.

이상 골동품들에 대해서는 모두 중국 문헌을 인용했고, 조선의 골동품에 대한 언급은 일절 없다. 특히 도자기만큼은 고려청자나 조선백자를 소개할 법하지만 전혀 언급이 없다.

"법첩"은 모범이 되는 글씨를 모아놓은 첩에 대한 이야기이다. 법첩은 동기나 옥기와 달리 종이로 만들기 때문에 파손되거나 손실되기 쉽다. 게다가 귀중한 법첩은 부귀한 집으로 쏠리게 마련이고 그러다 큰 도적을 맞거나 수화(水火)를 입으면 한 순간에 다 잃어버리게 된다. 그 결과 친필 작품이 거의 남아 있지 않다. 그렇기 때문에 희소성으로도 서첩을 더욱 귀중하게 여겨야 한다고 했다.

법첩의 재료에 대해서도 설명하고 있다. 북지(北紙)는 무늬가 가로로 난 종이이다. 바탕이 거칠고 두터워 먹을 잘 받지 못한다. 북묵(北墨)은 송연(松煙)이 많아 색이 푸르고 옅으며 기름이나 밀랍과 어울리지 못한다. 남지(南

紙)는 무늬가 세로로 난 종이이다. 남묵(南墨)은 유연(油煙)이 많아 색이 순흑
색이다.

　법첩은 모조를 많이 하지만, 잘 살피면 진품과 모조품 구별이 그다지 어
렵지 않다. 특히 도장은 똑같이 만들 수 없어 구별하기 쉽다고 했다. 서화
(書畵)를 족자나 병풍으로 만들기 위해 종이나 비단 등을 쓰는데, 이 작업을
'표장(장황)'이라고 한다(지금은 일본식 표현인 '표구'라는 용어를 쓰고 있다). 표장은 오
랜 기간 보존하는 데 매우 중요한 과정이다. 이에 대한 자세한 설명과 함께
좀이 쏠지 않는 핵심 기술인 풀 쑤는 법에 대해서도 여러 방법을 가르쳐준
다. 이어 옛 글씨와 그림 씻는 법, 서화를 불로 펼치는 법, 좀을 막을 수 있
는 보관법, 원본에 손상이 가지 않게 펼치는 법을 소개한다. 또 서첩을 수
집함으로써 얻는 이익 5가지도 나열하고 있다.

　뒤이어 부록에서는 중국과 조선에 남아 있는 실제 작품을 소개하는 데
많은 분량을 할애하고 있다. 중국 작품으로는 〈석고(石鼓)〉·〈형악비(衡岳
碑)〉·〈역산명(嶧山銘)〉 같은 한나라와 당나라 이전의 금석문 48종과 〈계첩(禊
帖)〉·〈악의론(樂毅論)〉·〈동방선생찬(東方先生讚)〉 등의 수나라와 당나라 이후
의 각첩(刻帖) 72종을, 조선 작품으로는 〈최치원묘비(崔致遠墓碑)〉·〈진흥왕순
수정계비(眞興王巡狩定界碑)〉·〈본조천문도석각(本朝天文圖石刻)〉·〈황희묘비(黃喜
墓碑)〉·〈이순신묘비(李舜臣墓碑)〉 같은 금석문 203종과 〈김생서(金生書)〉·〈안평
대군서(安平大君書)〉·〈원교서(圓嶠書)〉 같은 묵적 8종을 소개한다. 이 작품들
에 대해 서유구는 작자와 작품의 유래, 특성, 실린 내용, 예술적 가치, 위
조 여부, 비평, 고증 등의 요소들로 설명하고 있다.

　권6은 〈골동품과 예술 작품 감상〉 하편으로, "명화"를 다루고 있다. 먼
저 그림을 소장하는 두 부류를 언급한다. 한 부류는 그림을 좋아하지 않지
만 돈이 많아 운치 있는 사람으로 보이기 위해 그림을 수집하는 이들로, 이
를 '호사가(好事家)'라 부른다. 그림을 독실하게 좋아하여 두루 보고 기록하
고 마음으로 깨닫고 그림을 그릴 줄도 아는 이들이 다른 한 부류로, 이들

을 '감상가(鑑賞家)'라 부른다. 풍석은 그림을 감상하는 법으로 그림에서 느껴지는 생동감, 필치, 필의(筆意, 작자의 의도) 등의 요소를 살펴야 한다고 조언한다. 또한 옛 그림의 진품은 더 이상 전하지 않음을 알고, 화폭으로 쓴 비단도 시대마다 다르다는 사실을 알면 진품과 모조품의 구별이 가능하다고 덧붙인다. 더 나아가 비단을 위조하는 법, 옛 그림의 색과 위조한 색을 구별하는 법도 세심히 알려준다.

그림의 가치에 대해서도 언급하고 있는데, 도교·불교 그림을 제일로 치고, 인물화, 산수화, 화조도, 말 그림 등의 순으로 쳤다. 옛 그림을 귀하게 여길 일이지만 반드시 시대를 따질 필요는 없다고도 말한다. 밑그림으로 전하는 작품도 생의(生意, 생동감)를 품고 있다면 보배롭다는 것이다.

역대의 그림에서는 당·송·원·명대 유명 화가들의 전문 분야를 특기하고서 간략하게 품평해 놓았다. 장황은 가능하면 적게 할수록 그림 훼손을 줄인다면서, 그림 훼손을 적게 하는 여러 가지 장황법을 소개했다. 그림은 방에 걸어 보름 정도 감상하는 것이 좋고, 그림 수준이 비슷한 작품을 걸어 놓아야 하며, 펼치고 거둘 때 유의해야 하고, 그림을 건 방에는 기름기 많은 향을 피우지 말아야 한다고 세심하게 조언하고 있다. 더 나아가 그림 보관법에 대해서도 여러 주의 사항을 적어놓고 있다.

이어 미불(米芾, 1051~1107)의 〈운기루도(雲起樓圖)〉, 조맹부(趙孟頫, 1254~1322)의 〈도적도(陶蹟圖)〉, 황도주(黃道周, 1585~1646)의 〈고송권(古松卷)〉 등 송·원대 이후의 그림 족자 51종과 조선 최고(最古)의 그림인 김정(金淨, 조선 초)의 〈이조화명도(二鳥和鳴圖)〉, 정선(鄭敾, 1676~1759)의 〈춘산등림도(春山登臨圖)〉, 김홍도(金弘道, 1745~1806)의 〈음산대렵도(陰山大獵圖)〉 등 조선 화첩 19종을 소개하고 있다. 여기서는 작가와 작품 내용, 예술적 가치, 화가의 특성 등을 해설하고 있는데, 특히 김홍도의 《음산대렵도》는 풍석의 소장품으로, 김홍도 자신도 득의필(得意筆)이라 자부할 정도로 힘차고 생생하게 그렸다고 평가했다. 조선 화첩의 기사는 모두 《금화경독기》에 실린 풍석 자신의 글이다. 젊은 시절부터 쌓아온 '감상가'로서의 그의 예술적 심미안이 돋보인다.

〈도서의 보관과 열람(도서장방)〉 상편은 "책 사기"와 "책 보관"에 대한 기록이다. 풍석의 집안은 당시 조선에서 다섯 손가락 안에 꼽히는 장서가로 알려져 있었다. 더욱이 풍석은 규장각에서 국가적 차원으로 진행한 편찬 사업에 주요 구성원으로 참여하기도 했다. 정조는 즉위한 지 얼마 되지 않아 전국의 판각 상태를 조사하여 보고토록 하고 이를 규장각에서 관리하도록 했다(1778년). 그리고 18년 뒤 규장각 대교(待敎)로 있던 서유구에게 명하여 이 정보를 책으로 간행하도록 했다. 서유구가 정조의 명으로 1796년에 편찬한 《누판고(鏤板考)》는, 전국에 분포된 서책 판각(板刻)의 종류와 분량, 그리고 책의 상태 및 소장처가 담겨 있어 서지학 분야에서 매우 중요한 책이기도 하다. 《누판고》 간행에 관해 정조는 다음과 같이 썼다.

무술년(1778)에 각 도에 명을 내려 공사公私 간에 소장하고 있는 책판을 모두 기록하여 올리도록 했다. 그리고 규장각에서 그 보존 상태를 관리하도록 하였으니, 이때가 되어 성조(聖祖, 즉 세조)께서 뜻하신 일과 어진 재상의 계책이 비로소 질서 정연하게 모두 갖추어져 환하게 구비되었다.
병진년(1796)에 다시 각신(閣臣) 서유구에게 명하여 중앙과 지방의 《장판부(藏板簿)》를 가져다 유별로 분류하고 목록을 작성하되, 책마다 반드시 편찬자의 성명과 의례(義例)의 대략적인 내용을 표시하고 권질(卷帙)의 수효와 판본의 소재를 빠짐없이 자세히 기재하도록 했다. 그런데 이 책은 오로지 목판본만을 대상으로 했기 때문에 《누판고(鏤板考)》라 했다.[10]

---

10 "戊戌, 下諭諸道, 公私所藏刊書板本, 並令計開錄上. 自本閣考察其存佚, 蓋至是而聖祖之志事, 賢輔之訏謨, 始綱擧目張, 燦然大備矣. 歲丙辰, 復命閣臣徐有榘取中外藏板簿, 分門類次, 彙成目錄, 每一書, 必標其撰人姓名義例大致, 而卷帙之多寡, 板本之所在, 無不備著而該載, 爲其專錄剞劂之本, 故曰《鏤板考》." 《홍재전서》 제184권 〈군서표기(羣書標記) 6〉 "명찬(命撰) 2" '누판고 鏤板考 7권'. 한국고전번역원 《한국고전종합DB》를 참고하여 필자가 조금 수정했다.

이때 편찬한 《누판고》의 내용 중 많은 부분이 《이운지》 권6 "서울 이외의 곳에 소장된 목판"에 편입되었다. 《누판고》가 규장각 각신(서유구를 포함하여)들이 편찬했다고 주장한 서지학자 박문열의 결론[11]은 재고되어야 한다. 《누판고》가 풍석의 저술임은 《임원십육지 인용서목》의 끝에 분명히 기록되어 있다.[12]

장서가의 집안에서 자랐고, 규장각의 편찬 사업을 통해 책 만드는 일과 책을 구입하여 보관하는 일 등에 경험이 풍부했던 풍석은 이미 당대 최고의 전문가 반열에 있었다. 따라서 풍석이 엮어놓은 이 〈도서의 보관과 열람(도서장방)〉에서는 풍석의 독특한 서적관을 들여다볼 수 있다.

풍석은 "책 사기"를 책 구하는 8가지 방도와 3가지 기술로 시작하는데, 다양한 주제의 책을 될 수 있으면 많이, 그것도 대를 이어서 구해야 한다고 말한다. 책을 살 때는 판각과 인쇄 상태를 보고, 목록을 보고, 편간의 낙질 여부만 확인해야지, 종이의 좋고 나쁨은 따지지 말아야 한다고 조언한다. 책은 경학서, 역사서, 전문서, 문집류, 잡찬류, 소설류의 순으로 가치가 있고, 저술 연대가 오래된 책일수록 가치가 있다고도 했다.

책의 위작은 경학[經]·역사[史]·전문[子]·문집[集] 네 부류 중 전문서에서 가장 많이 나온다고 한다. 위작에도 매우 다양한 층차가 있다면서, 그 층차를 일일이 거론하며 해당 서적을 지적하기도 했다. 또 책 내용은 같지만 제목이 다른 경우, 제목은 없어지고 내용만 남은 경우, 한 책이 제목을 달리하여 나오는 경우 등이 있으니, 책 제목과 내용을 잘 조사해야 책 한 권의 진실을 얻을 수 있다고 기록하고 있다. 책에는 먼저 구입해야 할 것과 나중에 구해도 될 것이 있으니 구입의 완급을 조절하는 데에도 유의해야 한다고 충고한다.

11 朴文烈, 《京外鏤板》과 〈鏤板考〉와의 關係》, 《淸州大學校 論文集》 18輯, 淸州大學校, 1985, 118쪽.
12 《임원십육지 인용서목》 참조.

이어 고서를 유통하는 법과 송·원대의 판각본에 대해 논하면서, 판각 지역으로 오(吳)·월(越)·민(閩) 세 곳을 꼽고, 판각의 정밀함, 다양함 등의 특성을 가지고 품평했다. 또 인쇄지에 대해서도 각지의 유명한 종이의 종류를 들어 그 장단점을 논했다. 책을 판매하는 곳들의 성격과 책 가격을 어떻게 매기는지에 대해서도 언급했다. 인쇄술이 없던 시절, 즉 당나라 이전은 서책이 모두 필사본이어서 책 소장자들이 아주 귀하게 여겼으며 따라서 그 가치도 높다고 했다.

"책 보관"에서는 책 관리를 위한 건물이나 상자 등은 물론, 분류법과 훼손 방지법 등을 다루고 있다. 우선 책을 보관하는 장서각은 고지대에 통풍이 잘 되며 남향인 건물이 최적지라고 했다. 장서각을 짓는 방법에 대해서는《이운지》권1에서 이미 소개한 바가 있는데, 여기서는 장서각을 지을 때 서양 건축법을 본받아 가급적 벽돌로 지으라고 하면서도 목재를 쓰지 않을 수 없는 점을 지적했다. 이때 목재는《섬용지》권1의 '오래가는 집 짓는 법'에서 설명한 대로 법제한 회반죽을 바름으로써 처리하는 것이 좋다고 권유했다. 책 상자는 4~5칸으로 나누고, 필요에 따라서는 자물쇠 장치를 하며, 내외에 칠을 하여 부패를 막아야 한다고 했다. 또한 조선에서 나온 책은 거칠고 무겁기 때문에 중국본과 함께 책 상자에 보관할 수 없다며 그냥 서가에 올려놓으라고 덧붙였다.

책을 보관할 때는 경(經)·사(史)·자(子)·집(集) 4부로 분류하거나 이에 더해 예(禮)·지(志)·류(類)로 세분한 뒤, 부별로 찌의 색깔을 달리하여 간단한 메모를 해두라고 했다. 좀벌레를 막기 위해 특정 나뭇잎을 책갈피 삼아 꽂아두거나, 햇볕을 쪼이는 등 책 관리법도 세심하게 기록해놓았다. 책을 소장할 때는 적어도 세 가지 이본(異本)을 갖추어, 이본마다 차이 나는 내용을 교감(校勘)할 수 있어야 한다고 했다. 그리고 책의 출납사항을 엄격히 관리하여 책의 분실이 없도록 각별히 신경쓰라고 했다. 장서의 목록 작성법에 대한 여러 견해도 상세히 밝히고 있다. 부잣집에서는 하찮은 물건이라도 재산 목록에 적어 관리하는데, 몸을 맑게 하고 자손을 교육시키는 데 필수인 책의 목록을 갖추는 것을 늦춰서야 되겠느냐며 책 분류에 대한 여러 견해와 분류 분야를 간략히 설명하고 목록 체제를 잘 갖출 것을 당부했다.

권7은 〈도서의 보관과 열람(도서장방)〉 하편으로, 책 인쇄와 제본, 그리고 목판 소장처를 다루었다. "침인(鋟印, 판각과 인쇄)"에서는 우선 어떤 나무가 판목으로 좋은지, 나무를 어떻게 다루어 목판을 만드는지 등을 설명한다. 목판은 작게 만들어야 나무와 종이의 낭비를 막을 수 있으며, 한 행에는 19~20자를 쓰는 게 좋다고 했다. 또 해인사 대장경판은 600년이 흐른 당시에도 새것과 같다면서 인쇄를 마친 뒤에는 판목을 잘 씻어 높고 건조한 곳에 보관하라고 제안했다.

활자는 특히 우리나라에서 성행했는데, 태종 때 주자소를 설치한 이래 정조 때에도 활판을 이용해 책을 간행했으며 1795년에는 목활자와 동활자를 각각 15만자씩 만들어 이를 생생자(生生字)라고 했던 역사적 사실도 밝히고 있다. 개인 활판 소장자도 있어서 민간에서 문집이나 족보를 간행할 때 10분의 9가 모두 활판을 쓸 정도라고 했다. 이어 송나라 때 흙을 구워 만든 교니활자(膠泥活字)의 활용법을 심괄(沈括)이 지은 《몽계필담》을 인용해 얘기하고, 목각 활자 활용법도 《왕씨농서(王氏農書)》를 통해 설명했다. 목각 활자에 대해서는 특히 활자 만드는 법을 알려주면서 운서(韻書)에 나오는 글자 배열을 몇 가지 예시한 뒤, 이를 본받아 조자(造字)하도록 했다. 이어서 배열하는 운(韻)에 따라 글자를 배치할 수 있는 기구 만드는 법을 그림과 함께 설명했다.

풍석은 중국의 사상 최대 편찬사업 결과물인 《사고전서(四庫全書)》를 만드는 데 쓴 활자판도 소개했다. 이 활자판을 취진판(聚珍版)이라 하는데, 취진판을 만들고 활용하는 방식을 15개의 조목으로 나누어 7개의 그림과 함께 해설했다. 이때 제작한 목활자만 해도 총 25만 여 자에 이른다. 《사고전서》 편찬에 활자를 씀으로써 목판의 재료인 대추나무와 배나무를 아낄 수 있었

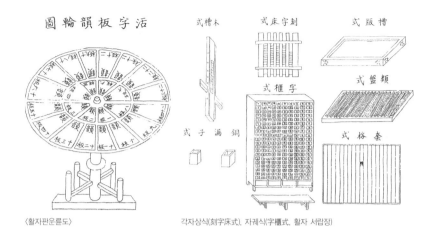

〈활자판운륜도〉　　　　　각자상식(刻字床式), 자궤식(字櫃式, 활자 서랍장)

고 짧은 시일에 적은 인력으로 신속히 인쇄할 수 있었다고 한다.

책을 인쇄한 뒤에는 "장황(裝潢)", 즉 제본을 해야 한다. 우선 '장황용 종이 만드는 법'에서는 표지 색깔을 어떤 것으로 하느냐에 따라 각기 다른 제작법을 설명하고 있고, 조선본 책표지 제조 방식도 소개하고 있다. 이어 책을 묶는 요점을 10가지로 정리하고 책함과 나무 책갑, 기타 책 휴대용 도구들을 만드는 법과 그 종류에 대해 해설하고 있다.

"경외누판(京外鏤板, 서울 이외의 곳에 소장된 목판)"에서는 《삼경사서언해》(선조 때 봉교찬奉敎撰)[13]·《입학도설》(권근)·《가례집람》(김장생)·《악학궤범》(성종 때 봉교찬) 등 경전류 39종, 《사기평림》(명나라 능치륭凌稚隆)·《용비어천가》(세종 때 봉교찬)·《경국대전》(세조 때 봉교찬)·《기자외기》(서명응) 등 역사류 78종, 《동몽수지》(노수신 주註)·《성학집요》(이이)·《일성록》(홍석)·《무예도보통지》(정조 때 봉교찬) 등 제자류 105종, 《초사》(송나라 주자 주)·《삼봉집》(정도전)·《난설헌집》(허난설헌)·《서계집》(박세당) 등 문집류 300종으로 총 522종의 목판을 소개했다. 각 판본 소개에서는 책명, 권수, 편찬 시기, 편찬자, 소장처, 목판 상태, 인

---

13 봉교찬 : 왕명을 받들어 편찬함.

쇄한 종이의 수 등에 관한 정보를 수록했다. 풍석이 편찬한 《누판고》에 경전류 47종, 역사류 74종, 제자류 105종, 문집류 304종 등 총 530종과 어찬(御撰, 국왕 편찬) 및 어정서(御定書, 국왕의 지시로 편찬한 책) 66종이 실려 있는 것으로 볼 때, 어찬 및 어정서를 제외한 거의 대부분의 정보를 여기에서 들여왔음을 알 수 있다.

"경외누판(京外鏤板, 서울 이외의 곳에 소장된 목판)"을 매우 치밀하게 분석한 연구도 있다. "경외누판"과 《누판고》의 관련성을 논구한 이 논문에서는, 이 두 문헌의 편찬자와 편찬 시기, 수록 범위, 분류체제, 해제 형식, 서명의 처리, 저자사항, 권수사항, 책판의 상태 등 내용 전체를 세밀히 비교·분석했다.[14] 그 결과 "경외누판"은 서유구가 1790~1796년 사이에 편성했고, 《누판고》는 "경외누판"을 저본으로 규장각 각신들이 수정·보완하여 1796년에 편성했다고 결론지었다.[15] 또 다른 논문[16]에서 박문열은 "경외누판"이 "책판 목록만을 위한 완벽한 서지기술법(書誌記述法)을 전개함으로써 《누판고》의 편찬에 자못 큰 영향을 미쳤음을 알 수 있고, 동시에 그(서유구)의 서지학자로서의 일면을 엿볼 수 있는 것"[17]이라고 평가했다.

방대한 분량을 글자 하나까지 놓치지 않고 분석했기 때문에, 우선 이 연구들은 높이 평가할 만하다. 그러나 연구의 결과로 내린 결론은 재고의 여지가 있다. 우선 박문열은 《누판고》의 저본이라고 판단한 "경외누판"을 독립된 저술로 보려 했다. 논문 전체에서 "경외누판"을 《누판고》와 같은 저술로 취급했던 것이다.[18] 하지만 "경외누판"은 독립된 단행본이 아니다. 《임원경제지》의 14번째 지인 《이운지》의 권7에 부록으로 수록된, 《이운지》의 52

---

14 朴文烈, 위의 글, 92~120쪽.

15 朴文烈, 위의 글, 118쪽.

16 朴文烈, 《京外鏤板》 考, 《人文科學論集》 4輯, 淸州大學校 人文科學硏究所, 1985년, 141~175쪽.

17 朴文烈, 위의 글, 173쪽. 원문의 한자는 가독성을 위해 필자가 한글로 바꾸었다.

18 논문의 제목에서도 '누판고'와 같이 단꺾쇠를 사용해 〈京外鏤板〉으로 표기했고, 논문 전체에도 이러한 표기는 변함이 없다.

개 소제목 중 하나일 뿐이다.

다음으로, "경외누판"에 담은 내용의 출처를《누판고》라고 적어두었다는 사실을 기억해야 한다.《임원경제지》의 편집 형식을 볼 때,《누판고》로 적었으면 그 출처가《누판고》일 가능성이《누판고》이전의 정리본일 가능성보다 더 크다. 다만 오래전에 편찬한《누판고》를 옮기는 과정에서 일부 내용을 수정하거나 삭제할 수는 있다.

셋째,《임원경제지》편찬 시기를 염두에 두어야 한다.《임원경제지》는 1806년 풍석이 자신의 고향인 장단으로 돌아간 뒤부터 저술하기 시작한 것이다. 그렇다면《누판고》라는 좋은 정리서를 두고 정리 차원에서 모아놓은 이전 자료를 참조했을 가능성은 높지 않다. 더군다나 박문열의 견해와는 달리,《누판고》는 풍석이 정조의 명을 받아 편찬한 것이다. 자신이 편찬한 책을 두고, 정리가 덜 된(만약에 그 정리본이 있었다면) 자료를《이운지》에 그대로 수록하지는 않았을 것이다.

이런 정황과 관련하여 참조할 만한 대목이《향례지》의 권1·2에 수록된 '새로 정한 향음주례'와 '새로 정한 향사례'이다. 〈향례지 해제〉에서 이미 밝혔듯이, 이들 표제어를 통해 소개한 내용은 풍석이 정조의 명으로《향례합편(鄕禮合編)》(1797)을 편찬하는 과정에서 자신이 새로 만들어본 향음주례(鄕飮酒禮)와 향사례(鄕射禮)였다. 정조의 반대로《향례합편》에 이 내용이 실리지는 못했지만, 풍석은 정조가 자신의 새 시도를 평가한 정황과 20여 년이 지난 뒤의 감회를 자신의 저술《금화지비집》에 적어두었다. 그리고 자신이 만든 두 의례에 관한 절차("신정향음향사의新定鄕飮鄕射儀")를 그대로 이어 실었다. 이 내용은《향례지》에 다시 실렸는데, 인용문헌이《금화지비집》이라고 적혀 있다.

"경외누판"도 이와 비슷한 성격의 기사다. 차이라면《향례지》의 기사는《향약합편》에 실리지 않았던 반면《이운지》의 "경외누판"은《누판고》에 수록되었다는 점뿐이다. 국가 편찬 사업 과정에서 찬술한 풍석 자신의 글이

《임원경제지》의 각 해당 지의 취지에 맞게 수록되었다는 점은 같다. 이상의 이유로 나는 《누판고》가 《이운지》 권7의 '경외누판'의 저본이라고 판단한다.

이상의 권6·7에 걸쳐 다룬 〈책의 보관과 열람〉은 책에 대한 풍석의 남다른 애착과 전문적 식견을 보여주는 부분이다. 단순한 호사가가 아니라 당대 최고의 서지학자로서 책의 수집 방법과 출판 및 책 정리법 등을 세밀하게 논하고 있다. 박학에 대한 그의 이 같은 열망과 추구를, 일각에서는 단순한 정보 전달 차원을 넘은 "학문 운동의 일환"이라고 평가하기도 한다.[19]

권8은 〈한가로운 삶의 일과(연한공과)〉, 〈명승지 여행〉, 〈시문과 술을 즐기는 잔치(문주연회)〉, 〈각 절기의 구경거리와 즐거운 놀이〉 등 4개의 대주제가 내용을 이끌고 있다. 모두 일상과 여가의 휴식에 관한 정보들이다.

〈한가로운 삶의 일과(연한공과)〉에서는 먼저 서재에서 한가로울 때 하는 일들을 나열한다. 즉 한가로운 정도에 따라 잔일을 하거나, 서안을 정리하거나, 벼루를 씻거나, 글자를 모사하거나, 시문을 짓거나, 졸거나, 누워있거나, 단편 글을 보거나, 장편 글이나 주석서를 보거나, 명상하거나, 벗들과 맑은 담소를 나누거나, 술을 조금 마시거나, 정원을 손질하거나, 금琴을 연주하거나, 향을 사르고 차를 달이거나, 바둑을 둔다. 또 닭 울음에 일어나서는, 온몸을 깨우는 운동을 함으로써 하루를 시작하고, 잠들 때까지 평온한 일상을 보내는 법에 대해 서술하고 있다.

여기에다 계절에 따라 다른 사계절의 일과와, 시時가 지남에 따라 다른 하루 일과를 보완했다. 모두가 몸을 해치지 않고 하루를 여유 있게 보낼 수 있는 방법들이다. 요즘처럼 일상이 바쁘게 돌아가는 시대에는 결코 누릴 수 없는 호사이면서도, 보기에 따라서는 일의 진척이 매우 느린 '게으른 삶'일

---

19 서적 수집과 정리법에서 보이는 태도에 대해서는 김대중, 《풍석 서유구 산문 연구》, 서울대 박사 학위 논문, 2011, 48~66쪽에 상세히 논증되었다.

수 있다. 그러나 최근 피곤한 현대인의 삶에 대한 자각과 반성에서 '슬로푸드'니 '슬로시티'니 하는 말이 유행하는 것을 보면 이는 느린 삶을 '게으르고 미개한 삶'이라 매도하며 버렸던 지난 세기의 '속도전'에 대한 반동이라 할 수 있고, 〈일상 즐기기〉에서 풍석이 그려낸 여유로운 일상이야말로 이제는 더 이상 '야만'으로 매도할 수 없는 느린 삶의 모델로 볼 수 있을 것이다.

〈명승지 여행〉에서는 행장을 일별한 후, 여행 중에 생길지 모를 불의의 사고에 대비해 주문과 부적, 긴급한 상황 대처법을 소개한다. "여행도구"에서는 먼저 《섬용지》 권4 〈탈 것〉 "여러 여행 도구"와 서로 참조해서 보라고 언급하고, 여행 때는 일행이나 행장이 많아서는 안 된다고 말했다. 그러고는 여행 수단인 여행용 수레와 등산용 가마의 용도, 구조, 만드는 법, 이용법에 대해 설명했다.

이어서 방한 두건, 여행용 신발, 미끄럼 방지를 위한 징 박은 신발, 지팡이, 술잔과 물잔, 약상자, 호리병박, 시를 써서 주고받을 수 있는 시통, 시를 쓰는 종이, 시를 쓰기 위한 운(韻)이 적힌 운패, 술통, 차 도구, 휴대용 찬합인 제합(提盒), 휴대용 화로인 제로(提爐), 작은 물건들을 담는 상자인 비구갑(備具匣), 옷 상자, 경치 좋은 곳에 까는 방석, 모기나 바람을 막기 위한 텐트, 향을 피울 재료를 담는 향구, 그릇이나 음식 일체를 수장하는 호리병 모양의 합과 등나무 합, 행장 상자 등 행장을 하나씩 소개했다. 이들을 소개할 때는 재료·모양·용도·제조법·예술적 가치·사용법·효과 등과 관련한 정보를 알려주었다.

이 중 풍석이 《금화경독기》에서 소개한 술통은 눈여겨볼 만하다. 둥글고 납작한 모양을 한 이 술통은 유랍(놋쇠)으로 만든다. 나선형 주둥이가 마개와 맞물려 술이 조금도 새지 않는다. 지금 보편적으로 쓰이는 돌리는 병마개가 당시에도 쓰였던 것이다. 또한 대롱을 마개 중앙에 끼워 술을 빨아 마실 수 있게 했기 때문에 술잔을 쓰지 않고도 말 위에서 마실 수 있었다. 당시 이 같은 술통이 사용되었다는 사실에서, 20세기 후반에야 보편화된 병

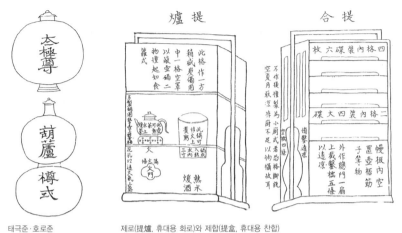

태극준·호로준   제로(提爐, 휴대용 화로)와 제합(提盒, 휴대용 찬합)

마개와 빨대가 이미 2세기 전에 활용되고 있었음을 확인할 수 있다. 이어 또 다른 술병을 소개하는데, 납작한 박으로 만든 태극준(太極樽)과 크고 작은 호리병을 연결해 만든 호로준(葫蘆樽)은 아예 그림과 함께 해설해놓았다.

휴대용 찬합과 휴대용 화로에 대해서도 그림을 첨부해 그 제조법과 이용법을 설명하였다. 휴대용 찬합은 오늘날의 중국집 철가방과 비슷하게 생겼으면서도 칸 수가 많다. 총 7칸으로 만들어진 이 속에는 술잔 6개, 호리병 1개, 젓가락 6벌, 접시 6개 등이 들어가며 접시에는 과일, 생선, 채소 같은 안주를 담아놓을 수 있다. 이어서 보여주는 휴대용 화로는 합 속에서 숯불로 물을 끓일 수 있도록 설계되어 있다.

이상에서 소개한 행장 중 상당 종류의 도구는 풍석의 《금화경독기》에서 제안한 내용으로 채워졌다. 서유구는 노는 데 필요한 도구에도 관심이 남달랐던가 보다. 이 역시 《섬용지》 저술을 위해 워낙 많은 도구를 제작하면서 쌓은 노하우의 연장선상에서 이해해야 할 것이다.

여행을 하다 보면 산에 오르거나 물을 건너는 일이 생기는데, 이때 불의의 사고를 당하는 일이 많았다. 따라서 여행할 때는 병을 얻거나, 다치거나,

〈오악도〉

놀라 불안해하거나, 귀신불을 보거나, 도깨비 소리를 듣거나, 짐승을 만나거나, 독충에게 물리는 등의 일에 대비하기 위해 목욕재계를 하고 부적이나 오악도(五嶽圖)를 지니도록 했다. 오악도는 그것을 지니면 귀신과 짐승을 물리칠 수 있다는, 중국의 다섯 산을 도식화한 일종의 부적이다.

산에 들어갈 때 필요한 주문도 있다. 주문을 외면서 정해진 제식 행위를 하거나, "임병투자, 개진열전행!(臨兵鬪者, 皆陳列前行! 전투에 임한 자 모두 늘어서서 앞으로 나아가라!)"이라는 9자를 외거나, "의방(儀方)" 2자를 외면 뱀을 물리칠 수 있다. "의강(儀康)"을 외면 호랑이를 물리치고, "임병(林兵)"을 외면 온갖 사악한 것을 물리칠 수 있다. 붉은색으로 쓴 '우(禹)' 자를 지닌 채 물을 건너면 길하고, 손바닥에 '토(土)' 자를 쓰고 배에 타면 내릴 때까지 두려움이 없다. 하지만 왜 이런 효과가 나는지는 밝혀놓지 않았다.

현대인들에게는 황당무계하게 보일 수 있는 부적이나 주문 행위를, 풍석처럼 합리적으로 보이는 사람이 버젓이 《이운지》에 수록해놓았다는 사실에서 당시 합리성의 범위를 추측할 수 있다. 풍석은 분명 이런 행위가 도움이 된다고 믿었을 것이다. 지금 사람들이 생각하는 합리성과 옛날 동아시아인들이 받아들인 합리성의 기준이 달랐던 것이다.

"기타 사항"에는 여행할 때 생기는 여러 위기 상황을 넘기는 법에 대한 조언들을 담았다. 산 귀신을 물리치기 위해 거울을 등에 단다거나, 뱀이나 독충에 물렸을 때 웅황(雄黃)가루를 상처에 바른다거나, 참깨·찰벼가루와 대춧물을 섞어 만든 환을 복용하여 허기를 없앤다거나, 방풍초(防風草)와 세신초(細辛草)를 찧은 가루를 신발 바닥에 먹여 먼 여행 중 발을 보호한다거나, 짐승을 불러들일 수 있으니 노래는 밤에 부르지 않는다거나, 말안장에 얹은 등자를 두드려 도깨비불이 사라지게 한다거나, 계란과 향가루 섞은 것을 물속에 풀어 물을 건널 때 바람과 파도를 두려워하지 않게 한다거나, 배가 없을 때 공기를 채운 말린 돼지 오줌통 10여 개를 서로 묶어 물을 건넌다거나 하는 등의 해결책이 바로 그것이다. 또 입산을 피해야 할 달과 날을 아주 상세하게 알려주고 있다. 왜 피해야 하는지에 대한 논리적 설명은 역시 없고 달과 날을 지정해놓았을 뿐이다.

지금 사람들에게도 그럴듯해 보이는 설명이 있는가 하면, 역시 앞에서처럼 '말도 안 된다'며 손사래 칠 부분도 있다. 농업과 관련된 점후로 채워진 《위선지》에도 우리가 논리적으로든, 상식적으로든 도저히 이해할 수 없는 언어가 무수히 적혀 있다. 비단 《위선지》와 《이운지》의 이 대목들뿐만이 아니다. 《본리지》의 농사짓는 과정에도, 《섬용지》의 기물 제작법에도, 《보양지》와 《인제지》의 병 예방과 치료법에도, 《상택지》의 좋은 집터를 찾는 방법에도 현대인이 받아들이기 힘든 내용이 여기저기 산재해 있다. 그러나 당시 조선인들에게는 이 모든 것들이 이상한 얘기가 아니었다는 사실에 주목해야 한다. 우리가 지금 '미신'이라고 치지도외하는 많은 행위가 풍석에게는 미신이 아닌 그럴 만한 이치가 있는 것들이었다. 인과관계에 대한 이해나 세계관이 전혀 달랐기 때문일 것이다. 옛 시대를 이해하기 위해서는 과거의 자료를 우선 있는 그대로 받아들이고 그들의 의식 세계의 구조를 규명할 일이지만, 필자로서는 아직 그럴 능력이 없어 이렇게 서술만 할 뿐이다.

〈시문과 술을 즐기는 잔치(문주연회)〉는 "유상곡수(流觴曲水)", "투호", "구후사(九侯射)", "시패 놀이", "남승도(攬勝圖)" 등 5가지 놀이에 대한 이야기이다. 옛사람의 풍류를 엿볼 수 있는 흥미로운 내용이 많이 들어 있다. "유상곡수"는 술 마실 사람이 굽이진 시내에 술잔을 띄운 다음 산가지를 상류의 물로

有初貫耳　散筒　連中　橫壺　橫耳　連中貫耳

투호격도(投壺格圖)

던져 정한 규칙대로 흘러가지 않는 산가지 수만큼 술을 마시는 놀이이다.

"투호" 놀이는 인원과 도구, 음악 연주와 노래, 호壺에 들어간 화살에 점수 매기는 법 등 규정과 절차가 매우 복잡하다. '그림으로 보는 투호놀이 규칙'에서는 화살이 들어간 모양의 20가지 사례를 들어 점수를 어떻게 계산하는지 알려준다. 총 120개의 화살을 먼저 넣는 사람이 이긴다. 투호 의례를 자세하게 규정한 사마광(司馬光, 1019~1086)의《투호의절(投壺儀節)》에서 이 내용을 인용했다.

"구후사"는 큰 과녁에 다시 9개의 작은 동물 과녁을 설치해놓고 활 쏘는 놀이다. 한가운데 과녁은 다른 것보다 크게 만들어 곰을 그려 붙이고, 주위에는 나머지 동물들을 그린 8개의 과녁을 붙인다. 과녁을 맞힌 사람이 미리 정해놓은 산가지의 수만큼 술을 마신다. 단, 가운데 과녁인 곰을 맞추면 참석자 모두 술을 마셔야 한다. 과녁을 맞힌 사람이 술을 마시니, 승부도 없고 상벌도 없다. 따라서 다툼이 일어날 일이 없어 군자의 놀이라 할 만하다고 했다.

"시패 놀이"는 시패(詩牌)를 참가자에게 돌려 시를 짓게 한 뒤, 지은 시로 우열을 가리는 놀이이다. 시백(詩伯, 시패 놀이 진행자)의 주도로 운을 나누고 시 제목을 붙인 뒤, 600개의 시패 중 시백이 뽑아 건넨 시패의 글자로 시를 짓

〈구후도식(九侯圖式)〉

는다. 시를 다시 짓거나, 상대방이 읊은 시의 미비점을 보완하거나, 제목이나 운을 바꿔 짓거나, 우수리 패나 죽은 패로 시를 짓는 등 여러 방식으로 놀이를 진행할 수 있다. 상벌에 대한 규정은 따로 없어 참석자들이 정하면 된다.

"남승도"는 주사위 놀이의 일종으로, 주사위를 던져 나온 숫자에 따라 도판에 적힌 명승지를 유람하듯 옮겨가는 놀이이다. 먼저 송별 장소로 유명하던 노로정(勞勞亭, 지금의 남경시 서남쪽)이 출발지이고, 종착지는 장안(長安)이다. 전별주를 마시고 전별시를 지은 후 유람을 떠나, 출발지를 포함한 총 111개 명승지를 거쳐야 한다. 놀이 참가자는 6인으로 주사위 숫자에 따라 역할이 부여되는데, 어부(漁父)·우사(羽士)·검협(劍俠)·미인(美人)·치의(緇衣)·사객(詞客)이 그것이다. 각 명승지는 유래가 있어 특정 역할을 맡은 이가 특정 지역에 도착하거나 명승지와 관련된 고사에 얽힌 두 사람이 만나면, 시를 짓고 술을 마시는 규칙들이 정해져 있다. 먼저 도착한 이가 승자가 되어 술잔 돌리는 일을 주관하고, 꼴찌는 큰 술잔에 한 잔을 벌주로 마셔야 한다.

'블루마블(Blue Marble)' 같은 보드 게임이나 어린 시절 많이 했던 주사위 놀이의 여러 버전을 연상하면 짐작이 쉬울 것이다. 그러나 술 없이는 진행하지 못한다는 점과 여정지에서 시를 지으면서 진행하는 점에서 어른들의 놀이임에는 분명하다. 다만 여러 명승지를 간접적으로나마 경험할 수 있고, 고사(古事)에 얽힌 사연들을 자연스럽게 습득할 수 있어 교육적 효과를 무시할 수 없다.

서유구는 이 조선판 '블루마블'을 아들과 육촌 동생, 집안 조카에게 권유하기도 했다. 공부에만 매진하는 아들과 아들 또래의 두 친지에게, 놀이의 유흥을 즐기면서 중국 유람이나 '마음껏' 해보라는 아버지의 마음 씀이 배어 있다.

> 경진년(1820)에 아들 우보(宇輔, 1795~1827)가 6촌동생 치간(穉艮, 서유긍徐有肯, 1794~1822), 집안 조카 치익(穉翼, 서지보徐芝輔, 1795~1860)과 함께 난호초당(蘭湖草堂)에서 공부를 했는데, 부지런히 노력할 뿐 다른 데는 신경쓰지 않았다. 나는 이들의 도량이 좁아질까 걱정하여 장조(張潮, 1650~?)의 《단궤총서檀几叢書》에 실린 〈남승도〉를 건네주어, 그 규칙대로 술을 마시며 시를 짓게 했다. 시집이 완성된 뒤에 가져다 보니, 북쪽으로는 연계燕薊를 지나갔고 남쪽으로는 오초吳楚를 다 보았으며 서쪽으로는 파촉巴蜀에 당도했다. 그리고 교외의 누대, 물가의 정자, 도관道觀과 사찰 등의 승경지를 남김없이 구경했다. …중략… 나는 늙고 병들어 궁벽한 시골에 칩거하고 있다. 비록 감악산이나 소요산 같은 주변의 명산은 내가 발돋움을 해서라도 쳐다볼 수는 있지만, 이 또한 바다 밖의 세 산이나 다름없으니 쳐다볼 수는 있어도 갈 수는 없다. 그러니 너희들이 〈동국남승도東國攬勝圖〉를 만들어봐서 술 마시며 시 짓고 논 뒤, 내가 그 시집을 눈여겨보면서 누워 유람할 수 있게 하면 좋겠구나.[20]

---

20 "歲庚辰, 兒子宇輔與再從弟穉艮、族子穉翼, 攻業于蘭湖草堂, 矻矻無二事, 余懼其局也, 授以張氏叢書所載攬勝圖, 使按式飮而賦之. 旣成取見之, 則北過燕薊, 南盡吳楚, 西抵巴蜀. 凡郊臺、水榭、仙宮、梵廬之勝無遺焉.(중략) 吾老且病, 閉戶荒陬. 雖域內名山如紺嶽、逍遙, 企余望之, 而亦如海外三山, 可望不可卽. 汝曹試作東國攬勝之圖, 飮酒賦詩, 使我寓目而臥遊焉, 其可矣."《金華知非集》卷9〈雜著〉'題攬勝圖詩卷'《韓國文集叢刊》288, 479). 번역은 김대중, 《풍석 서유구 산문 연구》, 103쪽 참조.

이 글은 풍석이 이렇게 권유한 남승도 놀이의 결과물로 만들어진 〈남승도 시집〉을 읽은 뒤 쓴 제사(題辭)이다. 여기에는 중국의 남승도에 머물지 말고 조선의 남승도를 만들어 우리의 산수를 간접 유람할 수 있도록 해보라는 제안이 들어 있다. 《이운지》에 중국 남승도는 그대로 들어왔지만, 조선 남승도는 없었다. 풍석이 중국의 문화와 문명을 조선에 맞게 토착화하려 한 노력의 결과물은 《임원경제지》 곳곳에 들어 있다. 이 글을 통해 선비들의 작은 놀이에 불과할 수 있는 〈남승도〉 하나도 '우리 식'을 마련하고자 했던 그의 마음을 엿볼 수 있다.[21]

마지막 주제인 〈각 절기의 구경거리와 즐거운 놀이〉는 세시 풍습과 각종 모임에 대한 해설이다. 먼저 월별로 있는 행사를 소개하고 있는데 중국의 행사 74개와 쑥국놀이·화전놀이·관등놀이·유두놀이·호미씻이놀이 등 조선의 놀이를 포괄하고 있다. "절일의 세부 내용"에서는 총 41개의 절일(節日)을 소개하고 있는데, 조선의 절일뿐 아니라 중국의 절일을 조선에 적용할 때의 예측 등도 설명하고 있다. 지금은 사라진 전통을 상고할 수 있는 중요한 자료이다.

각 절일의 유래와 조선의 풍속, 절일의 의미 등을 알려주고 있는데, 예를 들어 '2월 2일의 나물캐기'는 새로 나온 나물을 캐서 잔치를 여는 날이고, '3월 삼짇날의 계제'는 조정에서는 과거를 실시해 인재를 등용하고 민간에서는 조상께 제사를 지내고 진달래꽃부침이나 쑥떡으로 손님을 접대했다. '하짓날의 전파(田婆, 토지와 곡식의 신)에 제사지내기' 같은 경우는 하짓날 술과 고기를 마련하여 논밭에 논할미 허수아비를 꽂아두고 제사를 지내는 중국의 풍속이다. 풍년 기원과 보리 수확에 대한 감사를 겸하는 이런 풍속은 조선의 농가에서도 본받도록 추천했다.

---

21 이런 풍석의 태도를 두고 김대중은, 소소한 놀이를 금기시하거나 폄하하는 대신 그 효용성에 주목하여 유흥의 이완 효과를 넘어선 '인식의 확장'을 추구했다고 평가하기도 했다. 남승도를 바라보는 풍석의 입장에 대해서는 김대중, 위의 논문, 102~106쪽에서 자세히 분석했다.

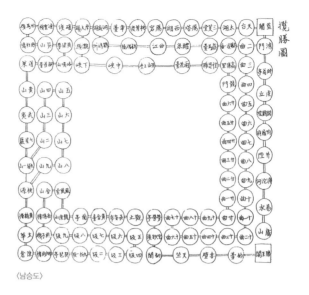

〈남승도〉

　"때에 따라 모이는 모임"에서는 좋은 날 아름다운 저녁을 골라 이웃 어른들을 정성스레 대접하는 상치회(尙齒會), 공부에 지친 학생들을 위로하는 잔치인 난강(煖講), 활쏘기 모임인 관덕회(觀德會), 조각배를 호수에 띄워 벗들과 경치를 감상하는 범주회(泛舟會), 한마을에서 뜻이 같고 마음 맞는 이들이 결성해 나이에 따라 생일 때 선물(쌀과 돈)을 차등 있게 주고 친목을 도모하는 생일회(生日會), 친족의 화목을 위해 매월 초하룻날 떡국을 먹는 월조탕병회(月朝湯餅會), 뜻 맞는 벗들이 모여 우의를 다지는 월회(月會)를 제안했다. 이런 모임들은 모두 과거에 유래를 둔 '뼈대 있는' 모임인데, 각각에 대해서 풍석 자신이 쓴《금화경독기》를 인용하거나 안설(案說)을 첨부해 자신의 견해를 명확히 전달하고 있다.

　이와 같은 절일이나 모임은, 전통 사회에서 사회 구성원들이 노동의 피로를 같이 풀고, 자연의 변화에 순응하며 인간관계의 조화를 이루는 과정에서 향촌에서 자연스럽게 생겼을 것이다. 물론 지식인 계급이나 백성들 사이에서 이런 목적에 부합하는 모임이나 놀이를 의도적으로 만들어 낸 경우도 있었겠지만, 오랜 시간이 흐르는 동안 인간 사회에 적합한 것들만 남게 되었을 것이다. 《향례지》에서 향음주례와 향사례를 통해 향촌의 인재를 추천하고 상하 질서를 유지하기 위한 행사를 의례화했다면, 여기서는 이보다는 더 느슨하고 편안한, 사람과 사람 간의 물리적 친밀도와 존경심과 배려심이 자생할 수 있는 행사를 소개하려 했다.

비록 중국에서 들여왔거나 소수의 제안으로 시작된 명절, 모임이라도 오랜 시간 동안 많은 이들의 검증을 거쳐 토착화되었다는 점에서 이 같은 놀이문화는 자생적인 것이라 할 수 있다. 요즘처럼 외부의 이익 집단이 상업적 목적으로 부지불식간에 나의 삶과 크게 관련 없는 놀이문화를 받아들이도록 강요하는 상황에서, 풍석이 제안한 놀이문화를 창조적으로 계승하는 일도 적지 않은 의미가 있으리라 생각한다.

《이운지》는 "모임 운영의 규약"으로 마무리된다. 규약은 초청, 관직보다 나이를 귀하게 여기는 예의범절, 지나친 음식을 삼가는 상차림, 모임을 즐겁게 이끄는 방식, 모임에서 주의할 사항, 임원에 사는 이들이 지켜야 할 약속 등을 정리했다.

〈은거지의 배치〉에서 〈각 절기의 구경거리와 즐거운 놀이〉까지 살펴본 결과, 《이운지》는 인간세상에서 큰 시련을 겪고 세상과 격절한 환경에서 홀로 자연을 벗하며 여생을 보내는 은둔자의 삶과는 거리가 다소 있음을 알 수 있었다. 《이운지》에서 다루는 내용이 산에서 홀로 사는 사람에게 도움이 되지 않는 것은 아니지만, 전체 요소는 가족을 꾸리고 사람들과 어울려 놀 수 있는 환경에 바탕을 두고 있다. 〈이운지 서문〉에서 "임원에서 고상하게 수양하면서 세상에 구하는 것 없이 한 몸을 마치고 싶습니다."라고 했던 바람은 상제조차도 들어줄 수 없을 정도로 청복임에 틀림없다. 그러나 이 청복은 누구나 이루고 싶어 하는 막연한 무릉도원이다. 풍석은 그 불가능해 보이는 청복의 물리적 조건을 제안하는 데에 이렇게 많은 언어로 조직적인 정보를 쏟아냈던 것이다.

3) 편집체제

《이운지》는 총 8권으로, 대제목이 14개, 소제목이 52개, 표제어가 527개, 소표제어가 1,161개, 기사 수는 1,718개, 인용문헌 수는 207개이다. 대제목은 권1·3·6에 각각 2개, 권2·4·5·7에 각각 1개, 권8에 4개가 배치되어 있고, 소제목은 권 순서대로 각각 10개, 3개, 4개, 4개, 8개, 5개, 3개, 15개가 있다. 표제어는 97개, 63개, 78개, 55개, 36개, 35개, 15개, 148개로 권1과 권8에 많다. 부록도 다른 지에 비해 많은 편이다.

서유구의 안설을 포함한 기사 수는 총 1,808개다. 《이운지》의 기사당 평균 원문 글자 수는 97자이다.

표1 《이운지》 표제어류 및 기사 통계

권번호	대제목	소제목	표제어	소표제어	기사 수	인용문헌 수	원문 글자 수
서문							391
목차							234
1	2	10	97		135	26	15,717
2	1	3	63	92	195	40	21,443
3	2	4	78	57	286	58	25,228
4	1	4	55	60	190	41	22,694
5	1	8	36	332	523	58	36,300
6	2	5	35	80	164	25	19,030
7	1	3	15	522	24	9	20,134
8	4	15	148	18	201	31	23,304
합계	14	52	527	1,161	1,718	207(중복 제외)	184,475

표2 《이운지》 기사당 원문 글자 수

원문 글자 수	기사 이외의 글자 수	기사 글자 수	기사 수 (안설 포함)	기사당 원문 글자 수
184,475	8,942	175,533	1,808(1,718+90)	97

표3 소제목별 표제어류 및 기사 통계

권번호	대제목	소제목	표제어	부록	소표제어	기사 수	인용문헌 수	원문 글자 수
서문								391
목차								234
1	1	1	6			6	26	15,717
			12			21		
			26			30		
			10			11		
		1	15			17		
			7			11		
			5			6		
			4			7		
			3			3		
			9			23		
2	1	1	9		25	77	40	21,443
			24		67	45		
			30	1		73		
3		1	26		57	126	58	25,228
			12			29		
		1	12			41		
			28			90		
4	1	1	18		40	85	41	22,694
			24		–	40		
			8		20	49		
			5		–	16		
5	1	1	16			31	58	36,300
			4			6		
			4			6		
			12			25		
				1	48	54		
				1	72	105		
				1	203	287		
				1	9	9		

6		1	12			53	25	19,030
	1	1		1	61	54		
		1		1	19	19		
	1	1	14			18		
		1	9			20		
7	1	1	5			12	9	20,134
		1	6			11		
		1	4		522	1		
8		1	4			4	31	23,304
	1	1	4			4		
		1	10			10		
	1	1	26		2	41		
		1	6			9		
		1	11			18		
	1	1	2			2		
		1	8			8		
		1	1			1		
	1	1	17		4	21		
		1	3			3		
	1	1	2		12	2		
		1	41			53		
		1	7			8		
	·	1	6			17		
합계	14	52	527	7	1,161	1,718	207(중복 제외)	184,475

4) 필사본 분석

《이운지》는 오사카본, 규장각본, 고려대본 이외에 국립도서관본이 있다. 이 중 오사카본은 권7·8이 결본이다. 국립도서관본은 권5·6만 필사되어 있다. 이 국립도서관본은 규장각본의 완성 시기의 범위를 이전보다 더 좁힐 수 있는 근거를 제공해준다. 국립도서관본 맨 끝장에 필사 시기와

《이운지》 오사카본(좌), 고려대본(우)

국립도서관본의 모본이 기록되어 있기 때문이다. 여기에는 "소화9년(1934년) 7월 구 규장각의 사본인 《임원경제지》 중 《이운지》 상하 2권을 옮겨 적었다"[22]라고 적혀 있다. 그러니까 지금의 규장각본을 모본으로 했다는 이야기인데, 규장각본의 필사 시기를 이전에는 "1930년대 초반경"[23]으로만 추측했으나 이 기록은 1934년 7월 이전에 규장각본이 존재했음을 보여준다. 그렇다면 규장각본은 적어도 1934년 7월 이전에 필사를 마친 것일 터이다. 필사가 완료되지도 않은 상태에서 다른 이에게 필사하도록 빌려주지는 않았을 것이기 때문이다.

오사카본은 《이운지》의 목차와 권두 맨 앞에 '임원십육지'라는 책명이

---

22 "昭和九年七月,旧奎章閣寫本林園經濟志中怡雲志上下二卷謄寫."《怡雲志》卷5·6(국립중앙도서관. 청구기호 古405-1)

23 정명현, 《임원경제지》 사본들에 대한 서지학적 검토〉,《奎章閣》 34, 서울大學校 奎章閣韓國學研究院, 2009, 225쪽.

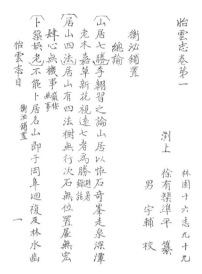

《이운지》 규장각본(좌), 국립도서관본(우)

쓰여 있고 교열자인 서우보의 이름은 표기되어 있지 않다. 이렇게 앞에 책명이 있고 교열자 이름이 쓰이지 않은 지는 《위선지》,《섬용지》,《향례지》이다. 따라서 이 네 지는 같은 시기에 편찬된 원고로 추정할 수 있다. 또한 원고 전체에 '자연경실장' 괘지가 쓰였으며 이 괘지에 이전 원고를 오려 붙인 흔적이 많이 보인다. 결자(缺字)도 많이 보이는데, 결자가 몇 글자인지는 여백을 보고 알 수 있다. 이런 결자는 정리본에서 미처 추가하지 못한 것이 대부분이나, 간혹 채워넣은 곳도 있다.

오사카본은 다른 지와 마찬가지로 정리본에 추가되어 있는 기사들 중 상당 부분이 없다.[24] 다른 지로 옮겨진 내용도 있다. 권2의 중국금 그림과

---

24 예를 들어, 《이운지》 권3 〈서재의 고상한 벗들(상)〉 "붓" '붓 만드는 법'의 2번째 기사(《성호사설》), 권4 〈서재의 고상한 벗들(하)〉 "도장" '도장 새기는 법'의 3, 4번째 기사(《집고인보(集古印譜)》,《곡원인보(谷園印譜)》), '인주 만드는 방법'의 4~7번째 기사(2,529자) 등은 오사카본에는 없으나 전사본에 추가되었다.

가야금 그림이 그것이다. 이 그림은 각각 금과 가야금을 설명하는 곳에 실렸다가 정리본에서는《유예지》권6〈방중악보〉의 "중국금 악보"와 "거문고 악보"로 옮겨졌다. 그러나《이운지》에는 이 그림을 옮기라는 편집 지시가 따로 되어 있지 않다.

5) 인용문헌 소개

인용문헌은 총 207종이다. 30회 이상으로 인용된 서적은《금화경독기》(171회),《준생팔전》(169회),《해동금석록》(163회),《동천청록》(116회),《금석사》(42회),《동방금석평》(86회),《거가필용》(34회),《고금비원》·《병화보》(30회) 등이다.《한자헌첩고》·《칠송당지소록》·《운림석보》(28회),《묵법집요》(25회),《산정거화론》(23회)도 비교적 많이 인용되었다.

조선의 문헌으로는《금화경독기》를 비롯하여《해동금석록》(163회),《동방금석평》(86회),《증보산림경제》(19회),《원교서결》(16회),《한양세시기》(14회),《고사십이집》(9회),《산림경제보》·《열하일기》(7회),《나려임랑고》(6회),《청장관만록》·《경주지》(5회),《오주서종박물고변》(4회),《난실필기》·《동국문헌비고》·《윤회매십전》(3회) 등 총 41종이나 이용되었다. 이 중 서유구의 저술은《금화경독기》와《누판고》2종이다.《금화경독기》는《이운지》전체의 12퍼센트를 차지할 정도로 많이 인용되었는데, 권1과 권8에서 특히 많이 인용되었다.

서유구의 안설은 총 90회 수록되어 2.7퍼센트(4,904/184,475)의 비율을 보이고 있다.

《이운지》전체에서 서유구 저술 이외의 조선 문헌은 7.8퍼센트, 서유구 저술은 25.6퍼센트를 차지하고 있다. 조선 문헌의 종류는 매우 많았지만, 인용한 분량은 그다지 많지 않다.《이운지》전체에서 조선 문헌이 차지하는 비율은 총 33.4퍼센트로 3분의 1 정도인데, 이 중 풍석의《금화경독기》와《누판고》이 두 문헌이 조선 문헌의 2분의 1(54퍼센트) 이상을 차지한다.

표4 《이운지》에서 서유구 저술 이외의 조선 문헌 비중

인용 조선 문헌	글자 수	기사 수
해동금석록	2,313	163
동방금석평	539	86
증보산림경제	1,263	19
원교서결	872	16
한양세시기	1,329	14
고사십이집	836	9
산림경제보	848	7
열하일기	470	7
나려임랑고	593	6
경주지	181	5
청장관만록	283	5
오주서종박물고변	143	4
난실필기	238	3
동국문헌비고	318	3
윤회매십전	1,603	3
고사촬요	213	2
뇌연집	63	2
문견방	38	2
수헌방비록	82	2
봉화지	56	2
악학궤범	271	2
여지고	90	2
원주지	98	2
한죽당섭필	363	2
낙전당집	70	1
동연보	282	1
동의보감	68	1
문암록	32	1
부여지	9	1
성호사설	197	1

숭연록	26	1
신녕지	49	1
약천집	298	1
미상	87	1
지봉유설	43	1
철산지	15	1
청장관입연기	82	1
합천지	29	1
회양지	9	1
합계	14,399	383
비율 (%)	7.8 (14,399/184,475)	21.2 (383/1,808)

표5 《이운지》에서 서유구 저술의 비율

구분	글자 수	비고
서문	391	
목차	234	
권수, 권차, 권미제, 저자명, 교열자명	249	
대제목, 소제목, 표제어, 소표제어	8,068	
안설	4,904	90회
금화경독기	22,259	171회
누판고	11,021	1회
합계	47,126	
비율 (%)	25.5	47,126/184,475

표6 《이운지》에서 조선 문헌의 비중

구분	글자 수	비고
서유구 저술 이외의 조선 문헌	14,399	
서유구 저술	47,126	
합계	61,525	
비율 (%)	33.4	61,525/184,475

표7 《이운지》에서 중국 문헌 비중

인용 중국 문헌	글자 수	기사 수
준생팔전	23,836	169
동천청록	8,158	116
금석사	4,851	42
거가필용	3,142	34
고금비원	2,603	30
병화보	1,342	30
한자헌첩고	3,911	28
운림석보	2,749	28
칠송당지소록	1,440	28
묵법집요	4,818	25
산정거화론	1,640	23
시패보	1,735	20
청한공	1,562	16
자천소품	934	16
소창청기	2,517	15
조열지 묵경	2,171	15
군방보	626	14
포박자	1,347	13
산가청사	1,012	13
십육탕품	681	13
비목쇄기	526	13
수품	453	13
연사	2,346	12
청재위치	1,010	12
석각포서	1,666	11
화사	610	11
다보	436	11
서사	713	10
동천화록	378	10
속사방	362	9

향보	1,493	8
병사	564	8
동천금록	404	8
주보	350	8
담생당장서약	4,307	7
투호의절	1,757	7
왕정농서	1,257	7
망회록	1,147	7
쾌설당만록	762	7
암서유사	319	7
위탄 필경	180	7
다경	2,168	6
흡연설	779	6
운석재필담	735	6
유환기문	700	6
화론	522	6
동천필록	399	6
노학암필기	371	6
청천양화록	313	6
문방보식	102	6
동천서록	828	5
몽계필담	787	5
여초태설	597	5
구선신은서	345	5
동천향록	343	5
계신잡지	304	5
피서록화	264	5
기거기복전	249	5
이씨연보	225	5
화경	218	5
연북잡지	186	5
장취원기	2,588	4

단계연보	462	4
춘저기문	306	4
청서필담	270	4
묵지쇄록	249	4
율려정의	186	4
동파지림	164	4
남승도	959	3
찬객약	264	3
학고편	201	3
월회약	180	3
홍운속약	143	3
기영회약	105	3
사의	65	3
생일회약	888	2
흡연보	266	2
집고인보	205	2
비설록	188	2
임간사약	176	2
문슬신화	162	2
회묘	152	2
자가록	150	2
구양씨연보	125	2
상서고실	120	2
어정연감류함	83	2
삼재도회	80	2
서학첩요	73	2
계해우형지	49	2
오잡조	48	2
본초강목	46	2
성노백 묵경	36	2
산거사요	35	2
무영전취진판정식	2,262	1

천공개물	779	1
유통고서약	558	1
위서변	541	1
변흡석설	475	1
구사격	360	1
상학경	330	1
양어경	295	1
단계석보	260	1
학림옥로	246	1
거의설	242	1
곡원인보	227	1
당씨연보	227	1
박물요람	192	1
제동야어	158	1
양계만지	150	1
심정결	142	1
단연총록	120	1
왕풍옹발	116	1
태호석지	109	1
은휘당수초	107	1
투호신격	101	1
전목재제	87	1
다전	76	1
다설	72	1
동천묵록	71	1
운창류기	68	1
삼삼경시	64	1
유공권첩	63	1
군쇄록	61	1
농전여화	60	1
복수전서	59	1
서음	58	1

운림유사	56	1
농정전서	53	1
소씨연보	53	1
진주선	51	1
동파집	49	1
숭연록	49	1
독서기수략	48	1
수수한거록	48	1
통지	48	1
나개다기	46	1
경서당잡지	45	1
징회록	45	1
동몽수지	43	1
발십칠첩	41	1
조맹부서발	41	1
주자우군십칠첩발	41	1
정사	40	1
동파발관본법첩	39	1
청이록	39	1
백천학해	38	1
위계자발	37	1
청계가필	37	1
상정	35	1
산곡별집	34	1
어양석보	34	1
종화법	33	1
가우잡지	32	1
다해	30	1
변음집	30	1
한만록	27	1
황간인방	27	1
명경회약	26	1

해악명언	26	1
물류상감지	25	1
삼여췌필	24	1
양초적유	21	1
본초습유	20	1
다능집	18	1
물리소지	17	1
본초연의	8	1
합계	121,764	1,148
비율 (%)	66.0 (121,764/184,475)	63.5 (1,148/1,808)

표8 《이운지》에서 일본 문헌 비중

일본 문헌	글자 수	기사 수
화한삼재도회	1,186	15
합계	1,186	15
비율 (%)	0.6 (1,186/184,475)	0.8 (15/1,808)

《이운지》 서문

세상에 흘러 다니는 속어(俗語) 중에도 간혹 이치가 들어 있다. 옛날에 몇 사람이 상제(上帝, 하늘의 신)에게 호소하여 자신들의 강녕(康寧)을 빌었다고 한다. 한 사람은 "벼슬길에서 현달하여, 정승 자리를 차지하고 싶습니다."라고 하였다. 상제가 "좋다! 해주겠노라."고 하였다. 한 사람은 "수만금을 가진 부자가 되고 싶습니다."라고 하였다. 상제는 "좋다! 이 또한 해주겠노라."고 하였다. 한 사람은 "문채(文彩) 있는 문장과 시가(詩歌)로 한 세상을 빛내길 원합니다."라고 하였다. 상제는 한참 뜸들이다가 "약간 어렵긴 하나 그 또한 해주겠노라."고 하였다.

마지막 한 사람이 말하였다. "글은 이름자만 쓸 정도면 족하고, 재산은 입고 먹을 수만 있으면 족하니, 달리 바라는 것이 없습니다. 다만 임원에서 고상하게 수양하면서 세상에서 따로 구하는 것 없이 한 몸을 마치고 싶습니다." 상제가 이마를 찡그리며 말하였다. "이 혼탁한 세상에서 청복(清福, 청아하고 한가롭게 사는 복)을 누리는 일은 불가능하니, 너는 함부로 구하지 말라. 다시 다음 소원을 말하는 것이 좋겠노라."

이것은 대개 임원에서 고상하게 사는 일의 어려

怡雲志引

世所流傳之俗語, 亦或理寓焉. 昔有數人, 訴于上帝, 祈其寧. 一人曰:"願榮顯宦途, 貴占卿相." 帝曰:"諾! 可賦之." 一人曰:"願富至累巨萬." 帝曰:"諾! 亦賦之." 一人曰:"願文章藻詞, 照耀一世." 帝良久曰:"有些難第, 亦賦之."

最後一人曰:"書足以記姓名耳, 産足以資衣食耳, 無他望也. 惟祈林園養雅, 無求於世以終身焉." 帝顰蹙曰:"清福不可於濁世, 爾勿妄干. 更奏其次可也."

此蓋謂園林雅課之難也.

怡雲志引

世所流傳之俗語亦或理寓焉昔有數人訴于上帝
祈其寵一人曰願榮顯官途貴占卿相帝曰諾可賦
之一人曰願富至累巨萬帝曰諾亦賦之一人曰願
文章藻詞照耀一世帝良久曰有些難第亦賦之最
後一人曰書足以記姓名耳產足以資衣食耳無他
望也惟祈林園養雅無求於世以終身焉帝顰蹙曰
清福不可於濁世爾勿妄干夏奏其次可也此蓋謂
園林雅課之難也是事也誠難乎哉自生民以來幾
千歲于茲果能辦此事者幾人乎難矣哉如古所謂

움을 말한 것이다. 그러니 이 일은 참으로 어렵지 않겠는가! 사람이 생긴 이래 지금까지 몇 천 년이 흘렀는데, 과연 이러한 일을 이룰 수 있었던 사람이 몇이나 되었겠는가? 어려우리라!

예를 들어 옛날의 이른바 은자들은 그 시대의 변화에 맞닥뜨려 어쩔 수 없어 은둔했을 뿐이다. 만약 아무 까닭도 없이 인륜을 도외시하고 은둔하여 비밀스런 일만 찾는다면[素隱]¹ 나는 여기에서 취할 것이 없다. 기산(箕山)에서 허유(許由)가 표주박으로 물을 떠먹었다거나², 한음(漢陰)에서 은거하는 노인이 오이밭에 물을 대주는 일³ 같은 것은 정말로 있었던 일인지 나는 모르겠다. 반드시 중장통(仲長統)⁴이 〈낙지론(樂志論)〉에서 말한 바와 같이 한 연후에야 임원에서의 고상한 생활과 비슷하다고 할 것이다.

是事也, 誠難乎哉! 自生民以來, 幾千歲于玆, 果能辦此事者幾人乎? 難矣哉!

如古所謂隱者, 是當其變而不得已也. 若無故而外人倫, 潛遯素隱也, 吾無取焉. 如箕山之飮瓢, 漢陰之灌瓜, 是信者與, 吾不知焉. 必若仲長氏之《樂志》而後, 可以覻髣髴也.

---

1 비밀스런……찾는다면[素隱]: "색은행괴(素隱行怪)"를 말한다. "공자께서 말하였다. '비밀스런 일을 찾고 괴이한 일을 하는 것을 후세에 칭술하는 자가 있으나 나는 하지 않겠다.(子曰: "素隱行怪, 後世有述焉, 吾弗爲之矣.")"《禮記註疏》卷52 〈中庸〉(《十三經注疏整理本》15, 1668쪽).

2 기산(箕山)에서……떠먹었다거나: 요(堯)임금 시대 허유(許由)의 고사. 허유가 늘 손으로 물을 떠먹자 어떤 사람이 표주박을 주었다. 허유는 물을 떠먹고는 표주박을 나무에 걸어두었다. 바람이 나무를 흔들어 표주박이 소리를 내자 허유는 시끄럽다고 그 표주박마저 버렸다고 한다. 채옹(蔡邕)의《금조(琴操)》〈기산조(箕山操)〉에 나온다.

3 한음(漢陰)에서……일: 자공(子貢)이 한음에서 수차를 쓰지 않고 항아리로 물을 대는 노농(老農)을 만난 이야기에 나온다. 다만《장자(莊子)》원문에는 밭에 물을 댄다고 했을 뿐, 오이에 대한 언급은 없다.《莊子注》卷5 〈天地〉第12.

4 중장통(仲長統): 179~220. 중국 후한(後漢) 사람으로 어려서 학문을 좋아하였고, 말에 과단성이 있었다. 그의 〈낙지론(樂志論)〉은 211자의 단문으로, 세속을 벗어나 살려는 그의 의지를 드러내었다. 그 첫머리는 다음과 같다. "거처하는 데 좋은 밭과 넓은 집이 있고, 산을 등지고 냇물을 바라보고, 도랑과 연못이 둘러 있으며, 대나무와 나무들이 둘러싸고 있다. 마당과 채소밭은 집 앞에, 과수원은 집 뒤에 있다. 수레와 배는 길을 걷고 물을 건너는 어려움을 대신해 주고, 심부름하는 이의 덕분으로 육체의 수고에서 쉴 수 있다. 진미의 반찬을 곁들여 부모를 봉양하고, 처자식은 몸이 힘들게 고생 안 해도 된다.(使居有良田廣宅, 背山臨流, 溝池環帀, 竹木周布. 場圃築前, 果園植後. 舟車足以代步涉之難, 使令足以息四體之役. 養親有兼珍之膳, 妻孥無苦身之勞.)"

隱者是當其變而不得已也若無故而外人倫潛跡

素隱也吾無取焉如箕山之飲瓢漢陰之灌瓜是信

者與吾不知焉必若仲長氏之樂志而後可以覿髣

髴也蓋嘗略言之王右丞之輞川別業嘯詠自足然

身幾陷於大繆倪元鎮之雲林山莊潔淨無累而趣

然遯皐竟免於厄又如玉山艸堂為顧仲瑛之占區

厥有雅志之稱焉之三人者雖其所遇各異其所以

清心養雅消搖自適則有之矣今此志中所鋪置槩

與此三人者之風相同而其名以怡雲取陶隱居之

意也然則兹四人可以當之也外此更無可擬者兹

事也難則難矣哉

대략 말해보면 왕유(王維)[5]는 망천(輞川)의 별장에서 시를 읊으며 자족하였지만 몸은 하마터면 큰 형벌에 처해질 뻔했다. 예찬(倪瓚)[6]은 운림(雲林)의 산장에서 깨끗하고 허물이 없이, 초연히 멀리 떠난 뒤에야 마침내 횡액(橫厄)을 면하였다. 또 옥산초당(玉山草堂)을 고덕휘(顧德輝)[7]가 차지하니, 그곳에는 고아한 뜻이 있었다는 칭송을 들었다. 이 세 사람은 비록 처한 상황이 각기 다르나, 마음을 맑게 하여 고상함을 기르고 한가로이 소요하며 유유자적했던 점은 같았다.

지금 이《이운지》에 펼쳐 놓은 내용은 대개 이 세 사람의 풍도(風度)와 같다. 그리고 '이운(怡雲)'[8]으로 지은 이름은 도홍경(陶弘景)[9]의 뜻을 취했다. 그렇다

蓋嘗略言之, 王右丞之輞川別業, 嘯詠自足, 然身幾陷於大僇. 倪元鎭之雲林山莊, 潔淨無累而超然遐擧, 竟免於厄. 又如玉山草堂爲顧仲瑛之占區, 厥有雅志之稱焉. 之三人者, 雖其所遇各異, 其所以淸心養雅, 消搖自適, 則有之矣.

今此志中所鋪置, 槪與三人者之風相同. 而其名以怡雲, 取陶隱居之意也. 然則

---

5 왕유(王維): 701~761. 중국 당(唐)나라의 시인이자 화가. 상서우승(尙書右丞)의 벼슬을 하여 사람들이 왕우승이라 불렀다. 안록산의 난 시절 반군의 강압으로 위직을 떠맡았고, 반란이 진압된 이후 그 죄로 처형될 뻔하였지만 사면받았다. 왕유의 시는 산수에 대한 청아한 정취를 노래한 것이 많은데, 특히 남전(藍田, 중국 섬서성 서안시 동남쪽에 있던 현)에 지어놓은 별장인 망천장(輞川莊)에서 지은 일련의 작품이 유명하다. 문집으로《왕우승집(王右丞集)》28권 등이 있다.

6 예찬(倪瓚): 1301~1374. 중국 원말(元末) 명초(明初)의 산수화가. 자는 원진(元鎭), 호는 운림(雲林)·정명거사(淨名居士)·무주암주(無住菴主)이다. 오진(吳鎭)·황공망(黃公望)·왕몽(王蒙) 등과 함께 원말 4대가의 한 사람이다. 세상일에 어두워 예우(倪迂)라 불렸고 갖가지 일화를 남겼다. 특히 형태에 구애되지 않는 공활(空闊)하고 소조(蕭條)한 정취는 후세의 문인화에 큰 영향을 끼쳤다. 〈어장추제도(漁莊秋霽圖)〉·〈산수도(山水圖)〉·〈사자임도권(獅子林圖卷)〉 등의 작품과《청비각집(淸閟閣集)》12권이 남아 있다.

7 고덕휘(顧德輝): 1310~1369. 중국 원(元)나라의 문인. 자는 중영(仲瑛), 호는 옥산초자(玉山樵者). 어려서부터 성품이 호탕했으며 30세에 숙경(茜涇)의 서쪽에 별업을 짓고 옥산가처(玉山佳處)라고 하였다. 저서에《옥산박고(玉山璞稿)》,《초당명승집(草堂名勝集)》 등이 있다.

8 이운(怡雲): 양(梁) 무제(武帝)가 잠저 시절 나라를 세울 뜻을 두고 도홍경을 부르기 위해 "산중에 무엇이 있는가"라고 묻자 도홍경이 이에 대한 답으로 "산중에 무엇이 있을까 / 봉우리 위 흰 구름 많지 / 혼자만 즐길 수 있을 뿐 / 그대에게 부쳐줄 수 없지"라는 시를 지어 거사 참여를 거절한 일화를 말한다.(齊 高祖問之曰: "山中何所有?" 弘景賦詩以荅之曰: "山中何所有, 英英多白雲, 只可自怡悅, 不堪持寄君." 高祖賞之. 齊無高祖, 疑梁武也.) 陳耀文《山中記》卷7〈山〉.

9 도홍경(陶弘景): 456~536. 중국 남조(南朝)시대 양(梁)나라 학자. 자는 통명(通明), 호는 은거(隱居). 일찍이 관직을 사퇴하고 모산(茅山)에 은거하였고, 유·불·도에 능통하였다. 양나라 무제(武帝)의 신임이 두터웠으며, 국가의 길흉·정토(征討) 등에 자문역할을 하여 산중재상(山中宰相)이라고 불리었다.《진고(眞誥)》20권,《등진은결(登眞隱訣)》3권,《본초경집주(本草經集注)》 등과 문집《화양도은거집(華陽陶隱居集)》2권이 전한다.

면 이 네 사람(왕유·예찬·고덕휘·도홍경)은 이 지의 취지에 부합한다고 할 수 있다. 이 외에는 다시 비길 만한 사람이 없으니, 이렇게 사는 일은 어렵다면 어렵다고 할 수 있으리라!

玆四人可以當之也. 外此更無可擬者, 玆事也, 難則難矣哉!

1

이운지 권제1
怡雲志 卷第一

임원십육지 99

林園十六志 九十九

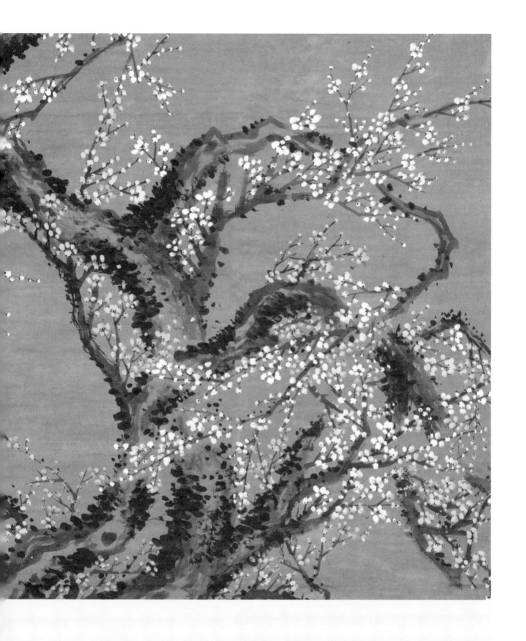

주택의 남쪽 들판에 논두렁 밭두둑이 수를 놓은 듯이 어우러진 곳 중에서 지대가 높게 솟아오르고 탁 트여 있어 사방을 막힘없이 조망할 수 있는 곳을 택하고이 땅을 다져서 돈대를 만들며, 그 돈대 위에 정자 1채를 짓는다. 정자의 제도는지붕에 기와를 올리고 바닥에 마루를 까는데, 지붕은 사각·육각·팔각 중 임의대로 만든다. 정자의 동쪽과 서쪽에 각각 버드나무를 5그루씩 심어 아침 햇살이나석양에 그늘이 드리우게 한다.

은거지[衡泌]의 배치

衡泌舖置

1. 총론

總論

1) 산골 거주지의 7가지 빼어난 경치

山居七勝

이고(李翱)[1]는 산골의 거주지를 말하면서 괴기(怪奇)한 바위와 산봉우리·흐르는 샘물·깊은 못·늙은 나무·아름다운 풀·새로 피는 꽃·멀리 보이는 전망 등 7가지[2]를 빼어난 경치로 삼았다.[3] 《피서록화(避暑錄話)[4]》[5]

李翱 習之論山居, 以怪石奇峯、走泉、深潭、老木、嘉草、新花、視遠七者爲勝. 《避暑錄話》

2) 산골에 사는 4가지 방법

居山四法

산골에 사는 데는 4가지 방법이 있다. 나무는 규칙적으로 심지 않는다. 바위는 일정하게 배치하지 않는다. 집은 크거나 넓게 짓지 않는다. 마음은 감출 일이 없다. 《암서유사(巖棲幽事)[6]》[7]

居山有四法 : 樹無行次, 石無位置, 屋無宏肆, 心無機事. 《巖棲幽事》

---

1 이고(李翱) : 772~841. 중국 당(唐)나라의 문인. 자(字)는 습지(習之). 국자박사(國子博士)를 역임했다. 한유(韓愈)에게 유학을 배웠으나 나중에는 불교의 심성론을 받아들여 《복성서(復性書)》를 저술하였다. 저서로는 《이문공집(李文公集)》 등이 있다.
2 괴기(怪奇)한……7가지 : 이 구절은 학자들에 따라 7가지를 나누는 방식이 다르다. 이 중 앞의 4가지는 '괴이한 바위·기이한 산봉우리·흐르는 샘물·깊은 못가의 늙은 나무(怪石、奇峯、走泉、深潭老木)'와 같이 나누기도 한다.
3 이고(李翱)는……삼았다 : 《李文公集》 卷18 〈題靈鷲寺〉.
4 피서록화(避暑錄話) : 중국 송(宋)나라의 문인 섭몽득(葉夢得, 1077~1148)의 저서. 총 20권. 당송(唐宋)시대의 여러 고사와 작품 및 작가에 대한 평론, 명물(名物)에 대한 고증 등을 수록하고 있다.
5 《避暑錄話》 卷下 《叢書集成初編》 2787, 53쪽).
6 암서유사(巖棲幽事) : 중국 명(明)나라의 문인 진계유(陳繼儒, 1556~1639)의 저서. 1권. 자연 속에 은거하는 생활에 대한 방법 및 일화와 감상 등을 수록하고 있다.
7 《巖棲幽事》《叢書集成初編》 687, 15쪽).

3) 집 지어 노후 즐기기

명산에 집터를 잡을 수 없다면 산등성이가 거듭 감싸는 곳 및 숲과 물이 그윽하고 깊은 곳에 몇 묘(畝)[8]의 땅을 개간한다. 그리하여 몇 칸의 집을 짓고, 무궁화를 심어 울타리를 만들고, 띠를 엮어 정자를 만든다.

1묘에는 대나무로 그늘을 만들고, 다른 1묘에는 꽃과 과일나무를 가꾸며, 다른 2묘에는 오이류 채소를 심고, 사방에는 깨끗하게 비워 두어 아무 것도 없는 빈터로 만든다. 산골의 어린아이를 데리고 살면서 정원에 물을 주거나 풀을 뽑게 한다. 2~3개의 호상(胡床)[9]을 정자 아래에 붙여 두고, 그 곳에 앉아 서책과 벼루를 곁에 끼고서 고적함을 달래거나 거문고와 바둑을 곁에 두고 정다운 벗을 늦도록 붙잡아둔다. 벗은 이른 새벽에 지팡이를 짚고 길을 나섰다가 저물 무렵이 되어서야 집으로 돌아간다[言旋].[10] 이렇게 노후를 즐길 수도 있을 것이다. 《암서유사》[11]

4) 매화 심고 학(鶴) 기르기

고향의 산에서 물가와 가까운 땅을 택하여 울타리를 두른 다음 그 주위로 가시나무를 심고 사이사

卜築娛老

不能卜居名山, 卽于岡阜迴複及林水幽翳處, 闢地數畝, 築室數楹, 插槿作籬, 編茅爲亭.

以一畝蔭竹樹, 一畝栽花果, 二畝種瓜菜, 四壁淸曠, 空諸所有. 畜山童, 灌園薙草, 置二三胡床著亭下, 挾書硏以伴孤寂, 携琴奕①以遲良友, 凌晨杖策, 抵暮言旋, 此亦可以娛老矣. 《巖棲幽事》

種梅養鶴說

擇故山濱水地, 環籬植荊棘, 間栽以竹. 入竹丈餘,

8　묘(畝) : 땅의 면적을 재는 단위. 옛날에는 가로 1보, 세로 100보 넓이의 땅을 1묘로 하였다. 서유구가 고증한 주척의 길이가 약 23cm를 기준으로 1묘의 넓이를 옛날의 묘법(畝法)을 기준으로 환산하면 약 19.44m²(약 57.7평)이다. 1묘=6(척)/1(보)×0.23m/1(척)×6(척)/1보×0.23m/1묘×100(보)=190.44m². 묘법제도에 대해서는 《임원경제지 본리지》 권1 〈토지제도〉 "경묘법과 결부법" '과거와 현재의 묘법' 참조.

9　호상(胡床) : 등받이가 있는 안락 의자. 교상(交床) 또는 교의(交椅)라고도 한다.

10　집으로 돌아간다[言旋] : 언선(言旋)은 《시경》에 나오는 표현이다. 《毛詩註疏》 卷18 〈小雅〉 "黃鳥".

11　《巖棲幽事》(《叢書集成初編》 687, 16쪽).

①　奕 : 저본에는 "変". 오사카본·규장각본에 근거하여 수정.

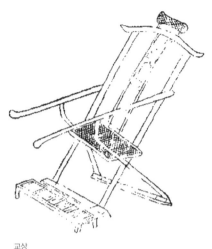

교상

이에 대나무를 심는다. 대나무 심은 곳에서 1장(丈) 남짓 들어간 곳에는 부용화(芙蓉花) 360포기를 심고, 부용화 심은 곳에서 2장 남짓 들어간 곳에는 매화나무를 둘러 심는다. 매화 심은 곳에서 3장 남짓 들어간 곳에는 다시 울타리를 치고 그 바깥에 토란과 밤 및 과일나무를 심으며 그 내부에는 다시 매화나무를 심는다.

지붕을 엮을 때, 앞의 집은 띠풀로, 뒤의 집은 기와로 하며, 집안에 누각을 들여 '존경각(尊經閣)'이라 부르며 고금의 도서를 수장한다. 왼편으로 글방을 두어 자녀를 교육시키고, 오른편으로 도원(道院, 사랑채)을 두어 손님을 맞이한다. 전면으로 건물 3채를 지어서 1채는 침실, 1채는 독서하는 방, 1채는 약을

植②芙蓉三百六十;入芙蓉餘二丈, 環以梅;入梅餘三丈, 重籬, 外植芋栗, 果實, 內重植梅.

結屋, 前茅後瓦, 入閣名"尊經", 藏古今書. 左塾訓子, 右道院迎賓客. 進舍三, 寢一, 讀書一, 治藥一. 後舍二, 一儲酒穀, 列農具、山具;一安僕役, 庖

---

② 植: 저본에는 "置". 오사카본·《山家淸事·種梅養鶴圖記》에 근거하여 수정.

만드는 방으로 쓴다. 뒤편으로 건물 2채를 지어서 1 채는 술과 곡식을 저장하고, 농기구와 산에서 쓰는 도구를 줄지어 보관해두며, 다른 1채는 종과 일꾼을 쉬게 하고 부엌과 욕실도 이에 걸맞게 만든다. 동자 1명, 계집종 1명, 정원을 가꿀 장정 2명을 두어서 집 앞으로는 학 우리를 만들어 학 몇 마리를 기르고, 집 뒤로는 개 3마리, 소 2마리, 나귀 1마리를 기른다. 손님이 오면 채소와 밥, 술과 과일을 갖춰서 대접한다. 여유가 있으면 독서를 하고, 과업으로는 농사일을 한다. 괴로울 정도로 시를 짓지 말고 하늘이 준 수명을 누리도록 한다. 《산가청사(山家淸事)[12]》[13]

5) 작은 봉래산(蓬萊山)[14]

봉래산은 신선이 모여 사는 곳이다. 약수(弱水)[15]로 그 경계선을 만들어 놓은 까닭은 아마도 시끄럽고 혼탁한 속세의 풍조에서 멀어지기 위해서일 것이다. 그러나 마음이 동떨어져 있고 외진 땅에 산다면, 곧 속세라 하더라도 또한 그 속에 저절로 세상과 단절된 곳이 있으니, 굳이 분수에 넘치게 백운향(白雲鄕)[16]을 말할 필요는 없다.

涵③稱是. 童一、婢一、園丁二、前鶴屋、養鶴數隻, 後犬十二足、牛四角、驢四蹄. 客至, 具蔬食、酒核. 暇則讀書, 課農圃事, 毋苦吟以安天年.《山家淸事》

小蓬萊

蓬萊爲仙子都居, 限以弱水者, 蓋隔謝其囂塵濁土之風. 然心遠地偏, 卽塵土亦自有迴絶之場, 正不必侈口白雲鄕也.

---

12 산가청사(山家淸事): 중국 송(宋)나라의 문인 임홍(林洪, ?~?)의 저서. 3권. 자연에 은거하는 생활의 방법과 의미 및 여러 일화 등을 수록하고 있다.

13 《山家淸事》〈種梅養鶴圖記〉《叢書集成初編》2883, 5쪽);《說郛》卷74上〈山家淸事〉"種梅養鶴圖說".

14 봉래산(蓬萊山): 중국에서 전설로 전해지는 신령한 산. 삼신산(三神山), 즉 봉래산·영주산(瀛州山)·방장산(方丈山)은 중국 동쪽 바다의 가운데에 있으며, 그 곳에는 신선이 살고 불로초와 불사약이 있다는 전설이 있다.

15 약수(弱水): 중국에서 전설로 전해지는 강. 길이는 3천 리가 되고 부력(浮力)이 거의 없어 가벼운 새털조차 물속으로 가라앉는다고 한다.

16 백운향(白雲鄕): 천제(天帝)나 신선이 사는 선경(仙境). 은거해서 살 수 있는 이상향을 은유한다.

③ 涵: 저본에는 "庙". 일반적인 용례에 근거하여 수정.

문 안으로 작은 길이 있는데, 길은 굽어 있어야 좋다. 길이 휘어지는 곳에 울타리가 있는데, 울타리는 작아야 좋다. 울타리를 지나서 계단이 있는데, 계단은 평평해야 좋다. 계단의 옆에는 꽃이 있는데, 꽃은 고와야 좋다. 꽃 바깥에는 담장이 있는데, 담장은 낮아야 좋다. 담장 안에는 소나무가 있는데, 소나무는 예스러워야 좋다. 소나무 아래에는 바위가 있는데, 바위는 괴이해야 좋다. 바위의 정면에는 정자가 있는데, 정자는 소박해야 좋다. 정자의 뒤편에는 대나무가 있는데, 대나무는 듬성듬성 있어야 좋다.

대나무가 끝나는 곳에 내실이 있는데, 내실은 그윽해야 좋다. 내실 곁으로 길이 있는데, 길은 갈라져 있어야 좋다. 길이 만나는 곳에 다리가 있는데, 다리는 아슬아슬하게 보여야 좋다. 다리 주변에 나무가 있는데, 나무는 높아야 좋다. 나무의 그늘에는 풀이 있는데, 풀은 파릇파릇해야 좋다. 풀밭 가에는 도랑이 있는데, 도랑은 가늘어야 좋다. 도랑이 이어진 곳에 샘물이 있는데, 샘물은 콸콸 솟아야 좋다.

샘물이 흘러가는 곳에 산이 있는데, 산은 깊어야 좋다. 산 아래에는 집이 있는데, 집은 네모 형태가 좋다. 집 귀퉁이에는 텃밭이 있는데, 텃밭은 트여 있어야 좋다. 텃밭 가운데에는 학(鶴)을 기르는데, 학은 춤을 춰야 좋다. 학은 손님이 왔음을 알려주는데,[17] 손님은 속되지 않아야 좋다. 손님이 오면

門內有徑, 徑欲曲. 徑轉有屛, 屛欲小. 屛進有階, 階欲平. 階畔有花, 花欲鮮. 花外有墻, 墻欲低. 墻內有松, 松欲古. 松底有石, 石欲怪. 石面有亭, 亭欲朴. 亭後有竹, 竹欲疏.

竹盡有室, 室欲幽. 室傍有路, 路欲分. 路合有橋, 橋欲危. 橋邊有樹, 樹欲高. 樹陰有草, 草欲青. 草上有渠, 渠欲細. 渠引有泉, 泉欲瀑.

泉去有山, 山欲深. 山下有屋, 屋欲方. 屋角有圃, 圃欲寬. 圃中有鶴, 鶴欲舞. 鶴報有客, 客欲不俗. 客至有酒, 酒欲不却. 酒行有醉, 醉欲不歸. 《淸閑供》

---

17 학은……알려주는데 : 중국 송나라의 시인 임포(林逋, 967~1028)가 학을 보고 손님이 왔음을 알았다는 다음과 같은 고사에서 유래한다. "임포는 항주(杭州)의 고산(孤山)에 은거하며 늘 2마리의 학을 길렀다. (중략)임포는 늘 배를 띄워 서호(西湖)의 여러 절을 유람하였다. 손님이 임포의 처소로 찾아오면 한 동자가 문

술을 내오는데, 술은 거절하지 않아야 좋다. 술잔이
돌면 취하게 되는데, 취했다면 돌아가지 않아야 좋
다. 《청한공(淸閑供)18》19

6) 고아한 배치와 속된 배치

배치하는 방법은 기물들이 번쇄한지 간소한지에
따라 다르고, 추위와 더위에 따라 각각 다르기 때문
에 높은 당(堂)·넓은 정사(亭榭, 정자)·밀실·깊숙한 내
실 등에는 각각 알맞은 자리가 있다. 곧 도서(圖書)
나 정이(鼎彝)20 등과 같은 기물도 또한 알맞은 장소
에 안치하고 진열해야 그림과 같은 풍취가 있다. 가
령 운림당(雲林堂)과 청비각(淸秘閣)21【안 원(元)나라
의 예찬(倪瓚)22에게는 운림당과 청비각이 있었는데,
청비각이 더욱 뛰어났다. 방문객이 훌륭한 인물이
아니면 이곳에 드나들 수 없었다.】의 높이 솟은 오
동나무와 예스러운 바위 안에 겨우 궤안(几案) 하나

論位置雅俗

位置之法, 煩簡不同, 寒暑
各異, 高堂、廣榭、曲房、奧
室, 各有所宜, 即如圖書、
鼎彝之屬, 亦須安設得所,
方如圖畫. 雲林、淸秘【案
元 倪瓚有雲林堂、淸秘閣,
閣尤勝, 客非佳流, 不得
至.】高梧、古石中, 僅一几、
一榻, 令人想見其風致, 眞
令神骨俱冷.

에서 손님을 응대하여 안에 앉도록 모신 다음 바로 학우리를 열어 학을 풀어 주었다. 한참 뒤에 임포는 반드
시 작은 배의 노를 저으면서 귀가하였다.(林逋隱居杭州 孤山, 常畜兩鶴. (중략) 林逋常泛舟遊西湖諸寺. 有
客至逋所居, 則一童子應門延客坐, 即開籠縱鶴. 良久逋必棹小船而歸.)"《夢溪筆談》卷10〈人事二〉.

18 청한공(淸閑供) : 중국 청(淸)나라의 문인 정우문(程羽文, 1644~1722)의 저서. 1권. 전원에 사는 사대부의
한가롭고 소박하면서도 고상한 일상생활을 계절의 변화 및 하루 일과에 따라 서술한 책이다.

19 출전 확인 안 됨.

20 정이(鼎彝) : 청동기로 만든 고대의 제기(祭器). 종묘(宗廟)나 사당(祠堂)에 항상 비치하는 골동품이다.

21 운림당(雲林堂)과 청비각(淸秘閣) : 예찬이 지은 서재들의 이름. 예찬은 이 서재들 앞에 오동나무를 심고
애지중지해서 매일 시동들에게 오동나무와 주위의 바위를 깨끗하게 닦으라고 시켰다고 한다. 예로부터 중
국의 많은 화가들은 이 고사를 소재로 삼아 '세동도(洗桐圖)'란 명목으로 그리길 좋아했다. 아래 그림 명
(明)나라 화가 최자충(崔子忠, 1594~1644)의 〈운림세동도(雲林洗桐圖)〉 참고.

22 예찬(倪瓚) : 1301~1374. 중국 원(元)나라 말기의 화가이자 시인. 자는 태우(泰宇), 호는 운림(雲林). 부호
의 집안에서 태어나 고서화와 골동품을 수집하길 좋아하여 이 물건들을 수장할 수 있는 운림당과 청비각
을 집안에 짓고 그곳에서 많은 문인들과 교유하였다. 병란이 일어나자 각지로 옮겨 다니며 은둔 생활을 하
다 병사했다. 황공망(黃公望)·왕몽(王蒙)·오진(吳鎭)과 함께 원나라의 4대 화가로 불린다. 저서로 《청비각
집(淸秘閣集)》이 있다.

와 평상 하나만 있어 사람들로 하여금 그 풍치(風致)를 보게 하면 참으로 사람들의 정신과 뼈마디가 모두 서늘하게 느껴지게 만든다.

그러므로 운치 있는 선비가 사는 곳은 문에 들어서자마자 곧 일종의 고아하면서도 속세와 단절된 분위기가 풍긴다. 예를 들면 앞마당에는 닭을 기르거나 돼지를 치게 하면서 뒤뜰에는 시끌벅적하도록 꽃에 물을 주거나 바위를 닦아내게 하는 생활은, 뭉친 먼지가 책상에 가득 쌓여 있고 둘러싼 담과 사방의 벽에는 오히려 일종의 쓸쓸하면서도 적막한 분위기가 있을 뿐인 생활보다는 참으로 못하다. 《청재위치(淸齋位置)23》24

故韻士所居, 入門便有一種高雅絕俗之趣. 若使前堂養鷄牧豕而後庭侈言澆花洗石, 政不如凝塵滿案, 環堵四壁猶有一種蕭寂氣味耳.《淸齋位置》

---

23 청재위치(淸齋位置) : 중국 명(明)나라 문인이자 화가인 문진형(文震亨, 1585~1645)의 저서. 1권. 문인의 서재에 있어야 하는 일상의 도구와 그림 등의 용도 및 배치 방법에 대해 서술한 책이다. 이 책은 문진형의 다른 저서인《장물지(長物志)》권8에 수록되어 전한다.
24 《長物志》卷8〈位置〉;《居家必備》卷10〈淸課〉"淸齋位置".

명나라 화가 최자충(崔子忠, ?～1644)의 〈운림세동도(雲林洗桐圖)〉

2. 원림(園林)과 연못

園林、澗沼

1) 장취원(將就園, 이상향의 정원)[1]

將就園

장취원은 정해진 장소가 따로 없으며, 오직 천하의 산수 중에서 가장 아름답고 빼어난 곳을 골라 만든다. 그 땅의 주위로는 모두 높은 산과 험준한 고개가 주위를 둥글게 에워싸고 있어 마치 연꽃 모양의 성(城)과 같다. 성을 둘러싸고 있는 산은 모두 겹쳐져 있기도 하고, 구부러져 있기도 하고, 큰 산이 작은 산을 둘러싸기도 하고, 작은 산이 작으면서도 큰 산보다 높기도 하지만 그 수가 얼마나 되는지 모른다.

園無定所, 惟擇天下山水最佳勝處爲之. 其地周遭, 皆崇山峻嶺匝帀環抱如蓮花城. 繞城之山, 凡爲岯焉者, 岊焉者, 霍焉峘焉者, 不知其幾也.

이 산들의 이름은 모두 알려져 있지 않다. 그 중에서 이름이 알려진 산은 오직 좌우 두 산뿐이니, 왼쪽은 '장산(將山)'이고, 오른쪽은 '취산(就山)'이다. 산의 높이는 각각 수천 길[仞]이 되나 장산 높이가 취산보다 더 높은데, 취산의 높이는 장산과 비교해서 보자면 대략 1/3 정도 낮을 뿐이다.

名皆不著, 其著者惟左右兩山, 左曰 "將山", 右曰 "就山". 高各數千仞, 而將之高過于就, 就之視將, 大約減三之一耳.

산의 모습을 보면 그 내부는 움푹 파여 있고 바

山形內壅而外峭, 隔絕塵

---

1 장취원(將就園): '장취(將就)'는 《시경》의 다음 시에서 유래한다. "나는 장차[將] 앞으로 나아가[就] 옛 뜻을 계승하려 하나 오히려 해맬 수 있네.(將子就之, 繼猶判渙)"《毛詩注疏》卷28〈周頌〉"閔子小子". 후대 문인들은 자신의 뜻에 부합되지 않는 환경에 애써 적응하거나 그 상황을 타개하려 할 때 이 구절을 인용하곤 했다. 여기에서 '장취원'은 타협하기 힘든 세속의 현실에서 벗어나 자연과 동화되는 삶을 추구하는 문인들의 이상이 반영된 공간이라 할 수 있다.

깎쪽은 가파르게 솟아 있어서 속세와 떨어져 단절되어 있으므로 서로 통할 만한 길이 없다. 그러나 취산의 허리부분 서남쪽의 틈에 구멍이 하나 있는데, 사람의 몸이 겨우 드나들 수 있는 정도이며 구멍은 위에서 아래로 나 있기 때문에 꿈틀대듯이 기어서 오르락내리락하며 어둠 속에서 수백 보를 가야 동굴 입구에 도달하게 된다. 입구의 바깥에는 시내가 있어 또한 인간 세상의 계곡과 통할 수 있다.

그러나 동굴 입구는 겨우 우물 크기만 하며 산꼭대기에 있는 샘물은 나는 듯이 흘러 곧장 아래로 내려오다가 흔들흔들 늘어지면서 폭포수가 되어 동굴 입구 바로 앞에 떨어지며, 사계절 내내 물이 마르지 않는다. 그 모습이 마치 발을 걸어 놓은 듯하여 폭포수를 뚫고 출입하지 않는다면 그곳이 동굴이라는 사실을 결코 알 수가 없다. 그러므로 이곳으로 통하는 나루터를 묻는[津問]2 사람은 오래도록 없었다. 여기가 바로 이 산의 경계선이다.

산 안으로는 넓고 평탄하며 기름진 땅이 펼쳐 있고 그 땅의 너비와 길이는 백 리가 되는데, 논밭·촌락·사찰·부도(浮圖, 사리탑)가 그림 병풍처럼 또렷하게 늘어서 있다. 대개 이 세상의 모든 물산과 모든 생업이 하나라도 갖춰지지 않은 것이 없다. 이곳에 사는 사람들은 순박하고 친절하면서도 겸손하며 거

世, 無徑可通. 獨就山之腰西南隙有一穴, 僅可容身, 穴自上而下, 蜿蜒登降, 暝行數百步, 乃達洞口, 口外有澗, 亦可通人間溪谷.

然洞口①纔大如井, 而山巓有泉, 飛流直下, 搖曳爲瀑, 正當洞口, 四時不竭, 狀若懸簾, 自非衝瀑出入, 絕不知其爲洞, 故終古無問津者, 此則兹山之界限也.

山中寬平衍沃, 廣袤可百里, 田疇·村落·壇刹·浮圖歷歷如畫屏, 凡宇宙間百物之産·百工之業, 無一不備. 居人淳樸親遜, 略無囂詐, 累世不知有鬪辨·爭

2 나루터를 묻는[津問]: 나그네가 길을 물어 목적지를 찾아간다는 의미이다. 이 구절은 《논어(論語)》 제18 〈미자(微子)〉의 다음 고사에서 유래한다. "장저(長沮)와 걸닉(桀溺)이 김매며 밭을 갈고 있을 때 공자가 이곳을 지나가다가 자로(子路)를 시켜 나루터를 물어보게 하였다.(長沮, 桀溺耦而耕, 孔子過之, 使子路問津焉.)"

① 口: 저본에는 "夭". 《九煙先生遺集·記傳書·將就園記》에 근거하여 수정.

만함과 속이는 일이 거의 없어 다투거나 **빼앗는** 등의 일이 있는지조차 대대로 알지 못한다. 그 땅의 기운은 온화하고 맑으며 가시나무가 자라지 않고, 범·이리·뱀·쥐·모기·독충 따위도 없다. 이것이 바로 이 산의 풍토이다.

산의 모퉁이마다 나는 듯이 흐르는 샘물이 있어 그 물이 절벽에 매달려 아래로 흐르면서 폭포를 이루고, 그 물이 모여서 시내를 이루며, 그 물이 흘러서 못을 이룬다. 여기저기 작은 배나 뗏목이 통행할 수가 있고, 장산과 취산 아래에는 시냇물이 십여 리에 걸쳐 산을 에워싸고 흐르며, 그 안에 평야가 있다. 또 산등성이·고개·호수·저수지·수풀·들판·습지 등이 들쑥날쑥 솟아 있거나 숨어 있다. 여기가 나의 정원이 있는 곳이다.

정원은 동쪽과 서쪽 두 구역으로 나뉘는데, 동쪽으로 장산에 가까이 있는 정원은 '장원(將園)'이라 하고, 서쪽으로 취산에 가까이 있는 정원은 '취원(就園)'이라 하며 이 양자를 통틀어 '장취원(將就園)'이라 한다. 두 정원의 바깥쪽 모두 시냇물이 주위를 에워싸고 흐르며, 그 시냇물의 중간에 다시 하나의 시냇물이 구불구불 남북에 걸쳐 흘러가고 있는데 그 모습이 마치 태극(太極)[3]과 같으니, 이 시냇물이 실제로 두 정원의 경계가 된다.

奪之事焉. 地氣和淑, 不生荊棘, 亦無虎狼·蛇鼠·蚊蚋·螫蠹之屬, 此則茲山之風土也.

山陬各有飛泉, 下注懸爲瀑, 匯爲澗, 流爲池[2]沼, 隨處可通舠筏, 而將·就兩山之下, 溪流環繞十餘里, 中有平野, 亦復有岡嶺·湖陂·林藪·原濕, 參錯起伏, 此吾園之所在也.

園分東西二區, 東近將山者曰"將園", 西近就山者曰"就園", 統名之, 曰"將就園". 兩[3]園之外, 皆溪流環之, 而中復有一溪透迤流亘南北, 形如太極, 實爲兩園之界.

---

3 태극(太極): 음(陰)과 양(陽)이 서로 엇물려 순환하는 모습을 비유하며, 또한 우주 만물의 생성원리를 설명하는 개념이다. 태극기(太極旗) 중앙의 원형 문양이 태극의 대표적인 사례이다. 여기서는 시냇물이 장원과 취원 사이로 오르락내리락 흐르는 모습을 비유한다.

[2] 池: 저본에는 "溪".《九煙先生遺集·記傳書·將就園記》에 근거하여 수정.

[3] 兩:《九煙先生遺集·記傳書·將就園記》에는 "而".

장원의 문은 동남쪽을 향하고, 취원의 문은 남쪽을 향한다. 문 밖에는 각각 다리를 놓아 건널 수 있게 하고, 정원 둘레에는 돌을 쌓아 올려서 담을 두른다. 정원 중간의 시냇물은 장원의 바깥과 취원의 중간에 있으며, 그 동쪽에도 담이 둘러져 있고 사이가 떨어져 있어 두 정원이 서로 연속되지 않는다. 오직 장원에만 시냇물을 내려다 볼 수 있는 곳에 수로와 육로로 통하는 문이 하나씩 있다. 시냇물 위에는 다리를 만들고, 다리 위에는 정자를 만들어 두 정원간의 왕래를 통하게 하니, 그 다리는 '장취교(將就橋)'라 한다. 이것이 바로 내 정원의 대강이다. 황주성(黃周星)[4]《장취원기(將就園記)[5]》[6]

將園之門東南嚮, 就園之門南嚮, 門外各設橋以度, 周遭疊石爲繚垣, 而中溪居將園之外、就園之中, 其東亦有繚垣, 隔之不相連屬, 獨將園瞰溪有水陸門各一. 溪上爲橋, 橋上爲亭以通兩園往來, 名曰"將就橋[4]". 此則吾園之大概也. 黃周星.《將就園記》

장원의 앞문은 시냇물에 닿아 있으며 시냇물은 이리저리로 흩어져 장원 안으로 흘러가므로 바라다 보이는 모든 곳이 물이 아닌 곳이 없다. 앞문을 들어서서 대나무가 심어진 길을 1리 정도 걸어가면 대나무 길 중간에 정자가 3채 있다. 【작은 정자는 '한취정(寒翠亭)'이라 하고 '벽선정(碧鮮亭)'이라 하며 큰 정

將園前門臨溪, 而溪流散注園中, 所見無非水者. 入門行竹徑可里許, 徑間爲亭者三.【亭小者曰"寒翠", 曰"碧鮮", 大者曰"造詠", 俱在萬竹林中, 一望脩篁戞

---

4 황주성(黃周星): 1611~1680. 중국 명(明)나라의 문인. 자는 구연(九煙). 명나라 말기에 호부(戶部)의 주사(主事) 관직을 역임하였고, 명나라가 멸망한 후 호주(湖州)에 은거하였다. 청(淸)나라를 무너뜨리고 명나라를 다시 세우고자 노력하였으나 희망이 없자 결국 물로 뛰어들어 목숨을 끊었다. 저서로《하위당집(夏爲堂集)》과《제곡지어(制曲枝語)》등이 있다.

5 장취원기(將就園記): 황주성의 저서. 1권. 자연에서 이상적으로 살아가는 삶과 그 공간에 대해 기술하고 있다. 이 책은 18~19세기 조선의 사대부 사이에서 널리 읽혔고 특히 경화사족(京華士族)의 문학에 영향을 주었다. 이 책은《구연선생유집(九煙先生遺集)》卷2〈기전서(記傳書)〉에 수록되어 있다. 홍길주(洪吉周, 1786~1841)는 이 책에 자극받아《숙수념(孰遂念)》을 저술하였다는 주장도 있다. 16권 7책으로 구성된《숙수념》에는 복거(卜居), 의례, 교육, 수양, 연회 등 다양한 분야의 글이 실려 있다.

6 《九煙先生遺集》卷2〈記傳書〉"將就園記" '其一'.

[4] 橋:《九煙先生遺集 · 記傳書 · 將就園記》에는 "園".

자는 '조영정(造詠亭)'이라 한다. 정자들은 모두 빽빽　雲.】
하게 늘어선 대나무 숲 안에 있으므로 한번 바라보
면 긴 대나무가 구름에 스칠 듯하다.】

대나무 길이 끝나는 곳에서 작은 다리를 건너면　徑盡度小橋爲羅浮嶺, 環
나부령(羅浮嶺)7이다. 나부령을 에워싸고 있는 나무　嶺皆梅也.【在竹徑之北,
는 모두 매화이다.【나부령은 대나무 길의 북쪽에　上下四傍皆古梅.】
있으며, 나부령 위아래와 사방에는 모두 늙은 매화
가 가득하다.】

돌로 된 비탈길을 1리 정도 걸어가면 울월당(鬱越　行石磴中里許爲鬱越堂,
堂)이 되는데,【울단월주(鬱單越州)8에서는 옷과 음식　【鬱單越洲有自然衣食, 宮
이 저절로 넉넉하고 사는 집도 사람들에게 붙어 다　殿隨身, 堂名義蓋取此.】
니는 듯이 모두 갖춰져 있다. 울월당 명칭과 뜻은　堂前後雜植名卉, 間以梧
아마 여기에서 가져왔을 것이다.】 울월당의 앞뒤에　竹.
는 이름 있는 화훼류를 섞어 심고, 그 사이사이에
오동나무와 대나무를 심는다.

울월당을 따라 서북쪽으로 수십 보(步)를 가면 지　循堂西北行數十步爲至樂
락호(至樂湖)가 있는데,【《장자(莊子)》〈지락(至樂)〉편　湖,【莊叟《至樂》篇, 故與
과 〈추수(秋水)〉편 호강(濠江)9 위의 대화는 서로 이어　《秋水》濠上相接, 因以名
져 있으므로 호수의 명칭은 여기에서 유래한다.10】　之.】大可二十畝, 湖中爲長
이 호수의 넓이는 20묘가량이다. 이 호수에 '취홍(醉　堤, 曰"醉虹", 迤邐達北

7　나부령(羅浮嶺) : 중국 광동성(廣東省) 증성현(增城縣)에 있는 나부산(羅浮山)은 예전부터 매화의 명산지
　로 유명하다. 이곳에서 동진(東晉)의 도사 갈홍(葛洪, 284~364)이 선술(仙術)을 닦았다고 한다. '나부령'
　은 매화로 유명한 '나부산'을 연상시키기 위해 지은 명칭이다.
8　울단월주(鬱單越州) : 산스크리트어 Uttara-kuru의 음역(音譯). 불교에서는 수미산(須彌山)을 중심으로
　4개의 대주(大洲)가 있는데, 북쪽 울단월주에 사는 사람은 천 년의 수명을 누리며 아무런 걱정 없이 의식
　주가 풍족하게 생활한다고 한다. 북구로주(北俱盧洲) 또는 최승처(最勝處)로 번역되기도 한다.
9　호강(濠江) : 중국 안휘성(安徽省) 봉양현(鳳陽縣)을 흐르는 강. 동북쪽으로 흘러 황하(黃河)로 들어간다.
10　장자(莊子)……유래한다 : 《장자》 〈추수〉 편 마지막에서 장자와 혜자(惠子)는 '호강의 다리 위[濠梁之上]'에
　서 대화를 나누고, 그 대화는 '지극한 즐거움[至樂]'을 주제로 다루는 다음 편 〈지락〉으로 이어진다. 여기
　지락호라는 명칭은 〈추수〉와 〈지락〉의 이 대화에서 유래한다.

虹'이라는 긴 제방이 있다. 제방이 구불구불 북쪽 호수의 언덕에까지 이어지고 이 제방은 모두 무늬가 있는 벽돌을 쌓아 만들었다.

岸, 堤皆礱文石爲之.

양쪽의 호숫가에는 돌로 만든 난간이 있는데, 이 난간의 중앙에 있는 큰 다리는 '음련교(飮練橋)'라 하고, 그 위에 있는 정자는 '침추정(枕秋亭)'이라 한다. 【제방이 호수 가운데 있고, 다리는 또 이 제방의 절반에 해당하는 곳까지 이르고, 그 다리 위에 정자가 있다. 이 정자에 앉아서 사방으로 호수의 풍광을 둘러보면 참으로 몸이 수정으로 만든 병이나 파려국(玻瓈國)[11]에 있는 듯하다. 이 제방의 가장자리를 따라 양쪽 호숫가에는 복숭아나무·버드나무·부용화가 서로 섞여 있으며 특히 수양버들이 많아서 실 같은 버들가지들이 물결을 스치며 비단을 짜듯 초록빛 안개를 일으킨다.】

兩畔有石欄, 中央爲巨橋, 日 "飮練橋", 上有亭, 日 "枕秋".【堤在湖中而橋適當堤之半, 橋上爲亭, 坐亭四顧湖光, 眞身在水晶壺、玻瓈國也. 沿邊兩畔桃柳、芙蓉相間而垂楊尤多, 絲絲拂波, 綠煙如織.】

여기서 북쪽 언덕으로 가면 산에 기대어 누대(樓臺)가 있다. 동서 양쪽으로 누대가 함께 솟아 있는데, 동쪽 누대는 '탄몽루(呑夢樓)'[12]라 한다. 【사마상여(司馬相如)[13]의 《자허부(子虛賦)》[14]에 나오는 어구에서

旣抵北岸, 則因山爲樓臺, 東西兩樓竝峙, 東日 "呑夢".【取長卿 《子虛賦》中語.】西日 "忘天".【取淵明

---

11 파려국(玻瓈國): 전설상에 나오는 유리로 만들어진 나라를 가리킨다. 산스크리트어 'vaidūrya(속어 veluiya)'는 중국어로 파려(玻瓈) 또는 폐유리(吠琉璃)라 음역하며, '유리' 또는 '유리로 만든 물건'을 뜻한다.

12 탄몽루(呑夢樓): '탄몽'이라는 명칭은 《자허부(子虛賦)》의 대화에서 유래한다. 《자허부》에는 초(楚)나라의 거대한 수렵지인 '운몽(雲夢)'에 대해 대화하는 내용이 나오는데, 제(齊)나라의 사신인 자허는 다음과 같이 과장해서 말한다. "(우리 제나라는) 만약 운몽을 8∼9개 삼킨다[呑] 해도 가슴 속에 이미 있는 가시나 겨자씨만 못합니다.(呑若雲夢者八九, 其於胸中曾不蔕芥.)"

13 사마상여(司馬相如): B.C.179∼B.C.117. 중국 한(漢)나라의 문인. 자는 장경(長卿). 경제(景帝) 때에 무기상시(武騎常侍)가 되었으나 경제가 문학을 좋아하지 않았기에 자신의 뜻을 펼치지 못했다. 낙향한 뒤 궁핍한 생활을 하면서 《자허부(子虛賦)》를 지었다. 탁문군(卓文君)과 애정행각을 벌인 끝에 결혼하였다. 《상림부(上林賦)》와 《유파촉격(喻巴蜀檄)》 등의 작품이 있다.

14 자허부(子虛賦): 사마상여의 저술. 세 명의 허구적인 인물인 자허(子虛), 오유선생(烏有先生), 무시공(亡是公)이 등장해서 천자와 제후의 수렵지인 원유(園囿)에 대하여 대화하는 형식의 글이다. 사마상여는 이 글에서 호화로운 생활을 풍자하면서 천자와 제후는 검소하게 생활하여야 한다고 간언(諫言)하였다.

이름을 가져왔다.】 서쪽 누대는 '망천루(忘天樓)'라 한다.【도잠(陶潛)[15]의 "술잔 거듭 기울이니 홀연히 하늘조차 잊겠네."[16]라는 시구(詩句)에서 이름을 가져왔다.】 이 누대의 날 듯한 용마루가 있는 커다란 누각은 위로 하늘에 닿아 있고, 왼쪽은 붉게 오른쪽은 희게 칠해져 있어 음양의 뜻을 상징한다.

두 누각은 대략 10장 떨어져 있고 그 누각 사이 중간에는 지붕이 없는 누대가 있는데, '예고대(蜺高臺)'라 한다.【예고라는 이름은 용한겁(龍漢劫)[17] 이전의 시간이라는 뜻에서 가져왔다. 일명 '무운대(無雲臺)'다.】

예고대의 하단에는 벽돌을 쌓아서 문을 만들되 성문의 모양과 같도록 하고, 문은 긴 제방을 똑바로 향하게 만들어서 남쪽의 훈풍(薰風)을 받을 수 있게 한다.【산을 기대어 예고대가 있는데, 예고대의 상부는 방석처럼 평탄하고 넓으며, 가로 세로 각각 10장의 길이이다. 그 남쪽에 여장(女墻)[18]처럼 낮은 담장이 있고, 그 북쪽에는 3칸짜리 집이 있다. 집 가장자리에 있는 큰 회화나무 2그루가 좌우에서 그늘을 드리우고, 그 사이를 오래된 등나무가 휘돌아가

"重觴忽忘天"之句.】飛甍傑閣上接霄漢, 左丹而右堊以象陰陽之義.

兩樓相去約十丈, 其中爲露臺, 曰"蜺高臺".【蜺高取龍漢劫前之義, 一名"無雲".】

臺下甃石置門, 狀如城闉, 正嚮長堤以受南薰.【因山爲臺, 臺上平曠如席, 縱橫各十丈. 其南有短垣如女墙, 其北有屋三楹. 屋畔大槐二本左右交蔭, 有古藤縈繞其間. 臺下甃石爲門, 空洞如城闉, 南北徑數十步, 與長堤相嚮. 當盛夏

---

15 도잠(陶潛) : 365~427. 중국 동진(東晉)의 시인. 호는 연명(淵明), 자는 원량(元亮). 속세를 벗어난 생활을 담담하면서도 격조있게 묘사한 그의 시는 후대의 여러 시인들에게 큰 영향을 미쳤다. 《오류선생전(五柳先生傳)》과 《도화원기(桃花源記)》 등의 작품이 있다.

16 술잔……잊겠네 : 여기 인용된 시구는 도잠이 지은 〈연우독음(連雨獨飮, 비가 계속 내리는 중에 술을 홀로 마시다)〉의 한 구절이다. "(전략) 친한 노인이 내게 술을 보내면서 말하길 마시면 신선이 된다고 하네. 한잔 마시니 온갖 정(情)이 멀어지고 술잔 거듭 기울이니 홀연히 하늘조차 잊겠네. 하늘이 어찌 이곳을 떠나겠는가. 천진하게 몸 맡기면 앞세울 것도 없으리.(故老贈余酒, 乃言飮得仙. 試酌百情遠, 重觴忽忘天. 天豈去此哉! 任眞無所先.)"

17 용한겁(龍漢劫) : 도교(道敎)의 용어. 도교에서는 우주의 시간을 오겁(五劫) 또는 오조겁(五祖劫)으로 부른다. 용한의 겁이 최초이며 그 뒤로 적명(赤明), 상황(上皇), 개황(開皇), 연강(延康)의 겁이 순서대로 이어진다고 한다.

18 여장(女墻) : 성 바깥이나 적의 동태를 살피기 위해 성 위쪽으로 쌓아올린 작은 담장.

며 감고 있다. 예고대의 하단에는 벽돌을 쌓아서 만든 문이 있는데, 성문과 같이 확 트여 있으며 그 길은 남북으로 수십 보가 되고 긴 제방과 서로 마주본다. 한여름 뜨겁고 찌는 듯한 더위가 있을 때는 낮이면 그 성문에서 서늘한 바람을 쏘이고, 밤이면 예고대 위에서 달을 배경으로 술잔을 나눈다. 그러면 뜨겁고 찌는 듯한 삼복의 더위가 있는지 없는지도 모를 것이다.】

호수를 둘러싸고 있는 사면에는 모두 회랑(廻廊)이 있고, 그 사이사이에 수함(水檻)[19]이다. 회랑과 수함의 바깥에는 모두 복숭아나무·버드나무·부용화가 가득하다. 긴 제방의 양쪽 가장자리도 이와 같으나 제방의 가장자리에는 특히 수양버들이 많다.

호수의 모양은 본래 둥근 옥으로 만든 거울과 유사한데, 긴 제방의 경계를 기준으로 동서를 삼으며 서쪽이 넓고 동쪽은 그보다 약간 좁다. 동쪽 호수의 중앙에는 섬이 있는데, 거북처럼 볼록 솟아올라 있다. 그 섬의 등 부분에 팔각 형태의 정자를 짓고, '일점정(一點亭)'이라 한다.【태허(太虛)의 일점(一點)과 비슷하므로 이와 같은 이름을 짓는다.】서쪽 호수의 중앙에는 물고기 모양 같은 모래톱이 가로로 만들어져 있는데, 그 머리 부분은 동쪽을 향해 있다. 그 위에 지은 집은 마치 누선(樓船)[20]과 유사하며, '나반(蠡盤)'이라 한다.【'蠡(소라 라)'는 '螺(소라 라)'와 같다.

熇溽時, 晝則納涼于城闉, 夜則酌月于臺上, 不知三伏炎蒸之有無也.】

繞湖四面皆廻廊, 間以水檻, 廊檻之外皆桃柳、芙蓉. 長堤之兩畔亦然, 而堤畔垂楊尤多.

湖形本類璧鏡, 以長堤界爲東西, 西廣而東稍狹. 東湖之中央有島嶼, 凸起如龜, 于其背作八方亭, 曰"一點".【彷彿太虛一點故名.】西湖之中央有橫洲如魚形, 其首東嚮, 構屋其上, 宛類樓船, 名曰"蠡盤".【蠡, 與螺同. 劉夢得《君山詩》云"白銀盤裏一靑螺", 義[5]蓋取此.】

---

19 수함(水檻): 연못이나 물가에 가깝게 지은 난간.
20 누선(樓船): 주위를 조망할 수 있는 누각이 설치되어 있는 배.
[5] 義: 저본에는 없음. 오사카본·규장각본에 근거하여 보충.

I. 은거지[衡泌]의 배치　　101

유우석(劉禹錫)[21]의 〈군산시(君山詩)[22]〉에 "흰 은쟁반
[盤]에 담긴 하나의 푸른 소라[螺] 같네."라 했는데,
아마 이 시구에서 그 뜻을 가져왔을 것이다.}

이 두 정자의 난간 바깥에는 각각 발이 드리워져
있고, 모래톱의 가장자리에도 모두 복숭아나무·버
드나무·부용화가 가득하며 긴 제방과 서로 마주본
다. 그러나 잔잔한 물결 한가운데 있어서 배가 없으
면 건너갈 수 없다. 만약 호수 안에 마름과 연꽃, 물
고기와 새 등이 있으면 사람의 힘을 빌리지 않아도
자연 그대로 번식하고 자라기 때문에 굳이 주인이
아름답게 보이도록 애쓰는 번거로움이 없다.

누각 뒤의 빈 터에는 이름 있는 꽃과 기이한 훼류
(卉類)를 두루 심는데, 이곳이 바로 백화촌(百花村)이
다.【두 누각 뒤편과 좌우로 온갖 화려한 꽃들이 사
시사철 끊이지 않는다. 그 백화촌 안에도 정자가 몇
곳 있는데, 대체로 그곳의 꽃 이름으로 정자의 이름
을 붙인다. 가장 잘 알려진 곳은 해당정(海棠亭)·모란
정(牧丹亭)·여지정(荔支亭)·부상정(扶桑亭) 등이다.】

두 누각에는 각각 미인(美人) 1명씩이 어린 계집종

楯外各垂簾箔, 洲傍亦皆
桃柳、芙蓉, 與長堤相望,
然泛泛波心, 非舟不渡. 若
湖中菱荷、魚鳥之屬, 則不
假人工, 自然蕃育, 固無煩
主人之點綴也.

樓後隙地, 遍植名花、異
卉, 是爲百花村.【在兩樓之
後及左右, 萬紫千紅, 四時
不絶. 其中亦有亭子數處,
大抵各以其花名之, 最著
者, 海棠、牧丹、荔支、扶桑
云.】

兩樓中各命一美人領之童

---

21 유우석(劉禹錫) : 772~842. 중국 당(唐)나라의 관료이자 문인. 자는 몽득(夢得), 호는 여산인(廬山人). 여
러 관직을 역임하면서 환관들의 부패 및 권력 남용을 막아 황제를 보좌하였고, 유종원(柳宗元)·한엽(韓
曄)·왕숙문(王叔文) 등과 교류하였다. 위응물(韋應物)·백거이(白居易)와 더불어 '삼걸(三傑)'이라 했다. 저
서로《유빈객집(劉賓客集)》등이 있다.
22 군산시(君山詩) : 군산(君山)을 주제로 하는 유우석의 시. 본래 시제(詩題)는 '망동정(望洞庭, 동정호를 바
라보며)'이다. 군산은 중국 호남성(湖南省) 악양(岳陽) 동정호(洞庭湖)에 있는 작은 섬이며 동정산(洞庭山)
이라고도 한다. 동정호는 중국에서 2번째로 큰 호수(湖水)이며 상수(湘水)·자수(資水)·원수(沅水)·예수
(澧水)의 강물이 유입된다. 호북(湖北)과 호남(湖南)을 가르는 경계가 동정호이다. 이 시의 전문은 다음
과 같다. "호수 빛과 가을 달이 서로 어우러져 있고, 매끈한 수면은 바람도 없어 갈지 않은 거울 같네. 멀리
보이는 동정산은 비춰처럼 푸르고 작아서 흰 은쟁반에 담긴 하나의 푸른 소라 같네.(湖光秋月兩相和, 澤面
無風鏡未磨, 遙望洞庭山翠小, 白銀盤裏一靑螺.)"

을 4명씩 거느리게끔 해서 향을 피우고 차를 달이
거나 물을 떠오고 낚시질하는 일을 돕도록 한다. 부
엌과 욕실 등의 여러 방은 모두 누각의 뒤편에 있고
욕실의 옆으로는 온천이 나온다.

　장취원의 내부에는 서책을 수장하도록 장서각이
있고, 술을 빚도록 주방이 있고, 약초를 심는 약란
(藥欄)[23]이 있고, 채소를 심도록 텃밭이 있고, 과실
수를 심도록 숲이 있고, 물고기를 기르도록 못이 있
고, 새를 길들이도록 원(苑, 울타리가 있는 동산)이 있고,
가축을 방목하도록 목장이 있다. 이들은 장취원의
사방에 분포해 있고, 대체로 모두 산의 가장자리이
면서 모두 시냇물에 닿아 있다. 나부령의 남쪽에는
서재가 2개 있는데, 왼쪽은 '일취재(日就齋)'라 하고,
오른쪽은 '월장재(月將齋)'[24]라 하며 자제들이 강독하
는 공간이다.

　나부령의 북쪽은 꽃의 신을 모시는 누각이다. 이
곳에서는 온갖 꽃의 신에게 제사지내며 역대의 재자
(才子)[25]와 미인을 배향(配享)한다.【이 누각 안에는 나
무로 만든 신주를 두고 온갖 꽃의 신에게도 제사지
내는데, 예를 들어 동황(東皇)[26]과 봉이(封姨)[27]와 같

婢各四, 以供香茗、汲釣之
役. 庖湢諸室皆在樓後, 湢
室之傍, 溫泉出焉.

園中藏書有閣, 釀酒有廚,
蒔藥有欄, 種蔬有圃, 植
果有林, 畜魚有沼, 馴禽有
苑, 任牧有場, 分布園之四
隅, 大氐皆傍山臨溪, 而羅
浮嶺之南有書齋二, 左曰
"日就", 右曰"月將", 爲子
弟講讀之區.

嶺之北有花神祠閣, 祀百
花之神而以歷代之才子、美
人配享焉.【閣中置木主以
祀百花之神, 如東皇、封姨
亦與焉. 兩傍配以歷代才

23　약란(藥欄) : 약초를 심은 밭. 약초밭에 있는 난간을 의미하는 경우도 있다.
24　일취재(日就齋)……월장재(月將齋) : 이 명칭은 《시경》의 시구인 '일취월장(日就月將, 매일 학문을 갈고 닦
　　아 계속해서 발전함)'에서 유래한다. "저 소자는 비록 총명하고 경건하지 못하지만 날마다 나아가고 달마다
　　발전하면 학문이 광명에 이르게 될 것입니다.(維子小子, 不聰敬止, 日就月將, 學有緝熙于光明.)"《毛詩注
　　疏》卷28〈周頌〉 "敬之".
25　재자(才子) : 각 방면에 뛰어난 재주를 지닌 사람.
26　동황(東皇) : 중국에서 봄을 주관하는, 전설상의 신. 봄은 동(東)과 청(靑)을 대표하기 때문에 동제(東帝)
　　또는 청황(靑皇)이라고도 한다.
27　봉이(封姨) : 중국에서 바람을 주관하는, 전설상의 신. 봉가이(封家姨) 또는 봉십팔이(封十八姨)라고도 한다.

은 신도 거기에 들어간다. 그 양옆으로는 사마상여와 탁문군(卓文君)[28] 부부, 진가(秦嘉)[29]와 서숙(徐淑)[30] 부부 같은 역대의 재자와 미인을 배향한다. 매해의 세시(歲時)[31]와 화조(花朝)[32] 탄신일에 미인에게 명하여 과일과 술을 진설하고 제사를 드리게 하거나 새로 지은 시를 노래하게 하여 분위기를 즐겁게 만든다.】

일반적으로 빈객들이 왕래하거나 노닐면서 연회를 즐길 때 한 원림의 내부에서는 작은 배를 타거나 나막신을 신고 모든 곳을 통행할 수 있으나, 오직 호수의 북쪽에 있는 두 누각만은 제방과 다리로 경계를 만들어 놓았으니, 이곳은 미인이 거처하는 곳이라 빈객들은 드나들 수 없다. 그렇지만 호수 서쪽에 있는 나반(蠃盤)은 미인이나 빈객이 서로 번갈아 가면서 쓸 수 있다. 만약 여름에 쉬면서 서늘한 바람을 쐬는 경우라면 이곳에서 미인들이 편안히 잠을 자는 때도 많다.

호수를 따라 서쪽으로 십 몇 굽이의 회랑을 지나면 수로와 육로에 2개의 문이 있고, 문을 열고서 다

子、美人如司馬長卿·卓文君、秦嘉·徐淑之屬. 每歲時及花朝誕辰, 命美人設果醴致祭, 或歌新詩以侑之.】

凡賓客往來游讌, 一園之內 舫屐皆可經行, 獨湖北兩樓, 限以堤橋, 爲美人所居, 賓客不得至焉. 湖西之蠃盤, 則美人、賓客可更迭御之. 若休夏納涼, 則美人讌寢之時爲多.

循湖而西歷廻廊十數曲, 爲水陸兩門, 啓門度橋, 卽

---

28 탁문군(卓文君) : B.C.175~B.C.121. 본명은 문후(文后). 부호 탁왕손(卓王孫)의 딸로, 금(琴)을 잘 연주했으며 음률(音律)에 정통했다. 과부가 되어 친정에서 지내다가 손님으로 온 사마상여와 눈이 맞아서 함께 도망쳤으며 이후에 결혼하였다. 작품으로 〈백두음(白頭吟)〉·〈결별서(訣別書)〉·〈원낭시(怨郎詩)〉 등이 있다.

29 진가(秦嘉) : ?~?. 중국 동한(東漢)의 시인. 자는 사회(士會). 서숙과 부부 사이다. 환제(桓帝) 때 진가는 하급관리인 군상계리(君上計吏)가 되어 낙양에 부임하게 되었는데 아내 서숙은 병으로 친정에 머무르고 있어서 작별 인사도 하지 못하였다. 그 뒤 서로 간의 애정을 담은 시를 주고받으며 다시 만날 날을 고대했으나 고향으로 돌아오지 못하고 결국 병으로 죽었다.

30 서숙(徐淑) : ?~?. 중국 동한(東漢)의 여류시인. 남편 진가가 죽은 후 얼마 되지 않아 남편에 대한 그리움이 사무쳐서 죽었다고 한다. 위의 "진가" 주석 참조.

31 세시(歲時) : 매해의 첫날인 설날. 1년 사계절의 각 절기를 뜻하기도 한다.

32 화조(花朝) : 음력 2월 15일. 이날은 모든 꽃의 생일이라 하여 꽃에게 제사를 지내는 옛 풍습이 있다. 백화생일(百花生日) 또는 화조절(花朝節)이라고도 한다.

리를 건너면 곧 취원이다. 《장취원기》[33]

就園也. 同上

취원의 앞문도 시냇물에 닿아 있고, 시냇물 줄기도 이리저리 갈라져서 취원 안으로 흘러 들어가지만 취원 안에는 산이 물보다 많다. 취원의 여러 화훼류 또한 장원과 비슷하나 소나무·측백나무·오동나무·대나무 같은 나무가 대부분이다. 문으로 들어가면 돌로 된 길이 있는데, 돌계단이 절반이어서 위아래로 오르내리는 계단의 수가 거의 백여 단이 된다.

就園前門亦臨溪, 溪流亦散注入園, 而園中之山多于水, 其雜卉亦髣髴將園, 而松柏、梧竹之屬爲多. 入門爲石徑, 磴半之, 上下登降可百餘級.

이 돌계단이 끝나면 만송곡(萬松谷)이다. 【만송곡에 나 있는 길의 길이는 2리 정도 된다. 한번 바라보면 오래된 소나무들이 하늘에 닿을 듯 치솟았는데, 모두 늙은 용이나 성난 이무기의 비늘과 발톱 같은 모습이다. 만송곡 안에는 불봉정(不封亭)·백안암(白眼菴)·한지도원(寒知道院)[34]이 있다.】

磴盡爲萬松谷, 【谷可徑二里許, 一望古松參天, 皆老龍、怒虬鱗爪也. 中有不封亭、白眼菴、寒知道院.】

그 소나무 사이로 1리 정도 걸어가서 시냇물 위의 다리를 건너면 화서당(華胥堂)이 있다. 【황제(黃帝) 헌원(軒轅)[35]이 꿈속에서 화서(華胥)[36]를 노닌 후에 28년 동안 천하가 크게 다스려졌다. 이는 단지 꿈일 뿐이지만 지금 실제로 화서를 두었으니, 그 위에 다음

行松間可里許, 度溪橋爲華胥堂. 【軒皇夢游華胥, 二十八年而天下大治, 此特夢耳, 今實有之, 題一聯其上, 云"長離、廣乘之境,

---

33 《九煙先生遺集》卷2〈記傳書〉"將就園記"'其二'.

34 한지도원(寒知道院): 도원(道院)은 도사(道士)가 거처하는 사원(寺院)을 의미한다. 명칭의 유래는 미상.

35 황제(黃帝) 헌원(軒轅): 고대 중국의 전설상의 제왕이며 중국 문명의 시조이다. 성은 공손(公孫), 이름은 헌원(軒轅). 당시 천자인 신농(神農)의 세력이 약해져 세상이 혼란해지자, 황제는 판천(阪泉)의 싸움에서 염제(炎帝)를 물리쳤다. 이후 탁록(涿鹿)의 싸움에서 치우(蚩尤)를 물리치고 제후들의 추대를 받아 제왕의 자리에 올랐다고 전해진다.

36 화서(華胥): 전설상의 나라. 《열자(列子)》〈황제(黃帝)〉에 다음과 같은 내용의 고사가 있다. 황제 헌원이 천하를 다스릴 때 잘 다스려지지 않자 마음을 가다듬고 지내던 중 낮잠을 자다 꿈을 꾸었다. 꿈에서 본 화서라는 나라는 인간의 욕망이나 애증에 의해 지배되지 않고 자연스럽게 잘 다스려지면서도 태평하였다. 이 꿈에서 천하를 다스리는 방법을 깨달은 황제는 이후 천하를 잘 통치했다.

과 같은 하나의 연구(聯句)를 써서 붙인다. "장리(長離)[37]와 광승(廣乘)[38]의 선경이요, 무회씨(無懷氏)[39]와 갈천씨(葛天氏)[40]의 백성이라[41]."】

무회(無懷), 갈천지민(葛天之民".】

화서당 앞에는 큰 못이 있다. 못의 가장자리에는 이름 있는 화훼류를 섞어 심고, 오동나무와 대나무를 그 사이사이에 심었으니 장원과 아주 유사하다.

堂前有大池, 池畔亦雜植名卉, 間以梧竹, 頗類將園.

화서당의 북쪽으로 가면 모두 산이다. 산등성이와 고개가 첩첩하게 둘러싸고, 험준한 벼랑이 깎은 듯이 서 있어 마치 수많은 담이 겹으로 둘러쳐진[百堵][42] 성과 같다. 시냇물 줄기가 그 아래로 흘러 깊은 계곡을 이루다가 각각 크거나 작은 9개의 굽이가 된다.

自堂而北則皆山也. 岡嶺複疊, 峭壁屹屹如百堵城, 溪流徑其下爲深澗, 大小各九曲.

각 굽이 중에서 그윽하고 아름다운 곳에는 바로 정자와 별관을 하나씩 세우는데, 일반적으로 정자는 6채를 짓고, 별관은 4개를 짓는다.【이 정자와 별관에 따로 이름을 붙이려 하지 않는 까닭은 아무리 오묘한 이름을 짓더라도 이 아름다운 굽이에 보탤 수 없기 때문이니, 곧 각 굽이의 순서대로 이름을

每曲折幽勝處, 輒建一亭館, 凡爲亭者六, 爲館者四.【亭、館不欲別立名者, 以名之妙無加于曲也, 卽以曲之次第呼之.】

---

37 장리(長離): 남해(南海) 바다에 있다는, 전설상의 산.

38 광승(廣乘): 전설상의 산. 《천중기(天中記)》 권8 〈해상오악(海上五岳)〉에서는 "광승산은 천하의 동악(東岳)이며, 동해 속에 있고, 오악 중에서 처음으로 발생했다.(廣乘山者, 天之東嶽也, 在東海之中, 爲五嶽發生之首.)"라 했다.

39 무회씨(無懷氏): 전설상 고대의 제왕. 무회씨의 치세 동안에는 태평하여 백성들이 아무런 근심[懷]이 없었다[無]고 한다.

40 갈천씨(葛天氏): 전설상의 고대의 제왕. 갈천씨는 백성을 다스릴 때 인위적으로 하지 않고 무위(無爲)의 방법으로 백성을 잘 교화했다고 한다.

41 무회씨(無懷氏)와⋯⋯백성이라: 무회씨와 갈천씨의 출전은 도잠(陶潛, 365~427)의 〈오류선생전(五柳先生傳)〉이다. 도잠은 자전(自傳)적 형식의 이 글에서 "술을 즐기고 시를 지어 그 뜻을 즐겼으니, 무회씨의 백성인가? 아니면 갈천씨의 백성인가?(酣觴賦詩, 以樂其志, 無懷氏之民歟? 葛天氏之民歟?)"라 했다.

42 수많은⋯⋯둘러쳐진[百堵]: 이 구절은 《시경》의 다음 구절에서 유래했다. "우리들이 수많은 겹으로 둘러쳐진 담을 모두 세우리라(之子于垣, 百堵皆作.)."《毛詩注疏》卷18〈小雅〉"鴻雁".

부른다.43]

18번째 굽이에 이르러 산의 형세가 끝나려 하면 갑자기 산이 솟아올라 두 봉우리가 되니, 그 높이가 각각 1천 심(尋)44이다. 동쪽 봉우리는 '취일봉(就日峯)'이라 하고, 서쪽 봉우리는 '운장봉(雲將峯)'이라 한다. 두 봉우리 남쪽에 각각 사당 하나를 세우고 사당 뒤편에는 신각(神閣)을 짓는다. 동쪽 사당과 신각에는 의용(義勇)45 관우(關羽)46를 제사지내고, 역대로 절개와 의리를 지킨 여러 분들을 배향하여,【예를 들어 당나라 때의 장순(張巡)47과 허원(許遠)48, 송나라 때의 문천상(文天祥)49과 사방득(謝榜得)50 같은 사람이

至十八曲, 山勢將盡, 則突起而爲兩峯, 高各千尋, 東日 "就日", 西日 "雲將". 兩峯之陽各建一祠, 祠後有閣. 東祠閣中祀義勇 關夫子, 而以歷代節義諸公配享.【如張、許、文、謝之屬.】命高僧領之;西祠閣中祀純陽 呂祖, 以歷代高士、逸民配享,【如張子房、陶淵明、

---

43 이……부른다: 계곡의 굽이가 모두 18곳이기 때문에 제1곡부터 18곡까지 사이에 10개의 정자와 별관을 짓고서 지은 곳의 굽이 순서를 그 건물 이름으로 쓰라는 뜻이다. 예를 들어 이곡정(二谷亭)·팔곡관(八谷館)과 같은 식이다.

44 심(尋): 길이를 나타내는 단위. 1심(尋)은 8척(尺).

45 의용(義勇): 관후의 존호(尊號). 북송 휘종(徽宗) 5년 관우는 의용(義勇) 무안왕(武安王)으로 봉해졌다.

46 관우(關羽): 160~220. 삼국시대 촉(蜀)나라의 장수. 자는 운장(雲長), 시호(諡號)는 장목후(壯繆侯). 관우는 용맹과 의리가 범인의 경지를 뛰어넘었기에 중국과 우리나라에서 신격화되었다. 민중들은 그를 존경하여 관부자(關夫子) 또는 관공(關公) 등으로 불렀으며, 현재에도 관왕묘(關王廟)에서는 관우를 제사지낸다. 도교(道教)에서는 문형성제(文衡聖帝) 혹은 협천대제(協天大帝)라 부른다.

47 장순(張巡): 708~757. 중국 당(唐)나라의 관료. 현종(玄宗) 때 어사중승(御史中丞) 등의 관직을 역임했다. 안록산(安祿山)의 반란이 일어나자 현종은 장순을 위순원경략(委巡院經略)으로 임명하여 반란을 진압하게 하였다. 그러나 장순은 식량이 부족하고 병력도 열세라서 휴양(睢陽)을 사수하며 외부의 지원병을 기다리는 식으로 반란군과 맞섰다. 반란군은 휴양성을 수개월간 포위하였고, 결국 성내의 군사들은 양식이 떨어져 참새나 쥐 등을 잡아먹으며 항거하였으나 외부의 지원병은 오지 않았다. 마침내 치열한 전투 끝에 휴양성은 함락되고 그는 전사하였다. 사후에 백성들은 그의 절의를 숭상하여 사마성왕(司馬聖王)으로 받들었다.

48 허원(許遠): 709~757. 중국 당(唐)나라의 관료. 자는 영위(令威). 명망가의 자손으로 태어나서 일찍 벼슬길에 올랐으며, 지도판관(支度判官)·시어사(侍御史)·휴양태수(睢陽太守) 등을 역임하였다. 안록산의 난이 발발했을 때 장순과 함께 휴양성을 지켰으나 성은 함락되고 허원도 결국 전사하였다. 사후에 장순과 함께 절의의 상징으로 추앙되었다.

49 문천상(文天祥): 1236~1283. 중국 송(宋)나라의 관료이자 시인. 자는 이선(履善), 호는 문산(文山). 1255년 진사에 수석으로 합격한 이후 여러 관직에 등용되었으나, 1259년 송나라가 원(元)나라의 침입으로 수도를 옮기려 하자 이를 반대하여 면직되었다. 의용군을 조직하여 원나라에 대항하였고 이후 원나라와 강화협상 도중 감옥에 갇혔다. 결국 남송은 멸망하였고, 문천상은 포로로 잡혀 수도로 이송되던 도중 탈출하였다. 이후 잔병을 모집해 원나라와 싸웠지만, 병력이 열세하여 다시 체포되었다. 원나라에서는 여러 차례 회유했으나 끝까지 이를 거부하였고 마침내 처형되었다. 옥중(獄中)의 작품인 《정기가(正氣歌)》가 유명하며, 저서로 《문산전집(文山全集)》이 있다.

다.】고승(高僧)에게 제사를 주관하도록 한다. 서쪽 사당과 누각에는 순양자(純陽子) 여암(呂巖)[51]을 제사 지내고, 역대의 고명한 지사와 숨겨진 인물을 배향하여,【예를 들어 장량(張良)[52]·도잠·이백(李白)[53]·이필(李泌)[54]과 같은 사람이다.】우객(羽客)[55]에게 제사를 주관하도록 한다.

두 봉우리는 서로 몇 장(丈) 가량 떨어져 있고, 그 아래로 절벽 골짜기가 닿아 있는데 그 깊이가 몇 천 인(仞)[56]이나 되는지 알 수가 없다. 서쪽 봉우리의 옆에는 오래된 등나무가 있는데 그 나이를 헤아릴 수

李青蓮、長源之屬.】命羽客領之.

兩峯相去可數丈, 下臨絶壑, 不知其幾千仞也. 西峯之側有古藤, 其歲月不可考, 兩幹橫亘空中, 與東

---

50 사방득(謝枋得) : 1226~1289. 중국 송나라의 관료이자 시인. 자는 군직(君直), 호는 첩산(疊山). 1256년 진사에 합격한 이후 무주사호참군(撫州司戶參軍)과 건강고관(建康考官)을 역임하였다. 국운이 기운 송나라를 지키고자 의용군을 조직하여 원나라에 대항하였으나 중과부적으로 패하여 원나라에 체포되었다. 원나라의 회유를 받았으나 이를 거부하며 단식하다가 순국하였다. 저서로 《문장궤범(文章軌範)》이 있다.

51 여암(呂巖) : 798~?. 중국 당(唐)나라의 도사(道士). 자는 동빈(洞賓), 호는 순양자(純陽子). 도교(道教)의 일파인 전진도(全眞道)의 5대 조사(祖師)였기 때문에 여조(呂祖)라 한다. 종남산(終南山)에서 수도한 팔선(八仙)의 한 사람이며, 검술의 명인이다. 그는 수양의 방법을 기존에 주로 행해지던 연단법(鉛丹法)에서 내공법(內功法) 위주로 바꾸었고, 그의 이론은 이후 도교 교리의 발전에 큰 영향을 끼쳤다. 저서로 《여조전서(呂祖全書)》·《여조시집(呂祖詩集)》·《구진상서(九眞上書)》 등이 있다.

52 장량(張良) : ?~B.C.186. 중국 한(漢)나라의 재상. 자는 자방(子房), 시호는 문성공(文成公). 진(秦)나라 시황제(始皇帝)를 습격했으나 실패하고, 은신하던 중 황석공(黃石公)으로부터 《태공병법서(太公兵法書)》를 물려받았다고 한다. 진승(陳勝)과 오광(吳廣)의 난이 일어났을 때 소하(蕭何)와 함께 유방(劉邦)을 도왔으며, 후일 항우(項羽)를 제압하고 한(漢)나라를 건국하는 과정에서 큰 공을 세웠다. 한나라 건국 후에는 관직에서 물러나 호남성(湖南省) 장가계시(張家界市) 청암산(青巖山) 일대에 은거하였다.

53 이백(李白) : 701~762. 자는 태백(太白), 호는 청련거사(青蓮居士). 중국 최고의 시인으로 평가되며 시선(詩仙)이라 불린다. 그는 젊어서 고향을 떠나 양자강(揚子江)을 따라 중국 각지를 편력하였고, 한때 현종(玄宗) 밑에서 궁정시인으로 지냈으나 당시 실권을 쥐고 있던 고역사(高力士)의 미움을 받아 궁정에서 쫓겨났다. 부패한 당나라 정치에 불만이 많았던 그는 오랫동안 방랑하는 삶을 살았는데, 도교(道教)에 심취하여 산속에 은거하기도 하고, 두보(杜甫)와 맹호연(孟浩然) 등 많은 시인과 교류하며 일생 동안 많은 시를 지었다. 대략 1,100여 편의 작품이 현존하며 그의 시문집은 주로 송대(宋代) 이후 편찬되었다. 대표적인 작품집으로 《분류보주이태백시(分類補註李太白詩)》·《이태백전집(李太白全集)》 등이 있다.

54 이필(李泌) : 722~789. 중국 당(唐)나라의 관료. 자는 장원(長源), 시호는 현화(玄和). 어릴 때부터 재주가 뛰어나서 벼슬길에 오른 이후 여러 관직을 역임하였다. 현종(玄宗)은 이필을 중용하여 태자인 숙종(肅宗)의 선생으로 삼았다. 숙종은 즉위한 후 이필을 고위관직에 등용하여 조정의 대소사를 의논하였고, 그 도움으로 안록산의 난을 수습할 수 있었다. 이후 이필은 여러 차례 조정의 부름을 받았으나 이를 거절하였고, 낙향하여 형산(衡山)에 작은 집을 짓고 은거하였다.

55 우객(羽客) : 신선이 되는 도를 닦는 도사(道士)의 이칭. 우류(羽流) 또는 우사(羽士)라고도 한다.

56 인(仞) : 어른이 두 팔을 좌우로 벌린 길이. 약 7척(尺).

없을 정도이다. 이 등나무의 두 줄기는 공중에 가로로 뻗어서 동쪽의 봉우리와 서로 연결되어 있으니 그 두께는 전각(殿閣)의 기둥과도 같이 두껍다. 이두 줄기의 사이에는 가로로 나무를 놓아서 줄기가 나무를 받쳐주도록 하고 가장자리에는 난간을 세워서 왕래할 수 있도록 했으니, 이 다리는 자연이 만든 교량이다. 서쪽 봉우리의 꼭대기에는 평탄한 돈대(墩臺)가 있는데, 이를 '협선대(挾仙臺)'라 한다.【일명 '압선대(狎仙臺)'다.】 협선대 위에 5글자의 비를 세워 "손을 내저어 세상 사람들을 사절한다[揮手謝時人]57"라 했다.

峯相接, 大如殿柱. 兩幹之中則設橫木庋⑥之, 傍植欄楯以通往來, 此天生橋梁也. 西峯之顚有平臺, 曰"挾仙".【一名"狎仙"】臺上植五字碑, 曰"揮手謝時人".

　동쪽 낭떠러지의 허리부분에는 동굴이 있고, 이 동굴의 좌우에는 단실(丹室)58 몇 칸이 있는데, 바위에 의지하여 단실이 지어져 있다. 이곳에는 푸른 산기운이 짙고 빽빽해서 사람의 발자취가 거의 닿지 않는다. 그 앞에 7글자의 방문(榜文, 사람이 보도록 게시한 글)을 걸어 "동굴은 구름에 깊게 감추어져 있고 푸른 창은 한기 서려 있네[洞雲深鎖碧窓寒]59"라 했다.

東岸之腰有洞, 洞左右有丹室數楹, 因巖作屋, 蒼翠陰森, 人跡罕到, 榜以七字, 曰"洞雲深鎖碧窓寒".

　봉우리 북쪽편의 바로 아래에는 큰 못이 있는데, 도화담(桃花潭)이라 한다. 이 못의 넓이는 2묘(畝)가량이며 그 물은 맑고 푸르다. 두 봉우리는 모두 복숭아꽃[桃花]이 가득하고, 물가에는 너럭바위가 넓

峯北直下有大潭, 曰"挑花潭", 廣可二畝, 其水澄碧. 兩峯皆桃花, 潭畔有石坡寬平, 可容千人, 坐坡上觀

---

57 손을……사절한다[揮手謝時人]: 중국 송나라의 시인 조훈(曹勳, 1098~1174)이 지은 〈소사곡(蕭史曲)〉이라는 시에 나오는 구절이다. 이후로 많은 시인들이 이 구절을 차용하여 시를 지었다.

58 단실(丹室): 도사가 거처하며 단약(丹藥)을 만들거나 수양하는 곳.

59 동굴은……서려 있네: 이 시구의 출전은 중국 당나라의 시인 고변(高騈, 821~887)의 〈보허사(步虛詞)〉이다.(靑溪道士人不識, 上天下天鶴一只. 洞門深鎖碧窗寒, 滴露研朱點周易.)

⑥ 庋: 저본에는 "度". 오사카본·규장각본·《九煙先生遺集·記傳書·將就園記》에 근거하여 수정.

고 평탄하여 천 명의 사람을 수용할 수가 있다. 이 바위 위에 앉아서 서쪽 봉우리를 바라보면 못 너머로 폭포수가 나는 듯이 흘러 떨어져서 못으로 흘러들고, 소리는 우레가 몰려오는 듯하다.

너럭바위의 가장자리에는 낚시터가 있고, 이 낚시터의 서편으로 돌다리가 있어서 깎아지른 듯한 절벽 위에 가로로 누워 있으니, 이 다리를 통해서도 서쪽 봉우리로 도달할 수 있다. 이 돌다리 위에서 그 위에 놓인 등나무 다리를 올려 보면 마치 하늘과 땅 차이로 아득하게 떨어져 있는 듯하다.

정원 안에 있는 산등성이와 고개 사이에는 계수나무숲이 있고, 용(榕)나무[60]숲이 있고, 단풍나무숲과 오구나무숲이 있어 만송곡과 서로 마주보고 있다. 이 숲속마다 각각 난야(蘭若)[61]와 정려(精廬, 사찰)가 있어서 방랑하는 도사나 승려가 쉬어갈 수 있도록 하는데 그에 관해서는 일일이 다 설명할 수 없다.

서쪽 봉우리에 있는 사당 주위에는 온천이 나오는 못이 있어서 그곳에 욕실을 설치하여 목욕하고 씻기에 편리하게 한다. 욕실 주위에도 단실(丹室) 몇 칸이 있는데 이를 욱관(燠館)[62]이라 부른다. 욱관의 공기는 따뜻해서 차갑지 않으므로 한겨울에도 봄날과 같이 느껴지니, 아마 온천이 나오는 못의 뜨거운 증기 때문일 것이다. 그 외의 약란(藥欄)이나 텃밭과

西峯, 隔水瀑布飛流下注, 聲若奔雷.

坡側有釣臺, 臺西有石橋, 橫枕絕壑, 亦可達西峯. 從石橋仰睇藤橋, 殆有霄壤之隔矣.

園中岡嶺之陳則有桂林, 有榕林, 有楓林、柏林, 與萬松谷相望. 其中各有蘭若、精廬, 以供羽衲遊憩者, 不可殫述.

西峯祠畔有湯池, 因置浴室以便祓濯. 傍亦有丹室數楹, 號爲燠館, 其氣溫而不寒, 隆冬如春, 蓋湯池所蒸煦也. 其餘藥欄、蔬圃之屬亦髣髴將園.

---

60 용(榕)나무 : 뽕나무과의 상록 교목. 주로 아열대지역에 분포하며 벵골보리수나무 또는 용수나무라고도 한다.

61 난야(蘭若) : 산스크리트어 āranyaka의 음역인 아란야(阿蘭若)의 줄임말. 출가자가 수행하는 조용한 수행 공간을 의미한다.

62 욱관(燠館) : 몸에 따뜻한 기운을 쐬기 위한 방으로, 현재의 증기욕실에 해당한다.

같은 곳도 장원과 비슷하다.

일반적으로 빈객이 그 정원의 내부를 왕래하거나 이곳저곳 노닐며 경치를 구경할 때에 갈 수 없는 곳은 없다. 하지만 연회 모임은 대부분 화서당에서 열리니 그 연회에 미인이 불시에 나타나기도 한다.

화서당의 동쪽으로 산을 따라서 구불구불한 길이 있는데 이 길의 석벽(石壁)에 기대어 회랑이 있고, 이 회랑을 따라서 수십 굽이를 걸어가면 장취교(將就橋)에 이르게 된다. 장취교의 동쪽에는 담장이 둘러싸고 있고, 그 담장 사이로 육로와 수로의 2개의 문이 있는데 이 문의 안쪽이 바로 장원이다. 그러나 이 문은 정해진 시간에 여닫기 때문에 이 문을 통하여 장원으로 나갈 수 있지만 취원으로 들어올 수는 없다. 《장취원기》[63]

장원에는 물이 많고, 취원에는 산이 많다. 그러나 장원에서 보이는 곳은 모두 물이지만 나부령에서 두 누각(탄몽루와 망천루)과 지붕이 없는 누대(예고대)까지는 산이 아닌 곳이 없다. 취원에서 보이는 곳은 모두 산이지만 시냇물이 남쪽에서 흘러 들어오는 계곡물이 모여서 화서당의 못을 이루고, 이 못의 물이 북쪽으로 흘러 18굽이의 계곡물이 되고, 이 계곡물이 다 끝난 곳에서 물이 다시 모여 도화담이 되며, 이 도화담의 물이 다시 북쪽으로 흘러서 시냇물로 흐르니, 물이 아닌 곳이 없다.

凡賓客往來其中, 遊陟眺覽, 無適不可, 而讌集則多在華胥堂, 美人亦不時至焉.

堂東沿山有曲徑, 倚石壁爲廻廊, 循廊行數十曲, 至將就橋. 橋東繚垣, 間有水陸兩門, 門內卽將園. 然啓閉以時, 將園可出, 就園不可入也. 同上

將園多水, 就園多山. 然將園所見皆水, 而自羅浮嶺以至兩樓, 露臺, 無非山也. 就園所見皆山, 而溪流自南入者, 匯爲華胥堂之池, 池水北流爲十八曲之澗, 澗盡乃匯爲桃花潭, 而潭水復北流出溪, 則無非水也.

---

63 《九煙先生遺集》卷2〈記傳書〉"將就園記"'其三'.

그러므로 장원이 탁 트인 반면 취원은 그윽하고, 장원이 성글은 반면 취원은 밀집되어 있고, 장원이 풍류가 있는 반면 취원은 고아(古雅)하고, 장원이 풍요로우면서 귀한 느낌을 주는 반면 취원은 고상하면서 한적한 느낌을 준다.

사계절 중에서 장원은 여름철이 좋고, 취원은 겨울철이 좋다. 그렇지만 장원에는 매화가 몇 묘의 땅에 있고, 두 누각이 남향을 하고 있어 따뜻한 햇빛을 받으므로 호수에 닿은 곳에서 눈을 구경할 수 있으니 이 또한 겨울에도 좋은 곳이 아닌 적이 없다. 취원의 바위 골짜기는 그윽하고 깊으며, 대나무와 수목들이 빽빽하고 짙푸르러서 6월에도 더위를 느끼지 못하게끔 하니 이 또한 여름에도 좋은 곳이 아닌 적이 없다. 만약 봄이나 가을 중 날씨가 좋은 날이라면 어디 하나 좋은 곳이 아닌 적이 없다.

장원의 동쪽은 장산(將山)이고, 그 위에 구슬 같은 샘물이 백 갈래로 흘러내려서 사계절 나는 듯이 폭포가 떨어진다. 취원의 서쪽은 취산이고, 그 아래로 1만 경(頃)의 논밭이 넓게 펼쳐져서 볕이 언제나 드리워져 있다. 이것이 장원과 취원의 경치가 서로 다른 점이다.

장원과 취원을 서로 비교하자면, 기이하고 수려한 경관을 다투고 경쟁하듯이 함께 번갈아가며 자태를 드러내고 있다. 장원의 누대에 올라 서쪽으로 취원의 두 봉우리를 바라보면, 하늘을 찌를 듯 치솟은 두 봉우리는 구름 속에 있는 두 대궐과 다르지 않고, 소나무와 측백나무가 울창하게 있는 경치를

故將曠而就幽, 將疏而就密, 將風流而就古穆, 將富貴而就高閑.

四時之中, 將宜夏, 就宜冬. 然將有梅數畝, 兩樓面南暄燠, 可臨湖看雪, 亦未嘗不宜冬;就之巖壑幽深, 竹樹森艶, 能使六月無暑, 亦未嘗不宜夏. 若春秋佳日, 則無一不宜矣.

將之東爲將山, 其上珠泉百道, 四時飛瀑;就之西爲就山, 其下平疇萬頃, 終古斜陽, 此兩園所見之不同者也.

至于兩園相比, 爭奇競秀, 回互生姿. 登將園之樓臺, 西望就之兩峯, 矗霄不異雲中雙闕, 一望松柏鬱蔥, 則五陵佳氣也.

한번 바라보면 오릉(五陵)[64]의 아름다운 기운이 느껴
진다.

또 취원의 봉우리에 올라 동쪽으로 장원의 높은
누대와 빼어난 누각을 바라보면, 이는 마치 비렴관
(蜚廉觀)과 계관(桂觀)[65] 같다. 또 아득하게 보이는 호
수의 물빛을 바라보면 보는 사람으로 하여금 영주
산(瀛洲山)과 방장산(方丈山)[66]의 선경을 상상하게 만
든다. 이야말로 두 가지 아름다움이 반드시 부합해
야만 서로 더욱 빛이 나는 경우가 어찌 아니리오!
《장취원기》[67]

登就園之峯, 東望將之崇
臺傑閣, 宛如蜚簾、桂觀,
遙睇湖光, 又令人作瀛洲、
方丈之想. 豈非兩美必合
相得益章者乎! 同上

---

64 오릉(五陵): 중국 한(漢)나라 다섯 황제들의 무덤이 모여 있는 곳. 경치가 수려하여 명승지로 유명하다.
    섬서성(陝西省) 서안시(西安市, 당시 수도 장안) 서북쪽에는 고조(高祖) 유방(劉邦)의 장릉(長陵) 외로 혜
    제(惠帝)의 안릉(安陵), 경제(景帝)의 양릉(陽陵), 무제(武帝)의 무릉(茂陵), 소제(昭帝)의 평릉(平陵)이
    있다.
65 비렴관(蜚廉觀)과 계관(桂觀): 한나라 무제(武帝) 때 지은 별관(別館)들의 명칭. 무제는 방사(方士)인 공
    손경(公孫卿)의 조언을 받아들여 서안의 감천산(甘泉山)에 있던 옛 궁터에 비렴관과 계관 등을 화려하고
    웅장하게 짓고, 이궁(離宮, 황제의 별궁)으로 삼았다.
66 영주산(瀛洲山)과 방장산(方丈山): 전설상의 선경(仙境). 두 산과 봉래산(蓬萊山)을 통틀어 삼신산(三神
    山)이라 하며, 이곳에는 신선이 살고 불사약(不死藥)이 있다고 한다.
67 《九煙先生遺集》卷2〈記傳書〉"將就園記"'其四'.

2) 용도서[龍圖墅[68], 하도(河圖)[69]를 본뜬 별장]

龍圖墅

용도(龍圖)란 하도(河圖)다. 별장을 만들 때 하도의 배치와 수(數)를 본떠서 건축한다. 수평으로 된 넓은 터를 골라서 가운데에 원형의 단(壇)을 쌓는데, 높이는 3척, 지름은 5보(步) 가량 되도록 한다.

그 단 위에 십자(十字) 모양의 누각을 세운다. 이 누각은 모두 5칸으로 짓는데 중앙에는 내실을 만들고, 사방에는 누(樓)를 만들어 천오(天五)[70]를 본뜬다. 단의 바깥은 8개의 계단으로 둘러쌓아서 선천팔괘(先天八卦)[71]를 본뜬다. 이 8개의 계단 바깥에는

龍圖者, 河圖也. 爲墅, 象河圖位數而經營之. 擇有水平廣地, 中築圓壇, 高三尺, 徑可五步.

構十字閣於其上, 閣凡五楹, 中央爲室, 四角爲樓, 象天五也. 壇之外圍築八階, 象先天八卦也. 八階之外列築十墩, 象地十也.

---

68 용도서(龍圖墅): 하도(河圖)의 문양과 수식을 본떠서 만든 별장[墅]. 용도서를 처음에 구상한 사람은 사원(士元) 박태보(朴泰輔, 1654~1689)이다. 박태보는 서계(西溪) 박세당(朴世堂, 1629~1703)의 아들로, 1677년(숙종 3)에 문과에 장원하였으나 1689년(숙종 15)에 일어난 기사환국(己巳換局)에 연루되어 숙종의 국문을 받고 36세에 요절하였다. 그의 친구인 성주(星州) 이국미(李國美, ?~?)는 우연히 박태보가 지은 《용문정사도기(龍文精舍圖記)》를 보고 여기서 착안하여 더 세밀하게 용도서와 구문원(龜文園)을 설계하였다. 용도서는 하도의 선천팔괘(先天八卦)를 응용한 형태이고, 구문원은 낙서(洛書)의 후천팔괘(後天八卦)를 응용한 형태이다. 《산림경제(山林經濟)》卷1 〈복거(卜居)〉 "용도서(龍圖墅)"에 이국미는 다음과 같은 발문(跋文)을 남겼다 "우연히 옛 친구인 박태보의 문집(文集)을 보니 《용문정사도기(龍文精舍圖記)》가 있었다. 그 집을 짓고 나무를 심는 방법은 하도를 모방하였지만 아쉽게도 뜻만 두고 성취하지는 못하였다. 게다가 그 안배한 부분도 미진한 점이 있는 듯 했는데 이는 아마 젊을 때의 작품이기 때문이리라. 그러나 자세히 보니 나도 모르는 사이에 확연히 깨닫는 바가 있었다. 그래서 그 의도를 미루어 짐작하여 그 내용을 보충해서 완성시켰고 아울러 낙서도 이처럼 완성해서 서로 짝을 이루도록 만들었다.(偶閱故友朴士元文集, 有《龍文精舍圖記》, 其築室封樹倣於河圖, 而惜乎有志未就也. 且其所排, 似有未盡善者, 蓋其少作也. 看來不覺躍然神會, 乃推衍其義而足成之, 倂及洛書而作對焉.)" 용도서와 구문원에 대한 자세한 정보는 아래 논문 참고 바람. 홍형순, 〈상수 원리를 정원구성에 적용한 용도서와 귀문원〉(한국전통조경학회, 2012); 이종묵, 〈성리학적 사유를 구현한 조선 선비의 집〉(남명학 vol.14, 2009).

69 하도(河圖): 중국의 상고시대에 복희씨(伏羲氏)가 그렸다고 하는 그림. 서안(西安) 근처의 황하(黃河)에서 용(龍)이 나왔는데 용의 등에는 그림[圖]이 새겨 있었고, 복희씨는 그 의미를 알아내서 각 방위에 8괘를 배치하는 선천팔괘(先天八卦) 도식을 그렸다고 한다. 이 하도 및 낙서에 대해서는 역사적으로 많은 논쟁이 있었다. 송(宋)나라의 주희(朱熹, 1130~1200)는 《역학계몽(易學啓蒙)》에서 하도와 낙서에 대한 기존의 학설을 통합하여 일목요연하게 정리하였고, 그 이후로 주희의 학설은 성리학의 정설이 되었다. 《易學啓蒙》《本圖書》第1 "河圖".) 그러나 후대 청(淸)나라의 고증학자들은 주희의 학설이 역사적 근거가 부족하다고 비판하였다.

70 천오(天五): 하도의 중앙에 있는 수. 하도는 1부터 10까지의 수로 이루어졌는데 홀수 1·3·5·7·9는 양(陽)의 수이므로 천일(天一)·천삼(天三)·천오(天五)·천칠(天七)·천구(天九)라 하여 하늘과 짝을 짓는다. 짝수 2·4·6·8·10은 음(陰)의 수이므로 지이(地二)·지사(地四)·지육(地六)·지팔(地八)·지십(地十)이라 하여 땅과 짝을 짓는다. 중앙에는 천오가 있고, 그 주위를 하도의 그림처럼 다른 수가 둘러싸고 있다.

71 선천팔괘(先天八卦): 복희씨가 그린 팔괘로, 이를 그림으로 나타낸 도식을 선천팔괘도(先天八卦圖)라 한다. 문왕(文王)이 그린 후천팔괘(後天八卦)에 앞서 그려졌기에 선천이라 하고, 선천팔괘도는 복희선천팔괘

하도(《역학계몽(易學啓蒙)》)

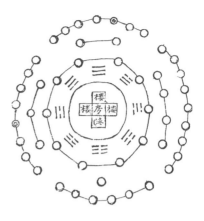

용도서(《산림경제》)
여기서는 중앙의 '室'을 '房'으로 표기했고, 태극정을 십자
모양으로 그리는 등 원도와 미세한 차이가 있다.

10개의 돈대를 줄지어 쌓아 지십(地十)을 본뜬다.

이 10개의 돈대 바깥에는 북쪽으로 우물【또는 작은 못】1개를 파서 천일(天一)을 본뜨고, 남쪽으로 2개의 돈대를 쌓아서 지이(地二)를 본뜬다. 동쪽으로 3개의 돈대를 쌓아서 천삼(天三)을 본뜨며, 서쪽으로 4개의 돈대를 쌓아서 지사(地四)를 본뜬다. 또 그 외부를 둥그렇게 둘러서 북쪽에는 6개, 남쪽에는 7개, 동쪽에는 8개, 서쪽에는 9개의 돈대를 쌓되 그 형상을 원형의 진(陣)처럼 만든다. 그리하여 지육(地六)·천칠(天七)·지팔(地八)·천구(天九)를 본뜬다. 이렇게 하도에 있는 55수(數)가 모두 갖추어진다. 여기에 십장청(十長靑)[72]인 훼류(卉類, 풀류)와 나무를 심는다.

十墩之外北鑿一井【或小池】以象天一, 南築雙墩以象地二, 東築三墩以象天三, 西築四墩以象地四. 又環其外, 築墩北六、南七、東八、西九, 形如圓陣, 以象地六、天七、地八、天九, 於是乎河圖五十有五之數足焉. 植以十長靑之卉木.

도(伏羲先天八卦圖)라고도 한다.

72 십장청(十長靑) : 사시사철 푸른 10가지 풀과 나무. 대나무·측백나무·맥문동[䔢冬]·적삼(赤杉)·황양목(黃楊木)·천지송(千枝松)·잣나무[海松子]·전나무[檜]·소나무·자단(紫檀, 향나무).

이 용도서는 예전이나 지금이나 임원의 즐거움에 청아한 뜻을 둔 자가 아직 발상을 못한 구상이다. 《산림경제보(山林經濟補)》73

此古今雅意園林之樂者所未發也.《山林經濟補》

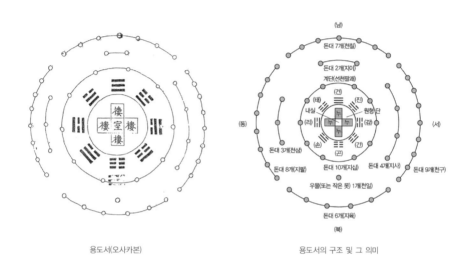

용도서(오사카본)

용도서의 구조 및 그 의미

팔괘를 본뜬 섬돌 계단의 주위에는 대나무를 심고, 내부에 있는 10개의 돈대에는 측백나무를 얽어 매듯 심어서 병풍처럼 만든다. 북쪽 우물 1개의 주위에는 맥문동[蘽冬]을 심고, 남쪽 2개의 돈대에는 적삼(赤杉)74을 심고, 동쪽 3개의 돈대에는 황양목(黃楊木)75을 심으며, 서쪽 4개의 돈대에는 천지송(千枝

八卦皆種竹, 內十墩種側柏縚⑦結爲屛. 北一井邊種蘽冬, 南二墩種赤杉⑧, 東三墩種黃楊, 西四墩種千枝⑨松. 外北六墩種海松子, 東八墩種檜, 西九墩種

---

73 《山林經濟》卷1〈卜居〉"龍圖墅"(《農書》2, 23~26쪽).
74 적삼(赤杉) : 측백나무과에 속하는 상록 교목. 삼나무의 일종. 《임원경제지 만학지》권4〈나무류[木類]〉 "삼나무[杉]"에는 적목(赤木)과 자단(紫檀)이 적삼에 속한다고 하였다.
75 황양목(黃楊木) : 회양목과에 속하는 관목으로, 나무 재질이 노란색이다. 현재는 일반적으로 회양목으로 부른다.
⑦ 縚 : 저본에는 "楯". 오사카본·규장각본에 근거하여 수정.
⑧ 杉 :《山林經濟·卜居》에는 "木".
⑨ 千枝 :《山林經濟·卜居》에는 "眞".

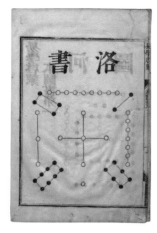

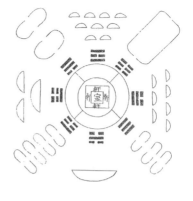

낙서(《역학계몽》)　　　　　　　　　　　구문원(오사카본)

松)[76]을 심는다. 그 바깥에 있는 북쪽 6개의 돈대에
는 잣나무[海松子]를 심고, 동쪽 8개의 돈대에는 전나
무[檜][77]를 심는다. 서쪽 9개의 돈대에는 소나무를 심
으며, 남쪽 7개의 돈대에는 자단(紫檀)[78]을 심는다.[79]

松, 南七墩種紫檀.

3) 구문원[龜文園, 낙서(洛書)[80]를 본뜬 정원]

구문(龜文)이란 낙서(洛書)다. 정원을 만들 때 낙서
의 배치와 수를 본떠서 건축한다. 수평으로 된 넓은
터를 골라서 가운데에 원형의 섬을 만드는데, 지름

龜文者, 洛書也. 爲園, 象
洛書位數而經營之. 擇有
水平廣地, 中置圓島, 徑可

76　천지송(千枝松) : 높이 자라지 않고 부채를 펼치듯이 짤막하게 자란 소나무. 반송(盤松) 또는 만지송(萬支
　　松)이라고도 한다.
77　전나무[檜] : 소나무과에 속하는 상록 교목. 젓나무라고도 한다.《임원경제지 만학지》권4〈나무류〉"전나
　　무[檜]"에는 노송나무[栝]로도 부른다고 하였다.
78　자단(紫檀) : 향나무의 일종. 열대 및 아열대 지방에서 자라는 단향목 중에서 황색 나무는 황단(黃檀), 자
　　색 나무는 자단(紫檀)이라 한다.
79　《山林經濟》卷1〈卜居〉"龍圖墅"(《農書》2, 25~26쪽).
80　낙서(洛書) : 중국 하(夏)나라의 우(禹)임금 때 낙수(洛水)에서 나온 거북이[龜] 등에 새겨져 있는 무늬[文]
　　를 보고서 문왕(文王)이 그린 그림. 이 그림에 착안해서 우임금은 천하를 다스리는 대법(大法)을 얻었고,
　　그 내용이《서경(書經)》의 "홍범구주(洪範九疇)"에 들어 있다고 전해진다.

은 5보 가량 되도록 한다.

그 위에 태극정(太極亭)을 짓는다. 이 정자의 중앙에는 내실을 만들고, 4기둥에는 헌(軒)[81]을 만든다. 이 섬의 바깥은 4개의 못으로 에워싸되 만(彎)의 형태로 만들어 섬을 둘러싸게 한다. 그러면 4개의 못과 1개의 섬이 합해져서 중오(中五)의 수가 된다. 이 못 바깥의 팔면에는 각각 잔디를 쌓아 3층으로 계단을 만들어 후천팔괘(後天八卦)[82]를 본뜬다.

이 계단의 바깥 북쪽에는 반달 모양처럼 돈대를 쌓지만 그 속은 비워서 이일(履一)[83]을 본뜨고, 동쪽에는 3개의 돈대를 쌓아서 좌삼(左三)을 본뜨고, 서쪽에는 7개의 돈대를 쌓아서 우칠(右七)을 본뜨며, 남쪽에는 9개의 돈대를 쌓아서 대구(戴九)를 본뜬다.

서남쪽의 모서리는 2개의 만(彎)이 서로 마주보면서 이를 구획짓는 등성이가 채워지고, 동남쪽의 모서리는 4개의 만이 서로 마주보면서 이를 구획짓는 등성이가 채워지니, 이는 2와 4가 어깨가 되는 상(象)이다. 서북쪽의 모서리에 있는 6개의 만과 동북쪽의 모서리에 있는 8개의 만은 6과 8이 발이 되는 상(象)이다. 【안】 2개의 만과 4개의 만 등을 말한 까

五步.

構太極亭于其上, 中央爲室, 四楹爲軒. 島外環以四池, 形彎繞島, 四池、一島合爲中五之數也. 池外八面, 各築莎階三層以象後天八卦.

階之外北築墩如半月樣, 而虛中以象履一, 東築三墩以象左三, 西築七墩以象右七, 南築九墩以象戴九.

西南隅兩彎相向而脊實, 東南隅四彎相向而脊實, 二四爲肩之象也. 西北隅六彎、東北隅八彎, 六八爲足之象也. 【案】兩彎、四彎等云者, 謂墩形長而彎曲, 兩兩相對也.】是爲龜文園.

---

81 헌(軒) : 용도서에는 '누(樓)'를 만든다고 했다. '누(樓)'는 계단이 있으며 주로 2층으로 된 건물이고, '헌(軒)'은 마루가 넓게 있는 정자 형태의 건물을 말한다.

82 후천팔괘(後天八卦) : 문왕이 그린 팔괘의 도식. 1부터 10까지의 자연수를 음양의 조화에 맞게 짝지어 배열한 하도와는 달리 낙서에서는 1·9, 2·8, 3·7, 4·6, 5와 같이 음양의 조화를 따르지 않는 방식으로 수를 배치하였다. 이는 음양의 조화가 갖추어져 있어 완벽한 질서를 상징하는 선천팔괘와 달리 후천팔괘는 더 복잡한 질서를 상징한다고 후대 학자들은 해석하였다. 낙서는 후천문왕팔괘도(後天文王八卦圖)로 부르기도 한다.

83 이일(履一) : 낙서에서 숫자와 방위를 결합하여 쓰는 용어 중 하나로, 숫자 1이 그림에서 아래에 있으므로 일(一)을 '발로 밟는다[履]'는 의미이다. 아래에 나오는 대구(戴九)는 숫자 9가 위에 있으므로 구(九)를 '머리에 올려놓는다[戴]'는 의미이다.

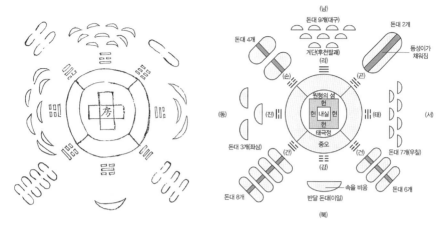

구문원(《산림경제》) – 여기서는 중앙의 '室'을 '房'으로 표기했고, 태극정을 십자 모양으로 그리는 등 원도와 미세한 차이가 있다.

구문원의 구조 및 그 의미

닭은 돈대의 형태가 길며 만처럼 굽어져서 2개씩 서로 마주보고 있기 때문이다.】 이것이 구문원이다. 《산림경제보》[84]

《山林經濟補》

못에는 연·창포·부들·마름·순채 따위를 심는다. 팔괘를 본뜬 잔디계단 및 사방 정방향과 네 모서리의 돈대에는 복숭아·매실·산수유·신이(辛夷)[85]·진달래·정향(丁香)·해당화·참나리·장미·철쭉·목부용·무궁화·백일홍·살구·배·능금·사과·영산홍·앵두·탱자·동백·춘백(春柏)[86]·치자·석류·월계수·사계화(四季花)[87]·국화·난초·원추리·접시

池種蓮、菖、蒲、菱、蓴之屬. 八卦堦曁四正、四隅之墩, 桃、梅、山茱萸、辛夷、杜鵑、丁香、海棠、山丹、薔薇、躑躅、木芙蓉、木槿、紫薇、杏、梨、林檎、蘋果、映山紅、櫻桃、枳、冬

---

84 《山林經濟》卷1〈卜居〉"龜文園"(《農書》2, 25~26쪽).

85 신이(辛夷) : 목련꽃의 이칭. 신신(辛矧)·목필화(木筆花) 등의 이칭이 있다.

86 춘백(春柏) : 차나무과에 속하는 동백나무의 일종. 겨울에 꽃이 피는 품종은 동백(冬柏), 봄에 피는 품종은 춘백으로 부른다.

87 사계화(四季花) : 장미과에 속하는 활엽 관목. 월계화(月季花)라고도 한다.

꽃·모란·작약·금등화·패랭이꽃·파초·포도·불정화(佛頂花)[88]·오동·두충·단풍나무·버드나무 등을 임의대로 옮겨 심는다.[89]

柏、春柏、梔子、石榴、月桂、四季、菊、蘭、萱、蜀葵、牡丹、芍藥、金藤、石竹、芭蕉、葡萄、佛頂花、梧桐、杜冲、楓、柳, 隨意栽之.

4) 정원에 울타리 치는 법

籬園法

일반적으로 임원에 살면서 담장으로 정원이나 텃밭을 둘러싸려 한다면 그 품을 들이기가 쉽지 않을 뿐만이 아니다. 장마라도 한번 거치면 담이 여기저기 무너지기 때문에 망가진 곳은 수리해야 하므로 그 일이 계속하기에 어려운 방법임을 틀림없이 알게 될 것이다.

凡林居, 若欲以垣墻圍繞園圃, 則非惟力未易辦, 一遇霖潦, 東頹西圮, 修毀補破, 決知其難繼之道也.

그러므로 집의 북쪽에는 정원을 만들어서 과실수를 재배해야 하고, 【《사기(史記)》에서 "연(燕)·진(秦) 땅에 1,000그루의 밤나무를 가지고 있는 사람, 안읍(安邑)[90] 땅에 1,000그루의 대추나무를 가지고 있는 사람, 회(淮)·제(濟) 땅에 1,000그루의 배나무를 가지고 있는 사람, 촉(蜀)·한(漢) 땅에 1,000그루의 굴나무를 가지고 있는 사람은 모두 1,000호(戶)의 식

宜於舍北爲園, 種以果木,【《史記》曰: "燕·秦千樹栗、安邑千樹棗、淮·濟[10]千株梨[11]、蜀·漢千樹橘, 其人皆與千戶侯等." 此[12]蓋道其各方土俗之宜耳, 更須斟酌風氣、土性, 添以柹、桃、林

---

88 불정화(佛頂花): 국화의 일종. 황불정(黃佛頂) 또는 소황불정(小黃佛頂) 등 모양에 따라 여러 명칭을 지니고 있다.

89 《山林經濟》卷1〈卜居〉"龜文園所植花木"(《農書》2, 28~29쪽).

90 안읍(安邑): 중국 산서성(山西省) 운성시(運城市) 일대에 있던 옛 도읍. 고대에는 하(夏)나라의 수도였고, 전국시대 전기에는 위(魏)나라의 수도였다.

[10] 濟: 저본에는 "齊". 오사카본·규장각본·《保晚齋叢書·考事十二集·林居鋪置》·《史記·貨食列傳》에 근거하여 수정.

[11] 梨: 《史記》〈貨食列傳〉에는 "萩".

[12] 此: 저본에는 "北". 오사카본·규장각본·《保晚齋叢書·考事十二集·林居鋪置》에 근거하여 수정.

읍(食邑)[91]을 가진 제후와 같다."[92]라 했다. 여기에서는 대개 각 지방 토질과 풍속에 알맞은 나무를 말하고 있을 뿐이니 다시 각 지역의 기후와 토질을 잘 헤아려서 감·복숭아·능금·아가위 따위의 과실수도 더해서 심어야 한다.】집의 좌우에는 텃밭을 만들어서 채소를 재배해야 한다.【모두 구종법(區種法)[93]을 쓴다. 특히 토란을 널리 재배하는데, 구종법으로 토란을 재배하면 가뭄에도 해를 입지 않아서 흉년에 양곡으로 대체할 수 있다.】

집의 남쪽 한 면은 빈 터로 남겨서 윗못과 아랫못을 판다. 못은 하나는 작게 만들고 하나는 크게 만들어, 작은 못에는 연(蓮)을 재배하고, 큰 못에는 물고기를 기른다.[94] 정원과 텃밭의 바깥을 둘러싸도록 정방형으로 멧대추나무[酸棗]를 줄지어 심고, 이 나무들과 이어가서 엮은 바자[95]로 울타리를 만드는데, 《제민요술(齊民要術)[96]》의 방법[97]과 같이 한다. 【안《만학지(晚學志)》에 상세히 보인다.[98]】

檟、柤果之屬.】舍左右爲圃, 種以蔬菜.【皆用區種法, 尤廣種芋子, 區種旱不爲災, 芋子歉歲可代糧.】

空其南一面, 鑿上下池, 一小一大, 小者種蓮, 大者養魚. 環園圃之外, 正方列植酸棗, 編爲笆籬, 一如《齊民要術》之法.【案 詳見《晚學志》.】

91　식읍(食邑) : 나라에서 왕족이나 공적이 많은 신하에게 내리는 토지 및 그 토지를 경작하기 위해 딸려 있는 백성을 말한다.

92　사기(史記)에서……같다 : 《史記》 卷129 〈貨殖列傳〉에 있다.

93　구종법(區種法) : 곡식이나 채소를 일정 간격의 구덩이에 재배하는 농법. 《임원경제지 본리지》 권1 〈토지의 종류〉 "구전(區田)"과 《임원경제지 관휴지》 권1 〈총서〉 "농지 만들기"에 그 내용이 자세히 보인다.

94　못은……기른다 : 큰 못과 작은 못을 만드는 법에 대해서는 아래의 '6) 큰 못과 작은 못'을 참조.

95　바자 : 대나무나 갈대 등으로 발처럼 엮어서 만든 물건으로, 주로 울타리를 만드는 용도로 쓴다.

96　제민요술(齊民要術) : 북위(北魏) 가사협(賈思勰, ?~?)이 지은, 중국에 현존하는 가장 오래된 농서(農書). 오곡·야채·과수·향목(香木)·상마(桑麻) 재배법, 가축 사육법, 술·간장 양조법 등을 기술하였다.

97　제민요술(齊民要術)의 방법 : 《제민요술》 권4 〈원리(園籬)〉에 여러 나무를 이용하여 울타리를 만드는 방법이 기술되어 있다.

98　만학지(晚學志)에……보인다 : 《임원경제지 만학지》 권1 〈총서(總敍)〉 "보호하고 기르기[護養]" '정원의 울타리 만드는 법[作園籬法]'에 《제민요술》의 기사를 포함해 30종의 나무를 이용하여 울타리를 만드는 방법이 자세하게 보인다.

또 그 울타리 바깥에 버드나무를 줄지어 심고, 또 버드나무 바깥으로 느릅나무를 줄지어 심되 모두 멧대추나무 심는 방식으로 심는다면, 임원에 살면서 그윽한 정취를 북돋을 수 있다. 뿐만 아니라 과실과 채소를 채취하면 그 물건을 시장에서 양곡으로 바꿀 수 있으므로 경작하는 일을 대신할 수도 있다.

버드나무는 땔감으로 베어 쓸 수도 있는데, 도주공(陶朱公) 범려(范蠡)[99]가 말한 "1,000그루의 버드나무를 재배하면 땔감과 숯을 풍족하게 쓸 수 있다."[100]라는 말이 이것이다. 그리고 느릅나무열매로는 장(醬)을 만들어 먹을 수 있는데,[101] 최식(崔寔)[102]의 《월령(月令)[103]》에서 "3월에 느릅나무씨를 따서 장을 만들면 매우 향기롭고 맛이 좋다."라 했고, 또 이를 '모투(鰲鰍, 느릅나무장)'라 한 말[104]이 이것이다.

여기에서 반드시 멧대추나무를 안에 심고 느릅나무를 바깥에 심는 까닭은 일반적으로 멧대추나무는 서리를 가장 잘 막아주기 때문이다. 꽃이나 과실

又其外列植柳木, 又其外列植榆木, 皆如酸棗, 則不但林居可助幽趣, 果蔬摘采, 貨市易粮米以代耕.

柳可薪樵, 陶朱公所謂"種柳千樹, 可足柴炭"是也. 榆可作醬, 崔寔《月令》所謂"三[13]月采榆仁, 作醬甚香美", 亦謂之"鰲鰍"是也.

其必內棗外榆者, 凡棗樹最能辟霜, 花果在其中, 特茂故居內. 榆性扇地, 五

---

99 범려(范蠡) : B.C.536~B.C.448. 중국 춘추시대 월(越)나라의 재상. 보통 도주공(陶朱公)이라 부른다. 범려는 월나라의 왕인 구천(句踐)을 도와 오(吳)나라를 멸망시키고 천하를 제패하는 데에 큰 공을 세웠다. 하지만 이후 관직을 그만두고 도(陶) 지역으로 가서 상업에 힘써 큰 부자가 되었다.

100 도주공(陶朱公)……있다 : 《제민요술》 권5 〈종기류법(種箕柳法)〉 등 여러 곳에 나온다.

101 느릅나무로는……있는데 : 느릅나무씨로 장을 담그는 방법은 《임원경제지 정조지》 권6 〈조미료〉 "장(醬)" '유인장(榆仁醬)' 담그는 법에 보인다.

102 최식(崔寔) : ?~170. 중국 후한(後漢)의 관료이자 문인. 자는 원시(元始). 대상서(大尙書) 등의 관직을 역임하면서 《사민월령》을 저술하였다. 그 외의 저서로는 《정론(政論)》이 있다.

103 월령(月令) : 중국의 고대 농서(農書). 정식 명칭은 《사민월령(四民月令)》. 책 전체가 남아 있지는 않고, 《제민요술》에 그 내용이 부분적으로 인용되어 있다.

104 최식(崔寔)의……말 : 《제민요술》 권5 〈종유백양(種榆白楊)〉에 다음과 같은 내용이 있다. "2월에 느릅나무열매가 익을 때쯤 푸른 채로 거두었다가 말려 지축(旨蓄, 맛좋은 저장음식)을 만든다. (중략) 열매 색깔이 하얗게 되어 떨어지려 하면, 모투(鰲鰍)를 담글 수 있다.(二月榆莢成, 及青收, 乾以爲旨蓄. (중략) 色變白將落, 可作鰲鰍.)"

[13] 三 : 《齊民要術·種榆白楊》에는 "二".

122　이운지·권제 1

수가 그 가운데에 있으면 대단히 무성하게 자라므로 멧대추나무를 안에 심는 것이다. 반면 느릅나무의 성질은 땅에 부채질하듯이 하여 땅을 서늘하게 하는 경향이 있으니 오곡을 그 아래에 심어서는 안 되므로 느릅나무는 바깥에 심는 것이다.[105] 《고사십이집(攷事十二集)[106]》[107]

穀不宜植其下, 故居外也. 《攷事十二集》

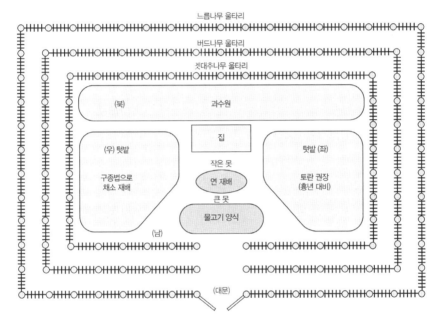

느릅나무 울타리

버드나무 울타리

멧대추나무 울타리

(북) 과수원

집

(우) 텃밭

구종법으로 채소 재배

작은 못

연 재배

큰 못

물고기 양식

텃밭 (좌)

토란 권장 (흉년 대비)

(남)

(대문)

정원에 울타리 치는 법 개괄도

---

105 이상에서 설명한 울타리 치는 법을 그림으로 대략 표현하면 그림과 같다.

106 고사십이집(攷事十二集) : 조선 후기 서유구의 조부인 서명응(徐命膺, 1716~1787)이 《고사신서(攷事新書)》를 개정하여 편찬한 유서(類書). 12집(集) 360개 표제어로 구성되어 있고, 조선시대의 제도·관직·농업·일상생활에 대한 글들이 수록되어 있다.

107 《攷事十二集》 卷10 〈林居鋪置〉 (《保晩齋叢書》10, 345~347쪽).

5) 구경(九徑, 9개의 길)에 나무 심는 법

강매(江梅)[108]·해당화·복숭아·자두·귤·살구·홍매(紅梅)[109]·벽도(碧桃)[110]·부용화 9종류의 꽃과 나무를 각 한 종류씩 1개의 길에 심고 이를 '삼삼경(三三徑, 구경)'이라 명명했다. 그리고 다음과 같이 시를 지었다. "삼경(三徑)을 처음 만든 사람은 장후(蔣詡)[111]이며, 그 다음으로 삼경을 만든 사람은 도잠(陶潛)이었네. 성재(誠齋)[112]에게 이제 삼삼경이 있으니, 길 하나씩 꽃이 필 때마다 그 길 따라 걷네." 양만리(楊萬里)[113]《삼삼경시(三三徑詩)》[114]

九徑種樹法

江梅、海棠、桃、李、橘、杏、紅梅、碧桃、芙蓉九種花木, 各種一徑, 命曰"三三徑". 詩曰:"三徑初開是蔣卿, 再開三徑是淵明. 誠齋奄有三三徑, 一徑花開一徑行." 楊萬里《三三徑詩》

6) 큰 못과 작은 못

못에는 3가지 장점이 있으니, 물고기를 기를 수 있고, 논밭에 물을 댈 수 있고, 또 청정하게 가슴속을 씻어줄 수 있다. 그러나 집 가까이에 있는 땅에 큰 못을 만들어서는 안 된다. 습기가 차고 축축해져서 집에 스며들 경우 집이 쉽게 무너지고, 사람에게

大小池塘

池塘有三善, 可以養魚, 可以漑田, 又可以淨襟靈. 然近舍之地不可作大池, 恐水氣淋濕, 潤舍, 舍易壞;潤人, 人易病也.

---

108 강매(江梅) : 주로 물가에 피는 야생 매실. 《임원경제지 만학지》 권2 〈과일류〉 "매실"에서는 "꽃이 적고 향기로우며 열매는 작고 단단하다(花少而香, 子小而硬)."라 했다.

109 홍매(紅梅) : 꽃이 매우 붉은 매실. 《임원경제지 만학지》 권2 〈과일류〉 "매실"에서는 "꽃 색깔이 살구꽃과 같다(花色如杏)."라 했다.

110 벽도(碧桃) : 푸른 빛깔의 꽃을 피우는 복숭아나무. 《임원경제지 만학지》 권2 〈과일류〉 "복숭아"에서는 "꽃으로 나무 이름을 지었다(以花取名)."라 했다.

111 장후(蔣詡) : B.C.69~B.C.17. 중국 한(漢)나라의 문인. 자는 원경(元卿)이다. 전한 말기 권력을 잡은 왕망(王莽)이 재상의 자리에 올라 전횡을 일삼자 벼슬을 버리고 고향인 두릉(杜陵)으로 낙향하였다. 집 둘레는 가시나무로 가로막고 왕래를 위해 작은 길 3개[三徑]만을 뚫어 놓고 살았으며, 본인은 종신토록 문을 나서지 않았다고 한다. 저서로 《고사전(高士傳)》이 있다.

112 성재(誠齋) : 양만리(楊萬里)의 호이다.

113 양만리(楊萬里) : 1127~1206. 중국 송(宋)나라의 문인. 호는 성재(誠齋). 일생에 걸쳐 많은 시와 산문을 남겼으며, 육유(陸遊)·우무(尤袤)·범성대(範成大)와 함께 남송 사대가(南宋四大家)로 불렸다. 저서로 《성재집(誠齋集)》이 있다.

114 《遵生八牋》 卷7 〈起居安樂牋〉 上 "居室安處條" '高子書齋說'(《遵生八牋校注》, 228쪽).

스며들 경우 사람이 병이 쉽게 들까 우려되기 때문이다.

그러므로 위아래의 못 2개를 만들어야 한다. 2개의 못 중 윗못은 사방이 가로와 세로로 각각 5~6보쯤 되는 크기로 벽돌을 쌓아서 만들며, 연꽃을 심어서 지팡이를 짚고 신을 신고서 소요할 수 있는 곳으로 만든다. 그 아랫못은 땅의 넓이에 따라서 만드는데, 크면 클수록 좋다. 이 못은 도주공 범려의 양어법(養魚法)115을 본받아 만들어도 좋다. 《고사십이집》116

須作上下二池, 其上池方可五六步, 築以塼石, 種以芙蕖, 用爲杖屨逍遙之所. 其下池隨地廣狹, 愈大愈好. 陶朱公養魚法可倣用之. 《攷事十二集》

7) 흙을 구워 못 만드는 법

수원(水源)이 없으면 땅을 파서 구덩이를 만든 다음, 돌을 써서 단단하게 다진다. 그 뒤에 기와 굽는 흙으로 두텁게 바르고서 땔감을 쌓아놓고 흙이 익을 때까지 구우면 물이 새지 않는다. 《사의(事宜)117》118

燔土作池法

無水源則掘地作坎, 堅築以石, 後以瓦土厚塗, 積柴燔熟則水不漏. 《事宜》

작은 못 만드는 법:뜰 가장자리의 수원이 없는 곳에 적당한 크기를 헤아려 구덩이를 판다. 구덩이 사면에 돌로 담을 쌓고 밑바닥에 돌을 깐 다음119 기

作小池法:庭畔無水根處, 量大小掘坎⒁, 四面及底築石墻, 以燔瓦之土作泥

---

115 도주공의 양어법(養魚法): 물고기 기르는 방법을 기록한 《도주공양어경(陶朱公養魚經)》의 내용이 《제민요술》 권6 〈양어(養魚)〉에 전한다. 도주공이 지었다는 설과 다른 사람이 짓고 이름을 가탁했다는 설이 있다. 《임원경제지 이운지》 권3 〈산재청공(山齋淸供)〉 "짐승과 물고기 기르기[禽魚供]" '금붕어 품평'에 상세하게 나온다.

116 《攷事十二集》 卷10 〈野居池塘〉(《保晚齋叢書》10, 348쪽).

117 사의(事宜): 미상.

118 출전 확인 안 됨.

119 밑바닥에……다음:《증보산림경제》에는 돌을 깔지 않고, 바닥의 흙을 돌로 단단히 다진다(下則築堅以石)고 했다.

⒁ 坎:《增補山林經濟·養魚·作小池法》에는 "地".

와 굽는 데 쓰는 흙을 극히 점도가 높은 진흙으로 만들어서 사면의 벽과 밑바닥에 바르고 말린다. 그 다음 땔감을 쌓아 놓고 흙이 익을 때까지 구우면 물이 새지 않는다. 비록 흙을 굽지 않더라도 만약 벽돌과 같이 견고하게 쌓고 또 큰 항아리를 두어 물을 저장한 다음 항아리에 작은 구멍을 뚫고 대나무를 이용하여 못에 물을 끌어들여 흐르게 하면 물이 마르지 않는다. 못에 연(蓮)을 재배하고 싶으면 별도로 다른 진흙을 쓴다. 못 안에는 물고기를 기를 수도 있다.《증보산림경제(增補山林經濟)[120]》[121]

수원이 없는 곳에 못을 만들 때는《태서수법(泰西水法)[122]》의 수고(水庫, 물 저장고)만드는 법[123]을 써야만 한다. 이 방법 외로 벽돌을 쌓고 진흙을 굽는 방법은 결국 누수(漏水)나 물이 흙에 스며드는 문제를 면할 수 없다.《금화경독기(金華耕讀記)》[124]

8) 분지(盆池, 항아리를 이용한 못) 만드는 법

수원이 없을 때는 큰 항아리를 줄 세워서 땅에

極濃, 塗乾[15]四壁及底, 積柴燔熟則水不漏. 雖不燔, 若堅築如塼, 又置大甕貯水, 作細穴以竹引流則不涸. 欲種蓮, 別用他泥, 中可養魚.《增補山林經濟》

無水根處作池, 當用《泰西水法》水庫法. 外此塼築燔泥, 終不免漏滲也.《金華耕讀記》

作盆池法

無水源則列植大盆, 種蘆、

---

120 증보산림경제(增補山林經濟) : 1766년(영조 42) 유중림(柳重臨, 1705~1771)이 홍만선(洪萬選)의 《산림경제》를 증보하여 편찬한 책. 16권 12책. 《산림경제》의 16항목 체제가 이 책에서는 23항목으로 확대되었고, 각 항목에서도 내용이 추가되었다. 《임원경제지》에 큰 비중으로 인용되었다.

121 《增補山林經濟》卷5〈養魚〉"作小池法"(《農書》3, 377~378쪽).

122 태서수법(泰西水法) : 우르시스(熊三拔, Sabbathino de Ursis, 1575~1620)의 저서. 서양의 치수(治水)시설과 관개도구를 설명한 책이다. 우르시스는 이탈리아의 예수회 선교사로 1606년 중국에 파송되어 북경에 머물며 선교를 했고, 《간평의(簡平儀)》·《표도설(表度說)》 등의 책을 썼다.

123 《태서수법(泰西水法)》의……법 : 수고법은 물을 창고에 저장하듯이 모아 놓는 방법으로, 《泰西水法》卷3〈水庫記〉에 있다. 《임원경제지 섬용지》권1〈건물짓는 제도〉"우물(부록 물 저장고)" '수고(물 저장고)'에 보인다.

124 출전 확인 안 됨.

[15] 乾 : 저본에는 "曁".《增補山林經濟·養魚·作小池法》에 근거하여 수정.

묻고 항아리 사이사이 틈에 갈대와 부들을 심으면 얼핏 보았을 때 그것이 항아리인지 알지 못한다. 《사의》125

蒲於罅隙, 則乍看不知其盆也.《事宜》

큰 항아리 4개를 만들고 네모 반듯하게 땅을 판 다음 그 속에 항아리를 잘 앉힌다. 항아리의 입구가 지면과 수평이 되도록 빈 곳을 흙으로 메워 평평하게 하고 항아리 입구 주위는 잔디를 둘러서 깐다. 항아리의 내부에는 기름진 흙을 약간 넣고, 물을 항아리에 가득 채운 다음 수면에는 개구리밥 잎을 던져 띄우고, 연 및 갈대와 부들 따위를 심으며 그 속에는 물고기를 기른다. 이를 멀리에서 바라보면 진짜 못과 비슷하게 보인다. 《증보산림경제》126

造大盆四坐, 掘地方正, 安盆其中, 盆口要與地面平, 以土塡平空處, 繞盆口鋪沙草. 盆內納若干肥土, 貯水滿盆, 水面投泛萍葉, 種蓮及蘆蒲之屬, 養魚其中. 遠看之, 彷彿眞池.《增補山林經濟》

9) 못의 물이 마르지 않게 하는 법

못의 물이 쉽게 마를 경우에는 소뼈를 못에 넣어두면 극히 효험이 있다. 《사의(事宜)》127

池水禁涸法

池塘水易涸, 則置牛骨, 極驗.《事宜》

10) 못 주변에 석가산(石假山, 돌로 만든 인공산) 만드는 법

만약 물에 달아 반질반질한 돌을 얻을 수 없으면 단단하지 않은 돌을 쪼아서 괴석(怪石)을 만든다. 이 괴석을 연못가에 여러 겹으로 쌓아서 산을 만드

池邊石假山法

水潤石如不可得, 則取軟石琢造怪石, 就池邊疊積爲山, 使巖壑16幽深. 多種

---

125 출전 확인 안 됨.
126 《增補山林經濟》 卷5 〈養魚〉 "作盆池法"(《農書》3, 378쪽).
127 출전 확인 안 됨.
16 壑: 《增補山林經濟·養魚·石假山》에는 "堅".

는데, 바위와 골짜기가 그윽하고 깊어 보이도록 한다. 단풍나무·소나무·오죽(烏竹)·진달래·철쭉·패랭이꽃·백합·범부채 따위를 많이 심고, 못가에도 여뀌를 심는다. 산의 뒤쪽에는 큰 항아리를 두고 물을 저장한 뒤, 대나무를 구부려 산꼭대기로부터 굽이굽이 돌면서 물을 끌어 내렸다가 못 가까이에 와서 폭포가 되어 항아리에 떨어지도록 만든다. 대나무로 연결한 그 물길은 기와 굽는 흙으로 견고하게 바르면 물이 새지 않는다. 이 석가산을 아침저녁으로 마주하면 저절로 기이한 풍취(風趣)가 많이 느껴진다.《증보산림경제》[128]

섭소옹(葉紹翁)[129]의 《사조문견록(四朝聞見錄)》[130]에는 오거(吳琚)[131]의 정원과 못의 제도를 다음과 같이 기록하였다.[132]

"성에 기대어 돌을 여러 겹으로 쌓아 이를 '남록(南麓, 남쪽 산록)'이라 한다. 이 남록의 뒤편으로 계단을 몇 층으로 높이 쌓고 그리로 올라가서 항아리에 물을 길어 대롱으로 물을 흘려보낸다. 그러면 패옥

楓松、烏竹、杜鵑、躑躅、石竹、百合、射干之屬, 池上又種蓼花. 山後置大甕貯水, 屈竹汲 [17]引自山頂縈廻, 近池作瀑. 其水道以瓦土堅塗, 則不漏矣. 朝夕相對, 自多奇趣.《增補山林經濟》

葉紹翁《四朝聞見錄》記吳琚園池之制, 云:

"因城疊石, 曰'南麓'. 麓後高數級, 登汲于甕, 泄之以管, 淙淙環佩, 聲入方池, 池方四五尺.

128《增補山林經濟》卷5〈養魚〉"石假山"(《農書》3, 378~379쪽).

129 섭소옹(葉紹翁) : ?~?. 12세기경 중국 송(宋)나라의 문인. 자는 사종(嗣宗), 호는 정일(靖逸). 대리사승(大理寺丞)과 형부낭중(刑部郎中) 등의 관직을 역임하였으며, 진덕수(眞德秀, 1178~1235)와 교분을 유지하였다. 벼슬을 그만둔 뒤에는 절강성(浙江省) 전당호(錢塘湖)에 은거하였다. 저서에 《유원불치(遊園不値)》등이 있다.

130 사조문견록(四朝聞見錄) : 섭소옹의 저술. 5권. 송나라 고종(高宗)·효종(孝宗)·광종(光宗)·영종(寧宗) 4황제의 조정에서 일어난 사적과 야사 등을 수록하고 있다.

131 오거(吳琚) : ?~1189. 중국 송나라의 문인. 진안군(鎭安軍) 절도사 등의 관직을 역임하였다. 저서에 《운학집(雲壑集)》등이 있다.

132 사조문견록(四朝聞見錄)에는……기록하였다 : 《四朝聞見錄》卷2〈乙集〉"吳雲壑".

[17] 汲 : 《增補山林經濟·養魚·石假山》에는 "吸".

이 찰랑거리듯이 졸졸 물소리를 내며 네모난 못으로 흘러드는데, 이 못은 사방 4~5척의 크기다.

이 남록의 뒤편에서 성으로 올라서면 소대(嘯臺)가 있고, 이 소대에서 동굴 문으로 들어가면 여기에는 둥그렇게 벽도(碧桃)가 심어져 있고, 바위가 있어서 바둑을 두면서 앉아 있을 수 있다.【안 아마도 '앉아서 바둑을 둘 수 있다'로 고쳐야 될 듯하다.】여기서 서쪽으로 굽은 길을 걸어가다 길을 꺾어서 돌면 도미동(荼蘼洞)133으로 들어가는데, 이곳은 꼭대기가 띠풀로 덮여 있으며 원형이다. 그 안의 땅은 겨우 1심(尋, 8척)에서 1장(丈) 정도지만 등나무 덩굴이 엉켜 자라고, 꽃과 대나무가 줄지어 있고, 새들은 지저귀며 학은 울어 대니, 마치 산의 숲속에 있는 듯이 적막하다.

일반적으로 성안에 살거나, 끌어올 수원이 없는 사람들은 이 방법을 본받아서 설치할 만하다. 다만 항아리를 껴안고 못에 물을 대느라 평생 힘들게 애를 써야 하는 처지를 면하지 못한다.134 《금화경독기(金華耕讀記)》135

自麓之後登城爲嘯臺, 自臺入洞門, 圜植碧桃, 有石可棊而坐.【案】疑當作'可坐而棊'.】西行曲折轉, 入荼[18]蘼洞, 茅頂而圓, 內地僅尋丈, 而藤蔓聯絡, 花竹映帶, 鳥啼鶴唳, 寂如山林."

凡居在城闉, 或無泉源可引者, 可倣此設施. 但抱甕灌池, 不免終歲捐捐耳. 《金華耕讀記》

---

133 도미동(荼蘼洞) : 소식(蘇軾)이 감탄한, 수려한 경치를 지닌 계곡. 소식이 지은 '도미동(荼蘼洞)'이라는 시제(詩題)에서 유래한 명칭으로, 자세한 위치는 미상이다. 《東坡詩集註》 卷29 〈題詠〉 "荼蘼洞"에 시가 있다.
134 다만……못한다 : 《장자(莊子)》 제12 〈천지(天地)〉 편에 나오는 자공(子貢)과 어느 노인과의 고사를 암시하는 구절이다. 자공은 노인에게 물을 길어오기 위해 편리한 도구를 이용하라고 말하지만, 노인은 도구를 이용하려는 마음 곧 기심(機心)이 있으면 도(道)를 지킬 수 없다고 자공을 훈계했다.
135 출전 확인 안 됨.
[18] 荼 : 저본에는 "茶". 《四朝聞見錄·乙集·吳雲壑》에 근거하여 수정.

11) 샘물 끌어들이는 법

푸른 산은 약을 대신하고 흐르는 물은 비장(脾腸)을 튼튼하게 하므로[136] 이 둘은 산가(山家)의 귀한 물건이다. 그러나 산의 층층이 솟은 바위와 가파른 봉우리, 나대(螺黛)[137]와 같이 짙푸른 구름과 남기(嵐氣, 산속의 아지랑이 같은 기운), 빠르게 흐르는 물과 높은 곳에서 떨어지는 폭포수, 물이 맑고 잔잔하게 흐르다 세차게 흘러 아득해지는 경관은 모두 멀리서 조망할 때 빼어난 풍경이지, 책상 앞에서 볼 수 있는 것은 아니다. 산골에 살든 들에 살든 간에 상관없이 졸졸 흐르는 작은 시내가 반드시 있어야만 하고, 움푹 꺼진 동산과 뜰의 섬돌 사이를 감싸고 돌아 흘러가야 아침저녁으로 그 물을 가까이 두고 볼 수 있다. 그런 뒤에야 비로소 생각을 맑게 하고 정신을 즐겁게 할 수 있다.

이 때 수원이 가까이에 있을 경우에는 도랑을 통해 물을 저절로 끌어올 수 있지만, 수원이 멀리 있는 경우에는 임홍(林洪)[138]의 《산가청사(山家淸事)》에 나오는 '대나무 쪼개어 샘물을 끌어오는 법[剖竹引泉法]'을 쓴다. 【산가청사】에 다음과 같이 말했다. "수죽(脩竹, 가늘고 길쭉한 대)을 쪼개어 서로 이은 뒤에 대나무못을 박고 고정시킨 다음 샘물 중에 맛있는 물을 끌어들여서 항아리에 저장한다. 두보(杜甫)가 말

引泉法

靑山當藥, 流水健脾, 故是山家二長物耳. 然山之層嵒峭峯·螺黛雲嵐·水之湍流峻瀑·温潺瀰茫, 皆以遠眺爲勝, 非几案間物也. 不論山居野居, 必須有潺流小澗, 繚繞園塢·庭砌之間, 可朝夕狎而現之, 然後始可以淸襟怡神.

泉源近者, 自可渠引, 遠者用林洪《山家淸事》剖竹引泉法. 【山家淸事】云: "剖脩竹相接, 各釘以竹丁, 引泉之甘者, 貯之以缸. 杜甫所謂'剖竹走泉源'者此也." 又王禎《農書》云: "連筒, 以竹通水也. 凡所居相

---

136 푸른……하므로: 원문의 '靑山當藥, 流水健脾'를 옮긴 구절이다. 이 구절은 서유구와 아주 가까운 사이였던 남공철(南公轍, 1760~1840)이 '靑山可以當藥, 號水可以健脾.'라고 읊기도 했다.

137 나대(螺黛): 고대에 여인들이 화장할 때 쓰던 흑록색(黑綠色) 안료.

138 임홍(林洪): ?~?. 11세기경 중국 송나라의 문인. 자는 용문(龍文)이다. 저서에 《산가청사(山家淸事)》가 있다.

한 '대나무를 쪼개어 샘물을 흐르게 하네(剖竹走泉源).'라는 시가,[139] 바로 이것이다."[140] 또 왕정(王禎)[141]의 《농서(農書)》에 다음과 같이 말했다. "연통(連筒)[142]은 대나무로 물을 소통시킨다. 일반적으로 사는 곳이 샘에서 멀리 떨어져 있으면 물을 길어다 쓰기에 불편하다. 큰 대나무를 가져다가 안으로 대의 마디 속을 뚫고 처음과 끝을 서로 이어서 끊어지지 않게 한다. 이를 평지에 설치하거나 냇물이나 계곡을 건너 물을 끌어온다. 이리하여 연못이나 부엌이나 목욕간 등에 댄다. 약초밭이나 채소밭과 같은 곳에도 이 물을 댈 수 있다. 두보의 시에 '연통으로 작은

離水泉頗遠, 不便汲. 用取大竹, 內通其節, 令本末相續, 連延不斷, 閣之平地, 或架越澗谷, 引水而至, 注之池沿及庖湢之間, 如藥畦、蔬圃亦可供用. 杜詩所謂'連筒灌小園'."】

연통(連筒)(《농정전서》)

139 두보(杜甫)가……시가: 두보의 시라 했으나 실제로는 한유(韓愈)의 시에 나오는 구절이다. 《五百家注昌黎文集》卷2〈古詩〉"陪杜侍御遊湘西兩寺獻楊常侍"에 있다.
140 산가청사에……이것이다: 《山家清事》〈泉源〉.
141 왕정(王禎): 1271~1368. 중국 원나라의 농학가. 자는 백선(伯善). 농업기술에 박학하여 농기구를 직접 설계하고 제작하여 보급하였다. 중국의 남부와 북부를 종합한 농업기술서로 농작법과 재배법, 농기구에 관한 이론을 자세히 서술한 《왕정농서(王禎農書)》를 편찬하였다.
142 연통(連筒): 대나무를 연결해서 수원지로부터 물을 끌어오는 관개시설. 《왕정농서》에 그 설치법이 자세하게 있다. 연통 그림 참조.

동산에 물을 대네(連筒灌小園).'라 했다."143]144

끌어온 물은 동산을 지나 담장을 뚫고 흐르다가 괴석을 만나면 잔잔하게 부딪쳐 흐르고, 구유처럼 파인 바위를 만나면 작은 도랑이 되거나, 작거나 큰 바위들이 담처럼 쌓인 곳을 만나면 벼루를 씻는 곳이 되거나, 물오리를 기르는 곳이 되거나, 연을 심는 곳이 된다. 지류의 남은 물줄기로 또 꽃밭에 물을 주거나 텃밭에 물을 댈 수도 있다. 산골에 살면서 이런 물이 없다면 비록 원림과 정사(亭榭)에 한 때의 성대한 시설을 다 갖추게 하더라도, 이는 마치 사람의 혈맥이 마르고 껄끄럽게 되거나 나무의 진액이 말라 시든 모습과 같다. 원활하고 신통하게 하는 기틀은 사라질 것이다. 《금화경독기(金華耕讀記)》145

過園穿墻, 得怪石則爲潺溜, 得石槽則爲細渠, 得小大石礨則爲洗硏之地, 爲養鸂鶒⑲之地, 爲種芙蕖之地, 支流餘派又可以澆花灌圃. 山棲無此, 則雖使園林、亭榭極一時之盛, 如人血脈燥澀, 如樹津液枯瘁, 圓活靈通之機息矣. 《金華耕讀記》

12) 가산(假山, 인공으로 만든 산)으로 뱀을 물리치고 안개 일으키는 방법

변경(汴京)146의 간악(艮嶽)147 안에 웅황(雄黃)148과 노감석(爐甘石)149 수만 근을 쌓아 가산을 만들었다.

假山辟蛇起霧方

汴京 艮嶽內, 築雄黃、爐甘石數萬斤. 蓋雄黃築于

---

143 두보의……했다: 《杜詩詳註》卷10〈春水〉에 나오는 구절이다.
144 왕정(王禎)의……했다: 《王氏農書》卷18〈農器圖譜〉13 "灌漑門" '連筒'. 《임원경제지 본리지》권12 "그림으로 보는 관개시설 상" '연통'에 같은 내용이 소개되어 있다.
145 출전 확인 안 됨.
146 변경(汴京): 중국 하남성(河南省) 개봉시(開封市) 일대에 있던 남송(南宋)의 수도.
147 간악(艮嶽): 송나라 휘종(徽宗)이 변경 북동쪽[간(艮) 방위]에 인공으로 만든 산. 만세산(萬歲山)이라고도 한다.
148 웅황(雄黃): 삼류화비소를 주성분으로 하는 광물. 거풍(祛風) 및 조습(燥濕)의 효능이 있어 개선(疥癬)과 파상풍(破傷風) 등의 약재로 쓴다. 석웅황(石雄黃) 또는 석황(石黃)이라고도 한다.
149 노감석(爐甘石): 탄산아연을 주성분으로 하는 능아연석(菱亞鉛石)이나 수아연석(水亞鉛石) 등의 광물. 지혈(止血)과 종기의 해소 및 살균(殺菌)의 효능이 있어 안병(眼病)과 창상(創傷) 등의 약재로 쓴다. 감석(甘石) 또는 양간석(羊肝石)이라고도 한다.
⑲ 鶒: 저본에는 "鷘". 일반적 용례에 근거하여 수정.

대개 웅황을 바위 구멍이나 길거리 사이에 쌓아 두면 뱀이나 독사를 물리칠 수가 있다. 노감석의 경우 비가 지나간 뒤 햇볕이 내려 쪼이면 이것이 습기가 수증기처럼 올라오게 해서 이 습기를 남기(嵐氣)나 안개와 비슷하게 만든다. 그러므로 간악의 내부에 이 두 석물을 쌓았다.《농전여화(農田餘話)150》151

嵒穴、地道間, 可以辟蛇虺. 爐甘石, 雨過之後, 日炙之則有濕氣蒸蒸然, 以象嵐霧, 故于中築二物. 《農田餘話》

---

150 농전여화(農田餘話): 중국 원(元)나라 말기 장곡진일(長谷眞逸, ?~?)의 저서. 농사와 관련한 고사와 일화가 수록되어 있다. 책 내용 중 일부는《격치경원(格致鏡原)》과《절강통지(浙江通志)》등에 산재되어 전한다.
151《農田餘話》卷上 ;《格致鏡原》卷5〈坤輿類〉"假山".

3. 임원 삶터의 여러 건축물과 정자 齋寮亭榭

1) 서재

書齋

서재는 환하고 깨끗해야 하지만 너무 탁 트여서는 안 된다. 서재가 환하고 깨끗하면 마음과 정신을 상쾌하게 하지만 넓고 탁 트여 지나치게 환하면 시력을 상하게 한다. 창 밖 사방의 담장은 덩굴나무가 가득 뒤덮게 하고, 그 가운데에는 소나무와 전나무 분경(盆景)[1]을 줄지어 심거나, 건란(建蘭)[2] 1~2포기를 심는다. 계단 주위에는 취운초(翠芸草)[3]를 두루 심어, 무성해지면 푸르름이 짙어진다. 서재 옆에는 벼루 씻는 연못 1개를 만들고, 창 가까운 곳에 분지(盆池)[4]도 만들어 금붕어 5~7마리를 키우며 자연조화의 활발함을 감상한다. 《준생팔전》[5]

書齋宜明淨, 不可太廠. 明淨可爽心神, 宏敞則傷目力. 牕外四壁, 薜蘿滿墻, 中列松、檜盆景, 或建蘭一二, 遶砌種以翠芸草令遍茂, 則靑蔥鬱然. 傍置洗硯池一, 更設盆池近牕處, 蓄金鯽五七頭, 以觀天機活潑.《遵生八牋》

사람이 사는 방은 최대한 지기(地氣)와 멀리 떨어

居室最宜隔遠地氣, 古謂

---

1 분경(盆景) : 흙·이끼·바위 따위로 자연의 경치를 꾸며놓은 화분. 자세한 내용은 《임원경제지 이운지》 권3 〈임원에서 즐기는 청아한 즐길거리(하)〉 "꽃과 돌"에 나온다.

2 건란(建蘭) : 난초과의 여러해살이풀. 여름에 엷은 적록색 또는 갈색 반점이 있는 누런 녹색 꽃이 10여 개 핀다. 《임원경제지 예원지(藝畹志)》 권1 〈총서(總敍)〉 "품평"에서는 건란을 상승고품(上乘高品)의 하나로 품평했다.

3 취운초(翠芸草) : 부처손과의 다년생 초본. 취운초(翠雲草)라고도 한다.

4 분지(盆池) : 땅에 동이[盆]를 묻고 여기에 물을 담아 만든 못. 분지 만드는 방법은 《임원경제지 이운지》 권1 〈은거지의 배치〉 "원림과 연못"에 나온다.

5 《遵生八牋》卷7 〈起居安樂箋〉 上 "居室安處條" '高子書齋說'(《遵生八牋校注》, 226쪽).

져야 하니, 옛날에 선인(仙人)은 누각에 살기를 좋아한다고 한 말이 이것이다. 우리나라 사람들은 불을 피운 온돌방에 거처하는 데 익숙하여 겨울에는 누각에 살 수 없다. 일반적으로 서재를 지을 때에는 먼저 기초를 쌓고, 서재의 바닥면이 땅에서 3~5척 떨어지게 한다. 사방의 둘레에는 벽돌이나 돌로 계단을 만들고, 그 위에 3~5겹으로 벽돌[甎甓]을 깔고 난 다음에야 비로소 주춧돌을 세우고 가옥을 짓는다. 온돌을 만드는 방법 또한 대략 중국인들이 캉 까는 방법을 모방한다. 이때 오로지 벽돌만 사용해야지 흙이나 돌을 사용하여 습기를 끌어들이지 말아야 한다.[6] 《금화경독기》[7]

仙人好樓居者此也. 東人習處烘火房堗[1], 寒月不能樓居. 凡作書齋, 先築基址, 令距地三五尺, 四周砌以甎、石, 上鋪甎甓三五重, 然後始樹礎起屋. 其造竈堗亦略倣華人鋪炕之法, 專用甎甓, 勿用土石以引濕氣. 《金華耕讀記》

2) 원실(圓室, 수행이나 명상을 하는 공간)

원실의 제도는 사람마다 같지 않다. 내가 염두에 둔 제도는 천지가 미치는 범위의 이치에서 그 법을 취하여 위는 둥글고 아래는 네모나게 한다. 둥근 부분의 지름은 1.2장(丈)이고, 중간을 막아서 앞뒤 2칸으로 한다. 앞쪽 1칸에는 동쪽과 서쪽에 해와 달 모양의 둥근 구멍을 뚫어서 햇빛과 달빛이 통하게 하고, 뒤쪽 1칸에는 지붕에 창을 내서 버팀목으로 받쳐두고 창문에서 들어오는 영기(靈氣)를 받아들이게

圓室

圓室之製, 人各不同. 予所志者, 取法于天地範圍之理, 上圓下方, 徑一丈有二, 中隔前後二間. 前間開日月圓竅于東西, 以通日月之光, 後間于頂上孔開牕撑放, 以取天門靈氣. 艮上塞戶, 令不通達, 以閉鬼

---

6 온돌을……한다: 중국의 캉 제도에 대해서는 《임원경제지 섬용지》 1, 2016, 풍석문화재단, 115~118쪽에 자세하다.

7 출전 확인 안 됨.

[1] 堗: 저본에는 "突". 오사카본에 근거하여 수정.

한다. 간방(艮方)[8]에는 출입구를 막고 통행하지 못하게 하여 귀신들의 출입을 막는다. 《구선신은서》[9]

戶.《臞仙神隱書》

3) 온각(熅閣)[10]

熅閣

남쪽 지방에서는 여름철 비가 내릴 때에 약물(藥物)·도서(圖書)·가죽이나 털로 만든 제품 등에 모두 곰팡이가 피거나 습기에 눅눅해져서 못쓰게 된다. 이에 지금 온각을 만드는데, 땅에서 1장(丈) 이상 떨어지게 하고, 온각 안에는 벽을 따라 2~3층의 선반을 만들며, 벽 사이에는 널빤지를 대어 막고 앞뒤로 창문을 낸다. 들보 위에는 긴 대나무 시렁을 가지런하게 걸어놓는데, 걸어놓을 수 있는 물건은 시렁에 걸어놓고, 나머지는 선반에 놓는다.

南方暑雨時, 藥物、圖書、皮毛之物, 皆爲黴溽壞盡. 今造閣, 去地一丈有多, 閣中循壁爲廚二三層, 壁間以板弭之, 前後開牕. 梁上懸長笐, 物可懸者懸于笐中, 餘置格上.

맑고 쾌청한 날이면 창문을 활짝 열어서 바람과 햇빛의 상쾌한 기운을 받아들이고, 어둑어둑하며 흐린 날이면 창문을 굳게 닫아서 빗물과 습기를 막는다. 온각 안에는 작은 화로를 설치하여 불기운이 계속 따뜻하게 온각 안을 감싸도록 한다.

天日晴明, 則大開牕戶, 令納風日爽氣, 陰晦則密閉以杜雨濕. 中設小爐, 長令火氣溫鬱.

또 다른 방법:온각 안에 상(床) 2~3개를 설치하고, 상 아래에는 가마에서 막 꺼낸 숯을 채워 넣은 다음 상 위에 그림 등을 놓으면 곰팡이가 피어 못쓰게 되는 일이 영원히 없으니, 불을 따로 피울 필요가

又法:閣中設床二三, 床下收新出窯炭實之, 乃置畫[2]片床上, 永不黴壞, 不須設火. 其炭至秋供燒, 明年

8 간방(艮方): 정북쪽과 정동쪽 사이의 한가운데를 중심으로 좌우 15도 각도 이내의 방향이다.

9 출전 확인 안 됨;《遵生八牋》卷7〈起居安樂箋〉上 "居室安處條" '高子書齋說'(《遵生八牋校注》, 228쪽).

10 온각(溫閣): 약물이나 도서, 가죽 등 습기에 상하기 쉬운 물건을 보관하기 위하여 일정한 온도가 유지되도록 화로 등을 설치한 집.

[2] 畫: 저본에는 "盡". 오사카본·규장각본·《遵生八牋·起居安樂箋·居室安處條》에 근거하여 수정.

없다. 숯은 가을까지 태워 땔감으로 쓰고, 그 다음 해에는 다시 새 숯으로 바꿔준다. 이 상 위에는 절대로 누워서는 안 된다. 상 위에 누우면 벙어리가 되는데, 이런 경우가 자주 있었다. 아마도 화기(火氣)에 말하는 기운이 녹았기 때문일 것이다.《준생팔전》11

復換新炭. 床上切不可臥, 臥者病瘖, 屢有驗也, 蓋火氣所爍故耳.《遵生八牋》

4) 다료(茶寮)12

겉채 하나를 서재 옆에 가까이 배치한다. 안에는 차 부뚜막[茶竈] 1개, 찻잔 6개, 다관[茶注] 2개(2개 중 나머지 1개는 끓인 물을 따르는 데 쓴다), 다구(茶臼, 찻잎을 가루 내는 절구) 1개, 찌꺼기를 터는 솔과 깨끗한 천 각 1개, 숯을 넣어두는 상자 1개, 부집게13 1개, 부젓가락 1개, 부채 1개, 화두(火斗)14 1개(향병(香餅, 향반죽을

茶寮

側室一斗相傍書齋, 內設茶竈一、茶盞六、茶注二(餘一以注熟水)、茶臼一、拂刷·淨布各一、炭箱一、火鉗一、火筯一、火扇一、火斗一(可燒香餅)、茶槃一、茶橐二③.

다리미(국립민속박물관)

---

11 《遵生八牋》卷7〈起居安樂箋〉上 "居室安處條" '居處建置'(《遵生八牋校注》, 225쪽).

12 다료(茶寮) : 차를 끓여 마시기도 하고, 차를 즐기는 데 사용하는 도구를 보관하는 곳.

13 부집게 : 불을 피울 때 쓰는 집게.

14 화두(火斗) : 숯불을 담아 아랫면의 철판을 달구어 옷 등을 다리는 다리미. 본문에서는 향료로 만든 숯을 피워 차를 마시면서 향을 감상한 것으로 보인다.

③ 二 : 저본에는 "一". 오사카본·《遵生八牋·起居安樂箋·居室安處條》에 근거하여 수정.

Ⅰ. 은거지[衡泌]의 배치   137

피울 수 있다), 차쟁반 1개, 다탁[茶橐, 차를 보관하는 단지] 2개를 놓는다. 동자를 가르쳐 차 끓이는 일을 전담하게 하여 해가 긴 낮 동안 담소를 나눌 때나 겨울 밤 홀로 단정하게 앉아 있을 때 차를 끓이게 한다. 《준생팔전》[15]

當敎童子專主茶役, 以供長日淸談, 寒宵兀坐.《遵生八牋》

5) 약실(藥室)

한적한 방 1칸을 쓰되 닭이나 개의 소리가 들리지 않는 곳으로 한다. 그 안에 제사상을 1개 마련하여 옛 성인과 약왕(藥王)[16]에게 제물을 바친다. 큰 널빤지로 만든 탁자 1개(상판이 넓고 단단하면서 두꺼워 여기에서 약을 조제할 수 있다), 큰 쇠 약연(藥碾, 약재를 가루로 만드는 기구) 1개, 돌맷돌 1개, 작은 약연 1개, 대소 크기의 막자사발[17] 2개, 독통(䂓【음은 독이다.】筒)[18]

藥室

用靜屋一間, 不聞鷄犬之處, 中設供案一以供先聖、藥王. 分置大板卓一(廣④面堅厚, 可以和藥.)、大鐵碾一、石磨一、小碾一、乳鉢大小二、䂓【音纛】筒一【用以搗珠, 末不飛.】、舂臼

막자사발(국립중앙박물관)

---

15 《遵生八牋》卷7〈起居安樂箋〉上 "居室安處條" '高子書齋說'(《遵生八牋校注》, 228쪽).

16 옛 성인과 약왕(藥王) : 옛 성인은 약초로 병을 치료하는 치료법을 만든 신농(神農)과 중국 의학의 기초를 만든 헌원(軒轅)을 말하고, 약왕이란 춘추전국시대의 명의(名醫)인 편작(扁鵲)을 말한다.

17 막자사발 : 고체의 재료를 가루 낼 때 쓰는 도구. 여기에서는 약재를 가루 내는 용도로 쓰였다.

18 독통(䂓筒) : 미상.

④ 廣 : 《遵生八牋·起居安樂箋·居室安處條》에는 "光".

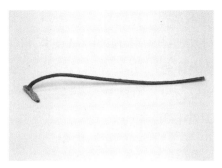
부지깽이(국립민속박물관)

약궤(국립민속박물관)

1개【구슬 같이 작고 동그란 재료를 빻아도 가루가 날리지 않는다.】, 절구 1개, 대소 크기의 적당히 성긴 체 각 1개, 대소 크기의 견사로 만든 촘촘한 체 각 1개, 종려나무 빗자루 1개, 깨끗한 면포 1개, 구리가마솥 1개, 부채 1개, 부지깽이[19] 1개, 대소 크기의 접시저울[盤秤] 각 1개, 약궤(藥櫃)[20] 1개, 약상자 1개, 호리병 모양의 약탕관【이것은 약방에서 무수히 쓰임이 많은 물건이므로 많이 비축해놓고 사용할 때를 대비해야 한다.】을 나누어 놓되, 일반적으로 약을 만들 때 쓰이는 도구는 모두 놓아두어야 한다. 약실은 평상시에는 자물쇠로 잠가두어 예상치 못한 일을 막는다.

　【안】 왕민(王旻)[21]의 《산거록(山居錄)[22]》에서 약당(藥堂, 약실)은 약초밭에 둔다고 했는데 지금 이 설에 근

一、大小中稀篩各一、大小密絹篩各一、棕掃箒一、淨布一、銅鑊一、火扇一、火鈐一、大小盤秤各一、藥櫃一、藥廂一、葫蘆瓶罐、【此藥家取用無算、當多蓄以備用。】凡在藥物所需, 俱當置之. 藥室平時密鎖以杜不虞.

　【案】 王旻《山居錄》藥堂在藥圃之中, 今可倣置, 仍就

---

19 부지깽이 : 아궁이나 화로에 불을 피울 때 장작을 밀어 넣거나 거두어 낼 때 쓰는 철제 막대기.

20 약궤(藥櫃) : 약을 보관하는 궤.

21 왕민(王旻) : ?~?. 중국 당(唐)나라의 도사(道士). 호는 태화선생(太和先生). 화훼와 약초 및 수목을 많이 재배했다.

22 산거록(山居錄) : 중국 당(唐)나라 때 왕민(王旻)이 저술한 책. 식물 재배기술에 대한 내용을 담고 있는데, 중국 최초의 약초 재배법에 대해 서술한 전문적인 서적으로 평가된다.

거하여 약당을 배치하고, 약당 안에는 약을 조제하는 데 필요한 여러 기구들을 보관하며, 자제와 문하생 중에 황제(黃帝)와 기백(岐伯)의 의술에 제법 통달한 사람에게 담당하게 한다. 약초밭과 약당을 만드는 방법은 《관휴지(灌畦志)》에 자세하게 보인다.[23]《준생팔전》[24]

약당의 제도는 5가3영(五架三楹)[25]으로, 북쪽 벽을 따라 3~5층의 선반을 만드는 방법은《준생팔전》온각(溫閣)의 제도와 같다. 매 층의 선반에는 2개 또는 4개의 문짝을 달아서 여닫을 수 있게 하고 여기에 각종 약재를 보관한다. 가운데 칸에는 방을 만들고, 방 남쪽 창틀 위의 벽에 채약월령도(採藥月令圖)[26]를 붙여둔다. 왼쪽 칸에는 누각을 만들고 각종 의방(醫方)과 본초서(本草書)를 보관한다. 오른쪽 칸에는 헌(軒)을 만들어 각종 약 만드는 기구를 진열한다.

사방의 계단과 그 아래 뜰에는 모두 벽돌을 깔아서 먼지와 습기를 멀리 차단시킨다. 남쪽 처마에서 바깥쪽으로 1장(丈) 남짓 떨어진 위치에서 오른쪽에는 돌절구 1개【돌절구의 제도는 허리 부분이 가늘고 위아래가 넓으며, 광이 나도록 깨끗하게 갈고 다

藥堂內, 藏製藥諸器, 使子弟、門生中稍通軒岐之術者主之. 藥圃、藥堂法, 詳見《灌畦志》.】《遵生八牋》

藥堂之制, 五架三楹, 循北壁爲廚三五層, 如《遵生八[5]牋》熅閣之制. 每層設兩扇或四扇門以備開閉, 用藏各種藥料. 中楹爲室, 南欞上壁粘付採藥月令圖; 左楹爲樓, 藏各種醫方、本草之書; 右楹爲軒, 陳各種製藥之具.

四階及庭除, 垃鋪甎甓以隔遠塵土、濕氣. 南簷外丈餘, 右置石臼一,【石臼之制, 腰細上下廣, 磨礱光淨.】左置石鼎一.【石鼎之

---

23 약초밭과……보인다:《임원경제지 관휴지》권1 〈총서(總敍)〉"농지 만들기(營治)" '약초밭 만드는 법(治藥圃法)'·'두렁밭 만들어 약초 재배하는 법(治畦種藥法)'에 있다. 그러나 약당 만드는 법을 소개하지는 않았다.
24 《遵生八牋》卷7 〈起居安樂箋〉上 "居室安處條" 高子書齋說(《遵生八牋校注》, 228쪽).
25 5가3영(五架三楹) : 가(架)는 한옥 지붕에서 서까래 바로 밑에 가로로 길게 놓이는 도리를 말하며, 영(楹)은 건물 기둥과 기둥 사이인 칸[間]을 말한다. 5가3영이라는 말은 5개의 도리를 사용했고, 건물 정면이 3칸이라는 말이다.
26 채약월령도(採藥月令圖) : 매달 채취해야 할 약초를 알기 쉽게 달별로 정리해놓은 표.
[5] 八: 저본에는 없음. 오사카본·규장각본에 근거하여 보충.

듣는다.】를 놓고, 왼쪽에는 돌솥 1개【돌솥의 제도는 귀[耳] 2개와 다리 3개가 있으며, 또한 깨끗하게 갈고 다듬는다. 대개 단단한 나무를 이용해 돌을 회전시켜 만든다.】를 놓는다.

뜰 중앙에는 작은 석지(石池)²⁷를 만들고 샘물을 끌어와서 물을 댄다. 석지의 물로는 약재를 씻거나 빨거나 맷돌질하거나, 삶거나 제조하는 도구를 씻는다.

뜰 동쪽에는 창실(敞室)²⁸을 3~5칸으로 짓고, 안에는 모두 벽돌을 깔며, 사방 벽은 모두 진흙을 깔끔하게 바른다. 칸마다 바람이 잘 통하도록 들창을 달아 약재를 그늘에서 말리는 곳으로 사용한다.

뜰의 동쪽²⁹에는 나무받침대를 설치하는데, 길이는 4~5장, 너비는 2~3장으로 꽃 지지대나 오이 등의 넝쿨 작물이 타고 올라갈 수 있게 만든 받침대의 제도와 같다. 받침대에는 신회(蜃灰)³⁰를 하얗게 발라서 비바람을 견뎌내도록 한다. 받침대 위에는 건조용 채반을 많이 놓고 약재를 햇볕에서 말리는 곳으로 사용한다.

약당에는 순박하고 부지런한 하인 3~5명을 두어 약초를 캐서 빨고, 포제(炮製, 약재를 가공하는 과정)

制, 兩耳三足, 亦磨礱潔淨. 蓋用剛木車旋爲之.】

中作小石池, 引泉灌之, 用作洗濯搗碾、蒸製之具.

庭之東建敞室三五楹, 內鋪甋甓, 四壁皆塗墍潔淨, 每一楹輒設弔牕令通風, 用作蔭乾藥料之所.

庭之東設木架, 長可四五丈, 廣可二三丈, 如花棚、蔴架之制. 墍以蜃灰, 令耐風雨. 上多置曬盤, 用作曬曝藥料之所.

置醇勤僮僕三五人, 專給採搗、炮製等役. 《金華耕

---

27 석지(石池): 물을 담아 연꽃 따위를 심는 함지 모양의 돌그릇.
28 창실(敞室): 바람이 잘 통하는 방.
29 동쪽: 약재를 그늘에서 건조시키는 시설을 동쪽에 만들라고 한 말로 보아, 여기서의 동쪽은 서쪽을 잘못 표현한 듯하다. 그늘 건조시설을 동쪽에 둘 수도 있겠으나, 일반적으로 동쪽을 설명한 뒤에 서쪽을 설명하는 방식을 받아들인다면 햇볕 건조시설이 서쪽이어야 할 것이다.
30 신회(蜃灰): 대합 껍데기를 원료로 하여 만든 회반죽.

하는 일 등을 전담하게 한다. 《금화경독기》[31]

6) 금실(琴室, 금 연주실)

초당(草堂, 억새·짚으로 지붕을 올려 지은 작은 집) 안이나 초정(草亭, 억새·짚으로 지붕을 올려 지은 정자)의 구석방에 금실을 만든다. 금실의 땅속에 큰 항아리 1개를 묻고, 항아리 안에 동종(銅鍾, 구리종) 1개를 걸어 둔다. 항아리가 묻힌 땅 위는 돌로 덮거나 널빤지를 깔고, 그 위에 금전(琴塼)[32]이나 목궤(木几, 나무 받침대)를 놓고 금을 연주하면 금의 소리가 공중에 낭랑하게 울리며 소리가 맑고 깨끗하여 저절로 이 세상 밖에 있는 듯한 분위기가 난다. 《구선신은서》[33]

琴室

草堂之中, 或草亭僻室, 製爲琴室, 地下埋一大缸, 缸中懸一銅鍾, 上以石墁, 或用板鋪, 上置琴塼或木几彈琴, 其聲空朗淸亮, 自有物外氣度. 《曜仙神隱書》

금전 위에 금을 올려놓고 연주하는 모습(《칠현금경》)

---

31 출전 확인 안 됨.

32 금전(琴塼) : 금을 올려놓고 연주할 때 사용하는 금 받침대. 벽돌의 한 종류로 속이 비어 있고 길쭉하다. 《임원경제지 이운지》 권2 〈임원에서 즐기는 청아한 즐길거리(상)〉 "금·검(부록: 생황·적·종·경쇠)" '금안(琴案)'에서는 금전의 하나로 곽공전(郭公塼)을 언급하고 있다.

33 출전 확인 안 됨;《遵生八牋》卷7 〈起居安樂牋〉 上 "居室安處條" '序古名論'(《遵生八牋校注》, 222쪽).

금실 뜰과 기둥 사이에 벽돌로 작은 연못을 쌓고 금붕어를 기른다. 금을 연주할 때마다 금붕어에게 떡밥을 던져주면 금붕어가 앞다투어 먹는다. 이와 같이 여러 차례 반복하면 나중에는 다만 금을 연주하는 소리만 쟁쟁하게 들리고 떡밥을 던져주지 않아도 금붕어가 물 위로 뛰어오르지 않는 경우가 없다. 손님들이 이러한 광경을 보면서 금붕어들이 뛰어오르는 이유가 떡밥에 있다는 점을 알지 못하고 호파(瓠巴)[34]가 다시 살아났다고 여긴다. 《문슬신화(捫蝨新話)[35]》[36]

琴室庭楹間甃[6]小池牧金魚. 每鼓琴卽投以餠餌, 魚爭食之. 如是者屢, 其後魚但聞琴聲丁丁然, 雖不投餠餌, 亦莫不跳躍而出. 客之見者不知其意餠餌也, 以爲瓠巴復生.《捫蝨新話[7]》

7) 장서각(藏書閣, 도서실)

담장 바깥이나 정원 한가운데에서 지대가 높고 건조하고 탁 트였으며, 인가와 멀리 떨어져 있는 곳을 택하여 장서각을 짓고 책을 보관한다. 장서각의 규모는 보관해야 할 책의 양에 따라 결정한다.

그 제도는 땅을 깎아내서 대(臺)를 쌓는데, 안에는 모두 벽돌로 쌓고 바깥에는 돌벽돌을 사용한다. 대는 땅 속으로는 5척 들어가고, 땅 밖으로는 10척 올라오게 해서 그 위에 벽돌로 사면의 벽을 쌓는다. 벽의 두께는 3척으로 하는데, 여기에 작은 나무조각 하나도 쓰지 않는다.

藏書閣

墻之外、苑之中, 擇高燥爽塏隔遠人煙之地, 建閣藏書. 閣之大小, 視藏書多寡.

其制剗地築臺, 內皆甎築, 外用石甃, 入地五尺, 出地十尺, 乃於其上甎築四壁, 其厚三尺, 不用寸木.

---

34 호파(瓠巴): ?~?. 춘추시대 초(楚)나라의 금 연주가. 《열자(列子)》 〈탕문(湯問)〉에 "호파가 금을 연주하면 새가 춤추고 물고기가 뛰어올랐다.(瓠巴鼓琴, 而鳥舞魚躍.)"는 내용이 나온다.

35 문슬신화(捫蝨新話): 중국 송(宋)나라 진선(陳善, ?~?)이 저술한 책. 경서(經書)·사서(史書)·시문(詩文) 및 다양한 내용을 수록하였다.

36 《捫蝨新話》 卷2 〈牧魚投餌〉 《叢書集成初編》 310, 18쪽).

[6] 甃:《捫蝨新話·牧魚投餌》에는 "鑿".

[7] 話: 저본에는 "語". 오사카본·규장각본에 근거하여 수정.

【왼쪽·오른쪽·뒤쪽 3면에는 벽돌을 지붕까지 닿도록 쌓는데, 서까래 끝이 벽에 바로 파묻히게 해서 부연(浮椽)처럼 군더더기로 튀어나오는 처마가 없도록 한다. 오직 대의 남쪽 정중앙에 출입문을 만든다. 문은 일반적으로 4짝을 달고,[37] 그 길이는 문지방에 닿을 정도로 한다. 좌우로 기둥을 따라 원창(圓牕)[38]을 설치하고, 격자창살을 성글게 짜서 햇빛이 밝게 들어올 수 있게 하며, 창문을 밀어 열면 창문과 벽 사이로 통풍이 되도록 한다. 보머리[樑頭][39]를 받치는 곳에 큰 벽돌을 쌓아 진흙으로 바르고 갈고 다듬어 바로 보머리에 접하게 하여 기둥을 대신한다.】

【左、右、後三面甎築竟屋, 直埋樑頭, 更無冗簷. 惟南面正中爲出入之門, 門凡四扇, 其長竟閾, 左右逐楹設圓牕, 疏櫺取明, 令可推開通風牕壁之間. 當樑頭處, 纍大甓, 泥[8]粘磨礱, 直接樑頭以代柱.】

분합문

벽돌담 위에는 기둥·들보·서까래를 가로로 걸쳐 얹는다. 서까래 위에는 나무판을 깔고, 나무판

甎墻之上, 跨架棟樑、宋椽, 椽上鋪以木板, 板上

---

37 문은……달고: 여기에서 말하는 문은 한옥의 분합문(分閤門, 한옥의 대청 앞쪽 전체에 드리는 긴 창살문)을 말한다.

38 원창(圓牕): 둥근 창. 원창의 제도는 《임원경제지 섬용지》1, 풍석문화재단, 2016년, 145~146쪽에 자세하다.

39 보머리[樑頭]: 들보가 기둥을 뚫고 나온 부분.

[8] 泥: 저본에는 "汲". 오사카본·규장각본에 근거하여 수정.

묵상(국립민속박물관)

필상(국립중앙박물관)

위에는 네모난 벽돌을 깐다. 벽돌 위는 기와로 덮는데, 오로지 암키와만 사용해서 한 줄은 안쪽이 위를 보도록 깔고 옆의 한 줄은 아래를 보도록 덮어서 서로 암수 한 쌍이 되도록 한 다음 회반죽으로 기와의 틈을 메꾸는데, 물고기 비늘 모양으로 줄줄이 단단하게 붙인다.

장서각 안의 사방 벽과 바닥은 광이 나도록 깨끗하게 갈고 다듬는데 절대로 종이를 풀칠해서 붙이거나 왕골자리를 깔지 말아야 한다. 북쪽 벽을 따라서 서가[書廚]를 줄지어 놓고 경서(經書)·사서(史書)·제자서(諸子書)·시문집(詩文集)을 보관한다.【장서각은 좁은데 책이 많다면 동쪽과 서쪽 벽에도 모두 서가를 놓아도 된다.】서가에서 약간 남쪽 정중앙에는 대나무 의자 1개, 다리가 긴 책상 1개를 놓는다. 책상 위에는 벼루 1개, 묵상(墨牀)[40] 1개, 필상(筆牀)[41] 1

鋪以方甎、甎上覆瓦、純用鴛瓦、一仰一覆、相爲雌雄、以石灰泥縫隙、鱗級膠粘.

閣之內四壁及底、磨礱光淨、勿糊紙、勿鋪筦簟. 循北壁列置書廚、用庋經史子集.【閣小書多、則東西壁皆可置書廚.】稍南正中、置竹椅一、高足案一、案上設研一、墨牀一、筆牀一、藏書[9]目錄一、油粉簡版一. 每出一書、輒記書名、

---

40 묵상(墨牀): 먹을 올려놓는 받침대. 주로 2개의 다리가 달린 장방형의 형태로 되어 있다.
41 필상(筆牀): 붓을 올려놓는 받침대. 홈이 파인 부분에 붓대를 놓고 받친다.
[9] 藏書: 저본에는 "書藏". 오사카본·규장각본에 근거하여 수정.

개, 보유하고 있는 도서 목록 1개, 기름 먹인 간판 (簡版)42 1개를 놓는다. 책을 한 번 꺼낼 때마다 항상 간판에 책의 이름·권수·날짜를 기록하고 다시 서 가에 돌려놓으면 기록한 내용을 지워서 책의 출납에 대해 잊어버리는 일을 대비한다.

卷數、日月于版, 納則去之 以備出納遺忘.

벽과 창틀 사이에 자루가 긴 치미추(雉尾箒)43·면 지떨이[無塵子]44와 같은 종류의 물건을 많이 걸어두 고 바닥을 쓸거나 먼지 터는 일을 대비한다. 동쪽과 서쪽에는 각각 향궤(香几, 향과 기타 도구를 올려놓는 탁자) 를 1개씩 놓고, 그 위에 향로 1개, 향합(香盒, 향을 담 아두는 작은 그릇) 1개, 향시저병(香匙箸瓶)45 1개를 놓는 다.46 남쪽의 격자 창틀 아래에는 폭이 좁고 길이가 긴 서궤(書几) 7~8개를 연이어 놓고 장마철에 곰팡이

壁櫃之間, 多掛長柄雉尾 箒、無塵子之屬, 以備掃地 拂塵. 東西各置香几一, 上 設香鼎一、香盒一、香匙箸 瓶一. 南櫃下聯設狹長書 几七八, 以備梅黴前曝書 之需.

치미추(국립민속박물관)

편액(국립민속박물관)

---

42 간판(簡版): 목판에 글자를 쓴 간첩(簡帖).

43 치미추(雉尾箒): 꿩의 꽁지깃으로 만든 빗자루.

44 먼지떨이[無塵子]: 원래는 종려나무 잎으로 만들어 책의 먼지를 터는 도구를 말한다. 서유구는《임원경제지 섬용지》권3〈일상생활에 필요한 도구〉"기타 도구" '먼지떨이'에서 먼지떨이[無塵子]란 이름의 유래를 소개한 다음 요즘은 검은 비단과 누런 주(紬)로 만들고 관건(冠巾)이나 책의 먼지를 터는 데 사용한다고 설명했다.

45 향시저병(香匙箸瓶): 향시(香匙, 향 순가락)와 향저(香箸, 향 젓가락)를 담는 병.

46 각각……놓는다: 향 받침대·향로·향합·향시·저병에 대한 자세한 설명은《임원경제지 이운지》권2〈임원에 서 즐기는 청아한 즐길거리(상)〉"향"에 있다.

가 피기 전에 책을 볕에 쪼이는 용도에 대비한다.

장서각의 격자 창틀 위쪽 벽의 바깥 면에는 돌에 새긴 편액(扁額)[47]을 박고, 안쪽 면에는 석판(石板) 2개를 박는다. 석판 하나에는 기문(記文)[48]을 새기고, 다른 하나에는 "이것은 누구누구의 장서로 자손들에게 가르침을 내리니 이 장서를 팔거나 남에게 빌려준다면 이는 불효를 행하는 것이니라.(某氏藏書, 子孫是敎, 鬻及借人, 兹爲不孝)"라는 내용의 16자를 새긴다. 장서각은 자물쇠로 잘 잠가두어서 예상치 못한 일을 막는다.《금화경독기》[49]

門欄上壁外面, 嵌石刻扁額. 內面嵌石板二, 一刻記文, 一刻"某氏藏書, 子孫是敎, 鬻及借人, 兹爲不孝"十六字. 封鎖惟謹以杜不虞.《金華耕讀記》

8) 취진당(聚珍堂, 출판하는 곳)

활자(活字)를 보관하는 곳이다. 외지고 한적한 땅을 택하여 건물을 2채 짓는데, 그중 뒤쪽 건물의 북쪽 벽 아래에 나무로 만든 수납장을 줄지어 놓고【안 나무 수납장은 바로 활자를 보관하는 궤(櫃)로, 그 제도는 〈도서장방(圖書藏訪)〉에 상세하다.[50]】활자를 보관한다. 남쪽 기둥의 아래에는 긴 걸상을 줄지어 놓고 책을 늘어놓는 곳으로 삼는다.

聚珍堂

藏活字之所也. 擇僻靜之地, 建舍二, 後舍北壁下列置木廚, 【案 卽藏活字之櫃, 制詳《圖書藏訪》.】以藏活字. 南楹下列置長櫈, 用作擺書之所.

---

47 편액(扁額) : 비단·종이·널빤지 따위에 그림을 그리거나 글씨를 써서 방 안이나 문 위에 거는 액자.
48 기문(記文) : 문체(文體)의 하나. 사물을 객관적인 관찰과 동시에 기록하여 영구히 잊지 않고 기념하고자 하는 데에 목적을 두는 글로, 누각이나 정자를 짓고 건조물의 연혁이나 건축 과정, 이름을 짓게 된 이유 등의 내용이다.
49 출전 확인 안 됨.
50 그 제도는……상세하다 : 《임원경제지 이운지》 권7 〈도서의 보관과 열람(하)〉 "인쇄" '사고전서 활자판(취진판)의 방식'.

앞 건물의 정중앙에는 문을 만든다. 왼쪽에는 책을 인쇄하는 곳으로 삼아 공투격(空套格)[51]【민간에서는 '인찰판(印札板)'이라 한다.】·연쇄자(煙刷子)[52]·모추자(毛錐子)[53]·저연석지(貯煙石池)[54] 등 책을 인쇄하는 일체의 도구를 놓는다. 오른쪽에는 책을 제본하는 곳으로 삼아 제본하는 책상·큰 송곳·작은 송곳·큰 칼·작은 칼·협계판(夾界板)[55]【민간에서는 '전반[翦板]'이라 한다.】·저모호필(猪毛糊筆, 풀칠용 돼지털붓)【민간에서는 '귀알[歸也]'이라 한다.】·자호분(磁糊盆, 풀을 담아두는 자기그릇)·주칠(朱漆)한 넓고 긴 탁자 등 책을 제본하고 배접(褙接)[56]하는 일체의 도구[57]를 보관한다.

前舍正中爲門, 左爲印書之所, 置空套格【俗稱"印札板"】、煙刷子、毛椎子、貯煙石池等一切印書之具, 右爲釘書之所, 置釘書案、大錐、小錐、大刀、小刀、夾界板【俗稱"翦板"】、豬毛糊筆【俗稱"歸也"】、磁糊盆、朱漆闊長卓等一切釘書裝褙之具.

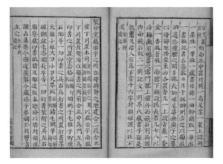

공투격에 쓰여진 《이운지》의 사례(오사카본). 취진당을 설명하는 부분이다.

먹솔(국립중앙도서관)

---

51 공투격(空套格) : 글씨를 쓰기 편하도록 괘선이 쳐져 있는, 지금의 원고지와 같은 용도로 쓰이는 인찰지(印札紙)를 박아 내는 판.
52 연쇄자(煙刷子) : 먹솔. 활자 인쇄시 먹물을 묻혀 활자면에 고루 칠하는 용도로 사용한다.
53 모추자(毛錐子) : 동물의 뻣뻣한 털로 만든 솔. 활자에 남아 있는 먹물찌꺼기를 제거하는 용도로 사용한다.
54 저연석지(貯煙石池) : 활자 인쇄시 사용되는 먹물을 담아두는 돌그릇.
55 협계판(夾界板) : 종이를 자를 때 쓰는 좁고 얇은 긴 나무조각.
56 배접(褙接) : 종이, 헝겊 따위를 여러 겹 포개 붙여서 서적이나 서화를 보강하는 일.
57 책을……도구 : 현재 국립중앙도서관에서 소장 중인 보물 제865호 '민간 목활자(民間木活字) 및 인쇄용구(印刷用具)'의 모습은 그림에 상세하다.

각종 송곳과 칼(국립중앙도서관)

각종 인쇄용구(국립중앙도서관)

좌우의 건물에는 책을 인쇄하는 종이와 내용을 새길 판본을 보관하는데, 모두 담장을 두르고 자물쇠로 잘 잠가둔다. 취진당 터를 잡을 때에는 의숙(義塾)과 인접하도록 해서 의숙에서 책을 읽고 학문에 힘쓰는 학생 중 교감(校勘)[58]하는 일에 익숙한 사람에게 담당하게 한다. 《금화경독기》[59]

左右廂寮藏印書紙楮及雕造板本, 總繚以墻, 封鎖惟謹. 占基要令傍近義塾, 令藏修子弟嫻於校讎者主之.《金華耕讀記》

9) 영빈관(迎賓館)

서재의 남쪽에 담장을 뚫어서 문을 만들고 규형(圭形)[60]의 대나무 문짝을 단다. 문에서 나와 3계단을 내려가서 그 아래에 5묘(畝) 넓이에 터를 닦고

迎賓館

書齋之南, 穿垣爲門, 圭形竹扉, 出門歷階三級, 闢地五畝, 建舍三五楹, 涼軒、

---

58 교감(校勘): 같은 종류의 여러 책을 비교하여 차이 나는 부분을 바로잡는 작업.

59 출전 확인 안 됨.

60 규형(圭形): 긴 장방형으로, 위쪽은 뾰족하고 아래쪽은 사각인 모양을 말한다.

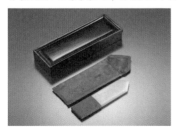

영친왕 규(圭)(국립고궁박물관)

3~5칸의 건물을 짓는데, 시원한 헌(軒), 따뜻한 방, 짧은 궤안과 긴 평상을 간략하게 갖추어 놓는다.

벽에는 속된 기운을 씻겠다는 약속[浣俗之約]을 써 놓은 판을 걸어두고,【휴리(攜李)[61]에 살던 이일화(李日華)[62]는 《완속약(浣俗約)》을 짓고, 서재 벽에 걸어두고서 손님과 친구들에게 그 내용을 알렸다.】시렁에는 귀를 맑게 하는 경쇠를 걸어두어【강남(江南)에 살던 이건훈(李建勳)[63]은 옥으로 만든 경쇠를 하나 가지고 있었는데, 손님 중에 얘기를 나누다 비속어를 쓰는 사람이 있으면 급히 일어나 이 옥경쇠를 치면서 "잠시 경쇠소리로 귀를 맑게 하겠습니다."라 했다.】손님을 맞이하여[迎賓] 접대한다.

하지만 만약 도사와 더불어 책을 보거나 고승(高僧)과 마주하여 불경을 논하거나 밭일하는 노인이나 계곡에서 만난 벗과 함께 날이 맑을까 비가 내릴까 하는 대화를 나눌 경우가 생긴다면[64] 만나고 헤어질 때에 그 상황에 맞는 장소가 저절로 있으니 굳이 이러한 장소를 마련하여 그들을 접대하지 않는다.《금화경독기》[65]

煖室、短几、長榻略具.

壁揭浣俗之約,【攜李 李[10] 日華作《浣俗約》, 揭[11]之 齋壁以告賓友.】架懸淸耳 之磬[12],【江南 李建勳蓄一 玉磬, 客有談及猥俗之語 者, 急起擊玉, 曰"聊代淸 耳".】以迎賓款客.

若夫與道侶看籙, 對高釋 談經, 同園翁、溪友量晴較 雨, 則會合逢別自有其地, 非固設此以待之也.《金華 耕讀記》

61 휴리(攜李): 현재 중국 절강성(浙江省) 북부의 가흥시(嘉興市).

62 이일화(李日華): 1565~1635. 중국 명(明)나라의 문신이자 학자. 자는 군실(君實). 호는 죽라(竹懶)·구의 (九疑). 화론(畫論)과 그림 감식에 뛰어났을 뿐만 아니라 다방면에 정통해 동기창(董其昌)·왕유검(王惟儉) 과 더불어 '삼대박물군자(三大博物君子)'로 평가된다.

63 이건훈(李建勳): 872~952. 중국 오대(五代)시대 남당(南唐)의 관리. 저서로는 《이건훈집(李建勳集)》이 있다.

64 밭일하는…생긴다면: 원문의 "園翁溪友量晴較雨"는 중국 송(宋)나라의 황정견(黃庭堅)이 지은 《완화계도 인(浣花溪圖引)》에 나오는 표현이다.

65 출전 확인 안 됨.

[10] 李: 저본에는 없음. 오사카본·규장각본에 근거하여 보충.

[11] 揭: 저본에는 "揭李". 오사카본·규장각본에 근거하여 삭제.

[12] 磬: 저본에는 "馨". 오사카본·규장각본에 근거하여 수정.

10) 의숙(義塾, 교육기관)

취진당 옆에 5~6묘 넓이에 터를 닦아서 의숙을 짓는다. 그 제도는 5가5영(五架五楹)으로, 정중앙의 1칸[楹]에는 방을 만들고, 그 동쪽과 서쪽 2칸에는 헌(軒)을 만들고, 또 그 동쪽과 서쪽의 2칸에는 좌우의 곁방을 만든다. 건물 동쪽·서쪽·남쪽 3면의 둘레에는 헌에 있는 마루의 절반 너비로 빙 둘러싸 마루를 설치한 다음 난간을 만들어 보호한다. 동쪽과 서쪽으로 용마루[甍][66]가 이어지도록 누각을 각각 1채씩 짓는다. 각 방마다 북쪽 벽에는《준생팔전》온각(溫閣)의 제도와 같이 4~5칸의 책장을 설치하고, 여기에 경서(經書)·사서(史書)·제자서(諸子書)·시문집(詩文集)·유서(類書)[67]·첩괄(帖括)[68] 등의 서적을 보관한다.[69]

義塾

聚珍堂之傍, 闢地五六畝, 建義塾. 其制五架五楹, 正中一楹爲室, 東西二楹爲軒, 又其東西二楹爲左右夾室. 環東西南三面, 繚以半架廳軒, 護以欄檻. 東西接甍, 各起一樓, 每室北壁設四五格書廚如《遵生八牋》熅閣之制, 藏經史子集、類纂、帖括之書.

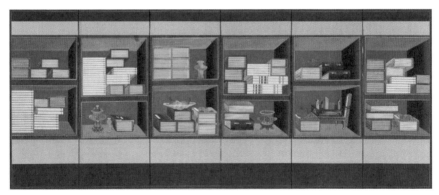

책가도 병풍(국립고궁박물관)

---

66 용마루[甍] : 건물의 지붕에서 서로 다른 기와면이 만나면 생기는 높은 모서리를 마루라고 하는데, 용마루는 건물에서 가장 높은 곳에 있는 마루를 말한다.

67 유서(類書) : 여러 서적의 내용을 항목별로 나누고 각 항목에 해당하는 내용을 뽑아 편집하여 참고하게 한 책.《임원경제지》는 조선의 대표적인 유서이다.

68 첩괄(帖括) : 경서에서 어려운 어구를 모아 기록한 책자로, 과거시험 대비용으로 읽던 참고서의 일종이다.

69 각 방마다……보관한다 : 온각의 형태는 아니지만 다양한 책을 보관하던 방법을 엿볼 수 있는 그림으로, 다음의 책가도(冊架圖)를 참고할 수 있다.

가운데 방에는 숙사(塾師, 의숙의 선생)가 살고, 좌우의 곁방에는 책을 읽고 학문에 힘쓰는 학생 중에서 나이가 많고 학업을 앞서 나간 사람이 산다. 건물 계단을 내려가서 왼쪽 행랑 1채에는 미곡을 보관하고, 오른쪽 행랑 1채에는 기물을 보관한다.

뜰 남쪽에는 건물을 5칸으로 지어서 가운데 1칸에는 문을 만들고, 문의 좌우에 좌숙(左塾) 2칸, 우숙(右塾) 2칸을 만든다. 일반적으로 인근 마을에 사는 사족(士族) 자제, 그리고 평민 자제 중에서 재주가 뛰어난 8세 이상의 사람은 좌숙에 들어가도록 허락한다. 그러다 《소학(小學)》·사서(四書)[70]·《이아(爾雅)》[71]·《효경(孝經)[72]》을 읽을 수 있고, 짧은 오언시(五言詩)·칠언시(七言詩)를 지을 수 있는 사람은 우숙(右塾)으로 옮기도록 허락한다. 오경(五經)[73]·《사기(史記)》·《한서(漢書)》를 읽을 수 있고, 시부(詩賦)[74]·사륙문(四六文)[75]·경의(經義)[76]를 지을 수 있는 사람은 본채 좌우의 곁방에 들어가도록 허락한다.

中室塾師居之, 左右夾室, 藏修子弟中年長業進者居之. 歷階而下, 左廂一藏米穀, 右廂一藏器用.

庭之南建舍五楹, 中爲門, 左塾二楹, 右塾二楹. 凡隣里士族子弟、凡民俊秀八歲以上許入左塾. 能念《小學》、四書、《爾雅》、《孝經》, 賦五、七言小詩者, 許移右塾. 能念五經、《史記》、《漢書》, 賦詩賦、四六、經義者, 許入左右夾室.

---

70 사서(四書):《논어(論語)》·《맹자(孟子)》·《대학(大學)》·《중용(中庸)》을 말한다.

71 이아(爾雅): 중국에서 가장 오래된 자전(字典). 주공(周公)이 지었다고 전해진다. 경전에 쓰여진 문자의 뜻을 제대로 알기 위한 용도로 중요시되었다.

72 효경(孝經): 공자(孔子)가 제자인 증자(曾子)와 효(孝)에 대하여 문답한 내용을 엮은 책이다. 효는 유교에서 개인의 수양에서 천하의 질서에 이르기까지 도덕의 근원으로 중요시되었다.

73 오경(五經):《시경(詩經)》·《서경(書經)》·《주역(周易)》·《예기(禮記)》·《춘추(春秋)》를 말한다.

74 시부(詩賦): 운문인 시(詩)와 산문형 운문인 부(賦)를 아울러 말한다.

75 사륙문(四六文): 한문 문체의 하나. 4글자 또는 6글자의 구(句)를 기본으로 대구법(對句法)을 쓰며, 압운(押韻)이 많다. 변려문(騈儷文)이라고도 한다.

76 경의(經義): 경서의 의미에 대해 서술하는 일, 또는 그러한 글.

태평성시도(太平城市圖) 중 교육공간의 모습(국립중앙박물관)

《십삼경주소(十三經注疏)》[77]의 이동(異同, 글자의 다름 혹은 의견상의 다름)을 논할 수 있고, 이십일사(二十一史)[78]의 본기(本紀)와 열전(列傳)의 득실을 평가하고 판단할 수 있으며, 시무만언소(時務萬言疏)[79]을 지을 수 있는 사람을 '소성(小成)'이라 하는데, 이들은 집으로 돌아가 다른 사람을 교육하도록 허락한다.[80]

能訂論《十三經註疏》異同,
評斷二十一史紀[13]傳得失,
賦時[14]務策萬言者, 是謂
"小成", 許令歸家敎授.

77　십삼경주소(十三經注疏): 중국 유가(儒家)의 13개 경전, 즉 《시경(詩經)》·《서경(書經)》·《주역(周易)》·《주례(周禮)》·《의례(儀禮)》·《예기(禮記)》·《춘추공양전(春秋公羊傳)》·《춘추곡량전(春秋穀梁傳)》·《춘추좌씨전(春秋左氏傳)》·《논어(論語)》·《이아(爾雅)》·《효경(孝經)》·《맹자(孟子)》의 고주(古注)에 다시 주석을 붙인 책.

78　이십일사(二十一史): 중국 역대 왕조의 정사(正史)로 인정되는 21종류의 사서(史書).

79　시무만언소(時務萬言疏): 당시의 정무에 관하여 당면한 문제를 논하여 왕에게 건의한 1만 자 분량의 글.

80　일반적으로……허락한다: 의숙을 비롯한 교육공간의 모습을 살펴볼 수 있는 그림은 다음과 같다.

[13]　紀: 저본에는 "記". 오사카본에 근거하여 수정.

[14]　時: 저본에는 "詩". 오사카본에 근거하여 수정.

동쪽 담장 바깥에는 건물 1채를 두고 의숙 지기 [墊直] 1명을 두어, 처자를 거느리고 그곳에 살면서 나무하기·불 때기·물 긷기·절구질 하는 일을 담당하게 한다. 그리고 과수원의 나무 뒤쪽이나 장포(場圃, 집 가까이에 있는 채소밭)를 다진 곳 앞쪽 근처에 밭 2~3경(頃)[81]과 논 7~8경을 마련하여 의숙에서 학생을 가르치는 선생의 음식·의복·땔감·물·초 등의 비용 및 5일마다 치르는 난강(煖講)[82]의 비용을 대도록 한다.

돌에는 학전(學田)[83]이라는 표호(標號)와 여기서 들어오는 한 해 동안의 조세[租賦][84]와 지출금액을 새겨서 정중앙에 위치한 방 남쪽 창틀 벽 위에 박고, 나무에는 의숙에서 지켜야 할 규칙과 규정에 관한 조목을 새겨서 헌(軒)과 방의 벽 위에 박아 놓아 항상 바라보고 삼가며, 충실히 따르게 한다. 《금화경독기》[85]

11) 사정(射亭, 활쏘기 하는 정자)

뒤로는 언덕을 등지고, 앞으로는 들판과 닿아 있는 곳에 정자 1채를 짓는다. 정자 주위에는 장송(長

東墻之外置一舍, 塾直一人, 牽妻挐居之, 掌樵爨、井臼之役. 果園樹後, 場圃築前, 置傍近陸田二三頃、水田七八頃, 以給塾師飯食、裘葛、薪水、膏燭及五日煖講之費.

石刻學田標號、一歲租賦、支用之數, 嵌于正中室南櫺壁上, 木刻學規條目, 釘在軒室壁上, 俾常目恪遵. 《金華耕讀記》

射亭

負皐臨坪, 架以一亭. 長松、老槐左右蔭翳, 苔蘚被

---

81 경(頃): 농지의 면적 단위. 주나라 주공(周公)이 처음으로 제정했다. 《임원경제지 본리지》 권1 〈토지제도〉 "경묘법과 결부법"에서는 1436년(세종 18) 경묘보법(頃畝步法) 시행 당시 《양전사목(量田事目)》을 인용하여 "자는 주척(周尺)을 쓴다. 가로와 세로가 각각 25척이 되는 넓이를 1보(步)로 하고, 240보를 1묘(畝)로 하고, 100묘를 1경(頃)으로 한다."는 내용을 소개하고 있다.

82 난강(煖講): 학생들을 격려하며 술과 음식을 대접하는 일을 말한다. 자세한 내용은 《임원경제지 이운지》 권8 〈각 절기의 의 구경거리와 즐거운 놀이〉 "때에 따라 모이는 모임" '난강(煖講, 복습 모임)' 참조.

83 학전(學田): 교육을 하는 기관에서 그 경비를 조달하기 위해 확보한 토지. 이곳의 소출로 여러 경비를 충당하였다.

84 조세[租賦]: 조세는 일반적으로 국가에서 거둬들이는 세금을 가리키는데, 여기에서는 개인의 사숙인 의숙의 경비로 마련된 비용을 말한다.

85 출전 확인 안 됨.

松)과 늙은 회화나무가 좌우에서 무성하게 녹음을 드리워서 이끼가 땅을 뒤덮고, 초록 방석이 깔린 듯하여 앉을 수 있다. 이 정자의 남쪽으로는 평탄한 들판이 드넓게 펼쳐져 있어 활을 쏘면 백 수십 걸음 너머 작은 돈대가 가로로 걸쳐 있는 곳까지 화살이 날아갈 수 있다. 이 돈대에 기대어 2~3개의 과녁을 설치했다가 한가한 날 짝지어 활쏘는 장소로 삼는다.

옛날에 상산(象山) 육구연(陸九淵)[86]은 항상 자제들을 데리고 장포(場圃)에 가서 활쏘기를 익혔다. 흉년이 든 해에 도둑이 많이 발생해도 도둑이 감히 상산의 담장을 쳐다보지도 못하면서 "이 집안사람들이 활을 쏘면 대부분 과녁을 명중시키니, 도둑질하여 죽음을 자초하지 말자."라 했다. 그러므로 상산의 집에는 도둑 드는 일이 없었다고 한다. 이러한 점은 진실로 산림이나 계곡에 거처하는 사람들이 서둘러 강구해야 할 것이다. 《금화경독기》[87]

地, 綠褥可坐. 亭之南平疇曠夷, 弓之可百數十武外有小墩横臥, 靠墩設兩三帿, 爲暇日耦射之所.

昔象山 陸氏每率子弟, 適場圃習射. 歲惡多剽劫, 不敢睥睨垣墻, 曰"是家射多命中, 毋取死", 故獨無犬吠之警. 斯固林居谷處者, 所宜亟講也. 《金華耕讀記》

12) 망행정(望杏亭, 농사 살피는 정자)

주택의 남쪽 들판에 논두렁 밭두둑이 수를 놓은 듯이 어우러진 곳 중에서 지대가 높게 솟아오르고 탁 트여 있어 사방을 막힘없이 조망할 수 있는 곳을 택하고 이 땅을 다져서 돈대를 만들며, 그 돈대위에 정자 1채를 짓는다. 정자의 제도는 지붕에 기

望杏亭

宅之南坪畦塍繡錯處, 擇高突爽朗四眺不礙之地, 築土爲墩, 墩上架以一亭. 亭之制, 上瓦下軒, 或四角或六角、八角隨意. 東西各

---

86 육구연(陸九淵) : 1139~1191. 호는 상산(象山). 중국 송(宋)나라의 학자. 도의 가장 높은 지식은 내면의 성찰과 자습을 끊임없이 실천함으로써 습득된다고 주장했다. 주자학을 성립시킨 주희(朱熹)와 학계를 양분하는 학문적 세력을 형성했다. 저서에는 《상산선생전집(象山先生全集)》이 있다.

87 출전 확인 안 됨.

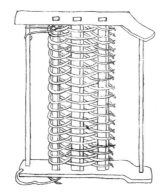

로(《임원경제지 본리지》)

와를 올리고 바닥에 마루를 까는데, 지붕은 사각·육각·팔각 중 임의대로 만든다. 정자의 동쪽과 서쪽에 각각 버드나무를 5그루씩 심어 아침 햇살이나 석양에 그늘이 드리우게 한다. 매번 농부들이 밭갈고 써레질하며, 로(勞)질[88]하고 고무래질 하며, 김을 맬 시기가 되면 주인은 긴 의자 1개, 궤안 1개, 다호(茶壺, 차를 담은 병), 술동이를 가지고 하루 종일 정자에 있으면서 농부들을 독려하며 살핀다. 이 정자는 서릉(徐陵)[89]의 "살구꽃 바라보며[望杏] 밭갈이 힘쓰게 하네."[90]라는 시구를 취하여 '망행정(望杏亭)'이라 한다.《금화경독기》[91]

植五柳以蔭朝陽夕曦. 每於耕耙、勞蓋、芸耨之時, 主人携一檼、一几、茶壺、酒鎗, 永日于亭以勸相之. 取徐陵侯"望杏敦耕"之語, 名其亭曰"望杏".《金華耕讀記》

---

88 로(勞)질 : 로(勞)를 가지고 밭을 갈고 나서 흙을 고르게 덮어주는 일을 말한다. 로에 대한 자세한 내용은 《임원경제지 본리지》3, 2008, 소와당, 146쪽 참조.

89 서릉(徐陵) : 507~583. 중국 남조 진(陳)나라의 문학가이자 정치가. 자는 효목(孝穆). 이부상서(吏部尙書)·상서복야(尙書僕射)·시중(侍中)·중서감(中書監) 등의 요직을 역임했다. 문장이 화려하고 아름다워 유신(庾信)과 함께 '서유체(徐庾體)'로 불리었다. 저서로는《서효목집(徐孝穆集)》이 있다.

90 살구꽃……하네 : 《藝文類聚》卷52 〈治政部〉上 "善政"(《文淵閣四庫全書》888, 251쪽).

91 출전 확인 안 됨.

13) 첨포루(瞻蒲樓, 추수 살피는 누각)

남쪽 산기슭 볕이 잘 드는 곳이나 동서쪽 산기슭 밖에 완만한 언덕이 빙 두르고 있고 흙이 비옥하며 샘물이 맛있는 곳을 택하여 3칸 건물을 짓는다. 건물의 동쪽과 서쪽 2칸에는 누각[樓]을 만들고, 가운데 1칸에는 방을 만든다.

이 방의 북쪽 벽에는 온각(熅閣)을 설치하여 농사법·곡보(穀譜)[92]·파종과 김매기·날씨의 예측 방법에 관한 책을 보관한다. 방의 동쪽 벽에는 왕정(王禎)[93]의 〈수시도(授時圖)[94]〉를 붙여놓고, 서쪽 벽에는 전가월령표(田家月令表)[95]를 붙여놓는다. 방 가운데에는

瞻蒲樓

于南麓之陽或東西麓之外, 擇嫩岸環拱、土腴泉甘之地, 建舍三楹, 東西爲樓, 中爲室.

室之北壁, 設熅閣, 藏農方、穀譜、種藝、占候之書. 東楹上粘王禎《授時圖》, 西楹上粘田家月令表. 中置榻一、几一, 几上置研

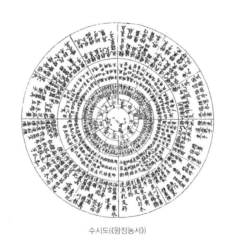

수시도(《왕정농서》)

---

92 곡보(穀譜): 벼·기장·콩·보리 등의 곡식에 대하여 품종·빛깔·모양 등을 정리해 놓은 책.

93 왕정(王禎): 1271~1368. 중국 원나라의 농학가. 자는 백선(伯善). 농업기술에 박학하여 농기구를 직접 설계하고 제작하여 보급했다. 중국의 남부와 북부를 종합한 농업기술서로 농작법과 재배법, 농기구에 관한 이론을 자세히 서술한 《왕정농서(王禎農書)》를 편찬했다. 《왕정농서》는 《임원경제지》 농사 부분의 가장 중요한 참고서적 중 하나이다.

94 수시도(授時圖): 밭갈기·누에치기 등 농가에서 시기별로 해야 할 일을 기록한 도표. 이에 대한 내용은 대부분 《임원경제지 본리지》 권9 〈농가달력표〉에 소개되어 있다.

95 전가월령표(田家月令表): 정월령부터 12월령까지 달별로 농가에서 진행해야 할 농사일과 농사짓는 법 등을 가사 형식으로 정리한 도표. 이에 대한 내용은 《임원경제지 본리지》 권9 〈농가달력표〉에 소개되어 있다.

붓통(국립민속박물관)

김홍도의 〈행려풍속도병(行旅風俗圖屛)〉 중 타작하는 모습(국립중앙박물관)

평상 1개, 궤안 1개를 두는데, 궤안 위에는 벼루 1
개, 붓통[筆筒]96 1개, 묵상(墨牀) 1개, 가색일록(稼穡
日錄, 농사일지) 1권을 둔다. 일반적으로 가색일록에는
날씨의 흐림과 맑음·바람과 비, 그리고 농사 작업
등을 신중하게 기록한다.

　동쪽 누각에서는 선농(先農)97에게 제사를 지내
고, 서쪽 누각의 서쪽에는 땅을 고르게 손질하고 다
져서 마당을 만드는데, 너비는 10장(丈) 가량, 길이
는 수 십 장 가량으로 한다. 이 마당에는 가시나무
를 엮어서 만든 울타리를 세워서 외부와 경계를 짓
는다. 매년 추수를 하고 볏단을 이곳으로 옮겨 타작
을 하면 주인은 여기에 평상을 설치하고 난간에 기
대어 작업을 독려하고 살핀다.98 이 누각에는 '첨포

一、筆筒一、墨牀一、稼穡
日錄一卷. 凡陰晴、風雨,
耕穡功課, 記載惟謹.

東樓以祀先農, 西樓之西,
除地築場, 廣可十丈, 長可
數十丈, 樹界以棘編爲藩
籬. 每秋熟輪秸, 輾軸于
此, 則主人設榻憑欄, 勸相
其役. 顏其樓, 曰"瞻蒲".
蓋取徐陵侯"瞻蒲勸穡"之
語也.

96　붓통[筆筒]: 붓이나 필기구 등을 꽂아 두는 문방구.
97　선농(先農): 사람들에게 경작하는 법에 대하여 가르친 사람으로, 신농씨(神農氏)를 말한다.
98　매년……살핀다: 가을 추수작업을 바라보는 광경을 표현한 그림은 위와 같다. 현전하는 그림들에서는 첨포
　　루와 같은 누각은 보이지 않는다.

루(瞻蒲樓)'라는 현판을 건다. 첨포루라는 이름은 대개 서릉(徐陵)의 "부들 새싹 쳐다보며 추수 독려하네."[99]라는 시구에서 취했다.

첨포루의 마당 가운데에는 벽돌로 바닥을 깔아서 【바닥 사방 가장자리에 벽돌을 쌓는데, 높이는 2~3촌 가량이 되도록 하여 궤전(櫃田)[100]과 같은 형태로 만든다. 사방의 모서리에는 작은 배수구를 뚫어서 빗물이 빠지게 한다.】곡식을 말리는 곳으로 삼는다.

室之中庭, 鋪以甎甓,【四界用甎增築, 高可三二寸, 如櫃田形. 四隅穿小竇以洩雨水.】爲曬穀之所.

궤전(《임원경제지 본리지》)

동쪽 창고[東寮]는 '만상료(萬箱寮)'라 하며, 곡식·채소·과일·라(蓏)[101]의 종자를 보관한다. 서쪽 창고는 '천우료(千耦寮)'라 하며, 밭갈이와 써레질 연장·로(勞)

東寮曰"萬箱", 藏穀菜、菓蓏之種;西寮曰"千耦", 藏耕耙、勞蓋、鋤耨、攻治之

---

99 부들……독려하네:《예문유취(藝文類聚)》 권52 〈치정부(治政部)〉 상 "선정(善政)"(《文淵閣四庫全書》888, 251쪽).

100 궤전(櫃田): 흙으로 가장자리를 쌓아서 수재(水災)를 방지할 수 있게 만든 논. 이에 관한 자세한 제도는 《임원경제지 본리지》 권1 〈토지제도〉 "토지의 종류" '궤전'에 소개되어 있다.

101 라(蓏): 참외·수박 등 덩굴 식물류, 포도·다래·오미자 등의 나무 열매류, 마·고구마 등 뿌리 식물류 등을 말한다. 자세한 내용은 《임원경제지 만학지》 권3 〈나류(蓏類)〉 참조.

와 고무래·김매기 연장·찢기 연장·고르기 연장을 보관한다. 집 북쪽의 높은 언덕 위에는 벽돌로 둥근 곡간[圓囷]¹⁰²을 3~5채 짓고, 매년 소작인들에게 거두어들인 곡물을 보관한다.

具. 舍北高皐上, 甄築圓囷三五, 藏每歲租入.

둥근 곡간[圓囷](《임원경제지 본리지》)

벽 없는 곡간[廥](《임원경제지 본리지》)

동쪽 창고의 동쪽으로 건물 1채를 지어서 부엌·벽 없는 곡간[廥]¹⁰³·목욕간·외양간·마구간·방앗간·맷돌작업 공간 등을 차례로 모두 갖추어 놓는다. 이 건물의 좌우에는 초가집 수십 채가 옹기종기 모여 있는데, 집집마다 반드시 소 2마리, 개 2마리, 쟁기[犁]¹⁰⁴ 1개, 써레[耙]¹⁰⁵ 1개, 자귀[鏟]¹⁰⁶나 누

東寮之東, 建以一舍, 庖廚、廥溷、牛宮、驢廏、碓廠、磨屋, 取次皆具. 舍左右草屋數十, 星星點點, 家必置牛四角、犬八足、犁一、耙一、鏟耨之具三五, 是爲杏蒲

---

102 둥근 곡간[圓囷] : 둥근 둥구미 안에 진흙을 바르고 곡물을 저장하며, 그 위에 거적을 덮은 창고를 말한다. 《임원경제지 본리지》 권11 〈그림으로 보는 농사 연장〉하 참조. 여기서는 둥구미 대신에 벽돌을 쓰라고 한 점이 다르다.

103 벽 없는 곡간[廥] : 곡간은 곡물을 저장하는 시설인데 그 중 벽체가 없이 지붕만 올린 창고를 말한다. 《임원경제지 본리지》 권11 〈그림으로 보는 농사 연장〉하 참조.

104 쟁기[犁] : 논이나 밭을 가는 데 쓰는 농기구로, 주로 소에 연결하여 땅을 갈아엎기도 하고 잡초를 제거하기도 한다. 《임원경제지 본리지》 권10 〈그림으로 보는 농사 연장〉상 참조.

105 써레[耙] : 갈아놓은 논바닥의 흙덩이를 부수거나 바닥을 판판하게 고르는 데 쓰는 농기구이다. 형태에 따라 방파(方耙)·인자파(人字耙) 등이 있다. 《임원경제지 본리지》 권10 〈그림으로 보는 농사 연장〉상 참조.

106 자귀[鏟] : 삽과 비슷하게 생긴 농기구로, 땅에 박아 앞으로 밀어내면 흙이 패이면서 풀의 뿌리를 뒤집어 풀을 제거한다. 《임원경제지 본리지》 권10 〈그림으로 보는 농사 연장〉상 참조.

(耨)107 같은 김매기 연장 3~5개를 준비하여 놓는다. 이것이 바로 행포사(杏蒲社)이다.【이것은 망행정(望杏亭)과 첨포루(瞻蒲樓) 두 가지 뜻을 합하여 이름을 지었다.】

之社.【合望杏、瞻蒲之義名之】

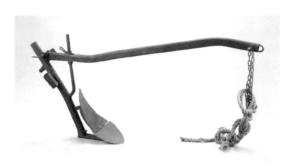

쟁기(국립민속박물관)

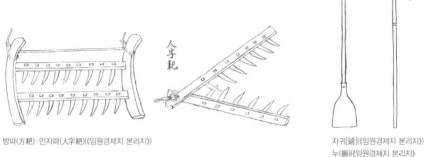

방파(方耙)·인자파(人字耙)《임원경제지 본리지》

자귀[鐯]《임원경제지 본리지》
누(耨)《임원경제지 본리지》

이곳에 행포사 청지기[社直] 1명을 두는데, 청지기는 처자를 거느리고 이곳에 살면서 들밥 내가기·머슴일·방아 찧기 등의 일을 담당하게 한다.《금화경독기》108

置社直一人, 率其妻孥居之, 掌饁田、雇役、礱碾等事.《金華耕讀記》

---

107 누(耨) : 제초할 때 사용하는 농기구로, 작물과 작물 사이의 풀을 제거한다.《임원경제지 본리지》권10〈그림으로 보는 농사 연장〉하 참조.
108 출전 확인 안 됨.

14) 춘경료(春鶊寮, 누에방)와 추솔와(秋蟀窩, 길쌈방)

안채 동쪽 담장의 동편으로 5~7경(頃)의 땅을 마련하고 담장으로 둘러싼다. 이 땅은 시냇물을 넘어가도 무방하다. 빙 둘러 쌓은 담장 아래에는 뽕나무를 3중으로 심고, 남쪽 담장에 심은 뽕나무 숲 안쪽에는 지상(地桑, 뭍에서 자라는 뽕나무) 1경, 홍람(紅藍)[109] 1경, 대람(大藍, 쪽) 100묘(畝), 요람(蓼藍, 쪽의 일종) 70묘, 자초(紫草)[110] 70묘를 북쪽 뽕나무 숲 바로 아래까지 심는다.

언덕을 등지고 남쪽을 향하도록 건물 2채를 짓고 동서로 나란히 배치하여 동쪽 건물은 양잠(養蠶)하는 곳으로 삼고, 서쪽 건물은 길쌈하는 곳으로 삼는다. 서릉(徐陵)의 〈안도비(安都碑)〉에 "봄날 꾀꼬리[春鶊] 지저귀기 시작하니 대바구니와 광주리를 갖추어야 하고, 가을날 귀뚜라미[秋蟀] 울기 시작하니 베틀을 돌려야 하네."[111]라 했다. 그러므로 양잠하는 곳을 '춘경(春鶊)'이라 하고, 길쌈하는 곳을 '추솔(秋蟀)'이라 했다.

여기에서 몇 계단 내려가서 남쪽에 터를 닦고 건물 1채를 짓는데, 대청·안방·행랑·부엌·목욕간 등을 모두 갖춘다. 왼쪽 행랑에는 양잠하고 길쌈하는 도구를 보관하고, 오른쪽 행랑에는 세탁하여 염색하는 도구를 보관한다. 근처에 시냇물이 있으면 시

春鶊寮、秋蟀窩

內舍東垣之東，占地五七頃，繚以垣墙，雖跨越溪澗亦不妨．環墙下樹桑三重，南垣桑林之內，種地桑一頃、紅藍一頃、大藍百畝、蓼藍七十畝、紫草七十畝，直北桑林之下．

背阜面南，建以二舍，東西列置，東爲養蠶之所，西爲織紝之所．徐陵侯《安都碑》云："春鶊始轉，必具籠筐，秋蟀載吟，必鳴機杼．"故名養蠶之所，曰"春鶊"；名織紝之所，曰"秋蟀"．

歷階數級，迤南闢地，建以一舍，敞軒、奧室、廡廊、庖湢皆具．左廡藏蠶織之具，右廊藏洗染之具．有溪澗則就溪澗，無溪澗則

---

109 홍람(紅藍) : 국화과의 한해살이풀. 잇꽃이라고도 한다. 주로 염료로 많이 이용되며 약재나 먹의 재료로 쓰이기도 한다.

110 자초(紫草) : 지치과의 여러해살이풀. 지치라고도 한다. 한의학에서는 지치의 뿌리를 자초라고 하여 약재로 쓴다. 전초를 말려 자주색으로 염색하는 염료로 사용하기도 한다.

111 봄날……하네 : 《예문유취(藝文類聚)》 권52 〈치정부(治政部)〉 상 "선정(善政)"(《文淵閣四庫全書》888, 251쪽).

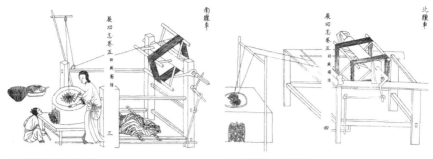

남소차(《임원경제지 전공지》)　　　　　　　북소차(《임원경제지 전공지》)

냇물을 끌어오고, 시냇물이 없으면 샘물을 끌어와
서 수력으로 돌리는 물레와 수력으로 돌리는 소차
(繅車)¹¹²를 설치하고, 잠모(蠶母, 양잠하는 여인) 2~3명
과 직부(織婦, 길쌈하는 아낙) 5~6명을 두어 이곳을 담
당하게 한다. 이곳이 바로 경솔사(鶊蟀社)이다.《금화
경독기》¹¹³

引泉源, 設水轉紡車、水轉
繅車, 置蠶母二三人, 織婦
五六人主之. 是爲鶊蟀之
社.《金華耕讀記》

15) 전어사(佃漁社, 가축우리 및 양어장과 고기잡이 시설)

전어사(佃漁社)에는 다음과 같은 2가지가 있다. 하
나는 산을 의지하고 계곡 옆에 있으며, 앞쪽으로 수
목이 우거진 큰 늪과 닿아 있어 물과 풀이 풍부한
땅에 3~5칸 건물을 짓는다. 여기에 양 우리, 돼지
울타리, 닭장은 땅의 크기에 따라 갖추는데, 모두
《제민요술(齊民要術)¹¹⁴》·《편민도찬(便民圖纂)¹¹⁵》·《농

佃漁社

佃漁之社有二：其一在依山
傍谷, 前臨藪澤, 饒水草之
地, 建舍三五楹. 羊棧、豚
柵、鷄園, 隨地取具, 一依
《齊民要術》、《便民圖纂》、
《農政全書》之法. 牧羊千

---

112 소차(繅車)：누에고치에서 실을 켜는 물레이다.

113 출전 확인 안 됨.

114 제민요술(齊民要術)：북위(北魏) 가사협(賈思勰, ?~?)이 지은 중국에 현존하는 가장 오래된 농서(農書).
　　오곡·야채·과수·향목(香木)·상마(桑麻) 재배법, 가축 사육법, 술·간장 양조법 등을 기술한 책이다.

115 편민도찬(便民圖纂)：명(明)나라 광번(鄺璠, 1465~1505)이 지은 농서. 경작과 수확·양잠·가축 사육법·나
　　무 재배법·잡점(雜占)·월점(月占) 등을 기술한 책이다.

정전서(農政全書)116)에 나오는 방법에 의거한다. 우리에는 양 250마리·돼지 250마리·닭 5,000마리를 기른다. 양을 기르는 우리 남쪽에는 물을 끌어와 연못을 만들고, 도주수휵법(陶朱水蓄法)117)을 사용하여 10,000마리의 물고기를 기르며, 3~5명의 목장지기를 두고 그 일을 주관하게 한다. 이것이 육전어사(陸佃漁社)이다.

다른 하나는 강가나 포구 연안과 같이 뱃길이 통하는 곳에 수십 칸의 건물을 짓고, 행랑·창고·부엌·목욕간 등을 간략하게 갖추어 놓는다. 낚시터를 만들어 낚시를 할 수 있고, 거룻배를 마련해서 물고기를 잡을 수 있다. 또한 거룻배를 2~3척 두어 바닷길로 젓갈과 소금을 유통하는데, 어부와 뱃사공 10여 명을 두고 그 일을 담당하게 한다. 이것이 수전어사(水佃漁社)이다. 이 2가지 전어사는 지세(地勢)가 편리하고 알맞은지 여부만 보고 지으니, 비록 집과 5~10리 떨어져 있는 거리라도 나쁘지 않다. 《금화경독기》118)

蹄、豬千蹄、鷄萬足. 羊棧之南, 引水爲池, 用陶朱水畜法, 養魚萬頭, 置牧三五人, 主其事, 是爲陸佃漁社.

一在江滸浦濱, 可通舟楫之處, 建舍數十楹, 廂寮、庖湢略具. 有磯可釣, 有艇可漁. 又置舴艋數三, 以通海外醃鹽15, 置漁父、梢工十餘人, 掌其事, 是爲水佃漁社. 二社惟視地勢便宜, 雖去家五里十里之遠, 毋傷也.《金華耕讀記》

16) 포정(圃亭, 텃밭 정자)

주택의 남쪽에 따로 평평하고 비옥한 밭을 분할

圃亭

宅之南, 割平疇膏田, 大可

---

116 농정전서(農政全書): 명(明)나라 서광계(徐光啓, 1562~1633)가 지은 농서. 한(漢)나라 이후 농학자의 여러 설을 총괄·분류하고 자신의 설(說)을 첨부하여 집대성했다.

117 도주수휵법(陶朱水蓄法):《제민요술》 제6권 〈양어(養魚)〉에 인용된 "도주공양어경(陶朱公養魚經)"을 말한다. 도주공은 월(越)나라 범여(范蠡)를 말하는데, 범여가 위왕(威王)에게 재산을 불리는 방법 중 하나인 물고기 기르는 법[水蓄法]에 대하여 설명하는 내용이다.

118 출전 확인 안 됨.

15 鹽: 저본에는 없음. 오사카본·규장각본에 근거하여 보충.

하여 크게는 1경(頃) 가량, 작게는 그 반이 되도록 한다. 이 밭을 3등분하여 그 중 하나에는 휴전(畦田)[119]을 만들고, 나머지 둘에는 구전(區田)[120]을 만든다. 여기에 부추를 100~200두둑 심고, 계절에 따라 새로운 채소 20~30종을 심는다. 밭의 사방 가장자리에는 자죽(慈竹)[121]을 심고 이를 엮어 울타리를 만든다. 울타리 주변을 빙 둘러 박이나 오이나 라류(蓏類) 따위의 채소를 심는다. 이 텃밭 안에 5~7개의 우물을 파고, 휴전의 두둑 사이에 가로 세로로 고랑을 만든 뒤 주택 안의 못이나 도랑의 지류를 끌어들여 고랑에 물을 대어 농사짓는다.

一頃, 小則半之, 三分其田, 以其一治畦, 以其二治區. 種長生韭一二百畦, 時新菜二三十品. 四界植慈竹, 編之爲樊, 環樊之域, 種匏壺. 瓜蓏之屬. 圃中鑿井五七, 畦塍之間縱橫爲畎, 引宅內池塘、溝渠之支流灌之.

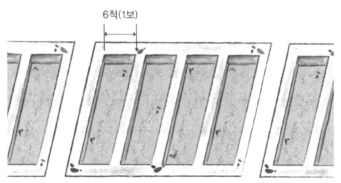

6척(1보)

서유구가 《임원경제지 관휴지》 권1에서 제안한 두렁밭의 구조

---

119 휴전(畦田) : 사방의 경계를 두둑으로 둘러 물이 빠져나가지 못하게 만든 두렁밭. 서유구가 갈파했듯이 조선에는 휴전이 없었다. 휴전에 관한 제도는 《임원경제지 관휴지》 권1 〈총서〉 "농지만들기" '두렁밭 만드는 법' 참조.

120 구전(區田) : 토지를 일정 간격으로 구획하여 작물을 심는 밭. 씨앗을 심지 않는 부분은 갈지 않고 씨앗을 심는 부분만 깊게 밭갈이를 한 다음 그 부분에만 거름과 물을 공급하기 때문에 비옥한 땅이 아니라도 경작이 가능하며 거름과 물을 절약할 수 있는 장점이 있다. 구전에 대해서는 《임원경제지 본리지》 권1 〈토지제도〉 "토지의 종류" '구전'에 자세하다.

121 자죽(慈竹) : 대나무의 한 종류. 자모죽(子母竹). 주간(主竿)을 중심으로 빽빽하게 어우러져 자라는 모습이 모자(母子)가 서로 의지하는 모습 같다고 하여 붙여진 이름이다.

텃밭과 조금 떨어져 있는 언덕에 작은 정자를 지어 텃밭을 내려다보면서 어린 새싹이 쑥쑥 자라고 고운 콩깍지들이 무성하게 자라는 아름다운 모습을 감상한다. 한수(漢水)의 남쪽에서 옹기를 안고 거기에 물을 떠서 밭에 물을 대는 일[122]이나 하양(河陽)에서 채소를 팔아 생활하는 일[123]은 모두 산야와 계곡에 사는 사람들의 본질적인 살림살이다. 《금화경독기》[124]

就皐距圍, 架小亭而臨之, 以賞其稺甲怒長, 鮮莢蔚扶之美. 漢陰抱甕, 河陽鬻蔬, 皆巖棲谷處者之本色經濟也. 《金華耕讀記》

17) 계정(溪亭, 시냇가 정자)

동산 안쪽 중에서 폭포가 마주보이면서 시냇물에 걸쳐 있는 곳에 정자를 짓는다. 그 제도는 탁 트인 곳에 지어야지 깊숙한 안쪽은 좋지 않다. 장송(長松)과 괴석(怪石)은 정자 좌우에 뒤섞어 배치한다. 여름철이 정자에 오르면 한줄기 청량한 느낌이 절로 들어 빙잠(氷蠶)과 설저(雪蛆)[125]에 대하여 입버릇처럼 이야기할 필요도 없이 더위를 잊게 된다. 《금화경독기》[126]

溪亭

苑之中對瀑跨溪, 架以亭榭. 其制, 要敞不宜奧, 長松、怪石左右錯落. 夏日登之, 自有一段清涼, 不必哆口談氷蠶、雪蛆, 爲逃暑想也. 《金華耕讀記》

---

122 한수(漢水)의……일:《장자(莊子)》〈천지(天地)〉에 나오는 고사이다. 공자의 제자인 자공(子貢)이 초나라를 여행하고 진(晉)나라로 돌아오는 길에 한수(漢水)의 남쪽을 지나는 중 텃밭을 가꾸는 노인을 보게 되었다. 노인이 물동이로 힘들게 휴전(텃밭)에 물을 주고 있는 모습을 보고 자공이 논밭에 물을 대는 기계를 사용하라고 말했다. 이에 노인은 기계를 갖게 되면 그것으로 인해 일이 생겨나고, 일이 생기면 기계에 얽매이는 마음이 생기기 때문에 사용하지 않는다고 대답했다. 본문에서는 텃밭을 가꾸는 일을 가리킨다.

123 하양(河陽)에서……일: 중국 서진(西晉)의 반악(潘岳, 247~300)이 지은 《한거부(閑居賦)》에 나오는 고사이다. 그는 50세에 벼슬을 그만두고 하양에서 병든 어머니를 봉양하며 《한거부(閑居賦)》를 지었는데, "텃밭 가꾸고 채소 팔아 아침저녁으로 끼니를 마련하고, ……부모님께 효도하고 형제와 우애 있으니, 이는 또한 용렬한 사람의 일이네.(灌園鬻蔬, 以供朝夕之膳, ……孝乎惟孝, 友于兄弟, 是亦拙者之爲政.)"라는 내용이 있다. 본문에서는 은거하며 텃밭을 일구는 일을 가리킨다.

124 출전 확인 안 됨.

125 빙잠(氷蠶)과 설저(雪蛆): 빙잠은 원교산(員嶠山)에서 사는 누에이고, 설저는 음산(陰山) 북쪽과 아미산(峨嵋山) 북쪽에서 사는 벌레이다. 모두 전설상의 산에서 혹독한 추위를 견디며 사는 영물(靈物)로, 추위를 연상시킨다.

126 출전 확인 안 됨.

18) 강루(江樓, 강가 누각)

사는 곳이 강이나 포구 근처에 있는 경우에는 반드시 장마철에 불어난 물이 닿지 않는 강가의 높은 언덕에 높은 누각과 높은 난간을 지어야 한다. 이렇게 하면 돛단배가 담장 밖으로 지나가고, 맑은 산안개가 마루 아래에서 일어나고, 흰 모래사장과 푸른 바위절벽이 누각이 있는 언덕과 마주하여 진풍경을 자아낸다. 또 낚시터에서 낚시하는 사람과 고기 잡는 거룻배가 모두 궤안에 앉아서 감상할 수 있는 경관이 된다. 이렇게 한 다음에야 비로소 강가에 사는 정취를 얻었다고 할 수 있다.

그렇지 않고 강에서 조금 멀리 떨어진 거리에 있어 떠다니는 돛단배를 멀리서 바라보면 이는 마치 먼 바다에 있는 삼신산(三神山)처럼 바라볼 수는 있어도 그곳에 나아갈 수는 없는 것과 같아 설령 매우 기이하고 아름다우며 탁 트인 경관이 펼쳐져 있어도 또한 자기가 소유한 경관이 아니다. 《금화경독기》[127]

19) 수사(水榭, 저수지가 정자)

우리나라는 산에 의지하고 바다에 둘러싸여 있으며, 강과 포구가 그물처럼 얽혀 있어 물고기와 소금을 다른 나라에 의존하지 않는다. 이 때문에 사람들이 물을 아낄 줄 모르고, 물을 저장할 때에도 일정한 법도가 없어 물이 있는 저수지나 호수를 메

江樓

居近江浦者, 須於濱江高阜水潦不至處, 架起高樓危檻. 要使帆檣過于垣外, 嵐靄起於軒下, 明沙、翠壁對岸呈奇, 釣磯、漁艇皆爲几案間物. 然後始得江居之趣.

不然而去江稍遠, 望見風帆, 如海外三山可望而不可卽, 則縱極奇瓌[16]爽豁之觀, 亦非自家有也.《金華耕讀記》

水榭

我東依山環海, 江浦交絡, 漁鹽不藉他國. 故人不知惜水, 潴畜無法, 與水爭地, 大湖、小蕩, 千里可數, 而一遇旱荒, 瀰望汙萊,

---

127 출전 확인 안 됨.
16 瓌 : 저본에는 "怪". 오사카본에 근거하여 수정.

워 농지를 만든다. 그 결과 큰 호수나 작은 연못이 1000리에 걸쳐서도 그 수를 헤아릴 수 있을 정도로 얼마 되지 않는다. 그래서 가뭄이 한번 들어 눈에 보이는 땅이 모두 황폐해지면 땅을 아끼면서 가꾸어 얻은 3년간의 소득으로 가뭄으로 인한 1년간의 손실을 메꾸기에도 부족하니, 이는 좋은 계책이 매우 아니다.

則三年惜地之得不能償一歲陳荒之失, 甚非計也.

일반적으로 임원(林園)에 터를 잡고 집을 지으려는 경우에는 먼저 산기슭이 주위를 감싸면서 앞에는 넓고 평탄하게 트인 땅을 택해야 한다. 그리고는 그 지세를 살피고 헤아려 그 주변을 에워싸며 제방을 쌓는다. 저수지에 구멍을 뚫어서 샘물을 끌어오거나 샘에 도랑을 내고 우물을 파기도 한다. 크게는 수십 경에서 100경(頃)까지, 작게 하더라도 30~50경 정도의 넓이로 만든다.

凡卜築林園者, 宜先擇山麓周廻、前坪曠夷之地, 相度地勢, 圍築陂隄, 或穿竇引泉, 或疏泉鑿井, 大則數十百頃, 小亦三五十頃.

저수지 안에는 연·마름·순채·부들 따위를 심고 임의대로 지정(池亭, 연못가 정자)이나 수사(水榭)를 짓는다. 그 제도는 소박하게 지을지언정 꾸미지 말아야 하고, 정결하게 지을지언정 화려하게 짓지 말아야 한다. 정자는 언덕을 등지고 물가에 닿아 있는 곳에 짓기도 하고, 주춧돌의 기둥과 마루의 기둥이 물속에 반 정도 잠기게 짓기도 한다.

水中雜植蓮藕、菱芡、蓴蒲之屬, 隨意作池亭、水榭. 其制, 寧淡毋濃, 寧潔毋麗, 或枕皐臨水, 或礎柱、軒楹半入水中.

바람이 잔잔하고 볕이 좋을 때마다 차를 담은 병이나 술동이를 가지고 정자에 이르러 난간에 기대고 낚싯대를 드리우며 가시연밥의 껍질을 벗기고, 줄[菰]128을 삶는다. 새벽에는 오리가, 저녁에는 기러기가 물 위에 넘쳐나도록 떠 있고, 껍질이 검고 비늘

每風恬景適, 携茶壺、酒經而至, 憑欄垂竿, 剝芡煮菰. 晨鳧夕雁泛濫于中, 黛甲素鱗潛躍于下, 山原林麓之中, 忽作水國生涯. 旣

이 흰 물고기는 물속에 가라앉았다가 물 위로 뛰어오르니 숲이 우거진 산자락에 살면서 문득 수국(水國)에서의 삶을 살고 있음을 느끼게 된다. 이런 곳은 논밭에 물을 대고 물고기나 자라 등을 잡는 이익도 풍부하지만 답답한 마음을 씻어내고 마음이 즐거워지는 유익함도 얻을 수 있으니, 이는 모두 산골에 사는 늙은이가 지나침을 억누르고 모자람을 북돋우는 살림살이이다. 《금화경독기》129

饒灌漑、魚鼈[17]之利, 兼獲滌襟怡情之益, 盡是山翁財輔之經濟也.《金華耕讀記》

20) 죽정(竹亭, 대나무 정자)

동산 안에서 물가에 흰 모래가 있는 땅을 택한 뒤 흙을 북돋아서 기초를 다지고 자죽(紫竹)130 1,000그루를 심는다. 물을 끌어와서 시냇물을 만드는데, 대나무숲 사이를 졸졸 흐르며 섬돌을 따라 흐르게 하고, 주변을 대나무 울타리로 둘러싼다. 대나무 울타리 오른쪽에 대나무를 얽어서 정자를 만드는데 지붕을 육각형으로 만들기도 하고, 팔각형으로 만들기도 한다. 일반적으로 이 정자를 지을 때는 기둥·들보·서까래·난간 등 모든 구조물을 대나무로 만들고 그 외에 한 조각의 다른 나무도 사용하지 않는다. 다시 큰 대나무를 두 쪽으로 가르고 마디를 없애서 쭉 통하게 한다. 대나무 한 쪽은 안쪽이 위

竹亭

苑之中, 擇濱水沙白地, 跳土爲脚, 種紫竹千竿. 引水爲澗, 穿竹林瀲瀲循階, 護以竹欄. 竹欄之右, 構竹爲亭, 或六角、八角. 凡柱樑、栾椽、闌檻一切以竹, 不用片木. 復剖大竹通節. 一仰一覆, 固以竹釘以代鴛鴦瓦, 黑漆灌油, 中覆瓦兜頂子.

---

128 줄[菰] : 벼목 화본과의 여러해살이풀. 연못이나 냇가에서 자란다. 줄기·뿌리·열매는 식용·약용으로 사용한다.

129 출전 확인 안 됨.

130 자죽(紫竹) : 대나무의 한 종류. 높이는 1~3m이며, 잎에 갈색빛을 띤 자주색 반점이 있다.

[17] 魚鼈 : 저본에는 "漁鹽". 오사카본에 근거하여 수정.

를 보도록 깔고 나머지 한 쪽은 아래를 보도록 덮은
다음, 대나무로 만든 못으로 고정시켜 암키와와 수
키와 대용으로 사용한다. 이때 대나무에 검게 옻칠
을 하고 기름을 바른다. 지붕 한가운데에는 투구의
정자(頂子)[131] 모양으로 만든 기와를 덮는다.

정자 안에는 상죽(湘竹)[132] 평상 1개, 상죽 의자 1
개, 반죽(斑竹) 서궤(書几) 1개, 반죽 벼룻집 1개, 반
죽 붓통 1개, 대나무 마디로 만든 연적(硯滴) 1개를
놓는다. 주인은 대나무갓을 쓰고 공죽(筇竹)[133] 지팡
이를 짚고 동산 안을 산책한다. 이곳에서의 삶은 하
루라도 대나무[此君]가 없어서는 안 된다[134]고 할 정
도일 뿐만 아니라, 하나의 물건이라도 대나무가 아
닌 물건이 없다고 해야 할 것이다.

대나무 울타리 바깥으로 시냇물과 거리를 두어
밭을 만들고 감국(甘菊)을 심는다. 감국밭 바깥으로
감국밭과 접하여 낮은 구릉을 만들고 고송(古松) 2
그루와 꽃이 듬성듬성 핀 매화나무 5그루를 심은
다음 아름다운 바위를 나무 주위에 배치하여 짝을
이루게 한다. 이 몇 가지 사물은 모두 대나무의 좋
은 짝이며 친밀한 벗이니, 이 무리와 떨어져 대나무

亭之內, 置湘竹榻一、湘竹
椅一、斑竹書几一、斑竹硯
匣一、斑竹筆筒一、竹節水
滴一. 主人戴竹冠, 携筇
竹杖, 逍遙其中. 不寧一日
不可無此君, 定是一物不
可非此君也.

竹欄之外, 距澗爲畹, 種以
甘菊. 菊之外, 接畹爲塢,
種古松二、疏梅五, 伴以綺
石. 是數者皆此君之良侶、
密友也, 毋令此君離群而
索居.《金華耕讀記》

---

131 정자(頂子) : 전립이나 투구 꼭대기에 꼭지처럼 다는 장식품. 정자·탑·가마 따위의 꼭대기 장식을 말하기도
한다.
132 상죽(湘竹) : 대나무 종류의 하나. 상비죽(湘妃竹)·반죽(斑竹)이라고도 한다. 대나무 줄기의 표면에 적갈색
의 반점무늬가 있는데, 순임금이 죽었을 때 두 비인 아황(娥皇)·여영(女英)이 흘린 눈물이 대나무에 묻어
얼룩이 졌다는 고사가 전한다.
133 공죽(筇竹) : 대나무 종류의 하나. 대나무 마디가 다른 대나무에 비해 길고 속이 꽉 차서 주로 지팡이를 만
든다. 공죽으로 만든 지팡이는 가치가 높다.
134 하루라도……안 된다 : 《진서(晉書)》 권80 〈열전(列傳)〉 제50 "왕희지(王羲之)"에 나오는 고사이다. 왕희지
가 빈집을 빌려 살았던 때에 주위에 대나무를 심었다. 어떤 사람이 그 이유를 물으니 '하루라도 이 사람[此
君]이 없을 수 있겠는가!'라 했다고 한다. 이에 '차군(此君)'은 대나무의 별칭이 되었다.

만을 홀로 두어서는 안 된다. 《금화경독기》[135]

21) 회백정(檜柏亭, 향나무 정자)

오래된 향나무 4그루를 주변에 심어서 회백정을 만든다. 지을 때는 화장죽(花匠竹)[136]으로 만든 새끼줄로 묶어서 지붕을 만들고 정자를 완성한다. 이때 홑처마로 만들면 아름답고, 둥근 형태의 처마도 우아하다. 만약 육각의 겹처마로 짓는다면 매우 저속하다. 향나무 외에도 계수나무로 엮어도 좋고, 나한송(羅漢松)[137]도 좋다. 만약 장미덩굴을 엮어서 높은 탑을 만든다면 꽃이 피었을 때 보기 좋다. 그러나 장미를 주변에 심어 정자를 만든다면 꽃이 피고난 후를 제외하고는 장미의 가시가 낮게 드리워 시든 나뭇잎이나 모충(蟊蟲) 같은 벌레가 끼기도 하고, 가시에 옷이 걸리거나 얼굴을 찌르기도 해서 매우 눈에 거슬리니, 완상하는 대상으로는 말할 필요도 없다. 《준생팔전》[138]

22) 모정(茆亭, 피풀로 만든 정자)

흰 피풀로 지붕을 덮고 4개의 기둥과 엮어 정자를 만든다. 간혹 종려나무 조각으로 지붕을 덮으면 더욱 오래 간다. 지붕 아래 4개의 기둥은 산 속

檜柏亭

植四老柏以爲之. 製用花匠竹素結束爲頂成亭. 惟一簷者爲佳, 圓製亦雅. 若六角二簷者俗甚. 桂樹可結, 羅漢松亦可. 若用薔薇結爲高塔, 花時可觀. 若以爲亭, 除花開後, 荊棘低垂, 焦葉蟊蟲, 撩衣刺面, 殊厭經目, 無論玩賞. 《遵生八牋》

茆亭

以白茆覆之, 四構爲亭, 或以棕片覆者更久. 其下四柱, 得山中帶皮老棕木[18]

---

135 출전 확인 안 됨.

136 화장죽(花匠竹): 미상.

137 나한송(羅漢松): 구과목 나한송과의 상록 침엽수.

138 《遵生八牋》卷7 〈起居安樂箋〉 上 "居室安處條" '高子書齋說'(《遵生八牋校注》, 227~228쪽).

[18] 木: 《遵生八牋·起居安樂箋·居室安處條》에는 "本".

에 늙은 종려나무 줄기 4개를 껍질째 가져다 쓰는
데, 순박하고 우아한 경관을 이룰 뿐만 아니라 내구
성도 좋다. 정자 바깥쪽에는 대나무 1~2개로 울타
리를 만들어 두르고, 푸른 소나무가 녹음을 드리운
그늘 아래나 대나무가 높게 뻗어 있는 무성한 대숲
에 정자를 얽으면 우아한 정취가 있어 청아한 감상
에 젖어들기에 적당하다. 《준생팔전》[139]

자작나무 수피로 정자의 지붕을 비늘처럼 차례
대로 덮으면 내구성이 좋아 잘 썩지 않는다. 또는 법
제한 회니(灰泥, 물에 갠 석회)를 두껍게 바르고, 그 위
에 질기와로 만든 정자(頂子)를 덮는데, 이 방법 또
한 견고해서 오랫동안 빗물이 새지 않는다. 《금화
경독기》[140]

23) 송헌(松軒, 소나무 사이에 세운 헌)

동산 안에 텅 비어 환하고, 높고 건조하면서 앞
이 탁 트여 있는 땅을 택하여 송헌을 짓는다. 이때
높고 가파르지 않으며 맑고 그윽한 느낌을 주는 곳
이 좋다. 송헌에 8개의 창은 영롱무늬로 만들고 좌
우에는 푸른 소나무 여러 그루를 심는다. 이때 가
지와 줄기에는 예스러운 풍취가 돌고 구불구불하
여 마치 그림 같은 소나무를 택해야 하니, 마원(馬

四條爲之, 不惟淳朴雅觀,
且亦耐久. 外護闌竹一二
條, 結于蒼松翠蓋之下, 脩
竹茂林之中, 雅稱淸賞.
《遵生八牋》

用樺皮鱗次覆之, 耐久不
敗. 或以法製泥灰厚塗, 上
覆陶瓦頂子, 亦可堅久不
漏.《金華耕讀記》

松軒

宜擇苑圃中空[19]明塏爽之
地構立, 不用高峻, 惟貴淸
幽. 八牕玲瓏, 左右植以
靑松數株, 須擇枝幹蒼古
屈曲如畫, 有馬遠、盛子昭、
郭熙狀態甚妙.

---

139 《遵生八牋》卷7〈起居安樂箋〉上 "居室安處條" '高子書齋說'(《遵生八牋校注》, 227쪽).
140 출전 확인 안 됨.
[19] 空:《遵生八牋·起居安樂箋·居室安處條》에는 "向".

遠)[141]・성무(盛懋)[142]・곽희(郭熙)[143]의 그림 속 소나무

와 같은 자태가 있다면 매우 오묘하다.

마원의 〈사계산수도(四季山水圖)〉 중 여름풍경[夏景](국립중앙박물관)

141 마원(馬遠): 1160?~1225?. 중국 남송(南宋)의 화가. 자는 요보(遙父), 호는 흠산(欽山). 산수를 잘 그렸으
    며 이당(李唐, 1080?~1130?)에게 배워 자기의 화풍을 형성했다. 그의 그림은 필치에 힘이 있고 채색이 맑
    고 윤택한 것이 특징이다.

142 성무(盛懋): ?~?. 중국 원(元)나라의 화가. 자는 자소(子昭). 민간화공(民間畫工, 직업화가)으로 화풍(畫
    風)이 매우 정밀하고 기교적이다. 산수화·인물화·화조화를 잘 그린 것으로 유명하다.

143 곽희(郭熙): 1023~1085. 중국 북송(北宋)의 화가. 자는 순부(淳夫). 신종(神宗) 때에 궁정화가로 등용되었
    으며, 당시 궁중전각의 벽화와 병풍 상당수를 그렸다. 이성(李成, 919~967, 북송의 화가)파의 화가로, 이
    성의 양식을 기조로 해서 오대 이래의 산수화를 널리 집대성하고, 동시에 궁정화가의 입장에서 더 보편적
    인 산수화 양식을 확립했다. 저서로는 산수화의 이론을 담은 《임천고치(林泉高致)》가 있다. 《임원경제지
    유예지》 권4 〈그림[畫筌]〉에는 《임천고치》를 인용한 기사가 다수 있다.

소나무 사이에는 괴석[奇石]을 세워놓는데 바위의 형태가 앙상하고, 표면에 많은 구멍이 뚫려 있고, 머리부분은 크고 허리부분은 가늘어서 간드러지게 아름다운 모습을 한 바위를 골라 소나무 사이에 세운다. 바위 아래에는 길상초(吉祥草)[144]·부들·원추리 등의 화초를 심는다. 또 건란(建蘭)[145] 1~2분(盆)을 놓아두면 맑고 우아한 경관을 이룬다.

그 바깥에 빈터가 있으면 대나무 여러 줄기를 심고, 매화나무 1~2그루를 심어 맑은 분위기를 더하는데, 소나무와 대나무와 매화가 모두 세한삼우(歲寒三友)[146]의 심상을 만들어낸다. 송헌에 있으면서 바깥 경치를 바라보면 그림 속에 있는 것처럼 황홀할 것이다. 《준생팔전》[147]

中立奇石, 得石形瘦削, 穿透多孔, 頭大腰細, 裊娜有態者, 立之松間. 下植吉祥、蒲草、鹿葱等花, 更置建蘭一二盆, 清勝雅觀.

外有隙地, 種竹數竿, 種梅一二以助其清, 共作歲寒友想. 臨軒外觀, 恍若在畫圖中矣.《遵生八牋》

권돈인(權敦仁, 1783~1859)의 〈세한도(歲寒圖)〉(국립중앙박물관)

144 길상초(吉祥草): 백합과에 속하는 상록의 여러해살이풀. 석가세존(釋迦世尊)이 보리수나무 아래에서 득도할 때 방석처럼 깔고 앉았던 풀로, 길하고 상서롭다고 여겨 이러한 이름이 붙었다.

145 건란(建蘭): 난초과에 속하는 여러해살이풀. 여름에 엷은 적록색 또는 갈색 반점이 있는 누런 녹색 꽃이 십여 개 핀다.

146 세한삼우(歲寒三友): 추운 겨울철의 세 벗이라는 의미로, 겨울철에도 정취를 간직하는 소나무·대나무·매화나무를 말한다. 시련 후에도 변하지 않는 절개와 지조를 상징하여 문인화풍 수묵화의 주제로 많이 다루어졌다.

147 《遵生八牋》 卷7 〈起居安樂箋〉上 "居室安處條" '居處建置'(《遵生八牋校注》, 226쪽).

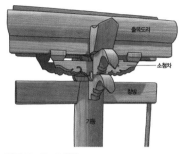

이익공 공포 구조의 첨차

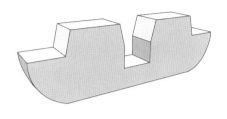

첨차 상세도

24) 택승정(擇勝亭, 이동식 정자)

소식(蘇軾)[148]이 여음현(汝陰縣)[149]의 수령으로 있으면서 정자를 만들었을 때 장막을 가지고 만들었다. 그 제도는 정자와 같아서 사방을 기둥과 도리로 둘러싸고 서로 홈을 파서 끼워 넣어 만든다. 기둥과 도리를 조립하여 세우면 장막으로 그 외부를 둘러싸고, 분해해서 묶으면 짊어지고 다른 곳으로 갈 수 있다.

택승정의 명(銘)[150]에 "이에 이 정자를 지으니 자리를 깔고 그 위에 기둥을 세운 뒤, 첨차[欒][151]와 들보에 장부[枘]와 장부 구멍을 뚫고[152] 서로 맞물리게 설치하는데, 조립할 수도 있고 분리할 수도 있어서

擇勝亭

東坡守汝陰作亭, 以帷幕爲之. 其製若亭, 四圍柱架穿[20]插成之. 裝起則以帷幕圍之, 柝束則揭而他往.

其銘略云:"乃作斯亭, 筵[21]楹、欒、梲鑿枘交設, 合散靡常. 赤油仰承, 青[22]幄四張. 我所欲往, 一[23]夫可

---

148 소식(蘇軾): 1037~1101. 중국 송(宋)나라의 문인. 자는 동파(東坡). 당송팔대가(唐宋八大家) 중 한 명으로, 《적벽부(赤壁賦)》등 다양한 작품을 남겼다. 저서로는 《동파전집(東坡全集)》이 있다.

149 여음현(汝陰縣): 지금의 중국 안휘성(安徽省) 부양시(阜陽市) 일대.

150 명(銘): 기물에 글을 새겨 넣는다는 뜻을 가진 한문문체의 하나.

151 첨차[欒]: 기둥 위에 도리와 같은 방향으로 설치하여 지붕의 무게를 받치는 짤막한 횡목(橫木).

152 장부[枘]와……뚫고: 여기에서는 첨차와 들보 두 부재를 접합하기 위해 하나의 부재에는 장부를 만들고 다른 부재에는 장부구멍을 뚫는 일을 말한다.

[20] 穿: 저본에는 "空".《遵生八牋·起居安樂牋·居室安處條》에 근거하여 수정.

[21] 筵: 저본에는 "簹".《東坡全集·銘·擇勝亭銘》에 근거하여 수정.

[22] 靑: 저본에는 "淸".《遵生八牋·起居安樂牋·居室安處條》·《東坡全集·銘·擇勝亭銘》에 근거하여 수정.

[23] 一: 저본에는 "十".《東坡全集·銘·擇勝亭銘》에 근거하여 수정.

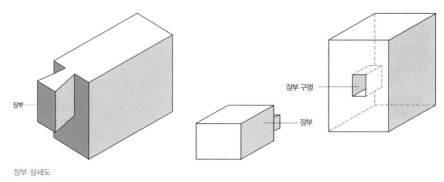

장부 ──

장부 구멍 ──

장부 ──

장부 상세도

항상 그대로의 모습을 유지하는 것은 아니다. 붉은 유둔(油芚)[153]으로는 천장을 받치고 푸른 휘장으로는 사방 벽면을 둘러싼다. 내가 가고 싶은 곳이 있을 때 장정 1명이면 이 정자를 가지고 갈 수 있다. 물길을 따라 오르내리다가 땅을 고르게 손질하고 평상을 편다."[154]라 했다.

또 "어찌 물가를 내려다보는 데에 그치겠는가? 가는 곳마다 좋지 않은 곳이 없다. 이 정자는 봄날 아침 꽃이 핀 교외나 가을날 저녁 달 밝은 마당으로, 다리가 없지만 이동할 수 있고, 날개가 없지만 옮길 수 있다. 해지면 다시 고쳐서 만드는데, 그 비용이 싸서 쉽게 마련할 수 있다. 여기에 승지(勝地, 경관이 수려한 곳)를 고른다는 뜻을 넣어 택승정(擇勝亭)이라 써 붙이니 이름과 실제가 딱 들어맞는다."[155]라 했다.

將, 與水升降, 除地布牀."

又云:"豈獨臨水, 無適不臧. 春朝花郊, 秋夕月場, 無脛而趨, 無翼而翔. 敝又改爲, 其費易償. 榜曰擇勝, 名實允當."

---

153 유둔(油芚):물에 젖지 않게 하기 위해 기름 먹인 종이를 여러 겹 두껍게 붙인 종이.
154 이에……편다:《東坡全集》卷97〈銘〉"擇勝亭銘"(《文淵閣四庫全書》1108, 552쪽).
155 어찌……들어맞는다:《東坡全集》卷97〈銘〉"擇勝亭銘"(《文淵閣四庫全書》1108, 552쪽).

또 소철(蘇轍)[156]이 소식의 글에 이어서 지은 사언시(四言詩)를 보면 "바람이 불면 푸른 휘장을 치고, 비가 내리면 붉은 유둔을 치네."[157]라 했으니, 화창한 날에는 면포로 만든 휘장을 사용하고, 비가 내리는 날에는 기름먹인 장막을 사용했음을 알 수 있다. 《준생팔전》[158]

又觀子由繼作四言詩, 有云 "風有翠幄, 雨有赤油", 則晴用布帷, 雨用油幕可知. 《遵生八牋》

25) 관설암(觀雪庵, 눈 감상하는 이동식 암자)

觀雪庵

길이는 9척이고, 너비는 8척이며, 높이는 6척이다.【안《준생팔전》에서는 높이가 7척이라 했다.】가벼운 나무로 틀을 짜고 종이에 풀을 발라 3면에 붙여서 침두병풍(枕頭屛風)[159]처럼 만든다. 위쪽에는 하나의 틀로 지붕면을 덮고, 앞쪽에는 겹으로 된 장막을 친다. 중간에는 작은 좌상(座牀) 4개를 놓을 수 있는 공간을 만들되, 불 피우는 도구와 식기를 놓는데 방해되지 않게 한다. 장소에 따라 옮겨 다니며 바람을 등진 채 이 암자를 펼치는데, 먼 곳이라도 바로 가서 눈 속에 세워놓으면 모전(毛氈)으로 친 장막과 비교하여 가벼우면서도 앞쪽이 활짝 열려 있어 경치를 바라보는 데 막힘이 없다. 다른 용도로 사용

長九尺, 闊八尺, 高六⑳尺.【案《遵生八牋》作七尺】以輕木爲格, 紙糊之三面, 如枕屛風, 上以一格覆頂㉕面, 前施袷幔, 中間可容小座牀四具, 不妨設火及飮具. 隨處移行, 背風展之, 迥地卽就, 雪中卓之, 比之氈帳, 輕而開闊, 不礙瞻眺. 施之別用皆可, 不獨觀雪也.《遵生八牋》

---

156 소철(蘇轍): 1039~1112. 중국 송(宋)나라의 문인. 자는 자유(子由). 소식의 동생으로, 당송팔대가의 한 사람이다. 저서로는《난성집(欒城集)》이 있다.
157《欒城後集》卷5〈雜文一十二首〉"潁州擇勝亭詩".
158《遵生八牋》卷7〈起居安樂牋〉上"居室安處條"'序古名論'(《遵生八牋校注》, 222~223쪽).
159 침두병풍(枕頭屛風): 머리맡에 놓고 바람을 막거나, 방구석을 가리고 치장하기 위하여 치는 2~3폭의 병풍. 침병(枕屛)·곡병(曲屛)이라고도 한다. 침두병풍에 대한 내용은《임원경제지 이운지》권1〈휴양에 필요한 도구〉"병풍과 장막"'침두병풍'에 나온다.
⑳ 六:《遵生八牋·起居安樂牋·居室安處條》에는 "七".
㉕ 頂: 저본에는 "之".《遵生八牋·起居安樂牋·居室安處條》에 근거하여 수정.

가리개(침두병풍)(국립민속박물관)

3폭의 병풍이 그려진 그림(국립민속박물관)

하더라도 모두 좋으니, 단지 눈을 감상하는 용도만
은 아니다. 《준생팔전》[160]

26) 차여택(此予宅)[161]

서호(西湖)의 화방(畫舫)[162]은 상고할 수 없고, 조채
(晁采)[163]의 남원주(南園舟)[164]는 그 배가 지나치게 화려

此予宅

西湖之畫舫, 不可考矣; 晁
采之南園舟, 傷於濃矣. 余

---

160 《遵生八牋》卷7〈起居安樂箋〉上 "居室安處條" '居處建置'(《遵生八牋校注》, 225쪽).
161 차여택(此予宅): 《장자(莊子)》〈잡편(雜編)〉 제25편 "칙양(則陽)"에 나오는 고사에서 따온 이름이다. 초
(楚)나라에서 벼슬을 하고 싶었던 칙양이 이절(夷節)을 통해 초나라 왕을 만나보려 했지만 만날 수 없었다.
결국 칙양은 초나라 신하인 왕과(王果)에게 자신을 소개시켜달라고 부탁하지만 왕과가 자신보다는 공열휴
(公閱休)가 낫다고 하며 그를 정덕(正德)을 가진 인물로 소개한다. 공열휴는 겨울에는 강에서 자라를 잡
고, 여름에는 산기슭에서 쉬면서 누가 물으면, "이곳이 내 집이오[此予宅也]"라고 하며 세속에 얽매이지 않
는 은자의 모습을 보여주고 있다. 차여택은 여기에서 따온 이름으로, 쉽게 옮길 수 있도록 배[舟] 형태로
지은 이동형 주택을 말한다.
162 서호(西湖)의 화방(畫舫): 서호는 중국 절강성(浙江省) 항주시(杭州市)에 있는 인공호수로, 중국의 10대 명
승지로 꼽힐 만큼 경관이 아름답다. 《증보무림구사(增補武林舊事)》에 매년 2월 8일부터 단오일까지 서호
에서 화방을 띄워 경주하는 풍속에 대한 내용이 나오는데, 서호의 화방은 이때 띄우는 배를 말하는 것으
로 추정된다. 이후 명나라 왕여겸(汪汝謙, ?~?)이 《화방약(畫舫約)》을 지어 서호의 화방은 상고할 수 없
지만 예전의 화방을 계승해 새로 화방을 만든다고 하여 그 과정·규모·구조에 대하여 기록하기도 했다.
163 조채(晁采): 중국 강서성(江西省) 연산현(鉛山縣)에 있었던 호수 이름으로 추정된다.
164 남원주(南園舟): 미상.

하다. 이에 나는 2개의 배를 만들고자 한다. 하나는 호수에 두는데, 고렴(高濂)[165]이 말한 경주(輕舟, 가벼운 배)를 본떴다.【호수나 하천에 띄워 노를 저어서 건널 때 사용한다. 모양은 잔선(剗船)[166]과 같은데, 길이는 2장 남짓이고, 뱃머리의 너비는 4척이다. 배의 내부는 손님과 주인 6명, 하인 4명을 태울 수 있다.

배 가운데 선창(船倉)[167]은 4개의 기둥을 세우고 지붕을 얽어 뜸[篷簟][168]으로 장막을 만들고, 다시 면포 장막으로 처마를 내듯 드리워지게 덮는다. 양 옆에는 붉게 칠한 난간을 두르고, 이 난간의 내부에 포견(布絹)으로 휘장을 만들어 동서에서 들어오는 햇볕을 가린다. 흐린 날에는 휘장을 갈고리에 걸어서 높게 말아 올리고 중앙에 탁자와 걸상을 놓는다.

배의 뒤쪽 선창은 남포(藍布, 남색 면포)로 1개의 긴 장막을 만들어서 장막 양쪽을 처마처럼 드리워지게 하여 앞쪽은 선창의 기둥 끝에 묶고, 뒷쪽은 선미(船尾)에 2개의 고리를 못으로 박아놓은 곳에 묶어 하인들이 바람과 햇볕을 받지 않도록 가린다.

다시 차 끓이는 화로를 놓고 차 끓이는 연기가 피어오르면 마치 그림 속에 한 척의 외로운 배가 떠 있는 듯 황홀한 경관을 연출한다. 배는 되도록 낮고

欲製二舟, 一置湖塘者, 倣高深夫之輕舟.【用以泛湖棹溪, 形如剗船, 長可二丈有餘, 頭闊四尺, 內容賓主六人, 僅僕四人.

中倉四柱結頂, 幔以篷簟, 更用布幕走簷罩之. 兩傍硃欄, 欄內以布絹作帳, 用蔽東西日色, 無日則懸鉤高捲, 中置卓凳.

後倉以藍布作一長幔, 兩邊走簷, 前縛中倉柱頭, 後縛船尾釘兩圈處, 以蔽僅僕風日.

更着茶爐, 煙起惚若圖畫中一孤航也. 舟惟底平, 用二畫槳更佳.】以浮泛柳堤,

---

165 고렴(高濂) : ?~?. 중국 명(明)나라의 양생가(養生家). 자는 심보(深甫). 저서로는 《준생팔전(遵生八牋)》이 있다.

166 잔선(剗船) : 잔장도선(剗槳渡船), 즉 여러 명이 노를 저어서 빠른 속도로 물을 건너는 배를 가리키는 것으로 보인다.

167 선창(船倉) : 일반적으로 배 안에 짐을 넣을 수 있도록 만든 창고를 의미하지만 여기에서는 사람이 앉을 수 있도록 만든 공간으로 보인다.

168 뜸[篷簟] : 대·짚·부들 따위를 짜서 거적처럼 만든 물건으로, 비·바람·볕을 막는 데 사용한다.

평평하게 만들어야 하고, 그림이 그려진 노 2개를 사용하면 더욱 좋다.[169] 그리하여 버드나무가 있는 저수지나 갈대가 자라는 물가에 띄워 연뿌리를 캐거나 물고기를 낚는다.

다른 하나는 강가의 나루터에 두는데, 왕여겸(汪汝謙)[170]의 불계원(不繫園)[171]을 본떴다.【길이는 6.2장이고, 너비는 길이의 1/5이다. 문을 지나 몇 걸음 들어가면 100개의 병[壺]을 저장할 수 있는 곳이 있다. 더 들어가면 사방 1장(丈) 정도 되는 곳이 있으니, 여기에 자리 2장을 깔기에 충분하다. 구석에는 아주 작은 방을 감추어두고 누워서 시를 읊는 곳으로 쓴다. 그 옆은 벽에 선반을 설치하고 취묵(醉墨, 취흥에 겨워 쓴 글씨)을 그곳에 보관하게 한다. 여기에서 나와 방향을 튼 곳에 회랑을 만들고, 그 회랑을 따라 올라간 곳에 대(臺)를 만들어 대 위에 장막을 펼쳐 놓는다. 그렇게 하면 꽃피는 새벽이나 달이 뜬 밤에 아름다운 노을빛의 구름을 타고 푸른 하늘에 오른 듯하다.

만약 거센 폭풍에 호수의 물결이 넘실대고 바람에 기운 나무들이 다리와 평행이 될 정도로 누우면 난간을 떼어내고 장막을 말아둔다. 이렇게 하면 하나의 잠자리배[蜻蜓艇, 일종의 작은 배]와 같아진다. 이

蘆汀之間, 采藕釣魚.

一置江浦者, 倣汪汝謙之不繫園【長六丈二尺, 廣五之一. 入門數武, 堪貯百壺. 次進方丈, 足布兩席. 曲藏斗屋, 可供臥吟. 側掩壁廚, 俾收醉墨. 出轉爲廊, 廊升爲臺, 臺上張幔, 花晨月夕, 如乘彩霞而登碧落.

若遇驚飇蹴浪, 欹樹平橋, 則卸欄卷幔, 猶然一蜻蜓艇耳. 中置家僮二三檀紅牙者, 俾佐黃頭以司茶酒.

---

169 호수나……좋다:《遵生八牋》卷8〈起居安樂箋〉下 "溪山逸游條" 游具(《遵生八牋校注》, 260쪽).

170 왕여겸(汪汝謙): ?~?. 중국 명(明)나라의 상인. 자는 연명(然明). 소금을 판매하여 많은 재산을 축적하였는데, 이를 바탕으로 당시 문인·화가들을 후원했다. 자신 또한 종과 경쇠의 음률에 조예가 깊고 시와 문장에도 두각을 보였다.

171 불계원(不繫園): 왕여겸이 서호(西湖)에서 뱃놀이를 하기 위해 만든 배. 그는 이 배에서 자주 연회를 열어 많은 문인과 화가를 초대하였는데, 연회 당시 지은 작품을 모아《불계원집(不繫園集)》을 간행하기도 했다.

배에는 박달나무로 만든 홍아(紅牙)[172]를 잘 연주하는 하인을 2~3명 두어 황두(黃頭, 어린 종)를 도와 차와 술을 준비하는 일을 맡게 한다.

손님이 이 배에 오면 바람도 막을 수 있고, 긴 밤의 정취를 즐길 수 있다. 멀게는 옛 선인들이 즐긴 풍류를 따르고, 가깝게는 태평성대의 청아한 감상에 젖어들게 한다. 진계유(陳繼儒)[173]는 이 배에 '불계원(不繫園)'이라 이름을 지었다.[174] 하지만 배의 규모를 이보다 조금 줄여서[殺] 【쇄(殺)는 거성(去聲)이다.】 물가를 따라 냇물을 거슬러 올라 좋은 벗을 찾아가거나 명산을 유람한다. 이 2개의 배에 공열휴(公閱休)[175]의 말을 취하여 '차여택(此予宅)'이라 이름을 지었다. 《금화경독기》[176]

客來斯舟, 可以御風, 可以永夕, 遠追先輩之風流, 近寓太平之清賞. 陳眉公題曰"不繫園". 】而稍殺【去聲】其制, 以沿濱溯峽, 訪良友, 探名山. 取公閱休之言, 題曰"此予宅". 《金華耕讀記》

---

172 홍아(紅牙) : 음악의 장단이나 박자를 조절하는 데 쓰이는 악기.

173 진계유(陳繼儒) : 1558~1639. 중국 명(明)나라의 문인이자 화가. 호는 미공(眉公). 글씨는 소식과 미불을 본받았고, 그림은 매화·산수화에 조예가 깊었다. 저서로는 《암서유사(巖棲幽事)》 등이 있다.

174 길이는……지었다: 출전 확인 안 됨.

175 공열휴(公閱休) : 중국 초(楚)나라의 은자(隱者). 《장자(莊子)》 〈잡편(雜編)〉 제25편 "칙양(則陽)"에 그에 관한 고사가 나온다.

176 출전 확인 안 됨.

4. 궤(几)[1]와 탑(榻)[2]과 문구(文具)의 배치

几榻、文具

1) 좌궤(坐几, 작은 탁자)

坐几

천연궤(天然几)[3] 1개를 방 중앙을 기준으로 동쪽을 향하도록 왼쪽에 놓는데, 창문 바로 밑에 두어 바람이나 빛에 직접 닿게 해서는 안 된다. 이 궤(几) 위에는 오래된 벼루 1개, 필통 1개, 필점(筆覘)[4] 1개, 수중승(水中丞)[5] 1개, 연산(研山)[6] 1개를 둔다. 옛날 사람들은 벼루를 둘 때에, 모두 왼쪽에 두어서 묵광(墨光)이 눈에 비치지 않도록 하였다. 또한 등(燈) 아래에는 다시 서척(書尺)[7]·진지(鎭紙)[8]를 각각 1개씩 두어야 한다. 이런 용품은 수시로 먼지를 털어 내어 그 빛에 사물이 비칠 수 있게 할 정도라야 좋다. 《청

天然几一，設于室中左邊東向，不可迫近牕檻以逼風日。几上置舊研一、筆筒一、筆覘[1]一、水中丞一、研山一。古人置研，俱在左，以墨光不閃眼。且于燈下，更宜書尺[2]、鎭紙各一。時時拂拭，使其光可鑑乃佳。《淸齋位置》

---

1 궤(几): 용도에 따라 물건을 올려 두는 작은 탁자를 가리키기도 하고, 다구(茶具)를 올려두는 다궤(茶几)나 몸을 기대는 나무 받침대를 가리키기도 한다. 중국 한(漢)나라 제도에 천자는 옥궤를 공후(公侯)는 대나무궤를 썼다고 한다.
2 탑(榻): 앉거나 누워 쉴 수 있는 평상. 침상보다는 좁고 짧으며 높이가 낮다.
3 천연궤(天然几): 탁자 상판의 양 끝이 살짝 위로 올라가 있고 다리는 좌우에 2개씩 붙어 있는 형태의 궤이다.
4 필점(筆覘): 붓을 시험해보는 납작한 접시 모양의 도구.
5 수중승(水中丞): 먹을 갈기 위해 벼루에 따를 물을 담아두는 용기. 수주(水注)·연적(硯滴)이라고도 한다.
6 연산(研山): 작은 돌을 산 모양으로 쌓아 책상머리에 두고 감상하는 기물이다.
7 서척(書尺): 계척(界尺, 괘선을 긋는 자). 글씨를 쓸 때 종이가 움직이지 않도록 눌러주거나 책장이 바람에 넘어가지 않게 눌러두는 압척(壓尺)의 용도로도 쓰였다.
8 진지(鎭紙): 글씨를 쓸 때나 그림을 그릴 때에 종이가 움직이지 않도록 눌러두는 도구로, 문진(文鎭)이라고도 한다. 돌·옥·동·나무 따위로 만들고 온갖 동물이나 식물 따위의 모양으로 만들었다.
[1] 覘: 저본에는 "規". 《長物志·坐几》에 근거하여 수정.
[2] 尺: 저본에는 "冊". 문의에 근거하여 수정.

의궤(依几. 기대는 궤)(국립고궁박물관)

천연궤

장락연산(將樂硯山)(《삼재도회》)

재위치(淸齋位置)》[9]

2) 앉는 데 쓰이는 가구　　　　　坐具

상죽(湘竹)[10]으로 만든 평상[榻]과 선의(禪椅)[11]는 모두 앉기에 좋다. 겨울에는 오래된 비단으로 만든 방석이나, 혹 호피 방석을 깔아도 모두 괜찮다.《청재위치》[12]

湘竹榻及禪椅, 皆可坐. 冬月以古錦製褥, 或設皐比, 俱可. 同上

9　《淸齋位置》〈坐几〉(《續修四庫全書》1191, 297쪽);《長物志》卷10〈坐几〉.

10　상죽(湘竹):상수(湘水) 부근에 순(舜)임금의 아내인 아황(娥皇)과 여영(女英)이 흘린 눈물로 얼룩진 반죽(斑竹)이 있다는 고사에서 유래한 말로 얼룩진 무늬가 있는 대나무를 가리킨다.

11　선의(禪椅):중국 절강성(浙江省) 천태현(天台縣)에 있는 천태산(天台山)의 등나무나 고목의 뿌리로 만든 의자이다. 규룡(虯龍)처럼 구불구불하고 가지가 사방으로 뻗어나간 모습을 다듬지 않아서 삿갓·염주·병·사발 같은 기물들을 걸어놓기 좋다.

12　《淸齋位置》〈坐具〉(《續修四庫全書》1191, 297쪽);《長物志》卷10〈坐具〉.

서재 안에는 다만 4개의 의자와 1개의 탑(榻)만을
둔다. 기타의 옛 수미좌(須彌座)[13]·단탑(短榻)[14]·짧
막한 궤(几)·벽궤(壁几)[15]와 같은 종류는 많이 두어도
무방하지만 여러 개의 의자를 벽에 붙여 나란히 두
는 것은 피한다. 《청재위치》[16]

齋中僅可置四椅一榻，他
如故須彌座、短榻、矮几、
壁几之類，不妨多設，忌靠
壁平設數椅.《淸齋位置》

3) 서가(書架)와 책궤

서가(書架, 책시렁)와 책궤[櫥][17]에는 모두 열을 지어
서 도서를 배치한다. 그러나 너무 복잡하게 두어서
마치 서점 안처럼 해서는 안 된다. 《청재위치》[18]

架櫥

書架及櫥，俱[3]列以置圖
史，然不宜太雜如書肆中.
《淸齋位置》

책궤(册櫃)(국립민속박물관)

---

13 수미좌(須彌座) : 불상을 안치하는 좌대. 중국 명(明)·청(淸)시대 이래로 불상 가구·단(壇)·대(臺)·탑·당
(幢) 및 진귀한 건축물에 수미좌를 응용하였고, 기타 골동·연산(硯山)·화지(花池) 등도 역시 수미좌를 이
용하여 받쳤다. 수미단(須彌壇)·금강좌(金剛座)라고도 한다.

14 단탑(短榻) : 등받이가 높은 좌선용 평상. 《임원경제지 이운지》 권1 〈휴양에 필요한 도구〉 "상과 탑" '단탑'
에 자세한 설명이 보인다.

15 벽궤(壁几) : 벽탁(壁卓)과 같이 좁고 한쪽 테두리가 반듯하여 벽에 붙여 두는 탁자.

16 《淸齋位置》 〈椅榻屛架〉 (《續修四庫全書》 1191, 297~298쪽) ; 《長物志》 卷10 〈椅榻屛架〉.

17 책궤[櫥] : 책을 넣어두는 장롱. '櫥'는 궤(櫃)와 같다.

18 《淸齋位置》 〈椅榻屛架〉 (《續修四庫全書》 1191, 298쪽) ; 《長物志》 卷10 〈椅榻屛架〉.

③ 俱 : 저본에는 "其". 오사카본·《長物志·椅榻屛架》에 근거하여 수정.

선면(扇面)(국립중앙박물관)

4) 그림 걸기

그림을 걸 때에는 서재 안에 높게 걸어야 하는데 위쪽에는 그림 1축(軸)만 거는 것이 좋다. 양쪽 벽이나 한 쪽 벽의 왼쪽과 오른쪽에 그림을 대칭으로 배열하여 걸면 가장 속되다. 긴 그림은 높은 벽에 걸어야지, 애화죽(挨畫竹)[19]에 긴 그림을 걸쳐 두어서는 안 된다. 화탁(畫卓, 그림 가까이 두는 탁자)에 기이한 모양의 돌을 두거나 간혹 제철의 꽃을 심은 분경(盆景) 따위를 두는 게 좋은데, 이때 주홍색으로 옻칠한 부류의 시렁에 두는 일은 피한다. 대청 안에는 가로로 긴 폭의 그림을 거는 게 좋고 서재 안에는 작은 풍경 그림이나 꽃과 새 그림이 좋은데 단조(單條, 족자)[20] · 선면(扇面)[21] · 두방(斗方)[22] · 궤병(挂屏)[23]과 같은

懸畫

宜高齋中, 僅可置一軸于上. 若懸兩壁及左右對列, 最俗. 長畫可挂高壁, 不可用挨畫竹曲挂. 畫卓可置奇石或時花盆景之屬, 忌置朱紅漆等架. 堂中宜挂大幅橫披[4], 齋中宜小景花鳥, 若單條、扇面、斗方、挂屏之類, 俱不雅觀. 畫不對景, 其言亦謬.《淸齋位置》

---

19 애화죽(挨畫竹) : 긴 그림을 걸 때에 그림의 한 쪽 끝을 걸쳐 놓는 가느다란 대.

20 단조(單條, 족자): 화폭이 가늘고 길며 단독으로 걸어놓은 그림. 조폭(條幅)이라고도 한다.

21 선면(扇面): 부채에 그린 그림.

22 두방(斗方): 1~2척 크기의 정사각형 모양 서화(書畫).

23 궤병(挂屏): 병풍 형식으로 한 폭씩 표구하여 벽에 거는 서화(書畫).

[4] 披 : 저본에는 "被". 오사카본·규장각본·《淸齋位置·懸畫》에 근거하여 수정.

종류는 모두 우아하지 못하다. 그림은 주변과 어울
리지 않아도 된다고 하는데, 그 말 역시 틀린 말이
다. 《청재위치》[24]

5) 향로(香爐)[25] 배치

날마다 사용하는 좌궤(坐几) 위에 네모나고 큰 왜
대궤(倭臺几)[26] 1개를 두고 그 위에 향로 1개를 올려
놓는다. 큰 향합(香盒)[27] 1개에는 생향(生香)[28]·숙향
(熟香)[29]을 넣어 두고, 작은 합(盒) 2개에는 침향(沈
香)[30]·향병(香餠)[31] 종류를 넣어두며, 부젓가락[32] 꽂는

置爐

于日坐几上，置倭臺几方
大者一，上置爐一，香盒大
者一，置生、熟香，小者二，
置沈香、香餠之類，筯瓶
一。齋中不可用二爐，不可

향로, 백자투각(국립중앙박물관)

청자 모란무늬 향합(국립중앙박물관)

---

24 《淸齋位置》〈懸畫〉(《續修四庫全書》1191, 298쪽)；《長物志》卷10〈懸畫〉.

25 향로(香爐)：향을 피우는 화로.

26 왜대궤(倭臺几)：다리가 짧고 납작한 일본식 탁자로, 큰 탁자 위에 두고 그 위에 향로나 향합 등을 둔다.

27 향합(香盒)：향을 담아 두기 위해 도자기(陶瓷器)·금속기(金屬器)·목기(木器) 등 다양한 재질로 만든 합. 뚜껑을 꽉 닫아 향이 새어나가지 않아야 한다.

28 생향(生香)：살아 있는 향나무의 체내에 있는 향으로, 언제든 채향(采香)이 가능하다. 활향(活香)이라고도 한다.

29 숙향(熟香)：향나무의 체내에서 떨어지거나 죽은 향나무의 체내에 붙어 있는 향으로 탈락향(脫落香)·사향(死香)이라고도 한다. 잔향(棧香)·황숙향(黃熟香)이 숙향에 속한다.

30 침향(沈香)：침향나무에 천연으로 분비된 수지(樹脂)가 침착하여 침향나무의 심재부위에 단단한 섬유질 덩어리 모양을 이루고 있는 부분이다. 이것을 불 속에 넣으면 상쾌한 향기를 내며 탄다. 태우면 특유의 향기가 있고 맛은 쓰다. 침수향(沈水香)이라고도 한다.

31 향병(香餠)：향료(香料)를 작은 떡 모양으로 만든 것. 몸에 차고 다니거나 불에 태워 향 연기를 피우는 용도로도 쓰인다.

병(甁)을 하나 둔다. 서재 안에서는 2개의 향로를 사용해서는 안 되고, 걸어놓은 그림에 가까운 탁자 위나 병(甁)과 합(盒)에 가까이 놓아서도 안 되므로 마주보도록 떨어진 곳에 둔다. 여름에는 자기 향로를 사용하고, 겨울에는 구리 향로를 사용해야 한다. 《청재위치》[33]

置于挨畫卓上及甁盒, 對列. 夏月宜用磁爐, 冬月用銅爐.《清齋位置》

6) 꽃병 배치

병(缾)의 형태에 따라서 크거나 작은 일본식 탁자 위에 두는데, 봄과 겨울에는 구리 꽃병을 사용하고, 가을과 여름에는 자기 꽃병을 사용한다. 대청에는 큰 병이 좋고, 서실에는 작은 병이 좋다. 구리나 자기로 된 꽃병을 귀하게 여기고 금이나 은으로 된 병을 천하게 여긴다. 고리가 달린 병을 꺼리고 2개씩 쌍을 이루는 것을 꺼린다.

置缾

隨缾製, 置大小倭几之上, 春冬用銅, 秋夏用磁. 堂屋宜大, 書室宜小. 貴銅、瓦, 賤金、銀. 忌有環, 忌成對.

꽃은 가녀리고 오묘한 미가 있는 게 좋고 이 꽃 저 꽃 섞이는 것은 좋지 않다. 만약 꽃가지 1개를 꽂으려 한다면 기이하고 고아(古雅)한 가지로 골라야 하고, 가지 2개를 꽂으려 한다면, 꽃대가 긴 꽃과 짧은 꽃을 함께 꽂아야 하며, 또 1~2종류만 꽂으면 되지, 너무 여러 종류를 꽂으면 꼭 술집과 같은 분위기가 난다. 오직 가을꽃만 작은 병에 꽂는다. 어느 꽃을 꽂든 모두 창문을 닫아놓으면 안 되니, 향 연

花宜瘦巧, 不宜煩雜. 若插一枝, 須擇枝柯奇古, 二枝, 須高下合插, 亦只可一二種, 過多便如酒肆. 惟秋花插小甁中. 不論供花, 不可閉牕戶, 焚香煙觸卽萎. 水仙尤甚. 亦不可供于畫卓上.《清齋位置》

---

32 부젓가락 : 화로에 꽂아 두고 불덩이를 집거나 불을 헤치는 데 쓰는 쇠로 만든 젓가락.

33 《清齋位置》〈置罏〉(《續修四庫全書》1191, 298쪽);《長物志》卷10〈位置〉"置罏".

기가 피어올라 꽃에 닿으면 꽃이 시들기 때문이다.
수선화(水仙花)는 향 연기에 더욱 민감하다. 또한 꽃
병은 그림 근처의 탁자 위에 두어서는 안 된다. 《청
재위치》[34]

7) 작은 방의 가구 배치

궤(几)와 탑(榻)은 모두 많이 두어서는 안 되니, 옛
날에 만들어진 폭이 좁은 서궤(書几) 하나만 중앙에
두고 그 위에 붓·벼루·향합(香盒)·훈로(薰爐, 향로) 같
은 물건을 올려두는데, 모두 작으면서도 우아한 물
건으로 둔다. 돌로 만든 작은 궤 1개를 별도로 두어
그 위에 차 사발과 다구(茶具)를 올려두고, 작은 평
상 1개를 두어 눕거나 가부좌하고 앉는 용도로 쓴
다. 반드시 그림을 걸어야 하는 것은 아니며, 혹 기
이하고 고아한 돌을 놓아두어도 역시 좋다. 《청재위
치》[35]

小室位置

几榻俱不宜多置, 但取古
製狹邊書几一置于中, 上設
筆、硯⑤、香盒、薰爐之屬,
俱小而雅. 別設石小几一,
以置茗甌、茶具; 小榻一,
以供偃臥趺坐. 不必挂畫,
或置古奇石亦可. 《清齋位
置》

8) 침실[臥室]의 가구 배치

지병(地屛)[36]·천화판(天花板)[37]은 비록 속되지만 침
실은 건조한 것이 좋으므로 이들을 사용해도 괜찮
다. 다만 그림 그려 넣기와 기름칠이나 옻칠은 안 된

臥室位置

地屛、天花板, 雖俗, 然臥
室取乾燥, 用之亦可. 第不
可彩畫及油漆耳. 面南設臥

---

34 《清齋位置》〈置缾〉(《續修四庫全書》1191, 298쪽) ; 《長物志》卷10〈位置〉"置缾".
35 《清齋位置》〈小室〉(《續修四庫全書》1191, 298쪽) ; 《長物志》卷10〈位置〉"小室".
36 지병(地屛) : 보온을 위해 바닥에 까는 깔개. 《장물지(長物志)》 권1〈해론(海論)〉에서는 지병(地屛)은 실내
　온도를 따뜻하게 하기 위해 까는 깔개인데, 대자리는 보온효과가 떨어지는 단점이 있어서 꺼린다고 하였다.
37 천화판(天花板) : 천장널의 일종으로, 방이나 마루의 천장을 평평하게 만들고자 설치하는 반자의 틀을 '정
　(井)'자를 여러 개 모은 듯이 맞추어 짜고, 그 구멍에다 네모 모양의 개판(蓋板, 널빤지)을 얹어 만든다.
⑤ 硯 : 저본에는 "牀". 《清齋位置·小室》에 근거하여 수정.

다. 남쪽을 향하여 침상 하나를 설치하고, 침상 뒤쪽에 별도로 방의 반쪽을 남겨두어서 사람이 드나들지 못하게 하고 여기에 훈롱(薰籠)[38]·옷걸이·대야·화장품 상자·서등(書燈)[39] 따위들을 놓아둔다.

침상 앞에는 다만 1개의 작은 궤(几, 소탁)를 둘 뿐, 다른 물건은 두지 않고, 작고 네모난 걸상 2개를 두고, 작은 궤짝 1개에는 향료(香料)[40]와 애호품을 넣어 둔다. 방은 정결하고 고아하며 질박해야지, 조금이라도 아름답게 꾸미려 한다면 여인네의 방안과 같이 되어버린다. 이는 구름 속에서 자며 달을 꿈꾸는 은자(隱者)에게는 어울리는 일이 아니다. 또 벽에 구멍 1개를 파고 벽에 붙이는 벽상(壁牀)[41]을 만들어 침상을 맞대어 밤새도록 얘기를 나눌 수 있게 한다. 침상 아래쪽은 서랍을 달아 신발과 버선을 놓아두는 용도로 쓴다.

뜰 안에도 꽃과 나무를 굳이 많이 심을 필요는 없으며, 다만 색달라서 남몰래 숨겨두고 아껴볼 만큼 좋은 종(種)을 가져다가 정원 가운데에 한 그루를 심어 놓고, 영벽석(靈壁石)[42]과 영석(英石)[43]도 옆에 둔다.《청재위치》[44]

榻一, 榻後別留半室, 人所不至, 以置薰籠、衣架、盥匜、庮奩、書燈之屬.

榻前僅置一小几, 不設一物. 小方杌二, 小櫥一, 以置香藥、玩器. 室中精潔雅素, 一涉絢麗, 便如閨閤中, 非幽人眠雲夢月所宜矣. 更須穴壁一, 貼爲壁牀, 以供連牀夜話. 下用抽簪以置履襪.

庭中亦不須多植花木, 第取異種宜秘惜者, 置一株于中, 更以靈壁、英石伴之.《淸齋位置》

---

38 훈롱(薰籠) : 향로 위를 덮는 덮개로, 조롱처럼 생겨 향 연기가 위로 피어오르게 만들어진 용기. 훈롱 위에 옷을 걸어 옷에 향이 배게 하는 용도로 쓰였다.

39 서등(書燈) : 글을 읽을 때 켜 놓는 등불.

40 향료(香料) : 향기로운 냄새를 풍기는 약재로, 사향(麝香) 등의 천연 향료와 합성 향료가 있다.

41 벽상(壁牀) : 벽에 구멍을 파서 만든 침대이다.

42 영벽석(靈壁石) : 중국 안휘성(安徽省) 영벽현(靈壁縣)에서 나는, 모양이 기이한 수석.《동천청록(洞天淸錄)》〈고연변(古硏辯)〉에서, 이 돌은 산이나 계곡에 있지 않고 땅속 깊은 곳을 파면 나오는데, 재질이 치밀하여 연마하면 옻칠해놓은 듯 빛이 난다고 하였다.

43 영석(英石) : 중국 광동성(廣東省) 영덕현(英德縣)에서 나는 돌.

44 《淸齋位置》〈臥室〉(《續修四庫全書》1191, 298쪽);《長物志》卷10〈位置〉"臥室".

9) 창실(敞室, 탁 트인 방)의 가구 배치

해가 긴 여름날에는, 창실(敞室) 창문을 모두 떼버리고, 앞에는 오동나무를 뒤에는 대나무를 심어서 태양빛을 가려야 한다. 아주 길고 큰 나무 궤안(几案)을 정 중앙에 배치하고, 양 옆에 가리개가 없는 긴 평상을 1개씩 둔다. 반드시 그림을 걸어야 하는 것은 아니니, 이는 대개 좋은 그림이라도, 여름날에 쉽게 건조해지기도 하고, 또한 뒤쪽 벽이 트여서 걸기에 적당한 곳이 없기 때문이다. 북쪽 창문 아래에는 상죽(湘竹)으로 만든 평상을 두고, 그 위에 대자리를 깔아두면 편히 잘 수 있다.

長夏, 宜敞室盡去牕檻, 前梧後竹, 不見日色. 列木几極長大者于正中, 兩傍置長榻無屛者各一. 不必挂畫, 蓋佳畫, 夏日易燥, 且後壁洞開, 亦無處宜懸挂也. 北牕設湘竹榻, 置簟于上, 可以高臥.

궤안(几案) 위에는 큰 벼루 1개, 청록색의 물 사발 1개를 두고, 술그릇 류는 모두 큰 것을 둔다. 건란(建蘭) 1~2분(盆)을 궤안(几案)의 곁에 둔다. 뜰에는 기이한 모양의 봉우리·고목·맑은 샘물·흰 돌 등은 많이 늘어놓아도 무방하니, 상렴(湘簾)[45]으로 사방을 드리우고 바라보면 마치 선계(仙界, 신선세계) 안에 들어와 있는 듯하다. 《청재위치》[46]

几上大硯一、靑綠水盆一、尊彝之屬俱取大者, 置建蘭一二盆于几案之側. 奇峯、古樹、淸泉、白石, 不妨多列, 湘簾四垂望之, 如入淸涼界中.《淸齋位置》

10) 정자의 가구 배치

정자는 바람과 비를 가릴 수 없기 때문에 좋은 집기를 사용할 수 없다. 그렇다고 저속한 물건을 두면 또 버텨낼 수 없다. 옻칠이 오래되고 면은 네모지고 다리는 거칠어서, 예스러우면서 투박하고 자연스

亭榭, 不蔽風雨, 故不可用佳品. 俗者又不可耐, 須得舊漆、方面、粗足、古朴自然者置之. 露坐, 宜湖石平

---

45 상렴(湘簾): 상비죽(湘妃竹)으로 만든 발이다.
46 《淸齋位置》〈敞室〉(《續修四庫全書》1191, 299쪽);《長物志》卷10〈位置〉"敞室".

러운 물건으로 구해 두어야 한다. 정자 바깥의 좌석
으로는 평평하고 납작한 호석(湖石)47을 사방에 깔아
두어야 좋다. 호석 중에 석돈(石墩)48과 와돈(瓦墩)49
따위의 돌들은 구해 두어도 모두 쓸모가 없으며, 특
히 주칠(朱漆)한 시렁 위에 관전(官磚)50을 얹어 만든
의자는 쓸 만하지 않다.《청재위치》51

矮者, 散置四傍. 其石墩、
瓦墩之屬, 俱置不用, 尤不
可朱架, 架官磚于上.《淸
齋位置》

---

47 호석(湖石): 태호(太湖)에서 나는, 구멍이 많은 돌. 쌓거나 갈아서 가산(假山)을 만들기에 알맞다.
48 석돈(石墩): 윗면이 평평하여 받침돌로 쓸 수 있는 크고 두터운 좌구(坐具).
49 와돈(瓦墩): 질그릇 재질로 만든 둥근 좌구(坐具).
50 관전(官磚): 중국 명(明)대에 관용으로 쓰기 위해 소주요(蘇州窯)에서 제작해 바치게 했던 벽돌. 재질이 치
  밀하고 두드리면 금석의 소리가 나서 금전(金磚)이라고도 불렸다고 한다.
51 《淸齋位置》〈亭榭〉(《續修四庫全書》1191, 299쪽);《長物志》卷10〈位置〉"亭榭".

휴양(休養)에 필요한 도구

怡養器具

1. 상(牀)과 탑(榻)[1]

牀榻

1) 이의상(二宜牀, 여름·겨울에 모두 알맞은 평상)

二宜牀

만드는 방식은 보통 양상(涼牀)[2]을 제작하는 일과 같은데, 너비는 1척, 길이는 0.5척이 양상보다 적다. 네모난 기둥을 사방에 세우고, 위에 넓은 판자 1장을 만들어 덮되 이어붙인 곳이 있게 해서는 안 된다. 3면에 낮은 가리개를 치고 높이 1.2척의 난간을 만든다. 옻칠한 베에 매화를 그리는데, 혹 총분(蔥粉)[3]·쇄금(灑金)[4]으로 해도 괜찮다. 아래에는 빽빽하게 짜인 종려나무 자리를 사용한다.

여름철에는 실내에 무루장(無漏帳)[5]을 치면, 사방으로 시원한 바람이 통하면서도, 가리개가 땀 난 몸을 약간이나마 보호하게 하고, 또한 모기·벌레·개미들이 들어올 수 있는 틈이 없다.

式如常製涼牀, 少闊一尺, 長五寸. 方柱四立, 覆頂當做成一扇闊板, 不令有縫. 三面矮屏, 高一尺二寸作欄, 以布漆畫梅, 或蔥粉、灑金亦可, 下用密穿棕簟.

夏月, 內張無漏帳, 四通涼風, 使屏少護汗體, 且蚊蚋、蟲蟻無隙可入.

---

1 상(牀)과 탑(榻):《왜한삼재도회(倭漢三才圖會)》권32〈가식구(家飾具)〉에, 상은 '와탑(臥榻)'이고 탑은 좁고 긴 평상이라고 하였다. 이에 의거해보면 탑은 상에 비하여 좁고 더 간소한 구조로 잠시 휴식하기 위한 도구로 보인다.

2 양상(涼牀): 더위를 식히기 위해 대나무로 만든 평상. 평상의 다리나 틀은 굵은 대나무 통을 이어 붙이고, 상판은 가는 대의 줄기를 엮어 만들었다.《古詩文名物新證》(紫禁城出版社, 2004, 329쪽).

3 총분(蔥粉):《임원경제지 유예지》권4〈그림[畫筌]〉상 "채색[傅染]"에 나오는 '파색[淺蔥]'과 같은 것으로 보인다. 연두색의 일종인 옅은 파색[淺蔥]이 나는 염료로, 호분(胡粉, 백색 안료)을 나청(螺青, 푸른색 안료) 약간과 섞어 만든다.

4 쇄금(灑金): 금을 직물 등에 부착하는 공예기법 중의 하나로, 금가루를 뿌리는 기법이다.

5 무루장(無漏帳): 천장·바닥·옆면이 모두 연결된 휘장으로, 앞쪽은 반폭이 아래 침상 안쪽으로 드리워져 상하 사방 어느 쪽으로든 틈이 없어 날벌레 등이 침투하기 어렵게 만든 휘장. 방충망의 일종이다.《임원경제지 이운지》권1〈휴양에 필요한 도구〉 "병풍과 장막"에 자세히 보인다.

평상 아래에 자리를 깐 모습(국립중앙박물관)

겨울철에는 이 상의 3면과 아울러 앞쪽의 양 끝 부분에 나무틀 7장[6]을 만들고, 베나 골지(骨紙)[7]의 표면에 풀칠을 해 이를 나무틀에 바른 뒤, 먼저 나누어 둔 틀의 수에 맞게 평상에 구멍을 뚫고, 골지를 바른 나무틀을 이 구멍에 끼워 한기를 막는다. 이 부분을 다시 겨울용 휘장으로 막고, 휘장 안에 구멍 뚫린 호리병 1개를 매달아 둔다. 호리병 주둥이 위를 나무 수레의 덮개처럼 덮개를 덮고 여기에 구멍을 뚫고 호리병 속에 향을 꽂아 향기가 사방으로 퍼지게 한다.

침상 안의 뒤쪽 기둥 위에는 구리로 만든 갈고리 2개를 박아서 벽걸이용 꽃병을 걸어둔다. 철마다 꽃을 꽂아서 사람이 꽃과 벗하면 맑은 향기가 침상에 가득하게 되니, 그곳에 누우면 정신이 맑아지고 마

冬月, 三面并前兩頭, 作木格七扇, 糊以布, 骨紙面, 先分格數鑿孔, 俟裝紙格以禦寒氣. 更以冬帳閉之, 帳中懸一鑽空葫蘆, 口上用木車頂蓋, 鑽眼插香入葫蘆中, 俾香氣四出.

牀內後柱上, 釘銅鉤二, 用挂壁瓶. 四時插花, 人作花伴, 清芬滿牀, 臥之神爽意快.

---

6 7장 : 뒤 3장, 좌우 각1장, 앞쪽은 가운데 드나드는 곳을 뺀 양끝 각 1장.
7 골지(骨紙) : 삼대(겨릅대)와 같이 섬유질이 있는 원료를 잘게 부수고 이를 섞어 만들어 질기고 단단한 종이.

음이 상쾌해진다.

여름과 겨울 두 계절에 모두 쓸 수 있으므로 '이의(二宜)'라 했다. 방울을 조각하고 자개를 새겨 넣고, 금과 푸른 옥으로 장식하여 휘황찬란한 침상과 비교하면 이것이 더 오래도록 함께 할 수 있다는 사실을 깨닫게 된다. 《준생팔전》[8]

冬夏兩可, 名曰"二宜". 較彼雕鑾蜔嵌, 金碧輝英者, 覺此可久. 《遵生八牋》

2) 죽탑(竹榻, 대나무 평상)

죽탑은 반죽(斑竹)으로 만드는데, 3면에 가리개가 있고 기둥은 없다. 이를 고아한 서재에 두면 낮잠을 자거나 휴식을 취하기에 충분하다. 죽탑 위에는 기대는 궤(几)를 두는 게 좋은데 혹 옆에 두고 손을 올리거나 끼고 앉는 고돈(靠墩, 받침대)을 베로 만들기도 한다.[9] 여름철에는 그 위에 대자리를 깔고, 겨울에는

竹榻

以斑竹爲之, 三面有屛, 無柱, 置之高齋, 可足午睡倦息. 榻上宜置靠几, 或布作扶手協坐靠墩. 夏月上鋪竹簟, 冬用蒲席. 榻前置一竹踏, 以便上牀安履. 或

백자백유평상인물(白磁白釉平床人物)(국립중앙도서관)

---

8 《遵生八牋》卷8〈起居安樂牋〉下 "晨昏怡養條" '怡養動用事具'(《遵生八牋校注》, 242쪽).

9 죽탑……한다: 본문에서 설명하고 있는 모습은 다음의 백자 인물상이 취하는 모습과 비슷할 것으로 추측된다.

부들자리를 깐다. 죽탑 앞에는 대나무 발판 1개를 두어서 죽탑에 오르기 쉽고 신발을 벗기 편하게 한다. 혹은 화리(花梨)[10]·화남(花楠)[11]·측백나무·대리석으로 된 발판도 있는데, 갖가지가 모두 우아하니, 주인이 좋아하는 제품을 사용한다. 《준생팔전》[12]

以花梨、花楠、柏木、大理石鑲, 種種俱雅, 在主人所好用之.《遵生八牋》

3) 고배(靠背, 등받이)

잡목으로 테를 만들고, 그 중간을 뚫어 가는 등나무 덩굴로 엮어 만드는데, 거울 받침대 모양과 같다. 높이는 2척 정도가 좋고, 너비는 1.8척으로 하며, 아래에 기계 장치를 만들어서 높낮이를 맞춘다. 평상 위에 놓아두면, 앉거나 일어설 때 등을 기댈 수 있고, 마음대로 눕히거나 일으킬 수 있어 사람의 마음에 매우 흡족하다. 《준생팔전(遵生八牋)》[13]

靠背

以雜木爲框, 中穿細藤, 如鏡架然. 高可二尺, 闊一尺八寸, 下作機局以準高低. 置之榻上, 坐起靠背, 偃仰適情, 甚可人意. 同上

4) 고궤(靠几, 안석)

수마(水磨)[14]하여 만드는데, 높이 0.6척, 길이 2척, 너비 1척 남짓이 되게 한다. 평상 위에 놓아두면, 옆에 두고 앉아 팔꿈치를 대거나, 혹 훈로(薰爐, 향로)·향합·책을 올려 두면 가장 편리하다. 《준생팔전》[15]

靠几

以水磨爲之, 高六寸, 長二尺, 闊一尺有多. 置之榻上, 側坐靠肘, 或置薰爐、香合、書卷, 最便. 同上

---

10 화리(花梨) : 튼튼하고 무늬가 섬세하고 아름다운 나무로, 화려(花櫚)라고도 한다. 모과나무과의 나무로 가구 제작에 주로 쓰인다.

11 화남(花楠) : 목재가 치밀하고 아름다운 녹나무과의 상록 교목. 역시 가구 제작에 주로 쓰인다.

12 《遵生八牋》卷8〈起居安樂牋〉下 "晨昏怡養條" '怡養動用事具'(《遵生八牋校注》, 243쪽).

13 《遵生八牋》卷8〈起居安樂牋〉下 "晨昏怡養條" '怡養動用事具'(《遵生八牋校注》, 244쪽).

14 수마(水磨) : 돌이나 나무로 가구를 만들고 난 뒤 문질러 광을 내는 조마(粗磨)·세마(細磨, 수마(水磨))·개마(揩磨) 이 3단계 과정의 두 번째이다. 조마는 목적초(木賊草, 말린 전초)·사지(砂紙) 등으로 칼자국이나 울퉁불퉁한 데를 갈아내는 것이고, 세마(수마)는 물을 뿌려가며 더 정교하게 갈아 광을 내는 과정이고, 개마는 오동유나 와재(瓦灰)를 묻혀 문질러 광을 내는 과정이다.

15 《遵生八牋》卷8〈起居安樂牋〉下 "晨昏怡養條" '怡養動用事具'(《遵生八牋校注》, 244쪽).

5) 의상(欹床, 비스듬히 기대어 책 보는 평상)[16]

지금의 의상(倚床)[17]과 같다. 하지만 다만 양쪽의 당(檔, 받침대) 높이가 같아야만 하니, 곡척(曲尺)[18]으로 좌우 당(檔)의 위쪽이 수평이 되게 한다. 만약 등을 좌당(左檔, 왼받침대)에 기대면 우당(右檔, 오른받침대)도 궤(几, 받침대)가 되고 팔을 우당에 기대어도 비스듬히 기대어 앉기 때문에 좌당이 궤(几)가 되니, 팔을 좌당이나 우당에 번갈아 기댈 수 있다. 【안 호시(胡侍)[19]의 《진주선(眞珠船)》에서 이를 인용하여 "만약 팔을 좌당에 기대면 우당이 궤(几)가 되고, 우당에 기대면 좌당이 궤(几)가 되니 팔을 좌당이나 우당에 번갈아가며 기댄다."[20]라 했다.】

이 평상은 사람을 피로하지 않게 하여 좌우로 책상다리를 할 수도 있고 당의 모서리를 베고 잠을 자도 불편함이 없다. 그 치수는 좌석의 사방 길이가 2척이고 다리의 높이가 1.8척이며 당(檔)의 높이가 1.5척이다. 【바닥에서부터 당까지 총 높이는 모두 3.3척

欹床

如今之倚床, 但兩向施檔齊高, 令曲尺上平. 若背①倚左檔, 則②右檔亦可几 ; 臂倚右檔, 仄坐③可几, 臂左右互倚④.【案 胡侍《眞珠船》引此, 作"若臂倚左檔, 則右檔可几 ; 臂倚右檔, 則左可几, 臂左右互倚."】

令人不倦, 仍可左右盤足, 或枕檔角欹眠, 無不便適. 其度, 座方二尺, 足高一尺八寸, 檔高一尺五寸.【從地至檔, 共高三尺三寸.】木製藤

---

16 의상(欹床) : 중국 후한(後漢)의 조조(曹操)가 이 의상(欹床)을 만들어 책을 보았는데, 그 제도는 전해지지 않는다는 내용이 《진주선(眞珠船)》〈와시서(臥視書)〉에 보인다. 주로 등나무로 만들고 양 옆의 팔 받침 높이가 1.5척인 것으로 미루어 볼 때 요즘에 사용되는 등나무로 만든 긴 휴식용 의자와 비슷할 것으로 추측된다.

17 의상(倚床) : 몸을 기대어 앉는 작은 평상.

18 곡척(曲尺) : 목공에 쓰이는 직각으로 굽은 자로, 중국 고대신화의 복희씨(伏羲氏)가 손에 쥐고 있었다 한다. 이것으로 직각을 재고, 또 양변의 눈금을 써서 기울기를 잰다.

19 호시(胡侍) : 1492~1553. 중국 명나라의 정치인. 자는 봉지(奉之)·승지(承之). 저서로는 《몽활집(蒙豁集)》·《야담(墅談)》·《진주선(眞珠船)》·《청량경(淸凉經)》 등이 있다.

20 만약……기댄다 : 《眞珠船》卷6〈臥視書〉(《叢書集成初編》338, 58쪽).

① 背 : 《格致鏡原·居處器物類·欹牀》에는 "臂".

② 則 : 저본에는 "可". 《格致鏡原·居處器物類·欹牀》·《眞珠船·臥視書》에 근거하여 수정.

③ 仄坐 : 《格致鏡原·居處器物類·欹牀》에는 "則左". 문맥상 "則左"로 보아야 의미가 더 분명하다. 이 때문에 여기 "의상(欹床)"의 원주에 《진주선(眞珠船)》의 내용을 들어 보충한 것으로 보인다.

④ 互倚 : 저본에는 "几仄". 《格致鏡原·居處器物類·欹牀》·《眞珠船·臥視書》에 근거하여 수정.

이다.】나무로 만들 때에는 등나무줄기로 만들거나 대나무로 만들기도 한다. 【의상의 치수는 사람 몸의 편안함에 맞도록 늘이고 줄인다.】《망회록(忘懷錄)21)22

높이는 1.2척, 길이는 6.5척으로 등나무나 대나무로 엮는다. 판자를 사용하지 않아서 가벼우니, 동자도 쉽게 들어 올린다. 그 위에는 몸을 기댈 수 있도록 거울 받침대처럼 생긴 둥근 고배를 둔다. 뒤에는 버팀대가 있는데, 움직이며 높낮이를 맞출 수 있다. 술에 취해 눕거나, 드러누워 책을 볼 때나, 꽃 아래에 누워서 꽃을 감상하는 경우에도 모두 오묘하다.《망회록(忘懷錄)》

6) 취상(醉床, 술 마시기 좋은 평상)

취상을 만들 때에 길이는 7척, 너비는 3척, 높이는 1.8척으로 한다. 평상의 반 이상이 되는 곳을 기준으로 위쪽에 별도의 판목[子面]23을 만들어서, 큰 평상 틀의 중간에 끼운다. 이 판목은 너비가 2.5척, 길이는 1척이니, 모두 나무로 만든 틀에 가죽으로 그물처럼 짠다. 【가죽으로 짜는 이유는 등을 판에 고정시키고 싶거나 잠을 자고 싶을 때, 사람의 몸이 밀려 내려가지 않게 하기 위해서이다.】가죽으로 짠

棚, 或竹爲之.【尺寸隨人所便增損】《忘懷錄》

高尺[5]二寸, 長六尺五寸, 用藤、竹編之, 勿用板, 輕則童子易擡. 上置倚圈靠背如鏡架, 後有撑, 放活動以適高低. 如醉臥偃仰觀書, 并花下臥賞, 俱妙. 同上

醉床

爲床, 長七尺, 廣三尺, 高一尺八寸. 自半以上, 別爲子面, 嵌大床中間. 子面, 廣二尺五寸, 長一尺, 皆木製韋綜之.【韋綜, 欲澁, 欲眠, 人身不褪.】韋下虛二寸, 床底以板彌之, 勿令通風. 子面嵌下, 與大床平,

---

21 망회록(忘懷錄) : 중국 송(宋)나라 심괄(沈括, 1031~1095)의 저서. 시골에서 은거하는 삶의 소소한 일면을 다룬 소설(小說)이다.

22 《說郛》卷74〈忘懷錄〉;《格致鏡原》卷53〈居處器物類〉"欹牀".

23 판목[子面] : 평상 전체 면을 모면(母面)이라 할 때 필요에 따라 이 모면에 끼웠다 빼냈다 할 수 있는 작은 판목은 자면이 된다.

[5] 尺 : 저본에는 "三".《遵生八牋·起居安樂牋·欹床》에 근거하여 수정.

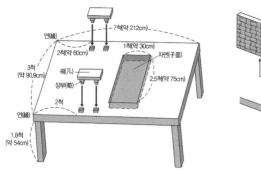

취상

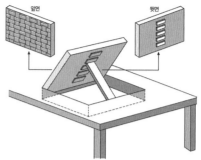

취상 측면도

판목 아래로 0.2척 깊이의 공간을 비워두고, 평상 아래는 판자로 메워서 바람이 통하지 않도록 한다. 판목을 아래에 끼워 큰 평상과 수평이 되도록 하고 한쪽 끝에는 회전축을 단다.【큰 평상의 중간부분에 해당한다.】판목의 바닥에 버팀목을 설치하고, 5각(刻)으로 나누어 조절하게 한다. 판목의 머리 부분에는 베개 1개를 달아서, 만약 단정하게 앉고자 하면 버팀목을 당겨서, 판목을 수직으로 올라오게 하여, 등을 반듯하게 기댈 수 있고, 베개에 머리를 받칠 수 있다. 약간 높고 싶으면 1각을 내린다. 5각을 모두 다 내리면 큰 평상과 수평이 될 것이다. 일반적으로 술을 마실 때에는 편하게 누워서는 안 되고, 평상에 기대어 앉아야 하며, 약간 피곤하면 판목을 조금 젖히고, 매우 피곤하면 판목을 평평하게 젖혀 눕는데, 한 명의 동자(童子)로 하여금 버팀목을 움직

一頭施轉軸.【當大床中間】子面底設一拐撐, 分爲五刻. 子面首挂一枕, 若欲危坐, 卽撐起, 令子面直上, 便可靠背, 以枕承腦. 欲稍偃則退一刻. 盡五刻, 卽與大床平矣. 凡飮酒, 不宜便臥, 當倚床而坐, 稍倦則稍偃之, 困卽放平而臥, 使一童移撐, 高下如意, 不須移身, 可以盡四體之道. 大床兩緣⑥有二尺餘, 前後鑿二竅孔, 爲直几⑦二, 其下爲筍, 欲倚手則嵌几于竅孔中.《忘懷錄》

---

⑥ 緣:《說郛·忘懷錄》·《格致鏡原·居處器物類·醉牀》에는 "椽".
⑦ 几: 저본에는 "孔".《格致鏡原·居處器物類·醉牀》에 근거하여 수정.

이게 하여 높낮이를 뜻대로 조절하게 하면, 몸을 움직일 필요가 없이 몸의 자세를 마음대로 조절할 수 있다. 큰 평상의 양쪽 가장자리에서(좌우 양쪽 모서리 끝에서) 2척 남짓 되는 곳에 앞뒤로 2개의 구멍을 뚫어 놓고, 각진 궤(几, 팔걸이) 2개를 만들어, 그 아래에 장부[24]를 만들고 손을 기대고 싶으면 궤(几)의 장부를 큰 평상 위의 구멍 안에 끼운다. 《망회록》[25]

7) 단탑(短榻, 길이가 짧은 평상)

높이는 0.9척이고, 모난 부분과 둥근 부분을 합친 둘레는 4.6척이며, 3면의 고배(靠背) 중에 뒤쪽 등받이가 약간 높다. 단탑을 불당이나 서재의 한적한 공간에 놓아둔다면, 좌선하면서 고요하게 명상하거나, 승려들과 불가의 이치를 담론할 수도 있으며, 기대기에도 매우 편하다. 또한 '미륵탑(彌勒榻)'이라고도 한다. 《준생팔전》[26]

短榻

高九寸, 方圓四尺六寸, 三面靠背, 後背少高. 如傍置之佛堂, 書齋閑處, 可以坐禪習靜, 共僧道談玄, 甚便斜倚, 又曰"彌勒榻".《遵生八牋》

8) 등돈(藤墩, 등나무 걸상)

포돈(蒲墩, 부들 걸상)은 겨울철에만 알맞을 뿐이라, 다른 세 계절에는 등돈을 두어야 하니, 앉으면 마치 그림 위에 있는 것처럼 매우 아취가 있다. 아니면 요새 오흥(吳興)[27]에서 만들어져 유행하는 등받이 없는

藤墩

蒲墩止宜於冬月, 三時當置藤墩, 如畫上者, 甚有雅趣. 否則近日吳興所製板面竹凳, 堅實可坐. 又

---

24 장부: 한 부재의 구멍에 끼울 수 있도록 다른 부재의 끝을 가늘고 길게 만든 부분. 순자(笋子)·통예(通枘)와 같은 말이다.

25 《說郛》卷74〈忘懷錄〉;《格致鏡原》卷53〈居處器物類〉"醉牀".

26 《遵生八牋》卷8〈起居安樂牋〉下"晨昏怡養條"'怡養動用事具'(《遵生八牋校注》, 245쪽).

27 오흥(吳興): 중국 절강성(浙江省) 호주(湖州). 춘추시대에 오(吳)나라와 초(楚)나라에 속하였고 후에 오나라 오흥군(吳興郡)이 된 곳으로, 풍광이 아름답기로 유명하다.

등돈에 앉아 연회를 즐기는 사람들. 북송(北宋)시대 〈문회도(文會圖)〉(작자 미상)

죽등(竹凳, 대나무 걸상)이 튼튼하여 앉을 만하다. 또 수마(水磨)한 작은 8각 걸상이나 3각 걸상은 모두 서재[淸齋]에 넣어 둔다. 오중(吳中)²⁸에서 만들어진 나전으로 꽃을 상감하여 옻칠한 둥근 걸상은 화려하게 꾸민 방[金屋]²⁹에 두어서, 아교(阿嬌)³⁰처럼 아름다운 여인이 앉아 잔을 잡고 주인을 도와 손님에게 술을 따를 때의 용도로 쓴다. 《준생팔전》³¹

如八角水磨小凳、三角凳, 俱入淸齋. 吳中漆嵌花蚴 圓凳, 當置之金屋, 爲阿 嬌持觴介主之用.《遵生八 牋》

9) 포돈(蒲墩, 부들 걸상)

부들로 만드는데, 높이는 1.2척이고 사방면을 치밀하게 짜고 묶어서 또한 매우 튼튼하다. 부들로 짠 안쪽에는 나무를 둥글게 다듬어 앉는 판자를 만들

蒲墩

以蒲草爲之, 高一尺二寸, 四面編束細密, 且甚堅實. 內用木車坐板, 以柱托頂,

---

28 오중(吳中) : 중국 강소성(江蘇省) 소주(蘇州) 일대.
29 화려하게 꾸민 방[金屋] : 아름다운 집을 뜻하는 말로, 한(漢)나라 반고(班固)가 지은 《한무고사(漢武故事)》에서 유래했다. 무제(武帝)가 어렸을 때 어린 궁녀인 아교(阿嬌)를 보고, "만일 아교에게 장가 들면 금옥(金屋)을 짓고 그 속에 넣어 두겠다."라 했다고 한다. 당나라의 시인 이상은(李商隱, 813~858)도 "금으로 지은 집을 꾸며 아교를 넣어 두리.(金屋粧成貯阿嬌)"라 하여 무제(武帝)의 고사를 시에 인용하였다.
30 아교(阿嬌) : ?~?. 중국 진 황후(陳皇后). 한 무제(漢武帝, B.C.156~B.C.87)의 총애를 받다가 나중에는 폐후(廢后)된 여인의 이름으로, 미인을 가리키는 대명사가 되었다.
31 《遵生八牋》 卷8 〈起居安樂牋〉下 "晨昏怡養條" '怡養動用事具'(《遵生八牋校注》, 245쪽).

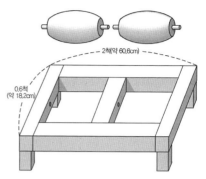

포돈에 앉아 대화를 나누는 승려와 선비. 원(元)나라 〈전경도(傳經圖)〉
(작자 미상)

곤등

고, 나무기둥으로 앉는 판자를 받치면 오래 앉아도 망가지지 않는다. 지름이 3척 정도인 원형의 큰 부들방석은 바닥에 깔고 앉으면 매우 좋다. 오중(吳中)에서 만든 포돈이 매우 정교하여 쓸 만하다. 《준생팔전》32

久坐不壞. 蒲團大經三尺者, 席地快甚. 吳中置者, 精妙可用. 同上

10) 곤등(滾凳, 발 굴림 걸상)

두 발바닥의 용천혈(湧泉穴)33은 사람의 정기(精氣)가 생겨나는 곳이므로, 양생가(養生家)34들이 항

滾凳

湧泉二穴, 人之精氣所生之地, 養生家時常欲令人

---

32 《遵生八牋》卷8 〈起居安樂牋〉 下 "晨昏怡養條" '怡養動用事具'(《遵生八牋校注》, 246쪽).

33 용천혈(湧泉穴) : 에너지의 저장고라 할 수 있는 신장에 해당되는 혈자리. 발바닥을 3등분했을 때 3분의 1
이 되는 지점인데, 발가락을 구부리면 발바닥에 생기는 '인(人)' 자 모양의 움푹 들어가는 곳에 있다. 각종
질환이나 증상을 호전시키는 데에 매우 효과적이어서 침·뜸·지압 등의 주요 혈자리이다.

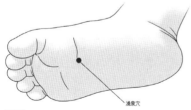

용천혈

34 양생가(養生家) : 기(氣)를 움직이는 수련을 하고 단약(丹藥)을 달여 먹으며 섭생(攝生)하여 장수를 도모하
는 이들.

상 다른 사람을 시켜 이 혈(穴)을 지압하게 하려 했다. 지금은 지압용으로 목등(木凳, 발돋음용이나 걸상용으로 만든 나무 기구)을 두고 쓰는데, 길이는 2척, 너비는 0.6척, 높이는 보통 앉아 발을 올릴 정도의 높이와 같으며, 기둥 4개에 나무막대를 네 번에 둘러서 만든다. 이렇게 만든 직사각형 틀 가운데에 1개의 가로대를 대서 공간을 나누면 안에 빈 공간이 2개가 된다. 그 중앙에 수레굴대 같이 둥근 막대 2개를 둥글게 다듬어 설치하되, 막대 양 끝에 회전하는 축을 만들고 곤등 안쪽에 구멍을 내서 축을 끼워 돌게 한다. 발로 축이 달린 둥근 막대를 굴리면 발바닥 밑에서 막대가 왔다갔다 하며 용천혈을 자극하므로 동자에게 번거롭게 시킬 필요 없이 종일토록 지압할 수 있으니, 매우 편리하다. 《준생팔전》[35]

11) 선의(仙椅, 명상용 의자)

주권(朱權)은 "명상하며 앉아서 정신을 집중하여 수련할 때에는 앉는 의자가 넓고 여유가 있어야 책상다리를 하고서 뒤로 등을 기댈 수 있다."[36]라 했다. 의자의 형태는 뒤가 높기 때문에 앉았을 때 몸을 굽히게 된다. 여기에 연잎 모양의 받침대를 만들어 머리를 기대고, 앞쪽에는 손 받침대를 만들고, 위쪽에는 턱 받침대를 만드는데, 역시 연잎 모양을 본뜬다. 오래 앉아 사색하다 지치면, 앞쪽으로는 손

摩擦. 今置木凳, 長二尺, 闊六寸, 高如常, 四桯鑲成. 中分一檔, 內二空, 中車圓木二根, 兩頭留軸轉動, 凳中鑿竅活裝. 以脚踹軸滾動, 往來脚底, 令湧泉穴受擦, 無煩童子, 終日爲之, 便甚. 同上

仙椅

臞仙云 : "默坐凝神運用, 須要坐椅寬舒, 可以盤足後靠." 椅製, 後高扣坐身, 作荷葉狀者爲靠腦, 前作伏手, 上作托頦, 亦狀蓮葉. 坐久思倦, 前向則以手伏伏手之上, 頦托托頦之中, 向後則以腦枕靠腦, 使

---

35 《遵生八牋》卷8〈起居安樂牋〉下 "晨昏怡養條" '怡養動用事具'(《遵生八牋校注》, 246쪽).
36 명상하며……있다: 확인 안 됨.

을 손 받침대에 올리고, 아래턱을 턱 받침대 안에 대며, 뒤쪽으로는 머리를 머리 받침대에 기대면 되니 근육과 뼈가 펴지고, 혈(血)과 기(氣)가 잘 돈다. 《준생팔전》[37]

筋骨舒暢, 血氣流行. 同上

12) 은궤(隱几, 기대는 궤)[38]

소나무의 휜 가지를 베고, 이것으로 굽은 궤를 만들어서 등을 기댄다. 옛날에는 이를 '양화(養和)'라 했다.《산가청사》[39]

隱几

采松樛枝, 作曲几以靠背. 古名"養和".《山家淸事》

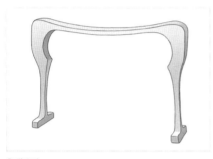

은궤(隱几)

평상에서 쓰는 은궤

자연스럽게 굽어 마치 둥근 띠의 반쪽과 같이 생긴 기이한 모양의 나무로 만드는데, 옆으로 뻗은 '아(丫)' 자 모양의 3줄기로 다리를 삼은 것이 기이하고, '아(丫)' 자 모양이 아니면 다리를 새로 만들어 이 궤(几)를 만든다. 평상 위에 두고, 팔을 기대거나 머리를 대고 누울 수도 있다. 서책(書冊)에, "궤(几)에 기대

以怪樹天生屈曲若環帶之半者爲之, 有橫生三丫作足爲奇, 否則裝足作几. 置之榻上, 倚手頓纇可臥. 書云"隱几而臥"者此也.

---

37 《遵生八牋》卷8〈起居安樂牋〉下 "晨昏怡養條" '怡養動用事具'(《遵生八牋校注》, 245쪽).

38 은궤(隱几, 기대는 궤): '은(隱)'의 뜻에 '기대다'라는 의미가 있기 때문에 붙여진 이름이다. 앉아 있을 때 허리나 팔을 기댈 수 있도록 만들어진 궤인데, 나무의 원래 모양 그대로를 살려 만든 것을 좋은 궤로 친다.

39 《山家淸事》〈山房三益〉(《叢書集成初編》2883, 3쪽).

어 누웠다."[40]라 한 내용이 이것이다.[41]

　내가 친구 오파표(吳破瓢)[42]가 갖고 있는 어떤 궤 (几)를 보니, 나무의 모양이 껍질은 주름이 졌는데 꽃이 세밀하게 상감되어 있고, 굽은 것이 기괴하며, 자연 그대로의 모양인 3개의 다리는 정교하게 갈아 광택이 나면서 매끄러워 꼭 황옥(黃玉) 같이 아름다 웠다. 이를 가지고 다니면서 애용하고 보배처럼 아 꼈는데, 이는 참으로 보기 드문 물건이었다.

　지금은 아름다운 나무를 굽혀서 기괴한 형태를 만들고, 수마(水摩)하여 광택을 내는데, 역시 기댈 만하다. 이 방식을 아는 자가 매우 드무니, 도관(道 觀, 도교의 사당) 안의 삼청(三淸)[43]의 성상(聖像)이 둥근 띠와 같은 것을 몸 주위에 두르고 있는데, 이것이 바로 이 은궤(隱几)이다. 《준생팔전》[44]

余見友人吳破瓢一几, 樹 形皺皮, 花細屈曲奇怪, 三 足天然, 摩弄瑩滑, 宛若黃 玉. 携以遨遊, 珍惜若寶, 此誠希有物也.

今以美木取曲爲之, 水摩 光瑩, 亦可據隱. 此式知者 甚少, 廟中三淸聖像, 環身 有若圍帶, 卽此几也. 《遵 生八牋》

13) 나판(懶版, 나른해질 때의 휴식용 평상)

懶版

　《양계만지(梁谿漫志)[45]》에서 동파나판(東坡懶版)에 대해 기록하여, "가로와 세로가 각각 3척이고, 누 워서 쉴 때에 등을 받쳐준다."[46]라고만 하고, 그것을

《梁谿漫志》記東坡懶版, 但稱"縱橫三尺, 偃息以受 背", 而不詳言其制. 要當

40　궤(几)에……누웠다:《孟子注疏》卷4〈公孫丑章句〉下《十三經注疏整理本》25, 146쪽).

41　자연스럽게……이것이다: 이상에서 설명한 은궤는 대체로 그림에서 책상 위에 있는 물건의 모양과 같이 쓰 이는 것으로 추측된다.

42　오파표(吳破瓢): ?~?. 중국 명나라 인물인 고렴(高濂)의 친구로 가구를 제작하는 목수였을 것으로 보인 다. 그가 천태산의 등나무를 가지고 고배(靠背)를 만들고 대리석을 사용하여 장식했는데 이음새가 정교하 고 자연스러워 비할 데가 없었다고 한다.

43　삼청(三淸): 도교에서 삼원(三元)의 화생(化生)인 삼보군(三寶君)이 관할하는 영역으로 옥청(玉淸)·상청 (上淸)·태청(太淸)을 말한다.

44　《遵生八牋》卷8〈起居安樂牋〉下 "晨昏怡養條" '怡養動用事具'《遵生八牋校注》, 246쪽).

45　양계만지(梁谿漫志): 송(宋)나라 비연(費兗, ?~?)이 지은 30권의 책으로, 천문지리(天文地理)·초목충어 (草木蟲魚)·기괴신선(鬼怪神仙)부터 미물(微物)에 이르기까지 방대한 주제를 다룬 소설(小說)이다.

46　가로와……받쳐준다:《梁谿漫志》卷4〈東坡懶版〉.

만드는 제도에 대해서는 자세하게 말하지 않았다. 지금의 와상(臥牀)을 만드는 제도와 같을 것이지만, 그보다 짧고 작은 정사각형 좌판에, 뒤쪽에는 등받이를 대서 약간만 누워도 등을 받쳐주어 휴식을 취할 수 있다. 서재의 책상 옆에 이러한 평상 하나쯤 없어서는 안 된다. 매번 책상 앞에 앉아 책을 베낀 뒤에 몸이 지치고 마음이 나른해지면 그 때마다 눈을 감고 이 나판(懶版)에 눕듯이 기대어 정신(精神)을 기른다. 《금화경독기》[47]

如今臥牀之制, 而短小方正, 後面植靠背, 微偃以受偃息. 淸齋書牀之側, 不可無此一坐. 每據案鈔書之餘, 覺體倦心懶, 則輒閉目偃倚以養精神.《金華耕讀記》

14) 천연탑(天然榻, 천연 그대로의 평상)

수백 년 된 늙은 나무의 뿌리로서, 살은 썩고 뼈대만 남은 것 중에 몸체의 모양이 기괴하면서도 평상[榻]의 모습과 비슷한 것을 취한다. 나무뿌리의 머리 부분을 톱질하여 평평하게 하고, 문질러서 광택을 낸다. 평상의 다리가 되는 부분에는 절대로 새나 짐승 등의 모양을 새기지 말며, 또한 주색(朱色)이나 황색(黃色)으로 칠하지 말아야 하니, 속되 보일까 우려되기 때문이다. 때로 아름다운 나무 아래나 연못 가에 두어서 두 다리를 뻗고 걸터앉아 시를 읊을 때의 도구로 삼기도 한다. 《증보산림경제》[48]

天然榻

取累百年老樹根, 肉腐骨存, 體狀奇怪, 彷彿榻形者, 鋸其頭而平之, 磨弄光瑩. 其爲足處, 切勿刻鳥獸等形, 亦勿施朱·黃, 恐犯俗也. 時置嘉木之下, 池沼之上, 以爲箕踞吟嘯之具.《增補山林經濟》

---

47 출전 확인 안 됨.
48 《增補山林經濟》卷16〈雜房〉"淸齋位置"(《農書》5, 214쪽).

15) 선의(禪椅, 참선용 의자)

선의(禪椅)는 장의(長椅)[49]와 비교해볼 때, 높이와 크기가 장의의 절반이 넘는데, 수마(水磨)한 선의가 아름답고 반죽(斑竹)으로 만든 선의도 또한 괜찮다. 그 제도는 등받이 위에 머리를 베는 횡목이 넓고 두꺼운 선의라야 비로소 머리를 받칠 수 있다. 《준생팔전》[50]

禪椅

禪椅, 較之長椅, 高大過半, 惟水磨者爲佳, 斑竹亦可. 其製惟背上枕首橫木闊厚, 始有受用.《遵生八牋》

---

49 장의(長椅): 중국 명(明)·청(淸) 시기에는 제사용으로 많이 쓰인 등받이가 있는 긴 의자. 지금 공원에 흔히 있는 벤치 형태의 의자로 나무로 된 것도 있지만 버팀대를 철로 만든 것도 있다.

50 《遵生八牋》卷8〈起居安樂牋〉下 "晨昏怡養條" '怡養動用事具'(《遵生八牋校注》, 247쪽).

2. 침구류

枕褥

1) 베개

枕

가을에 산국화(山菊花)·감국화(甘菊花)[1]를 채취해서 붉은 기포(棋布)[2]로 만든 자루에 넣고 베개를 만들어 사용한다. 이 베개를 쓰면 머리와 눈이 맑아지고, 사기(邪氣)와 더러운 기운을 제거할 수 있다. 《산가청사》[3]

秋采山、甘菊花, 貯以紅棋布囊, 作枕用, 能淸頭目, 去邪穢. 《山家淸事》

베개의 제도는 1가지가 아니다. 예컨대 석침(石枕)은 비록 송(宋)나라 자기(磁器)이지만 백정(白定)[4]이 다수를 차지한다. 그 중 시침(尸枕)[5]은 또한 구요(舊窯)[6]에서 구운 베개로, 길이가 1척(尺) 가량인데, 오래된 무덤에서 나온 베개이니 절대 사용해서는 안 된다.

枕製不一, 卽石枕雖宋磁, 白定居多, 有尸枕, 亦舊窯者, 長可一尺, 古墓中得之, 甚不可用.

독특한 방법으로 가마에서 구워서 만든 베개도 있으니, 길이는 2.5척이고, 너비는 0.6~0.7척이다.

有特燒爲枕者, 長可二尺五寸, 闊六七寸者. 有東靑

---

1 감국화(甘菊花): 국화과의 여러해살이풀. 전신에 짧은 털이 있고 노란 꽃이 피는데, 꽃에서 진한 향기가 난다.
2 기포(棋布): 바둑판무늬처럼 올이 짜이되 조직이 치밀해서 가루가 새 나가지 않는 천.
3 《山家淸事》〈山房三益〉(《叢書集成初編》〈山家淸事〉 2883, 3쪽).
4 백정(白定): 중국 송나라 정요(定窯)에서 생산되던 백자. 바탕은 백색이고 유약을 바른 흔적이 있는 것을 높이 쳐주는데, 이를 분정(粉定) 또는 백정이라 한다.
5 시침(尸枕): 부장품의 하나. 무덤에 안치된 시신이 베는 베개로, 주로 돌로 만든다. 자기(磁器) 재질의 베개는 송(宋)나라 때부터 원(元)나라 때까지 주로 제작되었다.
6 구요(舊窯): 일반적으로 시대별로 신요(新窯)와 대비되는 요(窯, 가마)라는 의미로 쓰이지만 구체적으로 어떤 요를 가리키는지 확실하지 않다.

정요의 백지흑화산수도침(白地黑花山水圖枕)

연잎을 받들고 있는 어린아이 모양의 자침(藝術家出版社, 《宋元陶瓷大全》, 382쪽)

동청자(東靑磁)[7]로 비단 바탕에 꽃무늬가 있는 베개가 있고, 자기(磁器) 표면에 꽃무늬를 새겨 넣은 것으로서 정요에서 만든 베개가 있으며[8], 어린아이가 연잎을 받들면서 누워있거나[9] 연잎을 말아 만든 베게가 있다. 이러한 베개의 제도는 그 형태가 매우 정교하니, 모두 내 눈으로 보았는데 남쪽 지방에서 한 번도 볼 수 없는 높은 수준이었다.

자석(磁石)으로 만든 베개도 있으니, 만약 자석의 큰 덩어리가 없으면 깨진 자석을 다듬어서 베개 면을 만들고, 그 아래에 나무틀을 짜고 다듬은 자석을 그 속에 끼워넣어 베개를 완성한다. 이 베개는 눈을 밝게 하고 시력을 증진시키는 데 기능이 가장 뛰어나서 이 베개를 베면 밤이 되어도 글씨가 작은 책을 읽을 수 있다.

磁錦上花者, 有劃花定者, 有孩兒捧荷偃臥, 用荷[1] 捲葉爲枕者. 此製精絕, 皆余所目擊, 南方一時不可得也.

有用磁石爲枕, 如無大塊, 以碎者琢成枕面, 下以木鑲成枕, 最能明目益睛, 至夜可讀細書.

<hr />

7 동청자(東靑磁): 중국 하남성(河南省) 변경(汴京) 동쪽 진류현(陳留縣)에 있던 동요(東窯, 董窯)에서 제작한 청자.

8 자기(磁器)……있으며: 정요에서 만든 베개 중에 하얀색 바탕에 꽃무늬가 들어 있는 자침이 위 사진처럼 아직도 많이 남아 있다.

9 어린아이가…누워있거나: 본문에서 말하는 베개의 모습은 위 사진과 같다.

[1] 荷: 저본에는 "花". 《山家淸事·山房三益》에 근거하여 수정.

국화로 만든 베개도 있는데, 자루를 만들고 감국을 거기에 담아서 가죽 베개[皮枕]¹⁰나 양침(涼枕)¹¹ 위에 두고, 베개 자리로 덮는다. 이 베개를 베고 잠을 자면 숙면에 매우 좋다.《준생팔전》¹²

有菊枕, 以甘菊作囊盛之, 置皮枕、涼枕之上, 覆以枕席, 睡者妙甚.《遵生八牋》

여름에는 등침(藤枕, 등베개)을 사용해야 한다. 등나무껍질을 실처럼 쪼개고 이를 짜서 만드는데, 옷칠하면 아름답다.¹³《금화경독기》¹⁴

夏月宜用藤枕, 用藤絲織成, 髹漆者佳.《金華耕讀記》

2) 서침(書枕, 서재용 베개)

주권(朱權)이 만든 제도는 종이로 3개의 큰 두루마리를 만드는데, 그 모양이 사발과 같다. 이를 '품(品)'자 모양으로 서로 쌓고, 묶어서 베개를 완성한다. 각 두루마리에는 붉게 칠한 대나무 명패나 상아 명패를 매달아 아래로 늘어뜨리는데, 명패 하나를 '태청천록(太淸天籙)'이라 하고, 다른 하나를 '남극수서(南極壽書)'라 하고, 나머지 하나를 '봉래선적(蓬萊仙籍)'이라 한다.¹⁵ 서재의 창문 아래에서 이 베개를 베고 자면 곧 청아한 꿈을 꿀 수 있다.《준생팔전》¹⁶

書枕

臞仙製, 用紙三大卷, 狀如碗, 品字相疊, 束縛成枕. 每卷綴以朱籤、牙牌下垂, 一曰"太淸天籙", 一曰"南極壽書", 一曰"蓬萊仙籍". 用以枕於書窓之下, 便作一夢淸雅.《遵生八牋》

---

10 가죽 베개[皮枕]: 동물의 가죽을 말아서 만든 베개.《임원경제지 섬용지》 권3 〈일상생활에 필요한 도구〉 "와구(누울 때 쓰는 도구)"에 소가죽 베개가 소개되어 있다.

11 양침(涼枕): 자기(瓷器)·대나무처럼 몸에 닿았을 때 서늘한 느낌을 주는 재료로 만든 베개.

12 《遵生八牋》卷8〈起居安樂箋〉下"晨氏怡養條"'怡養動用事具'(《遵生八牋校注》, 243쪽).

13 여름에는……아름답다: 등베개를 만드는 자세한 방법은 《임원경제지 섬용지》 권3 〈일상생활에 필요한 도구〉 "와구(누울 때 쓰는 도구)"'등침(등베개)'에 보인다.

14 출전 확인 안 됨.

15 명패……한다: 베개에 붙인 이름인 태청천록·남극수서·봉래선적은 모두 도교의 성격을 띤 이름이다. 태청(太淸)은 도교의 삼청(三淸, 신선이 사는 3곳의 궁전) 중 하나를 말하고, 남극(南極)은 인간의 수명을 담당하는 남극노인(南極老人)을 말하며, 봉래(蓬萊)는 도교의 삼신산(三神山, 신선이 사는 3곳의 산) 중 하나를 말한다.

16 《遵生八牋》卷8〈起居安樂箋〉下"晨氏怡養條"'怡養動用事具'(《遵生八牋校注》, 245쪽).

3) 포화욕(蒲花褥, 부들꽃 요)

버들솜 같은 부들꽃을 채취해서 꽃을 충분히 두드린 다음 사각형의 푸른 자루에 넣고 방석이나 요를 만든다. 봄이면 햇볕을 쬐었다가 거두어 사용하는데, 매우 따뜻하여 비록 목화솜 요일지라도 부들꽃 요의 따뜻함에 미치지 못한다. 《산가청사》[17]

9월에 부들을 채취해서 살짝 찌는데, 이렇게 하지 않으면 벌레가 생긴다. 햇볕을 쬐어 말리고, 버들솜 같은 꽃으로 요나 방석을 만드는데, 모두 거친 베로 자루를 만들어서 부들을 쟁여 넣는다. 가득 넣었으면 지팡이나 채찍으로 쳐서 부들이 자루 안에서 고르게 퍼지게 하여 두께가 0.5~0.6척 정도 되도록 하고, 바깥쪽에서 요로 자루를 덧씌운다. 가볍고 부드러우며 매우 따뜻해서 다른 소재와 견줄 만한 것이 없다. 봄이 지난 뒤, 덧씌운 요를 벗겨내고 안의 자루를 꺼내어 햇볕을 쬐어 말리고 거두어두었다가 다시 쓰면, 해마다 사용할 수 있다. 《준생팔전》[18]

4) 노화피(蘆花被, 갈대꽃 이불)

늦가을에 갈대꽃을 채취해서 베로 된 내피에 쟁여 넣는데, 내피는 옥색 베나 난꽃 문양의 베로 만든다. 이어서 나비 문양의 홑청을 덧씌우면 장자(莊

蒲花褥

朵蒲花如柳絮者, 熟鞭, 貯以方靑囊, 作坐褥或臥褥. 春則暴收, 甚溫煖, 雖木綿不可及也. 《山家淸事》

九月採蒲略蒸, 不然生蟲. 曬燥, 取花如柳絮者, 爲臥褥或坐褥, 皆用粗布作囊盛[2]之. 裝滿, 以杖、鞭擊令均, 厚五六寸許, 外以褥面套囊. 虛軟溫煖, 他物無比. 春時後, 去褥面出囊, 炕燥收起, 歲歲可用. 《遵生八牋》

蘆花被

深秋採蘆花, 裝入布被中, 以玉色或蘭花布爲之. 仍以蝴蝶畫被覆蓋, 當與莊

---

17 《山家淸事》〈山房三益〉(《叢書集成初編》〈山家淸事〉2883, 3쪽).

18 《遵生八牋》 卷8〈起居安樂箋〉下 "晨氏怡養條" '怡養動用事具'(《遵生八牋校注》, 244쪽).

[2] 盛: 저본에는 "乘".《遵生八牋·起居安樂箋·晨氏怡養條》에 근거하여 수정.

子)와 같은 꿈을 꿀 수 있다.[19] 또한 8~9월 초 추울 때 덮더라도 그다지 춥지는 않다. 그러나 북쪽 지방에서는 무용지물이니, 갈대꽃의 깨끗한 기운을 취하려는 용도에 불과할 뿐이다. 《준생팔전》[20]

生同夢. 且八九月初寒覆之, 不甚傷煖, 北方無用, 不過取其淸耳.《遵生八牋》

5) 은낭(隱囊, 몸을 기대는 자루)

평상 위에 2개의 걸상을 두고, 청색과 백색의 꽃무늬가 얽혀 있는 베로 은낭을 만든다. 높이는 1척(尺) 정도로, 은낭 안에는 목화솜을 쟁여 넣은 다음 꿰매어 완성하고, 옆에는 2개의 띠를 매어서 손잡이를 만든다. 평상 위에서 자다가 일어날 때 양쪽 팔꿈치를 걸상에 기대어 잠깐 앉으면 편안함을 느낄 수 있다. 옛날의 제도이다. 《준생팔전》[21]

隱囊

榻上置二墩, 以布靑白鬪花爲之. 高一尺許, 內以綿花裝實, 縫完, 傍繫二帶以作提手. 榻上睡起, 以兩肘倚墩小坐, 似覺安逸, 古之製也.《遵生八牋》

은낭에 기대어 쉬는 사람. 원(元)나라 유관도(劉貫道, 1258~1336)의 〈소하도(消夏圖)〉(미국 넬슨 앳킨스 박물관 소장)

---

19 장자(莊子)와……있다:《장자(莊子)》〈제물론(齊物論)〉에 나오는 '호접지몽(胡蝶之夢)' 고사를 말한다. 장자가 꿈에 나비가 되어 꽃들 사이를 날아다니다가 꿈에서 깼었다. 이때 자기가 꿈속에서 나비가 된 것인지, 아니면 나비가 꿈에 장주가 된 것인지를 구분할 수 없었다. 장자는 이 고사에서 물아(物我)의 구별을 잊는 물아일체(物我一體)를 비유하였다.
20 《遵生八牋》卷8〈起居安樂箋〉下 "晨氏怡養條" '怡養動用事具'(《遵生八牋校注》, 244쪽).
21 《遵生八牋》卷8〈起居安樂箋〉下 "晨氏怡養條" '怡養動用事具'(《遵生八牋校注》, 244쪽).

청자철채상감뇌문향로(국립중앙박물관)

6) 자리[簟][22]

교장(茭葶)[23]은 만랄가국(滿剌加國)[24]에서 나는데, 바다의 모래톱이나 물가에서 자란다. 잎의 성질이 부드럽고 연해서 그 지역 사람들이 이 풀을 채취해서 고운 자리를 짠다. 겨울에 사용하면 더욱 따뜻함을 느낄 수 있다. 여름에는 기주(蘄州)[25]의 대자리가 가장 좋다. 《기거기복전(起居器服箋)[26]》[27]

등나무자리 중에서 검은 색과 흰 색을 가로 세로로 교차시켜 뇌문(雷紋)[28]을 만들어 짠 자리가 좋다. 우리나라의 평안도·황해도 사람들이 만든 수숫대

簟

茭葶出滿喇加國, 生於海之洲渚、岸邊. 葉性柔軟, 鄕人取之, 織爲細簟. 冬月用之, 愈覺溫暖. 夏則蘄州之竹簟最佳.《起居器服箋》

藤簟之黑白經緯作雷紋者佳. 我東關西、海西人, 用蜀黍稭皮織成者亦可, 充

---

22 자리[簟]: 앉거나 누울 수 있도록 바닥에 까는 물건. 주로 직사각형으로 되어 있으며, 왕골·부들·갈대 따위로 짜서 만든다.

23 교장(茭葶): 모래톱에 사는 수풀의 일종.

24 만랄가국(滿剌加國): 1402년부터 1511년까지 말레이 반도의 말라카를 중심으로 번영한 말라카 왕국.

25 기주(蘄州): 지금의 중국 호북성(湖北省) 황강(黃岡) 일대.

26 기거기복전(起居器服箋): 중국 명나라 도륭(屠隆, 1543~1605)이 지은 책. 가구·복식도구 등에 대한 내용을 담았다.

27 《考槃餘事》〈起居器服箋〉 "簟"(《考槃餘事》, 324쪽).

28 뇌문(雷紋): 번개 모양으로 각이 진 선 무늬이다. 동아시아에서는 신석기 말기에 중국 하남성을 중심으로 세워진 은(殷)나라의 토기에 최초로 등장한 무늬이다.

껍질로 짜서 만든 자리 또한 괜찮으니, 여름철의 용
도로 충당한다.²⁹《금화경독기》³⁰

夏月之用.《金華耕讀記》

7) 좌단(坐團, 둥근 방석)

부들방석 중에 지름이 3척(尺) 되는 방석이 있는
데, 바닥에 깔면 매우 상쾌하다. 종려나무방석[棕團]
도 좋다. 또는 청색 전(氈)³¹으로 둥근 방석을 만들
어 가운데에 흰색으로 매화나무 가지 1개를 찍어 넣
으면 아취가 있어 가부좌를 틀고 앉기에 적당하다.
산기슭에 앉아 달을 감상할 때는 웅황(雄黃)³²과 볶
은 밀랍을 넣어 납포단(蠟布團, 베 방석)을 만드는데,
여기에 앉으면 습기를 멀리하고 벌레나 개미를 막을
수 있다.《기거기복전》³³

坐團

有蒲團大徑③三尺者, 席地
快甚, 棕團亦佳. 或以靑氈
爲團, 中印白梅一枝, 雅稱
趺坐. 山樾玩月, 以雄黃、
熬蠟作蠟布團, 坐之, 可遠
濕辟蟲蟻.《起居器服箋》

---

29 등나무자리……충당한다:《임원경제지 섬용지》권3〈일상생활에 필요한 도구〉"와구(누울 때 쓰는 도구)"
  에 등나무자리·수숫대자리가 소개되어 있다.

30 출전 확인 안 됨.

31 전(氈): 직조나 편직으로 짠 직물이 아니라 동물 털의 축융성(습기·열·압력에 의하여 서로 엉키고 줄어드는
  성질)을 이용하여 모섬유로부터 직접 포를 만드는 부직포(不織布)이다. 서양에서는 펠트(felt)라고 한다.

32 웅황(雄黃): 삼류화비소(As2S3)를 주성분으로 하는 광석. 살균 작용을 한다.

33 《考槃餘事》〈起居器服箋〉"坐團"(《考槃餘事》, 324쪽).

③ 徑: 저본에는 "經". 오사카본·《考槃餘事·起居器服箋》에 근거하여 수정.

3. 병풍과 장막

屛、帳

1) 병풍

屛

중국의 제도는 화리(花梨)·화남(花楠) 등의 나무를 사용하여 만들었다. 모양은 거울 받침대·옷걸이와 비슷하고, 병풍틀 안에 글씨나 그림을 끼워 넣었다. 의자나 평상 뒤에 둔다. 지금 사용하는 6첩·8첩·10 첩으로 만든 병풍은 원래 일본의 제도이다. 일본에서 만든, 니금(泥金)[1]으로 채색하고 무늬가 있는 비단으로 가선 마감[粧䌙][2]한 병풍이 좋다. 비단 바탕에 산수를 그린 우리나라 병풍도 와유(臥遊)[3]의 도구가 될 만하다.[4] 《금화경독기》[5]

華制, 用花梨、花楠等木造, 形如鏡架、衣桁, 中鑲書畫, 置諸椅、榻之後. 今所用六貼、八貼、十貼者, 本倭制也. 倭造泥金彩畫紋綾粧䌙者佳. 我東絹素畫山水者, 亦可作臥遊之具. 《金華耕讀記》

2) 침두병풍(枕頭屛風, 머릿병풍)

枕屛

그 제도가 매우 작아 2첩이나 4첩 정도밖에 되지 않는다. 베개 주변에 펼쳐 두어서 적풍(賊風)[6]이 머리에 침입하지 못하게 막는다. 검은 비단에 풀칠하여

制極矮小, 或二貼或四貼, 張之枕邊以防賊風入腦. 用皁絹糊面, 可養目力.

---

1 니금(泥金): 아교풀에 갠 금박 가루.

2 가선 마감[粧䌙]: 병풍 등 기물의 가장자리를 깨끗하게 정리하기 위해 비단을 덧대서 마무리하는 일.

3 와유(臥遊): 누워서 그림 안의 경치를 보고 즐김.

4 중국의……만하다: 병풍에 관해서는 《임원경제지 섬용지》 권3 〈일상 생활에 필요한 도구〉 "가리거나 막는 여러 도구" '병풍' 참조.

5 출전 확인 안 됨.

6 적풍(賊風): 사계절의 부정한 기운으로, 사람의 건강에 해를 주는 사기(邪氣). 몸이 허약한 틈을 타서 사람의 몸에 침입하여 해를 주고 병을 일으키는 바람이라는 뜻에서 붙은 이름이다.

장생도 병풍(長生圖屛風)(국립중앙박물관)

사용하면 시력을 기를 수 있다.《금화경독기》[7]

《金華耕讀記》

3) 장막

겨울에는 종이 장막이나 흰색의 두꺼운 베나 두꺼운 비단으로 만든다. 여름에는 오중(吳中)의 효사(撬紗)[8]로 장막을 만들면 오묘하다.《기거기복전》[9]

帳

冬月紙帳或白厚布或厚絹爲之. 夏月吳中撬紗爲妙. 《起居器服箋》

등피견지(藤皮繭紙)[10]를 나무 위에 묶는데, 끈으로

用藤皮繭紙纏於木上, 以

---

7 출전 확인 안 됨.

8 효사(撬紗): 사(紗)는 날실을 꼬아서 직조하기 때문에 빈 공간인 구멍이 생기는 비단의 일종이다. 효사는 중국 소주(蘇州)에서 나는 성긴 비단의 일종으로, 공기가 비교적 잘 통한다.

9 《考槃餘事》〈起居器服箋〉 "帳"(《考槃餘事》, 325쪽).

10 등피견지(藤皮繭紙): 등나무껍질을 섞어 만든 잠견지를 말하는 것으로 보인다. 잠견지는 비단처럼 매끄럽고 아름다운 빛이 돈다고 해서 이름 붙였다. 고려는 송(宋)나라와 원(元)나라에 공물로 종이를 많이 보냈는데 이 때문에 잠견지를 고려지(高麗紙)라고도 한다. 《고려도경(高麗圖經)》 권23 〈잡속(雜俗)〉 "토산(土産)"에서 잠견지 만드는 방법을 설명하면서 "종이는 닥나무만을 사용해서 만들지 않고 등나무껍질을 간간이 섞어서 만들었다. 다듬이질을 하여 모두 매끄러운데, 품질이 좋고 나쁨의 몇 등급이 있다.(紙不全用楮, 間以藤造. 搥搗皆滑膩, 高下數等.)"라 했다.

단단하게 묶고 주름이 지도록 잡아당긴다. 이때 풀[糊]을 사용하지 않고 꿰맬 곳을 접어 선을 낸 다음 실로 꿰맨다. 장막 천장에는 종이를 쓰지 않고 성근 베로 천장을 만들어 공기가 통하게끔 한다. 여기에 매화를 그리거나 호랑나비를 그리면 자연히 저절로 뛰어나게 맑은 운치가 있다. 《준생팔전》[11]

4) 무루장(無漏帳, 틈이 없는 장막)

장막의 제도는 하늘을 가리고 평상을 덮으니, 이것은 통상적인 방식이다. 누구나 알다시피 여름에는 모기들이 아래에서부터 올라오기 때문에 비록 막는다 하더라도 소용이 없다. 내가 만든 장막에는 바닥이 있는데 장막의 아래쪽을 덮을 때 장막 천장을 다는 방식처럼 하되, 거친 베로 만들어 삼면(양쪽 옆면과 뒷면)을 잇는다. 앞쪽 나머지에는 0.5폭을 아래로 드리우고 평상 안쪽에 펼치면 위아래와 사방으로 새어나갈 틈이 없으니, 무엇인들 침입할 수 있겠는가?

여름에는 장막을 보통 푸른 모시로 만든다. 하지만 오중(吳中)의 효사(撬紗)로 장막을 만들면 매우 오묘하다. 겨울에는 흰색의 두꺼운 베나 두꺼운 비단으로 만든다. 위쪽에 나비가 나풀나풀 날아다니는 이런저런 모양을 그리면 장자(莊子)가 이야기한 호접몽(胡蝶夢)의 여운이 생생하게 느껴진다. 혹은 종이 장막에 매화를 그리면 더욱 청아할 듯하다. 《준생팔전》[12]

索纏緊, 勒作皺紋, 不用糊, 以線折縫縫之. 頂不用紙, 以稀布爲頂, 取其透氣. 或畫以梅花, 或畫以蝴蝶, 自是分外淸致. 《遵生八牋》

無漏帳

帳製幔天罩床, 此通式也. 孰知夏月蚊蚋緣下而上, 雖閉如無. 余所製帳有底, 罩帳之下, 如綴頂式, 以粗布爲之, 紉其三面, 前餘半幅下垂, 張於牀內, 上下四方無隙可漏, 何物得侵?

夏月以靑紵爲之, 吳中撬紗甚妙, 冬月以白厚布或厚絹爲之. 上寫蝴蝶飛舞, 種種意態, 儼存蝶夢餘趣. 或用紙帳作梅花, 似更淸雅. 《遵生八牋》

---

11 《遵生八牋》卷8 〈起居安樂牋〉下 "晨氏怡養條" '怡養動用事具'(《遵生八牋校注》, 245쪽).
12 《遵生八牋》卷8 〈起居安樂牋〉下 "晨氏怡養條" '怡養動用事具'(《遵生八牋校注》, 243쪽).

5) 매화지장(梅花紙帳, 매화를 장식한 종이 장막)

만드는 방법은 1인용 침상 주변에 검은빛 옻칠을
한 기둥 4개를 세우고, 각 기둥마다 1개의 반석병(半
錫瓶)[13]을 걸고, 여기에 매화가지 몇 개를 꽂는다. 그
뒤쪽에 검은빛 옻칠을 한 2척 정도의 목판을 바닥
에서 장막 천장까지 설치해서 기대고 싶을 때 청아
하게 기대어 앉을 수 있게 한다. 좌우에 횡목을 설
치하면 옷을 걸 수도 있다. 모서리에는 반죽(斑竹, 표
피에 반점이 있는 대나무)으로 만든 책꽂이 1개를 두어
3~4권의 책을 보관하고, 흰색 먼지떨이 1개를 걸어
둔다. 위에는 큰 모눈 형태의 천장을 만든 다음 가
늘고 흰 종이 이불로 장막을 만들어 덮는다. 앞쪽
에는 작은 답상(踏牀, 밟고 오르는 받침)을 두고, 왼쪽에

梅花紙帳

法用獨牀傍植四黑漆柱,
各挂一①半錫瓶, 插梅數
枝. 後設黑漆板約二尺, 自
地及頂, 欲靠以淸坐. 左
右設橫木, 亦可挂衣. 角安
斑竹書貯一, 藏書三四, 挂
白麈拂一. 上作大方目頂,
用細白楮衾作帳罩之. 前
安小踏牀, 於左植綠漆小
荷②葉一, 實香鼎, 然紫藤
香. 中只用布單、楮衾、菊
枕、蒲褥, 乃相稱"道人還

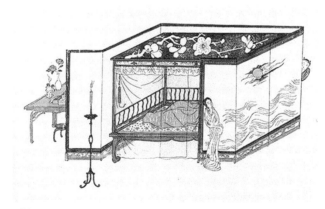

송(宋)나라의 매화지장 풍속도. 작자 미상.

---

13 반석병(半錫瓶) : 주석 합금으로 만든 병. 주석은 주로 구리와 합금하여 일상적으로 사용하는 그릇이나 기물을 제작한다.

① 一 : 《山家淸事·梅花紙帳》에는 "以".

② 荷 : 저본에는 "花". 오사카본·규장각본·《山家淸事·梅花紙帳》에 근거하여 수정.

는 청록빛 칠을 한 작은 연잎 1개를 꽂아두고, 향로를 두어 자등향(紫藤香)14을 피운다. 이 장막 안에서는 다만 홑겹 베·종이 이불·국화 베개·부들 요만 사용해야, "도인(道人)은 원앙채(鴛鴦債)15를 다 갚았기에, 매화 장식한 종이장막에 누워 꿈에 취할 뿐이네."16라 말한 의취와 서로 걸맞다. 옛말에 "1,000일 동안 아침마다 약을 먹는 일이 하룻밤 홀로 자는 일만 못하다."17라 했으니, 혹시 이 말을 지키지 못할 것 같다면 빨리 매화지장을 다른 곳으로 치워서 이러한 의취를 욕되게 하지 말아야 한다. 《산가청사》18

了鴛鴦債, 紙帳梅花醉夢間"之意. 古語云"服藥千朝, 不如獨宿一宵", 儻未能以此爲戒, 宜亟移去梅花, 毋汚之.《山家清事》

---

14 자등향(紫藤香): 중국이나 일본 오키나와 등지에서 나는 향목(香木)으로 만든 향. 돌림병이나 나쁜 기운을 물리친다고 알려져 있다. 강진향(降眞香)이라고도 한다.

15 원앙채(鴛鴦債): 연인이나 친구 사이에 이루지 못한 소망이나 그리워하는 감정을 의미한다.

16 도인(道人)은……뿐이네: 주돈유(朱敦儒)의 《자고천(鷓鴣天)》의 일부이다.

17 1,000일……못하다: 중국 청(淸)나라 하문환(何文煥)의 《역대시화(歷代詩話)》에서 당나라 고황(顧況)의 "약을 복용하는 것은 혼자 자는 것만 못하다.(服藥不如獨自眠)"라는 시구를 해설하면서, "천일 동안 아침에 약을 복용하는 것은 하룻밤 홀로 누워 있는 일만 못하다.(服藥千朝, 不如獨臥一宵)"라고 한 말과 일맥상통한다.

18 《山家清事》〈梅花紙帳〉《叢書集成初編》〈山家清事〉2883, 2~3쪽).

4. 여러 휴대용 도구

動用諸具

1) 띠쇠[鉤, 물건 거는 고리]

옛날 허리를 묶어주는 끈의 구리띠쇠에는 금·은·옥돌로 상감한 물건이 있고, 납작한 금이나 은으로 만든 물건도 있고, 짐승의 얼굴로 배[肚, 중앙부분]를 만든 물건도 있으니, 모두 삼대(三代)[1]의 것이다. 양두구(羊頭鉤, 양머리모양의 띠쇠)와 당랑포선구(螳螂捕蟬鉤, 사마귀가 매미를 잡는 모양의 띠쇠)에 금니(金泥)를 입힌 물건이 있으니, 모두 진한(秦漢)시대의 것이다. 서재 안에 이 물건들을 벽에 달아서 그림을 걸거나 검(劍) 및 불진(拂塵)[2] 등을 걸 때 쓰면 매우 고아(高雅)

鉤

古銅腰束縧鉤, 有金、銀、碧瑱嵌者, 有片金、銀[1]者, 有用獸面爲肚者, 皆三代物也. 有羊頭鉤、螳螂捕蟬鉤鏒金者, 皆秦漢物也. 齋中以之懸壁, 挂畫挂劍及拂塵等用甚雅. 自一寸以至盈尺皆可用.《洞天清錄》

금동대구(金銅帶鉤)(국립중앙박물관)

---

1 삼대(三代): 중국 고대의 3왕조 하(夏)·은(殷)·주(周)를 의미한다.
2 불진(拂塵): 소나 말의 꼬리를 길게 묶어 총채 모양으로 만든 불구(佛具). 원래 먼지를 터는 용도로 썼지만 후대에는 주로 장식품으로 사용했다. 불자(拂子)라고도 한다.
[1] 銀: 저본에는 "商".《長物志·器具·鉤》에 근거하여 수정.

하다. 0.1척부터 1척 정도에 이르는 띠쇠는 모두 쓸
수 있다.《동천청록(洞天淸錄)》[3]

2) 불진(拂塵)

옛날에는 홍불(紅拂)[4]과 주미(塵尾)[5]가 있었는데,
홍불은 곧 부귀한 집안에서 쓰는 물건이었다. 주미
도 물론 쉽게 얻을 수는 없었을 것이다. 근래에는 천
연의 죽변(竹邊, 대나무 땅속 줄기) 중에 영지여의(靈芝如
意)[6] 모양으로 된 것을 깎아서 불진의 자루로 만든
물건이 있는데, 매우 고아하다. 그 불진은 오직 긴
종려나무로 만드는데 굳이 기이한 재료를 구할 필요
없이 흰색 꼬리털을 붙여 만든 불진이 빼어나다. 나
에게 만세등(萬歲藤)[7]의 작은 가지 하나가 있다. 그 가
지는 영롱(玲瓏)한 무늬로 구멍이 뚫려있으며 용(龍)

拂塵

古有紅拂、塵尾, 紅拂乃富
貴家用物, 毋論塵尾, 似不
易得. 近有以天生竹邊如靈
芝如意形者, 斲爲拂柄甚
雅. 其拂惟以長棕爲之, 不
必求奇, 以白尾爲之妙. 余
有萬歲藤一小枝, 玲瓏透
漏, 儼肖龍形, 製爲拂柄,
可快披拂.《遵生八牋》

홍불(紅拂)(국립민속박물관)

영지여의

---

3 출전 확인 안 됨;《長物志》卷7〈器具〉"鈎";《遵生八牋》卷14〈燕閒淸賞牋〉上 "論古銅器具取用"《遵生八牋校注》, 527쪽).

4 홍불(紅拂): 붉은색의 자루가 달린 불진.

5 주미(塵尾): 먼지를 털기 위해 사슴 꼬리로 만든 도구. 불진의 일종.

6 영지여의(靈芝如意): 영지버섯 모양으로 만든 여의.

7 만세등(萬歲藤): 매우 오래된 등나무.

의 모양을 꼭 닮았기에 불진의 자루로 만들고 나니 먼지를 털기에 안성맞춤이었다. 《준생팔전》[8]

주미는 옛사람들이 옥으로 자루를 만들어 손님을 마주하여 청담(淸談)을 나눌 때 쓰던 물건이다. 《동천청록》[9]

塵, 古人以玉爲柄, 用以對客淸談者.《洞天淸錄》

3) 여의(如意)[10]

옛사람들은 철로 만들었으며, 예측할 수 없는 일을 예방하는 물건이었다. 때로는 나아갈 방향을 가리킬 때 사용했다. 나중에는 대나무를 깎아서 만든 물건도 있다. 근래에 천연의 나뭇가지를 얻었다가, 이를 갈아서 여의를 만드니 그 정교함이 입신의 경지였다. 다시 죽편(竹鞭, 대나무의 땅속 줄기)을 얻어 나뭇가지와 얽어 묶으니, 여의가 애초부터 타고난 모습인 듯 자연스러웠고 자루 또한 천연 그대로의 모습

如意

古人以鐵爲之, 防不測也, 時或用以指畫向往, 後有彫竹爲之者. 近得天生樹枝, 摩作如意, 精巧入神. 復得竹鞭, 樹枝屈結, 如意肖生而柄亦天成, 不事琢磨, 無一毫斧鑿痕, 執之光瑩如玉, 其堅比鐵, 惜不

철제은입사여의(鐵製銀入絲如意)(국립중앙박물관)

8　《遵生八牋》卷8〈起居安樂牋〉下 "晨氏怡養條" 遊具(《遵生八牋校注》, 258쪽).

9　출전 확인 안 됨; 《長物志》卷7〈器具〉 '麈'.

10　여의(如意): 승려들이 불경을 읽을 때나 설법할 때 지니던 도구. 모든 일이 뜻처럼[如意] 이루어진다는 의미를 상징한다. 후대에는 민간에서도 장신구로 많이 사용했다.

같았다. 쪼거나 가는 일을 하지 않아서 털끝만큼도 도끼나 끌로 가공한 흔적이 없다. 쥐었을 때 옥과 같이 광택이 나고 그 견고함은 철에도 비견되었지만, 많이 얻을 수 없어 애석하다. 《준생팔전》[11]

철(鐵)을 제련하여 만들고, 길이는 2척 남짓이다. 위에는 은(銀)이 입혀져 있어서 때로는 숨어 있기도 하고 때로는 드러나기도 하니, 참으로 선화(宣和)[12] 연간에 만든 옛 물건이다. 《동천청록》[13]

多得.《遵生八牋》

有煉鐵爲之, 長二尺有奇, 上有銀錯, 或隱或現, 眞宣和舊物也.《洞天淸錄》

4) 단선(團扇, 둥글부채)

단선에는 지호(紙糊)부채(종이를 풀칠해서 만든 부채)가 있고, 죽편(竹編)부채(대나무를 엮어 만든 부채)가 있다. 요즘에 새로 들여놓은 부채는, 그 죽멸(竹蔑, 얇게 깎은 대나무)이 종이처럼 얇고, 편직(編織, 엮어서 만든 짜임새)은 세밀하여, 제도가 정교하고 좋다. 다만 옻칠은 적당하지 않다. 가볍고 편리해서 휴대할 수 있다. 이런 방식과 모양처럼 만든 지호 부채도 좋은데, 다만 대나무 뿌리나 자단(紫檀)으로 된 빼어난 자루를 얻어야 아름다운 부채가 된다. 예전에는 거위 털로 만든 부채가 있었는데, 곧 우선(羽扇, 깃털부채)이니, 제도가 정교하고 치밀하다. 《준생팔전》[14]

團扇

有紙糊者, 有竹編者. 近日新安置扇, 其竹蔑如紙, 編織細密, 製度精佳, 但不宜漆, 輕便可携. 紙糊如此式樣亦佳, 但得竹根, 紫檀妙柄爲美. 舊有鵝毛扇, 卽羽扇也, 製度精緻.《遵生八牋》

---

11 《遵生八牋》卷8〈起居安樂牋〉下"怡養動用事具"'如意'(《遵生八牋校注》, 246쪽).

12 선화(宣和):중국 송나라 휘종(徽宗)의 연호(1119~1125).

13 출전 확인 안 됨;《長物志》卷7〈器具〉"如意".

14 《遵生八牋》卷8〈起居安樂牋〉下"晨氏怡養條"'遊具'(《遵生八牋校注》, 258쪽).

태극단선(太極團扇)[국립중앙박물관)]

깃털부채를 들고 있는 제갈공명[국립중앙박물관]

근래에 중국에서 만든 종엽선(棕葉扇, 종려나무 잎으로 만든 단선)은 죽멸로 부채 가장자리를 장식했는데, 자단이나 종려나무로 자루를 만든 부채가 좋다. 우리나라에서 만든 부채 중 대나무살에 종이를 풀칠한 다음 오동나무 잎 모양으로 만들어 검붉게 옻칠한 단선도 쓰기에 충분하다. 《금화경독기》[15]

近來華造棕葉扇, 竹蔑飾邊, 紫檀或棕櫚爲柄者佳. 東造竹骨紙糊, 作梧葉樣髹漆者, 亦足充用. 《金華耕讀記》

15 출전 확인 안 됨.

5. 이구(餌具, 음식이나 향료를 담는 도구)　餌具

1) 찬합(饌盒)

일본에서 만든 삼단이나 사단짜리로, 검붉게 옻칠을 하고 그 위에 금색으로 그림을 그린 찬합이 좋다. 자기로 만든 찬합 중에서 가요(哥窯)[1]의 빙문(氷紋)[2]이 있는 찬합이 상품(上品)에 들어가고, 중국에서 등나무를 엮어 만든 찬합도 음식을 보관하면 잘 쉬지 않는다. 모두 찬장 위에 두고서 복이(服餌)[3]를 위한 여러 물품을 저장하는 용도로 쓸 만하다. 《금화경독기》[4]

饌盒

倭造三撞、四撞、髹漆金畵者佳. 瓷者, 哥窯氷紋者入品, 華造藤織者, 亦貯食不餒, 俱可置之架上, 用儲服餌諸品.《金華耕讀記》

2) 죽발(竹鉢, 대나무 바리때)

발우(鉢盂)는 들고서 음식을 먹는 그릇으로, 도가(道家)의 방물(方物, 일용 물품)이다. 예전에는 혹이 난 나무로 표주박을 만들었는데, 안쪽에는 회칠을 하

竹鉢

鉢盂持以飮食, 道家方物. 舊有癭木爲瓢, 內則灰漆. 近製取深山巨竹, 車旋爲

1　가요(哥窯) : 중국 송나라 때 절강성(浙江省) 용천현(龍泉縣) 화류산(華琉山) 아래에 있던 가마 또는 그곳에서 제작된 도자기. 이 가마에서 장생일(章生一)과 장생이(章生二) 형제가 도자기를 구웠는데, 형[哥]인 장생일의 도자기가 품질이 더 우수해서 그가 구운 도자기를 가요라 했다. 송나라의 유명한 도자기 생산지는 여요(汝窯)·관요(官窯)·균요(鈞窯)·가요(哥窯)·정요(定窯)가 있으며, 이를 합쳐 오대명요(五大名窯)라 부른다.

2　빙문(氷紋) : 빙렬(氷裂). 도자기를 구울 때 뜨거운 열기 때문에 유약의 표면이 미세하게 갈라지면서 생기는, 얼음이 갈라진 듯한 문양.

3　복이(服餌) : 본래는 도가(道家)에서 장생불사의 약을 복용한다는 뜻으로 썼으나, 후대에는 약물을 복용하는 일을 의미한다.

4　출전 확인 안 됨.

사단 찬합(饌盒)(국립민속박물관)

발우(국립민속박물관)

였다. 요즘의 제도는 깊은 산속의 큰 대나무를 가져
다 갈이틀[5]로 바리때를 만들면 반들반들 광택이 나
서 사람을 비출 정도이다. 그 위에 글자를 새기고 대
청(大靑)[6]으로 빈 곳을 메우는데, 참으로 세상을 벗
어난 고아한 물품이다. 《준생팔전》[7]

鉢, 光潔炤人. 上刻銘字,
塡以大靑, 眞物外高品.
《遵生八牋》

3) 향연반(香櫞盤, 향연 담는 쟁반)

향연(香櫞)[8]이 나올 무렵 산재(山齋, 산 속의 서재)에서
는 한 가지 일이 가장 중요하다. 관요(官窯)[9]·가요의

香櫞盤

香櫞出時, 山齋最要一事.
得官·哥二窯大盤、靑東磁

5　갈이틀: 굴대를 돌려서 물건을 자르거나 깎는 틀. 《임원경제지 섬용지》 권4 〈공업 총정리〉 "목재 다루기"
　'갈이틀[旋木車]'에 자세히 보인다.

6　대청(大靑): 푸른색의 안료 또는 그 안료를 만드는 풀. 대청의 열매는 감실(監實), 가공한 잎은 청대(靑黛)
　라 하며 안료나 약재로 이용한다. 당청화(唐靑華)라고도 한다. 《장물지》 권7 〈기구〉 '바리때[鉢]'에서는 석
　청(石靑, 남동석으로 만든 파란 안료)을 쓴다고 했다. 《임원경제지 섬용지》 권4 〈공업 총정리〉 "연식" '중국
　의 자기'에 자세한 사항이 나온다.

7　《遵生八牋》 卷8 〈起居安樂牋〉 下 "晨氏怡養條" '怡養動用事具'(《遵生八牋校注》, 247쪽).

8　향연(香櫞): 운향과(蕓香科)에 속하는 나무 또는 그 열매. 불수감(佛手柑)나무의 별칭이며 구연(枸櫞)이라
　고도 한다. 손가락이 달린 듯한 모양의 열매가 맺히며, 열매 표피는 유자와 같이 두껍고 주름이 있으며 광
　택이 있다. 열매는 익기 전에는 녹색이지만 다 익으면 황색이 되고, 향기가 좋아 감상용으로 쓴다.

9　관요(官窯): 중국 송나라 때 변경(汴京)에 있던 가마 또는 그곳에서 제작된 도자기. 휘종(徽宗, 재위
　1100~1118) 때에 조정의 명으로 도요지를 설치했으며, 송이 남쪽 항주(杭州)로 수도를 옮긴 후에는 항주
　봉황산 근처에 도요지를 만들어 내사요(內司窯)라 했다. 관요의 도자기는 주로 황실과 조정에서 사용했으
　며 매우 매끄럽고 정밀한 품질로 유명했다고 한다.

큰 쟁반, 청동자반(靑東磁盤)[10]·용천반(龍泉盤)[11], 고동청록구반(古銅靑綠舊盤)[12], 선덕(宣德)[13] 연간의 암화백반(暗花白盤)[14]·소마니청반(蘇麻尼靑盤)[15]·주사홍반(朱砂紅盤)[16]·청화반(靑花盤, 푸른 꽃무늬 쟁반)·백반(白盤, 흰 쟁반) 중에서 몇 종류를 구하되, 큰 쟁반을 빼어난 쟁반으로 친다. 각 쟁반마다 향연을 24개나 12~13개씩 담아두어야 향미(香味, 향기와 풍미)가 충분해져서 청아한 향기가 방안을 가득 채운다.【안 우리나라

·龍泉盤、古銅靑綠舊盤、宣德暗花白盤·蘇麻尼靑盤·朱砂紅盤·靑花盤·白盤數種, 以大爲妙. 每盆置橼廿四頭或十二三頭, 方足香味, 滿室淸芬.【案 我東無香橼, 當用橘、柚代之.】
《遵生八牋》

암화백반(좌)·주사홍반(우) 위에 놓인 향연

---

10 청동자반(靑東磁盤): 중국 하남성(河南省) 변경(汴京) 동쪽 진류현(陳留縣)에 있던 동요(董窯)에서 제작한 청자 쟁반. '靑東'은 청동(靑冬) 또는 동청(冬靑)으로 쓰기도 한다.

11 용천반(龍泉盤): 중국 절강성 용천현(龍泉縣)에서 만든 쟁반. 용천현은 송나라 때 품질 좋은 도자기 생산지로 유명했다. 위 "가요" 주석 참조.

12 고동청록구반(古銅靑綠舊盤): 푸른색의 녹이 있는 고대의 구리 쟁반.

13 선덕(宣德): 중국 명나라 5대 황제 선종(宣宗) 선덕제(宣德帝)의 연호(1426~1435). 여기서는 선덕 연간 경덕진(景德鎭)의 관요에서 제작된 도자기를 의미한다.

14 암화백반(暗花白盤): 흰 표면에 은은한 꽃무늬가 그려진 쟁반.

15 소마니청반(蘇麻尼靑盤): 소마니청을 사용해 만든 쟁반. 소마니청은 '소마리청(蘇麻離靑)'이나 '소격니청(蘇激泥靑)' 등의 여러 이칭이 있는데, 철의 함유량이 높고 망간의 함유량이 낮은 양질의 코발트로 만든 푸른색 안료로, 중동지역이나 아프리카에서 중국으로 수입되어 원나라와 명나라에서 청화자기를 만들 때 많이 사용했다. 특히 선덕 연간에 만든 제품이 유명하다.

16 주사홍반(朱砂紅盤): 주사처럼 붉은색의 쟁반. 명나라 선덕 연간에는 홍색의 보석이나 주사 등의 붉은색 안료를 이용하여 만든 자기가 많이 생산되었다.

에는 향연이 없으므로 귤이나 유자로 대체해서 써야

한다.}《준생팔전》[17]

---

17 《遵生八牋》卷8〈起居安樂牋〉下 "怡養動用事具" '香櫞盤橐'(《遵生八牋校注》, 253쪽);《長物志》卷7〈器
   具〉'香櫞盤'.

6. 음주 도구

飲具

1) 술그릇 총론

주(周)나라의 왕제(王制)에서 술잔의 용량이 1승(升, 되)인 술잔을 '작(爵)'이라 하고, 2승인 술잔을 '곡(斛)'이라 하고, 3승인 술잔을 '치(觶)'라 하고, 4승인 술잔을 '각(角)'이라 하고, 5승인 술잔을 '산(散)'이라 하고,[1] 1두(斗, 말)인 술잔을 '호(壺)'라 했다. 별도의 이름으로 잔(醆, 술잔)·가(斝, 옥 술잔)·준(尊, 술잔)·배(杯, 술잔)가 있으니, 그 호칭은 하나가 아니다. 혹은 옥으로 만든 작은 그릇을 '잔(琖, 옥잔)'이라 하고, 또 약간 탁한 술을 담는 그릇은 '잔(醆)'이라 하는데 민간의 책에서는 '잔(盞)'이라고 말할 뿐이다. 육국(六國)[2] 이래로 술그릇[卮]의 제도에 대해 많이 언급했지만 그 형태와 제법은 자세하지 않다. 《주보(酒譜)[3]》[4]

酒器統論

周王制一升曰"爵", 二升曰"斛", 三升曰"觶", 四升曰"角", 五升曰"散", 一斗曰"壺". 別名有醆、斝[1]、尊、杯, 不一其號. 或曰小玉杯謂之"琖", 又曰酒微濁曰"醆", 俗書曰"盞"爾. 由六國以來, 多云製卮, 形製未詳.《酒譜》

1　주(周)나라의……하고:《周禮注疏》卷41〈冬官考工記〉下에 나오는 "마시는 그릇과 도구[飮器勺]"에 대한 정현(鄭玄, 127~200)의 주석이다.

2　육국(六國): 중국 춘추전국(春秋戰國)시대 제(齊)·초(楚)·연(燕)·한(韓)·위(魏)·조(趙) 여섯 나라.

3　주보(酒譜): 술의 기원·역사·고사·인물·성질·맛·재료 등에 대한 다양한 기록을 담고 있는 책. 저자는 두빈(竇蘋, ?~?). 두빈은 11세기 중국 송나라 문인으로《취향기(醉鄉記)》와《청하선생전(淸河先生傳)》등의 저술이 있다.

4　《酒譜》〈外篇〉"飮器", 170쪽;《說郛》卷94〈酒譜〉"飮器" 11.

[1] 斝: 저본에는 "單". 규장각본·《酒譜·外篇·飮器》에 근거하여 수정.

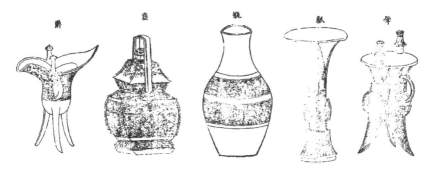

주(周)나라의 작(爵)·호(壺)·병(瓶)·고(觚)·가(斝) 《삼재도회(三才圖會)》〈기용(器用)〉 권1)

원(元)나라의 작(爵)(국립중앙박물관)

당(唐)나라의 고족배(高足杯)(국립중앙박물관)

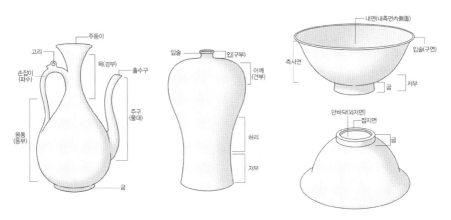

도자기의 각 부위 명칭 도해

2) 치이(鴟夷)[5]

한(漢)나라 시절에는 대부분 치이에 술을 저장하였다. 양웅(揚雄)[6]이 치이에 대해 찬(贊)[7]하여, "치이는 골계(滑稽)[8]이니, 그 배 속은 호(壺)와 같아 온종일 술을 담을 수 있기 때문에 사람들이 거듭 빌리기도 하고 내다 팔기도 하였고 항상 국기(國器)[9]로 삼아 속거(屬車)[10]에 맡겨둔다."라 했다.[11] 《주보(酒譜)》[12]

鴟夷

漢世多以鴟夷貯酒, 揚雄爲之贊, 曰 : "鴟夷滑稽, 腹中如壺, 盡日盛酒, 人復藉酤[2], 常[3]爲國器, 託于屬車." 《酒譜》

3) 고(觚)·준(尊)·호(壺)·병(瓶)

옛날의 구리로 만든 고(觚)·준(尊)·치(觶)는 모두 술그릇이다. 고(觚)·준(尊)은 주둥이가 높으면서 평평하다. 호(壺)·병(瓶) 역시 술을 따를 때 쓴다. 만약 옛날의 소온호(素溫壺)[13] 중에서 주둥이가 산랑식(蒜榔式)[14]처럼 되어 있으면 민간에서는 '산포병(蒜蒲瓶)'이

觚、尊、壺、瓶

古銅觚、尊、觶, 皆酒器也. 觚、尊口敞. 壺、瓶亦用以注酒. 若古素溫壺, 口如蒜榔式者, 俗云 "蒜蒲瓶", 乃古壺也. 他如栗紋四環

5　치이(鴟夷) : 중국 한나라 때 술을 담는 용도로 쓰기 위해 말가죽으로 만든 큰 자루.

6　양웅(揚雄) : B.C.53~A.D.18. 중국 전한(前漢)의 관료이자 문인. 자는 자운(子雲). 어려서부터 박학다식하여 경학(經學)은 물론 사장(辭章)에 뛰어났으며, 황제의 측근으로 있는 동안 여러 문학 작품을 남겼다. 저서로 《방언(方言)》·《태현경(太玄經)》·《법언(法言)》 등이 있다.

7　찬(贊) : 뛰어난 인물의 위대한 업적이나 물건의 장점을 기리는 글의 형식.

8　골계(滑稽) : 술그릇을 뜻한다. 재치나 풍자가 있으면서도 교훈적인 면모가 있다는 의미도 있다.

9　국기(國器) : 나라의 기준이 되는 그릇. 나라를 다스릴 만한 경륜을 지닌 사람을 비유하기도 한다.

10　속거(屬車) : 황제가 외부에 행차할 때 앞뒤로 붙어서 호위하는 수레.

11　양웅(揚雄)이……했다 : 《역대시화(歷代詩話)》에서는 이 내용과 관련하여 다음과 같이 설명하였다. "양웅의 《주부(酒賦)》 : '치이는 골계(滑稽)이니 배의 크기는 호(壺)와 같아 온종일 술을 담을 수 있어 사람들이 거듭 빌리기도 하고 내다 팔기도 한다.' 안사고(顏師古)의 주석에는 '치이는 술을 담는 가죽 주머니다.'라 했다. 《한기음의(漢紀音義)》에는 '골계(滑稽)는 술그릇이다.'라 했다.(揚雄 《酒賦》 : "鴟夷滑稽, 腹大如壺, 盡日盛酒, 人復籍沽." 顏師古注云 : "鴟夷, 革囊以盛酒也." 《漢紀音義》云 : "滑稽, 酒器也.")" 《歷代詩話》 卷59 〈辛集中之下〉 "宋詩" "一鴟".

12　《酒譜》 〈外篇〉 "飮器", 172쪽;《說郛》 卷94 《酒譜》 "飮器十一".

13　소온호(素溫壺) : 무늬가 없이 소박한 형태로 만든 술그릇. 《중수선화박고도(重修宣和博古圖)》 권12~14에는 소온호를 비롯하여 여러 형태의 술그릇과 제기가 보인다.

14　산랑식(蒜榔式) : 술병을 마늘[蒜]이나 빈랑열매[榔] 같은 모양으로 만드는 방식.

[2]　藉酤 : 저본에는 "借沽".《酒譜·外篇·飮器》에 근거하여 수정.

[3]　常 : 저본에는 "當".《酒譜·外篇·飮器》에 근거하여 수정.

라고 하니, 이것이 바로 옛날의 호(壺)다. 그 외로 율문사환호(栗紋四環壺, 밤 무늬가 있고 4개의 고리가 달린 호)·방호(方壺, 네모난 호)·편호(匾壺, 납작한 호)·궁이호[弓耳壺, 활모양의 귀(손잡이)가 달린 호] 등도 모두 서실(書室)의 우아한 벗으로 삼기에 좋다. 《준생팔전(遵生八牋)》[15]

壺、方壺、匾壺、弓耳壺, 俱宜書室雅供.《遵生八牋》

원(元)나라의 백동고(白銅觚)(국립중앙박물관)

시대 미상의 호(壺)(국립중앙박물관)

원(元)나라의 산포병(蒜蒲瓶)(국립중앙박물관)

송(宋)나라의 청백자사이호(靑白磁四耳壺)

---

15 《遵生八牋》卷14〈燕閒清賞牋〉上 "清賞諸論" '論古銅器具取用'(《遵生八牋校注》, 526쪽).

한(漢)나라의 소온호(素溫壺)·율문호(栗紋壺). 《중수선화박고도(重修宣和博古圖)》 권13

주(周)나라의 관이호(貫耳壺)《중수선화박고도》 권12

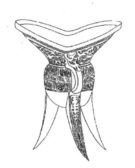

주(周)나라의 쌍궁각(雙弓角)·부구치(父具觶)《중수선화박고도》 권16

여요(汝窯)[16]의 포로대호(蒲蘆大壺)[17]는 밑바닥은 둥글고 마치 승려의 머리처럼 광택이 나며, 둥근 부위에는 못으로 찔러 낸 세밀하고 작은 무늬 수십 개가 촘촘하게 배치되어 있다. 윗부분은 부는 악기인 훈(壎)[18]을 거두어 세운 모양 같다. 호의 주둥이는 마치 붓두껍 같으며 겨우 0.2척이고, 세워둔 창처럼 하늘을 향하고 있다. 호의 주둥이는 지름이 4촌 정도이며 그 위로 뚜껑을 덧붙인다. 호의 배 부위 중 불룩한 곳은 지름이 1척이다. 만드는 방법 또한 기이하다. 《준생팔전》[19]

汝窯蒲蘆大壺, 圓底, 光若僧首, 圓處密排細小挣釘數十. 上如吹壎收起, 嘴若筆帽, 僅二寸, 直槊向天. 壺口徑四寸許, 上加罩蓋, 腹大徑尺, 製亦奇矣. 同上

여요의 여러 형태 포로호　　　　　　　　　　　　　훈(壎)

16 여요(汝窯): 중국 송(宋)나라 때 하남성(河南省) 임여현(臨汝縣) 여주(汝州)에 있던 가마 또는 그곳에서 제작된 도자기. 철종(哲宗, 재위 1086~1100) 때에 조정의 명으로 도자기를 굽기 시작했다. 이곳에서 제작된 그릇은 주로 황실에서 사용했고, 다른 지역의 도자기보다 품질이 우수했지만 철종 이후로 그 명맥이 끊겼으며 제작 수량도 극히 적었다고 한다.

17 포로대호(蒲蘆大壺): 호리병처럼 허리가 가는 모양의 커다란 호(壺). 《임원경제지 관휴지》 권3 〈풀열매류[蓏類]〉 "박[瓠]"에 '호(壺) 중에서 허리가 가는 것을 포로(蒲蘆)라 한다.(壺之細腰者爲蒲蘆.)'라 하였다. 본문과 동일한 모양의 포로호는 확인되지 않으나, 여요에서 만들어진 다양한 형태의 포로호가 현재 남아있다.

18 훈(壎): 중국 고대의 악기(樂器)로 나팔의 일종이다.

19 《遵生八牋》卷14 〈燕閒清賞牋〉 上 "清賞諸論" 論官哥窯器(《遵生八牋校注》, 530쪽).

관요(官窯)의 상(商)나라 관이궁호(貫耳弓壺)20는 커다란 짐승의 얼굴에 꽃무늬가 있고, 주(周)나라 관이호(貫耳壺)·한(漢)나라 이환호(耳環壺, 귀가 고리처럼 달린 호)·부이준(父己尊)21·조정준(祖丁尊)22도 모두 고대의 도식(圖式)을 본받았으니, 나라에 진상하는 물건이다. 구리로 주조하는 옛사람들의 법식을 깊이 터득했으므로 관요에서 제일 빼어난 작품으로 꼽아야 한다. 《준생팔전》23

官窯 商貫耳弓壺, 大獸面花紋, 周貫耳壺、漢耳環壺、父④己尊、祖丁尊, 皆法古圖式, 進呈物也. 深得古人銅鑄體式, 當爲官窯第一妙品. 同上

관이궁호(貫耳弓壺)(《중수선화박고도》 권12)

부이준(父己尊)

조정준(祖丁尊)

정요(定窯)24의 주낭(酒囊, 주머니 모양의 술그릇)은 배가 둥글고 주둥이가 넓어서 마치 하나의 작은 접시와 같다. 광택은 은은하고, 중간에 하나의 구멍이

定窯酒囊, 圓腹, 儆口如一小碟, 光淺, 中穿一孔, 用以勸酒. 同上

---

20 관이궁호(貫耳弓壺):구멍이 뚫려 있는 귀가 활 모양으로 달린 술그릇.
21 부이준(父己尊):아래 받침 부위는 작고 주둥이가 넓은 형태의 술그릇. 형태에 따라 부을준(父乙尊)·부정준(父丁尊)·부계준(父癸尊) 등 여러 명칭의 술그릇이 있다.
22 조정준(祖丁尊):부이준과 비슷한 모양이나 중간 부분이 부이준보다 두터운 형태의 술그릇.
23 《遵生八牋》卷14〈燕閒淸賞牋〉上"淸賞諸論"論官哥窯器(《遵生八牋校注》, 530~531쪽).
24 정요(定窯):중국 송(宋)나라 때 하북성(河北省) 곡양현(曲陽縣) 간자촌(澗磁村)에 있던 가마 또는 그곳에서 제작된 도자기.
④ 父:저본에는 "文", 《遵生八牋·燕閒淸賞牋·淸賞諸論》에 근거하여 수정.

여러 형태의 주낭

뚫려 있어 술을 권할 때 이 구멍으로 따른다. 《준생
팔전》25

파리요(玻璃窯)26는 도서지역의 이민족에게서 나　玻璃窯出自島夷, 惟粤中有
오는데, 월중(粤中)27에만 있다. 그 형태는 한 가지가　之. 其製不一, 奈無雅品,
아니다. 그 중에 어찌 고아한 제품이 없겠는가마는,　惟瓶之小者有佳趣. 同上
오직 파리요 병(瓶) 중에서 자그마한 제품만이 아름
다운 풍취(風趣)가 있다. 《준생팔전》28

4) 배표(杯杓, 여러 형태의 술잔)

옛날 옥으로 만든 술잔 및 옛날 가마에서 구운
술잔이 상품(上品)이며, 무소뿔이나 마노(瑪瑙)29로 만
든 술잔은 그 다음이고, 근래에 만든 상품의 좋은

杯杓

古玉及古窯器上, 犀、瑪瑙
次, 近代上好瓷又次. 黄、
白金叵羅下, 螺形銳底數

25 《遵生八牋》卷14〈燕閒清賞牋〉上 "定窯"(《遵生八牋校注》, 533쪽).

26 파리요(玻璃窯): 중국 송나라 때 월중(粤中) 일대의 섬에 있던 가마 또는 그 곳에서 제작된 도자기.

27 월중(粤中): 중국 광동성(廣東省) 남부의 옛 지명.

28 《遵生八牋》卷14〈燕閒清賞牋〉上 "清賞諸論" '論諸品窯器'(《遵生八牋校注》, 534쪽).

29 마노(瑪瑙): 석영(石英) 광물에 속하는 보석. 반투명한 재질이며 빛깔이 아름답고 다양하여 여러 장신구를
　만들 때 쓴다.

자기 술잔이 또 그 다음이다. 황금이나 백금으로 만　曲者最下.《觴政》
든 파라(叵羅)[30]는 하품(下品)이고, 소라 모양으로 밑
바닥이 뾰족하면서 몇 번의 굴곡이 있는 술잔은 최
하품이다.《상정(觴政)[31]》[32]

쌍사자무늬, 새, 꽃이 그려진 청화압수배

요기(饒器)[33]에는 명(明)나라 영락(永樂)[34] 연간에 만　饒器有明 永樂年造壓手
든 압수배(壓手杯)[35]가 있는데, 그 주둥이는 평탄하고　杯, 坦口折腰, 沙足滑底,
허리는 잘록하며, 모래 굽으로 되어 있고 밑바닥은　中心畫有雙獅滾毬, 毬內
반들반들하다. 잔 안쪽 바닥의 중심에는 사자 2마　篆書"永樂年製"四字, 細若
리가 공을 굴리는 모습이 그려져 있다. 이 공 안에　粒米, 爲上品. 鴛鴦心者次
전서체(篆書體)로 "영락년제(永樂年製, 영락 연간에 만들　之, 花心者又其次也. 杯外

---

30 파라(叵羅) : 중국의 고대 술잔. 주둥이가 넓은 형태의 술잔이다.
31 상정(觴政) : 중국 명나라의 문인 원굉도(袁宏道, 1568~1610)의 저서로, 술과 관련한 풍속·도구·의례·고
　사 등의 기록을 수록하고 있다. 원굉도의 자는 중랑(中郎), 호는 석공(石公). 많은 시와 수필을 남겼다. 저
　서로《원중랑전집(袁中郎全集)》이 있다.
32 《袁中郎隨筆》〈觴政〉"十三之杯杓", 5쪽.
33 요기(饒器) : 경덕진(景德鎭)에서 만든 그릇. 중국 강서성(江西省) 북동부의 경덕진시는 고대에 요주(饒州)
　에 속했으므로 이곳에서 만든 그릇은 요기(饒器)라 했다. 송나라 이후로 중국 내외의 상인들이 경덕진의
　자기를 해외로 많이 수출해서 경덕진은 세계적으로 유명한 자기 생산지가 되었다.
34 영락(永樂) : 명나라 3대 황제 성조(成祖) 영락제(永樂帝)의 연호(1403~1424).
35 압수배(壓手杯) : 중국 명나라 영락제 때 경덕진의 어요(御窯)에서 만든 술잔. 높이는 약 5cm 내외, 주둥이
　의 지름은 약 10cm 내외로 크기가 작은 편이다. 크기와 모양이 손[手]으로 잡았을 때 손안에 감기듯이 잘
　맞는[壓] 느낌을 주어 압수배로 부른다고 한다.

다)" 4글자가 쓰여 있으며 글씨가 쌀알 같이 작은 잔이 상품(上品)이다. 원앙이 바닥의 중심에 그려진 압수배는 그 다음이고, 꽃이 중심에 그려진 압수배는 또한 그 다음이다. 압수배의 바깥에는 푸른 꽃[靑花]이 진한 비취색으로 그려져 있는데, 그 형식과 모양이 정교하고 빼어나다. 세상에 전해져 오랫동안 사용될 수 있으니, 가격도 매우 비싸다.

靑花深翠, 式樣精妙, 傳用可久, 價亦甚高.

선덕(宣德) 연간에 만든 홍어파배(紅魚肥杯)[36]는 서홍보석(西紅寶石)[37]을 가루 낸 뒤, 그 가루로 물고기의 형상을 그리면 굽는 과정에 잔의 몸체 안에서 물고기가 돌기하고 보석의 광택인 선홍색(鮮紅色)이 사람의 시선을 뺏는다. 그 광택이 자흑색(紫黑色)인 잔은 불로 구울 때 실수한 결과인데 선홍색보다는 품질이 약간 떨어진 듯하다. 그 외로 안쪽 바닥의 중심에 '단(壇)'이라는 글자가 쓰여 있는 흰 사발[甌]이 있는데, 이른바 '단잔(壇琖)'이 이것이다. 이 단잔은 그 바탕이 세밀하고 재료가 두터우며 형식이 아름다워 충분히 사용할 만하니, 참으로 문방(文房, 서재)에 적당한 아름다운 그릇이다. 《준생팔전》[38]

宣德年造紅魚杯, 以西紅寶石爲末, 圖畫魚形, 自⑤骨肉燒出凸起, 寶光鮮紅奪目. 若紫黑色者, 火候失手, 似稍次矣. 他如心有壇字白甌, 所謂"壇琖"是也. 質細料厚, 式美足用, 眞文房佳器.《遵生八牋》

---

36 홍어파배(紅魚肥杯): 중국 명나라 선덕 연간에 만든 술잔. 하얀색 표면에 붉은색의 물고기 문양이 그려져 있다.

37 서홍보석(西紅寶石): 도자기의 안료로 사용되는 붉은색의 보석. 중국의 서쪽 지방에서 나는 루비와 같은 보석으로 추정된다.

38 《遵生八牋》卷14〈燕閒淸賞牋〉上 "淸賞諸論" '論饒器新窰古窰'(《遵生八牋校注》, 534~535쪽).

⑤ 自: 저본에는 "白".《遵生八牋·燕閒淸賞牋·淸賞諸論》에 근거하여 수정.

홍어파배(紅魚靶杯)

영목배

《남사(南史)[39]》에 하두배(蝦頭杯)[40]가 있다.[41] 하두(蝦頭)는 대개 바다 속의 커다란 새우이니, 그 머리 껍데기로는 하두배라는 술잔을 만든다. 《주보》[42]

《송릉창화집(松陵唱和集)[43]》에 〈영목배(瘿木杯)〉라는 시가 있는데[44], 영목배는 아마 나무의 옹이가 있는 마디로 만들었을 것이다. 《주보》[45]

《南史》有蝦頭杯, 蓋海中巨蝦, 其頭甲爲杯也. 《酒譜》

《松陵唱和》有《瘿木杯》詩, 蓋木節爲之. 同上

---

39 남사(南史): 중국 당나라 이연수(李延壽, ?~?)가 편찬한 사서(史書). 기전체(紀傳體)로 남조(南朝)시대 남송(南宋)·제(齊)·양(梁)·진(陳)의 역사를 기술했다. 중국 25사(二十五史) 가운데 하나이다. 이연수의 아버지인 이대사(李大師, 570~628)는 남북조시대(南北朝時代) 각 왕조의 역사를 일관성 있게 기술하려 했지만 뜻을 이루지 못하고 죽었다. 이연수는 아버지의 뜻을 계승하여 남조(南朝)와 북조(北朝) 국가들의 사서(史書)와 기록들을 연구하고 정리하여 각각 《남사(南史)》와 《북사(北史)》로 편찬했다.

40 하두배(蝦頭杯): 붉고 큰 새우의 껍데기로 만든 잔. 중국 당나라 은공로(段公路, ?~?)의 《북호록홍하(北戶錄紅蝦)》를 살펴보면, 붉고 큰 새우의 껍데기로 만든 잔이다. 조주(潮州)나 반주(潘州) 등지에서 크기가 2척이나 되는 새우가 나는데 토착인들은 이를 가지고 잔을 만들었다고 한다.

41 남사(南史)에……있다: 《남사》에는 보이지 않지만, 《천중기(天中記)》 권57 〈새우[蝦]〉 "남월지(南越志)"에 하두배에 대한 기록이 나온다.

42 《酒譜》〈外篇〉 "飲器", 173쪽 ; 《說郛》 卷94 〈酒譜〉 "飲器十一".

43 송릉창화집(松陵唱和集): 중국 당나라의 시인 육구몽(陸龜蒙, ?~881)이 친구 피일휴(皮日休, 838~883)와 화답하며 주고받은 시를 모은 책. 《송릉집(松陵集)》이라고도 한다. 육구몽의 자(字)는 노망(魯望), 호는 강호산인(江湖散人)이며 손수 농사를 짓고, 다원(茶園)을 경영했다. 저서에 《뇌사경(耒耜經)》(《임원경제지 본리지》 권10에 거의 전문이 인용되었다) 등이 있다.

44 송릉창화집(松陵唱和集)에……있는데: 《松陵集》 卷10 〈雜體詩八十六首〉 "瘿木杯".

45 《酒譜》〈外篇〉 "飲器", 177쪽 ; 《說郛》 卷94 〈酒譜〉 "飲器十一".

연방 모양의 술잔

두보(杜甫)의 시에 "취해서 넘어져 결국 대나무뿌리와 함께 눕네."[46]라 했는데, 아마도 대나무뿌리로 술잔을 만들었을 것이다. 《강엄집(江淹集)[47]》에 보인다[48]. 《주보》[49]

老杜詩 云 "醉倒終同臥竹根", 蓋以竹根爲飮杯也. 見《江淹集》. 同上

당(唐)나라 사람들은 특히 연자배(蓮子杯)[50]를 높이 쳤는데, 백거이(白居易)[51]도 시 속에서 여러 번 연자배를 칭찬했다.[52] 《주보》[53]

唐人尤尙蓮子杯, 白公詩中屢稱之. 同上

---

46 취해서……눕네:《補注杜詩》卷22〈少年行二首〉에 나오는데, 이곳에는 "다함께 취해 결국 대나무 뿌리와 함께 눕네(共醉終同臥竹根.)"로 되어 있다.

47 강엄집(江淹集): 중국 남조(南朝)시대의 문인 강엄(江淹, 444~505)의 문집. 강엄의 자는 문통(文通)이며 표기참군사(驃騎參軍事), 어사중승(禦史中丞) 등의 고위 관직을 역임했다. 작품에 《한부(恨賦)》와 《별부(別賦)》 등이 있다.

48 강엄집(江淹集)에 보인다: 현재 전해지는 《강엄집》에는 이 구절이 남아 있지 않다.

49 《酒譜》〈外篇〉 "飮器", 177쪽;《說郛》卷94〈酒譜〉 "飮器" 11.

50 연자배(蓮子杯): 일반적으로는 연방 모양으로 만든 술잔을 의미하지만, 여기에서는 연방 껍데기를 말려서 안을 파내고 만든 술잔으로 보인다.

51 백거이(白居易): 772~846. 중국 당나라의 시인. 자는 낙천(樂天), 호는 향산거사(香山居士). 사람들은 백공(白公)으로 부르기도 했다. 많은 시를 남겼으며 주요 작품으로 《장한가(長恨歌)》와 《비파행(琵琶行)》 등이 있다.

52 백거이(白居易)도……칭찬했다: 이와 관련하여 예를 들어, 백거이의 시집 《백씨장경집(白氏長慶集)》 권20 〈율시(律詩)〉 "군루야연유객(郡樓夜宴留客)"에는 다음과 같은 내용이 있다. "(상략) 주렴을 걷어 달 떠오르길 기다리고, 등불을 들어 들어오는 밀물을 보네. 고운 바람 소리는 대나무 가지 휘어진 곳에서 들려오고, 연잎향은 연자배에서 전해오네.(卷簾待月出, 把火看潮來. 艶聽竹枝曲, 香傳蓮子杯.)"

53 《酒譜》〈外篇〉 "飮器", 179쪽;《說郛》卷94〈酒譜〉 "飮器十一".

한유(韓愈)[54]가 최사립(崔斯立)[55]에게 보낸 시에 다음과 같이 읊었다.

"나에게 두 개의 술잔이 있으니, 술잔을 만든 은(銀)은 주제산(朱提山)[56]에서 얻었네.

황금으로 사물의 형상을 칠했고, 조각하고 새긴 솜씨는 공수(工倕)[57]처럼 교묘하네.

천 종(鍾)[58]이나 되는 큰 고래도 작디작은 메뚜기만 하게 만들 수 있지.

오히려 밝은 달과 다툴 만하고, 술잔을 흔드니 술이 넘실넘실.

잔에 새겨진 들풀은 꽃과 잎이 아주 세밀해 남가새[蒺]인지 조개풀[菉]인지 금불초[蒛]인지 구분 못하겠네.

덩굴 서로 구불구불하게 연결되니, 모양이 마치 둘러친 성(城)의 담벼락 같네.

사방에서 하늘이 나무를 삼킬 듯 하고 빼어난 자태가 모두 아름답네."[59]라 했다.

韓文公贈崔斯立詩云:

"我有雙飲盞, 其銀得朱提.

黃金塗物象, 雕鐫妙工倕.

乃令千鍾鯨[6], 幺[7]麼徵螽斯.

猶能爭明月, 擺掉出潎瀬.

野草花葉細, 不辨蒺菉蒛.

縣縣相繆結, 狀似環城陣.

四隅天呑[8]樹, 擢艶皆猗猗"云云.

54 한유(韓愈): 768~824. 중국 당나라의 문인이자 사상가. 자는 퇴지(退之), 호는 창려(昌黎). 한문공(韓文公)으로 부르기도 한다. 도가와 불가를 배척하고 유가의 정통성을 옹호하는 글을 많이 썼고, 당송팔대가(唐宋八大家) 중의 한 사람이다. 저서에는 《창려선생집(昌黎先生集)》이 있다.

55 최사립(崔斯立): ?~?. 중국 당나라의 문인. 자는 입지(立之). 시에 뛰어나서 한유와 화답시를 많이 주고받았다고 한다.

56 주제산(朱提山): 중국 운남성(雲南省) 소통시(昭通市)에 있는 산. 예로부터 품질 좋은 은이 많이 생산되는 곳으로 알려졌다.

57 공수(工倕): 중국 고대의 장인. 요(堯)임금 때 등용되어 백공(百工)을 맡아 다스렸다고 한다.

58 종(鍾): 중국 고대의 무게 단위. 10부(釜)의 무게는 1종과 같다.

59 나에게……아름답네: 《五百家注昌黎文集》卷5〈古詩〉"寄崔二十六立之".

[6] 鍾鯨: 《五百家注昌黎文集·古詩·寄崔二十六立之》에는 "里鯨".

[7] 幺: 저본에는 "公". 《酒譜·外篇·飲器》에 근거하여 수정.

[8] 天呑: 《酒譜·外篇·飲器》·《五百家注昌黎文集·古詩·寄崔二十六立之》에는 "芙蓉".

아마도 흥취와 비유가 모두 시에 있는 까닭에 그 술잔의 모양이 이와 같음을 두루 말한 듯하다.

지금의 호사가들 중 많은 사람이 그 시문(詩文)에 근거하여 술잔을 만들고는 이를 '한배(韓杯)'라 한다. 《주보》[60]

蓋皆有興喩, 故歷言其狀 如此.

今好事者多按其文作之, 名 爲"韓杯". 同上

푸른 소라는 모양이 우렁이와 같으며 그 크기는 양 주먹만 하다. 문지르고 갈아서 거친 껍데기를 제거하면 마치 비취색과 같으니, 이를 조각하고 다듬어서 술잔을 만든다. 《계해우형지(桂海虞衡志)》[61][62]

靑螺, 狀如田螺, 其大兩 拳, 揩磨去麤皮, 如翡翠 色, 雕琢爲酒杯.《桂海虞 衡志》

앵무조개[鸚鵡螺][63]는 모양이 달팽이와 같다. 껍데기를 갈고 다듬질하면 고운 광채가 나니, 또한 조각하고 다듬어서 술잔을 만든다. 《계해우형지》[64]

鸚鵡螺, 狀如蝸牛, 殼磨治 出精采, 亦雕琢爲杯. 同上

귤배(橘杯, 귤껍질로 만든 술잔)를 만들 때는 먼저 나무를 갈이틀로 깎아서 술잔[杯]을 만드는데, 그 두께는 종이처럼 얇게 한다. 그런 다음 커다란 귤껍질을 벗겨서 하얀 속껍질과 알맹이는 제거하고 나무술잔의 바깥쪽에 덧대어 풀로 붙인다. 이어서 기름을 부은 다음 햇볕에 쬐어 말리고, 안쪽은 퇴홍색(退紅

橘杯, 先用木車旋爲杯, 其 薄如紙, 次將大橘皮刮去 毳、瓤, 套糊木杯, 灌油曬 乾, 內用退紅倭漆.《金華 耕讀記》

---

60 《酒譜》〈外篇〉"飮器", 181쪽 ;《說郛》卷94〈酒譜〉"飮器" 11.

61 계해우형지(桂海虞衡志) : 송나라의 문인 범성대(范成大, 1126~1193)의 저서. 광서성(廣西省) 계림(桂林) 일대 계해(桂海) 지역의 풍토와 물산 등을 기록한 책. 1권 13편으로 되어 있다. 각 편은 산(山)·금석(金石)·향(香)·술[酒]·그릇[器]·날짐승[禽]·들짐승[獸]·곤충과 물고기[蟲魚]·꽃[花]·과일[果]·초목(草木)· 다양한 기록[雜志]·남방 종족[蠻]에 대한 글을 담고 있다.

62 《桂海虞衡志》〈志蟲魚〉.

63 앵무조개[鸚鵡螺] : 앵무조개과에 속하는 바다조개. 물을 뿜으면서 이동한다. 앵무패(鸚鵡貝)라고도 한다.

64 위와 같은 곳.

술을 데우는 철당

色)[65]으로 왜칠(倭漆)[66]한다. 《금화경독기》[67]

5) 쟁(鎗, 술을 데우는 그릇)

진(晉)나라 이래로 술그릇이라 하면 대부분 '쟁(鎗)'
이라 했다. 《남사(南史)》에는 은주쟁(銀酒鎗, 은 술그릇)
이 있는데, 쟁은 '당(鐺)'으로 쓰기도 했다.[68] 《북사(北
史)[69]》에는 맹신(孟信)[70]이 어떤 노인과 술을 마실 때
철당(鐵鐺, 쇠로 만든 당)으로 술을 데웠다고 기록되어
있다.[71] 그러나 '쟁'이란 본래 술을 데우는 그릇이었
다. 지금은 마침내 찌거나 익히는 도구를 통틀어 하
는 말이 되었다. 《주보》[72]

鎗

自晉以來, 酒器多云"鎗",
《南史》有銀酒鎗, 鎗[9]或作
"鐺".《北史》記孟信與老人
飲, 以鐵鐺溫酒. 然鎗者,
本溫酒器也, 今遂通以爲
蒸飪之具.《酒譜》

---

65 퇴홍색(退紅色) : 분홍빛 계열의 색. 주로 일본에서 가구나 기물에 칠하는 색.

66 왜칠(倭漆) : 일본에서 가구를 옻칠[漆]하는 방식. 금박무늬를 입혀 옻칠하기도 한다.

67 출전 확인 안 됨.

68 남사(南史)에는……했다 : 《南史》卷41〈列傳〉第31 "齊宗室"에는 "銀酒鎗"으로, 《太平御覽》卷757〈器物
部〉2 "鐺"에는 "銀酒鐺"으로 적혀 있다.

69 북사(北史) : 중국 당나라 이연수가 편찬한 사서. 북조(北朝)시대 북위(北魏)·서위(西魏)·동위(東魏)·북주
(北周)·북제(北齊)·수(隋)의 역사를 기술했다. 중국 25사(二十五史) 가운데 하나. 위 "남사" 주석 참조.

70 맹신(孟信) : ?~?. 중국 북위(北魏) 때의 문인. 효무제(孝武帝, 재위 510~534) 때 관료로 등용되어 여러
관직을 거치면서 매우 청빈한 삶을 살아 주위의 신망을 받았다.

71 북사(北史)에는……있다 : 《北史》卷70〈列傳〉第58 "孟信"에 있다.

72 《酒譜》〈外篇〉"飮器", 174쪽 ; 《說郛》卷94〈酒譜〉"飮器十一".

⑨ 鎗 : 저본에는 없음.《酒譜·外篇·飮器》에 근거하여 보충.

탕쟁(湯鎗)은 구리로 만드는데, 그릇의 깊이는 0.3척이고 바닥은 평평해서 깊이 0.2척까지 뜨거운 물을 담을 수 있다. 술잔을 뜨거운 물속에 넣어 두었다가 술이 따뜻하게 데워지면 가져다 마신다. 겨울철에 화로를 끼고 조용히 앉아서 하인에게 번잡하게 술을 데우도록 시키지 않아도 되니, 그윽한 정취가 더욱 깊어진다.《망회록》[73]

湯鎗以銅爲之, 深三寸, 平底, 可貯二[10]寸湯. 以酒杯排湯中, 酒溫卽取飲. 冬時擁爐靜坐, 免使童僕紛紛, 殊益幽致.《忘懷錄》

6) 편제(偏提, 술 주전자)

원화(元和)[74] 초기에는 술을 따를 때 아직도 준표(樽杓, 술통과 국자)를 사용했으나, 얼마 안 되어 점점 주자(注子, 주전자 형태의 술단지)를 사용하게 되었다. 그 모양은 마치 물독[罃]과 같으며 덮개 및 주둥이와 자루가 모두 갖추어졌다. 태화(太和)[75] 9년(835년) 이후

偏提

元和初酌酒, 猶用樽杓, 居無何, 稍用注子. 其形若罃而蓋、觜、柄皆具. 太和九年後, 中貴人惡其名同鄭注, 乃去柄安系, 若茗

원(元)나라의 주자(注子)(국립중앙박물관)

시대 미상의 주전자(酒煎子)(국립민속박물관)

73 《說郛》卷74〈忘懷錄〉.
74 원화(元和) : 중국 당나라 헌종(憲宗)의 연호(806~820).
75 태화(太和) : 중국 당나라 문종(文宗)의 연호(827~835).
[10] 二 :《說郛·忘懷錄》에는 "一".

중귀인(中貴人)76들은 그 이름이 정주(鄭注)77의 주(注)와 같음을 싫어하여 마침내 자루를 제거하고 손잡이를 달았다. 마치 모양이 명병(茗瓶, 차를 담는 병)과 같았으나 조금 달랐으니, 이를 지목해서 '편제(偏提)'라 했다. 《자가록(資暇錄)78》79

瓶而小異, 目之曰"偏提". 《資暇錄》

7) 급수(急須, 술 데우는 그릇)

오(吳) 지방 사람들은 술을 데우는 그릇을 '급수(急須)'라 불렀는데, 이는 급한 상황을 맞았을 때 사용했기 때문이다. 구리로 만든다. 【안 급수의 제도는 자세히 알 수 없지만 주쟁(酒鎗, 쟁)·편제와 서로 비슷해야 할 것이다.】《삼여췌필(三餘贅筆)80》81

急須

吳人呼煖酒器爲"急須", 以其應急而用也. 以銅爲之. 【案 急須之制, 不可詳, 要當與酒鎗、偏提相近也.】《三餘贅筆》

8) 화호(火壺)82

술을 데우는 그릇으로, 크기가 겨우 한 손에 가득 찰 정도이다. 백동(白銅)으로 주조하여 만드는데,

火壺

煖酒器, 大僅盈握, 白銅鑄成, 狀如酒煎子, 底有柱,

---

76 중귀인(中貴人): 궁중(宮中)에서 총애를 받는 신하나 환관(宦官)을 의미한다.

77 정주(鄭注): ?~835. 중국 당나라 문종 때의 문신. 당시에 권력을 잡고 있던 환관 왕수징(王守澄)의 추천으로 관직에 등용된 후 태화(太和) 연간에는 절도사(節度使)와 재상에 올랐다. 태화 9년 왕수징과 구사량(仇士良) 등의 환관 세력을 일소하는 과정에서 핵심적인 역할을 했으나 사전에 거사 계획이 누설되어 환관들의 군사에게 죽임을 당했다. 이 사건이 일어난 날, 감로(甘露, 달콤한 맛이 나는 이슬)가 궁중에 내렸을 때 그 광경을 환관들이 보러 오는 순간 환관들을 제거하려는 계획을 세웠기 때문에 '감로의 변(變)'이라 한다. 감로의 변 이후 많은 문신들이 몰살되었고, 막후에서 이 계획을 주도했던 문종은 권력을 상실했다.

78 자가록(資暇錄): 중국 송나라의 문인 이제옹(李濟翁, ?~?)의 저서. 이 책은 중국의 생활 도구·학습법·풍속·고사 등에 대한 기록을 담고 있다.

79 《說郛》 卷14 〈資暇錄〉.

80 삼여췌필(三餘贅筆): 중국 명나라의 문인 도공(都卬, ?~?)의 저서. 이 책은 중국의 각종 기물·고사·동식물 등에 대한 기록을 담고 있다. 도공의 자는 유명(維明)이고, 명나라의 대신이자 장서가인 도목(都穆, 1458~1525)의 아버지로 알려져 있다.

81 《三餘贅筆》《叢書集成初編》 2897, 6쪽).

82 화호(火壺): 술을 데우는 도구로, 가운데가 뚫린 작은 주전자와 대(臺, 화로)로 이루어진다. 화호의 원리는 《임원경제지 섬용지》 권3 〈몸 씻는 도구와 머리 다듬는 도구〉 "몸 씻는 여러 도구" '탕관'에 나오는 탕관의 그것과 비슷하다.

고리

작은 관
불을 넣는 구멍
대(위머)

화호 추정도

모양은 주전자와 같다. 바닥에는 기둥이 있는데, 가운데가 붓 대롱처럼 비어 있고 뚜껑에도 구멍이 있어서 바닥의 기둥이 관통하고 있다. 또한 대(臺)가 있어 대의 중앙에 작은 관(管)을 세우고, 등불 심지를 끼워서 기름을 붓고 불을 지핀다. 술그릇을 대 위에 두면, 불기운이 술그릇의 기둥 속을 통과하고, 연기는 뚜껑의 구멍으로 나오며, 기둥이 달궈지면서 술이 따뜻해진다. 5개의 작은 잔에 따를 수 있는 분량이다. 항주(杭州)[83]에서 만든 물건이다. 이덕무(李德懋)[84]《입연기(入燕記)[85]》[86]

中空如筆管, 蓋有穴而貫柱. 又有臺, 中立小管, 插燈心, 灌油蒸火. 置酒器于臺上, 則火氣通于柱中, 煙出于蓋穴, 柱烘而酒溫, 可酌[11]五小杯. 杭州産也. 青莊館《入燕記》

---

83 항주(杭州) : 중국 절강성(浙江省)의 성도(省都)이다. 송나라의 고종(高宗)은 도읍을 남으로 옮겨 임안(臨安)으로 개칭했고, 그 이후에는 항주라 불렸다.

84 이덕무(李德懋) : 1741~1793. 조선 후기의 문인. 호는 청장관(靑莊館). 뛰어난 문장가이자 북학파를 대표하는 학자 중 한 사람이다. 저서로《청장관전서(靑莊館全書)》가 있다.

85 입연기(入燕記) : 이덕무의 연경(燕京) 기행기. 북학파였던 이덕무가 중국 북경(北京)을 다녀오면서 보고들은 견문이 수록되어 있다.

86 《靑莊館全書》卷66〈入燕記〉上 "正祖二年四月" "十五日"(《한국문집총간》259, 203쪽).

[11] 酌 :《靑莊館全書·入燕記·正祖二年四月》에는 "盈".

9) 생황호(笙簧壺, 생황 모양의 휴대용 술통)

팔뚝만 한 죽통을 가져다 잘라서 생관(笙管, 생황 모양 관)을 13개나 17개 만든다. 관(管)의 위아래 끝은 그 마디를 남겨두어 박(匏, 바가지 부분)과 통하지 않게 한다. 또는 갈이틀로 나무를 깎거나 나무껍질로 둘러싸서 나무로 박 모양을 만들고, 대개 죽통을 붙일 때에는 생황관(笙簧管)처럼 아교로 고정시키는데, 박이나 나무통에 구멍을 뚫어 줄지어 여러 관들을 끼운다. 주둥이에도 구멍을 뚫어 술이 들어오고 나갈 수 있도록 한다. 아교로 배열된 관들에 등나무로 테를 둘러서 전체가 한 덩어리가 되게 한다. 박의 옆에 네모난 큰 구멍을 뚫어서 작은 서랍을 만들어 두고

笙簧壺

取竹筒如臂大者, 截作笙管或十三或十七. 管之上下端, 留其節, 不通匏. 或鏃木, 或範皮, 以木作匏, 蓋膠固依笙簧管, 穿孔列插衆管. 管口穿穴出納酒. 膠以藤周箍列管, 俾得統攝. 匏旁穿大方孔, 製小机閣之以藏肴核. 匏周子午邊樹環係縷, 游覽溪山, 小奚荷以隨.《恩暉堂手鈔》

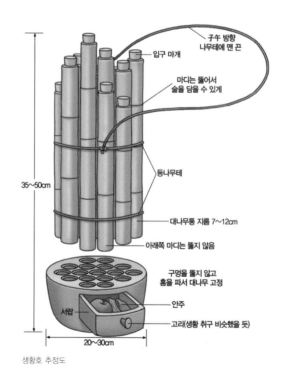

생황호 추정도

그곳에 안주와 과일을 담는다. 박 주위 자오(子午, 북
쪽과 남쪽) 방향으로 나무 고리에 끈을 달아서 계곡과
산을 유람할 때, 아이종에게 메고서 뒤따르게 한다.
《은휘당수초(恩暉堂手鈔)87》88

이운지 권제1 끝   怡雲志卷第一

---

87 은휘당수초(恩暉堂手鈔) : 조선 후기의 학자 유득공(柳得恭, 1748~1807)의 저서. 유득공의 자는 혜풍(惠
    風)이고, 영재(泠齋)·고운당(古芸堂)·은휘당(恩暉堂) 등의 호가 있다. 이 책은 '은휘당일초(恩暉堂日鈔)'
    또는 '은휘당필기(恩暉堂筆記)'라고도 한다. 규장각한국학연구원과 국립중앙도서관 및 일본 동양문고(東
    洋文庫)에 본서의 필사본 일부가 남아 있다. 유득공이 규장각 검서관(檢書官) 시절 직접 겪은 일, 연경
    (燕京)에서 보거나 겪은 외국에 대한 견문, 우리나라의 역사·문학·지리·풍속 등에 대한 글이 수록되어
    있다.
88 출전 확인 안 됨.

이운지 권제2

怡雲志 卷第二

임원십육지 100

林園十六志 一百

I. 임원에서 즐기는 청아한 즐길거리(상)

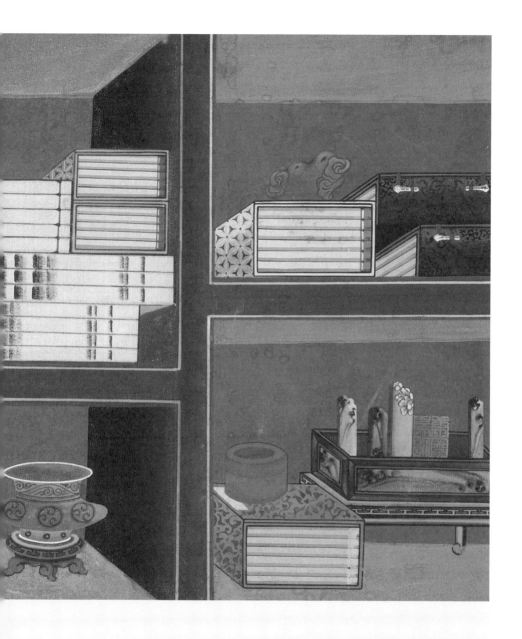

흰 용연은 백약전(百藥煎)과 같지만, 그보다 결이 매끄럽다. 검은 용연은 이 다음 등급으로, 오령지(五靈脂) 모양과 같으나 이보다 더 광택이 난다. 그 향기는 누린내에 가깝고 부석(浮石)과 비슷하지만 그보다 더 가볍다. 어떤 사람은 '기이한 향기'라 하고, 어떤 사람은 '향기가 비리면서 온갖 향기를 발산할 수 있다.'라 하지만, 모두 틀린 말이다. 향에는 본래 덜고 더하는 것이 없으니, 다만 향의 연기를 모을 수 있을 뿐이다.

임원에서 즐기는
청아한 즐길거리(상)

山齋淸供(上)

1. 차[茶供]

茶供

1) 물의 품등

산에서 나는 물이 상등이고, 강물이 중등이며, 우물물은 하등이다. 산에서 나는 물 중에서도 유천(乳泉)[1]이나 바위 못에서 천천히 흘러나오는 물을 고르면 가장 좋다. 폭포수, 용솟음치는 물, 여울물, 여기저기 부딪쳐 흐르는 물은 먹지 말아야 한다. 이런 물을 오랫동안 먹으면 사람의 목에 병이 생기게 하기 때문이다.[2] 또한 외따로 산골을 흐르는 물이 많은데, 맑게 고여 있어 흐르지 않으면 화천(火天)[3]에서부터 상교(霜郊)[4] 이전까지 혹 잠룡(潛龍)[5]이 그 사이에다 독을 축적했을 수도 있다. 마시는 사람이 물길을 터서 그 나쁜 기운을 흘려보내고 새로 솟은 샘

水品

山水上, 江水中[1], 井水下. 其山水揀乳泉、石池漫流者上, 其瀑湧湍激[2], 勿食之. 久食令人有頸疾. 又多別流於山谷者, 澄浸不洩, 自火天至霜郊以前, 或潛龍蓄毒於其間. 飮者可決之, 以流其惡, 使新泉涓涓, 然後酌之. 其江水, 取去人遠者;井[3], 取汲多者.《茶經》

---

1 유천(乳泉): 종유석에서 떨어지는 샘물.《임원경제지 상택지》권1〈집터 살피기〉"물과 흙" '샘물의 품등'에 "유천(乳泉)은 종유석에서 떨어지는, 산골(山骨, 산의 골격)의 정수(精髓)이다. 이 샘물 빛은 맑고 투명하고, 묵직하며, 감로수처럼 매우 달고 향기롭다. (乳泉, 石鍾乳山骨之膏髓也. 其泉色白而體重, 極甘而香, 若甘露也)"라 했다.

2 폭포수……때문이다:《임원경제지 인제지》권20〈영류(癭瘤)〉"형증" '원인'에도 이 대목을 인용하여, 세차게 부딪치며 흐르는 물이 영(癭)을 생기게 한다고 말했다.

3 화천(火天): 금화천(禁火天)의 약칭으로, 한식(寒食)을 말한다. 양력 4월 5일 무렵이다.

4 상교(霜郊): 들판에 서리가 내리는 시기로, 상강(霜降)를 말한다. 양력 10월 24일 무렵이다.

5 잠룡(潛龍): 원래는 승천하기 전의 용, 혹은 양기가 숨은 것을 가리키나 여기서는 뱀·거북 등의 파충류나 벌레 종류를 말한다.

[1] 中:《茶經·五之煮》에는 "次".

[2] 激:《茶經·五之煮》에는 "漱".

[3] 井: 저본에는 "幷". 오사카본·《茶經·五之煮》에 근거하여 수정.

물이 졸졸 흐르게 한 후에 떠야 한다. 강물은 사람들로부터 멀리 떨어져 있는 물을 취하고, 우물물은 길어가는 사람이 많은 물을 취해야 한다. 《다경(茶經)6》7

폭포수가 비록 수량이 풍부하더라도 먹을 수는 없으니 흩뿌리고, 부딪치고, 흔들리고, 요동치며 물맛이 이미 크게 변해서, 물의 참된 성질을 잃었기 때문이다. '폭(瀑)'이라는 글자는 '수(水, 물)'자와 '폭(暴, 사납다)'자가 합쳐진 글자이니, 여기에는 대개 깊은 뜻이 있다. 내가 일찍이 폭포수의 상류 근원을 살핀 적이 있는데, 모두 여러 물줄기가 모여 합치는 곳에서 흘러가는 입구에 높은 절벽이 있어, 비로소 물이 드리워져 폭포가 되니, 하나의 원천에서 하나로 흘러 폭포가 되는 경우는 없었다. 원천이 많으면 곧 물줄기가 섞이게 되니, 좋은 물이 아닌 것을 알 수 있다. 《수품(水品)8》9

瀑布水雖盛, 至不可食, 汎激撼盪, 水味已大變, 失眞性矣. 瀑字, 從水從暴, 蓋有深義也. 余嘗攬瀑水上源, 皆派流會合處, 出口有峻壁, 始垂挂爲瀑, 未有單源隻流如此者. 源多則流雜, 非佳品可知.《水品》

폭포수는 비록 먹을 수는 없으나, 흘러 하류의 못에 이르러서, 멈추어 오랫동안 고여 있던 물은 더 이상 그 성질이 폭포수와 같지 않다. 《수품》10

瀑水雖不可食, 流至下潭, 停④滙久者, 復與瀑者不類. 同上

---

6 다경(茶經) : 중국 당(唐)나라의 차 이론가인 육우(陸羽, 733~804)가 평생 차에 대해 연구하여 차의 유래와 달이는 법, 차에 딸린 도구를 다룬 차 전문서. 3권.

7 《茶經》卷下〈五之煮〉(《中國茶書全集校證》1, 22쪽).

8 수품(水品) : 중국 명(明)나라의 서헌충(徐獻忠, 1483~1559)이 지은 다서(茶書). 물에 대하여 원(源)·청(淸)·류(流)·감(甘)·한(寒)·품(品)·잡설(雜說)로 나누어 논하고 여러 종류의 물에 대하여 상술하였다.

9 《水品》卷上〈一源〉(《中國茶書全集校證》2, 700쪽).

10 《水品》, 위와 같은 곳.

④ 停 :《水品·一源》에는 "渟".

모래흙에서 솟는 샘물은 그 기세가 성대하게 솟아오르지만 혹 그 아래 구멍이 바다의 맥과 통하기도 하니 이럴 경우에는 좋은 물이 아니다. 《수품》[11]

泉出沙土中者, 其氣盛涌, 或其下空洞, 通海脈, 此非佳水. 同上

물은 유액(乳液)[12]이 상등이다. 유액은 반드시 맛이 달고, 무게를 재면 유독 다른 물보다 무겁다. 《수품》[13]

水以乳液爲上. 乳液必甘, 稱之獨重于他水. 同上

샘물 중에는 흐름을 막아 오염물이 쌓여서 혹 안개가 자욱하고 구름이 짙은 듯 밑바닥이 보이지 않는 물이 가장 나쁘다. 만약 차가운 계곡이 맑고 아름다우며, 성질과 기운이 맑고 윤택하면, 반드시 안에 빛을 머금어 사물의 그림자를 맑게 비추니, 이러한 물이 가장 좋은 물이다. 《수품》[14]

泉有滯流積垢, 或霧翳雲蓊, 有不見底者, 大惡. 若冷谷澄華, 性氣淸潤, 必涵內光, 澄物影, 斯上品爾. 同上

샘은 단맛이 나는 샘물이 상등이다. 물에서 단맛이 나면 무게를 재었을 때 반드시 무거운데 그 까닭은 물이 유래한 곳이 멀고 깊어서 그렇게 된 것이다.

泉以甘爲上. 泉甘者, 稱之必重厚, 其所由來者遠大使然也.

【안】《태서수법(泰西水法)》[15]에 수질 시험하는 법이 있는데, "아무 맛이 없는 물이 참된 물이다. 일반적으로 맛은 모두 외부로부터 더해진 것이다. 그러므로 물을 시험할 때는 담백함을 주로 삼는다."[16]라

【案】《泰西水法》有試水美惡法, 云: "無味者眞水. 凡味皆從外合之, 故試水以淡爲主." 又云: "以一器更

11 《水品》卷上〈一源〉(《中國茶書全集校證》2, 701쪽).

12 유액(乳液): 종유석에서 나온 샘물로, 유천(乳泉)을 말한다.

13 《水品》, 위와 같은 곳.

14 《水品》卷上〈二淸〉(《中國茶書全集校證》2, 702쪽).

15 태서수법(泰西水法): 수학·천문학·역학·수리학(水理學)에 능통하여 천문과학 지식 보급에 공헌한 이탈리아 나폴리 출생의 예수회 선교사 우르시스(熊三抜, Ursis, Sabbathino de, 1575~1620)가 구술하고 서광계(徐光啟)가 쓴 농업 수리기술 전문서. 《임원경제지 본리지》 권13에서 수차인 용미차·옥형차·항승차를, 《임원경제지 섬용지》 권1에서 수고(水庫, 물 저장고)를 소개하면서 인용하기도 했다.

16 아무……삼는다:《泰西水法》卷4〈水法附餘〉"試水美惡辨水高下其法有五" '第三味試'(《徐光啟全集》5, 334쪽).

했다. 또 "그릇 하나에 번갈아 물을 떠서 무게를 재는데, 무게가 가벼우면 상등이다."[17]라 했다. 《건륭어제집(乾隆御製集)》에 "물은 가벼운 물이 귀한데, 일찍이 은으로 구기[斗, 자루가 달린 용기]를 만들어서, 옥천(玉泉)[18] 물의 1구기 무게 1냥(兩)[19]과 비교해 보니, 오직 북쪽 변경 이손(伊遜)[20]의 물이 그나마 여기에 견줄 만하고, 제남(濟南)[21]의 진주천(珍珠泉)[22]과 양자강(楊子江)의 중냉천(中冷泉)[23]은 모두 옥천의 물에 비하여 1~2리(釐)[24] 정도 더 무거웠다. 혜산천(惠山泉)[25]·호포천(虎跑泉)[26]·평산천(平山泉)[27]의 물은 그보다도 더 무거웠다. 옥천의 물보다 가벼운 물은 오직 눈 녹인 물과 연잎에 맺힌 이슬뿐이었다."[28]라 했으니, 본문의 내용은 이곳의 언급과 상반된다.】《수품》[29]

酌而稱之. 輕者爲上."《乾隆御製集》, "水以輕爲貴, 嘗製銀斗, 較玉泉水斗重一兩, 惟塞上伊遜水尙可埒, 濟南 珍珠泉、楊子 中冷, 皆較重一二釐. 惠山、虎跑、平山則[5]更重. 輕於玉泉者, 惟雪水、荷露."與此相反.】同上

---

17 그릇……상등이다:《泰西水法》卷4〈水法附餘〉"試水美惡辨水高下其法有五" '第四稱試'(《徐光啓全集》5, 334쪽).

18 옥천(玉泉):중국 북경 이화원(頤和園) 서쪽에 있는 샘물. 샘이 맑고 투명하여 옥과 같다 하여 붙은 지명이다. 천하제일천(天下第一泉)으로 불리며 연경팔경(燕京八景)의 한 곳이다.

19 1냥(兩):청나라 도량형으로, 약 37.3g에 해당한다.

20 이손(伊遜):중국 하북성 승덕시(承德市)에 있는, 청나라 황제들의 여름 별장 피서산장(避暑山莊) 일대의 이손하(伊遜河).

21 제남(濟南):중국 산동성(山東省)의 성도(省都). 태산의 북쪽, 황하의 남쪽에 위치.

22 진주천(珍珠泉):중국 제남 옛성의 중심에 있는, 제남의 3대 명천의 하나.

23 중냉천(中冷泉):중국 양자강 하류 강소성(江蘇省) 진강(鎭江)에 위치한 이름난 샘.

24 1~2리(釐):리는 무게 단위로 푼[分]의 10분의 1이며, 양(兩)의 1,000분의 1이다.《어제시집(御製詩集)》에서는 2~3리로 되어 있다.

25 혜산천(惠山泉):중국 강소성(江蘇省) 무석현(無錫縣)의 혜산사(惠山寺)에 있는 이름난 암반 샘물. 육우(陸羽)는 혜산천을 가리켜 '천하제이천(天下第二泉)'이라 했다.

26 호포천(虎跑泉):중국 절강성(浙江省) 항주(杭州) 서호(西湖)의 남서쪽에 위치한 이름난 샘.

27 평산천(平山泉):중국 양자강 하류 강소성(江蘇省) 양주(揚州)에 위치한 이름난 샘. 진강(鎭江)과 강을 사이에 두고 마주한다.

28 물은 가벼워……이슬뿐이었다:《御製詩集》3集 卷32〈古今體一百十六首〉"荷露烹茶"(《文淵閣四庫全書》1305, 741쪽).

29 《水品》卷上〈四甘〉(《中國茶書全集校證》2, 703쪽).

5 則:저본에는 "前". 규장각본에 근거하여 수정.

혜산천의 전경

샘물이 짙푸르지 않거나 차갑지 않으면 모두 하품이다. 《주역》에 이르길, "우물이 깨끗하고 차가운 샘물이라야 먹는다."[30]라 했으니, 우물물은 차가운 물을 상품으로 친다는 사실을 알 수 있다. 《수품》[31]

맛이 달고 차가운 샘물은 대부분 향기로우니, 기운이 비슷한 것들은 서로 따르기 때문이다. 《수품》[32]

처음 솟아 나오는 곳의 샘물은 매우 담박한데, 산의 바깥 기슭에서 나오는 물은 점차 달아진다. 이 물이 흘러서 바다에 이르면 단맛은 저절로 짠맛을 낸다. 그러므로 길어놓은 물을 오랫동안 두면 물맛도 변한다. 《수품》[33]

泉水不紺寒, 俱下品. 《易》謂"井洌寒泉食", 可見井泉以寒爲上. 同上

泉水甘寒者多香, 其氣類相從爾. 同上

水泉初發處甚澹, 發于山之外麓者, 以漸而甘. 流至海, 則自甘而作醎矣. 故汲者持久, 水味亦變. 同上

---

30 우물이……먹는다: 산풍정(山風井)괘 구오(九五)의 효사(爻辭)이다. 《周易正義》 卷5 〈井〉《十三經注疏整理本》1, 236쪽)에 있다.

31 《水品》 卷上 〈五寒〉(《中國茶書全集校證》2, 704쪽).

32 《水品》, 위와 같은 곳.

33 《水品》 卷上 〈一源〉(《中國茶書全集校證》2, 701쪽).

육우가 물에 대해 논한 내용은 지극히 정확하나, 다만 폭포수는 목에 병이 생기게 할 뿐 아니라 독기가 있는 거품도 많으므로 우려할 만하다. 육우가 "맑고 고요하며 흐르지 않으면"이라 했는데, 이것은 용담수(龍潭水)이다. 비록 그 나쁜 기운을 내보냈다 해도, 또한 먹을 수 없다. 《수품》[34]

陸處士論水至確, 但瀑水不但頸疾, 故多毒沫, 可慮. 其云, "澄寂[6]不洩", 是龍潭水, 雖出其惡, 亦不可食. 同上

우물물은 깊게 고여 있는 땅속의 음맥이므로 자연적으로 나오는 산속 샘물과 다르다. 우물물을 마시면 뱃속에 뭉쳐서 쉽게 배가 부르다. 우물물로 약을 끓이면 발산하고 잘 통할 수 없기 때문에, 피하는 것이 좋다.

육우가 "우물물은 길어가는 사람이 많은 곳에서 떠야 한다."라 한 말은 다만 샘물이 부족한 곳에서나 해당될 뿐이다. 우물물은 본래 품등에 들지 않기 때문이다. 《수품》[35]

井水淳泓地中陰脈, 非若山泉天然出也. 服之, 中聚易滿. 煮藥物, 不能發散流通, 忌之可也.

陸處士云 "井, 取汲多者", 止自乏泉處可爾. 井, 故非品. 同上

샘물을 먼 곳으로 옮겨갈 때, 이틀 밤이 지나면 좋은 물이 아니다. 방법에 따라 샘물 속의 자갈을 가져다가 물에 넣어 기운을 보충하게 하면 맛이 변하지 않을 수 있다. 《수품》[36]

移泉水遠去, 信宿之後, 便非佳液. 法取泉中子石養之, 味可無變. 同上

---

34 《水品》卷上〈六品〉(《中國茶書全集校證》2, 705쪽).
35 《水品》卷上〈三流〉(《中國茶書全集校證》2, 702~703쪽);《水品》卷上〈六品〉(《中國茶書全集校證》2, 705쪽).
36 《水品》卷上〈七雜說〉(《中國茶書全集校證》2, 706쪽).
[6] 寂:《茶經·五之煮》에는 "浸".

석류(石流)에서 석(石)은 산의 **뼈**이고, 류(流)는 물의 흐름이다. 산이 기를 펼쳐서 만물을 낳으니, 기가 펼쳐지면 맥이 길어진다. 그러므로 《다경》에서 "산에서 나는 물이 상등이다."라 했다.

강수(江水)에서 강(江)은 공공성을 띠었다는 뜻이다. 여러 물이 함께 그 속으로 들어오기 때문이다. 물이 함께 모이면 맛이 섞인다. 그러므로 "강물이 중등이다."라 했고, 거기서 "사람들로부터 멀리 떨어져 있는 강물을 취해야 한다."라 했으니, 대개 강물이 사람들로부터 멀리 떨어져 있으면 맑고 깊어서 다른 물이 뒤섞여 혼탁해지는 일이 없기 때문이다.

정수(井水)에서 정(井)은 맑음이니, 샘 중에 맑고 깨끗한 물이다. 정은 또한 통함이니, 모두가 두루 쓰기 때문이다. 또한 정은 법이며 절제함이니, 집안 사람들을 법으로 규제하여 먹고 마시기를 절제하도록 하면 물이 다하여 없어지는 경우가 없다. 우물물의 맑음이라는 특성은 음(陰)이라는 속성에서 나왔고, 통함이라는 특성은 혼탁함이라는 속성으로 들어가기 때문에, 그 법과 절제함은 부득이한 데서 말미암는다. 절제하지 않으면 결국 수맥은 어두워지고 맛은 통하지 않게 된다. 그러므로 "우물물이 하등이다."라 했다. 거기서 "우물물은 길어가는 사람이 많은 곳에서 떠야 한다."라 한 말은 대개 우물물에 기가 통하고 흐름이 살아 있기 때문이다. 하지만 결국

石, 山骨也 ; 流, 水行也. 山宣氣以産萬物, 氣宣則脈長, 故曰"山水上".

江, 公也, 衆水共入其中也. 水共則味雜, 故曰"江水中", 其曰"取去人遠者", 蓋去人遠, [7] 則澄深而無盪瀁之灘耳.

井, 清也, 泉之清潔者也. 通也 [8], 物所通用者也. 法也, 節也, 法制居人, 令節飲食, 無窮竭也. 其清出于陰, 其通入于淆, 其法節由于不得已. 脈暗而味滯, 故曰"井水下", 其曰"井取汲多者", 蓋氣通而流活耳. 終非佳品, 勿食可也.《煮泉小品》

---

[7] 者……遠 : 저본에는 없음. 오사카본·규장각본에 근거하여 보충.
[8] 通也 : 저본에는 없음.《煮泉小品·江水》에 근거하여 보충.

좋은 품등이 아니니, 먹지 않는 것이 좋다.《자천소
품》[37]

눈[雪]은 하늘과 땅의 한기(寒氣)가 쌓인 것이다.
도곡(陶穀)[38]은 눈 녹인 물을 가져다가 단차(團茶)[39]를
끓였고, 정위(丁謂)[40]는《차를 끓이다[煎茶]》라는 시에
서 "차를 아끼고 아껴 책 상자에 감추고, 고이고이
간직하여 눈 내리기를 기다리네."[41]라 했다. 이허기
(李虛己)[42]는《건다(建茶)[43]를 학사에게 바치다[建茶呈學

雪者, 天地之積寒也. 陶穀
取雪水烹團茶, 而丁謂《煎
茶》詩, "痛惜藏書篋, 堅留
待雪天." 李虛己《建茶呈
學士》詩, "試將梁苑雪, 煎
動建溪春⑨." 是雪尤宜茶

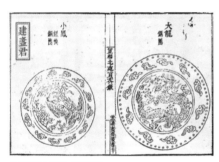

《선화북원다록(宣和北苑茶錄)》

용봉단차

---

37 《煮泉小品》〈石流〉(《中國茶書全集校證》2, 677쪽);《煮泉小品》〈江水〉(《中國茶書全集校證》2, 684쪽);
　　《煮泉小品》〈井水〉(《中國茶書全集校證》2, 685쪽).

38 도곡(陶穀): 903~970. 중국 송나라의 학자·관리. 자는 수실(秀實). 후주(後周) 때 한림학사(翰林學士)로
　　있다가 북송 건국 후 예부·형부·호부의 상서(尙書)를 역임했다. 저서로《청이록(淸異錄)》이 있다.

39 단차(團茶): 둥글고 굳게 성형하여 만든 차로, 당대의 병차(餠茶)가 오대와 송에 이르면서 단차로 불렸다.
　　정위(丁謂)가 복건(福建)의 전운사(轉運使)로 있을 때 황제에게 진상하기 위해서 만든 용봉단차(龍鳳團茶)
　　가 유명하다.

40 정위(丁謂): 966~1037. 북송 초기의 재상. 처음의 자(字)는 위지(謂之)이고, 뒤에 공언(公言)으로 고쳤다.
　　진종(眞宗) 때 승상(丞相) 구준(寇準)을 배척하였으나, 인종 때 애주(崖州)로 쫓겨나 죽었다. 노다손(盧多
　　遜)과 함께 북송의 대표적인 간신(奸臣)으로 꼽힌다. 차 관련 저서로는《건안다록(建安茶錄)》이 있다.

41 차를……기다리네:《瀛奎律髓》卷十八〈茶類〉"五言"《文淵閣四庫全書》1366, 211쪽).

42 이허기(李虛己): ?~?. 중국 송나라 관리. 자는 공수(公受). 진사 출신으로 상서공부시랑(尙書工部侍郎)을
　　역임했다. 저서로《아정집(雅正集)》10권이 있다.

43 건다(建茶): 중국 복건성(福建省)에 있는 건계(建溪)에서 생산되어 공차(貢茶, 매년 황제에게 진상하는
　　차)로 선정된 차. 건계춘(建溪春)이라고도 한다.

⑨ 春:《煮泉小品》에는 "雪".

원강(袁江)의 〈양원비설도(梁園飛雪圖)〉(타이베이 고궁박물원)

土]》라는 시에서 "양원(梁苑)⁴⁴의 눈을 시험 삼아 가져다가, 건계춘(建溪春)을 끓이리."⁴⁵라 했다. 이처럼 눈은 차 마시기에 더욱 알맞은데도 육우가 눈을 찻물 중의 말단으로 놓은 이유는 무엇인가? 아마 맛이 너무 부드럽지 않기 때문이리라! 너무 차서 그렇다고

飮也, 處士列諸末品, 何耶? 意者以其味之燥乎! 若言太冷, 則不然矣. 同上

---

44 양원(梁苑): 서한(西漢)의 양효왕(梁孝王)이 세운 동원(東園)으로 옛터가 지금의 하남성(河南省) 개봉시(開封市) 동남쪽에 있는데, 원림의 규모가 굉장하여 사방이 300여 리나 되며 궁실이 서로 잇달아 있다. 양효왕이 그 안으로 빈객들을 불러들여서 놀았는데, 당시의 명사들인 사마상여(司馬相如)·매승(枚乘)·추양(鄒陽) 등이 노닐었다고 한다.

45 양원(梁苑)의……끓이리: 《瀛奎律髓》卷十八〈茶類〉"五言"(《文淵閣四庫全書》1366, 212~213쪽).

말한다면 그건 그렇지가 않다. 《자천소품》⁴⁶

비는 음양의 조화이고 천지의 시혜이니, 물이 구름에서 내려와 계절을 도와 만물을 낳고 기르는 것이다. 잔잔한 바람과 함께 내리는 순한 비와 밝은 구름에서 내리는 단비는 진실로 먹을 만하다. 예를 들어 용이 지나가며 뿌린 비, 사납게 계속 내리는 비, 가뭄 끝에 내리는 소나기, 비린내 나는 검은 비, 낙숫물은 모두 먹을 수 없다. 《자천소품》⁴⁷

샘이 멀리 떨어져 있으면 스스로 물을 길어올 수 없으므로, 성실한 산골 아이를 보내어 물을 길어오게 해야 석두성(石頭城)⁴⁸ 아래에서 물을 떠온 속임을 면할 수 있다.⁴⁹ 소식(蘇軾)은 옥녀하(玉女河)⁵⁰의 물을 매우 좋아해서, 승려에게 조수부(調水符)⁵¹를 교부해 주고 그 물을 길어오게 했다.⁵² 일찍이 증기(曾幾)⁵³는

雨者, 陰陽之和, 天地之施, 水從雲下, 輔時生養者也. 和風<u>10</u>順雨, 明雲甘雨, 固可食. 若夫龍所行者, 暴而霆者, 旱而凍者, 腥而墨者及檐溜者, 皆不可食. 同上

去泉遠者, 不能自汲, 須遣誠實山童取之, 以免石頭城下之僞. 蘇子瞻愛玉女河水, 付僧調水符取之. 曾茶山謝送惠山泉詩, "舊時水遞費經營". 同上

---

46 《煮泉小品》〈靈水〉(《中國茶書全集校證》2, 683쪽).

47 《煮泉小品》, 위와 같은 곳.

48 석두성(石頭城) : 중국 강소성(江蘇省) 남경(南京) 청량산(淸涼山) 일대에 있는 옛 성(城). 삼국시대 오(吳)나라의 손권(孫權)이 처음 쌓았다.

49 샘이……있다 : 중국 당나라 재상 이덕유(李德裕, 787~849)가 지인에게 금산(金山) 아래의 양자강 남령수(南零水) 1병을 부탁했는데, 부탁받은 사실을 석두성 아래에 이르러서야 깨달은 그 지인이 강물을 떠다 주었으나 이덕유가 마시고 남령수가 아님을 바로 알아맞힌 고사를 말한다. 《續茶經》卷下之上〈五之煮〉(《中國茶書全集校證》4, 1733쪽) 참조.

50 옥녀하(玉女河) : 중국 섬서성 주지현(周至縣) 남쪽 선유담(仙游潭)에 있는 옥녀동(玉女洞)의 물.

51 조수부(調水符) : 소식이 대나무를 쪼개서 중흥사(中興寺)의 승려에게 교부한 부절. 이로써 동자가 옥녀동의 물을 속이지 않고 떠올 수 있도록 나머지 반쪽의 부절을 주어서 확인하게 했다.

52 《東坡詩集註》卷26〈泉石〉(《文淵閣四庫全書》1109, 495쪽).

53 증기(曾幾) : 1084~1166. 중국 송(宋)나라의 문신·문인. 호는 다산거사(茶山居士). 육유(陸游)의 스승으로, 금(金)과의 척화를 주장하다 화친을 주장하는 간신 진회(秦檜)의 노여움을 사서 파직되었다가 다시 기용되어 권예부시랑(權禮部侍郎) 등을 역임하였다.

<u>10</u> 風 : 저본에는 "氣". 오사카본·규장각본·《煮泉小品》에 근거하여 수정.

혜산천(惠山泉)의 물을 보내온 일에 감사하며 쓴 시에
서, "옛날에 물을 배달하는 데는 정성을 많이 들였
네."[54]라 했다. 《자천소품》[55]

물을 옮기면서 물에 돌을 넣어 물을 정수하면 또
한 요동치는 과정에서 생기는 탁한 찌꺼기를 없앨
수 있다. 그러나 그 맛은 요동칠수록 더욱 감소할 것
이다. 《자천소품》[56]

移水而以石洗之, 亦可以去
其搖盪之濁滓. 若其味則
愈揚[11]愈減矣. 同上

물을 옮길 때 자갈을 취하여 물병 속에 두면, 물
맛을 좋게 하고 물을 맑게 하여 흐려지지 않게 한
다. 황정견(黃庭堅)[57]의 《혜산천(惠山泉)》이란 시에서
"석곡(錫谷)의 차가운 샘물에 자갈도 갖추어"[58]라 하
니, 바로 이것이다. 《자천소품》[59]

移水, 取石子置瓶中, 雖養
其味, 亦可澄水, 令之不
淆. 黃魯直《惠山泉》詩,
"錫谷寒泉擁石俱"是也. 同
上

샘물을 길어오는 거리가 멀면 반드시 원래의 물
맛을 잃는다. 당경(唐庚)[60]이 "차는 단차(團茶)인지 과

汲泉道遠, 必失原味. 唐
子西云:"茶不問團、銙, 要

---

54 옛날에⋯⋯들였네:《茶山集》卷6〈七言律詩〉"吳傳朋送惠山泉兩瓶並所書石刻"《文淵閣四庫全書》1136,
527쪽).

55 《煮泉小品》〈緖談〉(《中國茶書全集校證》2, 686쪽).

56 《煮泉小品》, 위와 같은 곳.

57 황정견(黃庭堅):1045~1105. 중국 송(宋)나라의 시인·서예가. 자는 노직(魯直), 호는 산곡도인(山谷道
人)·부옹(涪翁). 소식과 함께 소황(蘇黃)으로 불리는 송나라의 대표적 시인으로, 글씨도 뛰어나 채양(蔡
襄)·소식·미불과 함께 북송 4대가의 한 사람으로 불린다. 문집으로 《예장황선생문집(豫章黃先生文集)》
30권 등이 있다.

58 석곡(錫谷)의⋯⋯갖추어:《山谷集》卷2〈古詩五十一首〉"謝黃從善司業寄惠山泉"《文淵閣四庫全書》1113,
19쪽).

59 《煮泉小品》, 위와 같은 곳.

60 당경(唐庚):1071~1121. 중국 북송의 시인. 자는 자서(子西). 글을 정밀하게 짓고 당시 정세에 통달했다.
소동파(蘇東坡)와 인연이 있고 글 솜씨와 풍류를 겸비했으므로 소동파(小東坡)라 칭해졌다. 저서로 《당자
서집(唐子西集)》 10권이 있다.

[11] 愈揚: 저본에는 없음. 오사카본·규장각본·《煮泉小品·緖談》에 근거하여 보충.

차(銙茶)[61]인지를 불문하고 햇차를 귀하게 여긴다. 물은 강물인지 우물물인지를 불문하고 생기 있는 물을 귀하게 여긴다."[62]라 했다. 《자천소품》[63]

일반적으로 샘물이 달지 않으면, 차 맛의 엄밀함을 떨어뜨릴 수 있다. 그러므로 옛사람들이 물의 선택을 가장 중요하게 여겼다. 《다보》[64]

우물물이 게알로 담근 게장 같이 누렇거나 혼탁하거나 맛이 짜거나 쓰면 모두 사용하지 말아야 한다. 《다보》[65]

소순원(蘇舜元)[66]과 채양(蔡襄)[67]이 차 맛을 겨뤘는데, 채양이 혜산천의 물을 사용하자, 소순원의 차 맛이 다소 뒤떨어졌다. 하지만 소순원이 죽력수(竹瀝水)[68]로 바꿔서 차를 끓이자 마침내 이길 수 있었다. 《가우잡지(嘉祐雜志)[69]》[70]

之貴新；水不問江、井，要之貴活."同上

凡水泉不甘，能損茶味之嚴. 故古人擇水最爲切要. 《茶譜》

井水如蟹黃、混濁、鹹苦者，皆勿用. 同上

蘇才翁與蔡君謨鬪茶，蔡用惠山泉，蘇茶少劣，改用竹瀝水煎，遂能取勝. 《嘉祐雜志》

---

61 과차(銙茶) : 북송 선화(宣和) 연간(1119~1125)에 좋은 찻잎을 골라 혁대 버클 모양으로 성형한 차.
62 차는……여긴다 : 《眉山文集》卷2〈記〉 "鬪茶記"(《文淵閣四庫全書》1124, 334쪽).
63 《煮泉小品》, 위와 같은 곳.
64 《茶譜》〈煎茶四要〉(《中國茶書全集校證》2, 662쪽).
65 《茶譜》, 위와 같은 곳.
66 소순원(蘇舜元) : 1006~1054. 중국 북송의 문인. 자는 재옹(才翁) 또는 자옹(子翁). 성질이 사나워 기질대로 행동했고, 지은 시가(詩歌)들이 아주 거칠고 굳세며, 초서를 특히 잘 썼다.
67 채양(蔡襄) : 1012~1067. 중국 북송의 문인·서예가·다학자(茶學者). 자는 군모(君謨). 서법은 안진경(顏眞卿)의 영향을 받은 호방한 필치로 유명하며, 소식(蘇軾)·미불(米芾)·황정견(黃庭堅)과 더불어 북송 4대가(四大家)의 한 사람으로 꼽힌다. 저서로《단명집(端明集)》·《다록(茶錄)》·《여지보(荔枝譜)》등이 있다.
68 죽력수(竹瀝水) : 대나무의 수액을 말한다. 일설에는 중국 절강성(浙江省)에 있는 천태산(天台山)에서 나는 샘물을 대나무 줄기의 마디를 뚫어 긴 통처럼 연결하여 끌어온 물이라고도 한다.
69 가우잡지(嘉祐雜志) : 북송의 강휴복(江休復, 1005~1060)이 당시의 일사(逸事)와 잡설을 모아 놓은 책이다. 강휴복은 소순원(蘇舜元)의 동생 소순흠(蘇舜欽)과도 교유했다. 《인기잡지(隣幾雜志)》·《강인기잡지(江隣幾雜志)》라고도 한다.

문징명(文徵明)의 〈혜산다회도(惠山茶會圖)〉 - 혜산의 물맛이 좋아 예로부터 이곳은 차를 마시러 오는 문인들이 많았고, 화가들은 이를 소재로 한 그림을 즐겨 그렸다.

차를 끓일 때에는 단 샘물이 좋고, 그다음이 매우수(梅雨水)[71]이다. 매우는 자양분이 되는 기름과 같아, 만물이 이에 의뢰하여 자라니 그 맛이 유독 달다. 매우가 그친 뒤의 빗물은 곧 마시기에 적당하지 않다. 《다해(茶解)[72]》[73]

烹茶宜甘泉, 次梅水. 梅雨如膏, 萬物賴以滋養, 其味獨甘, 梅後便不堪飮. 《茶解》

차를 끓이는 데에 물의 공이 6/10을 차지한다. 샘물이 없으면 빗물이나 눈을 사용하는데, 가을비가 가장 좋고, 매우(梅雨)가 그다음이다. 가을비는 차갑고 깨끗하며, 매우는 맑고 깨끗하다. 눈 녹은 물은 오곡의 정수이므로 물빛이 깨끗할 수가 없다. 《나개다기(羅岕茶記)[74]》[75]

烹茶, 水之功居六. 無泉則用天水, 秋雨爲上, 梅雨次之. 秋雨洌而白, 梅雨醇而白. 雪水, 五穀之精也, 色不能白. 《羅岕茶記》

---

70 출전 확인 안 됨 ; 《御定佩文齋廣群芳譜》卷18 〈茶譜〉 "茶一"(《文淵閣四庫全書》845, 602쪽).

71 매우수(梅雨水) : 매실(梅實)이 익을 무렵에 오는 긴 장마의 빗물.

72 다해(茶解) : 중국 명나라 나름(羅廩)이 17세기 초에 지은 다서. 1권. 이상적인 차 재배방법을 다뤘고, 차를 만들고 즐기면서 각 지방을 돌며 얻은 직접적인 경험과 차 전문가들과의 깊은 교류를 통해서 마시기·보관·차 도구·금기 등에 대한 생생한 내용을 담았다.

73 《茶解》〈水〉(《中國茶書全集校證》2, 821쪽).

74 나개다기(羅岕茶記) : 중국 명나라 웅명우(熊明遇, 1579~1649)가 나개차에 대해 쓴 다서. 나개차는 절강성(浙江省) 호주시(湖州市) 장흥현(長興縣)에서 생산되며, 개차(岕茶) 또는 양선차(陽羨茶)라고도 한다.

75 《羅岕茶記》(《中國茶書全集校證》2, 810쪽).

2) 땔감의 품등

찻물을 끓이는 불은 숯을 사용하되, 차선책으로는 단단한 땔감을 사용한다.【뽕나무·회화나무·오동나무·상수리나무 종류를 말한다.】【안 뽕나무 땔감·오동나무 땔감은 불꽃이 가장 일어나지 않는 것들인데, 지금 이와 같이 말한 까닭을 잘 알지 못하겠다.】숯을 사용할 때에는 고기를 구운 적이 있어 고기 냄새나 기름이 스며든 것 및 진액이 많은 나무나 패기(敗器)를 쓰지 않는다.【고목은 잣나무·계수나무·전나무이다. 패기는 오래 써서 삭아버린 목기이다.】옛사람들이 "노신(勞薪)[76]의 맛"이 있다고 했으니, 믿을 만하구나!《다경》[77]

차는 약한 불에 굽되, 찻물은 활화(活火)로 끓여야 한다. 활화란 불꽃이 살아 있는 숯불을 말한다.《다보》[78]

모든 나무로 찻물을 끓일 수 있으니 비단 숯으로만 끓일 수 있는 것은 아니다. 하지만 옥차(沃茶)[79]의 찻물만은 숯이 아니면 안 된다. 다가(茶家)들에게도 법과 규칙이 있으니, 물은 고여 있는 것을 피하고, 땔감은 연기 나는 것을 피한다. 규칙을 어기고 법을

薪品

其火, 用炭, 次用勁薪.【謂桑、槐、桐、櫪[12]之類也.】【案 桑薪、桐薪最不起焰, 今乃云然, 未可知.】其炭, 曾經燔炙, 爲膻膩所及, 及膏木、敗器不用之.【膏木, 爲柏、桂、檜也. 敗器, 爲朽廢器也.】古人有勞薪之味, 信哉!《茶經》

茶須緩火炙, 活火煎. 活火, 謂炭火之有焰者.《茶譜》

凡木可以煮湯, 不獨炭也. 惟沃茶之湯, 非炭不可. 在茶家亦有法律, 水忌停, 薪忌薰. 犯律踰法, 湯乖則茶殆矣.《十六湯品》

---

76 노신(勞薪): 그릇이나 수레바퀴 등 다른 용도로 이미 사용했던 나무를 땔감으로 삼은 것.
77 《茶經》卷下〈五之煮〉(《中國茶書全集校證》1, 22쪽).
78 《茶譜》〈煮茶四要〉"三候湯"(《中國茶書全集校證》2, 662쪽).
79 옥차(沃茶): 다완에 가루차를 넣고 뜨거운 물을 조금 부어 걸쭉하게 갠 다음 뜨거운 탕의 완급을 조절하며 거품을 내는 차.
12 櫪: 저본에는 "櫪". 오사카본·규장각본·《茶經·五之煮》에 근거하여 수정.

넘어서 찻물을 잘못 끓이면 차 맛을 해친다. 《십육
탕품(十六湯品)80》81

혹 섶나무 중의 약한 불이나, 혹 타다 남은 활기
없는 나무는 비록 다 타더라도 성질은 여전히 들떠
있다. 성질이 들떠 있으면 마지막에 불이 약해질 염
려가 있다. 숯은 그렇지 않으니, 진실로 찻물의 벗이
다. 《십육탕품》82

或柴中之麩火, 或焚餘之
虛炭, 本⑬體雖盡而性且
浮. 性浮則有終嫩之嫌. 炭
則不然, 實湯之友. 同上

차는 본래 신령한 풀이어서, 다른 물질이 닿으면
상하게 된다. 말린 똥을 태운 불이 비록 뜨거워도,
나쁜 성질이 다 없어지지 않았으니, 이 불로 찻물을
끓여 차를 우리면, 좋은 향기와 맛이 감소한다. 《십
육탕품》83

茶本靈草, 觸之則敗. 糞火
⑭雖熱, 惡性未盡, 作湯泛
茶, 減好⑮香味. 同上

댓가지나 나뭇가지를 바람과 햇빛에 말려서 솥의
찻물을 끓여 차병에 따르면 매우 기분이 흡족할 것
이다. 그러나 이런 나무들은 몸체의 성질이 허박(虛
薄)하고 중화(中和)의 기운이 없기 때문에, 찻물을 해
치는 것들이다. 《십육탕품》84

竹篠樹梢, 風日乾之, 燃鼎
附瓶, 頗甚快意. 然體性
虛薄, 無中和之氣, 爲湯之
殘賊也. 同上

---

80 십육탕품(十六湯品): 중국 당나라 소이(蘇廙, ?~?)가 쓴 다서.
81 《淸異錄》卷4〈茗荈〉"十六湯"'第十二法律湯'(《叢書集成初編》2846, 293쪽).
82 《淸異錄》卷4〈茗荈〉"十六湯"'第十三一麪湯'(《叢書集成初編》2846, 293쪽).
83 《淸異錄》卷4〈茗荈〉"十六湯"'第十四宥人湯'(《叢書集成初編》2846, 293~294쪽).
84 《淸異錄》卷4〈茗荈〉"十六湯"'第十五賊湯'(《叢書集成初編》2846, 294쪽).
⑬ 本:《淸異錄·茗荈·十六湯》에는 "木".
⑭ 火: 저본에는 "土".《淸異錄·茗荈·十六湯》에 근거하여 수정.
⑮ 好:《淸異錄·茗荈·十六湯》에는 "耗".

차 맛을 내는 요소는 찻물이 좋고 나쁜 데에 달렸으니, 찻물은 연기를 가장 싫어한다. 섶나무 가지 하나를 땠는데도 짙은 연기가 방안에 가득 차면 또한 어떻게 찻물이 될 것인가! 또한 어떻게 차가 되겠는가! 《십육탕품》[85]

물이 있고 차가 있다 해도 불이 없으면 안 된다. 정말 불이 없다는 것이 아니라 알맞은 불이 있어야 한다는 말이다. 이약(李約)[86]은 "차는 약한 불에 굽되, 찻물은 활화(活火)로 끓여야 한다."라 했는데, 여기서 활화란 불꽃이 살아 있는 숯불을 말한다. 소식(蘇軾)의 시에, "그리하여 활화(活火)로 활수(活水)를 끓여야 하니"[87]라 한 말이 이것이다. 내 생각에 산속에서 항상 숯을 얻을 수는 없고, 게다가 얻는다 해도 활기 없는 숯을 얻을 뿐이니, 마른 소나무가지로 찻물을 끓였을 때의 빼어남만 못하다. 만약 추운 계절에 솔방울을 많이 주워서, 쌓아두고 차를 끓이는 땔감으로 쓴다면 더욱 우아할 것이다. 《자천소품》[88]

3) 찻물의 징후

찻물을 끓일 때 물고기 눈과 같은 물방울이 끓어

調茶在湯之淑慝, 而湯最惡煙. 燃柴一枝, 濃煙蔽室, 又安有湯耶! 又安有茶耶! 同上

有水有茶, 不可無火. 非無火也, 有所宜也. 李約云 "茶須緩火炙, 活火煎", 活火, 謂炭火之有焰者. 蘇軾詩"活火仍須活水烹[16]"是也. 余則以爲山中不常得炭, 且死火耳, 不若枯松枝爲妙. 若寒月多拾松實, 蓄爲煮茶之具更雅. 《煮泉小品》

湯候

其沸如魚目, 微有聲爲一

---

85 《淸異錄》, 위와 같은 곳.
86 이약(李約) : 751?~810?. 중국 당나라의 종실(宗室), 차인(茶人). 농서(隴西) 성기(成紀) 사람. 자는 존박(存博). 병부원외랑(兵部員外郎)을 지내다가 사직하고 은거했으며, 매화 그림을 잘 그렸고, 해서와 예서도 잘 썼다. 저서로 《동표인보(東杓引譜)》가 있다.
87 그리하여……하니 : 《東坡全集》 卷25 〈汲江煎茶〉 (《文淵閣四庫全書》 1107, 359쪽).
88 《煮泉小品》 〈宜茶〉 (《中國茶書全集校證》 2, 682쪽).
16 活……烹 : 《東坡全集·汲江煎茶》에는 "活水還須活火烹".

오르고 물 끓는 소리가 은근하게 나는 상태가 일비(一沸)이다. 솥의 가장자리에 물방울이 솟아나는 샘물처럼 연이어 끓어오르는 상태가 이비(二沸)이다. 물이 솟구치며 파도가 일렁이듯 끓어오르는 상태가 삼비(三沸)이다. 그 이상 끓으면 물의 기운이 노쇠하여 먹을 수 없다.

沸, 緣邊如湧泉連珠爲二沸, 騰波鼓浪爲三沸. 已上水老, 不可食也.

일비[初沸]가 되면 물의 양에 적당하게 맞춰서 소금으로 맛을 조절한다. 이때 맛보고[啜] 남은 물을 버리라는 이유는【철(啜)은 맛보는 일이다. 시(市)와 세(稅)의 반절이다. 또한 시(市)와 열(悅)의 반절이기도 하다.】맛이 없다고[䫂䫃] 소금 한 가지 맛에만 매달리지 말라는 말이 아니겠는가.【앞의 글자[䫂]는 고(古)와 잠(暫)의 반절이고, 뒤의 글자[䫃]는 토(吐)와 람(濫)의 반절로, 이 두 글자는 맛이 없다는 뜻이다.】

初沸則水合量, 調之以鹽味, 謂棄其啜餘,【啜, 嘗也. 市稅反, 又市悅反.】無迺䫂䫃而鍾其一味乎.【上, 古暫反;下, 吐[17]濫反, 無味也.】

제 이비(二沸)에는 끓는 물을 한 표주박 떠내고, 대젓가락으로 끓는 물의 중심을 휘저은 다음, 찻가루 양을 헤아려 끓는 물 중심에 넣는다. 잠시 후, 끓는 물의 기세가 마치 세찬 파도에 물보라 치듯 하면 앞서 한 표주박 떠냈던 물을 붓고 물의 기세를 가라앉혀서 차의 정화[華, 차의 말발(沫餑, 거품)]가 일어나게 한다.

第二沸, 出水一瓢, 以竹筴環激湯心, 則量末當中心而下. 有頃, 勢若奔濤濺沫, 以所出水止之, 而育其華也.

일반적으로 차를 여러 다완(茶碗)[89]에 나누어 따를 때에는 말발(沫餑)이 고르게 나눠지도록 한다.【자서(字書)와 본초서(本草書)에서 발(餑)은 차의 거품을 고르게 한다는 말로, 포(蒲)와 홀(笏)의 반절이라 했

凡酌置諸盌, 令沫餑均.【字書并本草, 餑, 均茗沫也, 蒲笏反.】沫餑, 湯之華也. 華之薄者曰沫, 厚者曰

---

89 다완(茶碗): 차를 마실 때 사용하는 잔 또는 사발.
[17] 吐: 저본에는 "味".《茶經·五之煮》에 근거하여 수정.

다.】말발은 찻물의 정화이다. 엷은 거품을 말(沫)이라 하고, 두꺼운 거품을 발(餑)이라 하며, 미세하고 가벼운 거품을 화(花)라 한다. 거품은 마치 대추꽃이 둥근 연못 위에 둥둥 떠다니는 모습 같고, 또 구불구불한 연못과 굽이진 물가에 푸른 개구리밥이 막 생겨나는 모습 같으며, 또 청량하고 맑은 하늘에 비늘구름이 떠 있는 모습 같다.

차의 말(沫)은 물가에 이끼가 떠 있는 모습 같고, 또 국화꽃이 술잔이나 그릇 속에 떨어진 모습 같다. 차의 발(餑)은 차 찌꺼기를 달여서 끓을 무렵이 되면 거품이 겹쳐서 마치 눈이 쌓인 듯 하얀 모습이다. 《천부(荈賦)90》에 이른바 "눈 쌓인 듯 밝고, 봄꽃 무성한 듯 화사하네."91라 한 말이 있다.

찻가루를 넣고 처음 물이 끓으면 여기에 생긴 거품을 제거한다. 이 거품 위에는92 흑운모(黑雲母)93 같은 흑색 수막(水膜)이 있기 때문이다. 이것을 마시면 맛이 좋지 않다.

이렇게 끓인 첫 번째 차를 '준영(雋永)'이라 한다.【준(雋)은 서(徐)와 현(縣)의 반절, 전(全)과 현(縣)의 반절, 2가지 경우가 있다. 지극히 좋은 맛을 준영이라

餑, 細輕者曰花. 如棗花漂漂然於環池之上, 又如廻潭曲渚靑萍之始生, 又如晴天爽朗有浮雲鱗然.

其沫者, 若綠錢浮於水湄, 又如菊英墮於樽俎之中. 餑者, 以滓煮之, 及沸則重華累沫, 皤皤然若積雪耳.《荈賦》所謂"煥如積雪, 燁若春敷[18]"有之.
第一煮水沸而棄其沫, 之上有水膜如黑雲母. 飮之則其味不正.

其第一者爲"雋永".【徐縣、全縣二反. 至美者曰雋永[19]. 雋, 味也;永, 長也. 味[20]

---

90 천부(荈賦): 중국 진(晉)나라(265~316) 두육(杜毓, ?~?)이 지은 부(賦). 차를 소재로 한 최초의 문학작품이다. 문인들이 스스로 찻잎을 따고 좋은 물을 가려내어 차를 달이는 모습을 묘사하고 있다.

91 눈……화사하네:《藝文類聚》卷82〈草部〉下 "茗"(《文淵閣四庫全書》888, 677쪽).

92 이……위에는: 원문의 '之上'을 옮긴 것으로, '之' 앞에 '沫'이 생략되었다는 설(《中國茶書全集校證》1, 99쪽 주 125번)을 반영했다.

93 흑운모(黑雲母): 화성암·변성암의 주요 조암광물. 운모군에 속하며 검정색을 띤다.

[18] 敷: 저본에는 "敷".《藝文類聚·草部·茗》에 근거하여 수정.

[19] 雋永: 저본에는 없음. 오사카본·규장각본·《茶經·五之煮》에 근거하여 보충.

[20] 味: 저본에는 "史". 문맥에 근거하여 수정.

한다. 준(雋)은 맛이 있다는 뜻이고, 영(永)은 뛰어나다는 뜻이다. 따라서 맛이 뛰어난 상태를 '준영'이라 한다. 《한서(漢書)》에는 "괴통(蒯通)[94]이 〈준영(雋永)〉 20편[95]을 저술했다."[96]라 했다.】 이 물은 숙우(熟盂)[97]에 남겨 모아두었다가 차의 정화를 일으키도록 하고 끓는 물의 기세를 가라앉히는 용도에 대비한다.

좋은 차탕은 첫 번째와 두 번째, 세 번째 잔 순서이다. 네 번째, 다섯 번째 잔 이외에는 갈증이 심한 경우가 아니면 마시지 말아야 한다. 《다경》[98]

찻물은 차의 생명이다. 만약 이름난 차라고 해도 찻물을 너무 오래 끓인다면 평범한 가루차와 맛이 같아질 것이다. 불을 계속 피워 물에 화기가 쌓이면 물의 성질이 다 없어진다. 찻물은 마치 됫박[斗] 속의 쌀이나 저울 위의 생선처럼 높낮이가 수평을 이루어 지나치거나 부족함이 없는 상태를 법도로 삼으니, 이것이 대개 일(一)을 얻어 치우치거나 잡되지 않은 찻물이다.[99] 이를 '득일탕(得一湯)'이라 한다.

長曰"雋永".《漢書》"蒯通著《雋永》二十篇也".】或留熟以貯之, 以備育華救沸之用.

諸第一與第二、第三盌次之. 第四、第五盌外, 非渴甚, 莫之飮.《茶經》

湯者, 茶之司命. 若名茶而濫湯, 則與凡末同調矣. 火積已儲, 水性乃盡. 如斗中米、秤上魚, 高低適平, 無過不及爲度, 蓋一而不偏雜者也. 是名"得一湯".

---

94 괴통(蒯通): ?~?. 중국 한(漢)나라 초기의 변사(辯士). 이름은 철(徹). 이름이 한나라 무제(武帝)의 휘(諱)와 같아 사마천(司馬遷)이 《사기(史記)》에서 그의 이름을 통(通)으로 바꾸어 쓴 이후로 괴통으로 더 많이 알려져 있다.

95 준영(雋永) 20편:《한서(漢書)》에는 "괴통은 전국시대의 세사(說士)들의 권변(權變)에 관해 논하면서 또한 몸소 그들의 설을 정리했다. 모두 81수(首)로, 이를 〈준영〉이라 했다.(通論戰國時說士權變, 亦自序其說, 凡八十一首, 號曰《雋永》)"라 하여 본문에서 말한 20편과 차이가 있다.

96 괴통(蒯通)이……저술했다:《漢書》卷45〈蒯伍江息夫傳〉15, 2167쪽.

97 숙우(熟盂): 끓인 물을 담는 바리.

98 《茶經》卷下〈五之煮〉(《中國茶書全集校證》1, 22~23쪽).

99 대개……찻물이다:《청이록(淸異錄)》에 소개된 《십육탕품(十六湯品)》에서는 본문의 '蓋一而不偏雜者也' 뒤로 '하늘은 일(一)을 얻어 맑아지고, 땅은 일(一)을 얻어 편안해진다는 말과 같이 탕도 일(一)을 얻어 탕의 공을 세울 수 있다.(天得一以淸, 地得一以寧, 湯得一可建湯勳)'는 내용이 이어진다. 본문에서 탕이 일(一)을 얻는다는 말은 차를 타기에 적절하게 끓인 상태를 말한다.

만약 땔감이 열을 전달하기 시작하여 주전자가 막 달궈지려고 할 때 아직 제대로 끓지 않은 물을 급히 가져다 차에 따르면 이는 마치 웃을 줄도 모르는 어린 젖먹이[嬰兒]에게 어른의 일을 맡기고자 하는 상황과 같으니, 감당하기 어렵지 않겠는가! 이를 '영탕(嬰湯)'이라 한다.

薪火方交, 水釜纔熾, 急取旋傾, 若嬰兒之未孩欲責以壯夫之事, 難矣哉! 是名"嬰湯".

사람이 100살 넘은 상태는 물이 10번 이상 끓은 상태와 비슷하다. 혹 차를 끓일 때 이야기를 나누다 때를 놓치거나 혹 다른 일을 보다가 찻물로 못쓰게 된 이후에 비로소 가져다 사용하면 찻물은 이미 그 성질을 잃어버렸을 것이다. 감히 묻는다. 흰 귀밑머리에 창백한 얼굴의 상노인이 다시 활을 잡고서 화살을 날린다고 해서 과녁을 적중시킬 수 있겠는가? 다시 씩씩하게 오르고 활기차게 걸어서 먼 곳까지 갈 수 있겠는가? 이를 '백발탕(白髮湯)'이라 한다.

人過百息, 水踰十沸, 或以話阻, 或以事廢, 始取用之, 湯已失性矣. 敢問皤鬢蒼顔之大老, 還可執弓搖[21]矢以取中乎? 還可雄登闊步以邁遠乎? 是名[22]"白髮湯".

또한 금(琴)[100] 타는 사람을 살펴볼 때 소리가 중도(中道)에 맞으면 표현하려는 뜻이 오묘해진다. 또한 먹 가는 사람을 살펴볼 때 힘이 중도에 맞으면 먹물의 색깔이 짙어진다. 금 소리가 너무 느리거나 너무 빠르면 금 소리의 중도를 잃은 것이다. 마찬가지로 찻물을 부을 때 너무 천천히 따르거나 너무 급하게 따르면 차 맛이 떨어진다. 중도에 맞는[中] 차를 마시

亦見夫鼓琴者也, 聲合中則意妙, 亦見夫磨墨者也, 力合中則色濃. 聲有緩急則琴亡, 注湯[23]有緩急則茶敗, 飮[24]湯之中, 臂任其責, 是名"中湯".《十六湯品》

---

100 금(琴): 중국 고금(古琴)을 말한다. 7개의 줄로 이루어진 현악기로, 고금이 고구려로 전해져 왕산악(王山岳)이 이를 개조하여 거문고를 만들었다.

[21] 搖:《淸異錄·茗荈·十六湯》에는 "抹".

[22] 名: 저본에는 "名曰". 오사카본에 근거하여 삭제.

[23] 注湯: 저본에는 "力".《淸異錄·茗荈·十六湯》에 근거하여 수정.

[24] 飮:《淸異錄·茗荈·十六湯》에는 "欲".

는 일은 팔이 그 책임을 맡고 있다. 이를 '중탕(中湯)'
이라 한다. 《십육탕품》101

왕문(王問, 1497~1576)의 〈자다도(煮茶圖)〉(타이베이 고궁박물원)

나와 동년배인 이남금(李南金)102은 이렇게 말했
다. "《다경》에서는 물고기 눈과 같은 물방울이 끓
어 오르거나 솟아나는 샘물처럼 연이어 끓어오르는
상태를 찻물 끓이는 기준으로 삼았다. 그러나 요즘
차를 우릴 때에는 솥을 사용하는 경우가 드물고 탕
병을 써서 물을 끓이기에, 적당한 찻물의 징후를 살
펴보기가 어려우니, 소리로 일비(一沸)·이비(二沸)·삼
비(三沸)의 기준을 변별해야 한다. 또한 《다경》을 쓴
육우(陸羽)의 방법은 아직 차 솥[茶鑔]을 쓰지 않던 시
기였다. 그러므로 이비(二沸)일 때 찻가루를 물의 양
에 적당하게 맞춰서 넣었던 것이다. 그러나 이 방법

余同年李南金云:"《茶經》,
以魚目、湧泉連珠爲煮水之
節. 然近世瀹茶, 鮮以鼎
鑔, 用瓶煮水, 難以候視,
則當以聲辨一沸、二沸、三
沸之節. 又陸氏之法, 以未
就茶鑔, 故以第二沸爲合
量而下, 未若以今㉕湯就茶
甌瀹之, 則當用背二涉三
之際爲合量."

---

101 출전 확인 안 됨:《淸異錄》卷4〈茗荈〉"十六湯"(《叢書集成初編》2846, 287~289쪽).
102 이남금(李南金): ?~?. 중국 송(宋)나라의 문인.
㉕ 今: 저본에는 "金".《鶴林玉露》에 근거하여 수정.

은 지금 찻물을 다완(茶碗)에 넣고 차를 우리는 일만 못하니, 이비(二沸)를 지나 삼비(三沸)가 될 즈음에 물의 양에 적당하게 맞춰서 차를 끓여야 한다."

그리하여 찻물 끓는 소리를 변별하는 시를 다음과 같이 지었다.

"섬돌 위 찌르르 벌레 소리에 이어 뭇 매미 맴맴거리는 듯하다가,

갑자기 수레 천 대 짐 싣고 달려오는 듯한 소리 나네.

솔바람에 시냇물 흐르는 소리 들리면,

급히 옥빛의 청자 찻잔 가져와야지."

여기에서 논한 내용이 진실로 이미 정교하다.

그러나 차를 우리는 방법에서 찻물의 기운은 어려야지 노쇠해서는 안 된다. 대개 찻물의 기운이 어리면 차 맛이 달고, 노쇠하면 너무 쓰게 된다. 만약 솔바람이 불고 시냇물이 흐르는 듯한 소리가 나서 재빨리 차를 우린다면 아마 지나치게 노쇠하여 쓴 맛이 나지 않겠는가? 이때는 오직 탕병을 옮겨 불에서 떨어뜨려 놓고, 잠시 물 끓음이 잦아들기를 기다렸다가 차를 우린 뒤에야 찻물이 중도에 맞아서 차 맛이 달게 된다. 이는 이남금이 연구하지 않은 사항이기에, 시 한 수로 보충하면 다음과 같다.

"솔바람 소리와 전나무에 떨어지는 빗소리 들려올 무렵,

급히 구리탕병 가져다가 대나무 화로에서 떨어뜨

乃爲聲辨之詩, 云:

"砌蟲唧唧萬蟬催,

忽有千車捆載來.

聽得松風幷澗水,

急呼縹色綠瓷杯."

其論固已精矣.

然瀹茶之法, 湯欲嫩而不欲老. 蓋湯嫩則茶味甘, 老則過苦矣. 若聲如松風澗水而遽瀹之, 豈[26]不過於老而苦哉? 惟移瓶去火, 少待其沸止而瀹之, 然後湯適中而茶味甘. 此南金之所未講者也, 因補以一詩, 云:

"松風檜雨到來初,

急引銅瓶離竹爐.

---

[26] 豈: 저본에는 "豈豈". 오사카본·규장각본·《鶴林玉露》에 근거하여 삭제.

려 놓아야 하네.

물 끓는 소리 다 멈춘 후라면,

한 잔의 춘설차(春雪茶)[103] 제호(醍醐)[104]보다 좋다네.”

《학림옥로(鶴林玉露)[105]》[106]

待得聲聞俱寂後,

一甌春雪勝醍醐.”

《鶴林玉露》

차를 끓일 때에는 불꽃이 있는 숯불을 사용해야
한다. 물이 끓어오르면 바로 냉수를 붓고, 살펴보다
가 다시 끓어오르면 다시 붓는다. 이와 같이 3번 정도
하면 차의 색깔과 맛이 모두 나아진다. 《거가필용》[107]

煎茶須用有焰炭火. 滾起
便以冷水點住, 伺再滾起
再點. 如此三次, 色味皆
進.《居家必用》

찻물이 마구 끓어오르지 않게 해야 차 맛을 기를
수 있다. 처음에는 물고기 눈과 같은 물방울이 흩어
져 생기면서 은근하게 소리가 나고, 중간에는 사방
의 가장자리에 샘물이 솟아나듯이 물방울이 보글보
글 연이어 끓어오르다가, 마지막에는 물이 솟구치며
파도가 일렁이듯 끓어올라 물의 기운이 완전히 사라
지게 되는데, 이를 ‘노탕(老湯)’이라 한다. 3번 끓어오
르는 삼비(三沸)의 방법은 활화(活火, 불꽃이 있는 숯불)가
아니면 이룰 수 없다. 《다보》[108]

當使湯無妄沸, 庶可養茶.
始則魚目散布, 微微有聲;
中則四邊泉湧, 纍纍連珠;
終則騰波鼓浪, 水氣全消,
謂之“老湯”. 三沸之法, 非
活火不能成也.《茶譜》

---

103 춘설차(春雪茶) : 이른 봄 아직 잎이 펴지기 전에 눈 속에서 딴 어린 차싹으로 만든 차.
104 제호(醍醐) : 우유에 칡뿌리가루를 섞어 쑨 음료. 우유를 정제한 음료 중 가장 맛이 좋다고 평가된다. 보다
   자세한 내용은 《임원경제지 정조지(鼎俎志)》 권6 〈조미료〉 “진한 유즙” ‘제호’ 참조.
105 학림옥로(鶴林玉露) : 중국 송(宋)나라의 나대경(羅大經, ?~?)이 엮은 책. 주희(朱熹)·구양수(歐陽脩)·소
   식(蘇軾) 등의 어록과 시화, 평론을 모으고, 그의 집에 찾아온 손님들과 주고받은 이야기를 기록한 책으
   로, 1251년 간행되었다.
106 《鶴林玉露》 卷3 (《叢書集成初編》 2873, 22쪽).
107 《居家必用》 己集 〈諸品茶〉 “煎茶法”(《居家必用事類全集》, 222쪽).
108 《茶譜》 〈煮茶四要〉 “三候湯”(《中國茶書全集校證》 2, 662쪽).

일반적으로 차가 적고 찻물이 많으면 말발(沫餑)이 이동하는 구름처럼 빨리 흩어지고, 찻물이 적고 차가 많으면 우유의 표면처럼 뭉친다. 《다보》[109]

凡茶少湯多則雲脚散, 湯少茶多則乳面聚. 同上

사람들은 다만 적당한 찻물의 징후만 알 뿐 적당한 불의 징후를 알지 못한다. 불을 때면 물이 마르게 되니, 이 때문에 불을 살펴보는 일을 물을 살펴보는 일보다 우선시해야 한다. 《여씨춘추(呂氏春秋)》에서 이윤(伊尹)[110]이 탕(湯)임금에게 5가지 맛에 대해 얘기하면서 "9번 끓어오르면, 9번 맛이 변하니, 불이 맛의 기준이 됩니다."[111]라 했다. 《자천소품》[112]

人但知湯候而不知火候. 火燃則水乾, 是試火先于試水也. 《呂氏春秋》, 伊尹說湯五味, "九沸九變, 火爲之紀". 《煮泉小品》

찻물의 기운이 너무 어리면 차 맛이 우러나오지 않으며, 너무 많이 끓이면 물의 기운이 노쇠하여 차 맛이 떨어진다. 오직 물이 끓으며 거품이 생기되 표면에 막이 생기지 않았을 때[有花而無衣][113]라야 물을 부어 차를 우리기 좋을 때이다. 《자천소품》[114]

湯嫩則茶味不出, 過沸則水老而茶乏. 惟有花而無衣, 乃得點瀹之候耳. 同上

물속에 있는 맑고 깨끗한 흰 돌을 골라 샘물과 함께 끓이면 물맛이 더욱 빼어나다. 《자천소품》[115]

擇水中潔淨白石, 帶泉煮之, 尤妙. 同上

---

109 《茶譜》, 위와 같은 곳.
110 이윤(伊尹) : ?~?. 중국 은(殷)나라의 재상. 이름은 지(摯)이다. 하(夏)나라 걸왕(桀王)을 내쫓고 탕(湯)임금의 은나라 건국을 도왔다.
111 9번……됩니다 : 《呂氏春秋》 卷14 〈孝行覽〉 "本味".
112 《煮泉小品》〈宜茶〉(《中國茶書全集校證》2, 682쪽).
113 물이……때[有花而無衣] : '화(花)'는 물이 끓으면서 생긴 거품을 말하고, '의(衣)'는 물이 끓기 시작하여 표면에 생긴 막[衣]을 말한다. 화(花)는 일비(一沸)와 이비(二沸)의 상태, 의(衣)는 삼비(三沸)의 상태를 가리킨다.
114 《煮泉小品》, 위와 같은 곳.
115 《煮泉小品》〈緒談〉(《中國茶書全集校證》2, 686쪽).

황정견(黃庭堅)이 "떠들썩하구나! 마치 시냇가 소나무 사이로 맑은 바람 부는 것처럼. 넓고 넓구나! 마치 봄날 텅 빈 하늘에 흰 구름 떠가는 것처럼."[116]이라 했으니, 차를 끓이는 진수를 얻었다 할 수 있다. 《암서유사(巖棲幽事)[117]》[118]

고황(顧況)[119]은 "약한 불에 가는 연기 피어오르면, 작은 솥에 좋은 샘이라."[120]라 했고, 소식은 "그리하여 활수(活水)는 활화(活火)로 끓여야 하니, 낚시하는 바위로 가서 짙푸른 물 긷네."[121]라 했고, 문징명(文徵明)[122]은 "질그릇 탕병에 산속 샘물 새로 길어, 사모(紗帽)[123] 머리에 쓰고 손수 끓이네."[124]라 했다.

또 소식은 차를 끓이는 노래에서 다음과 같이 읊었다.

"게 눈 같은 작은 거품 지나가고 물고기 눈 같은 물방울 생기니,

쉬쉬 솔바람 소리 나겠지.

山谷云"洶洶乎! 如澗松之發淸吹. 浩浩乎! 如春空之行白雲", 可謂得煎茶三昧. 《巖棲幽事》

顧況云"文火細煙, 小鼎長泉", 蘇子瞻云"活水仍須活火烹, 自臨釣石汲深淸", 文衡山云"瓦瓶新汲山泉水, 紗帽籠頭手自煎".

又東坡煎茶歌,

"蟹眼已過魚眼生,

颼颼欲作松風鳴.

---

116 떠들썩하구나……것처럼:《山谷集》卷1〈賦〉十首 "煎茶賦".
117 암서유사(巖棲幽事): 중국 명(明)나라 진계유(陳繼儒, 1558~1639)가 편찬한 책으로, 꽃 접붙이기·나무 심기·분향(焚香)하기·차 끓이기 등 산림(山林)에서 사는 소소한 일을 기록하였다.
118 《巖棲幽事》(《叢書集成初編》687, 3쪽).
119 고황(顧況): ?~?. 중국 당(唐)나라의 시인이자 화가. 평범한 언어를 사용하여 담백한 시를 지었으며 주로 사회상을 반영하는 작품을 많이 남겼다.
120 약한……샘이라: 확인 안 됨.
121 활수(活水)는……긷네:《東坡全集》卷25〈詩〉八十六首 "汲江煎茶".
122 문징명(文徵明): 1470~1559. 중국 명(明)나라의 문인이자 화가. 호는 형산(衡山). 오관(吳寬)에게 시문(詩文)을, 이응정(李應禎)에게 글씨를, 심주(沈周)에게 그림을 배워 삼절(三絕)로 알려졌다. 대표작으로는 《강남춘도(江南春圖)》·《누거도(樓居圖)》·《춘심고수도(春深高樹圖)》·《관산적설도(關山積雪圖)》 등이 있고, 저서로는 《보전집(甫田集)》이 있다.
123 사모(紗帽): 깁(매우 얇고 가벼운 견직물)으로 만든 모자.
124 질그릇……끓이네: 확인 안 됨.

어린 싹 가루 낼 때 작은 구슬 떨어져

다완에 부어 저어주니 날아오르는 거품 구름처럼 가볍네."125

또 사종(謝宗)의 《논다(論茶)》126에서 "섬배(蟾背, 차 이름)의 향기로움을 맡고, 새우 눈 같은 거품의 끓어오름을 살펴보라."127라 했다. 이들은 모두 차에 조예가 깊은 의견들이라고 할 수 있다. 《군방보(群芳譜)128》129

蒙茸出磨細珠落,
眩轉遶甌飛雲[27]輕."

又謝宗論茶"候蟾背之芳香, 觀蝦目之沸湧", 皆可謂深于茶者.《群芳譜》

채양(蔡襄)은 찻물을 끓일 때 기운이 어린 물을 취하고 노쇠한 물을 취하지 않았는데, 이는 단병차(團餅茶)130를 끓이는 일에 한해서였을 뿐이다. 지금 기아(旗芽)131나 창갑(槍甲)132과 같은 어린 싹의 차는 찻물을 충분히 끓이지 않으면 차의 신령함이 우러나지 않고, 차의 색깔이 맑지 않다. 그러므로 명전(茗戰)133에서 이기는 지름길은 더욱 오비(五沸)에 달려 있다. 《징회록(澄懷錄)134》135

蔡君謨湯取嫩而不取老, 爲團餅茶發耳. 今旗芽、槍甲, 湯不足則茶神不透, 茶色不明, 故茗戰之捷, 尤在五沸.《澄懷錄》

---

125 게……가볍네: 《東坡全集》卷3〈詩〉七十六首 "試院煎茶".

126 사종(謝宗)의 논다(論茶): 중국 송나라의 문인 사종이 지은 차 이론서.

127 섬배(蟾背)의……살펴보라: 출전 확인 안 됨.

128 군방보(群芳譜): 중국 명(明)나라 왕상진(王象晉)이 편찬한 책으로, 원래 이름은 《이여당군방보(二如堂群芳譜)》이다. 여러 가지 곡물(穀物)·소과(蔬菓)·화훼(花卉) 등의 종류와 재배법 및 효능 등을 설명했다.

129 출전 확인 안 됨; 《廣羣芳譜》卷21〈茶譜〉"茶四"(《廣羣芳譜》5, 506쪽).

130 단병차(團餅茶): 채양이 만든 단차(團茶)인 소룡단(小龍團)을 말한다. 그의 저서 《다록(茶錄)》은 황실에 올리는 상품용차(上品用茶), 곧 소룡단에 대해 논하고 있는 책이다.

131 기아(旗芽): 차나무의 싹이 이제 막 나기 시작해서 싹 1개에 잎이 1개 나온 상태의 어린 차싹을 말한다.

132 창갑(槍甲): 다창(茶槍)과 아갑(芽甲)의 준말. 다창은 찻잎이 말려서 아직 펴지지 않아 창처럼 뾰족하게 생긴 잎을 말하고, 아갑은 어린 차싹을 말한다.

133 명전(茗戰): 차의 품질과 차 달이는 솜씨를 평가하는 일종의 놀이. 투다(鬪茶)라고도 한다.

134 징회록(澄懷錄): 중국 원(元)나라 원각(袁桷, 1266~1327)이 지은 책.

135 출전 확인 안 됨; 《廣羣芳譜》卷21〈茶譜〉"茶"4(《廣羣芳譜》5, 508쪽).

[27] 雲: 《東坡全集·詩·試院煎茶》에는 "雪".

찻물은 차의 생명이다. 그러므로 찻물의 징후를 살피는 일이 가장 어렵다. 찻물이 아직 제대로 끓지 않았으면 차가 물 위로 뜨게 되니, 이를 '영아탕(嬰兒湯)'이라고 하며, 향기가 나지 않는다. 너무 과하게 끓였으면 찻잎이 물밑으로 가라앉게 되니, 이를 '백수탕(百壽湯)'이라고 하며, 떫은맛이 많이 난다. 찻물의 징후를 잘 살피는 사람은 반드시 활화(活火)에 급히 부채질을 하면서 끓이는데, 수면에 우유방울 모양이 올라오고, 솔바람 소리와 물결치는 듯한 소리가 나면, 이것이 바로 알맞은 찻물의 징후이다. 《다설(茶說)136》137

湯者, 茶之司命, 故候[28]湯最難. 未熟則茶浮于上, 謂之"嬰兒湯", 而香則不能出;過熟則茶沈于下, 謂之"百壽湯", 而味則多滯. 善候湯者, 必活火急扇, 水面若乳珠, 其聲若松濤, 此正湯候也.《茶說》

4) 끓인 물 붓는 법

차가 고(膏)와 같은 상태가 되었으면138 물을 붓는 조화(造化)로 차 거품의 형태를 만든다. 만약 손을 떨거나 팔을 늘어뜨리고서는 오직 물을 너무 많이 따르게 될까 걱정하면서 다병(茶瓶)의 주둥이 끝에 물이 나오다 말다 하게 따르면, 찻물이 제대로 섞이지 않으므로 고(膏) 상태의 차가 균일하게 풀어지지 않는다. 이는 마치 사람의 온갖 맥(脈)과 기혈(氣血)이 끊어졌다 이어졌다 하는 일과 같으니, 이런 사람이 장수하고자 한들 어찌 오래 살 수 있겠는가? 《십육탕품》139

點法

茶已就膏, 宜以造化成其形. 若手顫臂軃, 惟恐其深, 瓶觜之端, 若存若亡, 湯不順通, 故茶不均粹. 是猶人之百脈、氣血斷續, 欲壽奚獲?《十六湯品》

---

136 다설(茶說): 중국 명(明)나라 도륭(屠隆, 1542~1605)이 지은 다서(茶書). 차를 채취하고 가공하는 방법부터 마시고 저장하는 방법 등 10가지 주제에 대하여 소개하고 있다.
137 출전 확인 안 됨;《廣羣芳譜》卷21〈茶譜〉"茶"4(《廣羣芳譜》5, 508~509쪽).
138 고(膏)와……되었으면: 찻가루를 물에 되직하게 갠 상태를 말한다.
139 출전 확인 안 됨;《淸異錄》卷4〈茗荈〉"十六湯"(《叢書集成初編》2846, 289~290쪽).
[28] 候: 저본에는 "飮".《廣羣芳譜·茶譜·茶四》에 근거하여 수정.

힘이 센 사람이 바느질을 하거나 농부가 붓글씨 쓰는 일을 제대로 할 수 없는 까닭은 동작이 너무 거칠어서 일을 망치기 때문이다. 또 다완 1잔에 들어가는 차는 많아도 2돈 이상이 되어서는 안 된다. 찻잔에도 차를 적당하게 맞춰서 따라야 하니, 찻물이 찻잔의 6/10을 넘지 않아야 한다. 만일 한 번에 왈칵 부어서 너무 많이 따라놓으면 차가 무슨 맛이 있겠는가? 《십육탕품》[140]

力士之把針、耕夫之握管, 所以不能成功者, 傷於矗也. 且一甌之茗, 多不二錢, 茗盞量合, 宜下湯不過六分. 萬一快瀉而深積之, 茶安在哉? 同上

일반적으로 찻가루에 물을 부어가며 우릴 때에는[141] 먼저 찻잔을 불에 쬐어 뜨겁게 데워야 하니,

凡點茶, 先須熁盞令熱, 則茶面聚乳, 冷則茶色不

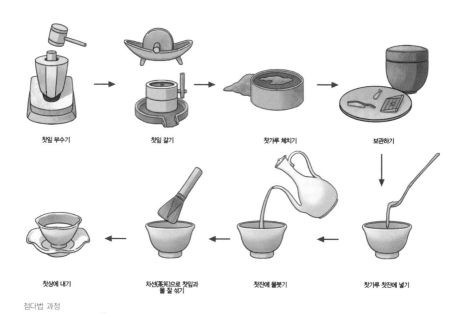

찻잎 부수기 → 찻잎 갈기 → 찻가루 체치기 → 보관하기

찻상에 내기 ← 차선(茶筅)으로 찻잎과 물 잘 섞기 ← 찻잔에 물붓기 ← 찻가루 찻잔에 넣기

점다법 과정

---

140 출전 확인 안 됨;《淸異錄》卷4〈茗荈〉“十六湯”(《叢書集成初編》2846, 290쪽).

141 찻가루에……때에는: 점다법(點茶法)을 말한다. 찻잎을 가루 내어 찻잔에 넣고, 물을 조금씩 부어 차 거품을 내는 방법이다.

이렇게 하면 차의 표면에 유화(乳花)¹⁴²가 모인다. 다완 이 차가우면 차의 색깔이 드러나지 않는다. 《다보》¹⁴³

浮.《茶譜》

5) 씻는 법

일반적으로 차를 끓일 때에는¹⁴⁴ 먼저 뜨거운 찻 물로 찻잎을 씻어 먼지와 차가운 기운을 제거하고 차를 끓어야 맛이 좋다. 《다보》¹⁴⁵

瀹法

凡烹茶, 先以熱湯洗茶葉, 去其塵垢、冷氣, 烹之則 美.《茶譜》

다병·찻잔·찻숟가락에 녹이 슬면[銑]【'銑'의 음은 성(星)이다.】차 맛을 떨어뜨리니, 반드시 차를 마시기 전에 녹을 씻어서 깨끗하게 하면 맛이 좋다. 《다보》¹⁴⁶

茶瓶、茶盞、茶匙生銑,【音 星】致損茶味, 必須先時洗 潔則美. 同上

만약 찻잎이 본래 깨끗하다면 씻지 말아야 한다. 《군방보》¹⁴⁷

如茶本潔淨, 勿洗.《群芳 譜》

다기(茶器)는 간소하고 정결해야 한다. 만약 비린 내나 누린내 나는 물건이나 기름기 있는 물건 근처 에 두면 차의 참된 맛이 모두 사라진다. 《군방보》¹⁴⁸

茶器須簡點淨潔, 若近腥 羶、油膩等物, 則茶之眞味 俱敗. 同上

6) 소금으로 간을 맞추다

당나라 사람들은 차를 끓일 때 대부분 생강과 소

論調鹽

唐人煎茶, 多用薑、鹽. 故

---

142 유화(乳花): 찻가루와 끓인 물을 차선(茶筅)과 같이 거품을 내는 도구로 빠르게 움직이며 휘저어[擊拂] 융 합시켰을 때 일어나는 자잘한 거품.
143 《茶譜》〈點茶三要〉 "二爆盞"(《中國茶書全集校證》2, 663쪽).
144 차를……때에는: 팽다법(烹茶法)을 말한다. 찻잎을 가루 내고 물과 함께 끓여 우리는 방법이다.
145 《茶譜》〈煮茶四要〉 "二洗茶"(《中國茶書全集校證》2, 662쪽).
146 《茶譜》〈點茶三要〉 "一瀹盞"(《中國茶書全集校證》2, 663쪽).
147 출전 확인 안 됨;《廣羣芳譜》卷21〈茶譜〉 "茶四"(《廣羣芳譜》5, 506쪽).
148 출전 확인 안 됨;《廣羣芳譜》, 위와 같은 곳.

유송년(劉松年. 1131~1218)의 〈연다도(攆茶圖)〉 일부

금을 사용했다. 그러므로 육우(陸羽)는 "일비[初沸]가 되면 물의 양에 적당하게 맞춰서 소금으로 맛을 조절한다."[149]라 했고, 설능(薛能)[150]의 시에서 "소금 덜거나 더할 때 항상 경계하고, 생강 더해야 더욱 좋네."[151]라 했으며, 소식(蘇軾)은 "차 중에 중품은 생강 넣고

鴻漸云"初沸水合量, 調之以鹽味", 薛能詩"鹽損添常戒, 薑宜着更誇", 蘇子瞻以爲"茶之中等, 用薑煎信佳, 鹽則不可". 余則以爲

---

149 일비[初沸]가……조절한다:《茶經》卷下〈五之煮〉《中國茶書全集校證》1, 22쪽). 앞의 "3) 찻물의 징후" 첫 기사에 나온 적이 있다.

150 설능(薛能): 817?~880. 중국 당(唐)나라의 관리이자 문인. 주질위(盩厔尉)·형부원외랑(刑部員外郞)·공부상서(工部尙書)·서주절도사(徐州節度使) 등을 역임했다. 저서로는 《설능시집(薛能詩集)》·《번성집(繁城集)》 등이 있다.

151 소금……좋네:《全唐詩》卷560〈薛能〉"蜀州鄭史君寄烏觜茶".

끓이면 참으로 좋지만, 소금 넣어서는 안 되지."[152]라 한 것이다. 나는 소금과 생강 모두 찻물에 해롭다고 생각한다. 만약 산림에 은거하여 물을 마실 때 소금과 생강을 약간 넣는다면 산람장기를 감소시키는 일에는 좋을 수 있으나, 차를 마실 때는 이것들이 본래 반드시 필요한 요소는 아니다. 《자천소품》[153]

二物皆水[29]厄也. 若山居飮水, 少下二物, 以減嵐氣或可耳, 而有茶則此固無須也.《煮泉小品》

7) 차와 과일

차에는 참된 향도 있고, 좋은 맛도 있고, 바른 색깔도 있다. 그러므로 차를 우리거나 물을 부어 마실 때 진귀한 과일이나 향초(香草)를 섞으면 안 된다.

차의 향기를 빼앗는 것들로는 잣·감등(柑橙)[154]·행인(杏仁, 살구씨)·연심(蓮心)[155]·목향(木香)[156]·매화·말리(茉莉)[157]·장미·목서(木樨)[158] 종류가 이것이다.

차의 맛을 빼앗는 것들로는 우유·번도(番桃)[159]·여지(荔枝)·원안(圓眼)[160]·수리(水梨)[161]·비파(枇杷)[162]

論茶果

茶有眞香, 有佳味, 有正色, 烹點之際, 不宜以珍果、香草雜之.

奪其香者, 松子、柑橙、杏仁、蓮心、木香、梅花、茉莉、薔薇、木樨之類是也.

奪其味者, 牛乳、番桃、荔枝、圓眼、水梨、枇杷之類

---

152 차……되지:《東坡志林》卷10(《叢書集成初編》2850, 50쪽).
153《煮泉小品》〈宜茶〉(《中國茶書全集校證》2, 681쪽).
154 감등(柑橙): 중국 광동성(廣東省) 광주시(廣州市) 일대에서 주로 재배되는 과일로, 형태와 맛이 오렌지와 비슷하다.
155 연심(蓮心): 연밥[蓮子]의 씨 부분. 연자심(蓮子心)이라고도 한다.
156 목향(木香): 국화과에 속하는 풀. 향기가 좋아 밀향(蜜香)이라고도 하며 차를 끓일 때 첨가하기도 한다.
157 말리(茉莉): 물푸레나무과에 속하는 관목. 꽃의 향기가 강해서 관상용으로 재배한다.
158 목서(木樨): 물푸레나무과에 속하는 나무로, 대추 모양의 작은 열매가 열린다. 열매의 풍미가 독특해서 차나 술과 함께 먹기도 한다.
159 번도(番桃): 중국 남부의 아열대지방에서 자라는 번석류나무[番石榴]의 열매. 맛과 형태는 구아바와 비슷하다.
160 원안(圓眼): 용안(龍眼)의 이칭. 아열대지방에서 자라는 무환자나무과의 상록 교목에서 열리는 과일이다.
161 수리(水梨): 중국 남부 및 대만에서 재배되는 배의 한 품종으로, 수분이 다른 배에 비해 많다.
162 비파(枇杷): 장미과에 속하는 나무에서 열리는 과일. 모양은 모과 혹은 망고와 비슷하고, 맛은 살구와 비슷하다.
[29] 水: 저본에는 없음. 오사카본·규장각본·《煮泉小品·宜茶》에 근거하여 보충.

종류가 이것이다.

차의 색깔을 빼앗는 것들로는 곶감·교조(膠棗, 쪄서 익힌 대추)·화도(火桃)[163]·양매(楊梅)[164]·등귤(橙橘)[165] 종류가 이것이다.

일반적으로 좋은 차를 마실 때 과일을 없애야 깨끗한 맛을 느낄 수 있다. 과일을 섞으면 차의 맛을 분간할 수 없다. 만약 굳이 차와 어울리는 것들을 말한다면, 호두·개암·과인(瓜仁, 오이씨)·조인(藻仁, 마름씨)·능미(菱米, 마름 열매 속살)·남인(欖仁, 감람씨)·밤·가시연밥·은행·산약(山藥, 참마)·순건(筍乾, 말린 죽순)·참깨·거호(苣蒿)[166] 상추·미나리 종류는 정제(精製)하면 혹 써도 된다. 《다보》[167]

지금 사람들은 차를 올릴 때 대부분 다과를 내는데, 이런 일은 매우 속된 짓에 가깝다. 이렇게 하면 차가 아무리 좋아도 차의 참된 맛을 떨어뜨릴 수 있으니, 또한 없애야 한다. 게다가 과일을 내면 반드시 숟가락을 써야 하는데 금이나 은으로 된 숟가락과 같은 경우라면 산골에 살며 쓰는 도구가 전혀 아니고, 구리 숟가락은 또 녹이 슬기도 하므로 모두

是也.

奪其色者, 柹餠、膠棗、火桃、楊梅、橙橘之類是也.

凡飮佳茶, 去果方覺清絕, 雜之則無辯矣. 若必曰所宜, 核桃、榛子、瓜仁、藻仁、菱米、欖[30]仁、栗子、鷄豆、銀杏、山藥、筍乾、芝麻、苣蒿、蔞苣[31]、芹菜之類, 精製或可用也. 《茶譜》

今人薦茶, 類下茶果, 此尤近俗. 是縱佳者, 能損眞味, 亦宜去之. 且下果則必用匙, 若金銀, 大非山居之器, 而銅又生鉎[32], 皆不可也. 若舊稱北人和以酥酪, 蜀人入以白土, 此皆蠻飮,

---

163 화도(火桃) : 복숭아의 일종으로 추정되나 확실한 품종은 알 수 없다.
164 양매(楊梅) : 소귀나무의 열매. 모양은 작은 살구 같으며 다 익으면 매우 빨갛고, 맛은 달콤하면서 시다.
165 등귤(橙橘) : 운향과 감귤나무속의 열매.
166 거호(苣蒿) : 국화과에 속하는 풀로, 식용 및 약용으로 쓴다. 여호(藜蒿) 또는 수호(水蒿) 등의 이칭이 있다.
167 《茶譜》〈點茶三要〉"擇果"(《中國茶書全集校證》2, 663쪽).
[30] 欖 : 저본에는 "欖". 오사카본·규장각본·《茶譜·點茶三要·擇果》에 근거하여 수정.
[31] 苣 : 저본에는 "苣". 오사카본·《茶譜·點茶三要·擇果》에 근거하여 수정.
[32] 鉎 : 《煮泉小品·宜茶》에는 "腥".

쓸 수 없다. 가령 옛사람들이 말하길 북쪽 사람들은 차에 소락(酥酪)[168]을 섞어 마시고, 촉(蜀) 지역 사람들은 백토(白土)[169]를 넣는다고 했는데, 이것은 모두 오랑캐들이 차를 마시는 방법이니, 굳이 비난할 필요도 없다. 《자천소품》[170]

固不足責. 《煮泉小品》

매화·국화·말리꽃을 넣어 차를 올리는 경우가 있는데, 비록 풍미와 운치는 감상할 만하나 이 또한 차의 맛을 떨어뜨린다. 만약 좋은 차가 있어도 이렇게 하지 말아야 한다. 《자천소품》[171]

有以梅花、菊花、茉莉花薦茶者, 雖風韻可賞, 亦損茶味. 如有佳茶, 亦無事此. 同上

누영춘(漏影春)[172] 만드는 법:꽃무늬가 뚫려 있는 종이를 찻잔에 붙인 다음 찻잎 가루를 뿌린 뒤에 종이를 걷어내면 꽃모양이 인위적으로 만들어진다. 따로 여지(荔枝)의 과육으로 잎을 만들고, 잣이나 은행 종류로 꽃술을 만든 뒤, 끓인 물을 부어 고루 섞는다. 《청이록(清異錄)[173]》[174]

漏影春法:用鏤紙貼盞, 糝茶而去紙, 僞爲花身. 別以荔肉爲葉, 松實[33]、鴨脚之類爲蕊, 沸湯點攪. 《清異錄》

---

168 소락(酥酪) : 우유나 양젖을 달여서 정제한 유제품.
169 백토(白土) : 소금기를 띠고 있는 하얀 흙으로 추정된다. 하얀 소금[白鹽]으로 되어 있는 판본도 있다.
170 《煮泉小品》〈宜茶〉(《中國茶書全集校證》2, 681쪽).
171 《煮泉小品》〈宜茶〉(《中國茶書全集校證》2, 682쪽).
172 누영춘(漏影春) : 찻잎을 가루 낸 뒤, 찻잔에 뿌려 꽃 모양으로 장식한 다음 물을 부어 마시는 차의 이름.
173 청이록(清異錄) : 중국 송나라의 문인 도곡(陶穀, 903~970)의 저서. 천문·지리·동물·식물·기물 등 여러 분야에 대해 수록했다.
174 《清異錄》卷4〈茗荈〉 "漏影春"(《叢書集成初編》2846, 301쪽).
[33] 實 : 저본에는 없음. 《清異錄·茗荈·漏影春》에 근거하여 보충.

예찬(倪瓚)[175]은 호두·잣의 과육을 진분(眞粉, 밀가루)과 섞어 돌 모양처럼 작은 덩어리를 만든 다음 차 속에 넣고는 이를 '청천백석차(淸泉白石茶)'라 하고, 손님이 오면 대접했다. 간혹 평상시처럼 이 덩어리를 씹어 먹는 사람이 있으면, 예찬은 발끈하여 "풍미를 조금도 알지 못하니 정말 속된 사람이로다."[176]라 했다.《운림유사(雲林遺事)[177]》[178]

倪元鎮用核桃、松子肉和眞粉, 成小塊如石狀, 置茶中, 名曰"淸泉白石茶", 客至供之. 或有啖如常者, 元鎮艴然曰："略不知風味, 眞俗物也."《雲林遺事》

작자 미상의 〈예찬상(倪瓚像)〉

---

175 예찬(倪瓚) : 1301~1374. 중국 원(元)나라 말기의 화가이자 시인. 자는 원진(元鎮)·태우(泰宇), 호는 운림(雲林). 부호의 집안에서 태어나 고서화와 골동품 수집을 좋아하여 이 물건들을 수장할 수 있는 운림당과 청비각을 집안에 짓고 그곳에서 많은 문인들과 교유했다. 황공망(黃公望)·왕몽(王蒙)·오진(吳鎮)과 함께 원나라의 4대 화가로 불린다. 저서로《청비각집(淸秘閣集)》이 있다.

176 예찬(倪瓚)은……사람이로다 : 인용 출전에 있는 다음 내용이 본문에는 생략되어 있다. "조행서(趙行恕)라는 사람이 있었는데, 송나라 왕조의 종실(宗室)이었다. 그는 예찬의 청정한 운치를 흠모하여 예찬의 집을 방문했다. 자리에 앉자 동자가 차를 대접하였는데, 조행서는 평상시처럼 차속의 작은 덩어리를 연달아 씹어 먹었다. 예찬은 발끈하여 '나는 그대를 왕손으로 여겼기 때문에 이 차를 내왔는데, 그대는 풍미를 조금도 알지 못하니 정말 속된 사람이로다.'라 하고, 이때부터 그와 절교했다.(有趙行恕者, 宋宗室也, 慕元鎮淸致, 訪之. 坐定, 童子供茶, 行恕連啖如常. 元鎮艴然曰:'吾以子爲王孫, 故出此品, 乃略不知風味, 眞俗物也.'自是絕交.)《淸閟閣全集》卷11〈外紀〉上"雲林遺事'高逸.')

177 운림유사(雲林遺事) : 중국 원나라 화가이자 시인인 예찬(倪瓚)의 여러 일화 및 행적을 기록한 서적.《청비각전집(淸閟閣全集)》에 전한다.

178《續茶經》卷下之上〈六之飮〉"雲林遺事"《中國茶書全集校證》4, 1756쪽);《淸閟閣全集》卷11〈外紀〉上"雲林遺事'高逸'.

8) 차 마시는 법

일반적으로 물 1승(升, 되)을 끓이면 다완 5개에
나누어 따른다.【다완의 수는 적으면 3개까지, 많으
면 5개까지로 하되, 만약 사람이 많아서 다완이 10
개 정도 되면 2개의 화로를 추가하여 끓인다.】차를
마실 때에는 뜨거울 때 연달아 마시는데, 무겁고 탁
한 기운은 다완 아래쪽에 엉기고, 정화[精英]는 그
위에 뜬다. 만약 차가 식으면 정화는 열기(熱氣)를 따
라서 없어지며, 너무 많이 마셔도 그렇다.

차의 본성은 검소함이므로 넓은 다완은 좋지 않
으니 그 맛이 분명하지 않고 엷어지기 때문이다. 게
다가 차가 가득 담겨 있는 1개의 다완에서 절반만
마시더라도 맛이 떨어지는데, 하물며 넓은 다완이
라면 어떻겠는가! 차의 빛깔은 담황색[緗]이 좋고,
그 향은 지극히 아름다운[致] 게 좋다.【향이 지극히
아름다운 것을 '致'라 한다. '致'은 음이 '사(使)'이다.】
《다경》[179]

차를 끓여 알맞는 맛을 얻었지만 그 차를 마실
때 마실 만한 자질이 되지 않는 사람이 마시는 일은

飮法

凡煮水一升, 酌分五盌,
【盌數少至三, 多至五, 若
人多至十, 加兩爐.】乘熱連
飮之, 以重濁凝其下, 精英
浮其上. 如冷則精英隨氣
而竭[34], 飮啜不消亦然矣.

茶性儉, 不宜廣, 則其味
黯淡. 且如一滿盌, 啜半
而味寡, 況其廣乎! 其色緗
[35]也, 其馨[36]致[37]也.【香至
美曰"致[38]". 致[39], 音使[40].】
《茶經》

煮茶得宜而飮非其人, 猶
汲乳泉以灌蒿蓎, 罪莫大

179《茶經》卷下〈五之煮〉(《中國茶書全集校證》1, 23쪽).
[34] 竭 : 저본에는 "渴".《茶經·五之煮》에 근거하여 수정.
[35] 緗 : 저본에는 "緘".《茶經·五之煮》에 근거하여 수정.
[36] 馨 : 저본에는 "聲".《茶經·五之煮》에 근거하여 수정.
[37] 致 :《茶經·五之煮》에는 "致".
[38] 致 :《茶經·五之煮》에는 "致".
[39] 致 :《茶經·五之煮》에는 "致".
[40] 使 : 저본에는 "備".《茶經·五之煮》에 근거하여 수정.

288 이운지·권제 2

구영(仇英. 1498~1552)의 〈금곡원도(金谷園圖)〉

마치 유천(乳泉)[180]을 길어다가 쑥이나 누린내 나는
풀에 물을 주는 셈이니, 그 잘못이 막대하다. 차를
마시는 사람이 단번에 들이켜 다 마신다면, 차 맛을
음미할 겨를조차 없으므로 그 속됨이 막심하다.《자
천소품》[181]

焉. 飮之者一吸而盡, 不暇
辨味, 俗莫甚焉.《煮泉小
品》

당(唐)나라 사람들은 꽃을 마주하고 차를 마시는
상황을 살풍경(殺風景, 흥취가 죽은 풍경)이라 여겼다. 그

唐人以對花啜茶爲殺風景,
故王介甫詩“金谷千花莫漫

---

180 유천(乳泉): 종유석에서 떨어지는 샘물. 앞쪽의 기사에서《다경(茶經)》을 인용하여 찻물 중에는 산에서 나
　　오는 물이 가장 좋은데, 그중에서도 유천이나 바위로 된 못에서 천천히 흘러나오는 물이 가장 좋다고 했다.
181《煮泉小品》〈宜茶〉《中國茶書全集校證》2, 682쪽);《續茶經》卷下2〈六茶之飮〉.

러므로 왕안석(王安石)[182]의 시에서 "금곡원(金谷園)[183] 온갖 꽃 앞에서 함부로 차 끓이지 말게."[184]라 했는데, 그 뜻이 꽃에 있고 차에 있지 않았다. 나라면 금곡원의 꽃 앞은 차를 마시기에 참으로 적당하지 않다고 여기겠다. 하지만 만약 차 한 사발을 든 채로 산속의 꽃과 마주하고 마신다면, 풍경의 운치를 더욱 북돋아줄 터이니 또한 어찌 고아주(羔兒酒)[185]가 필요하겠는가? 《자천소품》[186]

일반적으로 고기가 치아 사이에 끼었을 때는 찻물로 양치질하고 씻어내야 다 빠지거나 작아져서 모르는 사이에 제거되니, 번거롭게 이를 쑤시지 않아도 된다. 또한 치아의 성질은 쓴 음식과 잘 맞기 때문에 이 방법을 따르면 치아가 점차 견고하고 치밀해져서, 치아 벌레의 독이 저절로 없어질 것이다. 그러나 이때는 보통 중급이나 하급의 차를 쓴다. 《동파집(東坡集)》[187]

煎", 其意在花, 非在茶也. 余則以爲金谷花前信不宜矣, 若把一甌, 對山花啜之, 當更助風景, 又何必羔兒酒也? 同上

凡肉之在齒間者, 得茶漱滌之, 乃盡消縮, 不覺脫去, 不煩刺挑也. 而齒性便苦, 緣此漸堅密, 蠹毒自已矣. 然率用中、下茶. 《東坡集》

---

182 왕안석(王安石): 1021~1086. 중국 송나라의 관료이자 문인. 자는 개보(介甫), 호는 반산(半山). 북송 팔대가 중 한 명이다. 양주첨판(揚州簽判)과 서주통판(舒州通判) 등의 관직을 역임하고, 신종(神宗)의 신임을 받아 재상의 지위에 올라 새로운 변법을 실시했다. 그러나 반대파의 맹렬한 공격으로 파직되었다가 다시 재상에 복귀하는 등 정치적으로 수난을 겪었다. 사직한 이후 은거하며 학술 연구와 시 짓기에 몰두하였지만 신종 사후 보수당의 사마광(司馬光, 1019~1086)이 집정하면서 변법을 모두 폐지하자 울분을 참지 못하여 병사했다. 저서로 《임천선생문집(臨川先生文集)》이 있다.

183 금곡원(金谷園): 중국 서진(西晉)시대 낙양(洛陽)의 거부인 석숭(石崇, 249~300)의 별장. 석숭은 자신의 저택 후원에 별장을 지어 금곡원이라 하고, 그곳을 매우 호화롭게 꾸몄다. 여기에 관리와 문인들을 초대하여 주연(酒宴)을 자주 열고 풍류를 즐겼는데, 그 주연에서 시를 짓지 못하는 사람에게는 벌로 많은 술을 마시게 했다. 그 이후로 문인들이나 화가들이 금곡원을 소재로 하여 여러 작품을 지었다.

184 금곡원(金谷園)……말게: 《王荊公詩注》卷46 〈律詩〉 "寄茶與平父".

185 고아주(羔兒酒): 새끼 양을 잡아 오래 고아서 빚은 술. 몸을 보양하는 처방으로도 쓰인다.

186 《煮泉小品》〈宜茶〉(《中國茶書全集校證》2, 682쪽);《續茶經》卷下2 〈六茶之飮〉.

187 출전 확인 안 됨;《遵生八牋》卷11 〈飮饌服食牋〉上 "試茶三要" '茶效'(《遵生八牋校注》, 393쪽).

9) 다구(茶具)

풍로(風爐)

풍로는 구리나 쇠로 옛날의 정(鼎, 솥) 모양처럼 주조한다. 두께는 3푼이고, 구연부(口緣部) 너비는 9푼으로 하여, 6푼의 빈 공간에는 진흙을 채워 바른다. 풍로의 발은 모두 3개인데, 옛 글씨체로 21자를 적는다. 1개의 발에는 "감(坎, 물)은 위, 손(巽, 바람)은 아래, 리(離, 불)는 가운데 둔다[坎上巽下離于中]."[188]라 적는다. 1개의 발에는 "몸은 오행(五行)을 고르게 하여 온갖 질병을 물리친다[體均五行去百疾]."[189]라 적는다. 1개의 발에는 "당나라가 수나라를 멸망시킨 다음해에 주조하다[盛唐滅隋明年鑄]."[190]라 적는다.

그 3개의 발 사이에 3개의 창을 두고, 바닥의 1개 창은 바람이 드나들고 재가 빠지는 곳으로 쓴다. 창 위에는 옛 글씨체로 6자를 나란히 적는데, 1개 창 위에는 "이공(伊公)[191]" 2자를 쓰고, 1개 창 위에

茶具

風爐

以銅[41]、鐵鑄之如古鼎形, 厚三分, 緣闊九分, 令六分虛中, 致其圬[42]墁. 凡三足, 古文書二十一字, 一足云"坎上巽下離于中", 一足云"體均五行去百疾", 一足云"盛唐滅隋明年鑄".

其三足之間設三窓, 底一窓以爲通飆漏爐之所. 上幷古文書六字, 一窓之上書"伊公"二字, 一窓之上書

---

188 감(坎, 물)은……둔다[坎上巽下離于中]: 풍로에 물을 올려서 끓이는 모습을 살펴봤을 때, 물을 담은 솥이 풍로 위에 놓여 있고, 바람은 풍로 아래에 있는 창으로 들어오고, 불은 풍로 내부에서 타고 있으므로 즉 물과 바람의 중간에 있다는 의미를 상징하는 구절이다.

189 몸은……물리친다[體均五行去百疾]: 물을 끓여서 차를 마시는 과정에 오행(五行)의 원리가 들어 있으므로, 차를 마시면 몸의 질병이 사라진다는 의미를 상징하는 구절이다.

190 당나라가……주조하다[盛唐滅隋明年鑄]: 이 구절은 판본에 따라 각각 다르게 기록되어 있다. 《사고전서》 판본에는 "당나라 연호 모 연간에 주조하다[盛唐年號某年鑄]"로 되어 있는데, 청나라에서 《사고전서》를 편찬하면서 오랑캐[胡]라는 글자를 피해 다른 표현으로 쓴 듯하다. 와세다대학 소장본에는 "당나라가 오랑캐를 멸망시킨 다음해에 주조하다[盛唐滅胡明年鑄]"로 되어 있고, 《중국다서전집교증(中國茶書全集校證)》에는 "盛唐滅胡明年鑄"로 되어 있다. 일반적으로 '성당(盛唐)'은 당나라가 가장 융성했던 시절인 현종(玄宗, 재위 712~756) 전후의 시기를 지칭하므로, 와세다대학 소장본을 따라 해석하면 오랑캐[胡, 안록산(安祿山) 무리]의 난이 끝난 763년 다음해인 764년을 의미한다.

191 이공(伊公): 이윤(伊尹, ?~?)의 별칭. 이윤은 처음에는 요리하는 하인의 신분으로 탕왕(湯王)과 만났지만, 곡갱(鵠羹, 고니를 삶은 국 요리)을 탕왕에게 올리면서 음식의 맛과 요리의 원리를 예로 들어 정치의 요체를 설명했다. 이 고사가 후대에 전해지면서 이공은 요리를 잘하는 사람의 대명사로 쓰였다.

[41] 銅: 저본에는 "鋼". 오사카본·규장각본·《茶經·四之器·風爐》에 근거하여 수정.

[42] 圬: 저본에는 "朽". 《茶經·四之器·風爐》에 근거하여 수정.

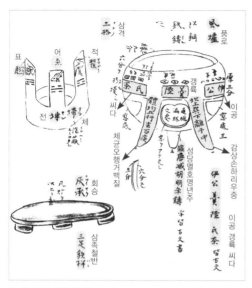

풍로(《다경도고(茶經圖考)》)

《다경도고》: 이 책에서 인용한 그림의 출전은 편찬자 미상의 《茶經圖考》(原布目潮渢牧藏本)임을 밝힙니다.

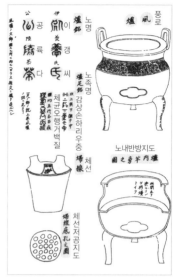

풍로(《다기도해(茶器圖解)》)

《다기도해》: 이 책에서 인용한 그림의 출전은 春田永年이 편찬한 《茶經中卷·茶器圖解》임을 밝힙니다.

는 "갱륙(羹陸)" 2자를 쓰고, 1개 창 위에는 "씨다(氏茶)" 2자를 쓴다. 이른바 "이윤(伊尹)의 국과 육우(陸羽)의 차"라는 의미다.

　풍로 속에는 솟아오른 받침대[192][墆㙞]를 두어 3개의 지지대[格]를 마련한다. 그중 1개의 지지대에는 꿩[翟] 그림이 있는데, 꿩은 불을 상징하는 새이므로 리괘(離卦, ☲)를 그린다. 다른 1개의 지지대에는 표범[彪] 그림이 있는데, 표범은 바람을 상징하는 짐승이므로 손괘(巽卦, ☴)를 그린다. 다른 1개의 지지대에는 물고기[魚] 그림이 있는데, 물고기는 물을 뜻하는

"羹陸"二字，一窓之上書"氏茶"二字，所謂"伊公羹、陸氏茶"也。

置墆㙞[43]於其內，設三格。其一格有翟焉，翟者，火禽也，畫一卦曰離；其一格有彪焉，彪者，風獸也，畫一卦曰巽；其一格有魚焉，魚者，水蟲也，畫一卦曰坎。巽主風，離主火，坎主水，

---

192 받침대: 이 받침대와 지지대의 빈 공간에 숯을 담아 불을 지폈을 것으로 추정된다.

43 㙞: 저본에는 "㙞". 《茶經·四之器·風爐》에 근거하여 수정. 《茶經圖考》에는 "塼".

동물이므로 감괘(坎卦, ☵)를 그린다. 손(巽)은 바람을 주관하고, 리(離)는 불을 주관하고, 감(坎)은 물을 주관한다.[193] 바람은 불을 일으킬 수 있고, 불은 물을 끓일 수 있으므로 그 3개의 괘를 갖춘 것이다.

풍로 겉의 장식은 이어진 꽃무늬·늘어진 덩굴무늬·굽이진 물결무늬·네모 무늬 같은 종류로 한다. 풍로는 때로 쇠를 두들겨서 만들거나 진흙을 빚어서 만들기도 한다. 풍로의 회승(灰承, 재를 받는 쟁반)은 3개의 발이 달린 쇠쟁반 모양을 만들어 풍로를 받치게 한다.[194]

風能興火、火能熟水、故備其三卦焉.

其飾以連葩、垂蔓、曲水、方文之類. 其爐或鍜鐵爲之、或運泥爲之. 其灰承作三足鐵柈擡之.

광주리

대나무를 엮어 만들고, 높이는 1.2척, 지름은 0.7척이다. 때로는 등나무를 쓰기도 한다. 나무 광주리를【'楦'은 '筥(광주리 거)'의 옛 글자이다.】을 만들어

筥

以竹織之、高一尺二寸、徑闊七寸. 或用藤、作木楦【古筥字】如筥形織之、六出

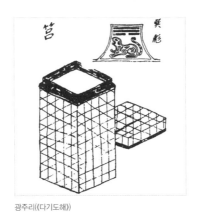

광주리(《다기도해》)

193 손(巽)은……주관한다:《주역(周易)》의 괘상(卦象)에서 손(巽)은 바람, 리(離)는 불, 감(坎)은 물을 상징한다.
194 여기서부터 25종의 다구는 모두《茶經》에 나온다.

광주리 모양처럼 엮는데, 6각형의 둥그스름한 눈구멍이 드러나도록 한다. 그 바닥은 이죽(笶竹) 상자처럼 만들고 입구를 매끄럽게 연마한다.

圓眼. 其底、蓋若利篋口鑠之.

탄과(炭檛, 숯 망치)

쇠로 육각 모양으로 만들고, 길이는 1척이다. 윗부분은 날카롭게, 중간 부분은 두툼하게, 손잡이는 가늘게 하고, 손잡이 끝 부분에는 1개의 작은 고리[鑷]를 달아 탄과를 장식한다. 마치 지금 하롱(河隴)[195] 지역의 군인들이 갖고 있는 나무방망이를 닮았다. 때로는 쇠망치 모양으로 만들거나 도끼 모양으로 만들기도 하는데 그때의 편의에 따라 만든다.

炭檛

以鐵六稜制之，長一尺，銳上豐中，執細，頭系一小鑷以飾檛也. 若今之河隴軍人木吾也，或作鎚或作斧，隨其便也.

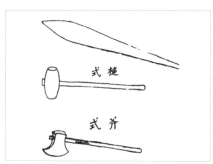

탄과《다기도해》

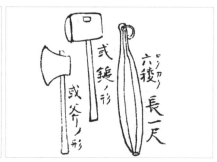

탄과《다경도고》

화협(火筴, 부젓가락)

일명 '저(筯, 젓가락)'라 한다. 일상적으로 쓰는 화협이라면 둥글면서 위아래로 곧으며 길이는 1.3척으로

火筴

一名"筯". 若常用者, 圓直一尺三寸, 頂[44]平截, 無蔥

195 하롱(河隴) : 중국 고대의 지명으로 하서(河西)와 농우(隴右)를 함께 가리킨다. 현재 감숙성(甘肅省) 서부 지역인 돈황(敦煌)·가곡관(嘉峪關)·무위(武威)·금창(金昌) 등을 포함한다.
44 頂 : 저본에는 "項". 오사카본·《茶經·四之器·火筴》에 근거하여 수정.

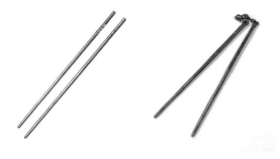

부젓가락(국립민속박물관)

화협《다경도고》 화협《다기도해》

한다. 꼭대기는 평평하게 끊어져 있으며, 총대(蔥臺,
파 뿌리 모양 끄트머리)나 구쇄(勾鏁, 갈고리 모양 쇠사슬) 따
위는 없다. 쇠 또는 정련한 구리로 만든다.

臺、勾鏁之屬, 以鐵或熟銅
製之.

솥[鍑]

【음은 '보(輔)'다. 때로는 '부(釜, 가마)'라 쓰고, 때로
는 '부(䰞, 가마솥)'라 쓴다.】

솥은 생철(生鐵, 주철)로 만든다. 요즘 대장장이가
말하는 '급철(急鐵)'196인데, 그 쇠는 밭 가는 보습 중
에 망가진 것을 제련해서 주조한다. 주조할 때 거푸
집의 내부는 흙으로 하고, 바깥은 모래로 한다. 흙
으로 하면 내부가 매끄러워 문질러서 씻어내기 쉬
우며, 모래로 하면 바깥이 껄끄러워 화염을 잘 흡수
한다.

솥의 손잡이는 네모나게 만들어 솥을 부리는 일
을 바르게 하고, 그 가장자리를 넓게 만들어 열을 멀
리 퍼지게 하고, 그 배꼽부분을 길게 만들어 중심을

鍑

【音"輔", 或作"釜", 或作
"䰞".】

以生鐵爲之, 今人有業冶
者所謂"急鐵", 其鐵以耕刀
之趄, 鍊而鑄之. 內模土
而外模沙, 土滑於內, 易其
摩滌；沙澀於外, 吸其炎
焰.

方其耳以正令也. 廣其緣
以務遠也. 長其臍以守中
也. 臍長則沸中, 沸中則末

---

196 급철(急鐵) : 빨리 쓸 수 있도록 연장 등의 고철을 녹여서 만든 철.

무쇠솥(국립민속박물관)　　　　　　은솥　　　　　　　　자기솥

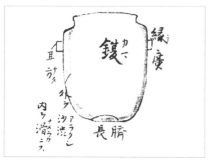

솥(《다경도고》)

솥(《다기도해》)

지키도록 한다. 배꼽부분이 길면 솥 가운데부터 끓는데, 솥 가운데부터 끓으면 찻가루가 올라오기 쉽고, 찻가루가 쉽게 올라오면 그 맛이 순해진다.

홍주(洪州)197에서는 자기(瓷器)로 솥을 만들고, 내주(萊州)198에서는 돌로 만든다. 자기와 돌로 만든 솥은 모두 고아한 기물이지만, 그 성질이 견실하지는 않아 오래 사용하기 어렵다. 은(銀)으로 솥을 만들면

易揚, 末易揚則其味淳也.

洪州以瓷爲之, 萊州以石爲之. 瓷與石皆雅器也, 性45非堅實, 難可持久. 用銀爲之, 至潔, 但涉於侈麗. 雅

---

197 홍주(洪州) : 중국 강서성(江西省) 남창시(南昌市) 일대의 옛 지명. 수(隋)·당(唐)·송(宋) 시대에는 홍주라 했고, 명(明)·청(淸) 시대에는 남창부(南昌府)라 했다.
198 내주(萊州) : 중국 산동성(山東省) 액현(掖縣) 일대의 옛 지명. 수·당·송 시대에는 내주 또는 동래군(東萊郡)이라 했고, 명·청 시대에는 내주부(萊州府)라 했다.
45 性 : 저본에는 "惟". 오사카본·《茶經·四之器·鍑》에 근거하여 수정.

지극하게 깨끗하기는 하지만 너무 분수에 넘치고 화려하다. 솥이 고아하면 고아한 대로, 깨끗하면 깨끗한 대로 좋긴 하지만 만약 항상 쓸 물건이라면 결국에는 쇠솥으로 돌아가기 마련이다.

則雅矣, 潔亦潔矣, 若用之恒, 而卒歸於鐵㊻也.

교상(交牀)199

교상 다리는 십자(十字)로 교차시키고 상판의 가운데를 비워 놓아 솥을 지탱할 수 있도록 한다.

交牀

以十字交之, 剜中令虛以支鍑也.

교상(《다경도고》)

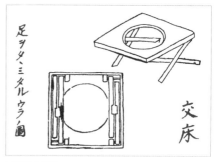

교상(《다기도해》)

집게[夾]

작고 푸른 대나무로 만든다. 길이는 1.2척으로 하고, 0.1척 되는 곳에 마디가 남아 있게 자른 다음 마디 위쪽은 쪼개어 그 틈에 차를 끼워서 굽는다. 구울 때 그 가는 대의 진액이 불에 닿아서 배어나오기 때문에 대나무의 산뜻한 향기가 차에 옮아서 차의 맛을 더해주니, 아마 숲속 골짜기가 아니고서는

夾

以小靑竹爲之. 長一尺二寸, 令一寸有節, 節已上剖之, 以炙茶也. 彼竹之篠津潤于火, 假其香潔以益㊼茶味, 恐非林谷間莫之致. 或用精鐵、熟銅之類,

---

199 교상(交牀): 솥을 올려놓을 수 있도록 만든 나무 받침대.
㊻ 鐵: 저본에는 "銀". 《茶經·四之器·鍑》에 근거하여 수정.
㊼ 益: 저본에는 蓋. 《茶經·四之器·夾》에 근거하여 수정.

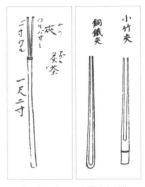

대나무집게와 찻물 그릇(국립민속박물관)

집게((다경도고))　　집게((다기도해))

누릴 수 없는 일이다. 때로는 정련한 쇠나 제련한 구리 같은 재료로 집게를 만들기도 하는데, 이런 금속의 내구성을 취한 것이다.

取其久也.

지낭(紙囊, 종이주머니)

섬등지(剡藤紙)[200] 중 하얗고 두꺼운 종이를 겹친 다음 꿰매어 만든다. 그 안에 구운 차를 보관해서 그 향기가 새어나가지 않게 한다.

紙囊

以剡藤紙白厚者夾縫之, 以貯所炙茶, 使不泄其香也.

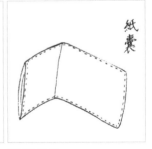

지승(紙繩) 주머니(국립민속박물관)　　지낭((다경도고))　　지낭((다기도해))

---

200 섬등지(剡藤紙) : 섬현(剡縣) 지역의 등나무 껍질로 만든 종이. 섬현은 중국 절강성(浙江省) 승현(嵊縣) 지역으로, 당나라 때의 지명이다. 섬등지는 품질이 우수하여 종이 공예품을 만들 때 주로 사용했다.

연(碾)[201]

차 가는 맷돌은 귤나무로 만들며, 차선으로는 배나무·뽕나무·오동나무·구지뽕나무로 만들기도 한다. 맷돌 내부는 둥글게 하지만 바깥은 네모나게 한다. 내부를 둥글게 하면 안에서 바퀴[墮]가 잘 굴러갈 수 있고, 바깥을 네모나게 하면 기울거나 흔들리는 일을 억제할 수 있다. 내부에는 바퀴를 넣되 바깥으로 삐져나오는 부분이 없게 한다.

나무로 만든 바퀴는 그 모양이 수레바퀴와 같고, 바퀴살을 달지는 않았지만 굴대가 있다. 내부에 판 홈의 길이는 0.9척, 너비는 0.17척, 바퀴 지름은 0.38척, 바퀴 중앙의 두께는 0.1척, 바퀴 가장자리의 두께는 0.05척으로 한다. 굴대의 중앙은 네모나게 하고 잡는 부분은 둥글게 한다. 맷돌의 불말(拂末, 가루를 터는 도구)은 새의 깃털로 만든다.

碾

以橘木爲之，次以梨、桑、桐、柘爲之. 內圓而外方，內圓備於運行也，外方制其傾危也. 內容墮而外無餘.

木墮，形如車輪，不輻[48]而軸焉. 長九寸，闊一寸七分，墮徑三寸八[49]分，中厚一寸，邊厚半寸. 軸中方而執圓. 其拂末，以鳥羽製之.

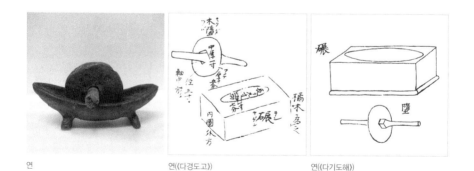

연

연(《다경도고》)

연(《다기도해》)

---

201 연(碾) : 육우가 고안한 차 가는 맷돌. 주로 병차(餅茶, 떡차)를 갈아내는 용도로 사용했다. 맷돌로 갈아낸 차 부스러기는 그릇에 모아서 체에 친 다음 차합(茶盒)에 담은 뒤, 차를 달이는 솥에 넣었다. 육우는 나무로 맷돌을 만들었지만, 후대에는 금속으로 만든 맷돌도 많이 사용되었다.

48 輻 : 저본에는 "幅". 오사카본·《茶經·四之器·碾》에 근거하여 수정.

49 八 : 저본에는 없음. 《茶經·四之器·碾》에 근거하여 보충.

나합(羅合, 체와 찬합)

찾가루를 체로 쳐서 찬합에 넣고 뚜껑을 덮어 보관한다. 찻숟가락[則]은 나합 속에 넣어둔다. 나(羅, 체 부분)는 큰 대나무를 쪼개서 둥글게 굽힌 다음에 사견(紗絹)[202]을 입혀 만든다. 그 합(合, 덮개 부분)은 대나무 마디로 만들거나 삼나무를 굽힌 다음 옻칠하여 만든다. 나합의 전체 높이는 0.3척이며, 덮개의 높이는 0.1척, 바닥부분은 0.2척, 아가리의 지름은 0.4척이다.

찻숟가락[則]

바다 조개·굴·대합의 껍데기 따위를 쓰거나 구리·쇠·대나무 비책(匕策)[203] 종류를 쓴다. '則(법칙 칙)'이란 글자는 헤아림[量]이란 뜻이고, 기준[準]이란 뜻이고, 법도[度]란 뜻이다. 일반적으로 물 1승을 끓이

羅合

羅末, 以合蓋貯之. 以則置合中. 用巨竹剖而屈之, 以紗絹衣之. 其合, 以竹節爲之, 或屈杉而漆之. 高三寸, 蓋一寸, 底二寸, 口徑四寸.

則

以海貝、蠣蛤之屬, 或以銅、鐵、竹匕策之類. 則者, 量也, 準也, 度也. 凡煮水一升, 用末方寸匕. 若好薄

대나무 비책

나합(《다기도해》)

나합(《다경도고》)

---

202 사견(紗絹) : 사(紗)는 날실[經絲]을 2올씩 꼬아서 꼬임 사이로 구멍이 생겨 투명하게 비쳐 보이는 얇은 직물이다. 견(絹)은 비단으로 만든 직물의 일종이다. 이에 관한 상세한 내용은 《임원경제지 전공지》 권2 〈길쌈[織紝]〉에 나온다.

203 비책(匕策) : 나무나 쇠 등의 금속으로 만든 작은 주걱. 작은 막대에 홈을 내서 주걱이나 숟가락 모양으로 만든 도구로, 가루 형태의 약이나 차를 뜰 때 쓴다.

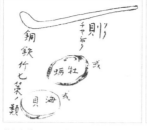

찻숟가락　　　　찻숟가락((다경도고))　　　　찻숟가락((다기도해))

면 찻가루 1방촌시(方寸匕)[204]를 사용한다. 만약 연한 차 맛을 좋아한다면 분량을 줄이고, 진한 차 맛을 즐긴다면 분량을 늘린다. 그러므로 찻숟가락을 칙(則)이라 한다.

者減, 嗜濃者增, 故云"則"也.

수방(水方, 물통)

영수목[椆木][205]【'椆'의 음은 주(胄)이며, 나무 이름이다.】·회화나무·가래나무·개오동나무 등의 나무판을 합한 다음에, 그 안과 바깥의 이음새에는 옻칠을 한다. 1두(斗, 말)의 물을 담을 수 있다.

水方

以椆【音胄, 木名也.】木、槐、楸、梓等合之, 其裏并外縫漆之, 受一斗.

수방((다경도고))

수방((다기도해))

---

204 1방촌시(方寸匕): 사방 1촌 크기의 네모난 숟가락. 약제나 미세한 가루를 측정할 때 사용했던 도량 기구.
205 영수목[椆木]: 상록수의 일종. 물속에서 오래 있어도 변치 않아 상앗대로 많이 쓴다.

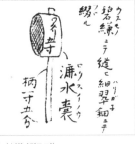

녹수낭(《다경》)　　　　녹수낭(《다경도고》)　　　　녹수낭(《다기도해》)

녹수낭(漉水囊, 차 거름망 주머니)

일상적으로 쓰는 녹수낭 같은 경우, 그 틀은 생동(生銅)[206]으로 주조하여 습기를 대비해야 더러운 이끼가 끼거나 녹이 생겨 비리고 떫은맛이 날 우려가 없다. 숙동(熟銅, 정련한 구리)으로 만들면 더러운 이끼가 끼고 쇠로 만들면 녹이 생겨 비리고 떫은맛이 난다. 산림과 계곡에 은거해 사는 사람은 대나무와 나무로 만든 녹수낭을 쓰기도 한다. 그러나 대나무와 나무로 만든 녹수낭은 오랫동안 사용해도 그대로 유지되는 도구가 아니므로 생동을 쓰는 것이다.

그 녹수낭을 푸른 대나무로 짜서 둥글게 만 뒤, 벽겸(碧縑)[207]을 크기에 맞게 재단해서 대나무에 꿰매어 망을 붙이고, 비취빛 나전을 잘게 잘라서 장식한다. 또 기름 먹인 초록빛 주머니를 만들어서 녹수낭을 보관한다. 녹수낭의 원 지름은 0.5척이며, 자루 길이는 0.15척이다.

漉水囊

若常用者, 其格, 以生銅鑄之以備水濕, 無苔穢、腥[50]澁意. 以熟銅苔穢, 鐵腥[51]澁也. 林棲谷隱者, 或用之竹木. 木與竹, 非持久涉遠之具, 故用之生銅.

其囊, 織靑竹以捲之, 裁碧縑以縫之, 細翠鈿以綴之, 又作綠油囊以貯之. 圓徑五寸, 柄一寸五分.

---

206 생동(生銅): 다른 금속을 섞지 않은 순수한 구리.
207 벽겸(碧縑): 두 가닥의 비단실로 매우 촘촘하면서 치밀하게 짠 푸른 빛깔의 비단.
⑤⓪ 腥:《茶經·四之器·漉水囊》에는 "鉎".
⑤① 腥:《茶經·四之器·漉水囊》에는 "鉎".

표주박[瓢]

'희표(犧杓, 구기)'라고도 한다. 박을 쪼개서 만들거나 나무를 깎아서 만든다. 서진(西晉)의 사인(舍人)[208] 두육(杜毓)[209]이 지은 《천부(荈賦)》[210]에는 "박[匏]으로 차를 따른다."[211]라 했다. 여기서 박은 표주박[瓢]이다. 표주박의 아가리는 넓고 정강이 부분은 홀쭉하며 자루는 짤막하다.

瓢

一曰"犧[52]杓". 剖瓠爲之, 或刊木爲之. 晉舍人杜毓《荈賦》云"酌之以匏". 匏, 瓢也. 口闊, 脛薄, 柄短.

옻칠한 표주박(국립민속박물관)

표주박(《다기도해》)

영가(永嘉) 연간(307~313)에 여요(餘姚)[212]사람 우홍(虞洪)[213]이 폭포산(瀑布山)[214]에 들어가서 차싹을 따다가 어떤 도사를 만나서, 도사에게 "나는 단구자(丹丘

永嘉中餘姚人虞洪入瀑布山採茗, 遇一道士, 云"吾丹丘子, 祈子他日甌犧之

---

208 사인(舍人) : 중국 고대의 관직명. 서진(西晉)의 중서사인(中書舍人)은 황제를 측근에서 보좌하며 궁중의 정무를 관장했다.

209 두육(杜毓) : ?~?. 중국 서진(西晉)의 관료이자 문인. 여남태수(汝南太守)·우장군(右將軍)·국자좨주(國子祭酒) 등의 관직을 역임했다. 중국에서 가장 오래된 다시(茶詩)로 평가받는 《천부(荈賦)》를 지었다.

210 천부(荈賦) : 두육이 차를 주제로 하여 부(賦)의 형식으로 쓴 시. 당(唐)나라 구양순(歐陽詢, 557~641)의 《예문유취(藝文類聚)》 권82에 그 전문이 수록되어 있다.

211 박[匏]으로……따른다 : 《藝文類聚》卷82〈草部下〉"茗"에 있다.

212 여요(餘姚) : 중국 절강성(浙江省) 영파시(寧波市) 일대의 옛 지명.

213 우홍(虞洪) : ?~?. 차와 관련된 고사에 등장하는 전설상의 인물.

214 폭포산(瀑布山) : 중국 절강성(浙江省) 여요현(餘姚縣)의 서남방에 있는 산. 현재 명칭은 백수산(白水山)이고, 산 안에 폭포령(瀑布嶺)이 있다.

52 犧 : 저본에는 "犧". 《茶經·四之器·瓢》에 근거하여 수정.

子)215입니다. 그대에게 부탁하오니 훗날 구희(甌犧, 사발과 표주박) 중에 여분이 있거든 부디 내게 남겨주시오."라 했다. 여기서 희(犧)란 나무 표주박이다. 지금 늘 쓰는 표주박은 배나무로 만들었다.

餘, 乞相遺也." 犧53, 木杓也. 今常用以梨木爲之.

죽협(竹夾, 대젓가락)

때로는 복숭아나무·버드나무·포규(蒲葵)나무216로 만들거나 감나무의 심재(心材)로 만들기도 한다. 길이는 1척으로 하고 양쪽 머리 부분에 은을 씌운다.

竹夾

或以桃、柳、蒲葵木爲之, 或以柹心木爲之. 長一尺, 銀裹兩頭.

죽협

죽협(《다경도고》)

죽협(《다기도해》)

차궤(鹺簋, 소금단지)

자기로 만든다. 원의 지름은 0.4척이고, 마치 합(合) 그릇 모양 같다. 【합(合)은 곧 합(盒)자로도 쓴다.】 간혹 병[瓶]이나 술독[罍] 모양 같은 물건에 소금을 보관한다. 소금을 뜨는 주걱[揭]은 대나무로 만들며, 길이는 0.41척, 너비는 0.09척이다. 게(揭)는 책(策, 대쪽)이다.

鹺簋

以瓷爲之, 圓徑四寸, 若合形. 【或卽盒字】或瓶或罍54 貯鹽花也. 其揭, 竹制, 長四寸一分, 闊九分. 揭, 策也.

---

215 단구자(丹丘子): 우홍 자신을 가리킨다.

216 포규(蒲葵)나무: 야자과에 속하는 상록 교목. 열대 및 아열대 지방에서 자란다.

53 犧: 저본에는 "犧". 《茶經·四之器·瓢》에 근거하여 수정.

54 罍: 저본에는 "壘". 《茶經·四之器·鹺簋》에 근거하여 수정.

차궤와 주걱(《다기도해》)

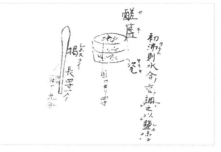

차궤와 주걱(《다경도고》)

청자 바리(국립중앙박물관)

숙우(《다경도고》)

숙우(《다기도해》)

숙우(熟盂, 끓인 물 담는 바리)

숙우에는 끓인 물을 보관한다. 자기 또는 사기(沙器)로 만들며, 2승의 물을 담을 수 있다.

熟盂

以貯熟水. 或瓷或沙, 受二升.

다완[盌]

월주(越州)[217]의 다완이 상품(上品)이고, 정주(鼎州)[218]의 다완이 그다음, 무주(婺州)[219]의 다완이 그다

盌

越州上, 鼎州次, 婺州次, 岳州次[55], 壽州、洪州次.

---

217 월주(越州) : 중국 절강성(浙江省) 소흥시(紹興市) 일대의 옛 지명. 이곳에 있던 월주요(越州窯)는 수당(隋唐) 시대부터 송나라 시대까지 중국의 대표적인 청자 생산지였다. 이곳의 자기는 동아시아와 중동 지방에 수출되었다.

218 정주(鼎州) : 중국 호남성(湖南省) 상덕시(常德市) 일대의 옛 지명. 정주는 육우(陸羽)가 《다경》을 편찬한 당나라 시대에는 행정구역으로 존재하지 않았고 송나라 이후부터 쓰기 시작했으므로, 명주(明州) 즉 절강성 영파시(寧波市) 일대라는 설도 있다.

219 무주(婺州) : 중국 절강성 금화(金華) 일대의 옛 지명. 이곳에 있던 무주요(婺州窯)는 당나라의 유명한 자기 생산지였다.

55 次 : 《茶經·四之器·盌》에는 "上".

청자 다완(국립중앙박물관) 다완(《다경도고》) 다완(《다기도해》)

음이고, 악주(岳州)[220]의 다완이 그다음이며, 수주(壽
州)[221]·홍주(洪州)[222]의 다완이 그다음이다.

어떤 사람은 형주(邢州)[223]의 다완을 월주의 다완
보다 상품으로 자리매김하지만 결코 그렇지 않다.
만약 형주의 자기가 은(銀)과 비슷하다면 월주의 자
기는 옥(玉)과 비슷하므로, 형주의 자기가 월주의 자
기에 미치지 못하는 첫째 이유다. 만약 형주의 자기
가 눈(雪)과 비슷하다면 월주의 자기는 얼음과 비슷
하므로, 형주의 자기가 월주의 자기에 미치지 못하
는 둘째 이유다. 형주의 자기는 백색이라 차가 단색
(丹色, 붉은색)으로 보이고, 월주의 자기는 청색이라
차가 녹색(綠色)으로 보이므로, 형주의 자기가 월주
의 자기에 미치지 못하는 셋째 이유다.

或者以邢州處越州上, 殊
爲不然. 若邢瓷[56]類銀, 越
瓷類玉, 邢不如越一也. 若
邢瓷類雪, 則越瓷類氷,
邢不如越二也. 邢瓷白而
茶色丹, 越瓷靑而茶色綠,
邢不如越三也.

---

220 악주(岳州) : 중국 호남성 악양시(岳陽市) 일대의 옛 지명. 악주요(岳州窯)는 당나라 초기와 중엽 도자기 생
　산지로 번성했으나 말기 이후로는 쇠락했다. 이곳은 채색을 한 청자의 생산지로 유명했다.
221 수주(壽州) : 중국 안휘성(安徽省) 회남시(淮南市) 일대의 옛 지명.
222 홍주(洪州) : 중국 하남성(河南省) 휘현(輝縣) 일대의 옛 지명.
223 형주(邢州) : 중국 하북성(河北省) 형태시(邢台市) 일대의 옛 지명.
56 瓷 : 저본에는 "資". 오사카본·《茶經·四之器·盌》에 근거하여 수정.

서진(西晉)의 두육이 지은 《천부》에서 말한 "그릇들을 가려 뽑을 때 그릇이 동구(東甌)로부터 나온다."[224]에서 구(甌)란 월(越)이다. 구(甌, 사발)는 월주의 물건이 상품인데, 그 사발은 귀때 부분이 말려 있지 않고, 바닥은 말려 있으며 얕아서 0.5근(斤) 이하를 담는다. 월주의 자기와 악주의 자기는 모두 청색이다. 다완이 청색이면 이 빛깔이 차에 보태져서 차의 빛깔이 백록색(白綠色)을 띤다. 형주의 자기는 백색이므로 차의 빛깔이 홍색을 띤다. 수주의 자기는 황색이므로 차의 빛깔이 자주색을 띤다. 홍주의 자기는 갈색이므로 차의 빛깔이 흑색을 띤다. 이런 색은 모두 차에 적절하지 않다.

晉 杜毓《荈賦》所謂"器擇陶揀, 出自東甌." 甌, 越也. 甌, 越州上, 口脣不卷, 底卷而淺, 受半斤已下. 越州瓷、岳瓷皆青, 青則益茶, 茶作白綠[57]之色. 邢州瓷白, 茶色紅; 壽州瓷黃, 茶色紫; 洪州瓷褐, 茶色黑, 悉不宜茶.

둥구미[畚]

둥구미는 흰 부들의 줄기를 말아서 엮어 짜는데, 다완 10개를 보관할 수 있다. 때로는 광주리[筥]를 사용하기도 한다. 지파(紙帊, 다완을 감싸는 종이)는 섬

畚

以白蒲捲而編之, 可貯盌十枚. 或用筥, 其紙帊以剡紙夾縫, 令方, 亦十之也.

둥구미(국립민속박물관)

둥구미와 지파(《다경도고》)

둥구미와 지파(《다기도해》)

---

224 그릇들을……나온다 : 이 구절은 《예문유취》(사고전서 판본)에 전하는 다음 구절과는 차이가 있다. "器澤陶簡, 出自東隅." 《藝文類聚》 卷82 〈草部下〉 "茗".

[57] 綠 : 저본에는 "紅". 《茶經·四之器·盌》에 근거하여 수정.

등지를 겹친 다음 꿰매서 네모나게 만드는데, 역시
10개를 보관한다.

찰(札, 다구 닦는 솔)

찰은 병려(栟櫚)나무[225]의 껍질을 엮고, 수유(茱萸)
나무[226]에 끼워서 동여맨다. 또는 대나무를 자른 다
음 병려나무 껍질을 묶어서 그 대롱에 끼는데, 그러
면 마치 커다란 붓 모양과 같다.

札

緝栟櫚皮, 以茱萸木夾而
縛之. 或截竹, 束而管之,
若巨筆形.

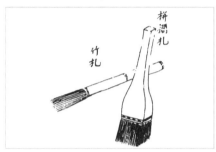

병려나무 찰과 대나무 찰(《다기도해》)

찰(《다경도고》)

척방(滌方, 개숫물통)

척방에는 다구를 씻고 남은 물을 보관한다. 가래
나무판을 합한 다음에 수방(水方) 모양으로 만드는
데, 물 8승을 담을 수 있다.

滌方

以貯滌洗之餘. 用楸木合
之, 制如水方, 受八升.

재방(滓方, 찌꺼기통)

재방에는 여러 찌꺼기를 모아둔다. 만드는 법은
척방과 같다. 5승을 넣을 수 있다.

滓方

以集諸滓, 製如滌方, 處五
升.

---

225 병려(栟櫚)나무 : 종려(棕櫚)나무의 이칭. 야자나무과의 상록 교목. 껍질이 단단하고 내구성이 있어 오래전
　부터 솔을 만드는 재료로 사용했다.
226 수유(茱萸)나무 : 운향과의 갈잎큰키나무. 민간에서는 쉬나무라 부른다.

척방과 재방(《다기도해》)

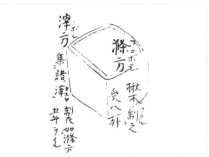

척방과 재방(《다경도고》)

다건(《다경도고》)

다건(《다기도해》)

다건[巾]

거친 비단으로 만들고 길이는 2척이다. 2장을 만들어 번갈아가며 쓰면서 여러 그릇을 깨끗하게 닦는다.

巾

以絁[58]布爲之, 長二尺. 作二枚, 互用之以潔諸器.

구열(具列, 다구 진열대)

상처럼 만들거나 선반처럼 만들기도 한다. 때로는 나무만으로 만들거나 대나무만으로 만들기도 하고, 나무와 대나무를 섞어 만들기도 하고 문을 여

具列

或作牀, 或作架. 或純木、純竹而製之, 或木或竹, 黄黑可扃而漆者. 長三尺, 闊

---

[58] 絁 : 저본에는 "縱". 오사카본·《茶經·四之器·巾》에 근거하여 수정.

구열(《매다옹다기도》)

구열(《다경도고》)

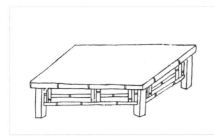

구열-상식(床式)(《다기도해》)

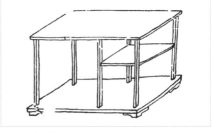

구열-가식(架式)(《다기도해》)

담을 수 있게 해서 황흑(黃黑)색으로 옻칠을 하기도 한다. 길이는 3척, 너비는 2척, 높이는 0.6척으로 한다. 구열이란 차를 마실 때 쓰는 여러 기물을 전부 진열하는 도구이다.

二尺, 高六寸. 具列者, 悉飮諸器物, 悉以陳列也.

도람(都籃, 모둠바구니)

여러 기물을 다 넣어두기 때문에 이렇게 이름을 지었다. 죽멸(竹篾, 대오리)로 도람 안쪽을 삼각방안(三角方眼)[227]의 모양으로 만들고, 바깥쪽은 2개의 넓은

都籃

以悉設諸器而名之. 以竹篾內作三角方眼, 外以雙篾闊者經之, 以單篾纖者

---

227 삼각방안(三角方眼) : 방안은 네모난 격자무늬를 말한다. 삼각방안은 방안이 크게 삼각 모양을 이루는 형태로 추정할 수도 있으나 구체적인 모습은 잘 모르겠다. *

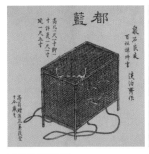
도람(《매다옹다기도》)

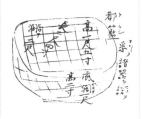
도람(《다경도고》)

도람(《다기도해》)

죽멸로 세로 줄기를 짠 다음 가는 죽멸 1개로 세로 줄기를 엮어 맨다. 이때 세로 죽멸 2개를 번갈아 눌러가며 방안 모양으로 짜서 예쁜 모양이 나게 한다. 도람의 높이는 1.5척, 바닥의 너비는 1척, 바닥 높이는 0.2척, 길이는 2.4척, 너비는 2척이다.[228] 《다경》[229]

縛之, 遞壓雙經作方眼, 使玲瓏. 高一尺五寸, 底闊一尺, 高二寸, 長二尺四寸, 闊二尺.《茶經》

일반적으로 차 끓이는 그릇을 만약 소나무 사이나 돌 위에 놓아둘 수 있다면 구열은 없어도 된다. 마른 땔감이나 정력(鼎㯕, 발 달린 솥과 구유) 따위를 사용한다면 풍로·회승·탄과·화협·교상 등은 없어도 된다.

만약 샘물을 내려다보거나 시냇물에 닿아 있는

凡煮器, 若松間、石上可坐, 則具列廢. 用槁薪、鼎㯕之屬, 則風爐、灰承、炭檛、火筴、交牀等廢.

若瞰泉臨澗, 則水方、滌方、

---

228 도람의……2척이다:《중국다서전집교증》에 의하면 이 문장에는 착간이 있으므로 '底闊一尺, 高二寸'을 '闊二尺' 뒤로 옮겨야 한다고 했다. 하지만 본문처럼 바닥의 너비와 높이를 설명하는 구절이 중간에 들어간 것으로 이해하고 번역할 수도 있어 위와 같이 옮겼다. 그렇더라도 바닥의 너비가 1척이라는 점이 해명이 안 된다. 도람 너비가 2척이면 바닥도 그 정도 너비가 되어야하기 때문이다. 도람의 실물이 남아 있지 않고 그림들이 모두 상상에 의거하여 그려졌기 때문에 정확한 이해가 쉽지 않다.《다기도설(茶器圖說)》의 도람 그림의 바닥쪽에 4개의 받침대가 있는데, 본문의 의도와는 맞지 않다.《中國茶書全集校證》1, p.93의 주 100번 참조.
229《茶經》卷中〈四之器〉(《中國茶書全集校證》1, 17~21쪽).

곳이라면 수방·척방·녹수낭은 없어도 된다. 만약 사람이 5인 이하이고 차가 가루내어 정제한 것이라면 나합은 없어도 된다. 만약 칡덩굴을 당겨서 바위산에 오르거나, 굵은 밧줄을 끌어당겨서 동굴에 들어가 차를 즐길 때에 산 입구에서 차를 구워 가루내거나 종이에 싸고 나합에 담을 수 있다면, 차 가는 맷돌이나 불말 등은 없어도 된다.

이미 표주박·다완·집게·찰·숙우·차궤를 모두 광주리 1개에 담았다면 도람은 없어도 된다. 다만 성읍(城邑) 안의 왕족과 고귀한 가문에서는 24가지의 다구에서 하나만 빠지면 차를 마시지 않을 것이다.

【안】 지금 사람들이 차를 끓일 때 다관(茶罐)을 쓰고 솥[鼎] 종류는 쓰지 않는다면 차 끓일 솥[鍑]은 없어도 좋다. 잎차를 끓인다면 차를 맷돌로 갈아서 가루 내는 일을 하지 않아도 되니, 집게·지낭·연(碾)·나합은 모두 없어도 좋다. 생강과 소금을 사용하지 않는다면, 차궤는 없어도 좋다.】《다경》230

금이나 은으로 탕기(湯器)를 만들면 오직 부귀한 사람만이 이를 갖춰 두고 공을 들여 탕을 잘 만드는 일로 삼기 때문에, 빈천한 사람이 이룰 수 없다. 탕기를 만들 때 금과 은을 빼놓을 수 없는 이유는 마치 금(琴)에 오동나무를 배제할 수 없고 먹에 아교를 빼놓을 수 없는 이유와 같다.《십육탕품(十六湯品)》231

漉水囊廢. 若五人已下, 茶可末[59]而精者, 羅廢.
若援藟躋嵒, 引絙入洞, 於山口炙而末之, 或紙包合貯, 則碾、拂末等廢.
既瓢、盌、筴、札、熟盂、醝簋, 悉以一笤盛之則都籃廢. 但城邑之中王公之門, 二十四器闕一, 則茶廢矣.
【案】 今人煮茶, 用罐不用鼎, 則鍑可廢矣. 但以芽茶瀹之, 未嘗碾而末之, 則夾、紙囊、碾、羅合皆可廢矣. 不用薑鹽, 則醝簋可廢矣.】同上

以金銀爲湯器, 惟富貴者具焉, 所以策功建湯業, 貧賤者有不能遂也. 湯器之不可捨金銀, 猶琴之不可捨桐、墨之不可捨膠.《十六湯品》

230《茶經》卷下〈九之略〉(《中國茶書全集校證》1, 34쪽).
231《說郛》卷93下〈十六湯品〉"第七富貴湯".
[59] 末: 저본에는 "味".《茶經·九之略》에 근거하여 수정.

돌은 하늘과 땅의 **빼어난 기운**이 응결(凝結)하여서 만들어진 형태이므로, 쪼아서 그릇을 만들어도 빼어난 기운은 여전히 남아 있다. 이런 석기에 끓인 물이 좋지 않게 되는 경우는 없었다. 《십육탕품》[232]

부귀한 사람은 금과 은으로 만든 병도 부족하다고 여기고, 빈천한 사람도 구리와 철로 만든 병을 싫어하니, 그렇다면 자기병은 족히 취할 만하다. 세상을 피해 사는 선비와 은둔한 장부에게는 자기병의 품격과 빛깔이 더욱 알맞다. 《십육탕품》[233]

상스런 사람이나 속된 무리가 물 끓이는 그릇을 고를 때 어찌 신중하게 선택할 겨를이 있겠는가? 구리·쇠·납·주석으로 된 그릇 중에서 열을 흡수하는 성질을 취하면 될 뿐이다. 이런 그릇에 끓인 물은 금속 비린내가 나면서 쓰고 게다가 떫기까지 한다. 이 물을 마시면 시간이 지나도 더러운 냄새가 입에 배어서 사라지지 않는다. 《십육탕품》[234]

유약을 바르지 않은 질그릇은 물에 스며들어 흙냄새가 난다. 찻물을 질그릇에 끓이면 비록 어과신함(御胯宸緘)[235]과 같은 고급 차를 갖추었더라도 차의

石凝結天地秀氣而賦形者也, 琢以爲器, 秀猶在焉. 其湯不良, 未之有也. 同上

貴欠金銀, 賤惡銅鐵, 則甆瓶有足取焉. 幽士、逸夫, 品色尤宜. 同上

猥人、俗輩, 煉水之器, 豈暇深擇? 銅、鐵、鉛、錫, 取熱而已. 是湯也, 腥苦且澁, 飮之逾時, 惡氣纏口而不得去. 同上

無油之瓦, 滲水而有土氣. 雖御胯宸緘, 且將敗德銷聲. 諺曰"茶瓶用瓦, 如乘

---

232 《說郛》卷93下〈十六湯品〉"第八秀碧湯".

233 《說郛》卷93下〈十六湯品〉"第九壓一湯".

234 《說郛》卷93下〈十六湯品〉"第十纏口湯".

235 어과신함(御胯宸緘) : 황제에게 봉함(封緘)하여 진상하는 고급 차를 가리킨다. 과(胯)는 허리띠의 두 끝을 마주 걸어 잠그는 자물 단추인 대구(帶鉤)라는 뜻으로, 과(銙)라고도 쓴다. 신(宸)은 천자가 사는 궁궐, 함(緘)은 봉함(封緘)한다는 뜻이다.

다요

덕과 명성이 줄어들 것이다. 속담에 "차를 담는 병으로 질그릇을 쓰면 다리가 부러진 준마를 타고 높은 곳에 오르는 일과 같다."고 했다. 호사가들은 이 점을 통렬히 기억해야 한다. 《십육탕품》[236]

折脚駿登高." 好事者辛誌之. 同上

　일반적으로 다병은 작은 것이어야 하는데, 다병이 작으면 찻물이 끓는 것을 쉽게 살필 수 있고 또 차에 끓인 물을 따르기가 좋기 때문이다. 만약 다병이 커서 마시고 남은 차를 오래 두었다가 맛이 지나쳐버리면 좋지 않다. 다요(茶銚, 차 끓이는 쟁개비)와 다병은 은이나 주석으로 만든 물건이 상품이고, 자기나 돌로 만든 물건은 그다음이다. 《다보》[237]

凡瓶要小者, 易候湯, 又點茶注湯有應. 若瓶大, 啜存停久, 味過則不佳矣. 茶銚、茶瓶, 銀、錫爲上, 甆、石次之. 《茶譜》

　차의 빛이 흰색이면 검은 찻잔이 잘 어울린다. 건안(建安) 지역에서 만들어진 물건은 감흑(紺黑, 푸른빛이 도는 검정)색이며 토끼털 같은 무늬가 있고, 그 몸통[坏]이 약간 두꺼워 찻잔을 데워놓으면 오랫동안

茶色白, 宜黑盞. 建安所造者紺黑, 紋如兔毫, 其坏微厚, 熁之久熱難冷, 最爲要用. 出他處者, 或薄坏色

---

236 《說郛》卷93下〈十六湯品〉"第十一減價湯".
237 《茶譜》〈煎茶四要〉"四擇品"(《中國茶書全集校證》2, 662쪽).

뜨겁고 잘 식지 않으므로, 가장 요긴하게 쓰인다. 다른 곳에서 나온 찻잔은 간혹 그 몸통이 얇으면서 빛깔도 차이가 나서 모두 건안에서 나온 찻잔에 미치지 못한다. 《다보》[238]

다호(茶壺, 찻주전자)는 작은 것을 귀하게 여긴다. 손님 한 사람마다 다호 하나를 쥐고, 자신이 먹을 만큼 따라서 스스로 마시도록 해야 흥취를 얻게 되니, 이는 무엇 때문인가? 다호가 작으면 향기가 흩어지지 않고, 차의 맛도 변하지 않는다. 더욱이 차 속의 향기와 맛은 너무 앞서서도 안 되고 너무 늦어서도 안 되니, 단지 꼭 맞는 한 때가 있다. 너무 이르면 만족스럽지 않고, 너무 늦으면 이미 그 때가 지나가버린다. 따라서 꼭 알맞은 때를 보아서 한 번에 부어 다 마시거나, 물을 적당하게 조절하는 일은 다호를 쥔 사람에게 달려 있는 것이다. 《다전(茶箋)[239]》[240]

차탁[茶托子, 찻잔 받침]은 처음 건중(建中) 연간(780~783)에 촉(蜀, 사천성 지역)의 재상인 최녕(崔寧)[241]의 딸

異, 皆不及也. 同上

茶壺以小爲貴. 每一客壺一把[60], 任其自斟自飮, 方爲得趣, 何也? 壺小則香不渙散, 味不耽閣[61]. 況茶中香味, 不先不後, 只有一時. 太早則未足, 太遲則已過. 見得恰好, 一瀉而盡, 化而裁之, 存乎其人. 《茶箋》

茶托子, 始建中 蜀 相崔寧之女. 以茶杯無襯, 病其熨

---

238 《茶譜》〈煎茶四要〉 "四擇品" (《中國茶書全集校證》 2, 663쪽).

239 다전(茶箋): 《속다경(續茶經)》 〈사다지기(四茶之器)〉에는 모양(冒襄, 1611~1693)의 글을 인용하고 있다. 모양은 명나라 말기의 문인이며, 자는 벽강(辟疆), 호는 소민(巢民)이다. 그는 차에 관한 자료를 모아 《개다휘초(岕茶彙鈔)》를 편찬했다. 《개다휘초》에 이 기사가 실려 있으나 글자가 다소 다른 점으로 보아, 위 기사는 다른 판본에서 온 듯하다. 현재 전해지는 《다전(茶箋)》에는 명나라의 문인 도륭(屠隆, 1544~1605)과 문룡(聞龍, ?~?)의 저작이 각각 있으나 위 내용은 실려 있지 않다.

240 《岕茶彙鈔》(《中國茶書全集校證》 4, 1672쪽); 《續茶經》 卷中〈四茶之器〉(《中國茶書全集校證》 4, 1729쪽).

241 최녕(崔寧): 723~783. 중국 당나라의 장군. 우부사(右仆射)·동평장사(同平章事)·중서령(中書令) 등의 관직을 역임하였고, 서촉(西蜀) 지역과 토번(吐蕃)을 정벌하는 공을 세웠다. 재상의 자리에 오르지는 않았으나 고위 관직을 역임하였기에 후대에 촉(蜀)의 재상이라고 불렀다.

60 壺一把: 《岕茶彙鈔》·《續茶經·四茶之器》에는 "一壺".

61 閣: 《岕茶彙鈔》·《續茶經·四茶之器》에는 "遲".

차탁

다반

에게서 시작되었다. 그녀는 찻잔에 받침이 없어서 손가락이 데일까 걱정하다가 접자(楪子, 납작한 접시)를 가져다 찻잔을 받쳐 보았다. 하지만 차를 다 마신 다음에는 찻잔이 고정되지 않고 기울자 곧 밀랍으로 접자의 중앙을 두르니, 그 잔이 마침내 고정되었다. 곧바로 장인(匠人)에게 명하여 옻칠한 고리로 밀랍을 대체하게 했다. 최녕에게 이 물건을 바치자 최녕이 기이하게 여기고, 이름을 지은 다음 손님들과 친척들에게 말하니, 사람들마다 편리하게 여겼다. 이후로 이를 전한 사람들은 그 바닥부분을 고리 모양으로 바꾸었고, 그 제작법을 더욱 새롭게 고안하여 온갖 형태로 만들어지게 되었다. 【안 지금 쓰이는 다주(茶舟)242와 다반(茶盤, 차 쟁반)은 모두 이 제작법이 남상(濫觴, 기원)이다.】《자가록(資暇錄)243》244

指, 取楪子承之. 既啜而杯傾, 乃以蠟環楪子之央, 其杯遂定. 卽命匠以漆環代蠟. 進於蜀相, 蜀相奇之, 爲製名而話於賓親, 人人爲便. 是後, 傳者更環其底, 愈新其製, 以至百狀焉. 【案 今所用茶舟、茶盤, 皆此製之濫觴也.】《資暇錄》

---

242 다주(茶舟) : 다기를 올려놓는 배 모양의 쟁반. 그림 참고.

243 자가록(資暇錄) : 중국 당나라의 문인 이광문(李匡文, ?~?)이 편찬한 서적. 당나라의 고사 및 기물 등에 대한 기록을 수록하고 있다. 이광문의 자는 제옹(濟翁). 재상 이이간(李夷簡)의 아들로 태어났으며 장주자사(漳州刺史)와 방주자사(房州刺史) 등의 관직을 역임했다. 저서로 《당황실유성록(唐皇室維城錄)》·《십대탁의사목(十代鐲疑史目)》·《한후수전순관도(漢後隋前瞬貫圖)》 등이 있다.

244 《續茶經》 卷中 〈四茶之器〉 (《中國茶書全集校證》 4, 1724쪽).

다주

사요

은요

　자호(磁壺, 자기 찻주전자)로 차를 따를 때는 사요(砂銚, 사기 쟁개비)에 끓인 물이 가장 좋다. 《청이록(淸異錄)》에서 "부귀탕(富貴湯)[245]은 은요(銀銚, 은 쟁개비)로 물을 끓여야 매우 좋다. 동요(銅銚, 구리 쟁개비)에 물을 끓여 석호(錫壺, 주석 찻주전자)로 따르는 일은 그 다음이다."[246]라 했다. 《준생팔전》[247]

磁壺注茶, 砂銚煮水爲上. 《淸異錄》云: "富貴湯, 當以銀銚煮湯, 佳甚. 銅銚煮水, 錫壺注茶次之." 《遵生八牋》

---

[245] 부귀탕(富貴湯): 《십육탕품(十六湯品)》 중 7번째 항목이 부귀탕(富貴湯)이다. 위의 《십육탕품》 중 첫 문장인 "금이나 은으로 탕기(湯器)를 만들면 오직 부귀한 사람만이 이를 갖출 수 있다" 이하의 내용이 부귀탕에 쓰는 그릇을 설명하고 있다.

[246] 부귀탕(富貴湯)은……다음이다: 확인 안 됨.

[247] 《遵生八牋》 卷11 〈飮饌服食牋〉 上 "煎茶四要" '四擇品'(《遵生八牋校注》, 391쪽).

선요의 단잔

찬잔에는 오직 선요(宣窯)²⁴⁸의 단잔[壇盞, 단(壇)자가 있는 찬잔]이 최상품이니, 질박하면서 두껍고 희고 밝으며, 양식이 고아하다. 선요의 품등에 속하는 물건 중 꽃무늬가 찍힌 흰 사발은 그 양식이 중도를 얻었으며 옥처럼 투명하다. 그다음으로는 가요(嘉窯)²⁴⁹가 있는데, 찬잔의 바닥 가운데의 안쪽에 다(茶)자가 있는 작은 찬잔이 아름답다. 차 빛을 황백색으로 내려고 한다면, 어찌 청화(靑花) 무늬 찬잔으로 차의 빛깔을 어지럽힐 수 있겠는가? 술을 따를 때도 이와 마찬가지로 오직 순백색의 그릇들만이 최상품이다. 나머지는 모두 가져다 쓰지 않는다. 《준생팔전》²⁵⁰

茶盞惟宣窯壇盞爲最，質厚白瑩，樣式古雅. 有等宣窯，印花白甌，式樣得中而瑩然如玉. 次則嘉⁶²窯，心內茶字小琖爲美. 欲試茶色黃白，豈容靑花亂之? 注酒亦然，惟純白色器皿爲最上乘品，餘皆不取. 同上

248 선요(宣窯) : 명나라 선덕(宣德) 연간(1426~1435)에 만들어진 도자기 및 그 생산지. 경덕진의 관요(官窯)에서 제작된 도자기는 품질이 우수하여 중국 국내에서 널리 사용했을 뿐만 아니라 외국으로 많이 수출했다. 청화자기 및 소마니청반(蘇麻尼靑盤)과 주사홍반(朱砂紅盤) 등의 도자기가 유명하다.
249 가요(嘉窯) : 명나라 가정(嘉靖) 연간(1522~1566)에 만들어진 도자기 및 그 생산지. 가정 연간에는 청화자기와 함께 유상다채(釉上多彩)의 도자기가 성행했다.
250 《遵生八牋》 卷11 〈飮饌服食牋〉 上 "煎茶四要" '四擇品' (《遵生八牋校注》, 391~392쪽).
62 嘉 : 저본에는 "喜". 《遵生八牋·飮饌服食牋·煎茶四要》에 근거하여 수정.

다구(茶具) 16개 기물은 다음과 같다.

茶具十六器曰:

①상상(商象)【옛날 석정(石鼎, 돌솥)이다. 차를 달일 때 쓴다.】

商象【古石鼎也, 用以煎茶.】

②귀결(歸潔)【대나무 솔빗자루이다. 찻주전자를 씻을 때 쓴다.】

歸潔【竹筅帚也, 用以滌壺.】

③분영(分盈)【구기[杓]이다. 물의 분량을 헤아릴 때 쓴다.】

分盈【杓也, 用以量水斤兩.】

④체화(遞火)【구리로 만든 화두(火斗, 불 담는 구기)이다. 불을 옮길 때 쓴다.】

遞火【銅火斗也, 用以搬火.】

⑤강홍(降紅)【구리로 만든 부젓가락이다. 불을 모을 때 쓴다.】

降紅【銅火筯也, 用以簇火.】

⑥집권(執權)【차를 재는 저울이다. 구기의 물 2승(升)씩에 차 1냥을 넣는다.】

執權【準茶秤也, 每杓水二升[63], 用茶一兩.】

⑦단풍(團風)【무늬 없는 대나무 부채이다. 불을 일으킬 때 쓴다.】

團風【素竹扇也, 用以發火.】

⑧녹진(漉塵)【다세(茶洗, 차 씻는 그릇)이다. 차를 씻을 때 쓴다.】

漉塵【茶洗也, 用以洗茶.】

⑨정불(靜沸)【대나무 받침대이니 곧《다경(茶經)》의 지복(支鍑, 솥지지대)이다.】

靜沸【竹架, 卽《茶經》支鍑[64]也.】

⑩주춘(注春)【자기로 된 찻주전자이다. 차를 따를 때 쓴다.】

注春【磁瓦壺也, 用以注茶.】

⑪운봉(運鋒)【과일을 깎는 칼이다. 과일을 자를 때 쓴다.】

運鋒【劃果刀也, 用以切果.】

⑫감둔(甘鈍)【나무 침돈(砧墩, 찻상)이다.】

甘鈍【木砧墩也.】

---

[63] 升: 저본에는 "斤".《遵生八牋·飮饌服食牋·茶具十六器》에 근거하여 수정.
[64] 鍑: 저본에는 "腹".《茶經·四之器·交牀》에 근거하여 수정.

⑬철향(啜香)【자기로 만든 사발이다. 차를 마실 때 쓴다.】

⑭요운(撩雲)【대나무 찻숟가락이다. 과일을 건질 때 쓴다.】

⑮납경(納敬)【대나무 찻잔 받침이다. 찻잔을 내려 놓을 때 쓴다.】

⑯수오(受汚)【그릇을 닦는 다건이다. 사발을 깨끗 하게 할 때 쓴다.】

다기를 모두 담는 7개의 다구는 다음과 같다.

①고절군(苦節君)251【차를 끓이는 화로[煮茶作爐]이 다. 차를 달일 때 쓰고, 또 이동할 때는 거두어 보관 한다.】

②건성(建城)【얼룩조릿대[篛]로 대바구니를 만든 다. 그 안에 차를 봉해서 높은 선반에 보관한다.】

③운둔(雲屯)【자기항아리이다. 국자로 샘물을 뜰 때에 쓰며 끓일 물을 제공한다.】

④오부(烏府)【대나무로 바구니를 만든다. 숯을 담 아 차를 달이는 용도로 쓴다.】

⑤수조(水曹)【곧 자기항아리나 질그릇장군이다. 샘물을 보관했다가 화정(火鼎, 불솥)에 제공한다.】

⑥기국(器局)【대나무로 짜서 네모 상자를 만든다. 다구를 수납할 때 쓰는 물건이다.】

啜香【磁瓦甌也，用以啜 茶.】

撩雲【竹茶匙也，用以取 果.】

納敬【竹茶橐也，用以放 盞.】

受汚【拭抹布也，用以潔 甌.】

總貯茶器七具曰：

苦節君【煮茶作爐也，用以 煎茶，更有行者收藏.】

建城【以篛爲籠，封茶以貯 高閣.】

雲屯【磁瓶，用以杓泉，以 供煮也.】

烏府【以竹爲籃，以盛炭爲 煎茶之用.】

水曹【卽磁缸65，瓦缶，用 以貯泉，以供火鼎.】

器局【竹編爲方箱，用以收 茶具者.】

---

251 고절군(苦節君)：송나라 때 만들어지기 시작해서 명나라 때까지 사용된 화로. '차를 끓이는 화로[煮茶作爐]' 구절에서 '作'이 '竹'으로 되어 있는 판본도 있다. 아래 고절군 그림을 살펴보면 대나무로 만들었기 때문 에 죽로(竹爐, 대나무화로)라고 한 듯하다. 불을 받아들여 견디는 화로의 풍모가 마치 절개[節]가 있는 군자 [君]와 비슷하다고 해서 고절군이라는 명칭으로 불렀다고 한다. 《다보(茶譜)》의 "다기도(茶器圖)"에는 고절 군과 함께 이동할 때 사용하는 다구수납함인 고절군행성(苦節君行省)의 그림이 전한다.

65 缸：저본에는 "矼". 《遵生八牋·飲饌服食牋·總貯茶器七具》에 근거하여 수정.

⑦그 외에도 품사(品司)가 있다.【대나무로 손잡이가 있는 둥그런 제합(提合)²⁵²을 짠다. 각종의 찻잎을 거두어 보관하여 차를 달일 때를 대비하는 물건이다.】《준생팔전》²⁵³

【안】고렴(高濂)²⁵⁴의 23개 다구와 육우(陸羽)의 24개 기물은 서로 출입이 있다. 지금 이들을 함께 기재하여 취사선택할 수 있도록 대비했다.】

外有品司【竹編圓橦提合, 用以收貯各品茶葉, 以待烹品者也.】同上

【案】深夫二十三具與陸處士二十四器, 互有出入, 今並載之, 以備裁擇.】

---

252 제합(提合): 휴대가 가능하고, 뚜껑과 손잡이가 달린 합(盒).

253《遵生八牋》卷11〈飮饌服食牋〉上 "茶具十六器"·"總貯茶器七具"(《遵生八牋校注》, 393~394쪽).

254 고렴(高濂): ?~?. 중국 명나라의 문인으로《준생팔전》의 저자이다. 자는 심보(深甫 또는 深夫), 호는 서남(瑞南)이다. 저서로 전기(傳奇)소설《옥잠기(玉簪記)》와《절효기(節孝記)》가 있다.

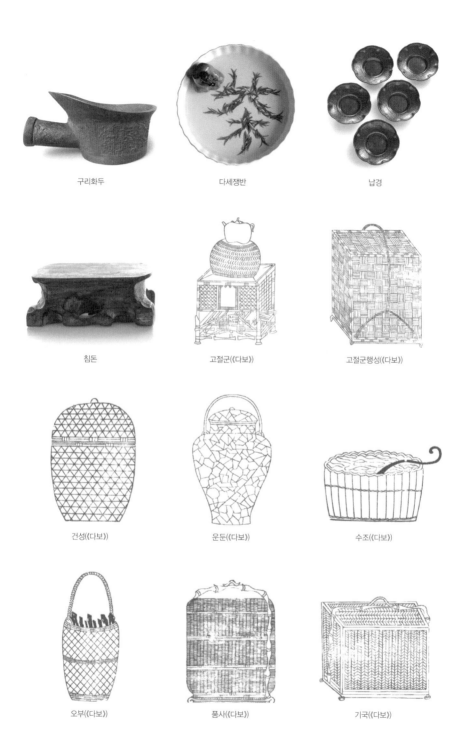

구리화두

다세쟁반

납경

침돈

고절군《다보》

고절군행성《다보》

건성《다보》

운둔《다보》

수조《다보》

오부《다보》

품사《다보》

기국《다보》

2. 향[香供]

香供

1) 이름과 뜻

《설문해자(說文解字)》에는 "향(香)은 방(芳, 향기)이
다. 전서(篆書)로는 '서(黍, 기장)'를 따르고 '감(甘, 달다)'
을 따른다. 예서(隸書)에서 '향(香)'으로 줄여 썼다.[1]
《춘추전(春秋傳)》에는 '서직(黍稷, 기장과 조)은 멀리 향
기가 난다.[2]'라 했다. 일반적으로 향 종류는 모두 향
(香)이라는 부수를 따른다."[3]라 했다.

멀리 가는 향은 '형(馨)'이라 한다.

아름다운 향은 '사(㰤)'【음은 사(使)이다.】라 한다.

향기로운 향을 '혐(馦)'【화(火)와 겸(兼)의 반절이
다.】이라 하고,

'암(馣)'【음은 엄(淹)이다.】이라 하고,

'온(馧)'【우(于)와 운(雲)의 반절이다.】이라 하고,

'복(馥)'【부(扶)와 복(福)의 반절이다.】이라 하고,

名義

《說文》曰: "芳也. 篆從黍
從甘. 隸省作香. 《春秋傳》
曰 '黍稷馨香.' 凡香之屬皆
從香."

香之遠聞曰"馨".

香之美者曰"㰤".[1]【音使】

香之氣曰"馦",【火兼反】

曰"馣",【音淹】

曰"馧",【于雲反】

曰"馥",【扶福反】

---

1 전서(篆書)로는……썼다:《설문해자》에 전서체로 쓰여진 향(香) 자의 모양은 '黍' 아래에 '甘'이 있는 글자
모양이었으나, 예서체에서는 현재의 '香' 자로 간략하게 썼다는 뜻이다.

전서체 향(香) 자《설문해자》

2 서직(黍稷)은……난다:《春秋左傳注疏》卷12〈僖公五年〉"九月戊申朔日有食之"《十三經注疏整理本》17,
387쪽).

3 향(香)은……따른다:《說文解字》卷7上〈文八〉"香"《文淵閣四庫全書》223, 210쪽).

[1] 㰤: 저본에는 "馶".《香譜·香之事·述香》에 근거하여 수정.

'애(醷)'【음은 애(愛)이다.】라 하고,　　　　日"醷",【音愛】

'별(醶)'【방(方)과 멸(滅)의 반절이다.】이라 하고,　　　日"醶",【方滅反】

'빈(䃽)'【음은 빈(繽)이다.】이라 하고,　　　　日"䃽",【音繽】

'전(醆)'【음은 전(賤)이다.】이라 하고,　　　　日"醆",【音賤】

'발(醱)'【보(步)와 말(末)의 반절이다.】이라 하고,　　日"醱",【步末反】

'별(醅)'【필(匹)과 결(結)의 반절이다.】이라 하고,　　日"醅",【匹結反】

'필(䣫)'【만(滿)과 결(結)의 반절이다.】이라 하고,　　日"䣫",【滿結反】

'발(䣿)'【음은 발(孛)이다.】이라 하고,　　　　日"䣿",【音孛】

'함(醓)'【화(火)와 함(含)의 반절이다.】이라 하고,　　日"醓",【火含反】

'분(馩)'【음은 분(焚)이다.】이라 하고,　　　　日"馩",【音焚】

'분(馩)'【음은 위와 같다.】이라 하고,　　　　日"馩",【上同】

'논(醹)'【노(奴)와 곤(昆)의 반절이다.】이라 하고,　　日"醹",【奴昆反】

'팽(馞)'【음은 팽(彭)이다. 馞은 대향(大香, 아주 진한 향기)이다.】이라 하고,　　　日"馞",【音彭. 馞, 大香.】

'도(醶)'【타(他)와 호(胡)의 반절이다.】라 하고,　　日"醶",【他胡反】

'의(旖)'【음은 의(倚)이다.】라 하고,　　　　日"旖",【音倚】

'니(馜)'【음은 니(你)이다.】라 하고,　　　　日"馜",【音你】

'발(䣛)'【보(普)와 몰(沒)의 반절이다.】이라 하고,　　日"䣛",【普沒反】

'멸(䣾)'【만(滿)과 결(結)의 반절이다.】이라 하고,　　日"䣾",【滿結反】

'별(䤄)'【보(普)와 멸(滅)의 반절이다.】이라 하고,　　日"䤄",【普滅反】

'옹(醲)'【오(烏)와 공(孔)의 반절이다.】이라 하고,　　日"醲",【烏孔反】

'표(釀)'【음은 표(瓢)이다.】라 한다. 《향보(香譜)4》5　　日"釀".【音瓢】《香譜》

4　향보(香譜) : 중국 송나라의 문인 홍추(洪芻, 1066~?)가 향(香)에 대한 여러 기록을 모아 편찬한 서적. 홍추의 자는 구부(駒父). 형제인 홍붕(洪朋)·홍영(洪炎)·홍우(洪羽)와 함께 예장사홍(豫章四洪)으로 유명하다. 이 책은 원래 5권이었지만 현재는 2권만이 《당송총서(唐宋叢書)》·《설부(說郛)》·《사고전서(四庫全

2) 품등

묘고향(妙高香)[6] · 생향(生香)[7] · 단향(檀香)[8] · 강진향(降眞香)[9] · 경선향(京線香)[10]은 향 중에서 유한(幽閒)한 향이다.

난향(蘭香)[11] · 속향(速香)[12] · 침향(沈香)[13]은 향 중에서 염아(恬雅)한 향이다.

品第

妙高香、生香、檀香、降眞香、京線香, 香之幽閒者也.

蘭香、速香、沈香, 香之恬雅者也.

《書》에 수록되어 전한다. 향의 명칭 및 품등, 제조법, 관리법, 피우는 법, 여러 종류의 향 등에 대한 내용이 들어 있다. 《향보(香譜)》란 명칭의 책은 이 책 외로 송나라의 진경(陳敬, ?~?)의 저술이 있고, 또 송나라의 섭정규(葉廷珪, ?~?)가 편찬한 《명향보(名香譜)》가 있는데 이 역시 줄여서 《향보(香譜)》라 부른다.

5 《香譜》卷下〈香之事〉"述香"(《叢書集成初編》1481, 17쪽).

6 묘고향(妙高香) : 침속(沈速) · 황단(黃檀) · 강향(降香) · 목향(木香) · 정향(丁香) · 유향(乳香) · 검운향(檢芸香) · 관계(官桂) · 감송(甘松) · 삼내(三柰) 등의 재료를 써서 만든 향. 《준생팔전(遵生八牋)》권8 〈기거안락전(起居安樂牋)〉하 "신혼이양조(晨昏怡養條)"에 제법이 있다.

7 생향(生香) : 사향(麝香)의 일종. 살아 있는 사향노루의 음낭 옆에 있는 작은 호르몬 주머니에서 채취한 향으로 사향 중에서 품질이 가장 좋다. 겨울 동안 몸안에 사향이 쌓인 사향노루가 봄이 되었을 때 배설하면서 사향주머니를 떨어뜨리는 경우가 있다. 이때 나온 생향은 죽은 사향노루의 향보다 좋다. 제향(臍香)은 사냥으로 잡혀서 죽은 사향노루에서 채취하고, 심결향(心結香)은 언덕 아래로 떨어져 죽은 사향노루의 심장에서 채취한다. 생향에 대해서는 뒤의 "향료(香料)"에서 자세한 설명이 나온다.

8 단향(檀香) : 단향목에서 채취한 향. 열대 및 아열대 지방에서 자라는 단향목의 껍질 및 심재를 잘게 자른 다음 건조시켜서 만든다. 황색 나무는 황단(黃檀), 자색 나무는 자단(紫檀), 가볍고 연한 나무는 사단(沙檀)이라 한다. 제법은 뒤에 자세한 설명이 나온다.

9 강진향(降眞香) : 강향단(降香檀) 나무의 심재와 뿌리에서 채취한 향. 강향(降香) 또는 번강(番降)이라고도 한다. 제법은 뒤에 자세한 설명이 나온다.

10 경선향(京線香) : 중국 명나라에서 이가(李家)라는 상인이 팔았던 향으로 알려져 있으나, 제법은 미상이다. 《준생팔전(遵生八牋)》권15 〈연한청상전(燕閒淸賞牋)〉중 "논향(論香)"에 나온다. "경선향 : 전문(前文) 밖의 이가(李家) 상인이 2푼이나 1푼씩 1묶음에 파는 향으로, 향기가 매우 좋다.(京線香 : 前門外李家二分、一分一束者, 佳甚)"라 했다.

11 난향(蘭香) : 난초과(蘭草科)에 속하는 난초에서 채취한 향. 난초의 뿌리 및 줄기와 꽃을 말리거나 즙을 추출하여 향료를 만든다.

12 속향(速香) : 아열대 지방에서 자라는 팥꽃나무과 침향나무의 심재에서 채취한 향. 황숙향(黃熟香)이라고도 한다. 침향나무의 목재 중에서 물에 뜨는 부분은 속향, 반은 뜨고 반은 가라앉으면 잔향(棧香), 완전히 가라앉으면 침향으로 분류한다. 제법은 뒤에 자세한 설명이 나온다.

13 침향(沈香) : 침향나무에서 채취한 향. 침향나무는 수지(樹脂)가 많이 들어 있으며 은은한 향기가 나는데, 동물이나 바람 등으로 생긴 상처 부위에는 특히 많은 수지가 생성된다. 그 수지가 굳으면 독특한 향을 지니며, 견고하고 밀도가 높기 때문에 물에 가라앉으므로[沈] 침향이라 한다. 침수향(沈水香)이라고도 한다. 제법은 뒤에 자세한 설명이 나온다.

월린향(越隣香)14·첨향(甜香)15·만춘향(萬春香)16·흑룡괘향(黑龍挂香)17은 향 중에서 온윤(溫潤)한 향이다.

황향병(黃香餠)·부용향(芙蓉香)·용연병(龍涎餠)18·내향병(內香餠)19은 향 중에서 가려(佳麗)한 향이다.

옥화향(玉華香)20·용루향(龍樓香)21·살별란향(撒馦蘭香)22은 향 중에서 온자(蘊藉)한 향이다.

기남향(棋楠香)23·암팔향(唵叭香)24·파율향(波律香)25은 향 중에서 고상(高尙)한 향이다.

유한(幽閑)한 향이란, 속세를 벗어나 고매하게 은거하면서 자리에 앉아 도(道)와 덕(德)을 이야기할 때

越隣香、甜香、萬春香、黑龍挂香, 香之溫潤者也.

黃香餠、芙蓉香、龍涎餠、內香餠, 香之佳麗者也.

玉華香、龍樓香、撒馦[2]蘭香, 香之蘊藉者也.

棋楠香、唵叭香、波律香, 香之高尙者也.

幽閑者, 物外高隱, 坐語道德, 焚之可以淸心悅神.

---

14 월린향(越隣香) : 단향(檀香)·침향(沈香)·흑향(黑香)·정향(丁香)·목향(木香)·황지(黃脂)·유향(乳香)·곽향(藿香)·낭태(郞苔)·속향(速香)·사향(麝香)·편뇌(片腦)·광령릉(廣零陵)·남유(欖油)·갑향(甲香) 등의 재료를 써서 만든 향. 《향승(香乘)》 권25 〈엽향신보(獵香新譜)〉에 제법이 있다.

15 첨향(甜香) : 단향·침향·유향·정향·목향·흑향·낭태·흑속(黑速)·편사(片麝)·배초(排草)·합유(合油)·대황(大黃)·관계(官桂)·금안향(金顔香)·능엽(陵葉) 등의 재료를 써서 만든 향. 《향승》 권25 〈엽향신보〉에는 내첨향(內甜香)으로 되어 있고, 제법이 있다.

16 만춘향(萬春香) : 침향·결향(結香)·영릉향(零陵香)·곽향·모향(茅香)·감송(甘松)·갑향·용뇌·사향·단향·삼내(三柰)·정향 등의 재료를 써서 만든 향. 《향승》 권25 〈엽향신보〉에 제법이 있다. 제법은 뒤에 자세한 설명이 나온다.

17 흑룡괘향(黑龍挂香) : 단향·속향·황숙(黃熟)·정향·흑향·유향·운향(芸香)·삼내·생강·세신(細辛)·천궁(川芎)·감송·남유·초석(硝石)·숯가루 등의 재료를 써서 만든 향. 《향승》 권25 〈엽향신보〉에 제법이 있다.

18 용연병(龍涎餠) : 박하와 동벽토(東壁土, 동쪽 벽의 흙) 등의 재료를 써서 만든 향. 새룡연병자(賽龍涎餠子)라고도 한다. 제법은 뒤에 자세한 설명이 나온다.

19 내향병(內香餠) : 제법 미상.

20 옥화향(玉華香) : 침향·속향·단향·유향·목향·정향·낭태(郞胎)·암팔향·사향·빙편·광배초 등의 재료를 써서 만든 향. 제법은 뒤에 자세한 설명이 나온다.

21 용루향(龍樓香) : 침향·단향·편속·배초·정향·용뇌·금안향·암팔·낭태·삼내·관계·운향·감마연(甘麻然)·남유·감송 등의 재료를 써서 만든 향. 《향승》 권25 〈엽향신보〉에 제법이 있다.

22 살별란향(撒馦蘭香) : 붓꽃과의 여러해살이풀 살별란(Saffron, 샤프론)으로 만든 향. 살별란은 번홍화(番紅花)·장홍화(藏紅花)·살복란(撒馥蘭) 등의 이칭이 있다.

23 기남향(棋楠香) : 침향 중에서 최고급 품질의 향. 수지 함량이 침향보다 높아 향이 더 짙고, 매우 희귀한 향에 속한다. 가남향(伽楠香) 또는 기남향(奇南香)이라고도 한다.

24 암팔향(唵叭香) : 두영(杜英)나무의 열매에서 짜낸 기름으로 만든 향. 암파향(唵吧香)이라고도 한다. 제법은 뒤에 자세한 설명이 나온다.

25 파율향(波律香) : 용뇌향(龍腦香)의 이명. 인도네시아 서쪽 지역에 있었던 옛 파율국(波律國)에서 주로 생산되던 향이다. 제법은 뒤에 자세한 설명이 나온다.

[2] 馦 : 《遵生八牋·燕閒淸賞牋·論香》에는 "馠".

그 향을 피우면 가슴을 맑게 하고 정신을 기쁘게 할
만한 향이다.

염아(恬雅)한 향이란, 사경(四更. 새벽 1시~3시)에 달
은 져 가고 분위기도 쓸쓸할 때, 그 향을 피우면 담
아둔 마음을 풀어 시원하게 하고 시를 읊게 할 만한
향이다.

恬雅者, 四更殘月, 興味蕭
騷, 焚之可以暢懷舒嘯.

온윤(溫潤)한 향이란, 맑게 갠 창가에서 글귀를
베끼거나, 주미(麈尾)26를 털고 한가롭게 시를 읊거
나, 구등(篝燈. 대나무 바람막이가 있는 등불)을 밝히고 밤
에 독서할 때, 그 향을 피우면 수마(睡魔. 졸음)를 멀
리 몰아낼 수 있으니, 옛날의 반월향(伴月香)27이라 할
만한 향이다.

溫潤者, 晴窓搨帖, 揮麈
閒吟, 篝燈夜讀, 焚以遠辟
睡魔, 謂古伴月可也.

가려(佳麗)한 향이란, 아리따운 사람을 옆에 앉히
고, 친밀하게 사사로운 대화를 나누며 서로 손으로
잡고 향로를 끼고 있을 때, 그 향을 피우면 가슴을
훈훈하게 하고 마음을 따뜻하게 하니, 옛날의 조정
향(助情香)28이라 할 만한 향이다.

佳麗者, 紅袖在側, 密語談
私, 執手擁爐, 焚以薰心
熱意, 謂古助情可也.

온자(蘊藉)한 향이란, 여름 우기에 문을 닫아걸고
낮잠을 푹 자고 난 뒤, 서안으로 다가가 책을 읽고
담담한 차를 마실 때, 향로가 따뜻해지면 향의 기운
이 그윽하여 사람의 마음을 움직이게 하니, 술자리

蘊藉者, 坐雨閉關, 午睡初
足, 就案學書, 啜茗味淡,
一爐初爇, 香靄馥馥撩人,
更宜醉筵醒③客.

---

26 주미(麈尾) : 먼지를 터는 용도 또는 장식을 위해 사슴 꼬리로 만든 도구. 불진의 일종.
27 반월향(伴月香) : 서현(徐鉉, 916~991)이 애용했던 향의 이름. 《청이록(淸異錄)》에 의하면 오대(五代) 말기
   의 문인 서현은 밝은 달밤에 바깥에 앉아서 이 향을 피우기를 좋아했다고 한다. 이 고사에서 '달[月]을 마
   주하여[伴] 피우는 향'이라는 이름이 유래했다.
28 조정향(助情香) : 당(唐)나라의 현종(玄宗, 재위 712~756)과 양귀비(楊貴妃)가 애용했던 향. 안록산(安祿
   山)이 현종(玄宗)에게 조정향을 진상하자 현종은 양귀비와 침소에 들 때 조정향을 피우도록 했다. 그 향을
   맡은 두 사람은 밤새 피로를 몰랐다고 한다. 《향승》 권7 〈궁액제향(宮掖諸香)〉에 이 고사가 나오는데, 이
   로부터 '정(情)을 돋우는[助] 향'이라는 이름이 유래했다.

에서 취한 손님을 깨우기에 더욱 좋은 향이다.

고상(高尚)한 향이란, 밝은 달이 뜬 청명한 밤에 빙현[氷絃, 금(琴) 줄]을 손가락으로 튕기면서 빈 누각에서 한 곡조 길게 읊조릴 때에 아득히 먼 산 끝을 바라보고, 향로의 불은 아직 꺼지지 않아 향이 만든 안개가 은은히 발[簾]을 맴도니, 또한 사악한 기운을 쫓고 더러운 기운을 막을 수 있는 향이다.

황난각(黃煖閣)29·흑난각(黑煖閣)30·관향(官香)31·사모향(紗帽香)32은 모두 불당의 향로에서 피우기에 좋다. 취선향(聚仙香)33·백화향(百花香)34·창출향(蒼朮香)35·하남흑운향(河南黑芸香)36은 모두 침상에서 피울 만하다. 《준생팔전》37

향의 품등 중에 가장 우수한 향으로는 가남향(伽南香)이 제일이다. 다만 이것을 구입하기가 매우 어려워 산가(山家)에서는 갑자기 마련할 수 있는 물건이 아니다. 그 다음으로는 침향(沈香)만한 향이 없는

高尚者, 皓月淸宵, 氷絃戞指, 長嘯空樓, 蒼山極目, 未殘爐爇④, 香霧隱隱遶簾, 又可祛邪辟穢.

黃煖閣、黑煖閣、官香、紗帽香, 俱宜爇之佛爐. 聚仙香、百花香、蒼朮香、河南黑芸香, 俱可焚於臥榻.《遵生八牋》

香品最優者, 伽南止矣. 第購之甚艱, 非山家所能卒辦. 其次莫若沈香, 沈有三等:上者氣太厚, 而反嫌於

---

29 황난각(黃煖閣):《遵生八牋》卷15〈燕閒淸賞牋〉에서는 "매일 사용할 수 있는 여러 향 품목[日用諸品香目]" 중의 하나로 황난각과 흑난각을 예시하고 있으나 제법은 미상이다.

30 흑난각(黑煖閣):제법 미상.

31 관향(官香):제법 미상.

32 사모향(紗帽香):사모초(紗帽草) 또는 삼점금초(三點金草)라 불리는 풀을 말려 만든 향.

33 취선향(聚仙香):황단향·배초·침향·속향·정향·유향·낭태·황연·소합유·사향·올리브유·백급(白芨)가루·꿀 등의 재료를 써서 만든 향. 제법은 뒤에 자세한 설명이 나온다.

34 백화향(百花香):온갖 다양한 꽃을 섞어서 만든 향.

35 창출향(蒼朮香):창출(蒼朮, 삽주 뿌리)을 주재료로 써서 만든 향.

36 하남흑운향(河南黑芸香):《遵生八牋》卷15〈燕閒淸賞牋〉에서는 "매일 사용할 수 있는 여러 향 품목" 중의 하나로 흑운향을 예시하고, 하남의 단속성(短束城) 상왕부(上王府)의 흑운향 품질이 우수하다고 하였다.

37《遵生八牋》卷15〈燕閒淸賞牋〉中 "論香"(《遵生八牋校注》, 595쪽).

③ 醒:저본에는 "醉". 오사카본·《遵生八牋·燕閒淸賞牋·論香》에 근거하여 수정.

④ 爇:저본에는 "藝". 오사카본·《遵生八牋·燕閒淸賞牋·論香》에 근거하여 수정.

데, 침향에는 3등급이 있다. 상품(上品)은 기운이 너무 농후하고 매운 점이 꺼려진다. 하품(下品)은 질이 너무 말라 있고 또 연기가 퍼지는 문제가 있다. 오직 중품(中品) 대략 6~7푼에서 1냥 가량이 가장 촉촉하게 윤기가 있고 그윽하며 달콤하니, 묘품(妙品, 빼어난 품등)이라 할 만하다.

辣；下者質太枯，而又涉於煙；惟中者約六七分一兩，最滋潤而幽甜，可稱妙品.

차를 끓인 뒤에 곧 다로(茶爐, 차 끓이는 화로)에 남은 불을 이용하여, 곧바로 향정(香鼎, 향 끓이는 솥)에 집어넣고 서서히 향을 끓이면, 이와 같이 마음이 흡족한 경지에 이르게 되어 마치 태청궁(太淸宮)[38]에 살며 신선과 함께 노니는 듯하니, 인간 세상에 있음을 다시 알지 못하게 될 것이다. 요즘에 향을 피우는 사람들은 진정한 풍미를 넓게 알지 못하고, 다만 이름난 향만을 좋아한다. 더욱이 여러 가지 합성한 향의 기이하고 교묘함을 겨루나, 침향(沈香)은 천연의 그윽하면서 고아한 그 향이 가득 차면 형용할 수 없는 일종의 묘미가 저절로 있음을 알지 못한다.

煮茗之餘，卽乘茶爐火便，取入香鼎，徐而爇之，當斯會心境界，儼居太淸宮與上眞游，不復知有人世矣. 近世焚香者，不博眞味，徒事好名，兼以諸香合成，鬪奇爭巧，不知沈香出於天然，其幽雅沖澹，自有一種不可形容之妙.

수치(修治)하고 배합하여 만든 향 같은 경우는 이것이 이미 인위적으로 나온 향이므로 향의 농염(濃艶)한 기운을 곧 깨닫게 된다. 즉 예를 들어 통천향(通天香)[39]·훈관향(燻冠香)[40]·경진향(慶眞香)[41]·용연향

若修合之香，旣出人爲，就覺濃艶，卽如通天、燻冠、慶眞、龍涎、雀頭等項，縱製造極工，本價極費，決

---

38 태청궁(太淸宮)：도교의 신선 가운데 하나인 태청태상로군(太淸太上老君)이 거주한다는 궁궐.

39 통천향(通天香)：향기가 하늘 끝까지 치솟는다는 의미를 지닌 향으로, 제법은 미상이다.

40 훈관향(燻冠香)：제법 미상.

41 경진향(慶眞香)：침향·단향·암팔·사향·용뇌·금안향·배향 등의 재료를 써서 만든 향. 《향승》 권25 〈엽향신보〉에 제법이 있다.

(龍涎香)[42]·작두향(雀頭香)[43] 등의 향은 비록 제조법이 극히 정밀하고, 본래부터 값이 극히 비싸다고 해도 결코 침향과 우열을 비교할 수 없다. 그러니 이런 인공향이 또한 어찌 올곧은 장부와 고매한 선비에게 어울리겠는가!《동천향록(洞天香錄)[44]》[45]

不得與沈香較優劣. 亦豈貞夫、高士所宜耶!《洞天香錄》

3) 만드는 법

강남이왕(江南李王) 장중향(帳中香)[46]

침향 1냥을 잘게 썬 뒤, 아리(鵝梨)[47] 10개를 갈아서 낸 즙을 더해 은그릇 속에 담은 다음 3번 찐다. 배 즙이 마르면 곧 사용한다.[48]

당(唐) 화도사(化度寺) 아향(牙香)[49]

침향 1.5냥, 백단향(白檀香) 5냥, 소합향(蘇合香)[50]

製法

江南李王[5]帳中香

用沈香一兩細剉, 加以鵝梨十枚研取汁於銀器內盛, 却蒸三次, 梨汁乾卽用之.

唐化度寺牙香

沈香一兩五錢、白檀香五

---

42 용연향(龍涎香) : 향유고래가 뱉어낸 토사물로 만든 향. 향유고래는 오징어 등의 먹이를 대량으로 먹는데, 그중 소화되지 않은 부분을 담즙과 함께 밖으로 토해낸다. 때로는 향유고래가 싸는 똥과 함께 나오기도 한다. 원상태로는 악취가 나지만 알코올에 녹여 정제하면 매우 고급스러운 향료가 되어 향수나 향을 제조하는 원료로 사용된다. 제법은 뒤에 자세한 설명이 나온다.

43 작두향(雀頭香) : 사초(莎草)의 근경(根莖, 뿌리줄기)으로 만든 향. 사초의 근경은 모양이 참새[雀]의 머리[頭]처럼 생겼으므로 작두향(雀頭香)이라 한다. 일반적으로 향부자(香附子)라 한다. 제법은 뒤에 자세한 설명이 나온다.

44 동천향록(洞天香錄) : 중국 송나라의 문인 조희곡(趙希鵠, 1170~1242)이 향에 대해 기록한 서적. 그 내용은 《동천청록(洞天淸錄)》과 도륭(屠隆, 1542~1605)의 《고반여사(考槃餘事)》에 수록되어 있다.

45 출전 확인 안 됨 ; 《考槃餘事》 卷3 〈香箋〉 "論香".

46 강남이왕(江南李王) 장중향(帳中香) : 중국 5대10국시대 남당(南唐)의 군주인 이욱(李煜, 937~978)이 막사에서 애용하던 향. 이욱은 이후주(李後主)라고도 한다. 본명은 종가(從嘉), 자는 중광(重光), 호는 종산은사(鍾山隱士)다. 많은 시(詩)와 사(詞) 작품을 남겼다.

47 아리(鵝梨) : 껍질이 얇으면서 즙이 많고 향이 진한 배. 약재 및 향을 만드는 원료로 쓰인다. 압리(鴨梨)라고도 한다.

48 여기서부터 9종의 향을 만드는 법은 모두 《향보(香譜)》에 나온다.

49 당(唐) 화도사(化度寺) 아향(牙香) : 당나라 화도사에서 애용하던 좋은 향. 화도사는 섬서성(陝西省) 건현(乾縣) 양흥진(陽興鎭)에 있는 절이며, 화도사(化都寺)라고도 한다. 당나라 황실에서 중하게 여기던 사찰이었고, 태종(太宗)과 고종(高宗)의 묘가 절 북쪽 산에 있다. 당나라 이후로 여러 차례 중건하고 보수하여 현재도 남아 있다.

5 王 : 저본에는 "主". 《香譜·香之法·江南李王帳中香法》에 근거하여 수정.

1냥, 갑향(甲香)⁵¹ 1냥(삶은 것), 용뇌(龍腦)⁵² 0.5냥, 사향(麝香) 0.5냥을 잘게 썬 다음 찧어 가루 낸 뒤, 마미사(馬尾篩, 말총으로 만든 체)로 쳐서 거른다. 거른 가루를 졸인 꿀에 적당히 반죽하여 섞은 뒤 사용한다.

兩、蘇合香一兩、甲香一兩（煮）、龍腦半兩、麝香半兩、細剉，擣爲末，用馬尾篩羅，煉蜜溲和得所用之。

옹문철랑중(雍文徹郎中) 아향(牙香)⁵³

침향·단향·갑향·전향(馢香)⁵⁴ 각 1냥, 황숙향(黃熟香)⁵⁵ 2냥, 용뇌·사향 각 0.5냥을 찧어 체로 쳐서 가루 낸 뒤, 졸인 꿀에 반죽하여 고르게 섞은 다음 새로 만든 자기에 넣어 저장한다. 자기를 밀봉하여 땅 속에 묻은 다음 1개월 뒤에 꺼내어 사용한다.

雍文徹郎中牙香

沈香·檀香·甲香·馢香各一兩、黃熟香二⑥兩、龍·麝各半兩，擣羅爲末，煉蜜拌和均，入新瓷器中貯之，密封埋地中，一月取出用。

연안군공(延安郡公) 예향(蕊香)⁵⁶

현삼(玄蔘) 0.5근(깨끗이 씻어 먼지와 흙을 제거한 다음 은그릇 속에서 물에 삶아 익힌 뒤, 걸러서 말린다. 이를 잘라서 쟁개비⁵⁷ 속에 넣고, 약한 불로 연기가 조금 나도록 볶은 것), 감송

延安郡公蕊香

玄蔘半斤(淨洗去塵土，于銀器中以水煮令熟，控乾，切入銚中，慢火炒令微煙出)、甘松四兩

---

50 소합향(蘇合香): 조록나무과에 속하는 소합향나무에서 채취한 향료. 소합향나무의 수지(樹脂)에서 채취한 반투명한 황백색 또는 황갈색의 액체를 정제하여 만든다. 불에 태우면 강한 향기를 발산하여 정신을 맑게 하고 혈액순환을 촉진하는 효과가 있다.

51 갑향(甲香): 소라 껍질 안쪽의 석회질로 된 얇은 막을 가공한 향. 납작한 원형이고 일반적으로 직경 1~4cm 크기이다.

52 용뇌(龍腦): 열대 지역에서 자라는 용뇌향과에 속하는 상록 교목 용뇌수(龍腦樹)에서 채취한 향료. 심재부에는 용뇌향(龍腦香)이 기름 또는 흰 결정으로 들어 있다. 예로부터 향료의 원료 및 약재로 사용되었다. 빙편뇌(氷片腦) 또는 매화뇌(梅花腦)라고도 한다.

53 옹문철랑중(雍文徹郎中) 아향(牙香): 명칭의 유래는 미상.

54 전향(馢香): 침향의 일종. 전향(箋香)이라고도 한다.

55 황숙향(黃熟香): 침향나무의 심재에서 채취한 향. 침향나무의 목재 중에서 물에 뜨는 부분을 말한다.

56 연안군공(延安郡公) 예향(蕊香): 중국 당나라의 재상 두위(竇威, ?~618)가 애용하던 꽃술모양 향. 두위는 당나라의 문인이자 관료로, 내사령(內史令)을 거쳐 재상의 지위에 올랐으며 연안군공(延安郡公)의 작위를 받았다. 저서로 《두위집(竇威集)》이 있다.

57 쟁개비: 냄비의 일종. 《임원경제지 섬용지》 권2 〈불로 요리하는 도구〉 "데우거나 볶거나 굽는 여러 도구" '쟁개비(냄비)' 참조.

⑥ 二: 《香譜·香之法·雍文徹郎中牙香法》에는 "一".

(甘松)58 4냥 (잡초와 먼지와 흙을 가려 제거한 뒤에야 정량을 재어 잘게 썬 것), 백단향(썬 것)·사향(알갱이를 쓰되 다른 향료를 가루 낸 뒤에야 넣어서 간다)·적유향(的乳香)59(곱게 간 것) 각 2돈. 이상의 신선하고 좋은 재료를 절구에 찧고 체로 쳐서 가루 낸 뒤, 졸인 꿀에 고르게 섞은 다음 계두(鷄豆, 병아리콩) 크기의 환을 만든다. 이때 향료가루 1냥씩에 졸인 꿀 1냥씩 되도록 만들되, 아직 환으로 만들기 전에 다시 절구에 넣고 100여 번을 찧는다. 만든 뒤 유단(油單)60으로 밀봉해 자기 속에 넣은 뒤, 필요할 때마다 꺼내어 피운다.

(擇去雜草、塵土, 方秤定, 細剉[7]之)、白檀香(剉)·麝香(顆者, 俟別藥成末, 方入研)·的乳香(細研)各二錢, 并新好者, 杵羅爲末, 煉蜜和均, 丸如鷄豆[8]大, 每藥末一兩, 使熟蜜一兩, 未丸前再入, 杵臼百餘下. 油單密封, 貯瓷器中, 旋取燒之.

공불(供佛) 습향(濕香)61

단향 2냥, 영릉향(零陵香)62·전향·곽향(藿香)63·백지·정향피·첨삼(甜蔘)64 각 1냥, 감송·유향 각 0.5냥, 초석 1푼을 일반적인 제법에 따라 부수고 썰고 불에 쬐어 말리는 식으로 수치한 다음 찧어서 곱게 가

供佛濕香

檀香二兩、零陵香·餰香·藿香·白芷·丁香皮·甜蔘各一兩、甘松·乳香各半兩、硝石一分, 依常法事治碎

---

58 감송(甘松) : 마타리과의 여러해살이풀인 감송의 뿌리나 뿌리줄기에서 채취한 향료. 감송은 중국의 귀주(貴州)·사천(四川) 등에서 자라고, 약재나 화장품 용도로 사용한다. 고미치(苦彌哆) 또는 향송(香松)이라고도 한다.

59 적유향(的乳香) : 열대 지방에서 자라는 감람과(橄欖科) 유향나무의 분비액을 말려서 만든 향료. 유백색의 수지(樹脂) 결정 형태이며, 방향제나 방부제로 쓰인다. 유향(乳香) 또는 유두향(乳頭香)이라고도 한다.

60 유단(油單) : 기름을 발라서 두껍고 질기게 만든 종이. 포장지 또는 장판지 따위로 쓴다.

61 공불(供佛) 습향(濕香) : 부처에게 공양하는 습향(濕香). 일반적인 건향(乾香) 종류와 달리 습기를 포함하고 있다.

62 영릉향(零陵香) : 앵초과에 속하는 여러해살이풀인 영릉향의 잎·줄기·뿌리로 만든 향. 영향초(靈香草)·훈초(薰草)·혜초(蕙草) 등의 이칭이 있다.

63 곽향(藿香) : 꿀풀과에 속한 여러해살이풀인 배초향(排草香)의 잎·줄기·뿌리로 만든 향. 천곽향(川藿香)·광곽향(廣藿香) 등의 이칭이 있다. 열을 내려주고 구토를 멈추게 하는 효능이 있어 약재로도 쓰인다.

64 첨삼(甜蔘) : 단맛이 나는 현삼(玄蔘)으로 추정된다.

[7] 剉 : 저본에는 "挫".《香譜·香之法·延安郡公蕊香法》에 근거하여 수정.

[8] 豆 :《香譜·香之法·延安郡公蕊香法》에는 "頭".

루 낸다. 별도로 백모향(白茅香)[65] 8냥을 부수고 쪼개어 진흙을 제거하고, 불을 피워 불에 쬐어 말린다. 불꽃을 살펴보아 불이 꺼지려 하면, 급히 동이의 뚜껑과 수건으로 동이의 입구를 막고 둘러 공기가 통하지 않게 하고서 식도록 둔다. 식은 뒤 백모향의 재를 꺼내 찧어서 가루 내고, 앞의 향들과 한 곳에 두고 졸이는 과정을 거친 좋은 꿀을 그때그때 넣어 서로 섞는다. 다시 약 절구에 넣고 찧어 굳기가 적절하도록 만든 다음 부진기(不津器, 김이 새지 않는 그릇) 속에 밀봉하여 보관하고 필요할 때마다 꺼내어 피운다.

剉焙乾, 擣爲細末. 別用白茅香八兩, 碎擘去泥, 焙乾用火燒. 候火焰欲絕, 急以盆蓋, 手巾圍盆口, 勿令通氣. 放冷. 取茅香灰, 擣爲末, 與前香一處, 逐旋入經煉好蜜相和, 重入藥臼擣, 令軟硬得所, 貯不津器中, 旋取燒之.

아향(牙香)

침향·백단향·유향·청계향(靑桂香)·강진향·용뇌·갑향[잿물에 잠깐 삶은 다음 꺼내어 식도록 두었다가 감수(甘水, 맛이 좋은 물)에 하룻밤을 담가둔 뒤, 꺼내서 불에 쬐어 말린 것]·사향. 이상의 8향료 각 0.5냥을 찧고 체로 쳐서 가루 낸 뒤, 졸인 꿀에 고르게 반죽한다. 이때 별도로 용뇌와 사향은 깨끗한 그릇 속에서 곱게 간 다음 다른 향료들을 넣고 고르게 섞어서 사용한다.

또 다른 방법:황숙향·전향·침향 각 5냥, 단향·영릉향·곽향·감송·정향피 각 3냥, 갑향 3냥[황니장(黃泥漿)[66]에 넣고 3일 동안 삶은 뒤 술을 넣어 하루를 삶은 것]

牙香

沈香、白檀香、乳香、青桂香、降眞香、龍腦、甲香(灰汁煮少時, 取出放冷, 用甘水浸一宿, 取出焙乾)、麝香. 已上八味各半兩, 擣羅爲末, 煉蜜拌令均. 將龍腦、麝香, 於淨器中研細, 入他味和均用之.

又法:黃熟香·馝香·沈香各五兩、檀香·零陵香·藿香·甘松·丁香皮各三兩、甲香三

---

65 백모향(白茅香):벼과에 속하는 여러해살이풀인 백모의 뿌리나 꽃으로 만든 향. 일반적으로 모향(茅香)이라 하며 사모(絲茅)·만근초(萬根草) 등의 이칭이 있다.
66 황니장(黃泥漿):노란색의 점토(粘土)가 뒤섞인 물. 걸쭉한 흙탕물처럼 만들어 도자기를 빚을 때 넣는 재료를 니장(泥漿)이라 한다.

을 찧고 체로 쳐서 가루를 낸다. 사향·초석·용뇌 각 3냥, 유향 0.5냥은 곱게 간 뒤, 우선 소합유(蘇合油)[67] 1다각(茶脚)[68] 정도에, 졸인 꿀 2근을 다시 넣어서 휘저어 고르게 섞고, 자합(瓷合, 뚜껑이 있는 자기 그릇)에 밀봉하여 보관해서 땅속에 1개월 동안 묻은 뒤 꺼내어 사용한다.

또 다른 방법:침향 4냥, 단향 5냥, 결향·곽향·영릉향·감송 각 4냥, 정향피·갑향 각 2푼, 사향·용뇌 각 3푼, 모향 4냥(태워 재를 낸 것)을 함께 곱게 가루 낸 뒤, 졸인 꿀을 고루 섞어 사용한다.

또 다른 방법:생결향·전향·영릉향·감송 각 3냥, 곽향·정향피·갑향 각 1냥, 사향 1돈을 함께 거칠게 가루 낸 뒤, 꿀을 졸여 식도록 두었다가 여기에 고루 섞는다. 일반적인 방법에 따라 땅속에 묻은 다음 시간이 지나면 피운다.

또 다른 방법:단향·현삼 각 3냥을 잘게 썰어 은 그릇 속에 담고 물에 담근 다음 약한 불로 삶는다. 이를 모두 꺼내어 불에 쬐어 말린 다음 감송 2냥

兩(黃泥漿煮三日後, 用酒煮一日), 擣羅爲散. 麝香·硝石·龍腦各三兩、乳香半兩硏細, 先用蘇合油一茶脚許、更入煉[9]過蜜二斤、攪和令均, 以瓷合貯之、埋地中一月、取出用之.

又法:沈香四兩、檀香五兩、結香·藿香·零陵香·甘松各四兩、丁香皮·甲香各二[10]分、麝香·龍腦各三分、茅香四兩(燒灰)、竝爲細末、煉蜜和均用之.

又法:生結香·馢香·零陵香·甘松各三兩、藿香·丁香皮·甲香各一兩、麝香一錢、竝爲麤末、煉蜜放冷、和均、依常法窖過爇之.

又法:檀香、玄蔘各三兩、剉細盛銀器內、以水浸慢火煮水、盡取出焙乾、與甘松二

---

67 소합유(蘇合油):조록나무과에 속하는 낙엽(落葉) 교목(喬木)인 소합향의 수지(樹脂)로 만든 기름. 향료 및 약재로 사용하며, 주로 피부병에 쓴다.
68 1다각(茶脚):한 번 마실 수 있는 분량의 차가 다완 바닥에 있는 상태.
[9] 煉:저본에는 "硏".《香譜·香之法·牙香法》에 근거하여 수정.
[10] 二:저본에는 "三".《香譜·香之法·牙香法》에 근거하여 수정.

과 함께 찧고 체로 쳐서 가루 낸다. 그다음 유향·용뇌·사향(별도로 간 것) 각 0.5냥을 한 곳에 넣은 뒤 생꿀[生蜜][69]에 고루 섞고, 오랫동안 묻어 놓은 후에 사용한다.

또 다른 방법:백단향 8냥[잘게 썰어 절편 모양으로 만든 다음 납다(臘茶)[70] 우린 물에 하룻밤 담근 뒤 걸러 내고 불에 쬐어 마르게 한다. 이를 꿀술 속에 넣고 반죽하여 알맞게 섞고, 다시 하룻밤 담근 뒤 약한 불에 쬐어 말린 것], 침향 3냥, 생결향 4냥, 갑향 1냥은 우선 잿물을 써서 삶은 다음 한 덩어리의 생토(生土, 생흙) 섞은 물을 써서 삶고, 그다음 술과 꿀을 써서 삶은 후에 걸러 낸다. 이상의 향료를 함께 찧어서 체로 거른 다음 별도로 갈아둔 용뇌와 사향 각 0.5냥을 여러 향료 가루와 한 곳에 놓는다. 여기에 생꿀을 넣어 고르게 반죽한 다음 자기로 만든 항아리에 보관해서 땅속에 묻고 1개월 남짓 지난 후에 꺼낸다.

인향(印香)

협전향·백단향 각 0.5냥, 백모향 2냥, 곽향 1푼, 감송·감초 각 0.5냥, 전향 2냥, 갑향 1푼, 침향 0.5냥을 함께 찧고 체로 쳐서 가루 낸다. 사향 4돈, 용뇌 1돈, 유향 0.5냥은 별도로 갈고, 앞의 향료와 반죽해서 고르게 섞은 다음 사용한다.

兩同擣羅爲末. 次入乳香、龍、麝(另研)各半兩一處, 用生蜜和均, 久窖然後用之.

又法:白檀香八兩(細劈作片子, 以臘茶淸浸一宿, 漉出焙令乾, 用蜜酒中拌, 令得所, 再浸一宿, 慢火焙乾)、沈香三兩、生結香四兩、甲香一兩, 先用灰煮, 次用一生土煮, 次用酒蜜煮, 漉出. 竝前件同擣羅, 次將龍腦、麝香各半兩另研, 與諸藥末一處, 入生蜜拌均, 以瓷罐貯, 窖地中, 月餘出.

印香

夾馢香·白檀香各半兩、白茅香二兩、藿香一分、甘松·甘草各半兩、馢香二兩、甲香一分、沈香半兩, 竝擣羅爲末, 麝香四錢、龍腦一錢、乳香半兩, 別研, 拌和令均, 用之.

---

69 생꿀[生蜜]: 벌의 꿀통에서 떠낸 뒤 정제하지 않은 꿀.
70 납다(臘茶): 작설차(雀舌茶).

또 다른 방법:황숙향 6근, 향부자·정향피 각 5 냥, 곽향·영릉향·단향·백지 각 4냥, 대추 0.5근(불에 쬐어 말린 것), 모향 2근, 회향 2냥, 감송 0.5근, 유향 1냥(곱게 간 것), 생결향 4냥을 함께 찧고 체로 쳐서 가루 낸 뒤, 일반적인 방법처럼 사용한다.

又法:黃熟香六斤, 香附子·丁香皮各五兩、藿香·零陵香·檀香·白芷各四兩、棗半斤(焙)、茅香二斤、茴香二兩、甘松半斤、乳香一兩(細研)、生結香四兩, 竝擣羅爲末, 如常法用之.

매화향(梅花香)

감송·영릉향 각 1냥, 단향·회향 각 0.5냥, 정향 100개, 용뇌 조금을 함께 곱게 가루 낸 뒤, 졸인 꿀과 합하여 섞은 다음 마르고 습한 정도가 적절해졌을 때 사용한다.

梅花香

甘松·零陵香各一兩、檀香·茴香各半兩、丁香一百枚、龍腦少許, 竝爲細末, 煉蜜令合和之, 乾濕得中用.

구자향(毬子香)

애납(艾納)[71] 1냥(소나무 표면의 푸른 이끼가 이것이다), 정향 0.5냥, 멧대추 1승(물을 조금 넣고 갈아서 한 사발의 즙을 낸 다음 하루 동안 달여 고(膏)로 만든 것), 단향·모향·향부자·백지 각 0.5냥, 초두구(草荳蔲)[72] 1매(껍질을 제거한 것)를 함께 찧고 체로 쳐서 가루 낸다. 용뇌 조금은 별도로 간 다음 멧대추 고(膏)와 익힌 꿀로 적절하게 섞는다. 이를 절구에 넣고 찧는데, 절구공이에 들러붙지 않을 정도가 되면 그치고 벽오동씨 크기의 향환(香丸)을 만든다. 향환을 다 타도록 피울 때마다 그 연기가 곧장 위로 올라가는 모양이 마치 하나의 공[毬子]

毬子香

艾蒳一兩(松樹上靑衣是也)、丁香半兩、酸棗一升(入水小許, 硏取汁一盌, 日煎成膏用)、檀香·茅香·香附子·白芷各半兩、草豆寇一枚(去皮), 竝擣羅爲末, 龍腦少許另硏, 以棗膏與熟蜜, 合和得中, 入臼杵, 令不粘杵卽止, 丸如梧桐子大. 每燒一丸欲盡, 其煙直上如一毬

---

71 애납(艾蒳):오래된 소나무나 매화나무 껍질 위에 자라는 푸른 이끼. 독특한 향기가 있어 향료로 쓴다.
72 초두구(草荳蔲):생강과의 여러해살이풀인 초두구의 씨. 온중조습(溫中燥濕)의 효과가 있어 복통과 담음(痰飮)을 치료하는 약재로 쓰인다.

과 같으며 시간이 지나도 연기가 흩어지지 않는다.

【안】《거가필용(居家必用)》에 이 방법이 실려 있는데, 이름은 '서운향구(瑞雲香毬)'이며 이 구자향과 대동소이하다. 용뇌 1돈, 백단 1냥, 백지 2냥, 모향 1냥, 초두구(껍질을 제거한 것) 1냥, 향부자 3냥, 청목향 0.5냥, 정향 1냥, 멧대추의 씨 1승(물을 넣고 갈아 낸 즙한 사발을 달여 고(膏)로 만든 것), 애납 1냥.[73]《향보》[74]

子, 移時不散.

【案】《居家必用》載此方, 名"瑞雲香毬", 與此大同少異. 龍腦一錢、白檀一兩、白芷二[11]兩、茅香一兩、草荳蔲(去皮)一兩、香附子三兩、靑木香半兩、丁香一兩、酸棗仁一升(入水硏汁一盌, 煎成膏)、艾納一兩.】《香譜》

신령향(信靈香)

침향·백단향·강진향·유향 각 1돈, 영령향(苓苓香)[75] 8돈, 대황 2돈, 감송 1냥, 곽향 4돈, 향부자 1돈, 현삼 2돈, 백지 8돈, 고본(藁本)[76] 8돈을 함께 곱게 가루 낸 뒤, 졸인 꿀을 섞어서 새끼손가락끝 크기의 환을 만든 다음 눌러서 향병(香餠, 떡 모양 향)으로 만들고, 한수석(寒水石)[77] 가루를 겉에 입힌다.

이 향을 만들 때는 갑자(甲子)일에 위의 향료들을 썰고, 병자(丙子)일에 맷돌로 갈아 가루 내며, 무자(戊子)일에 꿀을 섞고, 경자(庚子)일에 환을 만들고서, 임자(壬子)일에 호로병 속에 담는다. 이를 다시 갑자

信靈香

沈香·白檀香·降眞香·乳香各一錢、苓苓香八錢、大黃二錢、甘松一兩、藿香四錢、香附子一錢、玄蔘二錢、白芷八錢、藁本八錢, 竝細末, 煉蜜, 丸如小指尖[12]大, 捏作餅, 寒水石爲衣.甲子日剉, 丙子日碾, 戊子日和, 庚子日丸, 壬子日盛入葫蘆內. 至甲子日開, 先

---

73 《居家必用》庚集〈香譜〉"瑞雲香毬"(《居家必用事類全集》, 290쪽).

74 《香譜》卷下〈香之法〉"毬子香法"(《叢書集成初編》1481, 28~33쪽).

75 영령향(苓苓香) : 영령(蔘蔘)나무에서 채취한 향. 영령향(蔘蔘香)이라고도 한다.

76 고본(藁本) : 산형과의 여러해살이풀. 줄기는 높이가 60~80cm이고 타원형의 열매를 맺으며 뿌리는 약재로 쓴다.

77 한수석(寒水石) : 황산칼슘·탄산칼슘을 주성분으로 하는 석고 또는 방해석. 해열 및 이뇨나 부종의 약재로 쓴다.

[11] 二 : 《居家必用·香譜·瑞雲香毬》에는 "三".

[12] 尖 : 저본에는 "大". 《居家必用·香譜·信靈香》에 근거하여 수정.

일에 이르면 꺼낸 다음 우선 3개 향병을 피워서 하늘과 땅의 신들에게 공양하는 일을 끝마친 뒤에야 향을 마음대로 피운다. 향을 수치(修合)하고 합할 때에는 부인이나 닭과 개가 보는 일을 금한다.[78]

설중춘범향(雪中春泛香)

뇌자(腦子)[79] 2.5푼, 사향 0.5돈, 백단 2냥, 유향 7돈, 침향 3돈을 함께 극히 곱게 가루 낸 뒤, 졸인 꿀과 함께 아리(鵝梨)의 즙을 내서 여기에 가루를 고르게 섞어 향병을 만든다. 한수석 3냥은 태워서 가루 낸 다음 습기를 머금은 향병을 그 한수석 가루 속에 두었다가, 향병을 거두어 자기로 만든 병이나 합에 보관한다.

춘소식(春消息)

가결(歌訣)에서 "사람마다 모두 말하는 것은 강매향(江梅香)이니, 0.5냥의 정향과 1냥의 회향, 또 감송령 0.5냥을 쓰는데 사향 1푼은 좋은 매개물이다."라 했다. 이상의 향료를 곱게 가루 낸 뒤, 졸인 꿀을 섞어 적당하게 만든 다음 자기로 만든 합에 담아 땅속에 묻고, 보름 정도면 향을 피울 수 있다.

燒三餅, 供養天地神祇畢, 然後隨意焚之. 修合, 忌婦人、鷄犬見之.

雪中春泛香

腦子二分半、麝香半錢、白檀二兩、乳香七錢、沈香三錢、並爲極細末、煉蜜并爲鵝[13]梨汁, 和均爲餅. 寒水石三兩燒爲末, 以香餅帶濕置末中, 磁缾、合收貯.

春消息

歌括云:"人人盡道是江梅, 半兩丁香一兩茴, 更用甘松苓半兩, 麝香一分是良媒." 右爲細末, 煉蜜和令得中, 瓷盒盛, 埋地中, 半月可燒.

---

78 여기서부터 10종의 향을 만드는 법은 모두 《거가필용(居家必用)》에 나온다.

79 뇌자(腦子) : 장수(樟樹)나무에서 채취한 향료. 이 나무를 수증기로 증류하면 투명하고 광택이 있는 결정체가 나오는데 뇌자 또는 장뇌(樟腦)라 한다. 강한 향기가 있어 벌레가 먹지 않고 썩지 않으며 보존성이 높아 방부제와 방충제를 만드는 원료로 사용된다. 녹나무·여장(欀樟)·장뇌목(樟腦木)·장수(樟樹) 등의 이칭이 있다.

13 鵝 : 저본에는 없음. 오사카본·《居家必用·香譜·雪中春泛》에 근거하여 보충.

독누향(篤耨香)

설백운향(雪白芸香)[80]을 술로 삶고 계수나무가루를 넣은 다음 고르게 섞어 사용한다.

설란향(雪蘭香)

가결(歌訣)에서 "10냥의 전향과 10냥의 단향, 단풍향 1.5냥 각각을 쟁반에 놓고 잰 다음, 다시 1냥의 현삼 가루를 더하고, 초석 및 꿀과 함께 섞어 이를 '설란(雪蘭)'이라 부르지."라 했다.

납매향(蠟梅香)

침향·단향 각 3돈, 정향 6돈을 가루 낸 뒤, 사향 1자(字), 용뇌 0.5돈과 함께 생꿀에 섞는다.

야화향(野花香)

전향·단향·강진향 각각 같은 분량, 뇌자 1자(字)[81], 사향 0.5자, 박상정향피(舶上丁香皮)[82] 3푼을 함께 곱게 가루 낸 뒤, 숯가루 0.5냥을 넣고, 졸인 꿀과 고르게 섞어 오랫동안 묻어놓은 뒤에 향을 피운다. 만약 연기가 모이게 하려면 제조할 때 갑향 1자를

篤耨香

雪[14]白芸香, 以酒煮入桂末, 和均用之.

雪蘭香

歌括云:"十兩馠[15]香十[16]兩檀, 楓香兩半各秤盤, 更加一兩玄蔘末, 硝蜜同和號雪蘭."

蠟梅香

沈香·檀香各三錢, 丁香六錢, 爲末, 以麝香一字, 龍腦半錢, 生蜜和之.

野花香

馠香·檀香·降眞香各等分, 腦子一字, 麝香半字, 舶上丁皮三分, 竝爲細末, 入炭末半兩, 煉蜜和均, 久窖燒之. 如要煙聚, 入製了甲香

---

80 설백운향(雪白芸香): 운향(芸香)의 이칭. 운향과의 여러해살이풀에서 채취한 향료. 책 안에 운향을 끼워두면 좀이 먹지 않는다. 칠리향(七里香) 또는 춘계(春桂)라고도 한다.

81 자(字): 약재의 분량을 표시하는 단위로, 2분5리를 1자(字)로 하였다. 오늘날의 1그램에 해당한다.

82 박상정향피(舶上丁香皮): 질이 좋은 정향(丁香)의 껍질. 동남아 일대에서 배로 수입한 정향의 품질이 우수했기 때문에 '박상(舶上)'이라는 수식어를 붙인 물품이 유통되었다.

[14] 雪: 저본에는 "雲".《居家必用·香譜·篤耨香》에 근거하여 수정.

[15] 馠:《居家必用·香譜·雪蘭香》에는 "箋".

[16] 十:《居家必用·香譜·雪蘭香》에는 "一".

넣는다.

一字.

장춘반혼매향(藏春返魂梅香)

황정견(黃庭堅)[83]의 방법: 흑각침향 0.5냥, 정향 1푼, 납다(臘茶, 작설차) 1돈(각각 가루 낸 것), 정분(定粉) 1알[쌀알 크기와 같은 것, 곧 소분(韶粉)[84]이다], 사향 1자, 흰 꿀 1돈(밥 위에 두어 쪄서 익힌 것), 울금(鬱金, 작은 것을 밀기울에 붉게 볶은 것) 0.5푼. 이상의 향료들을 각각 가루 낸 뒤, 이 중에서 우선 사향을 곱게 간다. 납다 0.5자를 가져다 먼저 끓인 물을 부어 맑은 물을 우려내 사향을 갠 다음 침향·정향·울금을 넣고, 그 다음에는 나머지 납다 및 정분을 넣는다. 이를 함께 곱게 간 다음 꿀을 넣어 적당히 걸쭉하게 만든다. 이를 거두어서 사기 병 속에 담고 1개월 남짓 묻었다가 꺼내어 향을 피운다. 오래 묻을수록 더욱 좋다. 향을 피울 때에는 운모(雲母)[85]나 은엽(銀葉)[86]으로 받쳐준다.

藏春返魂梅香

黃魯直方: 黑角沈半兩、丁香一分、臘茶一錢(各末之)、定粉一粒(如米大卽韶粉)、麝香一字、白蜜一錢(置飯上蒸熟)、鬱金(小者麥麩炒赤)半分. 右件各爲末, 先細研麝, 取臘茶之半字, 先湯點澄淸調麝, 次入沈香、丁香、鬱金, 次入餘茶及定粉, 共研細, 次入蜜, 使稀稠得所. 收沙餠器中, 窨月餘取燒. 久窨尤佳, 燒時以雲母、銀葉襯之.

행화향(杏花香)

부자·침향·자단향·전향·강진향 각 10냥, 갑향 2냥(잿물로 삶되 2번이나 3번 끓인 뒤 깨끗이 씻은 것), 훈륙향(薰陸香)·독누향·탑유향(塔乳香) 각 5냥, 정향·

杏花香

附子·沈香·紫檀香·馢香·降眞香各十兩、甲香二兩(用灰汁煮, 兩三沸, 淨洗)、薰陸

---

83 황정견(黃庭堅): 1045~1105. 중국 북송의 시인. 자는 노직(魯直), 호는 산곡(山谷). 저서로 《예장선생문집(豫章先生文集)》·《산곡전집(山谷全集)》·《산곡금취외편(山谷琴趣外篇)》 등이 있다.
84 소분(韶粉): 중국 광동성 소주(韶州)에서 만든 분(粉).
85 운모(雲母): 화강암 속에 들어 있는 규산염 광물의 일종. 광택이 나는 육각 모양의 결정이며 얇은 조각으로 잘 갈라지는 성질이 있어 향을 올려서 피우는 용도로 쓴다. 백운모와 흑운모가 있다.
86 은엽(銀葉): 분향(焚香)할 때 불 위에 까는, 얇은 조각의 은편(銀片).

목향 각 2냥을 함께 찧어 가루 낸 뒤, 사향 0.5냥과 매화·뇌자 2돈을 넣는다. 이 가루를 장미 기름에 곱게 섞어서 향병을 만든 다음 유리병에 담고, 땅에 하루 동안 묻는다.

香·篤耨香·塔乳香各五兩、丁香·木香各二兩, 竝擣爲末, 入麝香半兩、梅花·腦子二錢, 用薔薇油細和作餠子, 琉璃瓶盛, 窨地一日.

또 다른 방법:감송·천궁(川芎)[87] 각 0.5냥, 사향 조금을 가루 낸 뒤, 졸인 꿀로 반죽하여 섞은 후, 탄알크기의 향환을 만들어 향로 속에 앉히면, 마치 살구꽃[杏花]이 바람을 맞는 듯하다. 향을 피우면 더욱 빼어나다.

又法:甘松·川芎各半兩、麝少許, 爲末, 煉蜜拌和, 丸如彈子大, 安在爐中, 恰似杏花迎風, 燒之尤妙.

소룡연향(小龍涎香)

침향 1냥, 용뇌 0.5냥을 가루 낸 뒤, 아리즙으로 섞고, 향병을 만들어 향을 피운다.《거가필용(居家必用)》[88]

小龍涎香

沈香一兩、龍腦半兩, 爲末, 用鵝梨汁和作餠子, 燒之.《居家必用》

---

87 천궁(川芎):산형과의 여러해살이풀. 높이는 30~60cm이며, 흰 꽃이 줄기 끝이나 가지 끝에 피고 열매는 여물지 않는다. 혈액 순환의 효능이 있어 타박상이나 두통 등의 약재로 쓴다. '궁궁이'라고도 한다.
88 《居家必用》庚集〈香譜〉"小龍涎"(《居家必用事類全集》, 289~291쪽).

旁通圖	文化	新料	笑蘭	清遠	錦囊	醒心	凝和
四和	沈香二兩一錢		檀香三錢		腦子一錢	藿香一分	藿香一錢
凝香	檀香半兩	降香半兩	馢香半兩	茅香半兩	苓苓半兩	麝香六錢	丁香半兩
百花	馢香一分		沈香一分		麝香一錢	腦香一錢	檀香半兩
碎瓊	甘松一分	檀香半兩	降香半兩	生結三分	木香半兩	馢香一兩	甲香一錢
雲英	玄蔘一兩	甘松半兩	麝香一錢	沈香一分	檀香半兩	沈香半兩	結香一錢
寶篆	丁皮一分	香白芷半兩	腦子一錢	麝香一錢	藿香一分	腦子一錢	甘草一分
清眞	麝香一分	茅香四兩	甲香半兩	檀香半兩	丁香半錢		腦子一錢

右竝碾爲細末, 用蜜少許拌均, 如常法燒之. 惟寶篆不用蜜. 同上

방통도 (旁通圖)	문화향 (文化香)	신료향 (新料香)	소란향 (笑蘭香)	청원향 (淸遠香)	금낭향 (錦囊香)	성심향 (醒心香)	응화향 (凝和香)
사화향 (四和香)	침향 2.1냥		단향 3돈		뇌자 1돈	곽향 1푼	곽향 1돈
응향 (凝香)	단향 0.5냥	강향 0.5냥	전향 0.5냥	모향 0.5냥	영령향 0.5냥	사향 6돈	정향 0.5냥
백화향 (百花香)	전향 1푼		침향 1푼		사향 1돈	뇌향 1돈	단향 0.5냥
쇄경향 (碎瓊香)	감송 1푼	단향 0.5냥	강향 0.5냥	생결 3푼	목향 0.5냥	전향 1냥	갑향 1돈
운영향 (雲英香)	현삼 1냥	감송 0.5냥	사향 1돈	침향 1푼	단향 0.5냥	침향 0.5냥	결향 1돈
보전향 (寶篆香)	정향피 1푼	향백지 0.5냥	뇌자 1돈	사향 1돈	곽향 1푼	뇌자 1돈	감초 1푼
청진향 (淸眞香)	사향 1푼	모향 4냥	갑향 0.5냥	단향 0.5냥	정향 0.5돈		뇌자 1돈

이상의 약미를 함께 맷돌에 갈아 곱게 가루 낸 뒤, 꿀을 조금 써서 고르게 뒤섞은 다음
일반적인 방법대로 향을 피운다. 보전향(寶篆香)만 꿀을 쓰지 않는다. 《거가필용》90

---

89 방통도(旁通圖): 글자 그대로는 '두루 통하는 그림'이라는 뜻이고 그 내용상으로는 향을 조합해서 쓸 수 있는 도식이라는 뜻이다. 예를 들어, 청원향은 모향·생결·침향·사향·단향·꿀을 조합하여 만든 향이고, 백화향은 전향·침향·사향·뇌향·단향·꿀을 조합하여 만든 향이다. 보전향을 제외한 모든 향은 꿀을 섞어 만든다고 했다. '방통도'라는 표제어는 원문에는 없다. 표 속에 '방통도'라는 글자가 표제어나 다름 없기에 여기에 따로 적어둔다.

90 《居家必用》庚集〈香譜〉"旁通圖"(《居家必用事類全集》, 289쪽).

旁通圖

四和　凝香　百花　碎瓊　雲英　寶篆　清真

文花　沉香二一錢　檀香半兩　甘松一分　玄參一兩　丁皮一分　麝香一分　右並爲

新料　降真半兩　沉香一分　檀香半兩　甘松半兩　香白芷半兩　茅香四兩　用蜜細末

笑蘭　檀香三錢　截香半兩　沉香一分　降真半兩　麝香一錢　腦子一錢子　甲香半兩　少許拌勻

清遠　茅香半兩　沉香一分　生結三分　沉香一分　麝香一錢　檀香半兩　法如常燒

錦囊　腦子一錢　芩芩半兩　麝香一錢　木香半兩　檀香半兩　藿香一分　丁香半錢　寶篆之

醒心　藿香一分　麝香六錢　腦香一錢　截香一兩　沉香半兩　腦子一錢子　蜜○不用

凝和　麝香一錢　丁香半兩　檀香半兩　甲香一錢　結香一錢　腦子一分　上同

방통도(오사카본)

옥화향(玉華香)

침향 4냥, 속향(검은 것) 4냥, 단향 4냥, 유향 2냥, 목향 1냥, 정향 1냥, 낭태(郎胎)[91] 6돈, 암팔향 3냥, 사향 3돈, 빙편 3돈, 광배초 3냥[교지(交趾)[92]에서 나는 것이 효과가 빼어나다], 소합유[93]·대황·관계(官桂)[94] 각 5돈, 황연(黃煙)[곧 금안향(金顔香)이다] 2냥, 광릉향(잎을 쓴다.) 1냥. 이상의 향료를 가루 낸 뒤, 섞어서 소합유를 넣고 고르게 주무른 다음 졸인 좋은 꿀을 더하고 다시 찰흙처럼 섞는다. 이를 자기로 만든 병에 넣은 다음 주석으로 만든 덮개로 덮고 밀랍으로 입구를 단단히 봉해 둔다. 향을 1번 피울 때 2푼씩 쓴다.[95]

취선향(聚仙香)

황단향 1근, 배초 12냥, 침향·속향 각 6냥, 정향 4냥, 유향 4냥(별도로 간 것), 낭태 3냥, 황연 6냥(별도로 간 것), 소합유 8냥, 사향 2냥, 남유(欖油, 올리브유) 1근, 백급(白芨)[96]가루 12냥, 꿀 1근. 이상의 향료를 가루 내어 뼈대를 만드는데, 우선 섞어 죽심자(竹心子, 대나무의 가운데 부분)에 올려 제1층을 만들고, 습

玉華香

沈香四兩、速香(黑色者)四兩、檀香四兩、乳香二兩、木香一兩、丁香一兩、郎胎六錢、唵叭香三兩、麝香三錢、氷片三錢、廣排草三兩(出交趾者妙)、蘇合油[17]·大黃·官桂各五錢、黃煙(卽金顔香)二兩、廣陵香(用葉)一兩. 右以香料爲末, 和入蘇合油揉均, 加煉好蜜再和如濕泥, 入磁瓶, 錫蓋蠟封口固, 燒用二分一次.

聚仙香

黃檀香一斤、排草十二兩、沈·速香各六兩、丁香四兩、乳香四兩(另研)、郎胎三兩、黃煙六兩(另研)、蘇合油八兩、麝香二兩、欖油一斤、白芨麵十二兩、蜜一斤. 已上

---

91 낭태(郎胎) : 애납향(艾蒳香)의 이칭. '낭태(狼苔)'로 적기도 한다.
92 교지(交趾) : 중국 한(漢)나라 관할 아래 있던 베트남 북부 일대. 당시 교지군(交趾郡)은 현재 베트남 북부 통킹·하노이 지역에 해당한다. 후대에는 교주(交州)라 했다.
93 소합유:《준생팔전》권15〈연한청상전〉중 "논향" '향방'에는 "소합유 5냥"으로 되어 있다.
94 관계(官桂) : 5~6년 자란 어린 계수나무의 두꺼운 껍질을 말린 약재. 계피(桂皮)의 일종.
95 여기서부터 9종의 향을 만드는 법은 모두《준생팔전(遵生八牋)》에 나온다.
96 백급(白芨) : 난초목 난초과의 여러해살이풀인 자란(紫蘭)의 이칭. 지혈 효과가 있어 출혈 또는 폐결핵 등을 치료하는 약재로 쓰인다.
[17] 油:《遵生八牋·燕閒淸賞牋·論香》에는 "油五兩".

기가 있는 채로 다시 곤봉 모양으로 굴린다. 단향 2근, 배초 8냥, 침향 0.5근을 가루 낸 뒤, 곤봉 모양으로 굴려서 제2층을 만드는데, 향이 만들어지면 고운체 위에 놓고 말린다.

作末爲骨, 先和上竹心子, 作第一層, 趁濕又滾. 檀香二斤、排草八兩、沈香半斤, 爲末, 作滾第二層, 成香, 紗篩眼[18]乾.

침속향(沈速香)

침속향(沈速香)[97] 5근, 단향 1근, 황연 4냥, 유향 2냥, 암팔향 3냥, 사향 5돈, 소합유 6냥, 백급(白芨)가루 1.8근을 꿀 1.8근으로 섞은 다음 둥근 곤봉 모양으로 굴려 만든다.

沈速香

用沈速五斤、檀香一斤、黃煙四兩、乳香二兩、唵叭香三兩、麝香五錢、蘇合油六兩、白芨麪一斤八兩, 以蜜一斤八兩和成滾棍.

황향병(黃香餠)

침속향 6냥, 단향 3냥, 정향 1냥, 목향 1냥, 황연 2냥, 유향 1냥, 낭태 1냥, 암팔향 3냥, 소합유 2냥, 사향 3돈, 빙편 1돈, 백급가루 8냥을 꿀 4냥과 섞어 배합한 다음 찍는 틀을 써서 향병을 만든다.

黃香餠

沈速香六兩、檀香三兩、丁香一兩、木香一兩、黃煙二兩、乳香一兩、郎台一兩、唵叭三兩、蘇合油二兩、麝香三錢、氷片一錢、白芨麪八兩, 蜜四兩和劑, 用印作餠.

인향(印香)

황숙향 5근, 속향 1근, 향부자·흑향·곽향·영릉

印香

黃熟香五斤、速香一斤、香附

---

97 침속향(沈速香): 침향나무의 목재 중에서 물에 뜨는 부분은 속향, 완전히 가라앉으면 침향으로 분류한다. 여기서는 이 2가지가 섞여 있는 향료를 말한다.

[18] 眼: 저본에는 "眼". 오사카본·《遵生八牋·燕閒清賞牋·論香》에 근거하여 수정.

향·단향·백지 각 1냥, 백향(柏香)[98] 2근, 운향 1냥, 감송 8냥, 유향 1냥, 침향 2냥, 정향 1냥, 전향 4냥, 생향 4냥, 염초(焰硝)[99] 5푼을 함께 가루 낸 뒤, 향틀 [香印] 속에 넣어서 모양을 만든 뒤 피운다.

子·黑香·藿香·零陵香·檀香·白芷各一兩、柏香二斤、芸香一兩、甘松八兩、乳香一兩、沈香二兩、丁香一兩、馣香四兩、生香四兩、焰硝五分、共爲末, 入香印, 印成焚之.

만춘향(萬春香)

침향 4냥, 단향 6냥, 결향·곽향·영릉향·감송 각 4냥, 모향 4냥, 정향 1냥, 갑향 5돈, 사향·빙편 각 1돈을 졸인 꿀을 써서 습기를 띤 고(膏)로 만든 다음 자기로 만든 병에 넣어 단단히 봉한 뒤, 향을 피운다.

萬春香

沈香四兩、檀香六兩、結香·藿香·零陵香·甘松各四兩、茅香四兩、丁香一兩、甲香五錢、麝香·氷片各一錢, 用煉蜜爲濕膏, 入磁瓶封固, 焚之.

살별란향(撒馩蘭香)

침향 3.5냥, 빙편 2.4돈, 단향 1돈, 용연 5푼, 배초뿌리털 2돈, 암팔향 5푼, 살별란(撒馩蘭)[100] 1돈, 사향 5푼, 소합유 1돈, 감마연(甘麻然)[101] 2푼, 유면(榆麺)[102] 6돈, 장미로(薔薇露)[103] 4돈을 틀에 찍고 향병을 만들어 피우면 향이 매우 좋다.

撒馩蘭香

沈香三兩五錢、氷片二錢四分、檀香一錢、龍涎五分、排草鬚二錢、唵叭五分、撒馩蘭一錢、麝香五分、蘇合油一錢、甘麻然二分、榆麺

---

98 백향(柏香) : 미상.

99 염초(焰硝) : 초석(硝石, 질산칼륨)을 법제하여 만든 물질. 약재 및 화약의 원료로 사용된다.

100 살별란(撒馩蘭) : 붓꽃과의 여러해살이풀. 번홍화(番紅花)·장홍화(藏紅花)·살복란(撒馥蘭) 등의 이칭이 있다. 현재는 사프란(Saffron)이라 한다.

101 감마연(甘麻然) : 미상.

102 유면(榆麺) : 느릅나무 껍질을 말린 다음 곱게 빻은 가루.

103 장미로(薔薇露) : 장미꽃을 증류해서 만든 진액. 약재나 향수의 원료로 쓰인다.

六錢、薔薇露四錢, 印作餅燒, 佳甚.

부용향(芙蓉香)

침향 1.5냥, 단향 1.2냥, 편속(片速)[104] 3돈, 빙뇌 3돈, 소합유 5돈, 생결향 1돈, 배초 5돈, 운향 1돈, 감마연 5푼, 암팔향 5푼, 정향 2푼, 낭태 2푼, 곽향 2푼, 영릉향 2푼, 유향 1푼, 삼내(三奈)[105] 1푼, 살별란 1푼, 남유 1푼, 유면 8돈, 염초 1돈을 섞고 틀에 찍어 향병을 만들거나 가루 내어 향을 피운다.

芙蓉香

沈香一兩五錢、檀香一兩二錢、片速三錢、氷腦三錢、蘇合油五錢、生結香一錢、排草五錢、芸香一錢、甘麻然五分、唵叭五分、丁香二分、郎台二分、藿香二分、零陵香二分、乳香一分、三奈一分、撒馪蘭一分、攬油一分、榆麵八錢、硝一錢, 和印或散, 燒之.

용루향(龍樓香)

침향 1.2냥, 단향 1.3냥, 편속 5돈, 배초 2냥, 암팔향 2푼, 편뇌 2.5돈, 금은향 2푼, 정향 1돈, 삼내 2.4돈, 관계 3푼, 낭태 3푼, 운향 3푼, 감마연 5푼, 남유 5푼, 감송 5푼, 곽향 5푼, 살별란 5푼, 영릉향 1돈, 장뇌 1돈, 강진향 2푼, 백두구(白豆蔻)[106] 2푼, 대황 1돈, 유향 3푼, 염초 1돈, 유면 1.2냥을 틀에 찍어 향병을 만든다. 향병이 아닌 가루로 할

龍樓香

沈香一兩二錢、檀香一兩三錢、片速五錢、排草二兩、唵叭二分、片腦二錢五分、金銀香二分、丁香一錢、三奈二錢四分、官桂三分、郎台三分、芸香三分、甘麻然五分、欖油五分、甘松五分、

---

104 편속(片速): 편상속향(片狀速香, 조각 형태의 속향)의 이칭.
105 삼내(三奈): 강과(薑科)의 여러해살이풀인 산내(山柰)의 이칭. 삼내자(三柰子)·삼내자(三乃子)·사강(沙薑) 등의 이칭이 있다.
106 백두구(白豆蔻): 껍질이 하얀 육두구(肉荳蔻). 향신료로 쓰이는 육두구나무의 씨앗은 품종에 따라 붉은색 껍질 또는 흰색 껍질이 있다.

경우 꿀로 섞고 유면을 제거한다.

위에 기록한 향방(香方, 향을 만드는 방법)에서는 오직 적용할 만한 향을 취했다. 요즘에 도읍에서 높게 치는 향과 감상가가 진기한 물품이라고 칭찬하는 향도 기록했다. 향을 제조하는 방법에 있어서 정순(精純)한 향료를 얻는 것이 중요하니, 그런 향료라면 향이 짙으면서도 향미(香味)에 여운이 있기 때문에 향미를 맡아 변별할 수 있는 자는 선택한 향이 좋은지도 알 수 있다.《준생팔전》[107]

藿香五分、撒馥蘭五分、零陵香一錢、樟腦一錢、降香二分、白豆蔲二分、大黃一錢、乳香三分、硝一錢、榆麪一兩二錢、印餅. 散[19]用蜜和, 去榆麪.

右錄香方, 惟取適用, 近日都中所尙, 鑑家稱爲奇品者錄之. 製合之法, 貴得料精, 則香馥而味有餘韻, 識嗅味者, 知所擇焉可也. 《遵生八牋》

새룡연병자(賽龍涎餅子)

박하를 찧어 자연즙을 내고 동벽토(東壁土, 동쪽 벽의 흙)와 섞어 반죽을 만든 다음 한낮에 햇볕에 쬐어 말린다. 박하를 다시 찧고 즙을 내어 말린 덩이를 적신 뒤 다시 햇볕에 쬐어 말린다. 이와 같이 5번 반복한 다음 마르면 가루 낸 뒤, 가루 3냥씩에 장뇌가루 1냥을 넣어서 고르게 섞는다. 여기에 다시 박하즙을 섞어서 향병(香餅)을 만든 다음 그늘에서 말린 뒤 향을 피운다.[108]

賽龍涎餅子

薄荷擣自然汁, 和東壁土成劑, 日中曬乾, 再擣汁浸再曬. 如此五度, 候乾爲末, 每末三兩, 入樟腦末一兩和均, 更用薄荷汁和作餅, 陰乾焚之.

107《遵生八牋》卷15〈燕閒淸賞牋〉中"論香"'香方'(《遵生八牋校注》, 597~598쪽).
108 여기서부터 2종의 향을 만드는 법은 모두《古今秘苑》에 나온다.
[19] 散: 저본에는 "取".《遵生八牋·燕閒淸賞牋·論香》에 근거하여 수정.

사기향병(四棄香餠, 버리는 4가지 재료로 만든 향병)

여지껍데기·잣껍데기·설리(雪梨)[109]껍질·사탕수수[甘蔗] 찌꺼기 각각 같은 양을 가루 낸 뒤, 강진향·단향가루를 더해서 함께 간다. 여기에 설리즙을 섞어 환(丸)을 만든 다음 비벼서 향병을 만들고 그늘에 말린 뒤에 향을 피우면 효과가 빼어나다.

【안】 원추(袁牏)[110]의 《징회록(澄懷錄)[111]》에서 "산림궁사화향(山林窮四和香, 산골 궁벽한 곳에서 4가지를 섞어 만든 향)은 여지껍데기·사탕수수 찌꺼기·말린 측백나무잎·황련(黃連)[112]을 섞어서 향을 피운다. 또는 솔방울·대추씨·배씨를 더한다."[113]라 했다. 이 방법과 서로 비교하면 자세하기도 하고 간략하기도 하다. 또 《징회록》을 살펴보니 "우집(虞集)[114]이 주만초(朱萬初)[115]에게 준 첩(帖, 글귀)에서 '깊은 산골에서 고매하게 살 때, 향로의 향이 없어서는 안 되지만 은퇴하여 쉬는 생활이 오래 되면 좋은 물품이 딱 끊어지게 된다. 이럴 때 사람들은 늙은 소나무와 측백나무의 가

四棄香餠

荔枝殼、松子殼、雪梨皮、甘[20]蔗相[21]等分, 爲末, 加降眞香、檀香末同碾, 梨汁和爲丸[22], 捻作餠子, 陰乾燒妙.

【案】 袁牏《澄懷錄》云："山林窮四和香, 以荔枝殼、甘蔗滓、乾柏葉、黃連和焚. 又加松毬、棗核、梨核." 與此互有詳略. 又案, "虞伯生與朱萬初帖云'深山高居, 爐香不可缺, 退休之久, 佳品乏絶. 人爲取老松、柏枝根·葉實, 共擣之, 斫松[23]肪麗和之, 每焚一丸, 足助淸苦." 皆山居寒

---

109 설리(雪梨): 배의 일종으로, 과육이 매우 하얗고 수분이 많다.

110 원추(袁牏): ?~?. 중국 원(元)나라의 문인. 《징회록》의 저자라는 기록 외의 사적은 전하지 않는다.

111 징회록(澄懷錄): 원추가 지은 책으로, 원나라 및 그 이전의 역사와 일화 등을 수록하고 있다. 《설부(說郛)》 권23에 전한다.

112 황련(黃連): 음지에서 자라는 여러해살이풀. 열독을 해소하는 효능이 있어 소갈이나 폐결핵을 치료하는 약재로 쓰인다. 천련(川連) 또는 왕련(王連)이라고도 한다.

113 산림궁사화향(山林窮四和香)은……더한다: 《說郛》 卷23下 〈澄懷錄〉에 있다.

114 우집(虞集): 1272~1348. 중국 원나라의 문인. 자는 백생(伯生), 호는 도원(道園). 주만초와 교류하며 쓴 책 《주만초제묵시(朱萬初制墨序)》가 전한다. 그 외 저서로 《도원학고록(道園學古錄)》·《도원유고(道園遺稿)》가 있다.

115 주만초(朱萬初): ?~?. 중국 원나라의 문인. 먹[墨]의 제조에 매우 능숙했다고 한다.

[20] 甘: 저본에는 "目". 《古今秘苑·1集·四棄香餠》·《香乘·墨娥小錄香譜·四葉餠子香》에 근거하여 수정.

[21] 蔗相: 《古今秘苑·1集·四棄香餠》에는 "草根".

[22] 丸: 《古今秘苑·1集·四棄香餠》에는 "末".

[23] 松: 저본에는 "楓". 《說郛·澄懷錄》에 근거하여 수정.

지·뿌리·잎·열매를 가져다 함께 찧고, 송진을 떼어 내어 잘 뒤섞어 환을 만든다. 하나의 향환(香丸)을 피우기만 하면 청빈하여 힘든 생활을 돕기에 충분하다.'라 했다."[116] 이 향들은 모두 산골의 가난하고 검소한 생활에 이바지하는 물건이다.}《고금비원(古今秘苑)[117]》[118]

儉之供也.】《古今秘苑》

동국부용향(東國芙蓉香)

침속향·백단향 각 2냥, 영릉향·감송향·모향 각 1냥, 정향·삼내자(三乃子)[119]·팔각향 각 7돈, 소뇌(小腦)[120] 5돈, 백급 4냥 또는 5냥. 이상의 향료들을 갈아 가루 낸 뒤, 물을 섞고 비벼서 젓가락 크기의 향가락을 만든 다음 그늘에 말려서 피운다. 이것이 부용소주법(芙蓉小炷法)이다.《동의보감(東醫寶鑑)》[121]

東國芙蓉香

沈束香·白檀各二兩、零陵香·甘松香·茅香各一兩、丁香·三乃子·八角各七錢, 小腦五錢, 白芨四兩或五兩. 右研爲末, 水和, 撚作條如筋子大, 陰乾燒之, 此芙蓉小炷法也.《東醫寶鑑》

4) 향료(香料, 향의 재료)

초목 중에서 향이 강렬한 물건은 대체로 무더운 열대지방인 바다 밖에서 나온다[122]. 그중 중국에서

香料

草木香烈者, 大抵出自炎徼海外. 其産於中州者十

---

116 우집(虞集)이……했다:《說郛》卷23下〈澄懷錄〉에 있다.

117 고금비원(古今秘苑): 중국 송나라의 문인 증조(曾慥, ?~1155)가 고금의 비술(秘術)을 기술한 저서. 의약·천문·지리·인사·부적·양생법 등에 대한 여러 기록이 수록되어 있다. 증조는 도교의 이론을 집대성한《도추(道樞)》를 편찬하기도 했다.

118《古今秘苑》〈1集〉卷4 "賽龍涎餅子"·"四棄香餅".

119 삼내자(三乃子): 산내(山奈)의 이칭. 위 삼내(三柰) 주석 참조.

120 소뇌(小腦): 녹나무[樟樹]에서 채취한 향료. 녹나무를 수증기로 증류하여 얻은 투명하고 광택이 있는 결정체이다. 뇌자(腦子) 또는 장뇌(樟腦)라고도 한다.

121《東醫寶鑑》〈雜病篇〉卷9 "雜方" '諸法'(《原本 東醫寶鑑》, 598쪽).

122 초목……나온다: 여기서부터 시작되는 아래의 기사는 모두《금화경독기》에 나온다.《향보》·《본초강목》·《준생팔전》등 향료와 관련된 여러 문헌을 서유구가 정리한 내용인 것이다.

나는 물건은 10개 중에 1~2개가 안 되고, 우리나라에서 나는 물건은 100개 중에 1~2개가 안 되니, 이리저리 옮겨지면서 사고파는 사이에 진품과 가품이 서로 뒤섞인다. 지금 본초서(本草書) 및 여러 전문가의 보록(譜錄)을 채집해서 그 모양과 품질을 자세히 적었으니, 고아한 뜻으로 향을 피우는 사람들이 어목연석(魚目燕石)[123]의 현혹을 벗어날 수 있도록 했다.

不一二, 産於東國者百不一二, 轉輾購售, 眞假相雜. 今採本草及諸家譜錄, 詳著其狀品, 庶使雅意焚修者, 得免魚目燕石之眩也.

용뇌향(龍腦香)

《유양잡조(酉陽雜組)[124]》에 다음과 같이 말했다. "파율국(波律國)[125]에서 나온다. 용뇌수(龍腦樹)[126]의 높이는 8~9장(丈)이며 크기는 6~7아름[圍][127]이고, 잎은 둥글면서 뒷면이 하얗다. 용뇌수는 살찐 나무와 마른 나무가 있는데, 마른 나무에는 파율고향(婆律膏香)[128]이 있다. 어떤 사람은 '마른 나무에서 용뇌향이 나오고, 살찐 나무에서 파율고가 나온다. 파율고는 나무 심재 속에 있으므로 그 나무를 자른

龍腦香

《酉陽雜組》云: "出波律國. 樹高八九丈, 大六七圍, 葉圓而背白. 其樹有肥瘦, 瘦有婆律膏香. 一曰'瘦者出龍腦香, 肥者出婆律膏. 在木心中, 斷其樹, 劈取之膏於樹端流出.'"

---

123 어목연석(魚目燕石): 물고기의 눈과 중국 하북성(河北省) 천안시(遷安市)에 있는 연산(燕山)에서 나는 돌은 구슬처럼 보이나 실제 구슬이 아니라는 의미의 고사성어. 진짜와 비슷하나 실제로는 다른 물건을 말한다.

124 유양잡조(酉陽雜組): 중국 당(唐)나라의 문인 단성식(段成式, 803~863)의 저서. 전집(前集) 20권과 속집(續集) 10권으로 구성되어 있다. 호남성(湖南省) 원릉현(沅陵縣) 소유산(小酉山) 남쪽[陽] 밑에 많은 책을 감춘 동굴이 있다는 전설에서 책명을 지었다고 한다. 재상이며 장서가(藏書家)였던 아버지를 둔 단성식은 궁중의 도서계(圖書係)인 교서랑(校書郞) 관직에 있으면서 기담(奇談)·의식(衣食)·풍습(風習)·의술·종교·동식물 등에 대한 기록을 수집하여 이 책을 편찬했다. 그중에는 비현실적인 내용도 있으나 당나라 때의 사회풍습을 알 수 있는 기록들이 많이 남아 있다.

125 파율국(波律國): 인도네시아 서쪽 지역에 있었던 옛 국가 명칭. 수당(隨唐) 시대에 중국과 교역을 했다. 파리국(婆利國)이라고도 한다.

126 용뇌수(龍腦樹): 용뇌수과의 상록 교목. 50m 정도 높이까지 자라며 나무줄기의 갈라진 틈에서 용뇌를 채취하여 향료 및 약재로 쓴다. 말레이시아·보르네오·수마트라 등에 분포한다. 용뇌의 이칭은 빙편(氷片)·매편(梅片)·용뇌향(龍腦香)·애편(艾片) 등이 있다.

127 아름[圍]: 길이 단위. 1아름은 성인이 양팔을 벌려 껴안은 둘레의 길이.

128 파율고향(婆律膏香): 파율고에서 나는 향. 파율고는 용뇌향과(龍腦香科)에 속하는 상록 교목의 수지(樹脂)를 말린 것이다.

용뇌

뒤, 쪼개어 나무 끝에서 흘러나오는 파율고를 취한
다.'고 했다."[129]

　　홍추(洪芻)[130]의 《향보(香譜)》에는 다음과 같이 말
했다. "모양은 송진과 비슷하고, 삼나무의 향기를
풍긴다. 지금은 생향(生香)과 숙향(熟香)의 차이가 있
는데, 생용뇌(生龍腦)는 곧 위에서 말한 향이 이것이
다. 이 중에 매우 오묘한 향을 '매화용뇌(梅花龍腦)'라
한다. 불로 가열하면 증기는 날아가고 덩어리로 응
결되는 것이 있으니 이를 '숙용뇌(熟龍腦)'라 하는데,
향기와 풍미가 생용뇌보다는 약간 엷다."[131]

洪氏《香譜》云: "形似松脂,
作杉木氣. 今有生熟之異,
生龍腦卽上所云是也. 其
絕妙者曰'梅花龍腦'. 有經
火飛結成塊者, 謂之'熟龍
腦', 氣味差薄."

---

129 파율국(波律國)에서……했다: 출전 확인 안 됨; 《香譜》 卷上 〈香之品〉 "龍腦香"(《叢書集成初編》 1481, 1쪽).
130 홍추(洪芻): ?~1126. 중국 북송의 문신·문인. 자는 구부(駒父). 형인 홍붕(洪朋)과 아우 홍염(洪炎)·홍우
　　(洪羽)와 함께 시문에 능하여 '예장4홍(豫章四洪)'이라 불렸다. 선덕랑(宣德郞)·간의대부(諫議大夫) 등을
　　지냈다. 저서로 《노포집(老圃集)》·《향보(香譜)》 등이 있다.
131 모양은……엷다: 《香譜》, 위와 같은 곳.

사향(麝香)

　도홍경(陶弘景)[132]이 다음과 같이 말했다. "사향노루는 여름철에 뱀과 벌레를 많이 먹고서 겨울이 되면 사향이 가득 찬다. 봄이 되면 배꼽 안쪽이 갑자기 아파서 스스로 발톱으로 후벼 파내고 똥과 오줌 속에 사향을 두고서는 덮어 버리는데, 늘 같은 곳에서 한다. 이 향기는 사향노루를 죽여서 꺼낸 것보다 훨씬 우수하다. 지금 사람들은 대부분 가짜로 만든다. 일반적으로 진품 사향 1자(子)[133]를 3~4자로 나누어서 만드는데, 진품 사향을 깎아서 혈막(血膜)을 취하고 기타의 물질들을 섞은 다음 사향노루 다리 4개의 무릎 가죽으로 싸서 판다. 다만 한 조각을 깨뜨려 봤을 때 털이 그 안에 함께 싸여 있는 물건이 우수하다고 여긴다."

　《도경본초(圖經本草)[134]》에는 다음과 같이 말했다. "사향에는 3등급이 있다. 제1등급은 생향(生香)인데, '유향(遺香)'이라고도 하고, 곧 사향노루가 스스로 후벼 파낸 물건이다. 그러나 매우 얻기가 어려워서 가격이 조개 속에서 생긴 진주(眞珠)와 같다. 그 향이 모여 있는 곳은 거기서 먼 곳이든 가까운 곳이든 풀과 나무가 자라지 못하거나 말라서 누렇게 된

麝香

陶隱居云："麝，夏月食蛇蟲多，至寒則香滿. 入春臍內急痛，自以爪剔出，著屎溺中覆之，常在一處. 其香絕勝殺取者. 今人多僞作. 凡眞香一子分作三四子，刮取血膜，雜以餘物，裹以四足膝皮而貨之. 但破看一片，毛共在裏中者爲勝."

《圖經本草》云："其香有三等. 第一生香，名"遺香"，乃麝自剔出者. 然極難得，價同明珠. 其香聚處，遠近草木不生或焦黃. 今人帶香過園林，則瓜果皆不實，是其驗也. 其次臍香，乃捕得

---

132 도홍경(陶弘景)：456~536. 중국 남북조(南北朝) 시대 송(宋)나라의 의학자. 자는 통명(通明), 호는 화양은거(華陽隱居). 본초학(本草學)에 대해 깊이 연구해서 《본초경집주(本草經集注)》를 저술했다.

133 자(子)：손가락으로 집을 수 있는 가늘고 긴 물건을 헤아릴 때 쓰는 양사.

134 도경본초(圖經本草)：《본초도경(本草圖經)》의 이칭. 중국 송나라의 의학자 소송(蘇頌) 등이 편찬하여 1061년에 20권으로 간행한 의서. 중국 각 군현(郡縣)의 약초와 해외의 약물 자료를 수집하고, 여러 학자의 학설을 참고하고 정리해서 만들었다. 원서는 없어졌으나 그 내용이 《본초강목》·《증류본초(證類本草)》 등에 전한다. 《도경(圖經)》이라 약칭하기도 한다.

다. 지금 사람들이 사향을 몸에 지니고 원림(園林)을 지나면 과류(瓜類)[135]나 과일이 모두 열매가 열리지 않으니, 그것이 그 증거이다. 제2등급은 제향(臍香)인데, 곧 사향노루를 잡아 죽여서 꺼낸 물건이다.

제3등급은 심결향(心結香)인데, 곧 사향노루가 자기를 잡으려고 쫓아오는 큰 짐승을 보고 놀라고 두려워 평정심을 잃고 미친 듯이 달리다가 떨어져 죽은 경우, 그 노루에게서 얻은 사향이다. 하지만 그 심장을 열어보았을 때 비장 위로 피가 흘러나와 건혈괴(乾血塊)[136]로 된 것이 보이면 이것은 약의 반열에 넣기에 적당하지 않다. 또한, 수사(水麝)[137]라는 일종이 있는데, 그 향기가 더욱 기이하다. 수사의 배꼽 안에 모두 물이 차 있는데, 그 한 방울을 1두(斗, 말)의 물속에 떨어뜨린 뒤 옷가지에 뿌리면 그 향기가 사라지지 않는다."

이시진(李時珍)[138]은 "서북 지역에서 나는 사향은 향이 진하다. 동남 지역에서 나는 사향은 '토사(土麝)'라 하는데, 또한 쓸 만하지만 효력은 그다음이다."라 했다.[139]

殺取之.

其三心結香, 乃麝見大獸捕逐, 驚畏失心, 狂走墜死, 人有得之. 破心, 見血流出脾上作乾血塊[24]者, 不堪入藥. 又有一種水麝, 其香更奇. 臍中皆水, 瀝一滴於斗水中, 用灑衣物, 其香不歇."

李時珍云: "出西北者香結實. 出東南者謂之"土麝", 亦可用, 而力次之."

---

135 과류(瓜類): 오이·호박·수박 등 덩굴이 뻗어서 열매를 맺는 식물 종류.
136 건혈괴(乾血塊): 짐승의 피에서 수분이 없어지고 응고 성분만 남도록 건조된 흑갈색의 핏덩이.
137 수사(水麝): 사향노루의 일종. 그 배꼽에서 채취한 물은 고체 형태의 사향보다 효과가 좋다고 한다.
138 이시진(李時珍): 1518~1593. 중국 명나라의 본초학자. 자는 동벽(東璧), 호는 빈호(瀕湖). 이시진은 약물 연구와 실천을 중시하여 역대의 의약서 및 참고 문헌 8백여 종을 살펴보고 스스로 산에 올라가서 약을 채집했다. 이와 같은 과정을 거쳐 고대 본초 서적 중의 많은 오류를 수정하였고, 오랜 집필 끝에 1,890여 종의 약물을 수록한 《본초강목(本草綱目)》을 저술했다. 이 책은 명나라 이전의 본초학을 종합하여 정리하였고 의학 발전에 큰 공헌을 했다. 《본초강목》은 《임원경제지》 도처에서 인용되었으며, 특히 《인제지》에서 상당 부분을 흡수했다.
139 이상의 사향 기사 전체는 《本草綱目》 卷51〈獸部〉 "麝", 2867~2868쪽에 나온다.
[24] 塊: 저본에는 "死". 《本草綱目·獸部·麝》에 근거하여 수정.

【안 우리나라에서도 사향이 나지만, 품질이 떨어진다. 】

【案 我東亦出麝香, 而品劣.】

침수향(沈水香)

소송(蘇頌)[140]이 다음과 같이 말했다. "교지(交趾, 베트남 북부)의 밀향수(蜜香樹)[141]이다. 그곳 사람들은 이 나무를 가져와서 우선 그중에 오래된 노목(老木)의 뿌리를 자른다. 해가 지나면 그 겉껍질과 줄기는 모두 썩어 문드러지지만, 나무 심재와 가지 마디는 썩지 않는다. 이 가운데 단단하고 검으면서 물에 가라앉는 부분이 곧 침향(沈香)이다. 반은 뜨고 반은 가라앉아서 수면(水面)과 수평이 되는 부분은 계골향(鷄骨香)이 된다. 가는 가지가 단단하고 꽉 차 있어 문드러지지 않는 부분은 청계향(靑桂香)이 된다. 그 줄기는 잔향(棧香)이 되고, 그 뿌리는 황숙향(黃熟香)이 되며, 그 뿌리와 마디가 가벼우면서도 큰 부분은 마제향(馬蹄香)이 된다. 6가지 물건은 똑같이 한 나무에서 나왔지만 정제(精製)되거나 조잡(粗雜)한 차이가 있다."

이시진이 다음과 같이 말했다. "향의 등급은 일반적으로 3가지이니, '침향(沈香)'과 '잔향(棧香)'과 '황숙향(黃熟香)'이 이것이다. 침향은 물에 넣으면 곧 가라앉는다. 그 품등은 일반적으로 4가지이다. 첫째

沈水香

蘇頌云 : "交趾蜜香樹. 彼人取之, 先斷其積年老木根. 經年其外皮、幹俱朽爛, 木心與枝節不壞. 堅黑沈水者, 卽沈香也. 半浮半沈, 與水面平者, 爲鷄骨香. 細枝緊實未爛者, 爲靑桂香. 其幹爲棧香, 其根爲黃熟香, 其根、節輕而大者, 爲馬蹄香. 六物同出一樹, 有精粗之異."

李時珍云 : "香之等凡三, 曰'沈', 曰'棧'[25], 曰'黃熟'是也. 沈香, 入水卽沈. 其品凡四. 曰'熟結', 乃膏脈凝

---

140 소송(蘇頌) : 1019~1101. 중국 송나라의 관료이자 의학자. 자(字)는 자용(子容). 우복야(右仆射) 등의 관직을 역임하였으며, 관부의 명으로 중국의 수많은 약재와 수입한 약물까지 망라하는 《본초도경(本草圖經)》을 편찬했다.

141 밀향수(蜜香樹) : 침향수(沈香樹)의 이칭.

25 曰棧 : 저본에는 없음. 오사카본·규장각본·《本草綱目·木部·沈香》에 근거하여 보충.

는 '숙결향(熟結香)'으로, 곧 고맥(膏脈, 나무의 진액과 수맥)이 응결했다가 저절로 썩어 나온 향이다. 둘째는 '생결향(生結香)'으로, 곧 칼과 도끼로 베고 쓰러뜨린 나무의 고맥이 굳어 모인 향이다. 셋째는 '탈락향(脫落香)'으로, 곧 나무의 수액이 썩음으로 인해 굳은 향이다. 넷째는 '충루향(蟲漏香)'으로, 벌레가 갉아먹어 생긴 나무 틈으로 인해 굳은 향이다. 생결향이 상등품이고, 숙결향과 탈락향은 그다음이다.

단단한 흑색 침향이 상등품이고, 황색은 그다음이다. 각침향(角沈香, 별처럼 삐죽삐죽한 흑색 침향)은 흑색이며 윤기가 있고, 황침향(黃沈香, 황색 침향)은 황색이며 윤기가 있고, 납침향(蠟沈香, 밀랍 같은 침향)은 부드러우면서도 질기며, 혁침향(革沈香, 가죽 같은 침향)은 주름이 가로로 나 있다. 이 4가지는 모두 상등품이다.

바다의 섬에서 나온 침향은 마치 돌절구 공이 같고, 팔꿈치 같고, 주먹 같고, 봉황·참새·거북이·뱀·구름·사람 같은 모양이 있다. 중국 하이난 지역에서 나는 마제향(馬蹄香, 말발굽 모양 침향)·우두향(牛頭香, 소머리 모양 침향)·연구향(燕口香, 제비부리 모양 침향)·견율향(繭栗香)[142]·죽엽향(竹葉香, 댓잎 모양 침향)·지균향(芝菌香, 버섯 모양 침향)·사자향(梭子香, 베틀의 북 모양 침향)·부자향(附子香)[143] 등의 향들은 모두 모양을 따라 이름을 지었을 뿐이다.

結自朽出者. 曰'生結', 乃刀斧伐仆膏脈結聚者. 曰'脫落', 乃因水朽而結者. 曰'蟲漏', 乃因蠹隙而結者. 生結爲上, 熟、脫次之.

堅黑爲上, 黃色次之. 角沈黑潤, 黃沈黃潤, 蠟沈柔靭, 革沈紋橫. 皆上品也.

海島所出, 有如石杵, 如肘如拳, 如鳳雀、龜蛇、雲氣、人物. 及海南馬蹄、牛頭、燕口、繭栗、竹葉、芝菌、梭子、附子等香, 皆因形命名爾.

---

142 견율향(繭栗香): 송아지의 뿔 모양 침향. 송아지의 뿔이 처음 나올 때는 그 모양이 누에고치[繭] 또는 밤톨[栗] 모양 같다는 의미에서 유래했다.
143 부자향(附子香): 부자 모양의 침향. 부자는 미나리아재비과에 속하는 다년생초의 뿌리로, 원뿔 모양이며, 열이 많고 독성이 강한 약재이다.

그다음으로 잔향은 물에 넣으면 반은 뜨고 반은 가라앉으니 곧 침향이 반만 굳어졌다가 나무에 붙어 있는 향으로, '전향(煎香)'이라 쓰기도 한다. 그 종류에는 위자향(蝟刺香, 고슴도치 가시 모양 잔향)·계골향(鷄骨香, 닭 뼈 모양 잔향)·엽자향(葉子香, 나뭇잎 모양 잔향)이 있는데, 모두 모양을 따라 이름을 지었다. 또 크기가 삿갓[笠]만 한 잔향은 '봉래향(蓬萊香, 봉래산 모양의 잔향)'이라 하며, 산의 바위나 마른 등걸 모양의 잔향은 '광향(光香)'이라 한다.

그다음으로 황숙향은 곧 향이 가볍고 비어 있는 것인데, 민간에 '속향(速香)'이라 잘못 전해진 향이 이것이다. 생속향(生速香)은 자르고 베어서 얻은 향이며, 숙속향(熟速香)은 썩게 하여 얻은 향이다. 그중에 크기가 커서 조각할 수 있는 향은 '목반두(木盤頭)'라 한다. 모두 약의 반열에 넣기에 적당하지 않고 다만 향으로만 피울 수 있다."[144]

《준생팔전》에는 다음과 같이 말했다. "흑각침향(黑角沈香, 각이 진 흑색 침향)은 무게가 묵직하면서, 쪼개 보았을 때 먹빛처럼 검은 향이 좋으니, 좋은 향인지 아닌지의 여부는 물에 가라앉는지에 달려 있지 않다. 좋은 속향(速香)도 물에 가라앉을 수 있기 때문이다. 또 '편속향(片速香)'이라 하는 향이 있는데, 민간에서는 '즉어편(鯽魚片, 붕어 모양의 조각)'이라 하며, 꿩이나 닭의 얼룩무늬가 있는 향이 좋다. 가짜로 만든

其棧香入水, 半浮半沈, 卽沈香之半結連木者, 或作'煎[26]香'. 其類有蝟刺香、鷄骨香、葉子香, 皆因形而名. 有大如笠者, 爲'蓬萊香'; 有如山石、枯槎者, 爲'光香'.

其黃熟香, 卽香之輕虛者, 俗訛爲'速香'是矣. 有生速, 斫伐而取者; 有熟速, 腐朽而取者. 其大而可雕刻者, 謂之'木盤頭'. 竝不堪入藥, 但可焚爇."

《遵生八牋》云: "黑角沈香, 質重, 劈開如墨色者佳, 不在沈水. 好速亦能沈也. 又云'片速香', 俗名'鯽魚片', 雉鷄斑[27]者佳. 有僞爲者, 亦以重實爲美".

---

144 '침수향' 기사의 처음부터 여기까지는 《本草綱目》卷34〈木部〉"沉香", 1937~1938쪽에 나온다.
[26] 煎 : 저본에는 "爇". 오사카본·규장각본·《本草綱目·木部·沉香》에 근거하여 수정.
[27] 斑 : 저본에는 "班". 오사카본·《遵生八牋·燕閒淸賞牋·論香》에 근거하여 수정.

향이 있으나, 이 역시 무겁고 실한 향을 우수한 향
으로 친다."145

【안】 여기에 근거하면 우리나라 사람들이 구매하
는 침향은 모두 잔향이나 황숙향의 종류이다. 진정
한 침향과 같은 향은 아직 우리나라에 전해온 적이
없다.】

【案】據此則東人所購沈香,
皆棧香、黃熟香之類. 若眞
定沈香, 未曾東來也.】

충루향   혁침향   사자향   목반두

단향(檀香)

섭정규(葉廷珪)146의 《향보(香譜)147》에 다음과 같이
말했다. "껍질이 실하면서 황색인 나무가 황단(黃檀)
이고, 껍질이 깨끗하면서 백색인 나무가 백단(白檀)이
며, 껍질이 썩었으면서 자색(紫色)인 나무가 자단(紫
檀)이다. 그 나무들은 모두 단단하면서 묵직하고 맑
은 향기가 나는데, 그중 백단이 특히 좋다. 단향은
종이로 밀봉해서 보관해야만 향기가 새지 않는다."

檀香

葉氏《香譜》云:"皮實而色
黃者爲黃檀, 皮潔而色白
者爲白檀, 皮腐而色紫者
爲紫檀. 其木竝堅重清香,
而白檀尤良. 宜以紙封收
則不泄氣."

---

145 흑각침향(黑角沈香)은……친다:《遵生八牋》卷15〈燕閒清賞牋〉"論香" '日用諸品香目'(《遵生八牋校注》,
　　599쪽).
146 섭정규(葉廷珪): ?~?. 중국 송나라의 문인. 자는 사충(嗣忠), 호는 취암(翠岩). 병부낭중(兵部郎中)의 관
　　직을 역임했다. 저서로《해록쇄사(海錄碎事)》·《명향보(名香譜)》가 있다.
147 향보(香譜): 섭정규의 저서《명향보(名香譜)》의 이칭이다.《명향보》는 향의 명칭과 용도 등에 대한 내용을
　　수록한 책이다.

왕좌(王佐)[148]의 《격고론(格古論)[149]》에는 다음과 같이 말했다. "자단은 계동(溪峒)[150]의 여러 곳에서 난다. 나무의 재질이 단단하다. 새것은 홍색이며, 오래된 것은 자색이고, 게 발 모양 무늬가 있다. 새것은 물에 담가두면 그 물로 염색할 수 있다. 진품은 벽면에 문지르면 자색을 띤다. 황단이 향기가 가장 좋으니, 모두 대과(帶銙)[151]나 부챗살 등을 만들 수 있다."[152]

《준생팔전》에 "황색으로 실한 단향이 좋다. 차에 담갔다가 누렇게 볶아서 비린 냄새를 제거한다."[153]라 했다.

【안】우리나라에서는 삼나무[杉]와 전나무[檜]의 일종으로 나뭇결이 자색인 나무를 가리켜서 자단이라 하였으나, 그것들은 실제로는 자단이 아니다. 본초서에서 "단향의 줄기와 잎은 모두 여지(荔枝)와 비슷하고, 껍질은 청색이며 반들반들 윤기가 있다."[154]라 했으니, 이는 우리나라에서 말하는 자단과는 같은 종류가 아니다.】

王氏《格古論》云:"紫檀諸溪峒出之. 性堅. 新者色紅, 舊者色紫, 有蟹爪文. 新者以水浸之, 可染物. 眞者揩壁上色紫. 黃檀最香, 俱可作帶銙、扇骨等."

《遵生八牋》云:"黃實者佳. 茶浸炒黃, 去腥."

【案】東人指杉、檜中一種, 木理色紫者爲紫檀, 其實非也. 本草云:"檀香樹、葉, 皆似荔枝, 皮靑色而滑澤", 與吾東所謂紫檀不類.】

소합향(蘇合香)

이시진이 다음과 같이 말했다. "《환우지(寰宇

蘇合香

李時珍云:"《寰宇志》云'蘇

148 왕좌(王佐): ?~?. 중국 명나라의 문인. 자는 공재(功載), 호는 죽재(竹齋).《격고론(格古論)》을 저술했다.
149 격고론(格古論): 왕좌(王佐)의 저서. 여러 기물에 대한 품평 및 기원을 설명한 책이다.《신격고요론(新格古要論)》이라고도 한다.
150 계동(溪峒): 중국 서남부 지역의 소수민족이 사는 거주지의 총칭.
151 대과(帶銙): 허리춤에 차는 장신구.
152 섭정규(葉廷珪)의⋯⋯있다:《本草綱目》卷34〈木部〉"檀香", 1944~1945쪽.
153 황색으로⋯⋯제거한다:《遵生八牋》卷15〈燕閒淸賞牋〉中 "論香" '日用諸品香目'《遵生八牋校注》, 600쪽).
154 단향의⋯⋯있다:《本草綱目》卷34〈木部〉"檀香", 1944쪽.

志)155》에 '소합유(蘇合油)156는 안남(安南, 베트남)과 삼불제(三佛齊)157 등 여러 번국(番國)158에서 난다. 나무의 생 진액은 약으로 만들 수 있는데, 짙으면서도 찌꺼기가 없는 진액을 상등품으로 친다.'라 했다."159

심괄(沈括)160의 《몽계필담(夢溪筆談)161》에는 다음과 같이 말했다. "지금의 소합향은 적색이며 단단한 나무와 같다. 또 이교(鰾膠)162 같은 소합유가 있는데, 사람들이 많이 사용한다. 또 유우석(劉禹錫)163의 《전신방(傳信方)164》에 소합향에 대해 많이 언급했

合油出安南、三佛齊諸番28
國. 樹生膏可爲藥, 以濃而
無滓者爲上."

沈括《筆談》云:"今之蘇合
香, 赤色如堅木. 又有蘇合
油如鰾膠, 人多用之. 而劉
夢得《傳信方》言蘇合香
多, '薄葉29子如金色, 按之

---

155 환우지(寰宇志): 중국 명나라의 지리서 《환우통지(寰宇通志)》의 이명. 영락(永樂) 16년(1418) 관부의 명으로 중국 각 지역의 물산 및 풍속, 지명, 연혁 등을 조사하는 작업을 시작하였고, 경태(景泰) 7년(1456) 《환우통지》의 편찬이 완료되었다.

156 소합유(蘇合油): 소합향나무의 줄기에서 나오는 수지(樹脂)를 가공 정제한 향료. 소합향(蘇合香)이라고도 한다.

157 삼불제(三佛齊): 인도네시아 앞바다 수마트라(Sumatra) 일대 지역을 7~13세기 동안 지배하던 스리비자야(Sri Vijaya) 왕국. 중국에서는 삼불제 또는 실리불서(室利佛逝)라는 이름으로 불렀다.

158 번국(番國): 일반적으로는 중국의 지배 아래에 있는 나라를 의미하지만, 여기서는 중국 변경의 국가를 의미한다.

159 환우지(寰宇志)에……했다: 《本草綱目》卷34〈木部〉"蘇合香", 1962쪽.

160 심괄(沈括): 1031~1095. 중국 송나라의 관료이자 학자. 자는 존중(存中). 1054년 지방관으로 임명되었으며, 1061년 음악서 《악론(樂論)》을 편찬했다. 교서랑(校書郞)의 관직을 맡아 서적의 교감(校勘)을 담당하기도 했고, 천지(天地)를 모시는 의식 절차를 정리한 《남교식(南郊式)》을 편찬했다. 왕안석(王安石)의 정치 개혁이 시작되자 수리와 관개 등의 정책을 담당하였고, 제거사천감(提擧司天監, 국립천문대의 책임자)을 겸하여 천체관측에 종사했다. 1074년에는 판군기감(判軍器監, 병기담당관)도 겸하여 전차제도(戰車制度)를 연구했다. 1075년 삼사사(三司使)에 취임하였으나 왕안석이 실각한 이후 지방으로 좌천되었다. 저서로 《몽계필담(夢溪筆談)》이 있다.

161 몽계필담(夢溪筆談): 심괄의 저서. 강소성(江蘇省) 진강(鎭江)에 있는 몽계원(夢溪園)이라는 정원에서 손님들과 나눈 대화를 기록했다고 해서 책 제목을 '몽계필담'이라 했다. 이 책에는 나침반과 역법(曆法) 및 화석의 기원 등에 대한 학설이 있다. 또한, 천문·산학(算學)·지도제작법·광학(光學)·의학 등의 다양한 주제에 대한 학설과 견해가 수록되어 있다.

162 이교(鰾膠): 새나 벌레를 잡을 때 쓰는 끈끈한 물질. 동청(冬青, 감탕나무) 속껍질을 빻아서 만든다.

163 유우석(劉禹錫): 772~842. 중국 당나라의 관료이자 시인. 자는 몽득(夢得). 유종원(柳宗元)과 함께 793년에 진사가 되었고, 혁신파인 왕숙문당(王叔文黨)에 가담했다. 검교예부상서(檢校禮部尙書)와 태자빈객(太子賓客) 등의 관직을 역임했다. 말년에는 백거이(白居易)와 시를 주고받았으며 그의 대표작 《죽지사(竹枝詞)》는 중국 문학사에서 걸작으로 평가받는다. 저서로 《유빈객문집(劉賓客文集)》·《외집(外集)》이 있다.

164 전신방(傳信方): 유우석이 저술한 의서. 원서는 남아있지 않으나 《의심방(醫心方)》과 《본초강목》 등에 그 내용이 전한다.

28 番: 《本草綱目·木部·蘇合香》에는 없음.

29 薄葉: 《夢溪筆談·藥議》에는 "皮薄".

느데, '얇은 잎은 금색 같고, 만지면 곧 작아졌다가 놓아두면 곧 원래대로 돌아오고, 한참 동안 마치 벌레가 꿈틀거리듯 가만히 있지 않고, 향기가 강렬한 것이 좋다.'라 했는데, 이와 같다면 이는 지금 사용하는 것들이 전부 아니니, 정밀하게 살펴보아야 한다."165

【가만히 유우석이 말한 내용을 살펴보면, 이 또한 소합유라서 굳이 의심할 필요는 없다.】

卽小[30], 放之卽起, 良久不定如蟲動, 氣烈者佳'. 如此則全非今所用者, 宜精考之."

【竊按劉氏所說, 亦是油也, 不必致疑.】

안식향(安息香)166

소공(蘇恭)167이 "안식향은 서쪽 변방에서 나는데, 모양이 송진과 같고, 황흑색(黃黑色)이며 덩어리를 이룬다. 새것은 또한 부드러우면서도 질기다."라 했다.

섭정규의 《향보》에서는 "이것은 곧 수지(樹脂, 나무의 진액)이니, 모양과 색깔이 호두 알맹이와 비슷하다. 향을 피우기에 알맞지 않지만 많은 향기를 내기 때문에 사람들이 가져다 다른 향과 섞어 쓴다. 지금 사람들이 향을 섞어 쓸 때 엿과 비슷한 것이 있으니, 이를 '안식유(安息油)'라 한다."라 했다.

그리고 왕기(汪機)168는 "향을 피워서 쥐들을 모이

安息香

蘇恭云 : "出西戎, 狀如松脂, 黃黑色爲塊. 新者亦柔靭."

葉氏《香譜》云 : "此乃樹脂, 形色類胡桃瓤[31]. 不宜於燒, 而能發衆香, 故人取以和香. 今人和香, 有如餳者, 謂之'安息油'."

汪機云 : "燒之能集鼠者爲

---

165 지금의……한다:《夢溪筆談》卷26〈藥議〉(《夢溪筆談校證》, 869쪽).

166 안식향(安息香) : 때죽나무과에 속하는 안식향나무의 수액을 건조해서 만든 약재. 안식향이라는 명칭은 향기가 짙어 마음을 안정시킨다는 뜻에서 유래했다. 자바·수마트라·베트남 등지에서 생산된다.

167 소공(蘇恭) : 599~674. 중국 당나라의 의학자. 본명은 소경(蘇敬)이지만 후에 소공으로 개칭했다. 조의랑(朝儀郎) 등의 관직을 역임하였고, 《당본초(唐本草)》를 편찬했다.

168 왕기(汪機) : 1463~1539. 중국 명나라의 의학자. 자는 성지(省之), 호는 석산거사(石山居士). 저서로《의학원리(醫學原理)》·《침구문대(針灸問對)》·《맥결간오집(脈決刊誤集)》·《본초회편(本草會編)》 등이 있다.

[30] 小 : 저본에는 "少".《夢溪筆談·藥議》에 근거하여 수정.

[31] 瓤 : 저본에는 "穰".《本草綱目·木部·蘇合香》에 근거하여 수정.

게 할 수 있는 향이 안식향의 진품이다".[169]라 했다.

眞."

울금향(鬱金香)[170]

《위략(魏略)》[171]에 "울금향은 대진국(大秦國)[172]에서 난다. 2~3월에 홍람(紅藍)[173]같은 꽃이 피고, 4~5월에 채집한다. 울금향의 12개 잎은 온갖 향초 중의 으뜸이 된다.[174]"라 했다.

이시진은 "울금에는 2가지가 있다. 울금향은 꽃을 사용하는 것이다.[175]"라 했다.

鬱金香

《魏略》云 : "生大秦國. 二三月花如紅[32]藍, 四五月採之, 其香十二葉爲百草之英."

李時珍云 : "鬱金有二. 鬱金香是用花者."

정향(丁香)[176]

심괄(沈括)의 《몽계필담》에서 "계설(鷄舌)은 곧 정향이다.[177]"라 했다.

《제민요술》에는 "계설은 민간에서 '정자향(丁子香)'이라 한다.[178]"고 말했다.

일화자(日華子)[179]는 "정향은 입냄새를 치료한다.

丁香

沈括《筆談》云 : "鷄舌卽丁香也."

《齊民要術》言 : "鷄舌俗名'丁子香'."

日華子言 : "丁香治口氣. 與

---

169 소공(蘇恭)이……진품이다 : 《本草綱目》卷34〈木部〉"安息香", 1961쪽.

170 울금향(鬱金香) : 생강과에 속하는 다년생초 울금의 잎으로 만든 향.

171 위략(魏略) : 중국 삼국시대 위(魏)나라를 중심으로 어환(魚豢, ?~?)이 저술한 역사서. 저자 어환은 위나라의 신하였으나 그 외 행적에 대해서는 자세히 전하지 않는다. 원서는 유실되어 전하지 않지만, 청나라 문인 왕인준(王仁俊)이 남아 있는 글을 모아 책을 편찬했고, 민국(民國) 11년에 장붕일(張鵬一)이 다시 편집하여 간행했다.

172 대진국(大秦國) : 중국에서 고대에 로마(Rome) 제국을 부르던 명칭.

173 홍람(紅藍) : 국화과에 속하는 홍람화(紅藍花, 잇꽃).

174 대진국(大秦國)에서……된다 : 《香譜》卷上〈香之品〉"鬱金香"《叢書集成初編》1481, 3쪽).

175 울금에는……것이다 : 《本草綱目》卷14〈草部〉"鬱金", 882쪽.

176 정향(丁香) : 정향나무의 꽃봉오리와 열매에서 짜낸 즙으로 만든 향.

177 계설(鷄舌)은……정향이다 : 《夢溪筆談》卷22〈謬誤〉《夢溪筆談校證》, 642쪽).

178 계설은……한다 : 출전 확인 안 됨.

179 일화자(日華子) : ?~?. 중국 당나라의 의학자의 호. 원래 본명은 대명(大明)이나 호로 더 알려져 있다. 《제가본초(諸家本草)》를 편찬했다. 원서는 남아 있지 않으나 책의 내용이 《본초강목》에 일부 전한다.

[32] 紅 : 저본에는 없음. 오사카본·규장각본·《香譜·香之品·鬱金香》에 근거하여 보충.

정향(丁香)

이는 《삼성고사(三省故事)[180]》에 실린, 한나라 때의 낭관(郎官)[181]이 입에 계설향을 머금고 자신이 왕에게 아뢸 때 향기가 나기를 바랐다는 설과 서로 부합된다."고 말했다.

《천금방(千金方)[182]》에 오향탕(五香湯)[183]에는 정향을 쓴다고 하고 계설은 업급하지 않았으니, 이것이 계설이 곧 정향이라는 가장 명확한 증거가 된다.

이시진은 "수꽃은 정향이고, 암꽃은 계설이다."[184]라 했다.

《三省故事》載漢時郎官, 口含鷄舌香, 欲其秦事芬芳之說相合."

及《千金方》, 五香湯用丁香, 無鷄舌, 最爲明驗.

李時珍云："雄爲丁香, 雌爲鷄舌."

---

180 삼성고사(三省故事) : 미상. 다만, 책의 이름이 《논어》 〈학이(學而)〉편에 나오는 증자(曾子)와 관련된 고사를 인용한 것으로 보인다. "증자가 말했다. 나는 하루에 3번 나의 몸을 반성한다. 다른 사람과 논의할 때 충실하지 않았는지 반성하고, 친구와 사귈 때 신의가 없었는지 반성하고, 전해 받은 가르침을 제대로 익히지 않았는지를 반성한다.(曾子曰：“吾日三省吾身。 爲人謀而不忠乎, 與朋友交而不信乎, 傳不習乎。”)"

181 낭관(郎官) : 중국 고대의 관직명. 의랑(議郎) 또는 시랑(侍郎)이나 낭중(郎中) 등의 관직을 통칭한다.

182 천금방(千金方) : 중국 당(唐)나라의 의학자 손사막(孫思邈, 541~682)이 저술한 의서. 원제는 《비급천금요방(備急千金要方)》이며, 중국에서 체계적으로 편찬된 가장 오래된 의학서다. 인명(人命)은 매우 소중하므로 하나의 처방으로 사람을 구하면 천금(千金)의 가치가 있다는 의미로 서명을 지었다고 한다. 이 책은 당나라 때부터 송나라 때에 걸쳐서 널리 이용되었으며 후에 《천금방》을 보충하기 위하여 《천금익방(千金翼方)》이 저술되었다.

183 오향탕(五香湯) : 청목향(靑木香)·곽향(藿香)·훈육향(薰陸香)·침향·정향 각 1냥을 넣어 만든 탕액. 《비급천금요방》 권66 〈정종방(丁腫方)〉 "옹저(癰疽)"제2에 나온다.

184 수꽃은……계설이다：《本草綱目》卷34 〈木部〉 "丁香", 1941쪽.

유향(乳香)

《광지(廣志)[185]》에서는 "곧 남쪽 바다 파사국(波斯國)[186]의 소나무 송진 중에 앵두 같은 자적(紫赤)색의 진액이 있는데, 이를 '유향'이라 한다. 대개 훈륙(薰陸)[187]의 일종이다."라 했다.

섭정규의 《향록(香錄)[188]》에서는 다음과 같이 말했다. "유향은 일명 '훈륙향(薰陸香)'이며, 대식국(大食國)[189]의 남쪽에서 나온다. 그 나무는 소나무와 비슷한데, 도끼로 나무를 쪼개면 나무의 진액이 밖으로 넘쳐 나오다 굳어지면서 향이 되니, 이를 모아서 향 덩어리로 만든다. 상등품은 '간향(揀香)'으로, 둥글면서 크기는 젖꼭지만 하고 투명하다. 민간에서는 이를 '적유(滴乳)'라 하고, 또 '명유(明乳)'라고도 한다. 그 다음 등급은 '병유(瓶乳)'로, 병에 거두어 보관하는 것이다. 그다음 등급은 '유탑(乳塌)'으로, 모래와 돌이 뒤섞인 것이다. 그다음은 '흑탑(黑塌)'으로, 색깔이 검다. 그다음 등급은 '수습탑(水濕塌)'으로, 물에 담그면 색깔이 손상되고 향기가 변하는 것이다. 그다음 등급은 '작삭(斫削)'으로, 뒤섞이고 부숴져서 향으로 쓰기에 적당하지 않다. 그다음 등급은 '전말(纒末)'로, 향을 들거나 옮기면 먼지가 나는 것이다.[190]"

乳香

《廣志》云：“卽南海波斯國松樹脂有紫赤如櫻桃者，名‘乳香’，蓋薰陸之類也.”

葉氏《香錄》云：“乳香，一名‘薰陸香’，出大食國南. 其樹類松，以斤斫樹，脂溢於外，結而成香，聚而成塊. 上品爲‘揀香’，圓大如乳頭透明. 俗呼‘滴乳’，又曰‘明乳’. 次爲‘瓶乳’，以瓶收者；次爲‘乳塌’，雜沙石者；次爲‘黑塌’，色黑；次爲‘水濕塌’，水漬色敗氣變者；次爲‘斫削’，雜碎不堪. 次爲‘纒末’，播揚出塵者.

---

185 광지(廣志)：중국 진(晉)나라의 문인 곽의공(郭義恭, ?~?)이 편찬한 역사서. 원서는 전하지 않으나, 청나라의 문인 황석(黃奭, 1809~1853)이 남아 있는 글을 편집하여 1책으로 간행했다.

186 파사국(波斯國)：중국에서 고대에 페르시아(Persia) 국가를 부르던 명칭.

187 훈륙(薰陸)：인도나 페르시아 등지에서 생산되는 향나무의 진액. 돌처럼 굳어 있고, 쓴맛이 있으며, 약재나 향료로 쓰인다.

188 향록(香錄)：섭정규의 저서 《향보(香譜)》의 이칭.

189 대식국(大食國)：중국에서 고대에 사라센(Saracen) 국가를 부르던 명칭.

190 유향은……것이다：출전 확인 안 됨；《陳氏香譜》 卷1 〈乳香〉；《御定佩文齋廣群芳譜》 卷100 〈藥譜〉 “乳香”.

진승(陳承)[191]은 다음과 같이 말했다. "유향은 서쪽으로는 천축(天竺)[192]에서 나오고, 남쪽으로는 파사 등의 나라에서 나온다. 서쪽에서 나는 유향은 황백색이고, 남쪽에서 나는 유향은 자적색이다. 시간이 오래 지나 여러 겹으로 쌓인 것은 젖꼭지 모양을 이루지 못하고 모래와 돌이 뒤섞여 있다. 그 젖꼭지 모양을 이룬 것은 곧 새로 나온 것이라 모래와 돌이 뒤섞이지 않았다. 훈륙이란 통틀어 부르는 이름이고, 유향이란 훈륙 중에 젖꼭지 모양의 향이다."[193]

陳承云 : "西出天竺, 南出波斯等國, 西者色黃白, 南者色紫赤. 日久重疊者, 不成乳頭, 雜以沙石. 其成乳者, 乃新出, 未雜沙石者也. 薰陸是總名, 乳香是薰陸之乳頭也."

목향(木香)[194]

홍추(洪芻)의 《향보》에는 "목향은 외국에서 배로 수입해 온 것으로, 지금의 단단하고 실한 계골향과 비슷하다. 깨물어 보았을 때 치아에 끈끈하게 달라붙으면 상등품이다. 어떤 사람은 2종류가 있다고 하지만 이것은 잘못된 설이다. 일설에는 '운남근(雲南根)'이라고도 한다."[195]라 했다.

木香

洪氏《香譜》云 : "從外國舶上來, 今以如鷄骨堅實. 齧之粘[33]齒者爲上. 或云有二種, 非也. 一謂之'雲南根'."

강진향(降眞香)[196]

《향보》에 다음과 같이 말했다. "《신선전(神仙傳)》

降眞香

《香譜》云 : "《神[34]仙傳》稱

---

191 진승(陳承) : ?~?. 중국 송나라의 의학자. 여러 약초 관련 서적을 정리하여 《본초별설(本草別說)》을 편찬했다.
192 천축(天竺) : 중국에서 고대에 인도(印度, India)를 부르던 명칭. 천독(天篤)·천독(天督)·천두(天豆)·천정(天定) 등의 이칭이 있다. 어원은 산스크리트어 신두(Sindhu, 인더스강 유역)에서 유래했다고 한다.
193 유향은……향이다 : 《香乘》 卷2 〈香品〉 "薰陸香卽乳香"(《文淵閣四庫全書》844, 366쪽).
194 목향(木香) : 엉거싯과에 딸린 여러해살이풀. 온몸에 잔털이 빽빽하고 잎은 긴 타원형으로 톱니가 있다. 7~8월에 머리모양의 누른 꽃이 접층상 꽃차례로 핀다.
195 목향은……한다 : 《香譜》 卷上 〈香之品〉 "木香"(《叢書集成初編》1481, 4쪽).
196 강진향(降眞香) : 콩과에 속하는 식물인 강향단(降香檀)의 속살이다. 강향(降香)이라고도 한다.
33 粘 : 저본에는 "拈".《香譜·香之品·木香》에 근거하여 수정.

에, '이 향을 피우면 학이 그 향에 이끌려 내려온다.'라 했다. 성신(星辰)에 제사를 지낼 때 이 향을 피우면 제일 좋다. 어린아이가 이 향을 휴대하면 나쁜 기운을 피할 수 있는데, 그 향기가 소방목(蘇方木)[197]과 비슷하다. 향을 피우는 처음에는 향이 진하지 않다가 여러 향을 섞게 되면 특히 좋아진다."[198]

《준생팔전》에는 "자색으로 실한 향이 좋다. 이 향을 차로 달여서 기름기를 빼고 나서 피운다."[199]라 했다.

애납향(艾蒳香)[200]

《광지》에서 "애납은 서쪽 나라에서 나오며, 가는 쑥과 비슷하다. 또한 소나무 껍질 위에 나는 녹색 이끼를 '애납'이라고도 한다. 여러 향과 섞어 함께 향을 피울 때 그 연기들을 모을 수 있으니, 푸르면서 흰 연기는 잘 흩어지지 않는다."[201]라 했다.

감송(甘松)[202]

진장기(陳藏器)[203]는 "감송은 떨기로 자라고 잎이

'燒之, 感引鶴降. 醮星辰, 燒此香甚爲第一. 小兒帶之, 能辟邪氣, 其香如蘇方木. 然之初不甚香, 得諸香和之則特美."

《遵生八牋》云 : "紫實爲佳, 茶煮出油, 焚之."

艾蒳香

《廣㉟志》云 : "出西國, 似細艾. 又有松樹皮上綠衣, 亦名'艾蒳'. 可以和合諸香燒之, 能聚其煙, 青白不散."

甘松

陳藏器云 : "叢生葉細. 浴

---

197 소방목(蘇方木) : 콩과에 속하는 낙엽 관목. 인도·말레이시아·중국 남부 지역에 분포한다. 소목(蘇木)·소방(蘇枋)·적목(赤木) 등의 이칭이 있다.

198 신선전(神仙傳)에서……좋아진다 : 《香譜》 卷上 〈香之品〉 "降眞香"(《叢書集成初編》1481, 5쪽).

199 자색으로……피운다 : 《遵生八牋》 卷15 〈燕閒淸賞牋〉 中 "論香" '日用諸品香目'(《遵生八牋校注》, 600쪽).

200 애납향(艾蒳香) : 소나무 껍질 위에 자라는 녹색이끼로 만든 향. 낭태(郎胎)·낭태(狼苔)라고도 한다.

201 애납은……않는다 : 《香譜》 卷上 〈香之品〉 "艾蒳香"(《叢書集成初編》1481, 5쪽).

202 감송(甘松) : 마타리과의 여러해살이풀인 감송의 뿌리나 뿌리줄기에서 채취한 향료. 감송은 중국의 귀주(貴州)·사천(四川) 등에서 자라고, 약재나 화장품 용도로 사용한다. 고미치(苦彌哆) 또는 향송(香松)이라고도 한다.

203 진장기(陳藏器) : 681~757. 중국 당나라의 의학자. 기존의 의서와 역사서를 참고하고 정리하여 《본초습유(本草拾遺)》를 편찬했다.

㉞ 神 : 《香譜·香之品·降眞香》에는 없음.

㉟ 廣 : 저본에는 "馬". 《香譜·香之品·艾蒳香》에 근거하여 수정.

가늘다. 이것으로 사람의 몸을 씻어 향기가 나게 한 　人身令香.”
다.”204라 했다.

영릉향(零陵香)205

소송은 다음과 같이 말했다. “저지대의 습지에
서 자라고, 잎이 삼의 겹잎처럼 양쪽에서 서로 마주
난다. 7월에 꽃이 피는데, 지극히 향기롭다. 옛날에
‘훈초(薰草)’라고 한 풀이 이것이다. 영남(嶺南)206 사람
들은 모두 가마를 만들어 이것을 숯불에 쬐어 말리
는데, 누렇게 만들어야 좋다. 지금 사람들은 향을
합쳐 쓸 때와 얼굴에 바르는 기름이나 조두(澡豆)207
등의 여러 제법에 두루 사용한다.”208

《향보》에는 “여러 향을 섞거나 탕(湯)이나 환(丸)
을 만들 때 술을 쓰면 좋다.”209라 했다.

감람향(橄欖香)210

《계해우형지(桂海虞衡志)211》에서 다음과 같이 말했
다. “감람향은 감람나무의 진액이다. 그 모양이 마치

零陵香

蘇頌云:“生下濕地, 葉如
麻兩兩相對. 七月開花至
香. 古云‘薰草’是也. 嶺南
人皆作窯竈, 以火炭培乾,
令黃色乃佳. 今合香家及
面脂、澡豆諸法皆用之.”

《香譜》云:“和諸香或作湯、
丸, 用得酒良.”

橄欖香

《桂海虞衡志》云:“橄欖木
脂也. 狀如黑膠飴, 以純

---

204 감송은……한다:《香譜》卷上〈香之品〉“甘松香”(《叢書集成初編》1481, 5쪽).
205 영릉향(零陵香): 앵초과에 속하는 여러해살이풀 영릉향의 잎·줄기·뿌리로 만든 향. 영향초(靈香草)·훈초
　　(薰草)·혜초(蕙草) 등의 이칭이 있다.
206 영남(嶺南): 중국 남부 오령(五嶺)산맥 남쪽 지방. 광동성(廣東省)·광서성(廣西省)·해남성(海南省) 지역을
　　포함한다.
207 조두(澡豆): 녹두나 팥을 갈아서 만든 가루비누.
208 저지대의……사용한다:《本草綱目》卷14〈草部〉“零陵香”, 902쪽.
209 여러……좋다:《香譜》卷上〈香之品〉“零陵香”(《叢書集成初編》1481, 5쪽).
210 감람향(橄欖香): 감람나무의 열매로 만든 향.
211 계해우형지(桂海虞衡志): 송나라의 문인 범성대(範成大, 1126~1193)의 저서. 광서성(廣西省) 계림(桂林)
　　일대 계해(桂海) 지역의 풍토와 물산 등을 기록한 책. 1권 13편으로 되어 있다. 각 편은 산(山)·금석(金
　　石)·향(香)·술[酒]·그릇[器]·날짐승(禽)·들짐승(獸)·곤충과 물고기[蟲魚]·꽃[花]·과일[果]·초목(草木)·
　　다양한 기록[雜志]·남방 종족[蠻]에 대한 글을 담고 있다.

검은 엿기름 같은데, 순수한 진액만으로 나무껍질이 섞이지 않은 것이 좋다. 강동(江東)²¹² 사람들은 황연목(黃連木)과 단풍나무의 진액을 취해서 감람향이라 한다. 하지만 대개 감람향 종류는 감람나무에서 나왔으므로 맑고 강렬해서 세속을 벗어난 뜻이 유독 있으니, 그 품격이 황연목과 단풍나무보다 높다."²¹³

脂不雜木皮者爲佳. 江東 人取黃連木及楓木脂, 以 爲欖香. 蓋其類出于橄欖, 故獨有淸烈出塵之意, 品 格在黃連、楓香之上."

모산세경창출(茅山細梗蒼朮, 모산에서 나는 세경창출)

《준생팔전》에는 "세경창출(細梗蒼朮)²¹⁴은 구용(句容)²¹⁵의 모산(茅山)²¹⁶에서 나며, 고양이 똥과 같은 모양이 좋다."²¹⁷라 했다.

茅山細梗蒼朮

《遵生八牋》云:"句容 茅山 産, 如貓糞者佳."

빈랑태(檳榔苔)²¹⁸

《계해우형지》에는 "빈랑태는 서남쪽 바다의 섬에서 난다. 빈랑나무에서 자라고 소나무 몸통의 애납과 비슷하며 향 하나를 피워도 그 향기가 지극하다. 교지(交趾)²¹⁹ 사람들이 쓸 때는 니향(泥香, 향이 섞인 진흙)과 섞어서 사용하면 곧 따뜻한 향기를 이룰

檳榔苔

《桂海虞衡志》云:"出西南 海島. 生檳榔木上, 如松身 之艾蒳, 單蒶極臭. 交趾 人用以合泥香, 則能成溫麝 之氣, 功用如甲香."

---

212 강동(江東) : 중국 양자강(揚子江) 남부 동쪽 지역.

213 감람향은⋯⋯높다 : 출전 확인 안 됨.

214 세경창출(細梗蒼朮) : 창출(삽주뿌리)의 일종. 삽주뿌리는 그 모양에 따라 창출과 백출(白朮)로 분류한다. 창출은 검푸른색의 늙은 생강 모양 같고, 백출은 하얀색의 생강 모양 같다.

215 구용(句容) : 중국 강소성(江蘇省) 구용시(句容市) 일대.

216 모산(茅山) : 중국 강소성 구용시에 있는 산. 해발 372m. 도교(道敎) 상청파(上淸派)의 발상지이며 구봉(九峰)·십구천(十九泉)·이십육동(二十六洞) 등 많은 명승지가 있다.

217 세경창출(細梗蒼朮)은⋯⋯좋다 : 《遵生八牋》 卷15 〈燕閒淸賞牋〉 中 "論香" '日用諸品香目'(《遵生八牋校注》, 600쪽).

218 빈랑태(檳榔苔) : 열대 지방에서 자라는 종려나무의 일종인 빈랑나무에서 자라는 이끼. 빈랑나무 열매는 빈랑자라 하며 약재로 쓰인다.

219 교지(交趾) : 중국 남부 광동성과 베트남 북부에 걸쳐 있던 교지국(交趾國) 영역.

수 있는데, 그 효과가 갑향(甲香, 아래 참조)과 비슷하다."[220]라 했다.

철면향(鐵面香)·생향(生香)[221]

《준생팔전》에는 "민간에서는 '아향(牙香)'이라 한다. 표면에 흑란(黑爛)색이 있는 것은 철면향이고, 순백색으로 불에 쬐어 말리지 않은 것은 생향이다. 그중 생향의 향미가 매우 오묘하다. 광동성(廣東省)에 있으며, 그 값이 싸지는 않다."[222]라 했다.

鐵面香, 生香

《遵生八牋》云:"俗名'牙香'. 以面有黑爛色者爲鐵面, 純白不烘焙者爲生香. 其生香之味妙甚. 在廣中, 價亦不輕."

갑향(甲香)[223]

소공은 "갑향은 소라 종류이며, 운남성(雲南省)에서 자라는 것은 크기가 손바닥만 하고, 청황색이며 길이는 0.4~0.5척인데, 검정 사마귀 태운 재를 사용한다."라 했다.

《향보》에는 "지금은 향을 합할 때 많이 사용한다. 향기를 발산하여 다시 향의 연기를 돌아오게 할 수 있다고 하는데, 술과 꿀을 달여서 만들어야 비로소 사용할 수 있다."[224]라 했다.

甲香

蘇恭云:"蠃類, 生雲南者, 大如掌, 青黃色, 長四五寸, 取黶燒灰用之."

《香譜》云:"今合香多用, 謂能發香復來香煙, 須酒蜜煮製方可用."

---

220 서남쪽……비슷하다 : 출전 확인 안 됨.

221 철면향(鐵面香)·생향(生香) : 사향(麝香)의 일종. 사향노루에서 채취한 향으로 색깔과 건조 상태에 따라 철면향과 생향으로 나뉜다. 살아 있는 사향노루의 음낭 옆에 있는 작은 호르몬 주머니에서 채취하며 사향 중에서 품질이 가장 좋다. 겨울 동안 몸안에 사향이 쌓인 사향노루가 봄이 되었을 때 배설하면서 사향주머니를 떨어뜨리는 경우가 있다. 이때 나온 생향은 죽은 사향노루의 향보다 좋다. 제향(臍香)은 사냥으로 잡혀서 죽은 사향노루에서 채취하고, 심결향(心結香)은 언덕 아래로 떨어져 죽은 사향노루의 심장에서 채취한다.

222 민간에서는……않다:《遵生八牋》卷15〈燕閒淸賞牋〉中 "論香" '日用諸品香目'(《遵生八牋校注》, 599~600쪽).

223 갑향(甲香) : 소라 껍질 안쪽의 석회질로 된 얇은 막으로, 가공하여 향료로 사용한다. 납작한 원형 모양 향이고 일반적으로 직경 1~4cm 크기이다.

224 지금은……있다:《香譜》卷上〈香之品〉"甲香"(《叢書集成初編》1481, 8쪽).

기남향 당결   기남향 금사결

기남향(棋楠香)225

《준생팔전》에 다음과 같이 말했다. "기남향에는 당결(糖結)이 있고, 금사결(金絲結)이 있다. 당결은 톱질로 잘라 열면 위에 마치 엿과 같은 기름이 있고, 이것을 피우면 처음에는 양고기 누린내 같은 냄새가 미세하게 난다. 당결은 검은 부분과 흰 부분이 서로 섞여 있는데, 검은 부분은 먹과 같고 흰 부분은 쌀알과 같다. 금사결은 색이 오직 누렇고, 위에 금사(金絲, 금실)와 같은 실 묶음이 있다. 오직 당결이 좋다."226

암팔향(唵叭香)227

《준생팔전》에서는 "암팔향은 일명 '흑향(黑香)'이다. 부드럽고 깨끗하며 빛깔이 밝은 것이 좋다. 손가락으로 비벼서 환(丸)으로 만들 수 있으면 효과가 매

棋楠香

《遵生八牋》云:"有糖結, 有金絲結. 糖結鋸開, 上有油若飴糖, 焚之, 初有羊膻微氣. 糖結黑白相間, 黑如墨, 白如糯米. 金絲者, 惟色黃, 上有緒若金絲. 惟糖結爲佳."

唵叭香

《遵生八牋》云:"一名'黑香'. 以軟淨色明者爲佳, 手指可撚爲丸者妙甚. 惟

---

225 기남향(棋楠香): 침향 중에서 최고급 품질의 향. 수지 함량이 침향보다 높아 향이 더 짙고, 매우 희귀한 향에 속한다. 가남향(伽楠香) 또는 기남향(奇南香)이라고도 한다.
226 기남향에는……좋다:《遵生八牋》卷15〈燕閒淸賞牋〉中 "論香" '日用諸品香目'(《遵生八牋校注》, 599쪽).
227 암팔향(唵叭香): 두영(杜英)나무의 열매에서 짜낸 기름으로 만든 향. 암파향(唵吧香)이라고도 한다.

우 빼어나다. 이런 향은 오직 도회 안에만 있다."[228]

都中有之."

운향(芸香)[229]

《창힐해고(倉頡解詁)[230]》에서는 "운호(芸蒿)는 사호(邪蒿)[231]와 비슷하며 먹을 수 있다."라 했다.

어환(魚豢)[232]의 《전략(典略)[233]》에서는 "운향은 종이의 좀을 방지하므로 책을 보관하는 누대를 '운대(芸臺)'라 부른다."[234]라 했다.

芸香

《倉頡解詁[36]》云:"芸蒿似邪蒿[37], 可食."

魚豢《典略》云:"芸香辟紙魚蠹, 故藏書臺稱'芸臺'."

배초향(排草香)[235]

범성대(范成大)[236]의 《계해우형지》에서는 "배초향은 모양이 백모향(白茅香)과 비슷하고, 향기가 사향처럼 강렬하다. 향을 합할 때 사용하는데, 여러 향이 배초향에 미치지 못한다."라 했다.

排草香

范成大《桂海志》云:"排草香, 狀如白茅香, 芬烈如麝香, 用以合香, 諸無及之者."

---

228 암팔향은……있다:《遵生八牋》卷15〈燕閒清賞牋〉中"論香"'日用諸品香目'(《遵生八牋校注》, 599쪽).

229 운향(芸香):운향과의 여러해살이풀인 운호(芸蒿)에서 채취한 향료. 책 안에 운향을 끼워두면 좀이 생기지 않는다. 설백운향(雪白芸香)이라고도 한다.

230 창힐해고(倉頡解詁):중국 서진(西晉)의 훈고학자인 곽박(郭璞, 276~324)의 저서. 곽박은 박학다식하고 옛 경전에 통달하여 고금의 전고(典故)를 이 책에서 설명했다. 현재 원서는 남아 있지 않으나 그 내용이 여러 책에 산재하여 전한다.

231 사호(邪蒿):일년생 초본식물 청호(青蒿)의 이칭. 개똥쑥이라고도 하며, 말라리아를 치료하는 약재로도 쓴다.

232 어환(魚豢):?~?. 중국 삼국시대 위(魏)나라의 역사가. 옛 역사서를 연구하고 자료를 모아 《전략》을 저술했다.

233 전략(典略):어환이 저술한 삼국시대 위나라의 역사서. 현재 원서는 남아 있지 않고, 그 내용이 여러 책에 산재하여 전한다.

234 창힐해고(倉頡解詁)에서는……부른다:《香譜》卷上〈香之品〉"芸香"(《叢書集成初編》1481, 6쪽).

235 배초향(排草香):꿀풀과에 속한 여러해살이풀 배초향의 잎·줄기·뿌리로 만든 향. 곽향(藿香)·천곽향(川藿香)·광곽향(廣藿香) 등의 이칭이 있다.

236 범성대(范成大):1126~1193. 중국 송나라의 문인. 자는 치능(致能), 호는 석호거사(石湖居士). 참지정사(參知政事)의 관직을 역임하였으며, 시인 육유(陸游, 1125~1210)와 교류했다. 남송사대가(南宋四大家)의 한 사람으로 꼽힌다. 강소성(江蘇省) 소주(蘇州) 교외에 있는 석호(石湖)의 별장에서 많은 시를 썼다. 저서로 《석호거사시집(石湖居士詩集)》이 있다.

[36] 詁:저본에는 "譜".《香譜·香之品·芸香》에 근거하여 수정.

[37] 蒿:저본에는 "蕙". 오사카본·《香譜·香之品·芸香》에 근거하여 수정.

이시진은 "교지에서 나는데, 지금은 영남지방에
도 간혹 심는다. 풀뿌리는 흰색이고 모양은 가는 버
드나무뿌리와 같아서, 사람들이 대부분 속여서 버
드나무뿌리와 뒤섞는다."[237]라 했다.

李時珍云 : "出交趾, 今嶺
南亦或蒔之. 草根也白色,
狀如細柳根, 人多僞雜之."

방향(芳香)

《향보》에는 "방향은 백지(白芷)[238]이다."[239]라 했다.
소송은 "방향은 2월과 8월에 채취하는데, 햇볕
에 말려 누렇고 윤택한 것이 좋다."[240]라 했다.

芳香

《香譜》云 : "白芷也."
蘇頌云 : "二月、八月采, 暴
以黃澤者爲良."

회향(懷香)[241]

《향보》에서 "회향은 두형(杜衡)이다. 민간에서는
'마제향(馬蹄香)'이라 부른다. 그것을 복용하면 사람
의 몸에서 향기가 나게 한다."[242]라 했다.

懷香

《香譜》云 : "卽杜衡[38]也.
俗呼爲'馬蹄香'. 服之令人
身香."

난향(蘭香)[243]

이시진은 다음과 같이 말했다. "난초와 택란(澤
蘭)[244]은 한 종류지만 2개의 품종이다. '도량향(都梁
香)'이라고도 한다. 《예기(禮記)》에 '패세(佩帨)와 난채

蘭香

李時珍云 : "蘭草、澤蘭, 一
類二種. 亦名'都梁香'. 《禮
記》'佩帨、蘭茝', 《楚辭》紉

---

237 교지에서⋯⋯뒤섞는다 : 《本草綱目》卷14 〈草部〉 "排草香", 897쪽.
238 백지(白芷) : 구릿대의 뿌리. 두통·요통·종기 등을 치료하는 약재로 쓴다.
239 방향은 백지(白芷)이다 : 《香乘》卷4 〈香品〉 "芳香"(《叢書集成初編》1481, 7쪽).
240 방향은⋯⋯좋다 : 《本草綱目》卷14 〈草部〉 "白芷", 846쪽.
241 회향(懷香) : 미나리과에 속하는 다년생초 회향의 열매. 회향(茴香)·팔각회향(八角茴香)·팔각주(八角珠)
　　등의 이칭이 있다. 음식을 조리할 때 잡냄새를 없애기 위해 사용한다.
242 회향은⋯⋯한다 : 《香譜》卷上 〈香之品〉 "懷香"(《叢書集成初編》1481, 7쪽).
243 난향(蘭香) : 꿀풀과 식물인 나륵의 전초를 말린 것이다. 나륵(羅勒)이라고도 한다.
244 택란(澤蘭) : 꿀풀과에 속하는 다년생초. 우리말로는 쉽싸리라 부른다.
38 衡 : 저본에는 "蘅". 오사카본·《香譜·香之品·懷香》에 근거하여 수정.

(蘭茝)'[245]라 했고, 《초사(楚辭)》[246]에는 '가을 난초를 이어서 노리개로 삼는다.'[247]라 했다. 《서경잡기(西京雜記)》[248]에 '한(漢)나라 때에 지원(池苑, 못이 있는 동산)에 난초를 심어서 강신제(降神祭)를 지냈다.' 또는 '가루와 섞어 옷이나 책 속에 보관하여 좀을 방지한다.'라는 기록이 실려 있는데[249] 이들은 모두 이 두 난초(난초·택란)이다. 지금 오(吳)지역 사람들은 이 난초를 심는데, 여름철에 베어 두었다가 술이나 기름을 뿌려 자른 다음 엮어서 다발로 묶고, 머리카락의 윤기를 내거나 허리띠에 차는 물건으로 만들어 판매한다."[250]

秋蘭以爲佩'. 《西京雜記》載'漢時池苑種蘭以降神', 或'雜粉藏衣書中辟蠹者', 皆此二蘭也. 今吳人蒔之, 夏月刈取, 以酒、油灑制, 纏作把子, 貨爲頭澤佩帶."

백교향(白膠香)[251]

《향보》에 "백교향은 곧 풍향(楓香, 단풍나무)의 진액이니, 5월에 나무를 찍어서 구멍을 냈다가 11월에 진액을 받는다."[252]라 했다.

白膠香

《香譜》云："卽楓香脂, 五月斫爲坎, 十一月收脂."

모향(茅香)[253]

구종석(寇宗奭)[254]은 "모향의 뿌리는 띠풀과 같은

茅香

寇宗奭云："茅香根如茅, 但

---

245 패세(佩帨)와 난채(蘭茝)：《禮記》卷27〈內則〉. 패(佩)는 허리에 차는 노리개, 세(帨)는 수건, 난채(蘭茝)는 난초와 구리때를 의미한다.

246 초사(楚辭)：중국 전국시대의 정치가이자 시인인 굴원(屈原, B.C.343?~B.C.278?)이 지은 문학작품 모음집이다.

247 가을……삼는다：《楚辭》卷1〈離騷經〉.

248 서경잡기(西京雜記)：한나라의 문인 유흠(劉歆, ?~?)의 저서이다. 이 책은 한나라의 수도 장안(長安)의 여러 이야기를 수록하고 있다

249 《서경잡기(西京雜記)》에……있는데：현재 전해지는 《서경잡기(西京雜記)》에는 이 고사가 보이지 않는다.

250 난초와……판매한다：《本草綱目》卷14〈草部〉"蘭草", 904쪽.

251 백교향(白膠香)：단풍나무의 진액(津液).

252 백교향은……받는다：《香譜》卷上〈香之品〉"白膠香"《叢書集成初編》1481, 7쪽).

253 모향(茅香)：벼과에 속하는 여러해살이풀의 뿌리나 꽃으로 만든 향. 백모향(白茅香)이라고도 한다.

254 구종석(寇宗奭)：?~?. 중국 송나라의 의학자. 정화(政和) 연간(1111~1117)에는 통직랑(通直郎) 관직을 역임했다. 이후 일생에 걸쳐 470여 종의 약재를 정리한 《본초연의(本草衍義)》를 저술했다.

데, 다만 띠풀보다 밝고 깨끗하면서 길다. 모향을 넣어 목욕물을 만들 수 있는데, 고본(藁本)[255]과 같으나 고본보다 더욱 좋다. 그러므로 인향(印香)[256]에 넣으며 향부자(香附子)[257]와 합해 사용한다."라 했다.

이시진은 "모향에는 일반적으로 2가지가 있다. 구종석이 말한 것은 일종의 향기가 있는 띠풀이다. 그중 백모향(白茅香)은 별도로 남쪽 변방에서 나는 또 다른 일종의 향초이다."[258]라 했다.

明潔而長. 可作浴湯, 同藁本尤佳. 仍入印香中, 合香附子用."

李時珍云：" 茅香凡有二. 此是一種香茅也. 其白茅香, 別是南番一種香草."

백모향(白茅香)

이순(李珣)[259]은 "백모향은 광동성 남쪽 산골짜기에서 자라는데, 여러 이름난 향들과 합하면 매우 특이하면서 빼어나 배로 수입된 향보다 훨씬 뛰어나다."[260]라 했다.

白茅香

李珣云：" 生廣南山谷, 合諸名香, 甚奇妙, 尤勝舶上來者."

작두향(雀頭香)[261]

《향보》에서는 "작두향은 곧 향부자로, 곳곳에 있다. 향들을 합쳐서 섞어 사용하면 아주 좋다."[262]라 했다.

雀頭香

《香譜》云：" 卽香附子也, 所在有之. 合和香用之甚佳."

---

255 고본(藁本)：미나리아재빗과에 속하는 다년생초. 진통 효과가 있어 두통이나 비염 등을 치료하는 약재로 쓰인다.

256 인향(印香)：여러 향재를 섞은 뒤 향틀에 넣고 찍어서 만드는 향.

257 향부자(香附子)：사초과(莎草科)의 여러해살이풀로, 뿌리줄기를 약재나 향재로 쓴다.

258 구종석(寇宗奭)은……향초이다：《本草綱目》卷14〈草部〉"茅香", 896쪽.

259 이순(李珣)：?~?. 중국 오대(五代)시대 전촉(前蜀)의 의학자. 중국 내외의 약초를 정리하여 《해약본초(海藥本草)》를 저술했다.

260 백모향은……뛰어나다：《香乘》卷4〈香品〉"白茅香"(《叢書集成初編》1481, 9쪽).

261 작두향(雀頭香)：사초(莎草)의 근경(根莖, 뿌리줄기)으로 만든 향. 사초의 근경은 모양이 참새[雀]의 머리[頭]처럼 생겼으므로 작두향(雀頭香)이라 한다. 일반적으로 향부자(香附子)라 한다. 제법은 뒤에 자세한 설명이 나온다.

262 작두향은……좋다：《香譜》卷上〈香之品〉"雀頭香"(《叢書集成初編》1481, 6쪽).

용연(龍涎)[263]

《유환기문(游宦紀聞)[264]》에 다음과 같이 말했다. "여러 향 중에서 용연이 가장 귀하니, 광주(廣州)[265]의 시가(市價)는 1냥(兩)[266]당 10만 전(錢)에서 내려가지 않았고, 다음 등급도 5만~6만 전에서 내려가지 않았다. 대식국에서 난다. 가까운 바다 옆에서 구름이 산골짜기에 항상 끼어 있으면 곧 용이 그 아래에서 자고 있음을 알 수 있다. 간혹 반년 또는 2~3년 동안 그 지역 토박이들이 서로 번갈아 가며 지켜보면서 구름이 흩어지길 기다리다 보면 용이 이미 떠나갔다는 사실을 아니, 이때 그곳에 가서 살펴보면 반드시 용연을 얻을 수 있다. 어떤 사람은 '용은 대부분 바닷속 큰 바위에 서려 있는데, 용이 누워서 침[涎]을 토해내면, 물고기들이 모여들어 그것을 삼킨다. 토박이들이 이를 발견하면 물로 들어가 잡는다.'라 했다."[267]

다른 일설은 다음과 같다. "큰 바닷속에 소용돌이치는 곳이 있는데, 용이 그 아래에 머문다. 그곳에서 용이 침을 뱉어내었을 때 태양이 뜨겁게 내리쬐면 침이 조각으로 굳어져서 바람을 따라 표류하다가

龍涎

《游宦紀聞》云:"諸香中龍涎最貴, 廣州市直, 每兩不下百千, 次等亦五六十千. 出大食國. 近海傍常有雲氣罩山間, 卽知有龍睡其下. 或半載或二三載, 土人更相守視, 俟雲散, 則知龍已去, 往觀必得龍涎. 或云'龍多蟠於洋中大石, 臥而吐涎, 魚聚而嚼之, 土人見則沒而取焉'."

又一說:"大洋海中有渦旋處, 龍在下. 湧出其涎, 爲太陽所爍則成片, 爲風漂至岸, 人則取之. 予嘗叩泉

---

263 용연(龍涎) : 향유고래가 뱉어낸 토사물로 만든 향. 향유고래는 오징어 등의 먹이를 대량으로 먹는데, 그중 소화되지 않은 부분을 담즙과 함께 밖으로 토해낸다. 때로는 향유고래가 싸는 똥과 함께 나오기도 한다. 이것을 알코올에 녹여 정제하면 고급 향료가 된다. 본문에서는 용의 침이 변하여 만들어진 것으로 설명했다.

264 유환기문(游宦紀聞) : 중국 송나라의 문인 장세남(張世南, ?~?)이 편찬한 저서. 문학·역법·술수·의약·원예 등 여러 분야의 다양한 기록을 모아 편찬한 책이다.

265 광주(廣州) : 중국 광동성(廣東省) 광주시(廣州市) 일대. 중국 남부지역의 가장 큰 도시이고, 여러 물산이 집결하는 곳이다.

266 냥(兩) : 무게 단위.

267 여러……했다 : 출전 확인 안 됨.

해안에 이르게 되니, 사람들이 그것을 줍는다. 나는 일찍이 천광(泉廣)²⁶⁸에서 향을 만드는 사람을 찾아간 적이 있는데, 그가 말하길 '용연을 다른 향에 넣으면, 용뇌와 사향의 향기를 함께 잘 간직하여 비록 수십 년이 지나도 향의 풍미가 그대로 남아 있게 할 수 있다.'라 했다."²⁶⁹

《영외잡기(嶺外雜記)²⁷⁰》에 기재된 글에서 '용연은 대식국에서 나는데, 그 서쪽 바다에는 많은 용이 있다. 용이 돌을 베고 한숨 자면, 침의 거품이 물에 뜨는데, 이것이 쌓여서 딱딱해질 수 있다. 교인(鮫人)²⁷¹들은 그것을 채취하여 지극한 보배로 여긴다. 새것은 백색이지만 시간이 점점 오래 지나면 자색으로 되고, 아주 오래되면 흑색으로 된다.'라 했다.²⁷²

다른 일설에는 다음과 같이 말했다. "흰 용연은 백약전(百藥煎)²⁷³과 같지만, 그보다 결이 매끄럽다. 검은 용연은 이 다음 등급으로, 오령지(五靈脂)²⁷⁴ 모양과 같으나 이보다 더 광택이 난다. 그 향기는 누린내에 가깝고 부석(浮石)²⁷⁵과 비슷하지만 그보다 더

廣合香人, 云'龍涎入香, 能收斂腦、麝氣, 雖經數十年, 香味仍在'."

《嶺外雜記》所載, '龍涎出大食, 西海多龍, 枕石一睡, 涎沫浮水, 積而能堅. 鮫人采之, 以爲至寶. 新者色白, 稍久則紫, 甚久則黑'.

又一說云:"白者如百藥煎而膩理, 黑者亞之, 如五靈脂而光澤. 其氣近於臊, 似浮石而輕. 或云'異香', 或云'氣腥能發衆香氣', 皆

---

268 천광(泉廣) : 중국 광동성 광주시 부근으로 추정되나, 정확한 지역은 확정하기 어렵다.

269 큰……했다 : 출전 확인 안 됨.

270 영외잡기(嶺外雜記) : 중국 송나라의 문인 주거비(周去非, 1134~1189)가 편찬한 《영외대답(嶺外代答)》의 이칭. 중국 바깥 지역의 풍토·지리·향·기물·식품·보화(寶貨) 등에 대한 기록을 담고 있다.

271 교인(鮫人) : 중국의 전설로 전해지는 바닷속의 동물. 인어와 유사하다.

272 용연은……했다 : 출전 확인 안 됨.

273 백약전(百藥煎) : 오배자·찻잎·누룩 등을 섞어 발효시킨 약재로, 그 모양은 검고 단단한 두부와 비슷하다. 기침이나 담증 등을 치료하는 약재로 쓴다.

274 오령지(五靈脂) : 날다람쥐의 똥을 말린 약재. 혈액 순환을 원활하게 하거나 어혈과 통증을 없애는 약재로 쓴다.

275 부석(浮石) : 물 위에 뜨는 돌 모양의 석회질 덩어리. 속돌이라고도 한다. 종기나 악창을 치료하는 약재로 쓴다.

가볍다. 어떤 사람은 '기이한 향기'라 하고, 어떤 사람은 '향기가 비리면서 온갖 향기를 발산할 수 있다.'라 하지만, 모두 틀린 말이다. 향에는 본래 덜고 더하는 것이 없으니, 다만 향의 연기를 모을 수 있을 뿐이다. 향을 섞고서 진짜 용연을 써서 향을 피우면 푸른 연기가 공중에 떠올라 맺혀 있으면서 흩어지지 않으니, 앉아 있는 손님이 가위를 써서 연기의 가닥을 끊을 수 있을 정도다. 그럴 수 있는 까닭은 신기루[蜃氣樓臺][276]의 남은 기운이 강렬하기 때문이다."[277]

다른 일설에는 다음과 같이 말했다. "용은 바다에 출몰하면서 침의 거품을 토해내는데, 여기에는 3가지 품등이 있다. 첫째는 '범수(汎水)'라 하고, 둘째는 '삼사(滲沙)'라 하며, 셋째는 '어식(魚食)'이라 한다. 범수는 가벼워서 수면에 떠오르니, 물을 잘 아는 사람들은 용이 나오는 곳을 엿보고 있다가 쫓아가서 그 용연을 취한다. 삼사란 곧 파도에 휩쓸려서 섬들 사이를 표류하다가 여러 해 동안 엉기고 쌓이며, 비바람에 점점 젖어 들어가서 그 향기가 모두 모래땅[沙土] 속에 스며든[滲] 용연이다. 어식이란 곧 용이 침을 토해내면 물고기들이 다투어 먹었다가 다시 똥을 싸서 모래더미에 흩어 놓은 용연이니, 그 냄새가 비리고 더럽다. 오직 범수향(汎水香)만이 향의 반열에 넣을 수 있고, 나머지 2개는 향으로 쓰기에 적당

非也. 於香本無損益, 但能聚煙耳. 和香而用眞龍涎焚之, 則翠煙浮空, 結而不散, 坐客可用一剪以分煙縷. 所以然者, 蜃氣樓臺之餘烈也."

又一說云:"龍出沒於海上, 吐出涎沫, 有三品:一曰'汎水', 二曰'滲沙', 三曰'魚食'. 汎水輕浮水面, 善水者, 伺龍出, 隨而取之. 滲沙乃被波浪飄泊洲嶼, 凝積多年, 風雨浸淫, 氣盡滲於沙土中. 魚食乃因龍吐涎, 魚競食之, 復作糞, 散於沙磧, 其氣腥穢. 惟汎水香, 可入香用, 餘二者不堪."《金華耕讀記》

---

276 신기루[蜃氣樓臺]: 원래는 큰 조개가 내뿜는 연기가 마치 건물처럼 보이는 모습을 의미한다. 여기서는 용을 신기루로 표현한 듯하다. 현재는 더운 대기 속에서 빛이 굴절하는 성질 때문에 공중에 건물이나 물건이 있는 것처럼 보이는 착시현상으로 설명한다.
277 휜……때문이다: 출전 확인 안 됨.

하지 않다."[278] 《금화경독기》[279]

5) 향 묻는 법 | 窖香法

일반적으로 향을 배합하고서는 땅속에 묻어야 한다. 그 습도가 적당한 것이 중요하기 때문이다. 향을 배합할 때마다 섞는 단계가 끝나면, 약간씩 나누어 부진기(不津器)[280]에 저장하고 납지(蠟紙)[281]로 봉한 후, 집에서 조용한 곳에 0.3~0.5척 정도 땅을 파고 묻는다. 1개월 남짓 지나간 뒤에 이를 꺼내어, 필요할 때마다 조금씩 꺼내 피우면, 그 향이 더욱 향기롭고 진하다. 《향보(香譜)》[282]

凡和合香, 須入窖. 貴其燥濕得宜也. 每合香和訖, 約多少, 用不津器貯之, 封之以蠟紙, 於靜室屋中入地三五寸瘞之, 月餘日取出, 逐旋開取然之, 則其香尤翕馤也.《香譜》

6) 여러 향 처리하는 법 | 諸香治法

단향(檀香) 처리하기 | 治檀香

진품을 가려서, 쌀알 크기만큼 잘게 자르고 약한 불에 볶아 연기가 나오도록 해야 하는데, 자줏빛을 띠는 연기가 새로 나면 바로 멈춘다.

須揀眞者, 剉如米粒大, 慢火炒令煙出, 紫色新氣卽止.

곽향(藿香)·감송(甘松)·영릉(零陵)과 같은 향류 처리하기 | 治藿香、甘松、零陵之類

가지와 줄기를 가려 떼어내고, 햇볕에 쬐어 말린 다음 손으로 비비고 부수면서 먼지와 흙을 날려 제거해야 한다. 물로 씻거나 끓이면 안 되니, 향이

須揀去枝、莖, 晾乾, 揉碎揚去塵土. 不可用水洗湯, 恐損香.

---

278 용은……않다 : 출전 확인 안 됨.
279 출전 확인 안 됨.
280 부진기(不津器) : 진액이 스며들거나 새어 나오지 않는 사기그릇이나 쇠그릇 혹은 옻칠을 한 나무그릇이다.
281 납지(蠟紙) : 표면에 밀랍을 바른 종이로, 방습용이나 장식용으로 쓰인다.
282 일반적으로……진하다 : 《香譜》卷下〈香之法〉"窖香法"(《叢書集成初編》1481, 33쪽).

약해질까 염려되기 때문이다.

모향(茅香) 처리하기

좋은 향이 나는 것을 가리고, 이를 잘게 잘라 술과 꿀을 탄 물에 1일밤 동안 적셨다가, 붉은색을 띠며 건조될 때까지 볶아야 한다.

治茅香

須揀好香, 剉細以酒、蜜水潤一夜, 炒令赤燥爲度.

갑향(甲香) 처리하기

반드시 용의 귀처럼 생긴 것을 가려내야 하니, 이것이 좋은 제품이다. 나머지 중에는 작은 것이 다음 등급이다. 갑향 1~2냥을 가져다가 먼저 잿물 1사발을 완전히 증발할 때까지 끓이고, 그런 뒤에 좋은 술 1잔을 부어 완전히 증발할 때까지 끓인다. 여기에 꿀 0.5술을 넣고 금색을 띨 때까지 볶는다.

治甲香

須揀如龍耳者好, 自餘小者次之, 取一二兩以來, 先用灰汁一碗煮盡, 後用好酒一盞煮盡, 入蜜半匙, 炒如金色.

비장뇌(飛樟腦)[283]

비장뇌 1냥을 잔 2개에 넣었다가 잔 주둥이를 맞대고서 합한 다음 축축한 종이에 풀칠하고 틈새가 있는 입구에 바른다. 중간불로 가열하다가 1시간 뒤에 꺼내어 식으면 거둔다. 《거가필용(居家必用)》[284]

飛樟[39]腦

取一兩以兩盞合之, 濕紙糊口, 文武火脅之, 半時辰取起, 候冷收之. 《居家必用》

7) 꿀 졸이는 법

일반적으로 향을 섞을 때는 꿀을 사용한다. 꿀은

煉蜜法

凡和香用蜜, 須微煉數沸,

---

283 비장뇌(飛樟腦) : 장뇌목(樟腦木, 녹나무)의 가지와 잎으로 만든 투명한 고체. 맛은 쓰고 청량한 향이 나며 휘발성이 강하다. 강심(强心)이나 방부(防腐) 효과가 있어 약재로도 쓰인다.
284 《居家必用》庚集 〈薰香〉 "飛獐腦法"(《居家必用事類全集》, 293쪽).
[39] 樟 : 《居家必用·薰香·飛樟腦法》에는 "獐".

반드시 약하게 졸여서 몇 차례 끓어오르게 해야 하지만, 너무 지나치게 졸여서는 안 된다. 여기에 계속해서 소합유(蘇合油)를 넣는데, 만약 꿀이 1근이라면 소합유는 2냥을 넣어서 함께 졸이면 아주 빼어나다. 《거가필용》[285]

좋은 꿀을 면포(綿布)에 거른 뒤에 자기항아리 속에 넣고, 유단(油單, 기름먹인 종이) 3냥(兩) 무게의 분량을 써서 단단히 묶어 고정시킨다. 이를 솥에 넣어 중탕(重湯)으로 1일 동안 끓인 다음 꺼내고, 다시 몇 차례 끓어오르게 달여서 물기를 빼면, 해가 지나도 변하지 않는다. 《거가필용》[286]

不可大過, 仍入蘇合油, 若蜜一斤, 入油二兩, 同煉大妙.《居家必用》

用好蜜以綿濾過, 入瓷罐內, 用油單三兩重, 緊縛定, 入釜內重湯煮一日, 却取出, 再煎數沸出水氣, 經年不動. 同上

8) 숯 만드는 법

일반적으로 향을 배합할 때에 숯을 사용하는데, 흑탄(黑炭)이건 백탄(白炭)이건 상관없이 반드시 여러 차례 달구어 온통 붉게 변하면 밀폐된 그릇 속에 보관하여 식힌다. 이를 통해 첫째로는 숯에 남아 있는 장작의 연기를 없애고, 둘째로는 숯에 남은 잡스럽고 더러운 기운을 없애는 것이다. 《거가필용》[287]

煉炭法

凡合香用炭, 不拘黑白, 須重燒煉過通紅, 於密器內藏令冷. 一去炭中餘薪之煙, 二去炭中雜穢之氣.《居家必用》

9) 보관하는 법

향을 보관할 때는, 대황(大黃)[288] 가루를 뿌려 넣

藏法

藏香, 用大黃末糝入, 則不

285《居家必用》庚集〈薰香〉"治香法"《居家必用事類全集》, 293쪽).
286《居家必用》庚集〈薰香〉"煉蜜法"《居家必用事類全集》, 293쪽).
287《居家必用》庚集〈薰香〉"煉炭法"《居家必用事類全集》, 293쪽).
288 대황(大黃) : 여뀟과의 여러해살이풀. 높이는 1m 정도로 속이 비어 있고 꽃은 7~8월에 피며, 뿌리는 약용한다. 성질이 차고 맛이 쓰며 대소변 불통(不通), 헛소리, 잠꼬대, 적취(積聚), 징가(癥瘕), 어혈(瘀血) 따

어두면, 향기가 흩어지지 않는다. 《산림경제보》[289]

散氣.《山林經濟補》

10) 향 연기 잘 모으는 법

일반적으로 여러 향들을 배합할 때는 애납(艾納)을 넣어야 한다. 애납을 골고루 섞어서 향을 피우면, 향의 연기가 수직으로 3척 정도 올라가다가 뭉쳐서 공 모양을 이루는데, 진한 연기가 자욱하여 흩어지지 않는다. 여기에 다시 멧대추씨[酸棗仁]를 더하는데, 이를 갈아서 향속에 넣으면, 향의 연기가 저절로 흩어지지 않는다. 애납은 큰 소나무 표면에 낀 푸른 이끼이다. 《고금비원(古今秘苑)[290]》[291]

聚香煙法

凡修合諸香, 須入艾納, 和均焚之, 香煙直上三尺許, 結聚成毬, 氤氳不散. 更加酸棗仁, 研入香中, 煙自不散. 艾納者, 大松樹上靑苔衣也.《古今秘苑》

11) 향 연기 잘 나누는 법

일반적으로 동이 안에 연을 심고서 5개월 정도가 지나면 연잎이 무성히 자라는데, 이때 꿀을 연잎에 발라둔다. 날이 오래 지나면 어떤 작은 벌레가 저절로 생겨나 연잎의 푸른 부분을 깡그리 먹어치우므로 그 잎이 마치 사(紗)[292]처럼 비쩍 마른다. 그 연잎을 따서 잎자루를 떼어낸 뒤, 햇볕에 쬐어 말리고 가루낸다.

여러 향들을 배합할 때는 이 가루를 약간 넣은 뒤, 향이 만들어지면 피운다. 그 연기는 수직으로

分香煙法

凡盆內栽種荷花, 至五月間, 荷葉長成, 用蜜塗葉上. 日久自有一等小蟲, 食盡葉上靑翠, 其葉如紗而枯. 摘取去柄, 曬乾爲末.

如修合諸香, 入少許, 香成焚之. 其煙直上, 盤結而

위의 증상을 치료하는 데 쓰인다.

[289] 출전 확인 안 됨;《五洲衍文長箋散稿》〈人事篇〉 "技藝類" '醫藥'.

[290] 고금비원(古今秘苑) : 중국 북송의 학자 증조(曾慥, ?~1155)가 고금의 비술(秘術)을 기술한 저서로, 의약·천문·지리·인사 등을 두루 다룬 책이다.

[291]《古今秘苑》〈1集〉 卷4 "聚香煙法", 3쪽.

[292] 사(紗) : 날실 두 올을 성글게 꼬아서 만든 얇은 직물이다.

올라가다가 서리서리 엉키며 모이게 된다. 여기에 젓가락으로 획을 그으면, 혹 전서(篆書) 모양의 구름이 되기도 하고 글씨 모양이 되기도 하는데, 오래 지나도 그 모양이 흩어지지 않는다. 《고금비원》[293]

聚, 用筯分劃, 或㊵爲雲篆, 或作字體, 久而不散. 《古今秘苑》

12) 연기 끌어다 호리병에 넣는 법

붉은색 호리병을 사용한다. 병 속에 자석을 넣고 향로(香爐)를 마주하도록 가까운 책상 위에 둔다. 향로 안에서 향을 피우면 그 연기가 위로 올라가서 서렸다가 구부러져 방향을 아래로 꺾고서 저절로 호리병 속으로 들어가는데, 그 모습을 보면 상당히 탈속적인 분위기를 풍긴다. 《증보산림경제》[294]

引煙入葫蘆法

用紅色葫蘆, 壺中藏磁石, 置香爐對近案上. 燒香爐中, 則其煙上起, 盤屈垂頭, 自入於葫蘆中, 見之頗有道氣. 《增補山林經濟》

13) 향전(香篆)[295] 만드는 법

글자를 새긴 나무를 글자 모양대로 파내어 향틀을 만든 다음 향반죽을 전서체(篆書體)의 글자 모양으로 찍는다. 술자리나 혹 불상 앞에서 피울 때는, 종종 지름이 2~3척에 이르는 향전도 있다. 《향보》[296]

香篆法

鏤木以爲之以範, 香塵爲篆文. 然於飮席或佛像前, 往往有至二三尺徑者. 《香譜》

오늘날에 특이한 것을 숭상하는 사람이 향전을 만들었는데, 12진(辰)[297]을 기준으로 하여 하루의 시

近世尙奇者, 作香篆, 其文準十二辰, 分一百刻. 凡然

293 《古今秘苑》〈1集〉卷4 "分香煙法", 3쪽.
294 《增補山林經濟》卷16 〈雜方〉 "香爐香盒"《(農書》5, 217쪽).
295 향전(香篆) : 전서(篆書) 형태의 틀에 찍어 만든 향. 절에서 시간을 재기 위하여 쓰였는데 후에는 부처 앞에 향을 피우는 일을 가리키는 용어가 되었다.
296 《香譜》 卷下 〈香之事〉 "香篆"《(叢書集成初編》1481, 22쪽).
297 12진(辰) : 12지(支)인 자(子)·축(丑)·인(寅)·묘(卯)·진(辰)·사(巳)·오(午)·미(未)·신(申)·유(酉)·술(戌)·해(亥)로, 1일을 12시로 나눈 방식을 말한다.
㊵ 或 :《古今秘苑·分香煙法》에는 "成".

향전(블로그 한시앙 제공)

각에 해당하는 100각(刻)으로 나눈 문양을 새겨놓
았다. 일반적으로 향전은 하루 낮밤 동안 탄 뒤에야
그친다.《향보》[298]

一晝夜已. 同上

14) 향수(香獸)[299] 만드는 법

香獸法

향수(香獸)는 사자·기린·오리의 모형에 도금하여
만든다. 향수의 빈 부분에 향을 피워 연기가 입을
통해 나오게 하니, 완상(玩賞)하고 애호할 만한 물건
이다. 또 나무로 조각하거나 흙으로 모형틀을 만든
향수도 있다.《향보》[300]

香獸以塗金爲狻猊、麒麟、
鳬鴨之狀. 空中以然香, 使
煙自口出, 以爲玩好. 復有
雕木、埏土爲之者.《香譜》

금사자나 옥토끼 모양의 향을 만드는 방법 : 삼나
무 태운 숯 6냥(兩)에 밤나무숯 4냥을 배합한 뒤, 찧
어서 가루를 낸다. 여기에 염초(焰硝)[301] 1돈을 더한

金猊、玉兔香方 : 用杉木燒
炭六兩, 配以栗炭四兩, 擣
末, 加焰硝一錢, 用米糊

298《香譜》卷下〈香之事〉"百刻香"(《叢書集成初編》1481, 22쪽).

299 향수(香獸) : 향수는 일반적으로 향로 뚜껑이 동물 모양으로 장식된 향로를 말한다. 다만 여기에서는 동물
모양으로 만들어진 향을 지칭하기도 한다.

300《香譜》卷下〈香之事〉"水浮香"(《叢書集成初編》1481, 22쪽).

301 염초(焰硝) : 초석(硝石, 질산칼륨)을 한 번 구워서 만든 약재(藥材)로, 유리 광택이 있으며 투명하다. 물에
쉽게 녹고 쓴맛을 가지며, 목탄 위에서는 튀면서 탄다.

다음 쌀풀을 섞어서 숯 반죽을 만든다. 먼저 나무에다 사자와 토끼 모형틀을 2개 깎는데, 둥그스름하게 깎아 이 짐승 모양을 닮게 한다. 만드는 법은 먹을 틀로 찍어 내는 법과 같고, 크기는 임의대로 한다. 짐승의 입에 해당하는 부분에는, 비스듬히 파고 드는 작은 구멍 1개를 뚫고, 짐승 모형의 머리는 위로 쳐들게 하고, 꼬리는 밑으로 내리게 하는 것이 핵심이다.

和成揉劑. 先用木刻狻猊、兔子二塑, 圓混肖形. 如墨印法, 大小恣意. 當獸口處, 開一斜入小孔, 獸頭昂尾低是訣.

숯 반죽 절반 분량을 모형틀 안에 넣고, 가운데 부분을 오목하게 만들어, 향제(香劑) 1단을 넣은 다음 다시 숯 반죽을 더하여 완전히 다지고, 철사로 만든 침으로 구멍을 뚫는다. 구멍을 뚫을 때는 짐승 입 한가운데부터 찔러 들어가, 꼬리 부분에 가까워지면 멈추고, 이를 세우고 햇볕에 쬐어 말린다. 사자는 관분(官粉)302을 몸체에 골고루 펴 바르고, 위의 덮개는 먹으로 검게 칠한다. 토끼는 몹시 고운 운모(雲母)303가루를 섞은 아교 반죽을 고루 바르는데, 덮개부분은 또한 먹으로 칠한다. 두 짐승들은 모두 검은 먹을 칠하였고, 내부는 황색과 백색의 2가지 색깔로 나누어져 있다.

將炭劑一半入塑, 中作一凹, 入香劑一段, 再加炭劑築完, 將鐵線針條作鑽. 從獸口孔中搠入, 至近尾止, 取起曬乾. 狻猊[41]用官粉塗身週遍, 上蓋黑墨. 兔子以絕細雲母粉膠調塗之, 亦蓋以墨. 二獸俱黑, 內分黃、白二色.

1매(枚)를 사용할 때마다, 꼬리 부분을 등불 가까이에 대어 불을 피우고, 향로 안에 놓아두면, 입안에서 향연기가 분출되고, 꼬리부분부터 차츰차츰

每用一枚, 將尾就燈火上焚灼, 置爐內, 口中吐出香煙, 自尾隨變色樣. 金猊

---

302 관분(官粉) : 화장(化粧)용 백분(白粉)이다.

303 운모(雲母) : 층상구조형(層狀構造型)의 규산염(珪酸鹽) 광물이다. 표면은 반들반들하고 광이 나면서 매끄럽고 유리 모양 또는 진주 모양의 광택이 난다. 손톱으로 긁으면 흔적이 생긴다. 박편은 가볍고 질은 질기며 탄성이 있어 구부려도 절로 펴지며 절단하기 어렵다.

[41] 狻猊 : 저본에는 두 칸이 비어 있음.《遵生八牋·燕閒淸賞牋·論香》에 근거하여 보충.

색깔과 모양이 변한다. 금사자는 꼬리부분부터 황색을 띠며 타오르는데, 향이 모두 타면 형태가 마치 금으로 단장한 듯하고, 향로 속에 웅크리고 있는 모습이 한 달이 지나도 어그러지지 않지만, 건들면 재로 부서져 버린다. 옥토끼는 모양이 여실하면서도 은빛을 띠어 아주 볼 만하다. 비록 매우 우아하지는 않지만, 또한 그윽하게 감상할 만하다.

그 안에 넣는 향료의 질은 쓰는 사람의 취향에 달려 있다. 더러는 항상 사용하는 인향방(印香方)[304]대로 재료를 마련하고, 유면(楡麪)[305]을 섞어서 향제(香劑)를 만든 다음 이를 비벼서 새끼손가락만 한 거친 단(段)을 만드는데, 길이는 0.08~0.09척 정도로, 짐승의 복부 크기에 따라 커지기도 하고 작아지기도 한다. 다만 향이 짐승모양의 숯 반죽 밖으로 노출되지 않게 해야 좋다.《준생팔전》[306]

從尾黃起, 焚盡, 形若金粧, 蹲踞爐內, 經月不敗, 觸之則灰滅矣. 玉兔形儼銀色, 甚可觀也. 雖非大雅, 亦堪幽玩.

其中香料美惡, 隨人取用. 或以常用印香方取料, 和以楡麪爲劑, 捻作小指粗段, 長八九分, 以獸腹大小消息. 但令香不露出炭外爲佳.《遵生八牋》

15) 수부향(水浮香, 물에 뜨는 향) 만드는 법

종이를 태운 재로 향전(香篆)을 찍어 낸 다음 물 위에 띄우면, 전부 탈 때까지 가라앉지 않는다.《향보》[307]

水浮香法

然紙灰以印香篆, 浮之水面, 爇竟不沈.《香譜》

---

304 인향방(印香方) : 여러 종류의 향료를 가루 내어 섞어 만든 향.《준생팔전(遵生八牋)》권15〈연한청상전(燕閒淸賞牋)〉中 "향론(論香)" '인향방(印香方)'을 보면 제조법이 보이는데, 황숙향(黃熟香) 5근, 속향(速香) 1근, 향부자(香附子)·흑향(黑香)·곽향(藿香)·영릉향(零陵香)·단향(檀香)·백지(白芷) 각 1냥 등과 염초(焰硝) 5푼을 모두 가루를 내어 향틀에 넣고 만든다고 되어 있다.

305 유면(楡麪) : 느릅나무껍질을 갈고 빻아서 낸 가루.

306 《遵生八牋》卷15〈燕閒淸賞牋〉中 "論香" '香方'(《遵生八牋校注》, 600쪽).

307 《香譜》卷下〈香之事〉"水浮香"(《叢書集成初編》1481, 22쪽).

16) 향병[香餠子]308 만드는 법

연탄(軟炭)309 3근, 접시꽃의 잎이나 꽃 1.5근【잎이나 꽃의 찰기가 중요하다.】을 함께 넣고, 고르고 곱게 찧어 가루로 환(丸)을 만들 수 있을 정도가 되면, 다시 묽은 풀을 약간 넣어서, 덩이마다 탄알크기로 만들었다가 이를 밀어서 향병을 만든 다음 햇볕에 쬐어 말린다. 이를 사기로 만든 병 속에 보관했다가 필요할 때마다 꺼내 태워 쓴다. 만일 접시꽃이 없으면 숯가루 속에 으깬 잇꽃을 숯 분량의 절반 정도 넣어서 함께 찧는데, 이때 묽은 풀을 섞어도 좋다. 《향보》310

향을 만드는 숯[造香炭]은 석탄(石炭)을 사용하는데,【석탄이 없으면 목탄(木炭)도 좋다.】접시꽃의 생잎과 함께 섞고 찧어서 향병을 만든다. 이를 햇볕에 쬐어 말려서 향을 피우면, 비록 차갑고 습한 곳이라도 향불이 꺼지지 않는다. 《구선신은서》311

향병(香餠)을 만들 때는 단단한 목탄 3근, 황단(黃丹)312·정분(定粉)313·침사(針砂)314·아초(牙硝)315 각

香餅子法

軟炭三斤、蜀葵葉或花一斤半【貴其粘】, 同擣令均細, 如末42可丸, 更入薄糊少許, 每如彈子大, 捍作餠子, 曬乾. 貯瓷瓶內, 逐旋燒用. 如無葵則以炭末43中半入紅花滓同擣, 用薄糊和之亦可.《香譜》

造香炭以石炭,【無則以木炭可】同生葵葉擣和作餅. 曬乾焚香, 雖冷濕地, 火亦不滅.《臞仙神隱書》

香餅, 堅硬44木炭三斤、黃丹·定粉·針砂·牙硝各半

---

308 향병[香餠子]: 향료를 반죽하고 뭉쳐 작은 떡 모양으로 만든 향.
309 연탄(軟炭): 석탄(石炭)의 한 가지. 휘발 성분이 많은 탄으로, 갈탄(褐炭)과 무연탄(無煙炭)의 중간 상태.
310 《香譜》卷下〈香之法〉 "造香餠子法"(《叢書集成初編》1481, 33쪽).
311 《臞仙神隱書》卷上〈草堂雜用〉 "香炭"(《四庫全書存目叢書》 260, 19쪽).
312 황단(黃丹): 납과 석류황(石硫黃)을 끓이고 합하여 만든 약재. 성질은 차고 독이 조금 있으며, 경계(驚悸, 두근거리는 증세)·적취(積聚, 묵은 체증)·외과(外科) 질환 등에 쓰인다.
42 末: 저본에는 "未".《香譜·香之法·造香餅子法》에 근거하여 수정.
43 末: 저본에는 없음.《香譜·香之法·造香餅子法》에 근거하여 보충.
44 堅硬:《居家必用事類全集·薰香·香餅子》에는 "堅硬羊脛".

0.5냥을 가루 낸 뒤, 대추 1되를 흐물흐물해질 정도로 삶아서 껍질과 씨를 없앤 다음 위의 재료와 섞고 찧어서 향병을 만든다. 간혹 대추의 과육이 적으면, 대추 삶은 즙을 섞는다. 향병의 크기는 임의대로 만드는데, 1매(枚)는 1일 동안 피울 정도의 크기가 좋다. 《거가필용》316

兩, 爲末, 棗一升爛煮, 去皮核, 和右料擣作餅. 或棗肉少, 以煮棗汁和之. 餅子大小隨意造, 一枚可燒一日.《居家必用》

향탄격(香炭墼)317은 계골탄(鷄骨炭)318을 갈아서 가루 낸 뒤, 접시꽃의 잎이나 꽃을 넣고, 찹쌀 끓인 죽을 약간 첨가하여 섞은 뒤, 크고 작은 철망치로 두드려서 향병으로 만든 것이다. 향탄격은 견고함이 중요하니, 견고하면 향을 피워도 오래 간다. 더러는 잇꽃과 그 줄기로 접시꽃이나 그 잎을 대신하기도 하고, 또는 흐물흐물하게 찧은 대추에 석회를 넣고 숯을 섞어 만들기도 하는데, 이렇게 만들면 향이 역시 빼어나다. 《준생팔전》319

香炭墼, 以鷄骨炭碾爲末, 入葵葉或葵花, 少加糯米粥湯和之, 以大小鐵塑槌擊⑮成餅. 以堅爲貴, 燒之可久. 或以紅花、楂代葵花、葉, 或爛棗入石灰和炭造者, 亦妙.《遵生八牋》

---

313 정분(定粉): 염기성탄산염으로 소적(消積), 살충, 해독, 생기(生肌), 추담(墜痰), 복부팽만을 해소하고, 머리카락을 검게 하며, 백태를 제거하는 효능이 있다.

314 침사(針砂): 침을 만들기 위하여 줄로 쇠를 갈 때 나오는 고운 쇳가루. 혈(血)을 보하고 흰머리를 검게 하는 데 쓰인다.

315 아초(牙硝): 주성분이 산화칼륨인 백색의 결정체로, 염초(焰硝)나 초석(硝石)이라고도 하며 분쇄하여 오채(五彩)를 내는 안료로 사용한다.

316 《居家必用事類全集》庚集〈薰香〉"香餅子", 293쪽.

317 향탄격(香炭墼): 향나무를 태우고 숯을 내서 숯가루를 이용하여 만든 덩어리이다. 만드는 방법이 흙벽돌[土墼] 만드는 법과 비슷하기 때문에 이런 이름이 붙여졌다.

318 계골탄(鷄骨炭): 침향나무를 태워 만든 숯. 침향나무의 목부는 침수향(沈愁香)·밀향(密香)·계골(鷄骨)·청계(靑桂) 등의 이칭이 있다.

319 《遵生八牋》卷15〈燕閒淸賞牋〉中"論香"'焚香七要'(《遵生八牋校注》, 596쪽).

⑮ 擊: 저본에는 "繫".《遵生八牋·燕閒淸賞牋·論香》에 근거하여 수정.

17) 재 만드는 법

향을 피우는 매개물은 가지[茄子]의 줄기를 태워서 만든 재이다. 향을 피울 때마다 이 재 1돈씩을 매우 붉게 달군 다음 향을 피우면, 재가 다 타버려도 향은 성질이 보존된다. 《거가필용》[320]

지전(紙錢)[321]을 태운 재 1두에, 석회(石灰)[322] 2승을 더하고, 여기에 물을 섞어서 덩어리를 만든 다음 큰 아궁이 속에 넣고 붉게 달궈 꺼낸다. 이렇게 만든 재를 다시 몹시 곱게 갈아서 향로 속에 넣어 사용하면, 향불이 꺼지지 않는다. 이때 여러 땔감을 섞어 태운 질 나쁜 숯이 이 재에 들어가지 않도록 금하니, 숯이 잡스러우면 재가 사그라들고 영험하지 않아 향불을 넣고 뚜껑을 1번 덮으면, 곧바로 꺼져버린다. 특이한 방식을 좋아하는 사람들이 가지꼭지 태운 재를 사용한다는 등의 이야기가 있는데, 이는 너무 지나친 일이다. 《준생팔전》[323]

향로의 재는 하루종일 향을 피우면 영험한데, 만약 10일 동안 사용하지 않으면 재가 습해진다. 장마철[梅月][324]이 되면, 재가 습해져서 불이 꺼지게 된다.

灰法

香媒, 茄子稭燒爲灰, 每燒香以一錢大燃紅, 次燒香, 灰燒存性.《居家必用》

以紙錢灰一斗, 加石灰二升, 水和成團, 入大竈中燒紅, 取出. 又硏絕細, 入爐用之則火不滅. 忌以雜火惡炭入灰, 炭雜則灰死不靈, 入火一蓋卽滅. 有好奇者, 用茄蔕燒灰等說, 太過.《遵生八牋》

爐灰終日焚之則靈, 若十日不用則灰潤. 如遇梅月, 則灰濕而滅火. 先須以別

320《居家必用》庚集〈薰香〉"香媒"(《居家必用事類全集》, 293쪽).
321 지전(紙錢): 돈 모양처럼 만든 종이이다. 현물화폐가 아닌 종이로, 저승에서 망자가 사용할 저승화폐를 상징한다. 위진(魏晉) 남북조시대 무렵부터 종이를 돈 모양으로 만들어 죽은 사람의 시체와 함께 묻는 명기(明器)로서 사용했다. 당나라 때부터 북송(北宋)시대에는 더욱 성황을 이루어 기복행위로 종이돈을 태웠다.
322 석회(石灰): 석회석을 태워 이산화탄소를 제거하여 얻는 생석회와 생석회에 물을 부어 얻는 소석회를 통틀어 이르는 말.
323《遵生八牋》卷15〈燕閒淸賞牋〉中"論香"'焚香七要'(《遵生八牋校注》, 596쪽).
324 장마철[梅月]: 매실나무 열매가 익을 무렵에 내리는 비라는 뜻으로, 해마다 초여름인 6월 상순부터 7월 상순에 걸쳐 계속되는 장마를 이르는 말. 매림(梅霖)이라고도 한다.

이때는 먼저 숯을 별도로 향로 속에 넣어서 1~2차 炭入爐, 煖灰一二次, 方入
례 재를 따뜻하게 덮힌 뒤에 비로소 향탄격(香炭墼)을 香炭墼, 則火在灰中不滅,
넣으면, 향불이 재 안에 있으면서 꺼지지 않아 오래 可久. 同上
갈 수 있다. 《준생팔전》[325]

18) 향로(香爐)

香爐

옛날에는 쑥을 태워 천지신명(天地神明, 천지의 조화 古以蕭艾達神明而不焚香,
를 맡은 온갖 신령)에게 도달했기에 향을 피우지는 않았 故無香爐, 今所謂"香爐",
다. 그러므로 향로가 없었다. 그러므로 향로가 없었 皆以古人宗廟祭器爲之. 爵
다. 지금 말하는 '향로'는, 모두 옛사람들이 종묘(宗 爐則古之爵, 狻猊爐則古
廟)[326]에 제사지내던 그릇을 본떠 만든 물건이다. '작 踽足豆, 香毬則古之鬻, 其
로(爵爐)'는 옛날의 작(爵)[327]을, '산예로(狻猊爐)'는 옛날 等不一. 或有新鑄而象古
의 우족두(踽足豆)[328]를, 향구(香毬)[329]는 옛날의 용가 爲之者, 惟博山爐, 乃漢

작(爵)(국립고궁박물관)

두(豆)(국립중앙박물관)

향구(香毬)(국립민속박물관)

---

[325]《遵生八牋》, 위와 같은 곳.

[326] 종묘(宗廟) : 조선시대 역대 왕과 왕비 및 추존된 왕과 왕비의 신주를 모신 왕가의 사당.

[327] 작(爵) : 고대에 제례에 사용되던 술잔으로, 새처럼 생긴 술잔. 준(尊)이나 이(彝)보다는 작은데, 용량은 1
승 정도이다.

[328] 우족두(踽足豆) : 고대의 제기(祭器) 중의 하나로, 다리가 높고 대부분 뚜껑이 있는 그릇. 주로 술이나 고
기를 담았다.

[329] 향구(香毬) : 금속으로 만든 구(毬)로, 구멍이 여럿 뚫려 있고 안에 향이 담긴 용기가 들어 있는 물건. 안의
향 용기는 입구가 항상 위를 향하도록 만들어져 있다.

용가마[鬵]

박산로(博山爐)(국립중앙박물관)

마[鬵]330를 본뜬 향로인데, 그 유형이 똑같지 않다. 혹은 새로 주조하면서 옛 기물을 본떠 만든 향로도 있는데, 이는 박산로(博山爐)331로, 바로 한(漢)나라 태자궁(太子宮)에서 쓰던 것이다. 향로의 제작은 이때부터 시작되었다.《동천청록(洞天清錄)》332

太子宮所用者, 香爐之制始於此.《洞天清錄》

관요(官窯)333·가요(哥窯)334·정요(定窯)335에서 만든 향로라 하더라도 어찌 사용할 만하겠는가? 평소에 쓰는 향로로는 선동(宣銅)336·반동(潘銅)337·이로

宣、哥、定窯, 豈可用之? 平日爐以宣銅、潘銅、彝爐、乳爐如茶盂式大者, 終日

---

330 용가마[鬵]: 시루 모양의 큰 가마솥이다.
331 박산로(博山爐): 중국의 전설 속에 신선이 산다고 전해지는 바다 위의 박산(博山) 모양을 본떠 만든 향로.
332《洞天淸祿集》"古硏辯"《叢書集成初編》1552, 14쪽).
333 관요(官窯): 중국 송나라 때 변경(汴京)에 있던 가마 또는 그곳에서 제작된 도자기. 휘종(徽宗, 재위 1100~1118) 때에 조정의 명으로 도요지를 설치했으며, 송이 남쪽 항주(杭州)로 수도를 옮긴 후에는 항주 봉황산 근처에 도요지를 만들어 내사요(內司窯)라 했다. 관요의 도자기는 주로 황실과 조정에서 사용했으며 매우 매끄럽고 정밀한 품질로 유명했다고 한다.
334 가요(哥窯): 중국 송나라 때 절강성(浙江省) 용천현(龍泉縣) 화류산(華琉山) 아래에 있던 가마 또는 그곳에서 제작된 도자기. 이 가마에서 장생일(章生一)과 장생이(章生二) 형제가 도자기를 구웠는데, 장생일의 도자기가 품질이 더 우수해서 그가 구운 도자기를 가요라 했다. 5대 명요(五大名窯)에 속한다.
335 정요(定窯): 중국 송(宋)나라 5대 명요(名窯)의 하나로, 지금의 하북성 곡양현(曲陽縣) 간자촌(澗磁村) 일대에 있던 가마, 또는 그곳에서 제작된 도자기. 곡양현이 송대에는 정주(定州)에 속했기에 '정요'·'정주요'라는 이름으로 불렸다. 정요는 탑기나 묘에서 나온 출토품을 통해 만당(晩唐)시대부터 백자를 제작하기 시작해 오대(五代)에 상당히 발전했고, 북송대(北宋代)에 최성기를 맞아 금대(金代)까지 지속적으로 제작되었음을 알 수 있다(국립중앙박물관,《중국도자》, 2007, 국립중앙박물관, 102쪽).

(彝爐)338·유로(乳爐)339 중에서 찻잔 모양을 띠면서 크기가 큰 향로가 하루종일 사용할 만하다.《준생팔전》340

소향로(燒香爐)에 색깔 내는 법: 동청(銅靑)341 2돈, 노사(磠砂)342·압취담반(鴨嘴膽礬)343·주사(硃砂)344 각각 5돈을 함께 가루 낸 뒤, 좋은 쌀식초를 골고루 섞는다. 향로를 가져다가 먼저 곱고 단단한 숯의 재로 문질러 광을 내는데, 이때 긁힌 자국에 기름이 스미게 해서는 안 된다. 다시 맑은 물을 사용하여 몸통을 씻어내고, 마르면 붓에 앞에서 만든 약물을 적셔서 향로에 골고루 바른다. 잠시 뒤에 향로 안에 불씨를 집어넣어 쬐면, 자연스럽게 색깔이 변한다. 불이 식으면 또 씻어내고, 약물을 바르고 불 쬐기를 수십 번 반복하면 곧 오래된 향로의 색을 띨 것이다. 만약 검붉은 반점이 생기면 색깔은 더욱 빼어나

可用.《遵生八牋》

燒香爐色法: 銅靑二錢, 磠砂·鴨嘴膽礬46·硃砂各五錢, 共爲末, 好米醋調. 將爐先以細硬炭灰擦光, 勿使有痕跡沾油. 再用淸水洗過, 候乾, 以筆蘸藥塗遍, 少頃入火於內逼之, 自然變色. 火候冷, 又洗又塗又47燒數十次, 卽如舊矣. 若有紅黑斑更妙. 如色不好, 再以灰擦照, 前洗塗燒之.《古今秘苑》

---

336 선동(宣銅): 중국 명(明)나라 선덕(宣德) 연간에 주조한 동기(銅器).

337 반동(潘銅): 중국 명(明)나라 절강성(浙江省) 사람인 반씨(潘氏)가 제작한 동기(銅器).

338 이로(彝爐): 술그릇인 이(彝)의 모양을 본떠 만든 향로. 향로가 없던 옛날에 고대의 동기(銅器)인 이(彝)의 모양을 본뜬 것이다.

339 유로(乳爐): 향로 밑에 붙은 세 다리가 유두 모양인 화로.

340《遵生八牋》卷15〈燕閒淸賞牋〉中 "論香" '焚香七要'《遵生八牋校注》, 596쪽).

341 동청(銅靑): 구리의 표면에 슨 녹을 원료로 하여 만든 물감. 동록(銅綠)이라고도 한다.

342 노사(磠砂): 염화암모늄의 옛 명칭. 광물의 일종으로, 일반적으로 화산이 활동한 지역에서 볼 수 있다. 화산에서 분출된 염화 암모니아 기체가 엉겨서 만들어진다. 공업과 농업 및 의약 부문에서 광범위하게 쓰이고 있으며, 노사(鹵砂)라고도 부른다.

343 압취담반(鴨嘴膽礬): 담반 가운데 오리 주둥이처럼 누런 빛깔이 나는 최상급의 담반. 담반은 황산구리로 이루어진 황산염 광물인데, 콩팥 모양 또는 종유(鐘乳) 모양이며 유리 광택이 나고 보통 반투명한 푸른색을 띤다. 여러 광산의 물속에서 발견되는데, 침전동(沈澱銅)의 원료 광물로서, 살충제·안료·매염제 등으로 쓰인다.

344 주사(硃砂): 수은과 황의 화합물인 주홍색 광물. 적색(赤色)의 안료(顔料)와 주묵(朱墨)의 원료로 쓰인다.

46 礬:《古今秘苑·燒香爐色》에는 "凡".

47 又: 저본에는 없음. 오사카본·규장각본에 근거하여 보충.

다. 만일 색깔이 좋지 않으면, 다시 재로 문질러 빛을 내고, 앞에서처럼 씻고 약물을 바른 뒤, 불에 쬔다.《고금비원》[345]

약물을 바르기 전에, 손에 힘을 주어 몹시 힘껏 문질러야, 향로에 광택이 나서 색이 빼어나다.《고금비원》[346]

未上藥時, 須將手力摩擦極, 光潤爲妙. 同上

약물을 바른 뒤에는 잠깐 동안 기다려야 하며, 기다렸다가 맑은 물로 대충 씻어 색을 제거하고, 그런 뒤에 불에 쬔다. 향로를 불에 쬔 뒤에는 손가락에 재를 묻혀, 향로의 전체 몸통을 1번씩 살짝살짝 문질러준다. 이때 향로의 입구 아래쪽에서 위쪽으로 올라가면서 문지르다가, 두 귀 부분에 이르면 거듭 반복하여 문질러준다.《고금비원》[347]

上藥後, 須俟少頃, 仍以淸水略洗去色, 然後逼之. 旣逼後, 將手指蘸炭灰, 通身輕輕摩擦一遍, 其爐口底沿上, 及兩耳則重擦之. 同上

향로에 밤껍질색을 내려면 담반(膽礬) 1돈을 더하고 가루 낸 뒤, 위의 약에 섞어서 향로에 발라가며 불에 쬐되, 향로가 밤껍질색을 띨 때까지 한다. 귤껍질 색깔을 내려면 위의 약에 봉사(蓬砂)[348] 2돈을 더하고 가루 낸 뒤, 약에 섞어서 향로에 바르는데, 이때는 깨끗이 씻어내지 않는다.《고금비원》[349]

栗殼色, 加膽礬一錢爲末, 和塗逼, 至栗殼色爲度. 橘皮色, 加蓬砂二錢爲末, 和塗, 不用洗淨. 同上

345《古今秘苑》〈2集〉卷3 "燒香爐色", 5쪽.
346《古今秘苑》, 위와 같은 곳.
347《古今秘苑》, 위와 같은 곳.
348 봉사(蓬砂) : 천연봉사광을 정제하거나 붕소광(홀동석)으로부터 만들어 정제한 것이다.
349《古今秘苑》, 위와 같은 곳.

향로가 쥐오줌으로 얼룩지거나, 땀이 밴 손으로 만져서 더러워졌을 때는, 눈 녹은 물에 하룻밤 동안 담가 놓으면 곧 얼룩이 가신다.《고금비원》[350]

爐被鼠溺點及汗手汚濁, 以雪[48]水浸一宿卽退. 同上

19) 향합(香盒)

주석 합에 척홍(剔紅)[351] 기법으로 자단(蔗段)[352] 문양을 낸 향합에는 황향병(黃香餅)[353]·흑향병(黑香餅)[354]을 담는다. 법제한 자기 향합은 정요(定窯)나 요요(饒窯)[355]에서 생산된 제품을 사용하는데, 여기에는 부용향(芙蓉香)·만춘향(萬春香)·첨향(甜香)을 담는다. 일본 향합에는 삼자합(三子盒)[356]이나 오자합(五

香盒

用剔紅蔗段錫胎者, 以盛黃、黑香餅. 法製香磁盒, 用定窯或饒窯者, 以盛芙蓉、萬春、甜香. 倭香盒三子、五子者, 用以盛沈速、蘭香、棋楠等香. 外此香撞

척홍 꽃병(블로그 도화원 신영곤님 제공)

자단(蔗段)문양 합(盒)(국립중앙박물관)

350《古今秘苑》, 위와 같은 곳.
351 척홍(剔紅) : 중국 송(宋)나라 칠기 공예의 일종인 조칠(雕漆) 공법의 하나로, 옻칠을 두껍게 하여 일정한 두께를 만든 다음 목판조각을 하듯 인물이나 화초를 조각하여 주홍칠(朱紅漆) 하는 공법. 조칠 공법에는 척홍(剔紅)뿐 아니라 색깔에 따라 척흑(剔黑), 척채(剔彩, 오색)·척서(剔犀)의 방법도 있다. 척서(剔犀)는 먼저 얇은 척홍을 하고 그 위에 흑칠(黑漆)을 하는 단순한 공법이다.
352 자단(蔗段) : 향합의 문양으로, 옆 모습이 사탕수수 모양처럼 둥근 기둥 여러 개를 나란히 엮어 놓은 듯한 모양을 말한다.
353 황향병(黃香餅) : 누르스름한 색에 문양이 없는 향병(香餅)으로 왕진(王鎭)이 제작한 것이 유명하다.
354 흑향병(黑香餅) : 거무스름한 색의 향병(香餅)으로 유학(劉鶴)이 만든 것이 유명하다.
355 요요(饒窯) : 중국 명(明)나라 요주부(饒州府) 부량현(浮梁縣) 경덕진(景德鎭)의 가마터.
356 삼자합(三子盒) : 내부에 작은 합이 3개 들어 있는 합.
[48] 雪 : 저본에는 "雲".《古今秘苑·燒香爐色》에 근거하여 수정.

子盒)357이 있는데, 여기에는 침속향(沈速香)·난향(蘭香)·기남향(棋楠香) 등의 향을 담는다. 이외에도 향당(香撞)358이 또한 사용할 만하니, 여행을 할 때는 오직 일본 향당이 휴대하기에 매우 좋다.《준생팔전》359

향합은 반드시 입구를 긴밀하게 밀봉하여 향기가 새어나가지 못하게 해야만 향이 빼어나다. 송대(宋代)에 척홍(剔紅)으로 매화 문양을 조각해 넣은 자단합(蔗段盒)이 있는데, 금이나 은을 바탕으로 삼아 오색으로 바탕에 칠(漆)을 하고 깎아내는 방법을 깊게 하거나 얕게 하면 장식하는 대상에 따라 색이 드러난다. 붉은 꽃에 초록 잎을 새기거나 중심부 문양은 황색이고 바탕이 흑색인 향합360은 시선을 빼앗길 만큼 볼만하다.《동천향록》361

20) 향시(香匙, 향숟가락)와 향저(香筯, 향젓가락)

향시(香匙)와 향저(香筯)는 오직 남도(南都, 지금의 중국 남경)에서 백동(白銅)362으로 만든 물건이 쓰기에 적당하고 제품이 좋다. 저병(筯瓶)363은 오중(吳中)364에서 근래에 만든, 목이 짧고 구멍이 작은 병을 사용

亦可, 若遊行, 惟倭撞帶之甚佳.《遵生八牋》

香盒, 必須子口緊密不泄, 香氣方妙. 有宋剔梅花蔗段盒, 金、銀爲素, 用五色漆胎, 刻法, 深淺隨粧露色. 如紅花綠葉、黃心黑石之類, 奪目可觀.《洞天香錄》

匙筯

匙筯, 惟南都白銅製者, 適用製佳. 瓶用吳中近製短頸細孔者, 插筯下重不仆.《遵生八牋》

---

357 오자합(五子盒) : 내부에 작은 합이 5개 들어 있는 합.
358 향당(香撞) : 들고 다닐 수 있도록 위에 손잡이가 달린 합[提盒] 형태의 향합. 불가에서 쓰는 향당은 3단이나 4단인 것도 있다.
359《遵生八牋》卷15〈燕閒淸賞牋〉中 "論香" '焚香七要'(《遵生八牋校注》, 596쪽).
360 중심부……향합 : 위의 주석('척홍' 조)에서 설명한 척서(剔犀) 공법으로 꾸민 향합을 말한다.
361 출전 확인 안 됨.
362 백동(白銅) : 니켈과 구리의 합금으로 은백색이 나는 금속이다.
363 저병(筯瓶) : 향저를 꽂아두는 병.
364 오중(吳中) : 지금의 중국 강소성(江蘇省) 오현(吳縣) 일대.

향시·향저·저병(국립중앙박물관)

하는데, 여기에 향저를 꽂아도 밑이 묵직해서 넘어
지지 않는다. 《준생팔전》365

저병(箸瓶)은 오래된 구리 병이 좋다. 관요(官窯)·
가요(哥窯)·정요(定窯)에서 나온 저병은 일상에 사용
하기에는 적합하지 않다. 《동천향록》366

箸瓶, 古銅者佳. 宜、哥、
定窯者, 不宜日用. 《洞天
香錄》

21) 사금파리 격화(隔火)367

향을 피우는 의미는 향 연기를 맡는 데에 있지
않다. 향 연기가 너무 진하면 향기가 가득 퍼지더라
도 잠시 뒤면 사라져 버린다. 그 의미는 그윽한 정취
를 음미하기 위해서이니, 향기가 오래 지속되고 흩
어지지 않아야 하므로 반드시 격화(隔火)를 사용해
야 한다.

隔火砂片

燒香取味, 不在取煙. 香
煙若烈, 則香味漫然, 頃刻
而滅. 取味則味幽, 香馥可
久不散, 須用隔火.

365《遵生八牋》권15〈燕閒清賞牋〉中 "論香" '焚香七要'(《遵生八牋校注》, 597쪽).
366 출전 확인 안 됨 ;《長物志》卷7〈器具〉"匙箸".
367 격화(隔火) : 향로의 불을 덮어 불의 세기를 조절하는 일, 또는 그 도구.

은전(銀錢)이나 명나라의 기와조각으로 만든 격화가 있는데, 모두 속되어 우아하지 못한 데다가, 열이 너무 뜨거우면 향불의 치성함을 막지 못한다. 비록 옥조각을 사용하는 게 좋기는 해도, 북경(北京)에서 사용하는, 그을리고 깨진 질그릇의 바닥보다 못하다. 깨진 질그릇 조각을 알맞은 모양으로 갈아서 사용하되, 두께를 0.5푼 정도로 하면, 피워놓은 향불을 막기에 매우 빼어나다.

불씨가 붙은 향탄격[炭墼]을 향로에 넣되, 향로의 재를 파헤쳐서 향탄격의 절반 정도만을 묻는다. 이때 숯불을 재로 둘러싸서는 안 된다. 이에 앞서 생향(生香)을 피우는데, 이를 '발향(發香)'이라 한다. 발향하는 이유는 향탄격이 타는 동안 향불의 열을 받음으로 인해 꺼지지 않게 하기 위함이다. 향이 타면서 향탄격의 불꽃을 이루면 비로소 향저로 향탄격을 묻고, 주위의 재를 끌어 모아서 사방을 막은 다음, 윗부분도 두께 5푼 정도의 재로 덮는다. 불꽃의 크기와 세기에 따라서 재 위에 사금파리를 더 놓거나, 사금파리 위에 향을 더 놓으면 향기가 은은하게 퍼진다.

그러나 향저로 재를 끌어모으고 빙 둘러 덮어 놓은 사방을 수직으로 구멍을 수십 개 내야만, 불기운이 통하고 순환하여 비로소 숯불이 꺼지지 않는다. 향기를 진하게 하려면 곧 불꽃을 키워야 하니, 또

有以銀錢、明瓦片爲之者, 俱俗不雅, 且熱甚, 不能隔火. 雖用玉片爲美, 亦不及京師燒破砂鍋底. 用以磨片, 厚半分, 隔火焚香, 妙絕.

燒透炭墼, 入爐, 以爐灰撥開, 僅埋其半, 不可便以灰擁炭火. 先以生香焚之, 謂之"發香", 欲其炭墼因香薰不滅故耳. 香焚成火, 方以筯埋炭墼, 四面攢擁, 上蓋以灰, 厚五分. 以火之大小消息, 灰上加[49]片, 片上加香, 則香味隱隱而發.

然須以筯四圍直搠數十眼, 以通火氣週轉, 炭方不滅. 香味烈則火大矣, 又須取起砂片, 加灰再焚. 其

---

[49] 加: 저본에는 "如". 오사카본·《遵生八牋·燕閒淸賞牋·論香》에 근거하여 수정.

사금파리를 걷어내고 재를 더한 다음 다시 태워야 한다. 향이 다 탄 뒤에 남은 재 덩어리는 와합(瓦盒)에 담아두었다가 화분(火盆)³⁶⁸ 속에 넣고 옷이나 이불에 쬐어 향이 배게 할 수 있다.《준생팔전》³⁶⁹

격화로는 은전(銀錢)·운모조각·옥조각·사금파리 모두 좋다. 동전크기의 화완포(火浣布)³⁷⁰에, 은으로 둘레를 둘러 만든 격화(隔火)가 좋지만, 구하기가 어렵다.《동천향록》³⁷¹

22) 향반(香盤)

자단(紫檀)³⁷²이나 오목(烏木, 흑단)³⁷³으로 향 쟁반을 만들고, 옥(玉)으로 중앙에 향꽂이를 만든 다음 여기에 향을 꽂는다.《동천향록》³⁷⁴

23) 향궤(香几)

서재 안에 두는 향궤(香几)의 제도에는 2가지가 있다. 높이가 2.8척이고, 향궤 윗판의 표면을 대리

香盡, 餘塊用瓦盒⁵⁰收起, 可投入火盆中, 薰焙衣、被.《遵生八牋》

銀錢、雲母片、玉片、砂片俱可. 以火浣布如錢大者, 銀鑲周圍作隔火佳, 但難得.《洞天香錄》

香盤

紫檀、烏木⁵¹爲盤, 以玉爲心, 用以插香.《洞天香錄》

香几

書室中香几之製有二. 高者二尺八寸, 几面或大理

---

368 화분(火盆): 숯불을 담아서 따뜻하게 불을 쬐이거나 옷을 말리는 데 쓰는 도구.
369 《遵生八牋》卷15 〈燕閒淸賞牋〉 中 "論香" '焚香七要'(《遵生八牋校注》, 596쪽).
370 화완포(火浣布): 석면으로 만든 베로, 불에 타지 않는 직물이다.
371 출전 확인 안 됨.
372 자단(紫檀): 콩과의 낙엽(落葉) 교목(喬木). 재목(材木)이 붉은빛을 띠고 고와서 가구나 건축물의 장식에 두루 쓰임.
373 오목(烏木): 흑단(黑檀, 쌍떡잎식물 감나무목 감나무과의 상록 활엽 교목)의 중심(中心)으로 검다. 매우 단단하여 젓가락, 담뱃설대, 문갑 따위를 만드는 데 쓰인다.
374 출전 확인 안 됨.
⁵⁰ 盒: 저본에는 "合".《遵生八牋·燕閒淸賞牋·論香》에 근거하여 수정.
⁵¹ 木: 저본에는 "本". 문맥에 근거하여 수정.

석(大理石)·기양(岐陽)³⁷⁵의 마노석(瑪瑙石)³⁷⁶ 등의 돌로 만들거나, 두판남(豆瓣楠)³⁷⁷을 속에 끼우거나, 모양은 사각형이나 팔각형이고, 혹은 정방형이거나, 문양은 매화나 접시꽃이나 쇠귀나물을 그려 넣거나, 둥근 모양으로 규격을 삼거나, 옻칠을 하거나, 여러 나무들에 물을 뿌리고 문질러 광택을 내거나³⁷⁸, 향궤 위에 포석(蒲石)³⁷⁹을 두거나, 화분을 놓거나, 향로(香爐) 하나만 놓고 향을 피운다. 이들의 종류는 고궤(高几, 높은 향궤)이다.

서안(書案) 머리맡에 두는 소궤(小几, 작은 향궤)는 오직 일본에서 만든 물건이 가장 뛰어나다. 그 방식은 판자 1개로 향궤의 윗판을 만드는데, 길이는 2척, 너비는 1.2척, 높이는 0.3척 남짓이고, 윗판의 윗면에는 금조각·은조각으로 꽃이나 새의 문양을 상감(象嵌)하고, 사방 테두리는 나무나 돌 문양으로 상감한다. 향궤 윗면의 양쪽 가로면에는 작은 받침틀 2개를 설치하고, 금니(金泥)³⁸⁰를 바른다. 아래쪽에는

石、岐陽瑪瑙等石，或以豆瓣⁵²楠鑲心，或四、八角或方，或梅花或葵花或慈菰，或圓爲式，或漆，或水磨諸木成造者。用以擱⁵³蒲石，或置花尊，或單置一爐焚香，此高几也。

若書案頭所寘小几，惟倭製佳絕。其式一板爲面，長二尺，闊一尺二寸，高三寸餘，上嵌金銀片子花、鳥，四簇樹、石。几面兩橫，設小檔二條，用金泥塗之。下用四牙、四足，牙口鏒金，銅滾陽線鑲鈐，持之甚輕。

---

375 기양(岐陽) : 중국 섬서성(陝西省)의 기산(岐山) 남쪽에 있는 지역. 주나라 성왕이 엄(奄)나라를 무찌르고 돌아오는 길에 제후들을 모아 사냥한 곳이다.

376 마노석(瑪瑙石) : 석영·단백석(蛋白石)·옥수(玉髓)의 혼합물. 화학 성분은 송진과 같은 규산(硅酸)으로, 광택이 있고 때때로 다른 광물질이 스며들어 고운 적갈색이나 흰색 무늬를 띠기도 한다. 아름다운 것은 보석이나 장식품으로 쓰고, 그 외에는 세공물이나 조각의 재료로 쓴다.

377 두판남(豆瓣楠) : 녹나무과의 상록 교목. 그 형태가 굽지 않고 똑바로 크는 나무라서 중국 명(明)나라·청(淸)나라 때에 값비싼 가구의 제작에 많이 쓰였다. 아남(雅楠)·두백남(斗柏楠)이라고도 한다.

378 물을……내거나 : 물갈음이다. 돌이나 나무의 표면을 물을 뿌려가며 광택이 나도록 가는 일.

379 포석(蒲石) : 석창포 분재이다. 죽탑(竹榻)·석침(石枕)·포화욕(蒲花褥, 갈대꽃을 넣어 만든 요)·은랑(隱囊)·포화피(蒲花被 갈대꽃 이불)·지장(紙帳)·의상(猗床)·등돈(藤墩, 등나무 의자) 등과 함께 산골 생활에 꼭 있어야 할 물건의 하나로 꼽힌다.

380 금니(金泥) : 수은과 금가루를 섞은 물질.

52 瓣 : 저본에는 "栢". 《遵生八牋·燕閒淸賞牋·香几》에 근거하여 수정.

53 擱 : 저본에는 "閣". 《遵生八牋·燕閒淸賞牋·論文房器具》에 근거하여 수정.

향궤(국립중앙박물관)

위아래로 연결된 아(牙)³⁸¹ 4개와 다리 4개를 만드는
데, 아(牙)에 낸 구멍에는 삼금(鐟金)³⁸²을 하고, 구리
를 겉에 둘러서 가장자리를 압인(壓印)³⁸³한다. 운반
할 때 아주 가볍다.

　서재 안에는 향로(香爐)·향시(香匙)·저병(筯瓶)·향
합(香盒)을 진열하기도 하는데, 더러는 책을 1~2권
놓아두거나, 또는 청한(淸閑)하고 고아하여 운치 있
는 기물을 놓아두면 아주 빼어나다.

　지금 오중(吳中)에서 만든 향궤 중에는 붉은색을
띤 소궤가 있는데, 일본에서 만든 향궤와 비교하여
약간 작고, 모양은 향안(香案)과 같다. 또 자단(紫檀)
에 꽃문양을 상감(象嵌)한 향궤가 있고, 일본 제품을
모방한 향궤가 있으며, 돌을 박아 넣은 향궤가 있

齋中用以陳香爐、匙、瓶、
香盒, 或放一二卷冊, 或置
淸雅玩具, 妙甚.

今吳中製有朱色小几, 去
倭差小, 式如香案. 更有紫
檀花嵌, 有假模倭製, 有以
石鑲, 或大如倭, 或小盈
尺. 更有五六寸者, 陳精妙

---

381 아(牙) : 향궤의 상판(윗면)과 다리가 이어지는 부분에 만드는 장식.
382 삼금(鐟金) : 금으로 장식하는 공예의 일종으로 금박가루를 기물(器物)의 표면에 부착시킨다.
383 압인(壓印) : 찍힌 부분이 도드라져 나오거나 들어가도록 장식하는 기법.

고, 더러는 크기가 일본 제품만 한 향궤도 있고, 크기가 1척만 한 작은 향궤도 있다. 또 너비가 0.5~0.6척 정도인 향궤가 있다. 여기에 정교하게 만들어진 옛 구리 제품이나 관요(官窯)·가요(哥窯)에서 생산된 아주 작은 향로나 저병을 진열하고, 향을 피우고 꽃을 꽂아서 청아하게 감상할 수 있게 하면 보는 이의 마음과 눈이 매우 흡족해진다. 《준생팔전》384

古銅、官·哥絕小爐、瓶, 焚香揷花, 以供淸玩, 甚快心、目.《遵生八牋》

24) 향 관련 모든 물품을 보관하는 향갑

향을 좋아하는 사람이라면 하루라도 향 없이 지낼 수가 없다. 서재 안에는, 제갑(提匣, 손잡이 달린 향갑)을 만들어 두어야 하니, 삼당식(三撞式, 3단)으로 만들고, 자물쇠로 여닫도록 하면서, 안에 향과 관련된 여러 물품을 보관한다. 또 자합(磁盒, 자기 향합)·자관(磁罐, 자기 원형통)·동합(銅盒)·칠갑(漆匣)·목갑(木匣)을 두어 알맞은 용기에 향을 넣어두었다가, 향무를 총괄하는 담당자에게 분배해주어 가져다 쓰기에 편리하게 한다. 향을 보관하는 상자의 입구는 긴밀하게 밀폐하도록 만들어 향이 새지 않게 해야 좋다. 총관사향(總管司香)385으로 하여금 향을 내고 들이는 일을 엄격하고 치밀하게 하도록 하고, 필요할 때에 맞춰 향을 향로에 피우면, 매우 흡족하게 향을 감상할 수 있다. 《준생팔전》386

香都總匣

嗜香者, 不可一日去香. 書室中, 宜製提匣, 作三撞式, 用鎖鑰啓閉, 內藏諸品香物. 更設磁盒、磁罐、銅合、漆匣、木匣, 隨宜置香, 分布於都總管領以便取用. 須造子口緊密, 勿令香泄爲佳. 俾總管司香出入謹密, 隨遇蓺爐, 甚愜心賞.《遵生八牋》

384《遵生八牋》卷15〈燕閒淸賞牋〉中"論文房器具"'香几'(《遵生八牋校注》, 592쪽).
385 총관사향(總管司香): 중국 명(明)나라에서 향을 담당하던 내시(內侍)의 총책임자. 향은 대부분 환관(宦官)들이 담당하였다. 나중에는 왕실이 아니어도 향을 담당하는 이를 가리키는 말이 된 것으로 보인다.
386《遵生八牋》卷15〈燕閒淸賞牋〉中"論香"'焚香七要'(《遵生八牋校注》, 600~601쪽).

3. 금[琴供]·검[劍供]
(부록:생황·적·종·경쇠)

琴劍供
(附:笙、笛、鍾、磬)

1) 서재에 금(琴)[1]이 없어서는 안 된다

금은 서재 안에서 고아한 악기가 되므로 하루라도 마주 대하지 않을 수 없다. 청음거사(淸音居士, 음악을 즐기는 선비)가 옛 이야기를 할 때, 만약 고금(古琴)이 없으면 신금(新琴)이라도 벽에 하나 걸어놓아야 한다. 연주를 잘하든지 전혀 잘못하든지에 상관없이 금이 있어야만 한다.

도잠(陶潛)[2]은 "다만 금의 아취(雅趣)를 얻었으면 됐지, 어찌 현 위의 소리에 힘을 쓰겠는가."[3]라 했다. 우리가 금을 일삼음은 많은 곡을 기억함에 뜻이 있지 않으니, 오직 금의 아취를 이해하면 또한 그 진의

論書室不可無琴

琴爲書室中雅樂, 不可一日不對. 淸音居士談古, 若無古琴, 新琴亦須壁懸一牀. 無論能操總不善操, 亦當有琴.

淵明云:"但得琴中趣, 何勞 ①絃上音?" 吾輩業琴, 不在記博, 惟知琴趣, 更②得其眞.

1　금(琴):여기서는 중국금을 말한다. 거문고·가야금처럼 길다란 판에 줄을 걸고, 왼손으로 짚어 음높이를 조절하고 오른손으로 뜯거나 튕겨서 연주한다. 중국금의 길이는 거문고의 약 3분의 2로 1미터 미만이며, 일곱 줄(고형[古形]은 다섯 줄)이 표준이다. 고금(古琴), 아금(雅琴), 요금(瑤琴), 칠현금(七絃琴), 휘금(徽琴, 暉琴) 등의 다양한 이칭(異稱)이 있다. 우리나라 문헌에서 '금'은 거문고를 가리키기도 하며, 거문고임을 분명히 할 때는 현학금(玄鶴琴), 현금(玄琴), 동금(東琴), 괘금(棵琴, 卦琴, 掛琴) 등으로 쓴다. 《임원경제지 유예지》 권6 〈방중악보〉 "당금자보"에 고금의 연주법과 악보가 자세하게 나온다.

2　도잠(陶潛):365~427. 중국 동진(東晉)의 시인. 호는 연명(淵明), 자는 원량(元亮). 속세를 벗어난 생활을 담담하면서도 격조있게 묘사한 그의 시는 후대의 여러 시인들에게 큰 영향을 미쳤다. 《귀거래사(歸去來辭)》·《오류선생전(五柳先生傳)》·《도화원기(桃花源記)》 등의 작품이 있다.

3　다만……쓰겠는가:도잠 '무현금(無絃琴)'의 고사를 말한다. "본래 음악을 알지 못하나, 줄도 휘(徽:아래 '論徽' 참조)도 없는 소박한 금 한 대를 갖추어 두고서 매번 벗과 함께한 술자리에서 어루만지고 화답하며 말하기를 '다만 금의 아취를 알면 됐지, 어찌 줄 위 소리에 힘쓰겠는가' 하였다.(性不解音, 而畜素琴一張, 絃徽不具, 每朋酒之會, 則撫而和之, 曰:'但識琴中趣, 何勞絃上聲.')《晉書》권94 《列傳·陶潛》.

①　勞:저본에는 "論". 오사카본·《遵生八牋·燕閒淸賞牋·論文房器具》에 근거하여 수정.

②　更:《遵生八牋·燕閒淸賞牋·論文房器具》에는 "貴".

(眞意)를 얻는 것이다.

예를 들어 《아성조(亞聖操)4》·《회고음(懷古吟)5》은 현인(賢人)에 뜻을 두고 이들을 회고한다. 《고교행(古交行)6》·《설창야화(雪窓夜話)7》는 벗을 그리워하게 한다. 《의란(漪蘭)8》·《양춘(陽春)9》은 화창한 기운이 퍼지도록 북돋운다. 《풍입송(風入松)10》·《어풍행(御風行)11》은 연주하면 서늘한 바람이 일어나 노여움을 풀어준다. 《소상수운(瀟湘水雲)12》·《안과형양(雁過衡陽)13》은 나의 흥을 북돋아 가을 하늘에 가까워지게 한다. 《매화삼롱(梅花三弄)14》·《백설조(白雪操)15》는

若《亞聖操》、《懷古吟》, 志懷賢也 ;《古交行》、《雪窓夜話》, 思尙友也 ;《漪蘭》·《陽春》, 鼓之宣暢布和 ;《風入松》、《御風行》, 操致涼③飀解慍.《瀟湘水雲》、《雁過衡陽》, 起我興薄秋旻 ;《梅花三弄》、《白雪操》, 逸我神遊玄圃.《樵歌》、

---

4 아성조(亞聖操) : 안회(顔回, B.C.521~B.C.481)를 그리워하는 금 연주곡. 공자(孔子)의 제자인 안회는 성인(聖人)에 버금가는[亞] 인물이었지만 요절하였기에 이 연주곡은 쓸쓸하고 슬픈 분위기를 담고 있다. 작자는 미상이다. 명나라의 금 전문가인 사림(謝琳, ?~?)이 편찬한 《사림태고유음(謝琳太古遺音)》 등의 금서(琴書)에 수록되어 있다.

5 회고음(懷古吟) : 옛사람을 회상하는 분위기의 금 연주곡. 작자는 미상이다. 명나라의 금 전문가인 장극겸(蔣克謙, ?~?)이 편찬한 《금서대전(琴書大典)》 등의 금서에 수록되어 있다.

6 고교행(古交行) : 송나라의 시인 정협사(鄭俠寫, ?~?)가 지은 시와 그 시를 주제로 하는 금 연주곡. 명나라의 금 전문가인 소란(蕭鸞, ?~?)이 편찬한 《행장태음보유(杏莊太音補遺)》 등의 금서에 수록되어 있다.

7 설창야화(雪窓夜話) : 겨울밤 옛일을 그리워하는 분위기의 금 연주곡. 작자는 미상이다. 명나라의 금 전문가인 양가삼(楊嘉森, ?~?)이 편찬한 《금보정전(琴譜正傳)》 등의 금서에 수록되어 있다.

8 의란(漪蘭) : 《의란조(漪蘭操)》 또는 《유란조(幽蘭操)》라고도 하며, 공자가 곡을 지었다고도 하고, 또는 공자가 지은 노랫말에 붙인 금곡(琴曲)이라고도 전한다. 후한(後漢) 채옹(蔡邕, 132~192)의 《금조(琴操)》에 곡명이 나올 정도로 유서 깊은 금곡이다.

9 양춘(陽春) : 봄의 분위기를 느끼게 하는 금 연주곡. 작자는 미상이다.

10 풍입송(風入松) : 중국 진(晉)나라의 문인 혜강(嵇康, 224~263)이 지은 시와 그 시를 주제로 하는 금 연주곡. 고려 때 같은 제목의 거문고곡 및 가사와는 구별되는 곡이다.

11 어풍행(御風行) : 중국 춘추전국시대 사상가인 열자(列子, 450~375)가 바람[風]을 타고[御] 세상을 주유했다는 고사를 주제로 하는 금 연주곡. 《열자어풍(列子御風)》이라고도 한다.

12 소상수운(瀟湘水雲) : 중국 남송시대 금 전문가인 곽초망(郭楚望, 1190~1260)이 지은 노래와 그 노래를 주제로 하는 금 연주곡.

13 안과형양(雁過衡陽) : 중국 송(宋)나라의 문인 범중엄(範仲淹, 989~1052)이 지은 《어가오(漁家傲)·추사(秋思)》를 주제로 하는 금 연주곡.

14 매화삼롱(梅花三弄) : 중국 동진(東晉)의 문인 환이(桓伊, ?~?)가 지은 시와 그 시를 주제로 하는 금 연주곡.

15 백설조(白雪操) : 중국 남북조시대 문인 유연자(劉涓子, 370?~450)가 지은 시 "양춘백설(陽春白雪)"과 그 시를 주제로 하는 금 연주곡.

③ 涼 : 저본에는 "源". 오사카본·규장각본·《遵生八牋·燕閒淸賞牋·論文房器具》에 근거하여 수정.

내 마음을 편안하게 하여 현포(玄圃)[16]에 노닐게 한다. 《초가(樵歌)[17]·《어가(漁歌)[18]》는 산수에서의 한가로운 마음을 울리고, 《곡구인(谷口引)[19]·《구각가(扣角歌)[20]》는 안개와 노을의 아취를 품게 한다.

사부(詞賦) 중에 《귀거래사(歸去來辭)[21]·《적벽부(赤壁賦)[22]》 역시 시가(詩歌)로 읊거나 흥을 부칠만한 악곡들이다. 맑은 밤 달이 밝을 때에 한두 곡을 타면 성품을 기르고 일신을 수양하는 방도가 여기에서 벗어나지 않는다. 어찌 사동(絲桐)[23]을 귀만 즐겁게 하는 계책으로 여기겠는가. 《준생팔전》[24]

《漁歌》, 鳴山水之閑心;《谷口引》,《扣角歌》, 抱煙霞之雅趣.

詞賦若《歸去來》,《赤壁賦》, 亦可以咏懷寄興. 清夜月明, 操弄一二, 養性修身之道, 不外是矣. 豈以絲桐爲悅耳計哉?《遵生八牋》

2) 재목 고르기

예로부터 금의 재목 고르는 일을 논하는 경우에는 지증(紙甑)[25]·수조(水槽, 물구유)·목어(木魚)[26]·북

擇材

自昔論擇材者, 曰紙甑、水槽、木魚、鼓腔、敗棺、古梁

---

16 현포(玄圃) : 전설로 전해지는, 곤륜산(崑崙山) 위의 신선이 사는 곳.

17 초가(樵歌) : 중국 송나라의 시인 주돈유(朱敦儒, 1081~1159)가 지은 고금 연주곡. 《태평초가(太平樵歌)》라고도 한다.

18 어가(漁歌) : 배를 타고 세상을 주유하는 광경을 노래한 시와 그 시를 주제로 하는 금 연주곡. 작자는 미상이다.

19 곡구인(谷口引) : 중국 진(晉)나라의 문인 좌사(左思, 250?~305?)가 벼슬을 그만두고 심산유곡에 은거하며 지은 시와 그 시를 주제로 하는 금 연주곡.

20 구각가(扣角歌) : 중국 춘추시대 위(衛)나라 사람 영척(甯戚, ?~?)이 제(齊)나라의 환공(桓公) 앞에서 소의 뿔[角]을 두드리면서[扣] "내 평생 요순(堯舜)을 만나보지 못하겠네(生不遭堯與舜)."라 말하며 탄식하자 환공이 영척을 등용시켰다는 고사를 주제로 한 금 연주곡.

21 귀거래사(歸去來辭) : 도잠이 지은 산문시. 관직을 그만두고 고향으로 돌아가서 은거하는 생활에 대한 기대감과 심경을 노래한 작품이다.

22 적벽부(赤壁賦) : 중국 송(宋)나라의 문장가인 소식(蘇軾, 1037~1101)이 삼국시대 적벽전투를 주제로 쓴 산문시. 촉나라 유비와 오나라 손권의 연합군이 위나라의 조조 군대를 상대로 싸운 장소가 호북성(湖北省) 가어현(嘉魚縣) 북동쪽 양자강에 있는 적벽이다. 《전(前)적벽부》·《후(後)적벽부》가 있다.

23 사동(絲桐) : 실과 오동나무, 즉 금.

24 《遵生八牋》 卷15 〈燕閒清賞牋〉 中 "論文房器具" '琴劍'(《遵生八牋校注》, 591쪽).

25 지증(紙甑) : 종이를 만들 때 쓰는 나무 시루.

26 목어(木魚) : 불전사물(佛殿四物)의 하나로, 나무를 잉어 모양으로 만들어 기둥에 매달고 사찰의 행사가 있을 때 두드리는 기구. 어고(魚鼓)라고도 한다.

통·망가진 관(棺)·오래된 들보와 기둥·서까래를 언급한다. 그러나 이 중 들보와 기둥은 무거운 물건에 눌려 나뭇결이 상했을 수도 있고, 망가진 관은 오동나무로 만든 경우가 적고, 지증(紙甑)과 수조(水槽)는 두께가 얇고 머금은 습기가 너무 많은 단점이 있다. 오직 목어와 북통만이 새벽과 저녁마다 종소리를 가까이해서 쇳소리가 스며들었기 때문에 가장 좋은 재목이 된다. 그러나 역시 두들겨서 나무가 상했을 우려가 있으니, 다른 경우와 달리 재료를 고를 때 직접 가서 봐야 한다.

옛날 오월(吳越)의 충의왕(忠懿王)27 전숙(錢俶)이 사자(使者)를 보내어 금의 재료를 고르도록 했다. 그 사자가 천태산(天台山)28에 이르러 산사(山寺)에서 묵었다. 그는 밤중에 폭포소리가 바로 처마 밖에서 나는 것을 들었다. 그가 새벽에 일어나 바라보니 폭포 아래 물이 돌로 흘러들어 가는 곳이 한 가옥의 기둥과 정면으로 마주보고 있었고, 그 기둥은 또 해를 향하고 있었다. 그는 '만약 이것이 오동나무라면 좋은 금 재목이 여기에 있다.'라고 혼자서 생각한 다음 칼로 그 기둥을 깎아보니, 과연 오동나무였다. 마침내 햇볕을 받는 쪽으로 금 2개 분량의 재목을 취한 다음 역(驛)으로 말을 달려가 왕에게 바쳤다. 1년이 지난

柱、榱桷. 然梁柱恐爲重物壓損紋理, 敗棺少用桐木、紙甑、水槽患其薄而受濕氣太多. 惟木魚、鼓腔, 晨夕近鍾鼓, 爲金聲所入, 最爲良材. 然亦有敲損之患, 別有擇材往監.

昔吳 錢忠懿王遣使擇材, 至天台宿山寺. 夜聞瀑布聲正在簷外, 晨起視之, 瀑下淙石處, 正對一屋柱, 而柱且向日. 私念'若是桐木, 則良琴在是', 以刀削之, 果桐也. 遂取陽面二琴材, 馳驛以獻④. 俟一年斲成, 一日"洗凡", 二日"淸絕", 遂爲曠代之寶. 後葉夢得得而上之, 云："是擇材之良法."

---

27 충의왕(忠懿王) : 중국의 오대십국시대 오월(吳越)의 왕 전숙(錢俶, 929~988). 원래 이름은 홍숙(弘俶), 자는 문덕(文德). 재위년은 948~978년이다.
28 천태산(天台山) : 중국 절강성(浙江省) 천태현(天台縣) 북쪽에 있는 산. 주봉인 화정산(華頂山)의 높이는 해발 1,098m.
④ 獻 : 《洞天淸祿集·古琴辯》에는 "聞".

뒤에 깎아서 금을 완성한 다음 첫째 금은 '세범(洗凡)'
이라 하고 둘째 금은 '청절(清絕)'이라 했는데, 마침내
오랜 세대에 걸친 보배가 되었다. 후에 섭몽득(葉夢
得)29이 그것을 얻고서 높여서, "이것은 금 재목을 고
르는 좋은 방법이다."라 했다.

대체로 오동나무의 재질은 이미 알찬 데다 또한
천여 년을 지나면서 나뭇진이 다 빠지고 여기에다
많은 바람을 쐬고 충분히 햇볕에 쬐었으며 쇠와 돌
과 물의 소리가 스며들었고, 있던 곳도 탁 트이고 깨
끗하고 그윽하며 조용하고 한가한 땅이어서 속세의
시끄럽고 잡된 온갖 소리를 듣지 않은 것을 가져다
금을 만든다면, 이런 금이 어찌 천지의 조화(造化)와
같이 오묘해지지 않을 수 있겠는가?《동천청록》30

大抵桐材旣堅而又歷千餘
年, 木液已盡, 復多風日
吹曝之, 金、石、水聲感入
之, 所處在空曠淸幽蕭散
之地, 而不聞塵凡喧雜之
聲, 取以制琴, 烏得不與造
化同⑤妙?《洞天淸錄》

오동나무가 너무 푸석푸석하면서 나뭇결이 성
기면, 이런 나무로 만든 금의 소리도 대부분 뜨면
서 텅 빈 듯하다. 알차고 실하며 세밀한 실처럼 무늬
와 나뭇결이 가지런하고 가지가 제멋대로 쭉 뻗어 굽
지 않은 나무를 골라야 하는데, 이것은 충분히 좋
은 재료이긴 해도 역시 따로 뽑아서 빼어난 재목의
반열에 넣을 수는 없다. 그중에 따로 뽑아서 재목
의 반열에 넣었어도 거칠고 성기면서 물러터진 나무

桐木太鬆而理疎, 琴聲多
泛而虛. 宜擇緊實而紋理
條條如絲線細密, 條達不
邪曲者, 此十分良材, 亦以
搯不入爲奇. 其搯得入而
麤疎柔脆者, 多是花桐.
乃今用作漆器胎素者, 非
梧桐也, 今人多誤用之.

---

29 섭몽득(葉夢得): 1077~1148. 중국 송나라의 문인. 자는 소온(少蘊), 호는 석림거사(石林居士). 복건안무
사(福建安撫使) 등을 역임하였고, 학문에 통달하였는데 특히 사(詞)에 뛰어났다. 만년에 고향인 변산의 석
림곡에 은거하면서 저술활동을 했다. 저서로《피서록화(避暑錄話)》·《석림시화(石林詩話)》등이 있다.

30 《洞天淸祿集》〈古琴辯〉(《叢書集成初編》1552, 2쪽).

⑤ 同:《洞天淸祿集·古琴辯》에는 "爲".

는 대부분 화동(花桐)[31]이다. 이는 곧 지금 칠기(漆器)의 태소(胎素)[32]를 만드는 데 사용하는 나무이니, 금을 만드는 오동나무는 아니다. 지금 사람들은 대다수가 잘못 사용하고 있다.《동천청록》[33]

同上

오동나무로서 세월이 오래 지나면 나뭇진이 다 빠지고, 자색(紫色)이 속까지 침투하여 백색이 완전히 없어지고, 게다가 조직이 더욱 조밀해지니 이러한 재목이면 비로소 좋은 재목이라 부를 수 있다.《동천청록》[34]

桐木年久, 木液去盡, 紫色透裏, 全無白色, 更加細密, 方稱良材. 同上

고금(古琴)의 음재(陰材)와 양재(陽材)를 구별할 때, 대개 오동나무가 해를 마주보고 있어 햇볕이 비추는 면이 양재이고, 해를 마주보지 않는 면이 음재이다. 만약 이를 믿지 못하겠다면 새것이나 오래된 오동나무를 가져다가 물 위에 놓아보면 양면(陽面)은 뜨고 음면(陰面)은 반드시 가라앉기 마련이니, 비록 뒤집어 놓기를 2~3번 해보더라도 이 결과는 바뀌지 않는다.

古琴陰、陽材者, 蓋桐木面陽日照者爲陽, 不面日者爲陰. 如不信, 但取新舊桐木置之水上, 陽面浮之, 陰必沈, 雖反覆[6]之再三, 不易也.

또 하나의 확인 방법이 있는데, 양재로 만든 금은 아침에는 소리가 탁하고 저녁에는 맑으며[35], 맑은 날에는 탁하고 비오는 날에는 맑다. 반면 음재로 만

更有一驗, 陽材琴, 朝濁而暮淸, 晴濁而雨淸; 陰材琴, 朝淸而暮濁, 晴淸而雨

---

31 화동(花桐) : 오동나무의 일종. 백화동(白花桐)은 나뭇결이 거칠고 재질이 비교적 무르다. 자화동(紫花桐)은 나뭇결이 세밀하고 재질이 견고하다.

32 태소(胎素) : 형태는 잡혔는데 아직 옻칠을 하지 않은 백골 상태의 목기(木器).

33 《洞天淸祿集》〈古琴辯〉《叢書集成初編》1552, 3쪽).

34 《洞天淸祿集》〈古琴辯〉《叢書集成初編》1552, 4쪽).

35 아침에는……맑으며 : 악기 소리와 관련해 청탁(淸濁)을 쓸 때, 맥락에 따라서는 맑은 것(淸)은 음높이가 높은 것, 탁한 것(濁)은 음높이가 낮은 것을 가리킬 수도 있다.

6 覆 : 오사카본·《洞天淸祿集·古琴辯》에는 "復".

든 금은 아침에는 소리가 맑고 저녁에는 탁하며, 맑은 날에는 맑고 비오는 날에는 탁하다. 이것은 곧 신령스러운 물건으로, 천지의 조화와 더불어 기함(機緘)³⁶을 함께 하니 다른 물건에 견줄 수 있는 물건이 아니다. 《동천청록》³⁷

濁. 此乃靈物, 與造化同機緘, 非他物比也. 同上

지금 사람들은 대부분 금의 위판 재목은 가리지만, 밑판의 재목은 가리지 않는다. 그래서 비록 법식대로 만들었어도, 이 금에서 역시 맑은 소리가 나오지 않는다. 대개 금은 위판으로 소리를 취하고, 바닥으로 소리를 모은다. 따라서 밑판 재목이 단단하지 않으면 소리가 반드시 흩어지고 사라진다. 밑판 재목을 고르는 법은 500~700년 묵은 가래나무[梓木]를 취해야 하고, 이 나무를 톱질하여 쪼개보고 손톱으로 눌러보았을 때 단단하여 손톱이 들어가지 않는 재목이면 비로소 좋은 재목이다. 《동천청록》³⁸

今人多擇面不擇底. 縱依法製之, 琴亦不清. 蓋面以取聲, 底以匱聲. 底木不堅, 聲必散逸. 法當取五七百年^⑦舊梓木, 鋸開以指甲搯之, 堅不可入者方是. 同上

옛사람은 오동나무와 가래나무를 오랫동안 물속에 담가 놓았다가, 또 꺼내어 부뚜막 위에 걸어 놓거나 바람을 쐬고 햇볕에 쬔다. 하지만 온갖 종류의 방법을 궁리하더라도 결국은 천연 그대로인 재목만

古人以桐、梓久浸水中, 又取以懸竈上, 或吹曝以風日. 百種用意, 終不如自然者. 蓋萬物在天地間必歷

---

36 기함(機緘): 하늘과 땅이 움직이는 원리나 힘. 《장자(莊子)》에 나오는 다음 글에서 유래한다. "하늘은 어째서 움직이는가? 땅은 어째서 멈추어 있는가? 해와 달은 어째서 장소를 다투고 있는가? 이것을 누가 주관하는가? 누가 그 원리를 유지하는가? 누가 일 없이 가만히 있으면서 이를 시행하는 것인가? 어쩌면 그것들이 어떤 기틀[機]에 묶여 있어[緘] 그칠 수 없는가? (天其運乎? 地其處乎? 日月其爭於所乎? 孰主張是? 孰維綱是? 孰居無事而推行是? 意者其有機緘而不得已邪?)" 《莊子》〈外篇〉 "天運" 第14.
37 《洞天淸祿集》〈古琴辯〉(《叢書集成初編》1552, 1~2쪽).
38 《洞天淸祿集》〈古琴辯〉(《叢書集成初編》1552, 3쪽).
⑦ 年: 저본에는 없음. 《洞天淸祿集·古琴辯》에 근거하여 보충.

못하다. 대개 만물은 천지간에서 반드시 많은 세월을 거친 뒤에야 음양의 기운을 충분히 받아서 좋은 재목이 된다.

만물은 저절로 왕성하다가 쇠해지고, 쇠해졌다가 늙어가며, 늙어가다가 마침내 죽는다. 음양의 기운이 모두 사라진 뒤에야 본원(本源)[39]으로 돌아가 다시 태허(太虛)[40]와 한몸이 되니, 이런 최상의 경지라야 천지의 조화와 공효를 함께할 수 있다. 그러니 이 어찌 사람의 힘으로 이룰 수 있는 일이겠는가. 어찌 바람을 쏘이고 햇볕을 쬔다고 이룰 수 있는 경지이겠는가. 《동천청록》[41]

나무 중에 추재(楸梓, 가래나무의 일종)가 있는데, 이를 톱질하여 쪼개보면 연한 자흑(紫黑)색이다. 금의 밑판을 만드는 데에 사용한다. 또 심재가 누런 가래나무가 있는데, 그 나뭇결은 종가시나무[櫧][42]와 매우 비슷하면서 극히 세밀하다. 그러나 심재가 황백(黃白)색인 가래나무는 금의 재목이 될 수 없으니, 만약 이로써 다른 기물을 만든다면 잘 썩지는 않지만, 좋은 금의 재목은 아니다. 옻나무도 역시 가래나무와 비슷한데, 대개 진액이 단단하게 응고된 옻나무를 취한다. 옛사람도 옻나무를 금의 재료로 삼았는

年多, 然後受陰陽氣足而成材.

自壯而衰, 衰而老, 老而死. 陰陽之氣去盡, 然後反本還元, 復與太⑧虛同體, 其奇好處, 乃與造化同功. 此豈人力所能致哉? 豈吹曝所能成哉? 同上

有楸梓, 鋸開, 色微紫黑, 用以爲琴底者. 有黃心梓, 其理正類櫧木而極細, 黃白不堪, 若作器用, 難朽, 非琴材也. 漆木亦類梓, 蓋取其漆液堅凝. 古人亦以爲材料, 須不經取漆而老大者方可用. 同上

---

39 본원(本源): 만물이 시작되게 된 최초의 근원. 본원적 실체. 이 실체에 대하여는 각 학문과 주의(主義)별로 정신이라고도 하고 물질의 최소 입자라고도 하여 의견이 분분하다.
40 태허(太虛): 아무것도 없는 최초의 상태.
41 《洞天淸祿集》〈古琴辯〉(《叢書集成初編》1552, 4쪽).
42 종가시나무[櫧]: 참나무과의 활엽 교목. 10m 정도 크기로 자라며 도토리 모양의 열매가 열린다.
⑧ 太: 저본에는 "大". 《洞天淸祿集·古琴辯》에 근거하여 수정.

데, 이때는 반드시 옻을 채취한 적이 없고 늙고 큰 나무라야 비로소 쓸 수 있다. 《동천청록》43

밑판과 위판 모두 오동나무를 쓴 금을 '순양금(純陽琴)'이라 한다. 예전에는 이렇게 만든 금이 없었는데 근래에 와서 이렇게 만든다. 해가 저문 밤이나 음산하게 비가 올 때에 이 금을 연주하면 소리가 가라앉지 않아 결코 소리가 멀리 전달되지 못하니, 대개 소리가 실하지 못하기 때문이다. 《동천청록》44

底面俱用桐, 謂之"純陽琴". 古無此製, 近世爲之. 取其暮夜, 陰雨之際, 聲不沈然⑨, 必不能達遠, 蓋聲不實也. 同上

금의 재목으로는 오동나무로 만든 위판에 가래나무로 만든 밑판인 금이 상등품이고, 순전히 오동나무로 만든 금이 그다음이고, 오동나무 위판에 삼나무로 만든 밑판인 금은 또 그다음이다. 금은 오동나무를 양목(陽木)으로 삼고 가래나무를 음목(陰木)으로 삼는다. 나무에 음목과 양목을 사용하는 까닭은 서로 짝을 지음을 취하여 조화로움을 얻기 위함이다.

琴材, 桐面梓底者爲上, 純桐者次之, 桐面杉底者又次之. 琴取桐爲陽木, 梓爲陰木, 木用陰陽, 取其相配而召和也.

그러나 옛사람들이 순전히 오동나무만을 사용한 뜻은, 또한 오동나무의 양면(陽面)을 위판으로 삼고 음면(陰面)을 밑판으로 삼아 음양을 구분하기 위해서이다. 또 가래나무의 성질이 쉬 갈라지는 점을 우려해서 밑판을 만들 때는 쓰지 않은 것이다.

然古人純用桐木之意, 亦取桐之陽面爲面, 陰面爲底以分陰陽, 恐梓性紐裂⑩, 不用爲底.

---

43 《洞天清祿集》〈古琴辯〉(《叢書集成初編》1552, 4쪽).
44 《洞天清祿集》〈古琴辯〉(《叢書集成初編》1552, 3쪽).
⑨ 然: 저본에는 "默".《洞天清祿集·古琴辯》에는 근거하여 수정.
⑩ 裂: 저본에는 "烈".《遵生八牋·燕閒淸賞牋·論文房器具》에 근거하여 수정.

그러므로 오동나무 중에 해를 향하고 있던 쪽을 물속에 잠기게 하면 그 양면(陽面)이 위로 향하고, 그늘을 등지고 있던 음면(陰面)은 아래를 향하여, 양면은 뜨고 음면은 잠긴다. 이때 위로 향한 쪽을 양면으로 삼아 위판을 만들고, 아래로 향한 쪽을 음면으로 삼아 밑판을 만드니, 이것 또한 음양의 이치를 본받는 것이다. 《준생팔전》45

故以桐木向日者, 沈之水中, 其陽面向上, 背陰者向下, 陽浮陰沈. 取上爲陽爲面, 用下爲陰爲底, 是亦法陰陽也.《遵生八牋》

일반적으로 나무는 뿌리쪽은 실하고 가지쪽은 비어 있는데, 오직 오동나무만은 그 반대이다. 시험 삼아 작은 가지를 가져다 깎아보면, 모두 밀랍처럼 단단하고 실하지만, 그 뿌리쪽은 모두 가운데가 텅 비어 있다. 그러므로 세상에서 오동나무의 곁가지[孫枝]를 중요하게 여기는 이유는 그 성질이 실함을 중요하게 여기기 때문이다. 나무가 실하므로 금의 현이 내는 소리 속에 나무의 소리가 있는 것이다. 《동파지림(東坡志林)46》47

凡木本實而末虛, 惟桐反之. 試取小枝削, 皆堅實如蠟而其本皆中虛空, 故世所以貴孫枝者, 貴其實也. 實故絲中有木聲.《東坡志林》

대대로 전해오는 말로는 석상동(石上桐)48이 가장 좋다고 한다. 그러나 돌 위에서 자란 오동나무라도 땅 위에서 7~8척 정도 떨어져 있어야 좋다. 옹이 때문에 굽은 무늬가 많으면 반드시 나뭇결이 어둡고

世傳石上⑪桐最好. 然生石上者, 去地上七八尺許, 臃腫多旋紋者, 必木理沈濁, 造琴⑫聲亦不淸. 須擇

---

45 《遵生八牋》卷15〈燕閒淸賞牋〉中 "論文房器具" '古琴新琴之辨'(《遵生八牋校注》, 606쪽).

46 동파지림(東坡志林): 중국 송나라의 문장가이자 관료였던 소식(蘇軾, 1037~1101)의 문집. 소식의 자는 자첨(子瞻), 호는 동파거사(東坡居士)이다.

47 출전 확인 안 됨;《格致鏡原》卷65〈木類〉"桐".

48 석상동(石上桐): 돌 위에서 자라다 말라 죽은 오동나무.

⑪ 上: 저본에는 "山".《樂學軌範·鄕部樂器圖說·玄琴》에 근거하여 수정.

혼탁해서 이것으로 금을 만들 경우 소리가 역시 맑지 못하다. 그러므로 높이 있던 가지이면서 굽은 흔적이 없고 나뭇결이 곧은 재목을 골라야만 비로소 금을 만들 수 있다. 만약 높이 있던 가지를 얻었다면, 비록 석상동이 아니더라도 좋다.《악학궤범(樂學軌範)[49]》[50]

高枝無旋痕理直者, 乃可造. 若得⑬高枝, 則雖非石上桐亦好.《樂學軌範》

3) 진(軫)[51]의 품등

옥으로 만든 진은 화려하게 만들지 않는다. 꽃무늬가 새겨져 있으면 쉽게 돌릴 수 있으며 수수하면 때를 타지 않는다. 자단(紫檀)이나 무소뿔로 만든 진도 좋다.《동천금록(洞天琴錄)[52]》[53]

軫品

玉者, 不爲之華. 有花則易轉, 素不受汚. 紫檀、犀角者亦可.《洞天琴錄》

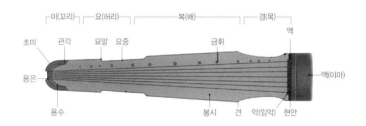

금의 면(《칠현금경(七絃琴經)》)

---

49 악학궤범(樂學軌範) : 조선의 성현(成俔, 1439~1504) 등이 궁중음악 이론과 실제를 정리하여 1493년에 편찬한 악서(樂書). 악률(樂律) 이론과 제향(祭享) 및 조회(朝會) 음악의 악조(樂調)와 가사에서부터 악기의 진설(陳設), 정재춤의 진퇴(進退), 악기·의물(儀物)·관복(冠服)에 이르기까지, 제향·조회·연향의 음악 연주에 필요한 사항들이 빠짐없이 기록되어 있으며, 성종 당시까지의 궁중음악 전반을 이해하는 데 필요한 좋은 자료이다.

50 《樂學軌範》卷7〈鄕部樂器圖說〉"玄琴". (국립국악원DB, 190쪽)

51 진(軫) : 금이나 거문고의 머리 뒤나 끝에 줄을 감아 매는 조그마한 말뚝. 진을 감고 풀어서 줄을 팽팽하게 하거나 느슨하게 한다.

52 동천금록(洞天琴錄) : 중국 송나라의 문인 조희곡(趙希鵠, 1170~1242)이 금에 대해 기록한 서적. 그 내용 중 일부가《동천청록(洞天淸祿)》에 수록되어 있다.

53 출전 확인 안 됨;《遵生八牋》卷15〈燕閒淸賞牋〉中 "論文房器具"'琴窓雜說'(《遵生八牋校注》, 608쪽).

⑫ 必木理沈濁造琴 : 저본에는 "理沈濁造琴必木".《樂學軌範·鄕部樂器圖說·玄琴》에 근거하여 수정.

⑬ 直者乃可造若得 : 저본에는 "乃可造若得直者".《樂學軌範·鄕部樂器圖說·玄琴》에 근거하여 수정.

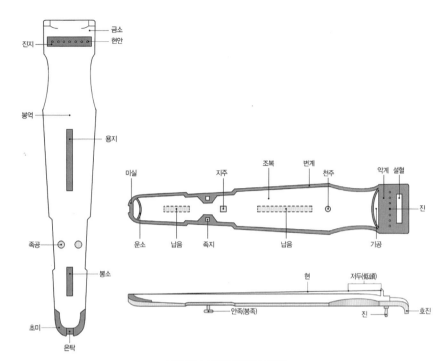

금의 밑판과 측면(《칠현금경(七絃琴經)》)

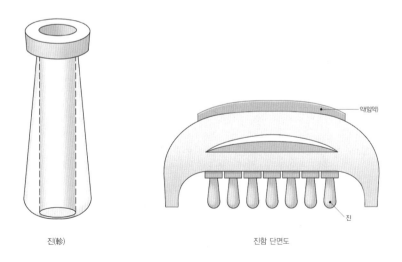

진(軫)

진함 단면도

4) 휘(徽)[54]의 품등

옛사람들이 금(金)이나 옥(玉)으로 만든 휘를 사용하지 않고 방휘(蚌徽, 자개로 만든 휘)를 귀하게 여긴 까닭은, 대개 자개에는 광채가 있어서 달빛을 받아 반사하면 더욱 빛을 발하여 휘의 모양이 명료하고 분명해지기 때문이다. 이것이 바로 '달을 마주보고 무릎 위에 금을 눕혀 연주한다.'는 말이다. 만약 금이나 옥으로 만든 휘였다면 그렇지 않은데, 지금 사람들은 이 이치를 아는 자가 거의 없다. 그러나 바다에서 난 진주조개를 사용해야만 하는데, 그 까닭은 더욱 광채가 많이 나기 때문이다. 《동천청록》[55]

금(琴)에다 금이나 옥으로 휘를 만들면 이는 귀중한 기물임을 보여준다. 그러나 이런 보석 때문에 늘 금(琴)이 재앙을 입을 염려가 있으니, 바다에서 난 진주조개로 휘를 만드느니만 못하다. 진주조개 휘는 맑은 밤에 금을 타면, 휘가 달빛을 받고 빛나 한층 더 밝고 맑게 느낀다. 휘의 광채가 눈에 비쳐 소리 내기를 정확히 할 수 있음이지 또한 속된 것이 아니다.

가령 노옹(老翁, 늙은이)이 맑은 밤에 잠을 이루지 못하고 금으로 시름을 해소하려 할 때에, 만약 금방(金蚌, 금을 입힌 조개조각)으로 휘를 만든 금을 탄다면 광택이 있어서 등불이나 달빛에 눈이 현란해지므로

徽品

古人所以不用金玉而貴蚌徽者, 蓋蚌有光彩, 得月光相射, 則愈煥發, 了然分明, 此正謂"對月及膝上橫琴." 設若金玉則否, 今人少知此理. 然當用海産珠蚌, 更多光采.《洞天清錄》

琴以金玉爲徽, 示重器也. 然每爲琴災, 不若以産珠蚌爲徽. 清夜彈之, 得月光相映, 愈覺明朗, 光彩射目, 取音了然, 亦不俗.

若老翁清夜不寐, 以琴消遣, 如用金蚌爲徽, 則有光色, 燈, 月炫目, 不便老視. 惟白日照之, 無光爲宜.

---

54 휘(徽) : 금의 줄을 고르는 자리를 표시하기 위해 금의 위판 한 쪽에 자개나 금옥(金玉) 등을 일렬로 박아 넣은 것. 총 13개이다.
55 《洞天清錄集》〈古琴辯〉(《叢書集成初編》1552, 7쪽).

노인의 눈에는 불편하다. 단지 대낮에 햇빛이 비쳐 《洞天琴錄》
도 빛나지 않을 정도가 알맞다. 《동천금록》[56]

5) 현(絃)의 품등

絃品

현사(絃絲, 금의 줄로 쓰는 실)는 촉중(蜀中)[57]의 현사가 상등품이고, 진중(秦中)[58]과 낙하(洛下)[59]의 현사가 그다음이고, 산동(山東)[60]과 강회(江淮)[61]의 현사는 하등품인데, 이것은 물과 토질 때문에 그러하다. 지금은 다만 백색의 자사(柘絲, 산뽕나무의 누에에서 뽑은 실)로 만든 현사가 상등품이고, 추잠(秋蠶, 가을누에에서 뽑은 실)으로 만든 현사가 그다음이다. 현으로 빙현(氷絃)[62]을 쓰는 까닭은 그 타고난 성질에 천연의 빼어남이 있기 때문이다. 주현(朱絃)[63]을 쓰는 경우, 미세한 색에 소리가 막힘으로 인해 조금 탁해져서 그 본래의 참된 소리를 잃는다. 《동천금록》[64]

絃絲蜀中爲上，秦中、洛下爲次，山東、江淮爲下，此由水土使然也。今只用白色柘絲爲上，秋蠶次之。絃取氷者，以素質有天然之妙。若朱絃則微色所[14]滯，稍濁而失其本眞也。《洞天琴錄》

---

56 출전 확인 안 됨;《考槃餘事》卷2〈琴箋〉"琴徽"(《叢書集成初編》1559, 46쪽).

57 촉중(蜀中): 중국 사천성(四川省) 중부 지역. 춘추전국 시대에 진(秦)나라의 영토가 있던 지역.

58 진중(秦中): 중국 섬서성(陝西省) 중부 평원 지역. 춘추전국 시대에 진(秦)나라의 영토에 속한 지역으로, 관중(關中)이라고도 한다.

59 낙하(洛下): 중국 하남성(河南省) 낙양(洛陽)의 이칭.

60 산동(山東): 중국 산동성(山東省) 지역. 산동반도에 위치하고 있으며 황하 하류에 속한다.

61 강회(江淮): 중국 양자강(揚子江) 북쪽과 회수(淮水) 남쪽 사이에 있는 지역.

62 빙현(氷絃): 빙잠(氷蠶)이라는 누에에서 뽑아낸 실로 만든 현. 금의 현 중에서 최상품에 속한다. 중국 남송(南宋)의 증조(曾慥)가 지은 《유설(類說)》권5〈연북잡기(燕北雜記)〉에 빙잠(氷蠶)을 살펴보면, "원교산(員嶠山)에는 빙잠(氷蠶)이 있는데, 크기는 0.7척이고, 비늘이 있다. 눈서리로 덮어 놓아야만 고치를 짓는데, 고치의 길이는 1척이나 되고, 이것으로 비단을 짜면 물에 넣어도 젖지 않는다.(員嶠山有氷蠶, 長七寸, 有鱗. 覆以雪霜作繭, 長一尺, 織爲文錦, 入水不濡)"라 했다. 보통은 거문고 현의 미칭으로 쓰이기도 한다.

63 주현(朱絃): 숙사(熟絲, 삶아 익힌 명주실)로 만든 현.

64 《考槃餘事》卷2〈琴箋〉"琴絃"(《叢書集成初編》1559, 46~47쪽).

[14] 所: 저본에는 "新".《考槃餘事·琴箋·琴絃》에 근거하여 수정.

6) 금 만드는 법

나(소식)의 집에 금이 있는데, 그 악(嶽)[65]은 사이로 손가락이 들어가지 않을 만큼 붙어 있어 현이 풀리지 않는다. 이것이 최고의 금이 지닌 빼어남이니, 뇌문(雷文)[66]의 금이 유독 그러했다. 뇌문은 그 법식대로 만들고자 했지만 제대로 되지 않으면 곧 부숴버렸다. 그런데 내가 소장하고 있는 그 뇌문의 금은 법식대로 구하여 완성한 금이다. 금 소리는 양지(兩池)[67] 사이에서 나오는데, 금 뒷면이 마치 염교[薤]의 잎처럼 약간 솟아올라, 소리가 나오려다 막혀 빙 돌면서 떠나지 못하니, 그래서 여운이 있게 된다. 이것이야 말로 가장 전수되지 않은 빼어남이다. 《동파지림》[68]

製法

余家有琴, 其嶽不容指而絃不收, 此最琴之妙而雷琴獨然. 求其法, 不可得乃破, 其所藏雷琴求之. 琴聲出於兩池間, 其背微隆若薤葉然, 聲欲出而隘, 裵回不去, 乃有餘韻. 此最不傳之妙.《東坡志林》

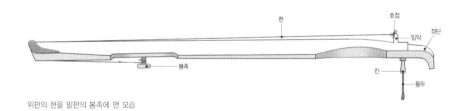

위판의 현을 밑판의 봉족에 맨 모습

금의 배[腹] 부분을 만들 때에는 봉족(鳳足)[69]을 붙일 자리를 두어야 하는데, 이 곳을 조금 좁게 만들

製琴腹, 宜安鳳足處, 須小阨之, 過足則復寬之. 蓋

---

65 악(嶽) : 악(岳), 악산(嶽山), 또는 임악(臨岳)이라고도 하며, 브리지(bridge)이다. 금의 이마 쪽에서 일곱 현이 나오기 시작할 때 맨 처음 받치는 가로 막대이다.

66 뇌문(雷文) : ?~?. 중국 당(唐)나라의 금 제작자. 장월(張越, ?~?)과 함께 우수한 금을 만드는 명인으로 알려져 있다.

67 양지(兩池) : 금의 밑판, 용지(龍池)와 봉소(鳳沼)를 말한다. 용지와 봉소는 세로로 나 있는 장방형의 구멍이며, 머리 쪽의 봉소가 꼬리 쪽의 용지보다 크기가 약간 작다. 이 용지와 봉소는 금의 소리가 울려 퍼지도록 한다.

68 출전 확인 안 됨;《說郛》卷100〈雜書琴事 蘇軾〉 "家藏雷琴"(《文淵閣四庫全書》881, 653쪽).

69 봉족(鳳足) : 금의 밑판, 배와 허리 경계 부근에 붙이는 2개의 발. 금족(琴足) 또는 안족(雁足)이라고도 한다.

고, 봉족을 지나면 다시 넓게 만든다. 대개 소리는 좁은 곳을 지나가면 바로 통과하지 못했다가, 좁은 곳을 지나 넓어지면 다시 유유히 퍼져 나간다. 이는 여운을 길게 울리게 하는 방법으로, 곧 당나라 뇌문의 비법이다. 이는 금의 배 부분의 가로로 너비를 논한 것으로, 위판과 밑판 모두 그러하다. 좁아지는 곳에 봉족 구멍(족공)을 뚫는다. 《동천청록》70

금족(琴足)은 대추나무 심재·황양목(黃楊木, 회양목) 및 오목(烏木)71을 사용해야 하는데, 대개 단단하고 실한 점을 취한 것이다. 금족의 아래 부분은 쇠처럼 평평하게 해야 하며, 뾰족하거나 오목한 것은 절대 금한다. 금족의 자루와 이 자루를 끼울 금의 구멍은 반드시 크기가 서로 맞고 털끝만큼의 차이도 없어야 한다. 만약 금족의 자루가 끼울 구멍보다 작아서 종이로 빈틈을 메꾸면, 금의 소리는 반드시 뜨게 된다. 악(嶽)·진(軫)·초미(焦尾)72도 역시 이 3가지 종류의 나무를 사용해야 하고, 절대 금·옥·무소뿔·상아로 장식해서는 안 된다. 그렇게 하면 도둑을 불러

聲過阨則不直達, 過阨寬則復悠揚而出, 所以韻長, 乃唐 雷文秘法. 此論琴腹橫廣也, 面底皆然, 於阨處穿鑿足.《洞天清錄》

琴足宜用棗心、黃楊及烏木, 蓋取堅實. 足之下須⑮令平如鐵, 切忌尖與凹. 足之柄與琴之鑿, 必小大相當, 毋差毫釐. 若柄小而以紙副之, 琴聲必泛. 嶽軫、焦尾, 亦宜用此三等木, 切不可以金玉⑯、犀象爲飾, 多誨盜. 同上

---

70 《洞天淸祿集》〈古琴辯〉(《叢書集成初編》1552, 4쪽).

71 오목(烏木) : 흑단(黑檀) 줄기 중심부의 검은 부분. 재질이 몹시 단단해서 젓가락이나 문갑 등을 만들 때 쓴다.

72 초미(焦尾) : 금의 꼬리 부분. 중국 후한(後漢)의 문인 채옹(蔡邕, 133~192)이 소장했던 금은 불에 타서 끄트머리[尾]가 그을려[焦] 있었다는 다음 고사에서 유래한다. "오(吳)지역 사람이 오동나무를 태워 불을 피우고 있을 때 채옹은 그 불길이 강렬하게 타오르는 소리를 듣고 그것이 좋은 재목임을 알았다. 그래서 타다 만 나무를 달라고 하여 그 재목을 잘라 금을 만들었는데 과연 금소리가 훌륭했다. 그런데 그 끄트머리가 여전히 그을려 있었으므로 그때 사람들은 '초미금'이라 했다.(吳人有燒桐以爨者, 邕聞火烈之聲, 知其良木. 因請而裁爲琴, 果有美音, 而其尾猶焦, 故時人名曰'焦尾琴'焉.)"《後漢書》卷90下〈蔡邕列傳〉第50下"蔡邕傳".

⑮ 須 : 저본에는 "無".《洞天淸祿集·古琴辯》에 근거하여 수정.

⑯ 玉 : 저본에는 "石". 오사카본·《洞天淸祿集·古琴辯》에 근거하여 수정.

들이는 일이 많다.《동천청록》[73]

뇌문과 장월(張越)[74]의 두 집안에서 조복(槽腹)[75]을 제작할 때에는 오묘한 비결이 있다. 이는 금의 밑판을 전체적으로 암키와처럼 약간 우묵하게 한 것이다. 대개 용지(龍池)와 봉소(鳳沼) 사이의 테두리는 약간 도톰하게 하고, 나머지는 모두 파내는데 바로 지금의 동전 뒷면 구멍이 뚫려 있는 곳과 같다. 그리고 테두리가 볼록하게 솟아 있어서 소리에 관폐(關閉, 빗장처럼 닫아 깊)가 있게 하는 것이다.

이미 그 위판과 밑면을 마치 기왓장 같이 서로 합치고, 용지와 봉소에 만든 테두리에도 관폐 역할을 하여 소리가 바로 나가지 않기 때문에 소리가 모여서 흩어지지 않는다. 그러니 어찌 금의 조복을 단단하고 깊음으로 따져 평하겠는가. 내가 일찍이 필사안(畢士安)[76]의 장월금(張越琴, 장월이 만든 금)을 보았는데, 용지와 봉소의 사이를 손가락으로 더듬어보니, 과연 이와 같았다.《동천청록》[77]

장인이 금을 만들기 위해 나무를 베고 깎는 일을

雷、張製槽腹, 有妙訣, 於琴底悉窪微令如仰瓦. 蓋謂於龍池、鳳沼之弦[17], 微[18]令有唇, 餘處悉窪之, 正如今銅錢之背穿眼處. 有弦[19]凸起, 令聲有關閉.

既取其面底若如瓦相合, 而池、沼之唇又關閉, 不直達, 故聲有所匱而不散, 豈論琴腹堅深也? 余嘗見畢文簡公 張越琴, 於池、沼間, 以指探之, 果如此. 同上

工人供斤削之役, 若繩墨

---

73 《洞天清祿集》〈古琴辯〉(《叢書集成初編》1552, 4~5쪽).

74 장월(張越) : ?~?. 중국 당나라의 금 제작자. 위의 뇌문과 함께 우수한 금을 만드는 명인으로 알려져 있다.

75 조복(槽腹) : 금의 몸통 부분.

76 필사안(畢士安) : 938~1005. 중국 송나라의 관료. 자는 인수(仁叟), 시호는 문간(文簡). 감찰어사(監察御史)·지제고(知制誥)·한림학사(翰林學士)를 거쳐 재상(宰相)을 역임했다.

77 《洞天清祿集》〈古琴辯〉(《叢書集成初編》1552, 5쪽).

[17] 弦 : 저본에는 "絃". 《洞天清祿集·古琴辯》에 근거하여 수정.

[18] 微 : 저본에는 "徵". 《洞天清祿集·古琴辯》에 근거하여 수정.

[19] 弦 : 저본에는 "絃". 《洞天清祿集·古琴辯》에 근거하여 수정.

할 때, 가령 먹줄로 치수를 재어 두께나 네모지거나
둥근 모양을 정하는 일은 반드시 금을 잘 타는 고매
한 선비가 주관해야 한다. 그래야 일 하나하나가 날
림으로 처리되지 않는다. 예를 들어 조복이나 금의
위판을 만드는 일은 하나의 일이 끝나야 비로소 다
른 하나의 일을 진행하도록 한다. 이때 반드시 잘 헤
아리고 살펴 생각해야 하니, 나무를 깎아서 제거하
고 나면 다시 늘릴 수 없기 때문이다. 하나의 금을
만들고 아울러 칠까지 하는 과정을 고려할 때 반드
시 3개월 혹은 6개월 정도 걸려야 비로소 제대로 처
리할 수 있다.

尺寸, 厚薄方圓, 必善琴高
士主之. 仍不得促辦每一
事. 如槽腹、琴面之類, 一
事畢方治一事. 必相度審
思之, 旣斲削去, 則不復可
增, 度造一琴幷漆, 必三月
或半年方辦.

밑판과 위판을 붙일 때에는 반드시 피지(皮紙, 닥
나무 종이) 두께로 아교를 칠한다. 붙이기를 마치면 금
을 탁자 위에 놓고 두꺼운 나무를 탁자 아래에 가로
로 놓은 다음 탁자를 끼고서 두꺼운 나무와 함께 대
껍질끈으로 묶는다. 법대로 감싸기를 마치면 1개월
이 지난 뒤에 비로소 끈을 푼다.

合底面, 必用膠漆, 如皮紙
厚. 合訖, 置琴於卓上, 橫
厚木於卓下, 夾卓[20]以篾絲
縛之. 依法匣訖, 候一月方
解.

밑판의 회(灰)[78]에는 반드시 금이나 구리의 고
운 가루나 자기(磁器) 가루를 섞어야 하는데, 연지(連
紙)[79] 같이 얇게 발랐다가 완전히 마르기를 기다려
서 1번 덧칠한다. 위판의 회는 얇은 연지처럼 지극
히 고운 골회(骨灰)[80]를 써서 1번만 칠한다. 모두 1개

底灰必雜以金銅細屑或磁
器屑, 薄如連紙, 候極乾,
再上一次. 面灰用極細骨
灰如薄連紙, 止一上, 幷一
月方乾. 面上糙漆僅取遮

---

78 회(灰) : 금을 만드는 과정에서 위판과 밑판을 합한 다음 전체적으로 칠(漆)을 입힐 때 초벌칠에 쓰는 가루.

79 연지(連紙) : 중국 복건성(福建省) 연성현(連城縣)에서 만든 종이. 어린 대나무를 주재료로 만들어 얇으면
　서도 질기다. 연사지(連史紙)라고도 한다.

80 골회(骨灰) : 동물의 뼈를 고온에서 태워 얻은 흰빛의 가루. 유약을 만들 때 사용하거나, 골회자기를 만들
　때 고령토와 혼합하여 태토로 사용한다.

[20] 卓 : 저본에는 "車". 《洞天淸祿集·古琴辯》에 근거하여 수정.

월이 지나야 비로소 마른다. 위판에 바르는 거친 옻칠은 겨우 회의 광택을 가릴 정도면 되고, 밑판의 거친 회칠은 조금 두꺼워도 해가 되지 않는다.

灰光漆, 糙底灰漆差厚無害.

또 휘(徽)라는 것은 먹줄 같은 기준이니, 금의 먹줄인 이 휘를 기준으로 해서 소리가 정해지므로 더욱 유의하여야 한다. 어찌 속된 장인이 할 수 있는 일이겠는가!《동천청록》[81]

又徽者繩也, 準繩墨以定聲, 尤宜留意. 豈俗工所能哉! 同上

7) 금의 양식[82]

고금(古琴) 중에는 부자금(夫子琴)[83]과 열자금(列子琴)[84] 두 양식만이 태고의 금(琴)[85]과 같다. 이 두 양식은 간혹 1개의 통판으로 만들어 어깨[肩][86]와 허리[腰][87]가 아예 없고 악(岳)만 얹었을 뿐이거나, 또한 초미(焦尾)가 없고 초미를 댈 곳에 단단한 목재를 가로로 대서 현을 받치게 하기도 한다. 부자금과 열자금 양식은 또한 모두 어깨가 아래쪽으로 갈수록

樣式

古琴, 惟夫子、列子二樣, 若太古琴. 或以一段木爲之, 幷無肩腰, 惟加岳, 亦無焦尾, 安焦尾處, 則橫嵌堅木以承絃, 而夫子、列子樣, 亦皆肩垂而闊, 非若今聳而狹也. 惟此二樣,

---

81 《洞天淸祿集》〈古琴辯〉(《叢書集成初編》1552, 2~3쪽).

82 금의 양식: 오사카본에는 원문 아래에 금의 여러 양식이 그림으로 표현되어 있는데 이 내용은 차후 정리 과정에서 《임원경제지 유예지》 권6 〈방중악보(房中樂譜)〉에 옮겨졌다.

83 부자금(夫子琴): 중니(공자)가 발명했다고 알려져 붙여진 이름. 금의 길이가 주척(周尺) 3.64척으로 가장 고형(古形)에 속한다. 고금의 가장 대표적 양식이다. 남송(南宋) 때 만든 용음호소금(龍吟虎嘯琴)이 이 양식을 대표한다.

84 열자금(列子琴): 춘추시대 열자가 발명했다고 알려져 붙여진 이름. 중국 청(靑)나라 진원룡(陳元龍)이 지은 《격치경원(格致鏡原)》 권46 〈악기류(樂器類)〉 "금(琴)"에 의하면, "앞면이 0.1척 가량 넓고 오동나무조각을 아교로 붙이고 칠을 하여 만들었는데, 칠이 터진 무늬가 매우 많은 금으로 연주할 때 소리가 일정하여 끊어지거나 약해짐이 없는 금이다.(其面闊一寸許, 桐木條以漆膠成, 斷紋尤多, 彈之聲如常, 亦無節病.)"라 했다.

85 태고의 금: 복희(伏羲)가 만들고 순(舜)임금이 남훈전(南薰殿)에서 〈남풍(南風)〉 시를 부르며 연주한 오현금(五絃琴)에다, 주(周) 문왕(文王)과 무왕(武王)을 거치며 문현(文絃)과 무현(武絃)의 두 줄이 더해져 이루어졌다는 칠현금(七絃琴).

86 어깨[肩]: 금의 목 바로 아래의 가장 넓은 부위.

87 허리[腰]: 금의 아래쪽 길게 파인 부분.

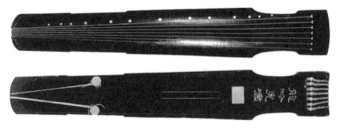

중니식 용음호소금(龍吟虎嘯琴)((칠현금경(七絃琴經)))

열자금(列子琴)((칠현금경(七絃琴經)))

넓어져, 어깨가 넓게 시작해 좁아지는 지금의 금과 모양이 같지 않다. 오직 이 두 양식만이 바로 옛 제도에 부합한다.

요즘의 운화양식(雲和樣式)[88]은 악(岳)의 바깥쪽에 운두(雲頭, 구름의 머리모양 장식)가 새겨져 있는데, 이 장식이 이마를 감아 내려가 밑판까지 통하고 몸체가 호리병 모양과 같다. 또는 부자금 양식에 전체를 모두 대나무 마디 모양처럼 만든 것을 '죽절양식(竹節樣式)'이라 한다. 이렇게 다른 양식이 한 가지가 아니며, 모두 옛 제도가 아니다. 《동천청록》[89]

乃合古制.

近世雲和樣, 於岳之外, 刻作雲頭, 捲而下通, 身如壺瓶. 又或以夫子樣周徧皆作竹節形, 名"竹節樣". 其異樣不一, 皆非古制. 《洞天淸錄》

---

88 운화양식(雲和樣式): 미상.
89 《洞天淸錄集》〈古琴辨〉(《叢書集成初編》1552, 1쪽).

8) 현금(玄琴, 거문고)

《삼국사기(三國史記)》[90]에 "현금은 중국 아부(雅部)[91]의 금(琴)을 본떠 만들었다. 《신라고기(新羅古記)》[92]에는 '애초에 진(晉)나라 사람이 칠현금(七絃琴)을 고구려에 보내왔다. 이때 제2상(第二相)인 왕산악(王山岳)[93]이 그 제도를 고쳐 악기를 제작하고, 겸하여 악곡을 지어 연주했다. 이에 검은 학이 날아와 춤을 추었으므로 마침내 이름을 현학금(玄鶴琴)이라고 했는데, 후대에는 다만 현금(검은고)이라고 했다.'"[94]라 했다.

현금 만드는 법을 살펴보면, 위판은 오동나무를 쓰고 밑판은 밤나무를 쓰며, 괘(棵)[95]는 회목(會木, 회양목)을 쓰고 종목(棕木, 종려나무)이 그다음이다. 장식(粧飾)【용구(龍口)[96]·봉미(鳳尾)[97]·좌단(坐團)[98]·담괘(擔棵)[99]·진괘(軫棵)[100]·운족(雲足)[101]·주[柱, 속명 기괘

玄琴

《三國史》云："玄琴, 象中國雅部琴而爲之,《羅古記》云'初晉人以七絃琴送高句麗, 時第二相王山岳改易其法制而造之, 兼製曲而奏之. 於是玄鶴來舞, 遂名玄鶴琴, 後但云玄琴.'"

按造法, 前面用桐木, 後面用栗木, 棵用會木, 棕木次之. 粧飾【龍口、鳳尾、坐團、擔棵、軫棵、雲足、柱(俗名岐棵)等, 謂之粧飾.】

---

90 삼국사기(三國史記): 1145년(인종 23)경에 김부식(金富軾) 등이 고려 인종의 명을 받아 편찬한 삼국시대의 정사.

91 아부(雅部): 중국 고대의 의식음악, 또는 이를 복원한 것으로 간주되는 역대 음악.

92 신라고기: 김부식이 《삼국사기》를 편찬할 때 참고한 신라 사서(史書) 명. 단, 이 인용문에서는 일반적으로 '신라의 옛 기록'을 가리킬 수도 있다.

93 왕산악(王山岳):?~?. 고구려 음악가. 이름과 '제2상(相)'이라는 직명 모두 《삼국사기》의 기록이 유일하다.

94 현금은……했다: 《삼국사기(三國史記)》 권32〈잡지(雜志)〉"악(樂)".

95 괘(棵): 卦, 掛, 罫로도 쓴다. 거문고의 줄 짚을 자리를 따라 길이에 수직 방향으로 줄지어 박은 줄받침나무, 프렛(fret). 거문고 6현 중 3개(II 유현, III 대현, IV 괘상청)는 이 괘 위에 올려져 있다. 근세 거문고의 괘는 16개이나, 이 글에서는 더러 13개인 것처럼도 이야기하고 있다.

96 용구(龍口): 금의 머리 끝 모서리에 뚫어 놓은 긴 구멍.

97 봉미(鳳尾): 거문고 용구의 반대쪽 꼬리 부분.

98 좌단(坐團): 거문고 머리의 위판 부분으로, 연주자의 오른손이 좌단 위에 놓인다.

99 담괘(擔棵): 거문고의 꼬리 쪽에서 시작한 줄이 머리의 좌단 아래로 들어갈 때 마지막으로 걸리는 턱 부분. 중국금의 '악(嶽)'에 해당하나, 금의 악이 브리지(bridge) 역할을 하는 데 비해, 거문고에서는 꼬리에 가장 가까운 대괘(大棵, 제1괘)가 브리지, 담괘는 너트(nut)에 각각 해당한다.

100 진괘(軫棵): 거문고의 담괘 아래에서 줄을 조이는 장치. 중국 금의 진(軫)에 해당한다.

101 운족(雲足): 거문고·슬 등의 봉미 양쪽 밑에 달린 발 부분으로, 밑판이 바닥에 직접 닿지 않게 하기 위하여 붙였다.

(岐棵)]102 등을 현금의 장식이라 한다.】은 자단(紫壇)·철양(鐵楊, 버드나무)·오매(烏梅)103·산유자 등의 나무를 쓴다. 학슬(鶴膝)104에는 청형(靑荊, 푸른 광대싸리나무)【속칭 '청멸애'】을 쓴다. 염미(染尾)105【속칭 '부들'】에는 여러 가지 색의 명주실을 쓰는데, 간혹 푸른 물을 들인 무명실을 쓰기도 한다. 귀루(鬼淚)106에는 홍록색의 명주실을 쓴다. 담괘(擔棵)의 안쪽에는 대모(玳瑁)107를 붙인다.【대모는 색이 황색이고 두꺼운 것이 가장 좋다.】

用華梨、鐵楊、烏梅、山柚子等木, 鶴膝用靑荊,【俗稱"靑蔑애"】染尾【俗稱"부들"】用各色眞絲, 或靑染木綿絲, 鬼淚用紅綠眞絲. 擔棵之內, 付以玳瑁.【色黃而厚者最好】.

거문고의 줄은 모두 6현108인데 대현(大絃)이 가장 굵고, 문현(文絃)·무현(武絃)이 다음으로 굵으며, 괘상청(棵上淸)이 조금 가늘고, 기괘청(歧棵淸, 괘하청)이 더 가늘고 유현(遊絃)이 더 가늘다. 술대는 단단한 해죽(海竹, 시누대)을 쓴다. 《악학궤범(樂學軌範)》109

凡六絃, 大絃最大, 文絃、武絃次大, 棵上淸稍細, 歧棵淸次細, 遊絃次細. 匙用堅剛海竹. 《樂學軌範》

---

102 주[柱, 속명 기괘(歧棵)]: 현주(絃柱)라고도 하며, 현악기의 낱개 줄을 받치는 이동식 브리지. 가야금·아쟁의 주는 기러기 날아가듯 비스듬히 배열하므로 '안족(雁足)'이라 하지만, 거문고에서는 주 또는 기괘(歧棵)라고 부른다. 거문고 6현 중 3개(I 문현, V 괘하청 또는 기괘청, VI 무현)는 주 위에 얹힌다.

103 오매(烏梅): 오래 살아 줄기가 검은 매실나무.

104 학슬(鶴膝): 거문고의 괘 위에 놓인 유현·대현·괘상청의 3현은 여분의 줄을 작은 고치 또는 실패 모양으로 돌돌 감아서 꼬리의 고정 겸 장식끈인 '부들(염미)'에 연결하는데, 연결 부위가 학이 무릎을 꿇은 모양과 같아 학슬이라고 한다.

105 염미(染尾): 부들. 거문고·가야금 등 현악기의 줄을 묶어 고정하며 장식을 겸하는 끈.

106 귀루(鬼淚): 거문고의 가장 높은 괘인 제1괘 '대괘'에 유현·대현·괘상청의 3현이 닿는 자리에 덧댄 실. 귀루는 농현할 때 현과 대괘의 마찰로 생기는 잡음과 대괘의 손상을 막아 준다.

107 대모(玳瑁): 거문고의 목 부분에 대는 부속물로, 본래는 말 그대로 대모(거북의 등딱지)를 썼지만 지금은 운지할 때의 잡음을 피하기 위하여 쇠가죽을 댄다.

108 6현: 거문고 줄 이름은 연주자의 몸쪽부터 제1 문현(文絃), 제2 유현(遊絃), 제3 대현(大絃), 제4 괘상청(棵上淸), 제5 기괘청(歧棵淸, 또는 괘하청[棵下淸]), 제6 무현(武絃) 순이다. 거문고 여섯 줄 배열은 음고 순도, 굵기 순도 아니다.

109 《樂學軌範》 卷7 〈鄕部樂器圖說〉 "玄琴"《신역악학궤범》, 19前~19後).

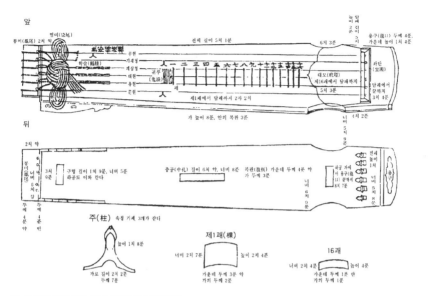

거문고 도설(이혜구 역주, 《신역 악학궤범》, 국립국악원)

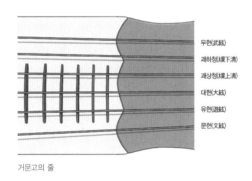

무현(武絃)
괘하청(棵下淸)
괘상청(棵上淸)
대현(大絃)
유현(遊絃)
문현(文絃)

거문고의 줄

민간의 악기 중에는 오직 현금(玄琴)이 옛 제도와 가장 가깝다. 대개 앞(머리)이 넓고 뒤(꼬리)가 좁으며 위판은 둥글고 밑판은 네모난 것이며 모양과 용구·봉미와 7현의 제도110는 현금과 고금이 같다. 오직

俗樂之器, 惟玄琴最爲近古, 蓋其前廣後狹, 上圓下方, 與夫龍口·鳳尾, 七絃之制, 玄琴·古琴一也. 惟

---

110 7현의 제도 : 마치 거문고도 중국 칠현금처럼 7현인 것으로 설명하고 있으나, 거문고는 6현이 표준이므로 사실과 다르다.

휘(暉, 徽)가 괘(楋)로 바뀌었는데, 이것만이 조금 다르다.

그러나 13개의 휘가 1년의 12개월과 윤달을 본뜬 것이고, 13개의 괘[111]도 1년의 12개월과 윤달을 본뜬 점은 같다. 더욱이 괘(卦)를 잘못하여 괘(楋)라 부르는 것은 휘(徽)를 잘못하여 휘(暉)라 부른 것과 같다.[112] 무엇을 괘(卦)라고 하는가? 사물의 형상을 걸어서[懸掛] 사람들에게 보이는 것[113]이 《주역(周易)》의 괘이고, 여러 줄을 걸어 소리를 내는 것이 금의 괘이다. 금은 본래 복희(伏羲)[114]가 만들었는데, 금의 괘로 《주역》의 괘를 본떴으니, 그 이치가 거의 비슷하다.

지금 《신라고기(新羅古記)》를 살펴보면, 진(晉)나라 사람이 칠현금을 고구려에 남겨주었다고 했다. 그렇다면 고구려 사람이 어떻게 금의 옛 제도를 알았겠는가? 어쩌면 은일(隱逸)하는 군자가 바다를 건너와 전해주어서일 것이다. 다만 지금 금의 곡조는 사람들이 멋대로 가락을 만들어서 모두 음이 번잡하여 옛날의 정성(正聲, 바른 소리)을 맑게 회복할 수

暉易之以楋, 此爲少異.

然暉十三象十二月及閏, 楋十三亦象十二月及閏. 況其卦之誤稱爲楋, 猶徽之誤稱爲暉. 何謂卦也? 懸掛物象以示人者, 《易》之卦也; 懸掛諸絃以作聲者, 琴之卦也. 琴本伏羲所作, 其象易卦以琴卦, 於理爲近.

今考《古記》, 晉人以七絃琴遺[21]高麗, 則安知古制? 自隱君子流傳海外也歟? 但今之琴調, 人自爲調, 皆是繁音而不得淳古之正聲, 是可恨也. 《東國文獻備考·樂考》

---

111 13개의 괘: 거문고의 괘는 16개가 표준이나, 마치 중국 칠현금의 휘처럼 거문고 괘도 13개인 것처럼 설명하고 있다.

112 더욱이……같다: 금의 휘(徽)를 조선 문헌에서 자주 '휘(暉)'로 쓰는 것은 틀린 것이고, 거문고의 괘도 괘(楋)가 아니라 역괘(易卦)의 괘(卦)로 쓰는 것이 맞다는 주장이다.

113 사물의……것: 《周禮注疏》〈주역겸의(周易兼義)〉 "건괘(乾卦)"의 소(疏)에 '괘(卦)라는 것은 《역위(易緯)》에 '괘는 거는 것이다.'라 했으니, 사물의 형상을 걸어 사람들에게 보이는 것을 말한다. 그러므로 '괘'라고 하였다.(謂之卦者, 《易緯》云卦者, 掛也', 言懸掛物象以示人, 故謂之卦.)"라 했다.

114 복희(伏羲): 중국 고대의 전설상의 제왕. 역(易)의 팔괘(八卦)와 금은 복희의 창안이라 전한다. 채옹(蔡邕)이 금곡에 대한 이야기를 모아놓은 《금조(琴操)》에 의하면, "옛날에 복희씨가 금을 만들어 삿된 것을 막고, 음란한 마음을 억제하고, 몸을 닦으며 성품을 다스려 천도로 되돌아가도록 하였다.(昔伏羲氏作琴, 所以御邪癖, 防心淫, 以修身理性, 反其天眞也.)"라 했다.

[21] 遺: 저본에는 "遣". 오사카본·《增補文獻備考·樂考·玄琴》中〈樂考〉"玄琴"에 근거하여 수정.

없으니, 이 점이 아쉽다. 《동국문헌비고·악고(東國文

獻備考·樂考)115》116

9) 번금(番琴, 양금)117

구라철현금(歐邏鐵絃琴)은 우리나라에서는 '서양금
(西洋琴)'이라 하고, 서양인은 '천금(天琴)'이라 하며, 중
국인은 '번금(番琴)'이라 한다. 우리나라에 등장한 시
기는 어느 때부터인지 모르고, 중국에 들어온 시기
는 중국 명(明)나라 만력(萬曆)118 연간으로 오군(吳郡)
의 풍시가(馮時可)119가 서양인 이마두(利瑪竇, 마테오리
치)120를 북경에서 만나 이 금의 소리를 들으면서부터
이다. 대개 구리철사로 현을 만들었으며, 손가락으

番琴

歐邏鐵絃琴, 吾東謂之"西
洋琴", 西洋人稱"天琴", 中
國人稱"番琴". 其22出我
東, 未知何時, 而入中國則
在明 萬曆中, 吳郡 馮時可
逢西洋人利瑪竇於京師, 聞
其琴. 蓋以銅鐵絲爲絃, 不
用指彈, 只以小板案之, 其

---

115 동국문헌비고·악고(東國文獻備考·樂考) : 조선 영조(英祖)의 명을 받들어 홍봉한(洪鳳漢) 등이 중국 마단
림(馬端臨)의 《문헌통고(文獻通考)》를 본떠 편찬한 책으로, 〈악고〉는 그 속의 한 편명이다. 정조 재위기간
계속 보완 증보 작업이 이루어져 《증보동국문헌비고(增補東國文獻備考)》가 완성되었으나 간행되지 않았고
대한제국에 이르러 1894년의 갑오경장으로 문물제도가 크게 바뀌어 이를 반영한 《증보문헌비고(增補文獻
備考)》가 간행되었다.

116 《東國文獻備考》卷42〈樂考〉4 "樂器" '玄琴', 62~72쪽 ; 《增補文獻備考》中〈樂考〉"玄琴", 174쪽.

117 번금(番琴, 양금) : 번금의 番은 '藩'(번국)의 뜻일 것이다. 양금(洋琴, 중국에서는 揚琴, dulcimer)을 말한
다. 사다리꼴의 상자형 몸통 안에 14조(組)의 철현을 매고 가느다란 채로 쳐서 소리를 내는 현악기. 조선
에서는 18세기 영조(英祖) 때 철현금(鐵絃琴), 구라철사금(歐邏鐵絲琴) 등의 이름으로 처음 소개된 것으
로 추정되며, 박지원의 기록에 의하면 1772년에 홍대용이 처음으로 이 악기로 조선의 음악을 연주했다고
한다. 서유구 지음, 임원경제연구소(김세종·정명현 외) 옮김, 《임원경제지 유예지》3, 풍석문화재단, 2018,
273~334쪽에 양금에 관한 설명과 연주법·악보가 자세히 보인다.

118 만력(萬曆) : 중국 명(明)나라 신종(神宗) 때의 연호(1573~1619).

119 풍시가(馮時可) : ?~?. 중국 명(明)나라의 관리·학자. 송강부(松江府) 화정(華亭) 사람. 자는 민경(敏卿)
이고, 호는 무성(無成)이다. 융경(隆慶) 5년(1571) 진사(進士)가 되고, 호광포정사참정(湖廣布政使參政)을
지냈고 안찰사(按察使)까지 올랐다. 저서로 《좌씨석(左氏釋)》·《좌씨토(左氏討)》·《좌씨론(左氏論)》·《역
설(易說)》 등이 있다.

120 이마두(利瑪竇, 마테오 리치) : 1552~1610. 처음으로 중국에 들어간 서양인 선교사. 1583년 중국 광동성
(廣東省) 조경(肇慶)이라는 곳에서 6년간 머물며 중국의 문화·언어·한문 등을 익혔으나 조경에서 추방당
해 소주(蘇州)로 옮기면서 마테오 리치가 아닌 이마두(利瑪竇)라는 중국식 이름을 사용했다. 당시 명의 황
제인 만력제(신종)에게 진상한 자명종이 황제의 흥미를 끌어 1601년 황제가 사는 북경에 정주 허가를 받아
생활하며 중국의 지식인들과 교류하였다. 《천주실의(天主實義)》·《교우론(交友論)》등을 저술하였고 선교
활동을 하며 중국에서 생을 마감했다.

22 其 : 《燕巖集·熱河日記·銅蘭涉筆》에는 "此器之".

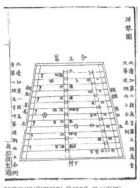

양금도(《임원경제지 유예지》 오사카본) 양금(국립중앙박물관)

로 금을 타지 않고 작은 나무쪽으로만 현을 짚어 연주하는데 그 소리가 더 맑고 탁월했다고 한다.【금의 바닥에 '오음서기(五音舒記)[121]'라는 낙인이 찍혀 있는데, 그 제도가 매우 정밀했다.】《열하일기(熱河日記)[122]》[123]

聲更淸越云.【琴背烙印"五音舒記", 製尤精好.】《熱河日記》

10) 고금(古琴) 판별법

금은 뱀의 배 비늘무늬가 있는 것을 고금으로 여긴다. 《동파지림(東坡志林)[124]》[125]

古琴辨

琴以蛇蚹紋爲古. 《東坡志林》

---

121 오음서기(五音舒記):"오음서(五音舒)가 기록하다"라는 뜻. 그러나 박지원은 "오음서가 무슨 뜻인지 두루 찾아보았지만 끝내 알지 못했다.(遍覽所謂五音舒, 而竟未得)"라 했다. 《燕巖集》卷15〈別集〉"熱河日記" '銅蘭涉筆'에 있다.

122 열하일기(熱河日記):조선 후기 정조 때 박지원(朴趾源)이 청나라를 다녀와 기술한 연행일기(燕行日記)로, 전 26권 10책이다.

123 《燕巖集》卷15〈別集〉"熱河日記" '銅蘭涉筆'(《국역열하일기》 2권, 568쪽).

124 동파지림(東坡志林):중국 송(宋)나라 소식(蘇軾)이 당시의 일사(逸事)와 기문(奇聞)을 모아 엮은 책으로, 전체 5권이며, 《동파수택(東坡手澤)》이라고도 한다. 후편(後篇)은 《동파대전집(東坡大全集)》에 수록되어 있다.

125 출전 확인 안 됨;《說郛》卷100〈雜書琴事〉(《文淵閣四庫全書》881, 655쪽).
知琴者 以謂前一指後一紙爲妙 以蛇蚹紋爲古/知琴者以謂前一指後一紙爲妙, 以蛇蚹紋爲古.(N37_東坡全集 補遺)

고금은 단문(斷紋)126으로 진위를 검증하는데, 500년이 되지 않은 것은 표면에 단문이 없다. 그중에 사복단(蛇腹斷)이 있으니, 이는 그 무늬가 금의 윗면에 가로로 0.1척 간격이나 혹은 0.2척 간격으로 서로 비슷하게 한 마디 한 마디 나 있어 뱀의 배[蛇腹]와 같은 무늬이다. 또 세문단(細紋斷)이 있으니, 이는 수천수백 가닥의 머리카락처럼 미세한 단문인데, 역시 간격이 고르고 금의 양 옆면에 이 무늬가 많지만 임악 근처에는 없다. 위판과 밑판 모두 터진 단문이 있다. 또 매화단(梅花斷)이 있는데, 그 무늬가 매화 꽃송이 같으니, 이런 금은 매우 오래된 것으로 천여 년이 되지 않고서는 이러한 단문이 있을 수 없다.

대개 옻칠한 기물에는 단문이 없는데 유독 금에만 단문이 있는 이유는, 다른 기물은 포칠(布漆)127을 하지만 금은 포칠하지 않고, 다른 기물은 가만히 비치해 두는 반면 금은 밤낮으로 연주할 때 줄이 부딪치고, 또 세월이 오래 되면 오동나무가 썩으며 칠이 벗겨지기 때문이다. 단문이 숨어 있는 부분은 비록 썩었어도 숫돌로 재차 갈아내고 거듭 옻칠하여 광을 내면 그 무늬가 더욱 드러난다. 그러나 진짜 단문은 무늬가 칼날처럼 예리하고 위조한 단문은 그렇지 않다. 《동천청록》128

古琴, 以斷紋爲證, 不歷五百歲不斷. 有蛇腹斷, 其紋橫截琴面, 相去或一寸或二寸, 節節相似如蛇腹下紋. 有細紋斷, 如髮千百條, 亦停均, 多在琴之兩傍, 而近岳處則無之, 有面與底皆斷者. 又有梅花斷, 其紋如梅花頭, 此爲極古, 非千餘載, 不能有也.

蓋漆器無斷紋, 而琴獨有之者, 以他器用布漆, 琴則不用布, 他器安閒, 而琴日夜爲絃所激, 又歲久桐腐而漆相離破. 斷紋隱處雖腐, 磨礪至再, 重加光漆, 其紋愈見. 然眞斷紋如劒鋒, 僞則否.《洞天淸錄》

---

126 단문(斷紋): 오래된 금의 칠 표면이 세월의 흐름에 따라 풍화되거나 연주할 때의 진동에 의해 미세하게 균열되어 생긴 무늬.

127 포칠(布漆): 기물의 표면에 베를 먼저 붙이고 그 위에 옻칠을 하는 칠공예법.

128 《洞天淸錄集》〈古琴辨〉(《叢書集成初編》1552, 1쪽).

고금인 양 위조하는 경우, 신주(信州)[129]의 박연지(薄連紙)[130]를 사용한다. 먼저 박연지 위에 옻칠을 한 겹 하고 그 뒤에 회(灰)를 덧칠하는데, 이 종이가 갈라지면 무늬가 생긴다. 또 겨울에 활활 타는 불을 금에 쬐어서 금을 매우 뜨겁게 한 뒤에 금 위에 눈을 덮고 다시 매우 뜨겁게 하거나, 작은 칼로 금의 면에 선을 긋기도 한다. 비록 속인의 눈을 현혹시킬 수는 있으나, 무늬에 칼날 같은 예리함이 결코 없으니 역시 구별하기는 쉽다. 《동천청록》[131]

僞作者, 用信州薄連紙㉓. 先㉔漆一層於上, 加灰, 紙斷則有紋. 或於冬日以猛火烘琴極熱, 用雪罨激烈之, 或用小刀刻畫于上. 雖可眩俗眼, 然決無劍鋒, 亦易辨. 《洞天淸錄》

오래된 금의 칠색(漆色)은 세월이 오래되면 옻칠의 광택이 다 사라진다. 오직 색의 검기가 바다 건너에서 사 온 거무스름한 오목(烏木)과 같은 금만이 가장 오묘하고 고풍스럽다. 어떤 이가 광택이 없는 금을 문질러 갈고서 다시 옻칠을 하는데, 이렇게 하면 고금의 품격을 잃을 뿐 아니라 금의 소리가 막힌 듯 답답해지니, 이는 매우 경계할 일이다. 《동천청록》[132]

古琴漆色, 歷年既久, 漆光退盡. 惟黯黯如海舶所貨烏木, 此最奇古. 或者以其無光, 磨而再漆之, 不惟頓失古意, 且滯琴之聲, 此大戒也. 《洞天淸錄》

고금으로 위조할 때는 혹 계란 흰자를 회반죽에 넣어 금에 바르고 시루에 이 금을 찐다. 그리고 바

僞者, 或以鷄子淸入灰作琴, 用甑蒸之, 懸於風日燥

129 신주(信州) : 중국 신강(信江, 신장) 상류, 무이산(武夷山, 우이산) 북측에 있는 지역. 삼국시대 오(吳)나라 때 상요현(上饒縣)이 설치되었고, 당나라 때 신주(信州)가 되었다. 소나무·삼나무·대나무 등의 자원이 풍부하고 교통의 중심지였다.

130 박연지(薄連紙) : 얇은 연지(連紙). 연지는 원래 연사지(連四紙)·면연사지(綿連四紙)라고 하는데, 대나무로 만들며 흰색이고 종이 질이 고우면서도 내구성이 좋아, 옛날에 귀중한 서적·그림·부채·비첩(碑帖)의 겉면으로 사용되었다.

131 《洞天淸録集》〈古琴辨〉(《叢書集成初編》1552, 1쪽).

132 《洞天淸録集》〈古琴辨〉(《叢書集成初編》1552, 3쪽).

㉓ 紙 : 저본에는 "紋". 오사카본·《洞天淸録集·古琴辨》에 근거하여 수정.

㉔ 先 : 저본에는 "光". 《洞天淸録集·古琴辨》에 근거하여 수정.

람과 햇빛이 들어 건조한 곳에 걸어두면 역시 단문이 미세하게 생긴다. 또 가짜로 우모단문(牛毛斷紋)[133]을 만드는데, 여러 개의 바늘로 실과 같은 선을 그리고 다시 머리카락으로 이를 문지른다. 그러나 위조한 단문은 손으로 문지르면 갈라진 무늬에서 흔적이 남지만, 진짜는 흔적이 보이기는 해도 문지르면 흔적이 없어진다.

고금을 구별하는 그다음 기준은, 위판과 밑판을 합봉한 곳을 보는데 틈이 없고 벌어지지 않았으며, 단문이 금의 어깨를 넘어서도 이어지면 이런 금은 칠회금(漆灰琴)[134]이다. 만약 위판과 밑판에는 단문이 있는데 양 옆면에 칠의 광택이 있으면, 이는 금을 열었다가 다시 봉합하고 거듭 칠해서 보정한 금이다. 이런 금은 요회금(料灰琴)[135]으로, 고금과 흡사하지만 완상할 만한 진짜 고금은 아니다. 《준생팔전》[136]

處, 亦能斷紋少細. 又僞作牛毛斷者, 以數針劃絲, 復以髮磨. 然僞者以手摩之, 裂紋有痕, 眞者有紋可見, 而拂之則無.

次觀合縫, 無隙不散, 斷紋過肩, 此漆灰琴也. 若上下有紋, 兩傍光漆者, 此開而復合, 重漆補者, 此料灰琴也, 似非全玩. 《遵生八牋》

11) 9덕(九德, 금의 9가지 덕목)

금(琴)이 갖추어야 할 9가지 덕목.

첫째는 기(奇)이니, 경(輕)·송(鬆)·취(脆)·활(滑)이 이것이다. 경(輕)은 금을 만드는 재목이 가벼움을 말한다. 송(鬆)은 소리가 잘 퍼짐을 말한다. 취(脆)는 소리가 맑고 아름다움을 말하니, 늙은 오동나무로 만

九德

琴有九德:

一日奇, 輕、鬆、脆、滑是也. 輕謂材輕, 鬆謂聲透, 脆謂聲之淸美, 老桐木也, 滑謂聲之澤潤, 近水材也.

---

133 우모단문(牛毛斷紋) : 백 가닥 천 가닥 소의 털 모양으로 미세하게 갈라진 무늬.
134 칠회금(漆灰琴) : 금을 위조할 때 위판과 밑판을 새로 합봉하면서 벌어진 틈을 메우기 위해 칠식(漆喰)을 입히고 단문을 옆면에도 낸 금.
135 요회금(料灰琴) : 위판과 밑판에는 단문이 있는데 옆에는 그와 다른 빛깔의 광택 나는 칠이 덧칠되어 있는 금.
136 《遵生八牋》卷15〈燕閒淸賞牋〉中 "論琴" '古琴新琴之辨'(《遵生八牋校注》, 605쪽).

들기 때문이다. 활(滑)은 소리가 부드럽고 풍부함을
말하니, 물가에서 자란 나무로 만들기 때문이다.

둘째는 고(古)이니, 순수하고 담박한 가운데에 금
석(金石)의 울림이 있어야 한다.

셋째는 투(透)이니, 비록 금을 만든 지 오래되었
더라도 아교와 옻칠이 상하지 않아 소리가 청아하고
깨끗하여 막히거나 답답하지 않아야 한다.

넷째는 정(靜)이니, 흩어지는 바람소리와 같은 잡
음이 바른 소리를 어지럽히는 일이 없어야 함을 말
한다.

다섯째는 윤(潤)이니, 금이 소리를 낼 때 메마르
지 않고, 울림이 길게 이어져서 끊어지지 않아야 함
을 말한다.

여섯째는 원(圓)이니, 소리와 울림이 섞여 일체가
되어 갈라지거나 흩어지지 않아야 함을 달한다.

일곱째는 청(淸)이니, 소리가 바람에 울리는 풍경
소리 같이 맑아야 함을 말한다.

여덟째는 균(均)이니, 7개의 현(絃) 중에 예를 들어
셋은 실하고 넷은 허한 병통이 없어야 함을 말한다.

아홉째는 방(芳)이니, 금(琴)을 연주할수록 더욱
좋은 소리가 나고 오래되어도 소리가 위축되지 말아
야 함을 말한다.

이것이 바로 9덕이다.

이 외에도 또한 금의 왼쪽은 (균형이 안 맞아) 눌리거
나 뜨지 않아야 하고, 오른쪽은 손가락에 거슬리지
않아야 한다. 음이 맑되 공허하지 않고, 음이 실(實)
하되 가라앉지 않아야 한다. 금의 위판은 두들겼을

二曰古, 淳淡中有金石韻
也.

三曰透, 年雖久遠, 膠漆不
敗, 淸亮而不咽塞.

四曰靜, 謂無㪱颯以亂正
聲.

五曰潤, 謂發聲不燥, 韻長
不絶.

六曰圓, 謂聲韻渾然而不
破散.

七曰淸, 謂聲如風中鐸也.

八曰均, 謂七絃無三實四虛
之病.

九曰芳, 謂愈彈愈發, 久無
乏聲.

此九德也.

外此又須左不按浮, 右不
抗指, 音淸不空, 音實不
湛㉕, 面無撲㪱, 身無垂㉖
皺, 伏手可彈, 落指音發,

때 흔들리지 말아야 하고, 몸체는 똑발라서 치우치지 말아야 한다. 금에 손을 얹어보아 연주할 만하고 손가락을 놀려보면 과연 제대로 된 소리가 나는 것, 이것이 좋은 금이다. 이런 금은 비록 비싼 값에 팔 수 있더라도 또한 내다 팔면 안 된다.《준생팔전》[137]

此美琴也. 雖售高資, 亦不可捨.《遵生八牋》

12) 백랍금(百衲琴, 나무 조각을 붙여 만든 금)

중국 호남(湖南)[138]의 범씨(范氏)[139]는 금(琴)을 잘 깎아 만들었는데, 그는 사방 0.2~0.3척 정도 되는 작은 오동나무 조각을 사용해서 아교로 붙이고 옻칠하여 모아 완성하고는 '백랍금(百衲琴)'이라 했다. 그러나 이렇게 만든 금(琴)을 연주하면 평범한 낮은 품질의 금(琴)과 다를 바 없었으니, 이렇게 만드는 일에 무슨 이익이 있겠는가. 목재가 하나의 판[段]이 아니면 소리가 결코 응하지 않는 것이다. 또 옻칠 때문에 방해가 되어 그 소리가 막힐 것도 뻔히 알 수 있다. 지금 사람들이 간혹 금(琴)을 만들 재목이 짧아서 필요한 길이에 미치지 못하면 간혹 임악(臨岳) 바깥(즉, 이마)은 별도의 오동나무로 만들어 붙이기도 하는데, 또한 이렇게 해서는 안 된다.《동천청록》[140]

百衲琴

湖南 范氏自能斲琴, 用方二三寸許小桐木片, 以膠漆輳成之, 名曰"百衲", 彈之則與尋常低下琴無異, 此何益哉? 木不成段, 聲必不應. 又爲漆所礙, 其窒塞可知. 今人或以琴材短不及, 或[27]自岳之外, 別用桐木接之, 亦不可也.《洞天清錄》

137《遵生八牋》卷15〈燕閑淸賞牋〉中"論琴"'古琴新琴之辯'(《遵生八牋校注》, 606쪽).

138 호남(湖南) : 중국 양자강 중류의 남쪽에 위치한 호남성(湖南省) 일대.

139 범씨(范氏) : ?~?. 범연주(范連州)라 부르며, 증수사(曾守士)를 역임했다고 한다. 자세한 사적은 미상.

140《洞天淸祿集》〈古琴辯〉(《叢書集成初編》1552, 3쪽).

[25] 湛 :《遵生八牋·燕閑淸賞牋·論琴》에는 "洪".

[26] 垂 : 저본에는 "重".《遵生八牋·燕閑淸賞牋·論琴》에 근거하여 수정.

[27] 或 :《洞天淸祿集·古琴辯》에는 "式".

백랍금은 근래의 제도이다. 우연히 좋은 목재를 얻었는데 목재의 길이가 짧아서 금(琴)을 만들기에 부족하면 잘라서 조각을 만들어 아교로 길게 이어 붙이고 옻칠을 하는 것으로, 기이함을 좋아해서가 아니다. 지금 이 제도를 모방하여 만들 때는 귀문(龜紋)141이나 비단 조각을 대모(玳瑁, 거북등껍질)·상아(象牙)·향료(香料)·잡목(雜木)과 섞어 상감[嵌骨]하여 무늬를 만들어 금 전체를 가득 채우고는 '보금(寶琴)'이라 한다. 하지만 이는 광중(廣中)142·전남(滇南)143에서 만든 전감비파(蜔嵌琵琶)144와 무엇이 다르겠는가? 몹시 가소로운 일이다. 《준생팔전》145

百衲琴, 近製也. 偶得美材, 短不堪用, 因而裁成片, 用膠漆綴長, 非好奇也. 今倣製者, 以龜紋、錦片, 錯以玟瑁、象牙、香料、雜木, 嵌骨爲紋, 鋪滿琴體, 名曰"寶琴", 與廣中、滇南蜔嵌琵琶何異? 更可笑也. 《遵生八牋》

뒷면을 귀문 무늬로 장식한 금

중국 명청(明淸) 시대의 전감비파

---

141 귀문(龜紋) : 6각형의 거북 등딱지 무늬.
142 광중(廣中) : 중국 광동성(廣東省)과 광서성(廣西省) 일대.
143 전남(滇南) : 중국 운남성(雲南省) 일대.
144 전감비파(蜔嵌琵琶) : 자개를 몸체 앞면이나 뒷면에 빽빽이 박아 넣어 화려하게 장식한 비파.
145 《遵生八牋》卷15 〈燕閑淸賞箋〉中 "論琴" '古琴新琴之辯'(《遵生八牋校注》, 606쪽).

13) 금(琴) 보호법

일반적으로 하인에게 금(琴)을 들게 할 때 금을 옆으로 눕혀 들지 않도록 해야 한다. 이렇게 들면 많은 경우 전방에 장애물을 만나 운아(雲牙)[146]가 부딪혀서 손상된다. 금을 자루에 넣고 큰 띠를 달아 어깨나 등 뒤에 세워서 메어 금이 손상되지 않게 하는 것이 좋다. 그러나 띠는 바짝 동여매어 느슨해지지 않도록 해야 한다. 《동천청록》[147]

금(琴)을 연주하기 전에는 먼저 손을 씻어야 한다. 손의 기름기가 현(絃)에 묻어 소리를 손상시킬 수 있기 때문이다. 여름철에는 이와 같은 일이 더욱 심해지니, 오직 이른 아침이나 늦은 저녁 약간 서늘할 때에만 금을 타야 한다. 여름철 한낮의 불볕더위에는 땀이 나서 손이 더러울 뿐만 아니라 공기가 매우 건조해서 또한 현을 제대로 튕기기 어렵다. 하지만 만약 그늘지고 서늘한 곳이라면 괜찮다. 《동천청록》[148]

이슬이 내리는 곳에서 금(琴)을 연주할 때는 오랫동안 앉아 있어서는 안 된다. 현(絃)이 젖을 뿐만 아니라 게다가 사람을 해치기 때문이다. 《준생팔전》[149]

護法

凡令僮僕抱琴, 勿橫抱, 多前遇物, 觸損雲牙. 不若於袋上作大[28]襻, 竪肩背後則不損, 然襻須緊不可寬. 《洞天清錄》

未彈琴, 先盥手, 手澤能膩絃損聲. 夏月尤甚, 惟早晚差涼宜弄琴. 正午炎熱, 非惟汗汚, 天氣太燥, 亦難爲絃, 若陰涼處無害. 同上

露下彈琴, 不可久坐, 不惟潤絃, 抑且傷人. 《遵生八牋》

---

146 운아(雲牙) : 금의 양쪽 끝부분을 보호하거나 꾸미기 위해 옥·상아 등을 장식한 부위.
147 《洞天清祿集》〈古琴辯〉(《叢書集成初編》1552, 6쪽).
148 《洞天清祿集》〈古琴辯〉(《叢書集成初編》1552, 6쪽).
149 《遵生八牋》卷15〈燕閑清賞箋〉中 "論琴" '古琴新琴之辯'(《遵生八牋校注》, 608쪽).
[28] 大 : 《洞天清祿集·古琴辯》에는 "帶".

14) 금(琴) 보관법

금(琴)을 걸어놓을 때는 벽에 딱 붙여서 걸어두면 안 되니, 벽에 흙 기운이 있기 때문이다. 오직 종이를 풀로 붙인 틀이나 옻칠한 틀 위의 바람이 잘 통하는 곳에 두면 좋다. 그러나 이런 곳 중에서도 사람의 왕래가 없고 어린아이·부녀자와 고양이·개가 다니지 않는 곳에 보관해야 한다.

금을 걸 때는 자루에 넣어 먼지가 들어가지 않게 막는다. 금갑(琴匣)에 넣어 보관하면 자루에 넣지 않는데, 그렇게 하면 대개 자루가 습기를 빨아들일 수 있기 때문이다. 매월(梅月)[150]에는 미리 금갑에 넣고, 두꺼운 종이로 풀칠하여 봉한 다음 누각의 그늘지고 서늘한 곳에 두어야 한다. 《동천청록》[151]

추울 때나 더울 때를 막론하고 바람이나 이슬을 바로 맞는 곳, 햇볕이 드는 곳, 벽돌담이나 진흙 바른 벽에 금(琴)을 걸어두면 안 된다. 습기가 배어 금의 소리가 나지 않을 수 있기 때문이다. 이때는 골지(骨紙)[152]를 붙인 나무틀로 벽을 가리고, 바람이 잘 통하는 곳에 금을 걸어놓아야 하는데, 주머니 자루에 넣어 먼지나 때가 타지 않게 한다. 혹은 평상 위나 이불 속에 두고 사람의 기운과 가깝게 해도 좋다. 《동천청록》[153]

蓄法

挂琴不宜着壁, 有土氣. 惟紙糊格及漆格上當風處爲妙. 然須無人往來, 小兒、婦女、猫犬所不到處.

當挂時, 加袋以障塵, 匣之則去袋, 蓋袋能引濕氣. 梅月須早入匣, 以厚紙糊縫, 安樓上陰涼處. 《洞天淸錄》

不論寒暑, 不可挂近風露、日色中及塼墻、泥壁之處, 恐惹濕潤, 琴不發聲. 宜木格布骨紙屛, 當風透處挂之, 加以囊盛以遠塵垢. 或置牀上、被中以近人氣爲佳. 《洞天琴錄》

---

150 매월(梅月) : 음력 5월. 매우(梅雨, 장맛비)가 내리는 시기를 말한다.
151 《洞天淸祿集》〈古琴辯〉(《叢書集成初編》1552, 6쪽).
152 골지(骨紙) : 삼대(겨릅대)와 같이 질긴 섬유질이 있는 원료를 잘게 부순 뒤 섞어 만들어 질기고 단단한 종이.
153 출전 확인 안 됨 ; 《遵生八牋》 卷15〈燕閑淸賞牋〉中 "論琴" '古琴新琴之辯'(《遵生八牋校注》, 607~608쪽).

15) 금(琴) 고치는 법

금의 현이 오래되면 소리가 어두워지니, 이때는 뽕나무 잎으로 현을 문지르면 바로 새 현처럼 회복된다. 다만 현에 이파리의 푸른 물이 드는 일은 어쩔 수 없을 뿐이다.《동파지림》154

오래된 금이 소리가 나지 않으면 베자루를 뜨거운 모래 위에서 데운 다음 금 위에 덮어씌우고 식으면 다시 갈아준다. 혹은 금을 시루에 올려두고 쪄서 수증기가 스며들게 한 다음 바람이 잘 통하는 곳에 매달아 건조시키면 그 소리가 예전과 같아진다.《준생팔전》155

16) 금(琴) 연주할 때 금기사항

향을 피우면서 금을 연주할 때는 오직 향기가 맑고 연기가 적은 향을 피워야 한다. 만약 향의 진한 연기가 코를 찌르게 되면 좋은 흥취를 크게 떨어뜨린다. 연주할 때는 수침향(水沈香)156·봉래향(蓬萊香)157을 피워야지 용연향(龍涎香)158·독누향(篤耨香)159

醫法

琴絃久則聲闇, 以桑葉揩之, 輒復如新, 但無如其靑何耳.《東坡志林》

古琴無聲者, 以布囊炒熱砂㉙罨之, 冷卽又換. 或以甑蒸之, 令汗出透, 懸當風處吹乾, 其聲如舊.《遵生八牋》

彈琴宜忌

焚香彈琴, 惟取香淸而煙少者. 若濃煙撲鼻, 大敗佳興. 當用水沈、蓬萊, 忌用龍涎、篤耨兒女態者.《洞天淸錄》

---

154 출전 확인 안 됨;《說郛》卷100〈雜書琴事〉"桑葉揩絃".

155《遵生八牋》卷15〈燕閑淸賞箋〉中 "論琴" '古琴新琴之辯'(《遵生八牋校注》, 607쪽).

156 수침향(水沈香): 아열대 지방에서 자라는 팥꽃나무과의 침향나무 심재(心材) 중 물에 넣었을 때 완전히 가라앉는 심재로 만든 향. 수침향과 이하의 향에 대한 자세한 내용은《임원경제지 이운지》권2〈임원에서 즐기는 청아한 즐길거리〉(상) "향[香供]" '향료'에 나온다.

157 봉래향(蓬萊香): 침향나무 심재 중에서 반은 뜨고 반은 가라앉은 심재로 만든 향. 삿갓만 한 크기로 봉래산 모양과 같다고 해서 붙은 이름이다.

158 용연향(龍涎香): 향유고래의 배설물을 알코올에 녹여 만든 향. 향유고래의 뱃속에서 생성된 검은 덩어리의 물질은 원상태로는 악취가 나지만 알코올에 녹여 정제하면 매우 고급스러운 향이 난다.

159 독누향(篤耨香): 운향(芸香)과의 여러해살이풀에서 채취한 향료로 만든 향.

㉙ 熱砂: 저본에는 없음. 오사카본·규장각본·《遵生八牋·燕閑淸賞箋·論琴》에 근거하여 보충.

처럼 교태가 나는 향은 금한다. 《동천청록》[160]

꽃을 마주보며 금을 연주할 때는 오직 암계(巖桂)[161]·강매(江梅)[162]·말리(茉莉)[163]·도미(荼蘼)[164]·담복(薝蔔)[165] 등 향기가 맑으면서 색이 요염하지 않은 꽃이라야 좋다. 만약 요염한 홍색이나 자주색이라면 적절한 꽃이 아니다. 《동천청록》[166]

彈琴對花, 惟巖桂、江梅、茉莉、荼蘼、薝蔔等香清而色不艷者方妙. 若妖紅艷紫, 非所宜[30]也. 同上

밤은 깊고 인적은 고요한데 달이 헌(軒)을 밝게 비출 때 수침향(水沈香)을 피워 놓고 옛 곡조를 연주하면 이것이 복희(伏羲)[167] 시대의 사람과 무엇이 다르겠는가. 다만 일경(一更, 밤 7시~9시) 이후 삼경(三更, 밤 11시~새벽 1시) 이전에 연주해야 한다. 대개 일경에는 사람들의 소리가 아직 고요해지지 않았고, 삼경에는 사람이 나른해져 잠이 오기 때문이다. 《동천청록》[168]

夜深人靜, 月明當軒, 香爇沈水, 曲彈古調, 此與羲皇上人何異? 但須在一更後三更前, 蓋初更人聲未靜, 三更則人倦欲眠矣. 同上

---

160 《洞天清祿集》〈古琴辯〉(《叢書集成初編》1552, 6쪽).
161 암계(巖桂) : 녹나무과 낙엽 활엽 교목이다. 중국에서는 소화계(少花桂)라 한다. 9~10월에 황색의 꽃이 뭉쳐서 피며 향기가 좋다. 《임원경제지 예규지》 권1 〈총서〉 "품평" '꽃의 아홉 품등'에서는 암계를 이품(二品)의 8가지 꽃 중의 하나로 꼽았다.
162 강매(江梅) : 장미과 낙엽 소교목인 매화나무 중 야생 매화. 주로 산속 계곡의 물가에서 자란다.
163 말리(茉莉) : 물푸레나무과 상록 덩굴관목인 재스민(모리화). 여름에 나팔꽃 모양의 꽃이 핀다. 《임원경제지 예규지》 권1 〈총서〉 "품평" '꽃의 아홉 품등'에서는 말리를 이품(二品)의 8가지 꽃 중의 하나로 꼽았다.
164 도미(荼蘼) : 장미과 덩굴관목인 찔레나무. 음력 사월에 연푸른색이나 흰색의 꽃이 피는데 그 꽃색이 '도미(酴醾)'라는 술과 유사하여 '도미(酴醾)'라고도 한다. 《임원경제지 예규지》 권1 〈총서〉 "품평" '꽃의 아홉 품등'에서는 도미를 일품(一品)의 9가지 꽃 중의 하나로 꼽았다.
165 담복(薝蔔) : 꼭두서니과 상록 관목인 치자나무. 6~7월에 흰색의 꽃이 피며, 독특한 향기가 난다.
166 《洞天清祿集》, 위와 같은 곳.
167 복희(伏羲) : 중국 고대 전설상의 제왕. 오누이인 여와(女媧)와 부부가 되어 중국인의 시조(始祖)가 되었고, 팔괘(八卦)를 처음 만들었으며 그물을 발명하여 어획과 수렵의 방법을 가르쳤다고 전해진다.
168 《洞天清祿集》, 위와 같은 곳.
[30] 宜 : 저본에는 "調". 오사카본·《洞天清祿集·古琴辯》에 근거하여 수정.

금을 연주하여 학이 춤추게 하려 한들 학이 꼭 춤을 추지도 않거니와 구경하는 사람들이 시끄러워서 연주자가 마음을 온전하게 집중할 수 없으니, 이것이 광대의 공연을 구경하는 일과 무엇이 다르겠는가. 진실로 군자의 일이 아니다. 《동천청록》169

彈琴舞鶴, 鶴未必能舞, 觀者閧然, 彈者心不專, 此與觀優何異? 誠非君子之事. 同上

여울물이나 폭포와 같이 일반적으로 물에서 소리가 나는 곳은 모두 금을 연주하기에 좋지 않다. 오직 물이 맑고 고요한 못이 좋으니, 못 근처 헌(軒)의 창가에서나, 혹은 대나무 옆이나 숲속에서 연주한다면 그 아취가 잘 어울린다. 산들바람이 솔솔 불 때 헤엄치던 물고기도 나와 금의 소리를 들으면170 그 즐거움이 무한하다. 《동천청록》171

湍流·瀑布, 凡水之有聲處, 皆不宜彈琴. 惟澄淨池沼, 近在軒牎, 或在竹邊·林下, 雅宜對之. 微風灑然, 游魚出聽, 其樂無涯也. 同上

봄과 가을 두 계절에는 기후가 온화하고 사람 또한 밤중에 깨어 있는 경우가 많다. 온갖 소리는 모두 고요해지고 달빛만 허공에 가득할 때 무릎 위에 금(琴)을 가로로 뉘이고 즉흥으로 짧은 곡조 연주하면 또한 마음 속 회포를 풀 수 있다. 《동천청록》172

春秋二候, 天氣澄和, 人亦中夜多醒. 萬籟咸寂, 月色當空, 橫琴膝上, 時作小調[31], 亦可暢懷. 《洞天[32]琴錄》

---

169 《洞天淸祿集》, 위와 같은 곳.

170 헤엄치던……들으면: 동물도 귀 기울이게 할 정도로 빼어난 연주를 가리키는 '유어출청(流魚出聽, 游魚出聽)'의 고사를 말하는데, 이 고사 중 물고기 부분은 본래 금이 아니고 슬(瑟)에 관한 것이었다. "옛날 호파(瓠巴, 전설 속 슬의 명수)가 슬을 연주하니 헤엄치던 물고기가 나와 들었고, 백아(伯牙, 금의 명수)가 금을 연주하니 여섯 마리 말이 고개를 들어 들었다.(昔者瓠巴鼓瑟, 而流魚出聽; 伯牙鼓琴, 而六馬仰秣)" 자세한 내용은 《순자(荀子)》〈권학(勸學)〉 참조.

171 《洞天淸祿集》〈古琴辯〉(《叢書集成初編》1552, 7쪽).

172 《洞天淸祿集》, 위와 같은 곳; 《說郛》 卷95 下〈洞天淸錄〉"古琴辨" '膝上橫琴'.

[31] 調: 《洞天淸祿集·古琴辯》에는 "操".

[32] 洞天: 저본에는 "天洞". 오사카본·규장각본에 근거하여 수정.

금을 연주할 때는 꼭 솔바람과 시냇물 소리가 울리는 곳에서 해야 한다. 이 3가지는 모두 자연스레 나온 소리로, 서로 잘 어우러지는 종류끼리의 만남이다. 《동천청록》[173]

금을 연주하는 사람은 그 풍치(風致)가 청초(淸楚)하여 다만 차를 마시는 일이 좋다. 간혹 술로 흥취를 돋우는 일도 있지만 이때는 술기운이 약간 오르는 정도를 넘어서지 않아야 한다. 만약 술을 쌓아놓고 냄새나는 음식을 늘어놓거나 성정을 어지럽히며 미친 듯이 술을 마셔 잔뜩 취한 모습으로 금을 연주하려고 한다면, 이것은 큰 추태이므로 가장 경계해야 한다. 《동천청록》[174]

【안】도종의(陶宗儀)[175]의 《설부(說郛)》[176]에는 《동천청록》 1권이 수록되어 있다. 도륭(屠隆)[177]의 《산림경제적(山林經濟籍)》[178]에는 《동천청록》〈유록(游錄)〉·〈필록(筆錄)〉·〈묵록(墨錄)〉·〈연록(硯錄)〉·〈지록(紙錄)〉·〈첩

鼓琴偏[33]宜松風、澗響之間[34]，三者皆自然之聲，正合類聚. 同上

彈琴之人，風致清楚，但宜啜茗. 間或用酒發興，不過微有醺意而已. 若堆[35]醯酪，羅葷膻，蕩性情狂飲，致成醉者之狀[36]以事琴，此大醜，最宜戒也. 同上

【案】陶九成《說郛》載《洞天清錄》一卷，屠隆《山林經濟籍》載《洞天清錄》〈游錄〉、〈筆錄〉、〈墨錄〉、〈硯

173 출전 확인 안 됨; 《山堂肆考》 卷162 〈音樂〉 "三聲類聚".
174 출전 확인 안 됨.
175 도종의(陶宗儀) : ?~1369. 중국 원(元)나라 말·명(明)나라 초의 학자. 자는 구성(九成). 원나라 때 과거에 응시하였으나 낙방 후에 은거하여 조정의 부름에도 응하지 않고 학문에 몰두하였다. 저서로 《철경록(輟耕錄)》·《설부(說郛)》 등이 있다.
176 설부(說郛) : 도종의(陶宗儀)가 수필(隨筆)·설화(說話) 등의 책 1,000여 종을 편집한 총서(叢書).
177 도륭(屠隆) : 1542~1605. 중국 명나라의 관리로 문학가이자 희곡작가. 저서로 《고반여사(考槃餘事)》 등이 있다.
33 偏 : 저본에는 "徧". 오사카본·규장각본에 근거하여 수정.
34 間 : 저본에는 "間間". 오사카본에 근거하여 삭제.
35 堆 : 저본에는 "惟". 오사카본·규장각본에 근거하여 수정.
36 狀 : 저본에는 "意". 오사카본에 근거하여 수정.

록(帖錄)〉·〈서록(書錄)〉·〈화록(畵錄)〉·〈금록(琴錄)〉·〈향록(香錄)〉이 수록되어 있는데, 모두 송(宋)나라 조희곡(趙希鵠)[179]의 저술이라고 맨앞에 적혀 있다.

그러나 도륭의 책에서는 본래 종종 도종의의 《설부》에 수록된 《동천청록》과 내용상의 출입이 많이 있다. 그리고 위의 기사인 '달을 마주보며 금(琴)을 연주하는 일'과 '물가에서 금을 연주하는 일' 두 조목에 이르러서는 그 설이 상반된다.[180] 아마도 도륭이 조희곡의 《동천청록》 전체본을 보지 않고 다른 여러 책에서 인용한 내용을 섞어놓고는 조희곡의 이름을 갖다 붙인 듯하다.】

錄〉、〈紙錄〉、〈帖錄〉、〈書錄〉、〈畵錄〉、〈琴錄〉、〈香錄〉而竝題宋 趙希鵠著. 然屠氏本往往與《說郛》所載《洞天淸錄》多有出入, 至於上項對月鼓琴、臨水鼓琴二條, 其說相反, 疑屠氏未見趙氏全本, 雜綴他書而冒趙氏之名也.】

17) 금(琴)의 십우(十友, 열 친구)

빙현(氷絃)·옥진(玉軫, 옥으로 만든 진)·진함(軫函)[181]·옥족(玉足, 옥으로 만든 봉족)·융두(絨剅)[182]·금천(琴薦)[183]·금낭(錦囊)[184]·금상(琴牀)[185]·금갑(琴匣)·체지

琴壇十友

氷絃、玉軫、軫函、玉足、絨剅[37]、琴薦、錦囊、琴牀、琴匣、替指、【以鶴翎造, 火焰

---

178 도륭(屠隆)의 산림경제적(山林經濟籍): 서유구는 《산림경제적》의 저자를 도륭이라고 했으나, 실제 저자는 도본준(屠本畯, 1542~1622)이다. 도본준은 도륭의 족손(族孫)으로, 태상전부(太常典簿)·신주지부(辰州知府)를 역임하였으며, 벼슬을 그만두고 산림에서 사는 정취에 관한 내용을 담은 글들을 모아 《산림경제적》을 편찬하였다. 《산림경제적》에는 금(琴)과 관련된 내용이 확인되지 않고, 아래쪽 원문의 '至於上項對月鼓琴、臨水鼓琴二條'라 말한 곳은 도륭의 《고반여사(考槃餘事)》〈금전(琴箋)〉 소제목 중 '對琴'과 '臨水'를 말하는 것으로 보인다. 아마도 서유구가 《산림경제적》과 《고반여사》를 혼동하여 잘못 적은 것으로 추측된다.
179 조희곡(趙希鵠): 1170~1242. 중국 남송(南宋)의 학자. 서화에 능하였으며, 여러 기물에 대한 감상기를 남겼다. 저서로 《동천청록집(洞天淸祿集)》이 있다.
180 위의……상반된다: 본문의 '여울물이나……무한하다'의 기사에서는 물소리가 나는 곳에서는 금을 연주하기에 좋지 않다고 했고, '금을……경계해야 한다'의 기사에서는 솔바람과 시냇물 소리가 울리는 곳에서 금을 연주하기에 좋다고 했으니 그 내용이 상반된다.
181 진함(軫函): 금의 좌단 아래, 진을 상자 모양으로 에워싼 부분.
182 융두(絨剅): 비단을 꼬아 진(軫)에 묶고 현을 연결하는 실. 융두와 현을 맬 때는 현으로 나비 모양의 매듭인 호접(蝴蝶)을 묶어 융두와 연결한다.
183 금천(琴薦): 금(琴) 아래에 까는 2장의 깔개. 1장은 금의 머리 아래에 깔고, 1장은 꼬리 쪽 봉족 아래에 깐다.
184 금낭(錦囊): 금을 운반할 때, 금을 넣어 두는 비단 주머니.
185 금상(琴牀): 연주시에 금을 올려놓는 평상. 뒤의 '금안(琴案)' 참조.

금진

융두

금진과 융두

거문고 뒤판의 융두(《칠현금경》)

융두와 현이 이어지는 모습(《칠현금경》)

(替指)186【체지는 학의 깃으로 만드는데, 불로 지져서 만든다.】. 이것은 주권(朱權)187이 만든 것이다. 《동천금록》188

爲之.】此臞仙製也. 《洞天琴錄》

18) 금갑(琴匣, 금 보관 상자)

금갑의 제도는 아래가 매우 작고 좁아서 간신히 이 금(琴)을 넣을 정도로 만들어야 한다. 대개 금갑 입구를 금(琴)이 들어갈 정도로 한 다음, 상자 입구에 구멍을 내어 걸쇠를 걸고서 자물쇠를 채운다. 《동천청록》189

琴匣

琴匣之製, 須低矮窄小, 僅可容此琴. 蓋令容受于口, 仍釘鉸加鎖. 《洞天淸錄》

19) 금낭(琴囊, 금 주머니 자루)

옛 사람들이 금낭을 만들 때에는 자주색이나 황

琴囊

古人琴囊, 或紫或黃二色而

---

186 체지(替指) : 금을 탈 때 손톱에 끼우는 가조(假爪).
187 주권(朱權) : 1378~1448. 중국 명(明)나라 태조 주원장(朱元璋)의 16째(일설에는 17째) 왕자 영헌왕(寧獻王). 음악에 통달하고 특히 잡곡과 금(琴)에 능하여, 《신기비보(神奇秘譜)》 등의 금곡집을 남겼다. 《임원경제지 이운지》의 앞 권인 《임원경제지 유예지》 〈당금자보〉에 있는 금 연습곡은 주권의 이름에 가탁(假托)한 것이다.
188 출전 확인 안 됨 ; 《遵生八牋》 卷15 〈燕閑淸賞牋〉 中 "論琴" '臞仙琴壇十友'(《遵生八牋校注》, 602~603쪽).
189 《洞天淸祿集》 〈古琴辯〉(《叢書集成初編》 1552, 6쪽).
37 釦 : 저본에는 "尉". 오사카본·《遵生八牋·燕閑淸賞牋·論琴》에 근거하여 수정.

색 2가지 색으로만 만들었을 뿐 다른 색을 사용하지 않았다. 《비설록(霏雪錄)[190]》[191]

20) 금안(琴案)[192]

금안은 유마양(維摩樣)[193]으로 만들어야 한다. 금안의 다리는 연주하는 사람의 무릎이 걸리지 않도록 무릎과 맞닿는 금안 상판[面] 높이를 2.8척으로 하여 무릎을 그 아래로 넣을 수 있도록 하고, 몸은 앞을 향하도록 한다. 이때 돌로 만든 상판이 가장 좋고, 그다음으로는 견고하면서도 두꺼운 목재로 상판을 만들고 2~3회 회칠(灰漆)하는데, 칠 또한 두껍게 해야 한다. 4개의 다리는 튼튼하면서도 균형이 잘 맞게 해서 다리 사이를 지탱하는 버팀대가 필요 없게 하면 석안(石案, 돌로 만든 금안)과 다를 바 없다.

돌로 만든 상판은 두께가 0.15척 정도 되어야 좋다. 만약 나무로 만든 상판의 두께가 0.2척 이상이 되거나, 큰 측백나무나 큰 대추나무 목재를 구해서 아교로 목재를 붙이지 않고 옻칠하여 붙이면 더욱 빼어나다.

또 지금 사람들이 금탁(琴桌, 높은 탁자) 만드는 일

琴案

琴案須作維摩樣, 庶案脚不礙人膝, 連面高二尺八寸, 可入膝於案下而身向前, 宜石面爲第一, 次用堅木厚者爲面, 再三加灰漆, 亦令厚. 四脚令壯更平, 不假坫扱, 則與石案無異.

石面須厚一寸半許乃佳. 若用木面須二寸以上, 若得大柏、大棗木, 不用膠合, 以漆[38]合之尤妙.

又見今人作琴桌, 僅容一

---

190 비설록(霏雪錄): 중국 명(明)나라 유적(鎦績, ?~?)이 지은 책. 선대에 전해지는 이야기, 꿈에 나오거나 재미있는 이야기 등을 담고 있다.

191 출전 확인 안 됨;《古今說海》卷114〈說畧〉30 "霏雪錄".

192 금안(琴案): 바닥에 앉은 채 금을 올려놓고 연주할 수 있도록 한 앉은뱅이상. 의자에 앉아서 연주할 때 쓰는 높은 탁자는 따로 금탁(琴卓)이라 한다.

193 유마양(維摩樣): 유마처럼 앉은 모양. 가부좌를 틀고 있는 모양으로 보인다. 유마(維摩, ?~?)는 2세기경 북인도 바이샤리 지역의 큰 부자였으나, 불교의 진수(眞髓)를 체득한 이후 출가하지 않고 세속에 살면서 불도(佛道)를 실천했다고 한다.

38 漆 : 저본에는 "膝". 오사카본·《洞天淸祿集·古琴辯》에 근거하여 수정.

금탁 위에 금을 놓고 연주하는 모습. 본문의 내용처럼 금의 크기에 비해 금탁이 작다. 송나라 휘종(徽宗, 1082~1135)의 〈청금도(聽琴圖)〉 부분도

을 살펴보면 간신히 금(琴) 1개를 놓을 수 있을 정도의 크기로 만든다. 하지만 금탁의 너비는 금 4개를 놓을 수 있을 정도로 하고, 길이는 금 길이보다 1/3 정도 더 길게 만들어야 하니, 금안에 놓고 연주하여 소리를 비교해보면 그 차이를 느낄 수 있다.

금안 위에는 절대로 향로와 같은 잡다한 물건을 앞에 두어 금을 가려서는 안 된다. 오자강(吳自強)[194]의 《운산집(雲山集)[195]》에서는 "금안 상판에 작은 수조(水槽)를 만든다."[196]라 했는데, 굳이 그렇게까지 할 필요는 없다. 《동천청록》[197]

琴, 闊可容四琴, 長過琴三之一, 試以案較琴聲便可見.

琴案上, 切不可置香爐雜物於前, 吳自強《雲山集》云"於案面作小水槽", 不必爾也. 《洞天清錄》

194 오자강(吳自強) : 미상.
195 운산집(雲山集) : 미상.
196 금안……만든다 : 출전 확인 안 됨.
197 《洞天淸祿集》〈古琴辯〉(《叢書集成初編》1552, 5쪽).

탁자 위에 올려져 있는 곽공전

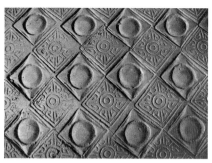
상안화문의 한 사례

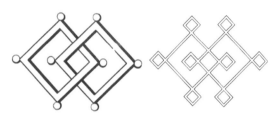
다양한 형태의 방승화문

금(琴)을 연주할 때에는 오래된 곽공전(郭公塼)198으로서 상안화문(象眼花紋)199·방승화문(方勝花紋)200이 있고, 하남(河南) 정주(鄭州)에서 나온 좋은 물건을 금대(金臺)에 박아서 쓴다. 길이는 금의 길이보다 1척 더 길고, 높이는 2.8척, 너비는 금 3개를 놓을 수 있을 정도로 만들어 견고한 옻을 칠한다. 이 위에서 금을 연주하면 그 소리가 맑고 시원하여 사랑스럽다. 혹은 마노석(瑪瑙石)·남양석(南陽石)201·영석

彈琴, 取古郭公塼, 上有象眼花紋、方勝花紋, 出自河南 鄭州者佳, 用鑲琴臺. 長過琴一尺, 高二尺八寸, 闊容三琴, 以堅漆塗之. 彈琴於上, 其聲泠泠可愛. 或瑪瑙石、南陽石、永石鑲者亦佳.《遵生八牋》

---

198 곽공전(郭公塼) : 벽돌의 한 종류. 속이 비어 있고 길쭉하다. 금 받침으로 쓰면 금의 울림이 좋다.

199 상안화문(象眼花紋) : 코끼리 눈 모양의 무늬. 고대의 벽돌에 많이 나타나며, 마름모꼴 사각형 내부에 눈처럼 원형의 돌기가 있다.

200 방승화문(方勝花紋) : 네모난 고리가 가로세로로 연속해서 이어진 모양의 무늬.

201 남양석(南陽石) : 유황석(硫黃石)이라고도 한다. 중국 명(明)·청(淸) 시대에 금탁(琴桌) 등 가구의 주요 재료로 사용하였다.

(永石)²⁰²을 박아 놓은 것도 좋다. 《준생팔전》²⁰³

내가 수도에 있을 때 금대(琴臺) 하나를 보았는데, 금대 안에 주석으로 못[池]을 만들고서 그 속에 물을 넣어 물고기를 기르고, 못 위에는 수정판(水晶板)을 금대 상판으로 삼았다. 그 물고기는 수초 속에서 헤엄치다가 마치 물에서 나와 금의 소리를 듣는 듯했으니, 진실로 세상에 드문 물건이다. 《준생팔전》²⁰⁴

余在都中, 見一琴臺, 以錫爲池於臺中, 實水畜魚, 上以水晶板爲面, 其魚戲水藻, 儼若出聽, 誠爲世所稀有. 同上

21) 금실(琴室, 금 연주실)

옛 선배들은 간혹 땅속에 옹기를 묻어놓고, 그 위에서 금(琴)을 연주하기도 했는데, 이 설은 아마도 잘못 전해진 것 같다.²⁰⁵ 대개 금을 연주하는 방은 채워져 있어야지 비어 있으면 안 되니, 여러 층으로 된 누각의 아래가 가장 적당하다. 대개 위에 누대의 판(板)이 있으면 금 소리가 흩어지지 않고, 그 아래가 텅 비어 있어 그윽하면 소리가 잘 전달되어 퍼지기 때문이다.

만약 높은 당(堂)이나 큰 방이라면 소리가 흩어지고, 작은 각(閣)이나 밀실이라면 소리가 전달되지 않는다. 원유(園囿)²⁰⁶에 있는 정사(亭榭, 정자)는 알맞은 곳이 더욱 아니다. 만약 반드시 속세를 피해 사

琴室

前輩或埋甕於地, 上鳴琴, 此說恐妄傳. 蓋彈琴之室, 宜實不宜虛, 最宜重樓之下. 蓋上有樓板, 則聲不散, 其下空曠淸幽, 則聲透徹.

若高堂、大廈則聲散, 小閣、密室則聲不達, 園囿亭榭尤非所宜. 若必幽人、逸士, 於高木大林³⁹或巖洞

---

202 영석(永石): 기양석(祁陽石)이라고도 한다. 빛깔이 아름다워 가구에 상감하는 재료로 많이 사용한다.
203 《遵生八牋》 卷15 〈燕閑淸賞牋〉 中 "論琴" '琴窗雜記'(《遵生八牋校注》, 607쪽).
204 《遵生八牋》 卷15 〈燕閑淸賞牋〉 中 "論琴" '琴窗雜記'(《遵生八牋校注》, 608쪽).
205 옛……같다: 《임원경제지 이운지》 권1에도 금실을 소개한 2개의 기사가 있는데, 그중 첫째 기사에서 지하에 큰 항아리를 묻어 두라는 내용이 나온다.
206 원유(園囿): 원은 꽃과 나무를 심은 동산, 유는 새나 동물들을 풀어서 키우는 동산을 말한다.
39 高木大林: 《洞天淸祿集·古琴辯》에는 "高林大木".

는 사람이나 은둔하는 사람이 높은 나무가 있는 큰 숲이나 암석 동굴의 석실(石室) 아래이면서 깨끗하고 탁 트인 곳에서, 게다가 산수의 경치까지 빼어난 곳에서 연주한다면 금의 소리가 더욱 맑을 것이다. 이 정도라면 광한월전(廣寒月殿)[207]과 무엇이 다르겠는가. 《동천청록》[208]

石[40]室之下、淸曠之地[41], 更有泉石之勝, 則琴聲愈淸, 與廣寒月殿何異?《洞天淸錄》

22) 생황(笙簧)[209]의 이름과 의미

《예기(禮記)》에 "여와씨(女媧氏)[210]의 생황"[211]이라 했다. 《설문해자(說文解字)》에 "정월(正月)의 음(音)이니, 만물이 생겨나는 때이므로 '생(笙)'이라 한다. 큰 생은 황(簧)이라 하고 작은 생은 화(和)라 한다."[212]라 했다. 《이아(爾雅)》〈석악(釋樂)〉에 "생 중에 황(簧)[213]이 19개인 것을 '소(巢)'라 하고 황이 13개인 것을 '화(和)'[214]라 한다."[215]라 했다. 《삼재도회(三才圖會)[216]》[217]

笙簧名義

《禮記》曰: "女媧氏之笙簧." 《說文》曰: "正月之音, 物生故謂之'笙'. 大笙謂之'簧', 小笙謂之'和'." 《爾雅》 "笙十九簧曰'巢', 十三簧曰'和'." 《三才圖會》

---

207 광한월전(廣寒月殿): 전설 속 달에 사는 선녀인 항아(姮娥)의 궁전. 광한전(廣寒殿)·광한부(廣寒府)·광한청허부(廣寒淸虛府) 등의 이명이 있다.

208 《洞天淸祿集》〈古琴辯〉(《叢書集成初編》1552, 6쪽).

209 생황(笙簧): 박이나 나무 또는 구리로 만든 공명통에 대나무관을 끼워 만든 악기. 새의 둥지를 닮았다고 하여 소생(巢笙)이라고도 한다. 관의 개수에 따라 생(笙)·우(竽)·화(和) 등으로 구분하기도 하지만 일정하지 않다.

210 여와씨(女媧氏): 중국 상고시대의 임금으로 알려진 복희씨(伏羲氏)의 누이. 복희씨의 뒤를 이어 임금이 된 뒤 처음으로 생황(笙簧)을 만들었다고 전해진다.

211 여와씨(女媧氏)의 생황: 《禮記正義》 卷31 〈明堂位〉(《十三經注疏整理本》14, 206쪽).

212 정월(正月)의……한다: 《說文解字注》 5篇 上 〈竹部〉 "笙", 196쪽.

213 황(簧): 관악기의 관 안에 장치하여 그 진동으로 소리를 내는 엷은 조각. '떨혀'라고도 한다.

214 소(巢)라……화(和): 여러 관이 박통 속에 있는 것이 둥지[巢]의 모양과 같아서 큰 생황을 소(巢)라 하고, 큰 것이 선창하면 작은 것이 화답(和答)하므로 작은 생황을 화(和)라 한다.

215 생……한다: 《爾雅注疏》 卷5 〈釋樂〉(《十三經注疏整理本》24, 172쪽).

216 삼재도회(三才圖會): 중국 명(明)나라의 문인 왕기(王圻)가 편찬한 유서(類書). 삼재(三才, 하늘·땅·사람)에 있는 만물을 분류하여 글과 그림으로 설명한 백과전서이다.

217 《三才圖會》〈器用〉卷3 "匏之屬", 248쪽.

[40] 洞石: 저본에는 "石洞". 오사카본·《洞天淸祿集·古琴辯》에 근거하여 수정.

[41] 淸曠之地: 《洞天淸祿集·古琴辯》에는 "地幽境寂".

생황(국립민속박물관)

옛말에 "생황 중에 큰 것을 '우(竽)'라 하고 작은 것을 '생(笙)'이라 한다."라 했다. 선유들은 큰 우는 36황이고 작은 우는 24황이며, 큰 생은 19황이고 작은 생은 13황이라 했다.《율려정의(律呂精義)[218]》[219]

古云: "笙大者謂之竽, 小者謂之笙." 先儒以爲大竽三十六簧, 小竽二十四簧, 大笙十九簧, 小笙十三簧.《律呂精義》

23) 생황 만드는 법

관(管)을 박 안에 배열하여 박고, 관의 끝에 황을 달며, 궁관(宮管)[220]이 중앙에 오게 한다. 오늘날의 생과 우(竽)는 나무로 박을 대신하고, 옻칠도 박에 하는 칠보다 매우 많이 한다.《삼재도회》[221]

製法

列管匏中, 施簧管端, 宮管在中央. 今之笙、竽, 以木代匏, 而漆殊愈於匏.《三才圖會》

---

218 율려정의(律呂精義): 중국 명(明)나라 주재육(朱載堉, 1536~1611)의 음악이론서. 1596년에 편찬된 이 책은 내편(內篇) 10권과 외편(外篇) 10권 총 20권으로 구성된 악서(樂書)이다. 주재육은 음악(音樂)·수학(數學)·역법(曆法)을 깊이 연구하였고, 그 이론을《악률전서(樂律全書)》에 집대성하였다. 정번왕(鄭藩王)의 세자였으나 아들에게 양위했으므로 박지원 등 조선 문인들의 글에서는 '정세자(鄭世子)'로 칭한다.

219《樂律全書》卷8《律呂精義》內篇8 "樂器圖樣" 10上 '匏音之屬總序'.

220 궁관(宮管): 공명통에 꽂은 대나무관 중에 가장 긴 관을 이르는데, 생황은 5음(五音)이 아니라 12율(十二律)로 관의 이름을 붙이므로, 엄밀히는 '황종관(黃鍾管)'이라 해야 한다.

221《三才圖會》〈器用〉卷3 "匏之屬", 248쪽.

처음 3개의 관은 길이가 1.3척이고, 다음 4개의 관은 길이가 0.9척이고, 다음 4개의 관은 길이가 0.6척이고, 다음 2개의 관은 길이가 0.4척이다.[222] 관 아래쪽 대나무 껍질을 벗긴 곳을 '삽각(插脚)[223]'이라 이름한다.《율려정의》[224]

首三管長一尺三寸, 次四管長九寸, 次四管長六寸, 次二管長四寸, 管下削去竹皮之處, 名爲"插脚".《律呂精義》

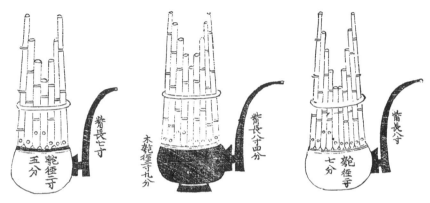

화(和)·우(竽)·생(笙)(《악학궤범》)

처음 생을 만들 때 모든 관의 내부에 물억새[荻] 뿌리와 고운 모래 1두(豆, 4되) 가량을 넣는다. 생을 불 때 모래가 관 내부에서 날리며 거세게 날아오르면 소리가 더욱 맑고 선명하다.《변음집(辨音集)[225][226]

初造笙, 每管中入荻根、細沙一豆許, 遇吹時, 飛沙於中, 激揚, 聲愈淸徹.《辨音集》

---

222 처음……0.4척이다 : 13황 생황의 경우이다.
223 삽각(插脚) : '박 속에 삽입하는 다리 부분'이라는 의미이다.
224《樂律全書》卷8〈律呂精義〉内篇8 "樂器圖樣" 10上 '匏音之屬總序'.
225 변음집(辨音集) : 미상.
226 출전 확인 안 됨 ;《雲仙雜記》卷8〈造笙〉.

주밀(周密)[227]의 《계신잡지(癸辛雜志)[228]》에 "생황은 반드시 고려(高麗)의 구리로 만드는데 녹랍(綠蠟)[229]으로 청흑색이 나게 한다."[230]라 했다. 【정(艵)은 천(千)과 정(定)의 반절로, 음(音)이 청(請)이다. 정(艵)과 명(靦)은 청흑색이다.】 그러나 우리나라는 본래 구리가 나지 않으니, 우리나라에서 가져다 중국에 판 왜동(倭銅)을 가리키는 것이 아니겠는가. 지금 우리나라 사람도 중국의 제도를 흉내내어 자력으로 생황을 만들 수 있다. 일반적으로 생황을 만들 때 그 제품의 질은 전적으로 황에 달려 있다. 또 황을 붙이는 데에는 송진을 쓰지, 정랍(艵蠟, 녹랍)을 쓴다는 말은 들어보지 못했다. 《금화경독기》[231]

周密《癸辛雜志》云 : "笙簧必用高麗銅爲之, 艵以綠蠟." 【艵, 千定反, 音請. 艵、靦, 靑黑色也.】 然我國本不出銅, 豈指倭銅之自我國轉售者耶? 今東人自能造笙, 疑於華製. 凡造笙善否專在於簧. 其黏簧, 亦用松脂, 未聞用艵蠟. 《金華耕讀記》

24) 생황 보관법

오군(吳郡)의 왕씨(王氏)[232] 가문에서 생황을 보관하는 방법은 10월 초하루부터 2월 말일까지 생황을 쬐는 숯 50근을 갖추어 비단 씌운 훈롱(燻籠)[233]을 가져다 생황을 그 위에 놓고 다시 사화향(四和香)[234]

藏法

吳郡 王家藏笙法, 自十月朔至二月終日, 給焙笙炭五十斤, 用錦燻籠, 藉笙於上, 復以四和香燻之. 蓋

---

227 주밀(周密) : 1232~1308. 중국 송(宋)나라 말기의 작가. 자는 공근(公瑾), 호는 초창(草窓) 또는 빈주(蘋洲). 송나라가 망하자 벼슬하지 않고 항주(杭州)로 옮겨가 왕기손(王沂孫)·장염(張炎)·구원(仇遠) 등과 함께 사사(詞社)를 결성했다. 주로 옛것을 수집하고 기록하였다. 저서로 《제동야어(齊東野語)》·《초창사(草窓詞)》·《초창운어(草窓韻語)》·《무림구사(武林舊事)》·《계신잡지(癸辛雜識)》 등이 있다.

228 계신잡지(癸辛雜志) : 중국 송(宋)나라 주밀(周密)이 지은 책. 도교의 호흡법·과학론·음악론 등 다양한 주제를 다루었다.

229 녹랍(綠蠟) : 황랍(黃蠟)과 백랍(白蠟)에 동록(銅綠)과 같은 재료를 넣어 푸른색을 띠게 된 밀납으로 보인다. 동록(銅綠)은 동판에 물을 약간 붓고 붉은 오화석(五花石)으로 갈면 나오는 푸른색 액체이다.

230 생황은……한다 : 《齊東野語》 卷17 〈笙炭〉《叢書集成初編》 2782, 216쪽).

231 《金華耕讀記》 卷6 〈笙簧〉, 13쪽.

232 왕씨(王氏) : 미상.

233 훈롱(燻籠) : 화로 위에 덮어 그 위에 옷이나 기타 사물을 올려 두고 연기나 열을 쬘 수 있게 만든 대바구니를 말한다. 옷을 건조하거나 옷에 살고 있는 이를 제거하여 소독하는 데에 주로 썼다.

을 피우는 것이다. 대개 생황이 따뜻해지면 제대로 음을 내어 그 소리가 맑고 탁월하다. 그러므로 반드시 숯불에 쬐고 난 뒤에 이 소리를 낼 수 있다. 육천수(陸天隨)[235]의 시에 "내 마음 황(簧)처럼 차가운데, 그대를 그리워할 때면 항상 따뜻하다오."[236]라 하였고, 미성(美成)[237]의 악부(樂府)[238]에도 '황(簧)을 따뜻하게 하면 생(笙) 소리가 맑다.'[239]라는 말이 있다. 《계신잡지》[240]

簧煖則字正而聲淸越, 故必須焙而後可. 陸天隨詩云"妾思冷如簧, 時時望君煖". 美成樂府亦有"簧暖笙淸"之語.《癸辛雜識》

25) 적(笛)[241]의 이름과 의미

적(笛)은 고문(古文)에는 적(篴)으로 되어 있다.《주례(周禮)》에 "생사(笙師)는 적(篴) 등의 악기를 부는 교육을 담당한다."[242]라 했다. 선유(先儒)들은 적(篴)을 읽을 때 '탕척(蕩滌)'의 척(滌)으로 읽었다.《풍속통(風

笛名義

古文作篴.《周禮》"笙師掌教吹篴", 先儒讀篴, 爲蕩滌之滌.《風俗通》曰"笛者, 滌也, 所以蕩滌邪穢,

---

234 사화향(四和香): 여지(荔枝)껍질, 진피(陳皮), 배의 껍질이나 씨, 솔방울 등을 섞어 만든 향.

235 육천수(陸天隨): ?~881. 중국 당(唐)나라의 농학가이자 문학가. 원래 이름은 귀몽(龜蒙). 호주자사(湖州刺史)·소주자사(蘇州刺史)를 역임하고 후에는 송강(松江)의 보리(甫里)에 은거하였다. 저서로《보리선생문집(甫里先生文集)》이 있다.

236 내……따뜻하다오:《甫里集》卷3〈贈遠〉《文淵閣四庫全書》1083, 300~301쪽).

237 미성(美成): 1056~1121. 주방언(周邦彥). 중국 북송(北宋) 휘종조(徽宗朝)에 대성부(大晟府, 궁중음악 담당 부서)의 제거(提擧)를 역임했다. 음률에 뛰어난 재능이 있어 고전음악을 정비하고 신곡(新曲)을 개발하여 송사(宋詞)의 발전에 공헌하였다. 저서로《청진거사사(淸眞居士詞)》가 있으나 전해지지 않고,《청진집(淸眞集)》만 전해진다.

238 악부(樂府): 한시(漢詩) 형식의 하나. 인정이나 풍속을 읊은 것으로, 글귀에 장단이 있다.

239 황(簧)을……맑다:《樂府雅詞》卷中〈慶宮春〉.

240 출전 확인 안 됨:《齊東野語》卷17〈笙炭〉《叢書集成初編》2782, 216쪽).

241 적(笛): 넓은 뜻으로는 젓대, 즉 가로로 부는 횡적(橫笛)과 세로로 부는 종적(縱笛)을 총칭하고, 좁은 뜻으로는 맥락에 따라 당적(唐笛)·대금(大笒, 젓대) 등 특정 가로젓대를 지칭한다. 어느 경우든 '젓대'로 옮기는 것이 무난하며, '피리'로 옮기는 것은 맞지 않다. 단, 이 글에서는 이례적으로 세로젓대인 아악기(雅樂器) 적(篴)을 가리키는 것임을 감안해야 한다. 적(篴)은 단소 같은 취구(吹口) 외에 지공(指孔)이 뒤에 1개, 앞에 5개로 모두 6개가 있고, 악기 끝(취구 반대쪽)은 '십자공(十字孔)'이라 하여 열십(十)자로 뚫었으며, 십자공 좌우로 옆구멍이 하나씩 더 있어 구멍이 모두 8개(지공 6, 옆구멍 2. 취구와 십자공은 제외)가 된다.

242 생사(笙師)는……담당한다:《周禮注疏》卷23〈春官宗伯〉下 "笙師"《十三經注疏整理本》8, 737쪽).

적(篴)(《악학궤범》)

俗通)243)에 "적(笛)은 척[滌, 씻어냄]이니, 사악하고 더러운 것을 씻어[蕩滌] 올바른 데로 돌아가게 하기 위함이다."라 했다. 《율려정의》244

納之於雅正也."《律呂精義》

26) 적(笛) 만드는 법

해묵은 황죽(黃竹)245으로 만드는데, 황죽 상단의 앞면을 깎아 구멍을 내고 아랫입술을 대어 불면 구멍에서 소리가 난다. 하단 마디막에 구멍 4개를 뚫고 십(十)자 모양으로 깎는다. 모두 8개의 구멍을 내는데 첫 번째 구멍은 뒤에 낸다. 【안《설문해자》에

製法

取年久黃竹爲之, 上端前面剡而作竅, 以下脣憑而吹之, 聲從竅42出. 下端節穿四孔, 剡作十字, 凡八孔, 第一孔在後【案《說

---

243 풍속통(風俗通) : 중국 동한(東漢)의 문인 응소(應邵, ?~?)가 지은 책으로, 물류(物類)와 명호(名號)를 분변해놓은 책.

244 《樂律全書》 卷8 〈律呂精義〉 內篇8 "樂器圖樣" '篴'(《文淵閣四庫全書》 213, 305쪽).

245 황죽(黃竹) : 누런색 대나무. 황죽은 단소(短簫)·퉁소(洞簫)·당적(唐笛)·약(籥)·적(篴)·지(篪)·대금(大笒)·중금(中笒)·당피리[唐觱篥]의 관대를 만드는 데 쓰인다. 또한 장구 또는 양금(洋琴)의 채 및 어(敔)나 부(缶)의 채를 만들 때에도 사용된다.

42 竅 : 저본에는 "窺". 오사카본에 근거하여 수정.

서는 "강적(羌笛)246은 구멍이 3개이다."247라 하고,
《풍속통》에서는 "적(笛)은 구멍이 7개이다."248라 하
고, 《율려정의》에서는 "옛날 적(笛)은 구멍이 3개이
다."249라 했다.】《동국문헌비고(東國文獻備考)250》251

구멍을 뚫는 데에는 방법이 있다. 지조(紙條, 가늘
고 긴 종이)로 관의 양 끝 길이에 맞추어 관과 똑같은
크기로 종이를 자른다. 이 지조를 20등분하여 묵시
(墨匙, 먹 막대)로 등분선을 긋고, 다 마치면 아래에서
부터 헤아려 지조의 3번째, 5번째, 7번째 지점에 각
각 구멍 1개씩을 뚫는다.252 구멍의 지름은 각각 관
대 안지름의 1/2 배율로 한다.《율려정의》253

적(篴)·약(籥)254·통소(洞簫)255는 대체로 같은 종
류이다. 철로 만든 것도 있으나 불기가 어렵고, 옥
으로 만든 것도 있으나 얻기가 쉽지 않다. 우리나라

文》云"羌笛三孔", 《風俗
通》云"笛七孔", 《律呂精
義》云"古笛三孔".】《東國
文獻備考》

開孔有法, 用紙條比量兩
端取齊, 將紙條折作二十
截, 用墨匙界畢, 自下數至
三截、五截、七截之際, 各
開一孔, 孔徑各如倍律內
徑之半.《律呂精義》

篴、籥、洞簫, 大抵一類也.
有鐵造者而吹之爲難, 有
玉造者而得之不易. 我東

---

246 강적(羌笛): 강족(羌族)을 통해 서역에서 들어온 젓대.
247 강적(羌笛)은……3개이다: 《說文解字注》5篇 上〈竹部〉"笛", 197쪽.
248 적(笛)은……7개이다: 확인 안 됨.
249 옛날……3개이다:《樂律全書》卷8〈律呂精義〉內篇8 "樂器圖樣" '篴'.
250 동국문헌비고(東國文獻備考): 조선 영조의 명으로 편찬된 책으로 체제는 중국《문헌통고(文獻通考)》의 예
    에 따라 상위(象緯)·여지(輿地)·예·악·병·형·전부(田賦)·재용(財用)·호구 등 13고(考)로 나누어 수록되
    어 있다. 그 후 고종 때《증보문헌비고(增補文獻備考)》라 하여 250권으로 간행되었다.
251《東國文獻備考》卷42〈樂考〉4 "樂器" '玄琴', 94쪽.
252 3번째……뚫는다: 이렇게 하면 지공이 3개만 나오므로, 앞에서 설명한 지공 6개짜리 적(篴)과는 다른 종
    류의 적(笛), 이를테면 아래의 약(籥) 같은 악기에 관한 기록을 옮겨서 쓴 듯하다.
253《樂律全書》卷8〈律呂精義〉內篇8 "樂器圖樣" '籥'(《文淵閣四庫全書》213, 303쪽).
254 약(籥): 아부(雅部) 관악기의 하나. 세로젓대(종적)이며, 지공은 앞에만 3개가 있다. 악기 외에, 문묘(文廟)나
    종묘(宗廟) 제향에서 문무(文舞)를 출 때 무용수가 적(翟, 꿩깃)과 함께 손에 드는 무구(舞具)로도 쓰인다.
255 통소(洞簫): 단소보다 굵고 긴 세로젓대. 한국에서는 통소 외에 지방에 따라 '퉁애'라고도 부르며, 일본에
    서는 샤쿠하치(尺八)라 한다.

성천(成川)[256]의 옥석은 소(簫)[257]나 적을 만들 수 있다. 그러나 돌 위에 자라난 자죽(紫竹)만큼 좋은 재료는 없다. 어떤 이는 학의 정강이뼈로 적을 만들면 소리가 매우 맑고 탁월하다고도 한다. 《금화경독기》[258]

成川玉石, 可作簫·笛, 然莫如紫竹生石上者之佳. 或云鶴脛骨作笛, 聲甚淸越. 《金華耕讀記》

27) 종(鍾)[259]

오래된 구리로 만든 한(漢)나라의 종으로서 소리가 맑고 여음(餘音)이 멀리까지 퍼지는 것을 구해 석경(石磬)[260]과 함께 서재에 걸어둔다. 이른바 "몇 번의 종과 경(磬) 소리에 세상의 시시비비(是是非非)에서 벗어나니, 이 한 사람만 한가로이 천지간에 있네."[261]라 한 말이 이것이다. 《동천청록》[262]

鍾

得古銅漢鍾, 聲淸韻遠者, 佐以石磬, 懸之齋堂. 所謂 "數聲鐘磬是非外, 一個閒人天地間"是也. 《洞天淸錄》

28) 경(磬)

옛날 옥으로 만든 경쇠는 고(股)가 0.3척이고 길이가 1척 남짓이니[263] 옛날의 편경(編磬)이다. 경돌은 오래된 영벽석(靈壁石)으로서 색이 검고 성질이 단단

磬

有舊玉者, 股三寸, 長尺餘, 古之編磬也. 有古靈壁石, 色黑性堅者妙. 懸之

---

256 성천(成川) : 평안남도 성천군. 예로부터 좋은 옥(玉)과 명주의 생산지로 유명하다.

257 소(簫) : 다음 두 가지 뜻이 있는데, 어느 경우로 새겨도 상관없다. (가) 퉁소나 단소 같은 세로젓대, (나) 음이 다른 세로젓대 여러 개를 연결한 배소(排簫). 일명 봉소(鳳簫).

258 출전 확인 안 됨.

259 종(鍾) : 엄밀히는 '鐘'이지만 '鍾'도 통용된다. 종 혀[舌]가 없고, 걸어 놓고 망치 등으로 겉을 때려 소리 내는 형태의 종을 말한다. 음높이가 다른 여러 종을 줄지어 걸어 놓은 것이 편종(編鐘)이다.

260 석경(石磬) : 그냥 경(磬)이라고 써도 같은 뜻이다. 돌판을 기역(ㄱ)자 모양으로 깎아, 꺾인 부분이 위로 가도록 걸어 놓고 망치 등으로 때려 소리 내는 악기이다. 음높이가 다른 여러 석경을 줄지어 걸어 놓은 것이 편경(編磬)이다. 석경의 짧은 쪽 면을 고(股), 긴 쪽 면을 고(鼓)라 하는데, 석경을 칠 때는 바로 고(鼓) 부위를 친다.

261 몇……있네 : 《선월집(禪月集)》권23 〈칠언율시(七言律詩)〉 "산거시(山居詩)".

262 출전 확인 안 됨 ; 《遵生八牋》卷8 〈起居安樂牋〉下 '怡養動用事具' '鐘磬'(《遵生八牋校注》, 247쪽).

263 고(股)가……남짓이니 : 비례로 보아, '고(股)가 0.3척'이란 석경의 짧은 면인 고(股)의 끝폭, 즉 '고박(股博)'이 0.3척이라는 말이고, '길이가 1척 남짓'이란 석경의 긴 면인 고(鼓)의 길이, 즉 '고장(鼓長)'이 1척 남짓이라는 말이다.

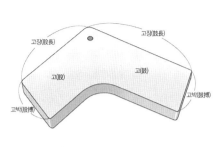

석경의 부분 명칭

종이부채 대신 금속으로 만든 물고기 형태를 매단 풍경

한 돌이 빼어나다. 서재 안에 걸어두고, 손님과 담소하다가 이야기가 인간사에 미치면 경돌을 쳐서 대신 귀를 맑게 해준다.《동천청록》[264]

齋中, 客有談及人間事, 擊之以代淸耳.《洞天淸錄》

29) 풍경(風磬)

일본에서 만든 오색 파리(玻璃)[265] 풍경이 좋다. 그 제도는 주먹만 한 크기의 작은 종(鍾)과 같은데 위는 뾰족하고 아래가 넓되 아래는 다시 항아리 주둥이처럼 말려 올라간 모양이다. 위에 작은 구멍 1개를 뚫고, 오색 옥 끈을 꿰어 아래로 항아리 주둥이 모양 같은 데까지 늘어뜨린다. 길이가 0.5촌 되는, 파리(玻璃)로 만든 작은 막대를 옥 끈에 꿰어 두고, 여기에 삼각형 모양의 작은 종이부채를 고정시키지 않고 늘어뜨려 두고서 서재의 바람이 잘 드는 곳에 걸어둔다. 미풍이 한 번 스칠 때면 종이부채가 나부껴 파리 막대가 풍경 주둥이를 치는데, 그 소리

風磬

倭造五色玻璃者佳, 其制如拳大小鍾, 而銳上闊下, 下復卷收如缸口, 上穿一小孔, 貫以五色珠繩, 下垂至如缸口處, 貫以半寸長玻璃小橦, 不綴三角形小紙扇, 懸之齋閣當風處. 每微風一過, 則紙扇搖颭而玻璃橦擊磬口, 其聲琅琅可耳.《金華耕讀記》

---

264 출전 확인 안 됨.
265 파리(玻璃) : 옥의 이름. 수옥(水玉)이라고도 하고 수정(水晶)이라고도 한다.

가 낭랑하여 들을 만하다. 《금화경독기》[266]

30) 서재에는 검을 걸어두어야 한다

예로부터 각 물건의 제도는 그 법이 전해 내려오지 않는 것이 없는데, 유독 검을 주조하는 기술만은 전적(典籍)에 실려 있지 않다. 그러므로 요즘에는 검객이 없고 세상에는 명검(名劍)이 드물다. 검 제조 기술이 전해 내려오지 않는 데다가 도(刀)가 검(劍)보다 사용하기에 편리하기 때문이다.[267] 이 때문에 사람들이 도를 허리에 찰 줄은 알아도 검을 찰 줄은 모른다. 우리 무리가 이 검을 걸어두는 이유는, 폭도를 막거나 강한 자를 상대하는 데에 쓰지 못하더라도 가슴에 품은 뜻을 씩씩하게 유지할 수는 있기 때문이다.

옛날 검을 얻을 수 없으면 지금의 보검 중에 운남(雲南)에서 만든 검과 같은 물건을 고아한 서재에 걸어두면 풍성(豐城)의 은기(隱氣)[268]를 자전(紫電)[269]과 백홍(白虹)[270]으로 변하게 하여 위로는 삼태성(三台星)[271]과 북두성까지 닿을 것이다. 그 결과 형형하게

論齋閣宜掛劍

自古各物之製, 莫不有法傳流, 獨鑄劍之術不載典籍. 故今無劍客而世少名劍, 以劍術無傳, 且刀便于劍, 所以人知佩刀而不知佩劍也. 吾輩設此, 總不能用以禦暴敵強, 亦可壯懷志勇.

不得古劍, 卽今之賓劍如雲南製者, 懸之高齋, 俾豐城隱氣, 化作紫電、白虹, 上燭三台、斗垣, 令熒熒夜光, 爍彼欃槍彗孛, 不敢

---

266 출전 확인 안 됨.

267 도(刀)가……때문이다 : 날이 한쪽에만 있으면 도(刀), 날이 양쪽에 있으면 검(劍)이라 한다. 검은 주로 찌르기에 특화된 칼인 반면에, 도는 베는 용도로 쓰기에 적당한 칼이며 일반적으로 사용하기에 검보다 편하다.

268 풍성(豐城)의 은기(隱氣) : 《진서(晉書)》〈장화열전(張華列傳)〉에서 유래한 말이다. 오(吳)가 멸망하기 전에 북두성과 견우성 사이에 자색(紫色) 운기(雲氣)가 끼어 점점 선명해지자 장화가 천문에 달통하다는 뇌환(雷煥)이라는 이를 데리고 누각에 올라 살피게 했다. 뇌환은 풍성(豐城) 땅에 묻힌 용천(龍泉)과 태아(太阿)라는 두 보검에서 자기(紫氣)가 발산되는 것이라고 했고, 그 땅을 파보니 실제로 검이 나왔다고 한다.

269 자전(紫電) : 자줏빛을 띤 전광(電光). 옛 사람들이 상서롭게 여겼다.

270 백홍(白虹) : 해와 달 주변에 하얗게 낀 상서로운 기운.

271 삼태성(三台星) : 자미성(紫微星, 북극성)을 지킨다고 하는 북두칠성의 자루 끝 3개의 별. 곧 상태성(上台星)·중태성(中台星)·하태성(下台星).

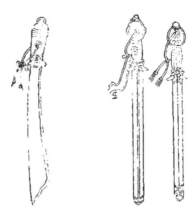

도와 검(《삼재도회(三才圖會)》)

밤을 밝혀서 참창(欃槍)과 패성(孛星)[272]이 함부로 환하게 빛을 내지 못하게 할 것이다. 이런 뜻을 어찌 우활하다고만 하겠는가. 《준생팔전》[273]

검 가운데 일본에서 만든 검은 거의 대부분 명품이다. 칼집에서 뽑으면 무지갯빛이 사람을 비추고, 베갯머리 가까이 걸어두면 몸을 보호하고 사악한 기운을 물리쳐줄 뿐 아니라 사람으로 하여금 강직하고 군세며 과감하고 결연한 기상을 갖추게 한다. 《증보산림경제》[274]

橫焰逞色, 豈獨迁哉? 《遵生八牋》

劍之出於倭國者, 率多名品. 拔鞘則虹[43]光照人, 挂近枕邊, 則非但防身辟邪, 能令人有剛毅果決之氣. 《增補山林經濟》

이운지 권제2 끝

怡雲志卷第二

272 참창(欃槍)과 패성(孛星) : 모두 혜성의 별칭. 옛사람들은 혜성이 나타나는 것을 화재나 전쟁 같은 불길한 일의 징조로 여겼다.
273 《遵生八牋》 卷15 〈燕閒淸賞牋〉 中 "論文房器具" '琴劍'(《遵生八牋校注》, 591쪽).
274 《增補山林經濟》 卷16 〈雜房〉 "淸齋位置"(《農書》 5, 228쪽).
[43] 虹 : 《增補山林經濟·雜房·淸齋位置》에는 "紅".

이운지 권제3

怡雲志 卷第三

임원십육지 101

林園十六志 一百一

3

Ⅰ. 임원에서 즐기는 청아한 즐길거리(하)

학에게 춤을 가르치려면, 학이 배고프기를 기다렸다가 먹이를 멀리 트인 곳에 놓
아두고, 손바닥을 치면서 유인하면 학이 날개를 퍼덕이면서 우는데, 그 모습이 마
치 춤을 추는 모양과 같다. 이렇게 오래 하면 손바닥 치는 소리만 들어도 반드시
일어나 춤을 추니, 이것이 먹이로 길들이는 방법이다.

임원에서 즐기는
청아한 즐길거리(하)

山齋清供(下)

1. 꽃과 돌

花、石供

1) 분경(盆景)[1] 총론

盆景統論

맑고 향기로운 분경(盆景)은 뜰 안에서 맛볼 수 있는 우아한 정취이다. 뿌리가 얽히고 나무의 마디가 얽혀 있어도 작은 경치를 연출하여 오묘한 아름다움을 표현하는 데는 문제될 게 없다. 연약하고 섬세한 자태를 보이는 나무는 폭이 좁은 분(盆)에 심어야 효과적이다. 연무(煙霧)에 쌓여 있다가 햇빛을 보면 붉은 노을처럼 붉어지고, 이슬을 머금다가도 서늘한 바람이 불면 붉은 꽃비처럼 잎이 날린다. 이렇게 사계절에 걸쳐 향기로운 분위기를 물씬 풍기면서도 한 계절 한 계절의 전형적인 자태를 다 보여주고 있어 매우 아름답다.

盆景淸芬, 庭中雅趣. 根盤節錯, 不妨小試見奇. 弱態纖姿, 正合隘區效用. 縈煙笑日, 爛若朱霞, 吸露醂風, 飄如紅雨, 四序含芬薦馥, 一時盡態極姸.

가장 좋은 분은 노파처럼 늙어 굽은 줄기가 가날프면서 몇 안 되는 꽃이 줄기와 어울리고, 초록 이끼가 뒤섞여 이어지며 옆에 있는 괴석에서 영롱한 광채가 나는 분이다. 여기에 또 푸른 소나무겨우살이나 덩굴풀이 야들야들하고 더부룩하게 자라고 있는 가운데, 대나무 몇 대를 울타리 삼아 성글게 두르면 그윽하고 부드러운 분위기가 난다. 한가할 때

最宜老幹婆娑, 疏花掩映, 綠苔錯綴, 怪石玲瓏, 更蒼蘿、碧草, 嫋娜蒙茸, 竹檻疏籬, 窈窕委宛, 閑時澆灌, 興到品題, 生韻生情, 襟懷不惡.《呂初泰說》

---

1 분경(盆景) : 분(盆)에 화초나 나무를 심어 자연의 경치처럼 꾸민 것.

이 분에 물을 주면 그 흥취가 손꼽을 만하니, 운치
가 나고 정서가 풍부해져 마음이 선량해진다. 《여초
태설(呂初泰說)[2]》[3]

2) 분경의 품등

盆景品第

분경은 탁자에 올려놓을 만한 것이 좋다. 그 중
가장 예스럽고 우아한 분경은 천목송(天目松)[4]처럼
높이는 1척 정도이고, 밑둥의 크기는 팔뚝만 하며,
침엽이 짧고 더부룩하게 난 소나무를 심은 송분(松
盆)이다. 마원(馬遠)[5]의 비스듬히 기울어진 소나무나,
곽희(郭熙)[6]의 손에 잡힐 듯한 소나무, 유송년(劉松年)[7]
의 가지가 눌림으로 인해 아래로 늘어져 몇 겹으로
층을 이룬 소나무, 성무(盛懋)[8]의 길게 뻗어 날아오르
는 형상인 소나무와 같은 형태를 모아서 좋은 분에

盆景以几案可置者爲佳.
其最古雅者, 如天目之松,
高可盈尺, 本大如臂, 針毛
短簇. 結爲馬遠之欹斜、郭
熙之攫拏、劉松年之偃亞
層疊、盛子昭之拖拽軒翥,
栽以佳器, 槎枒可觀.

2　여초태설(呂初泰說) : 《군방보(群芳譜)》에 실린 중국 명(明)나라 분경 이론가인 여초태(呂初泰, ?~?)가 《분경(盆景)》에서 한 말을 가리킨다. 아래의 "여초태설(呂初泰說)"로 되어 있는 전거도 이와 같다. 여초태의 저서로는 《화정(花政)》이 있다.

3　출전 확인 안 됨 ; 《子史》〈駢字〉"佩文".

4　천목송(天目松) : 《준생팔전(遵生八牋)》 권7〈기거안락전(起居安樂牋)〉 상편을 보면, 항성(杭城, 항주)에서만 나는 소나무로 높이는 1척이고 뾰족한 잎이 짧은 화살 같은 소나무라고 한다.

5　마원(馬遠) : 1160?~1225?. 중국 남송(南宋)의 화가. 자는 요보(遙父), 호는 흠산(欽山). 마원은 산수를 잘 그려 가학(家學)을 계승하면서 후에 이당(李唐)을 배워 자기의 화풍을 형성하였다. 그의 그림은 필치가 힘이 있고 채색이 맑고 윤택하다. 먼 산은 기괴하고 가파르게, 근경의 바위는 방형으로 강직하게 그렸다. 일각(一角) 구도를 많이 사용하여 후대 사람이 '마일각(馬一角)'이라 불렀으며 하규(夏珪)와 함께 '마하(馬夏)'라 불리기도 하였다. 이당·유송년·하규와 더불어 남송4대가라 부른다.

6　곽희(郭熙) : 1023~1085. 중국 북송(北宋)의 화가. 신종(神宗, 재위 1066~1085) 때 화원예학(畫院藝學)에서 대조(待詔)로 승진했다는 점 이외에는 알려져 있지 않다. 이성(李成)의 화풍을 따라 빛과 대기의 상태 및 사계절 변화에 대한 묘사가 뛰어났다.

7　유송년(劉松年) : 1174~1224. 중국 남송(南宋)의 화가. 이당(李唐)·마원(馬遠)·하규(夏珪) 등과 함께 남송4대 산수화가라 일컬어진다. 인물화와 산수화를 잘 그려 스승 장돈례(張敦禮)보다 뛰어났다. 광종(光宗) 때에 화원(畫院)의 대조(待詔)를 지냈고, 영종(寧宗) 때에 《경직도(耕織圖)》를 헌상했다. 작품에는 《나한도(羅漢圖)》·《설산수각도(雪山水閣圖)》 등이 있다.

8　성무(盛懋) : ?~?. 중국 원(元)나라의 화가. 자는 자소(子昭). 민간에서 활동한 화공으로, 산수화는 물론 정교하게 그리는 인물화와 화조도에 뛰어났다.

마원의 산수도(국립중앙박물관)

심어놓으면 들쭉날쭉 다양한 가지의 모양을 관상(觀
賞)할 만하다.

또 밑둥이 뿌리 하나에 줄기가 2~3개인 소나무
도 있는데, 더러는 3~5그루를 심고서 높낮이가 들
쭉날쭉한 산림의 원경(遠景)처럼 만들고, 거기에 다
시 구멍이 숭숭 뚫린 기이한 돌을 안배하여 세워두
면 모양새를 갖추게 된다. 그윽한 집에서 홀로 앉아
분경을 마주 대하면 마치 산마루에 앉아 있는 듯하
여, 6월 한여름에도 더위를 잊게 만든다.

또 민중(閩中)⁹의 석매(石梅)¹⁰ 같은 나무는 타고난
성질이 기이하여 돌부리를 뚫고 가지를 뻗는데, 늘

更有松本一根二梗、三梗[1]
者, 或栽三五窠, 結爲山林
遠境高下參差. 更以透漏
奇石安插, 得體. 幽軒獨
對, 如坐岡陵之巔, 令人六
月忘暑.

又如閩中石梅, 天生奇質,
從石發枝, 樛曲古拙, 偃

---

9 민중(閩中):중국 한대(漢代)의 군(郡) 이름. 옛날 복주부(福州府)의 별칭으로 지금의 복건성(福建省)과 절
   강성(浙江省) 동남부에 속한다.
10 석매(石梅):돌을 뚫고 뻗어나가 꽃을 피운 매화.
[1] 三梗:저본에는 없음. 오사카본·규장각본·《遵生八牋·起居安樂牋·高子盆景》에 근거하여 보충.

어지고 굽은 가지가 질박하고, 휘늘어져 내려갔다가 뻗어 올라간 자태에 운치가 있다. 꽃을 머금고 잎을 돋운 채로 언제까지나 시들지 않는다. 푸른 이끼와 비늘 같은 주름이 꽃이 핀 줄기에 가득 끼어 있고, 수염처럼 몇 촌(寸)이나 늘어진 이끼가 바람 따라 나부끼니, 달이 가냘프게 걸리고 안개가 비끼는 날이면, 기분이 황홀하여 나부(羅浮)¹¹에 와 있는 듯하다.

仰有致. 含花吐葉, 歷世如生. 蒼蘚鱗皴, 花身封滿, 苔鬚數寸, 隨風飄揚, 月瘦煙橫, 怳然羅浮境界也.

또 수죽(水竹)¹²과 같은 나무도 역시 민중(閩中)에서 나는데, 높이는 겨우 0.2~0.3척쯤 되고 끝까지 다 자라도 1척 정도이다. 노쇠한 줄기에 가는 잎이 난 대는 그 모습이 쓸쓸하면서도 사랑스러워 분에 여러 대를 심어 놓으면, 곧 위천(渭川)¹³의 대나무와 같은 느낌이 난다. 이상의 삼우(三友)¹⁴는 분경 중에서 높은 품등에 속한다.

又如水竹亦産閩中, 高僅數寸極則盈尺. 細葉老幹, 瀟疏可人②, 盆植數竿, 便生渭川之想. 此三友者, 盆几之高品也.

다음으로는 구기자나무이다. 이것은 오래된 밑둥이 규룡(虯龍)처럼 굽어 주먹만 하고, 뿌리는 용이나 뱀이 또아리를 튼 듯하다. 가지와 줄기에 오래된 푸른 이끼가 휘감겨 있고, 눈 속에서도 가지와 잎이 푸르고 우거지며, 붉은 열매가 점점이 남아 있어서,

次則枸杞, 老本虯曲如拳, 根若龍蛇, 柯幹蒼老, 雪中枝葉青鬱, 紅子點綴, 有雪壓珊瑚之態.

---

11 나부(羅浮) : 광동(廣東)에 있는 산의 이름. 수나라 때 조사웅(趙師雄)이 나부의 매화촌(梅花村)에서 밝은 달밤에 비몽사몽간 미인을 보았는데, 그 미인은 매화의 정기(精氣)였다는 고사가 있다.

12 수죽(水竹) : 벼과의 강죽속(剛竹屬)에 속하는 다년생 대나무. 주로 강가나 호숫가에서 자라고 추위에 약하여 온난한 지역에 많다. 실심죽(實心竹)·목죽(木竹)·여자죽(黎子竹) 등의 별칭이 있다.

13 위천(渭川) : 중국 황하(黃河)의 가장 큰 지류로, 옛날에는 위수(渭水)라고 불렀다. 질 좋은 대나무가 많기로 유명한 지역이다. 《사기(史記)》〈화식전(貨殖傳)〉에 "위천(渭川)의 대숲 1천 묘(畝)가 있다면, 그 사람은 1천 호(戶)를 가진 제후와 같다.(渭川千畝竹, 其人與千戶侯等.)"라 했다.

14 삼우(三友) : 여기서 삼우는 천목송(天目松)·석매(石梅)·수죽(水竹)을 말한다.

② 人 : 저본에는 "入". 오사카본·규장각본에 근거하여 수정.

눈이 산호를 내리누르는 듯한 자태가 있다.

항주(杭州)의 호자(虎茨)[15]는 백 년도 넘은 것이 있는데, 높이는 2~3척에 그치고, 밑둥 모양은 적(笛, 젓대)의 관처럼 생겼으며, 잎이 여러 층으로 겹쳐 있다. 쇠처럼 단단한 줄기에 푸른 잎, 흰 꽃에 붉은 열매를 맺으니, 엄동설한의 쌓인 눈 속에서 이것을 감상하면 끼니조차 잊게 만든다.

석창포 분 1구(具)의 경우에는, 밤에는 등불에서 나오는 연기를 빨아들이고[16], 아침에는 석창포에 맺힌 이슬로 눈을 씻어 부드럽게 하니[17], 참으로 신령스럽고 상서로운 분경이라서, 서재에 꼭 있어야 하는 물건이다. 기이하고 예스러운 곤석(崑石)[18]을 사각의 백정(白定)[19] 분에 담고, 물 밑에 오색(五色)을 띤 작은 돌 수십 개를 넣어두면, 붉고 흰 것이 서로 섞인 가운데 청벽(靑碧)색이 서로 섞이니, 어찌 다만 완상하는 데에 충분할 뿐이겠는가? 또한 사기(邪氣)를 쫓을 수도 있다.

그 밖에 봄의 방란(芳蘭)[20], 여름의 야합(夜合)[21], 가을의 황밀색[22] 작은 국화, 겨울의 단엽수선(短葉水

杭之虎茨, 有百年外物, 止高二三尺者, 本狀笛管, 葉疊數層. 鐵幹翠葉, 白花紅子, 嚴冬層雪中翫之, 令人忘餐.

至若蒲草一具, 夜則可以收煙, 朝則可以凝垂露, 誠仙靈瑞品, 書齋中所必須者. 佐以奇古崑石, 盛以白定方窯, 水底置五色石子數十, 紅白陸離, 靑碧交錯, 豈特充翫? 亦可辟邪.

他如春之芳蘭、夏之夜合、秋之黃蜜矮菊、冬之短葉

---

15 호자(虎茨): 중국 항주(杭州) 소산(蕭山)에서 나는, 꽃이 희고 열매가 붉은 나무. 햇빛을 꺼리고, 100년이 된 나무도 키가 2~3척에 불과하다고 한다.

16 밤에는……빨아들이고: 등불의 연기를 빨아들여 눈을 맵지 않게 하는 작용을 한다.

17 아침에는……하니:《고반여사(考槃餘事)》권3〈분완전(盆玩箋)〉의 "아침에는 맺힌 이슬로 눈을 씻어 부드럽게 한다.(朝取垂露潤眼)"라 한 내용에 근거하여 번역했다.

18 곤석(崑石): 중국 강소성(江蘇省) 곤산시(昆山市) 옥봉산(玉峰山) 일대에서 산출되는 돌로, 우화석(雨花石)과 함께 강소성 3대 명석(名石)으로 불리운다.

19 백정(白定): 중국 정주요(定州窯)에서 만들어 낸 순백색 자기.

20 방란(芳蘭): 좋은 향기를 내뿜는 난초.

21 야합(夜合): 백합의 일종으로, 사향백합(麝香百合)이라고 한다.

22 황밀색: 벌통에서 막 떠낸 그대로의 꿀과 같은 색깔을 말한다.

仙[23] 같은 것을 붉은 궤(几) 위에 올려놓으면, 정원(庭院)은 분명 은자나 일사(逸士)의 정원처럼 되어 맑은 향기가 우리 몸에 스밀 것이다.《여초태설》[24]

水仙, 載以朱几置之, 庭院儼然隱人、逸士, 淸芬逼人.《呂初泰說》

3) 화분의 품등

석창포는 쉽게 볼 수 있지만, 분재로 키우는 것은 오래전부터 어렵다고 여겼다. 정요(定窯)[25]의, 꽃이 그려졌고 오색을 띤 자기와 꽃을 새기거나 꽃이 그려졌으며 네모나거나 둥근 백정(白定) 분(盆) 같은 경우는, 구름 모양 판자로 된 발이 달린 것을 좋은 분으로 친다. 또 팔각원분(八角圓盆, 8각으로 된 둥그런 분)과 육각환분(六角環盆, 6각으로 된 고리 모양 분)이 있는데, 이는 정요(定窯)의 양식으로 가장 많다. 그러나 어찌 긴 사각 모양의 분(盆)이 없겠는가?

盆品

蒲草易看, 盆古爲難. 若定之五色劃花、白定綉花·劃花方圓盆, 以雲板脚爲美, 更有八角圓盆、六角環盆, 定樣最多, 奈無長盆?

관요(官窯)나 가요(哥窯)에서는 둥근 모양이 대부분을 차지하고, 타원 모양 또한 있으나, 네모난 모양은 보이지 않는다. 청동(靑東)[26] 자기(磁器)와 균주요(均州窯)[27]에서 만든 자기 분과 같은 경우, 둥근 분이 대

官窯、哥窯圓者居多, 緣環者亦有, 方則不多見矣. 如靑東磁、均州窯, 圓者居多, 長盆亦少. 方盆菱花、葵花

---

23 단엽수선(短葉水仙): 수선화. 잎이 꽃대보다 짧은 모습을 표현한 이름이다.

24 출전 확인 안 됨. 오사카본 "盆景品第"부분에 "이 항목은《준생팔전(遵生八牋)》〈고자분경설(高子盆景說)〉과 대동소이하다. 여초태의 시대가《준생팔전》의 저자인 고렴(高濂)과 비교하여 누가 먼저인지 알지 못하겠다. 더 고찰해 보아야 한다.(此條, 與遵生八牋盆景設, 大同少異. 未知呂氏時代與高濂夫孰先俟考.)"라는 두주(頭註)가 달려 있다. 본 내용이《준생팔전(遵生八牋)》〈거실안처조(居室安處條)〉 "고자분경설(高子盆景說)"《遵生八牋校注》, 231쪽),《고반여사(考槃餘事)》〈분완전(盆玩箋)〉 "분화(盆花)" 318쪽에도 보이는데, 글자의 출입이 많다.

25 정요(定窯): 중국 송(宋)나라 때 융성했던 백자(白磁)를 굽던 가마. 가마터는 하북(河北) 취양현[曲陽縣]과 연산촌(燕山村)에 있다.

26 청동(靑東): 용천요(龍泉窯)로 추정된다.《준생팔전(遵生八牋)》권8〈기거안락전(起居安樂箋)〉 "향연반탁(香櫞盤槖)"을 살펴보면 청동자용천반(靑東磁龍泉盤)이 하나의 물명으로 나온다.

27 균주요(均州窯): 균요(鈞窯). 중국의 실투성(失透性) 유청색(乳靑色) 도자기의 총칭. 명(明)나라 때 하남성(河南省) 우현(禹縣)의 균주(鈞州)에서 생산된 것에서 유래했다.

부분을 차지하고, 긴 분(盆)은 또한 그 수가 적다. 네
모난 분은 마름꽃과 해바라기를 새긴 것이 좋은데,
오직 석창포를 심을 때 쓴다.

製佳, 惟可種蒲.

예전에 장(蔣)씨 성(姓)의 석수(石手)가 청자색(青紫
色) 석분(石盆)을 깎아 만들었는데, 석분에는 납작하
면서 긴 것이 있고, 네모진 것도 있으며, 직사각형
으로 각이 진 것도 있었다. 돌을 깎아 분을 만드는
방법이 정밀하고 오묘하여, 그는 참으로 한 시대의
고수(高手)였다.

先年蔣石匠鑿青紫石盆,
有匾長者, 有四方者, 有長
方四入角者, 其鑿法精妙,
允爲一代高手.

또한 광동성(廣東省)에서 흰 돌과 자색 돌로 만든
네모난 분(盆)의 경우는, 그 제도가 똑같지 않지만,
우아하게 돌을 놓고 석창포를 심기에 알맞았고, 또
한 나무를 심을 만한 분도 있었다.

又若廣中白石、紫石方盆,
其製不一, 雅稱養石種蒲,
亦有可種樹者.

또 옛 용천(龍泉)[28]의 관요(官窯)에서 만든, 높이가
2~3척인 큰 분(盆)의 경우는, 바닥이 매우 깊은 것
이 있는데, 석창포를 심으면 사랑스럽다.

又如舊龍泉官窯盈三二尺
大盆, 有底沖全者, 種蒲可
愛.

우리 조정[29]의 경릉(景陵)[30]이나 무릉(茂陵)[31] 때에
흰 바탕에 푸른 꽃을 새겨 넣는 방식으로 관요에서
생산된 네모나거나 둥근 분(盆)의 경우, 바닥이 질박
하고 비취색을 띤다. 또 조정에 있는 명필(名筆)들의
그림이 그려져 있는 분이 있는데, 이는 도자기 장인
이 흉내낼 수 있는 솜씨가 아니다.

若我朝景陵, 茂陵所製青花
白地官窯方、圓盆, 底質細
青翠, 又爲殿中名筆圖畫,
非窯匠描寫.

---

28 용천(龍泉): 중국 절강성(浙江省) 서남부 지역 이름. 용천(龍泉)에서는 북송시대 이후 남송을 거쳐 원·명·
청에 이르기까지 청자만을 생산하는 가마가 운영됐다. 특히 원대에 접어들면서 이곳 생산품은 아시아를 넘
어 아프리카, 유럽 등지로도 판매되었다. 신안 해저에서 발견된 '셀라돈' 용천청자도 이곳의 생산품일 가능
성이 크다. 목에 붙은 귀 장식은 봉황(鳳凰)이나 어룡(魚龍) 모양이다.

29 우리 조정: 중국 명나라를 말한다.

30 경릉(景陵): 중국 명나라 선덕제(宣德帝)의 재위 기간(1426~1435).

31 무릉(茂陵): 중국 명나라 성화제(成化帝)의 재위 기간(1464~1487).

청자 어룡식 화병(국립중앙박물관)

예전에 갈대와 기러기가 그려진 분 하나를 보았
는데, 비단에 그린 그림 못지 않았다. 또 선요(宣窯)[32]
에서 생산된 것으로, 분색(粉色, 분홍색)에 튼 무늬가
있는 기다란 분(盆)을 보았는데, 나무가 심겨진 부분
과 물이 담긴 부분으로 가운데가 나뉘어져 있어 그
제도가 매우 사랑스러웠다. 요즘에는 불에 구워서
만든 흰색의 네모나거나 둥글면서 긴 분(盆)이 매우
많다. 《준생팔전》[33]

曾見一盆上蘆、雁, 不下絹
素. 又見宣窯粉色裂紋長
盆, 中分樹水二漕, 製甚可
愛. 近日燒有白色方圓長盆
甚多.《遵生八牋》

4) 병 꽃꽂이 총론

은자로서 운치가 있는 사람이 음악과 여색을 모
두 끊으면, 꽃을 가꾸고 대나무를 심는 일 한 가지
정도는 스스로 즐길 수 있다. 그런데 혹시라도 사
는 곳이 낮고 좁거나 일정하지 않게 거처를 자주 옮

瓶花統論

幽人韻士屏絶聲色, 僅有
栽花、種竹一事, 可以自樂,
而或所居湫隘, 或遷徙無
常, 乃以膽瓶貯花, 隨時

32 선요(宣窯): 중국 명나라 선덕제(宣德帝)의 재위 기간인 선덕(宣德) 연간(1426~1435)에 관요에서 만들어진
자기.
33 《遵生八牋》卷7〈起居安樂牋〉上 "居室安處條" '高子盆景'《遵生八牋校注》, 232쪽).

겨야 한다면, 담병(膽瓶, 쓸개병)[34]에 꽃을 꽂아두었다가, 수시로 바꿔준다. 그러면 다른 사람 집에 있던 이름난 화초도 하루아침에 내 책상머리의 물건이 되기도 하니, 화초를 가려주고, 잘라주고, 물 주고, 정돈해주는 수고를 들이지 않아도, 감상하는 즐거움을 누릴 수 있다. 이 즐거움은 가진 자들이 탐하지 않고, 얻으려는 자들이 다투지 않지만, 또한 잠시라도 마음을 상쾌하게 한다. 《병사(瓶史)[35]》[36]

插換. 他[3]人家所有名卉, 一朝爲我案頭物, 無扞剔澆頓之苦, 而有味賞[4]之樂. 取者不貪, 遇者不爭, 亦暫時快心事也. 《瓶史》

5) 꽃병의 품등

일반적으로 꽃을 꽂아 둘 때는, 먼저 꽃병을 골라야 한다. 봄이나 겨울에는 구리 제품을 쓰고 가을이나 여름에는 자기 제품을 써야 하니, 이는 계절을 따른 것이다. 대청의 꽃병은 커야 알맞고 서실의 꽃병은 작아야 알맞으니, 이는 장소를 따른 것이다. 자기나 구리 제품을 귀하게 여기고, 금이나 은 제품을 천하게 여기는 이유는 청아함을 숭상하기 때문이고, 고리가 있는 꽃병을 금하고, 꽃병을 나란히 두는 것을 금하니, 이는 신사(神祠)에서 신주를 배치하는 형식을 본떴기[37] 때문이며, 꽃병의 입구는 작

瓶品

凡揷貯花, 先須擇瓶, 春冬用銅, 秋夏用磁, 因乎時也 ; 堂廈宜大, 書室宜小, 因乎地也. 貴磁銅賤金銀, 尚淸雅也 ; 忌有環, 忌成對, 像神祠也 ; 口欲小而足欲厚, 取其安穩而不泄氣也. 《瓶花譜》

---

34 담병(膽瓶) : 쓸개 모양처럼 생긴 병. 병의 모양이 꼭 매달아 놓은 쓸개 모양과 같아서 붙여진 이름. 주로 균요(鈞窯)·가요(哥窯)에서 생산되었다.

35 병사(瓶史) : 중국 명(明)나라 원굉도(袁宏道, 1568~1610)가 지은 병(瓶)과 꽃꽂이에 대한 전문서이다.

36 《瓶史》〈序〉(《叢書集成初編》1559, 1쪽).

37 신사(神祠)에서……본떴기 : 종묘나 사당에 조상의 신주를 모시는 차례를 본뜬 것이다. 신주의 왼쪽 줄을 소(昭)라 하고, 오른쪽 줄을 목(穆)이라 하여 1세를 가운데에 모시고 2세, 4세, 6세는 소에 모시고, 3세, 5세, 7세는 목에 모신다. 꽃병 두 개를 나란히 놓지 않는 근거로 제시한 것이다.

③ 他 : 《瓶史·序》에는 "京師".

④ 味賞 : 《瓶史·序》에는 "賞咏".

고, 바닥은 두툼한 모양을 선호하는 이유는 안정감을 취하면서도 기(氣)가 새나가지 않게 하기 위해서이다. 《병화보(瓶花譜)38》39

꽃병은 차라리 홀쭉할지언정 지나치게 넓지 말아야 하고, 차라리 작을지언정 지나치게 크지 말아야 하니, 아무리 높더라도 1척을 넘어서는 안 된다. 0.6~0.7척에서 0.4~0.5척 정도 크기의 병을 구하여 꽃을 꽂아 두면 보기에 좋지만, 만약 병이 너무 작으면 꽃을 기르는 기간이 또한 오래갈 수 없게 된다. 《병화보》40

瓶寧瘦毋過壯, 寧小毋過大, 極高者不可過一尺, 得六七寸、四五寸瓶插貯佳, 若太小則養花又不能久. 《瓶花譜》

구리로 만든 용기 중에서 꽃을 꽂을 수 있는 그릇을, '준(尊)41'이라 하고, '뢰(罍)42'라 하고, '고(觚)43'라 하고, '호(壺)44'라 한다. 옛 사람들은 이 용기를 원래 술을 담아두는 데 사용했는데, 지금 이 용기에 꽃을 꽂으면 매우 잘 어울리는 듯하다. 《병화보》45

銅器之可用插花者, 曰"尊", 曰"罍⑤", 曰"觚", 曰"壺". 古人原用貯酒, 今取以插花, 極似合宜. 《瓶花譜》

오래된 구리병과 구리사발은 땅속에 묻힌 지 오래 되면 땅의 기운을 깊이 받아들여서 그 기운으로

古銅瓶、鉢入土年久, 受土氣深, 以之養花. 花色鮮明

---

38 병화보(瓶花譜) : 중국 명(明)나라 장겸덕(張謙德)이 지은 병 꽃꽂이에 관한 책. 초목의 종류, 병에 꽃을 꽂는 방법, 장소에 따라 꽃을 장식하는 방법 등을 기술하였다.
39 《瓶花譜》〈品瓶〉(《叢書集成初編》1559, 1쪽).
40 《瓶花譜》, 위와 같은 곳.
41 준(尊) : 주둥이가 크고 목이 길며 몸통은 원형이나 사각형이고 굽이 달린 고대 술그릇.
42 뢰(罍) : 주둥이가 작고 뚜껑과 굽이 있는 술그릇.
43 고(觚) : 주둥이가 나팔 모양으로 벌어지고 굽이 달린 3되 들이 술그릇. 후대에는 꽃을 꽂는 용기로 쓰였다.
44 호(壺) : 모양이 둥글고 주둥이가 달려 액체를 따를 수 있는 모양의 고대 술단지.
45 《瓶花譜》, 위와 같은 곳.
⑤ 罍 : 《瓶花譜·品瓶》에는 瓶.

원나라의 백동고(白銅觚)(국립중앙박물관)

시대 미상의 호(壺)(국립중앙박물관)

꽃을 기른다. 꽃이 가지 끝에 달려 있는 듯 빛깔이 선명하고, 일찍 피어나면서도 더디 시들며, 간혹 시들면 병 안에서 열매를 맺기도 한다. 반면에 도기(陶器)는 땅에 묻은 지 천 년이 지나야만 또한 그렇게 될 수 있다. 【안 이 단락은 본래 조희곡(趙希鵠)[46]의 《동천청록(洞天淸錄)》의 글이다.[47]】《병화보》[48]

如枝頭, 開速而謝遲, 或謝則就甁結實. 陶器入土, 千年亦然.【案 此段本趙希鵠《洞天淸錄》文.】《甁花譜》

　　자기(磁器)는 각기 옛 호(壺)·담병(膽瓶)·준(尊)·고(觚)의 모양을 본떴는데, 그중 일지병(一枝瓶)[49]은 서실 안에서 가장 빼어난 물품이다. 다음으로 곧 작은 시초병(蓍草瓶)[50]·지퇴병(紙槌瓶)[51]·원소병(圓素瓶)[52]·

瓷器以各式古壺、膽瓶、尊、觚, 一枝瓶爲書室中玅品, 次則小蓍草瓶、紙槌瓶、圓素瓶、鵞頸壁瓶亦可供插

46　조희곡(趙希鵠) : 1195~1242. 남송(南宋)시대의 학자. 저서로는 서화(書畫)·괴석·벼루·금(琴)·청동기 등의 감별법을 다룬 《동천청록(洞天淸錄)》이 있다.

47　《동천청록(洞天淸錄)》의 글이다 : 《洞天淸錄集》 卷4 〈古鐘鼎彝器辨〉 (《叢書集成初編》 1552, 12쪽).

48　《甁花譜》 〈品瓶〉 (《叢書集成初編》 1559, 1쪽).

49　일지병(一枝瓶) : 꽃가지 하나 정도를 꽂는 작은 병.

50　시초병(蓍草瓶) : 옥종(玉琮, 옥홀)의 모양을 본떠 직사각형 몸통에 목이 짧은 병. 명대(明代)에는 여덟 점괘의 모양을 새기고 시초나 산가지를 꽂아두어서 붙여진 이름이다. 팔괘병(八卦瓶)이라고도 한다.

51　지퇴병(紙槌瓶) : 송대(宋代)에 제작된 목이 수직으로 길고 몸통은 둥근 병. 모양이 종이를 제작할 때 펄프를 두드리는 방망이, 즉 지퇴와 비슷해서 붙여진 이름이다.

52　원소병(圓素瓶) : 미상.

청화백자절지형장경화병(靑華白磁切子形長頸花瓶)(국립중앙박물관)

청자진사채종형병(靑磁辰砂彩琮形瓶)(국립중앙박물관)

지퇴병

아경벽병(鵝頸壁瓶)[53] 또한 꽃을 꽂아두는 용도로 쓸 만하다. 하지만 나머지 암화병(暗花瓶)[54], 가대병(茄袋瓶)[55], 호로병(葫蘆瓶)[56], 세구편두병(細口匾肚瓶)[57], 다리가 홀쭉한 약 단지처럼 생긴 병(瓶) 등은 모두 청아한 즐길거리에 들지 않는다. 《병화보》[58]

花之用. 餘如闇花、茄袋、葫蘆樣、細口匾肚、瘦足藥罈等瓶, 俱不入清供.《瓶花譜》

옛 구리 호(壺)나 용천요(龍泉窯)[59]·균주요(均州窯)[60]에서 만든 병 중에는 높이가 2~3척 되는 매우 큰 병이 있는데, 별로 쓸 만한 데는 없다. 하지만 겨울에 유황을 넣고 큰 매화 가지를 베어다가 꽂아 두면

古銅壺、龍泉[6]·均州瓶有極大高三二尺者, 別無可用, 冬日投以硫黃, 斫大枝梅花, 插供亦得.《瓶花譜》

---

53 아경벽병(鵝頸壁瓶): 둥근 몸통에 거위 목처럼 목이 길고, 한 면이 평평하고 작은 구멍이 있어 벽에 걸어두기에 편리하게 제작된 병.

54 암화병(暗花瓶): 무늬가 너무 은은하여 눈에 잘 보이지 않는 병.

55 가대병(茄袋瓶): 두 귀가 달린[茄袋] 병.

56 호로병(葫蘆瓶): 호리병박 모양의 병.

57 세구편두병(細口匾肚瓶): 입구가 작고 배가 납작한 병.

58 《瓶花譜》〈品瓶〉(《叢書集成初編》1559, 2쪽).

59 용천요(龍泉窯): 중국 절강성(浙江省) 서남부 지역 용천(龍泉)에 있던 가마터. 이곳에서는 북송시대 이후 남송을 거쳐 원·명·청에 이르기까지 청자만을 생산하는 가마가 운영됐다. 특히 원대에 접어들면서 이곳 생산품은 아시아를 넘어 아프리카, 유럽 등지로도 판매되었다.

60 균주요(均州窯): 명(明)나라 때 하남성(河南省) 우현(禹縣)의 균주(鈞州)에 있던 가마터. 원래 지명을 따라 균요(鈞窯)라 했으나 흔히 균요(均窯)라 부른다.

[6] 泉: 저본에는 "井".《瓶花譜·品瓶》에 근거하여 수정.

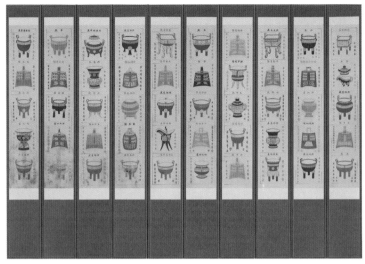

준이종정도병풍(尊彝鐘鼎圖屛風)(국립고궁박물관)

그런대로 괜찮다. 《병화보》[61]

서재에 꽃을 꽂아둘 때는 병이 짧고 작아야 하니, 관요(官窯)[62]와 가요(哥窯)[63]에서 만든 담병(膽瓶)·지퇴병(紙槌瓶)·아경병(鵝頸瓶)[64]·화고(花觚)[65]·높거나 낮은 2종류의 팔괘방병(八卦方瓶)[66]·가대병(茄袋瓶)·각종 모양의 작은 병이나, 정요(定窯)에서 만든 화준

書齋插花, 瓶宜短小, 以官、哥膽瓶·紙槌瓶·鵝頸瓶·花觚·高低二種八卦方瓶·茄袋瓶·各製小瓶, 定窯花尊·花囊·四耳小定

---

61 《瓶花譜》, 위와 같은 곳.

62 관요(官窯) : 중국 송나라 때 변경(汴京)에 있던 가마 또는 그곳에서 제작된 도자기. 휘종(徽宗, 재위 1100~1118) 때에 조정의 명으로 도요지를 설치했으며, 송이 남쪽 항주(杭州)로 수도를 옮긴 후에는 항주 봉황산 근처에 도요지를 만들어 내사요(內司窯)라 했다. 관요의 도자기는 주로 황실과 조정에서 사용했으며 매우 매끄럽고 정밀한 품질로 유명했다고 한다.

63 가요(哥窯) : 중국 송나라 때 절강성(浙江省) 용천현(龍泉縣) 화류산(華琉山) 아래에 있던 가마 또는 그곳에서 제작된 도자기. 이 가마에서 장생일(章生一)과 장생이(章生二) 형제가 도자기를 구웠는데, 장생일의 도자기가 품질이 더 우수해서 그가 구운 도자기를 가요라 했다. 오대명요(五大名窯)에 속한다.

64 아경병(鵝頸瓶) : 위에서 언급된 아경벽병(鵝頸壁瓶)과 같은 모양의 병. 다만 아경벽병처럼 한쪽 면이 납작하지 않다.

65 화고(花觚) : 술을 담는 고대의 고(觚) 모양 꽃병.

66 팔괘방병(八卦方瓶) : 팔괘(八卦)의 문양이 그려진 사각 모양의 꽃병

화준 - 백자청화인물도봉미준(白磁青花人物圖鳳尾尊, 국립중앙박물관)

한나라의 소온호(素溫壺)(《중수선화박고도(重修宣和博古圖)》)

(花尊)⁶⁷·화낭(花囊)⁶⁸·사이소정호(四耳小定壺)⁶⁹·세구편두호(細口匾肚壺)·청동자소시초병(青東磁小蓍草瓶)⁷⁰·방한호(方漢壺)⁷¹·원병(圓瓶)·고용천포퇴병(古龍泉蒲槌瓶)⁷²·각종 요(窯)에서 만든 벽병(壁瓶)⁷³을 사용한다. 다음으로는 오래된 구리 제품의 화고(花觚)·동치(銅觶)⁷⁴·작은 준(尊)이나 뢰(罍)·방호(方壺)⁷⁵·소온호(素溫壺)⁷⁶·편호(匾壺)인데, 모두 꽃을 꽂을 만하다. 또한

壺·細[7]口匾肚壺·青東磁小蓍草瓶·方漢壺·圓瓶·古龍泉蒲槌瓶、各窯壁瓶. 次則古銅花觚·銅觶·小尊罍·方壺·素溫壺·匾壺, 俱可插花. 又如饒窯 宣德年燒製花觚·花尊·蜜食罐、

---

67 화준(花尊): 술 그릇인 준(尊) 모양의 꽃병.

68 화낭(花囊): 납작한 주머니처럼 생긴 자기 꽃병.

69 사이소정호(四耳小定壺): 작은 네 개의 귀가 달린 정요의 호(壺).

70 청동자소시초병(青東磁小蓍草瓶): 남송시대(1127~1279)에 용천요(龍泉窯)에서 만들어낸 작은 청자 시초병. 남송시대 청자 중 최고의 완성도로 평가받는 용천청자는 불투명하고 푸른 유약이 특징인 고품질의 청자이다. 이와 같은 시기에 고려청자가 남송으로 대량 수입되었다고 한다. 《준생팔전(遵生八牋)》 권8 〈기거안락전(起居安樂箋)〉 "향연반탁(香櫞盤橐)"을 살펴보면 청동자용천반(青東磁龍泉盤)이 하나의 물명으로 나온다.

71 방한호(方漢壺): 한대(漢代)에 만들어진 사각 모양 호(壺).

72 고용천포퇴병(古龍泉蒲槌瓶): 용천요에서 나오는 지퇴병과 비슷한 모양의 병으로 추정된다.

73 벽병(壁瓶): 모양이 둥글납작하고 고리가 있어 벽에 걸 수 있는 병.

74 동치(銅觶): 뚜껑이 있고, 키가 작은 병만 한 구리 술잔. 여기서는 이런 모양의 구리꽃병.

75 방호(方壺): 배는 둥그스름하지만 굽에서부터 입구까지 전체적으로 네 각이 있는 호. 중국 고대 예기(禮器)의 일종이다.

76 소온호(素溫壺): 무늬가 없이 소박한 형태로 만든 술그릇. 《중수선화박고도(重修宣和博古圖)》卷12~14에는 소온호를 비롯하여 여러 형태의 술그릇과 제기가 보인다.

[7] 細: 저본에는 "□".《遵生八牋·燕閒清賞牋·瓶花之宜》에 근거하여 보충.

청자화문산형구병(靑磁花文蒜形口瓶)(국립중앙박물관)

요요(饒窯)[77]에서 선덕(宣德)[78] 연간에 구워서 만든 화치(花觶)[79] · 화준(花尊) · 밀식관(蜜食罐)[80] · 성요(成窯)[81]인 교청산포소병(嬌靑蒜蒲小瓶)[82] · 담병(膽瓶) · 세화일지병(細花一枝瓶)[83], 방한호(方漢壺) 방식으로 만든 병 또한 서재에서 놓고 감상할 만하다.《준생팔전》[84]

꽃병은 주둥이가 작고 배가 동이처럼 생겼거나, 굽이 얄팍한 약단지 같이 생긴 모양을 금하고, 꽃을 조각하거나 색깔을 칠한 꽃병 받침대를 금한다. 비어 있는 궤 위에 놓는 일을 금해야 하니, 엎어지는

成窯嬌靑蒜蒲小瓶·膽瓶·細花一枝瓶·方漢壺式者, 亦可文房充玩.《遵生八牋》

瓶忌用小口盆肚, 瘦足藥罈, 忌雕花粧彩花架. 忌置當空几上, 致有顚覆之患. 故官、哥古瓶, 下有二方

---

77 요요(饒窯) : 경덕진요(景德鎭窯). 절강성(浙江省) 요주부(饒州府) 부량현(浮梁縣)에 있던 요이다. 송나라 때부터 청백자를 만들었으며 원나라 때에는 청백자 외에 청화자기와 붉은 문양을 만들어낸 유리홍자기 등을 생산하였다.

78 선덕(宣德) : 명(明)나라 선종(宣宗) 재위 시의 연호. 1426~1435.

79 화치(花觶) : 중국 고대 술잔인 치(觶) 모양 꽃병.

80 밀식관(蜜食罐) : 미상.

81 성요(成窯) : 중국 명(明)나라 헌종(憲宗)의 성화(成化) 연간(1465~1487)에 관요에서 만들어진 자기.

82 교청산포소병(嬌靑蒜蒲小瓶) : 병 주둥이가 마늘처럼 생긴 작은 청자 병.

83 세화일지병(細花一枝瓶) : 작은 꽃가지 1개를 꽂을 만한 좁고 작은 꽃병.

84 《遵生八牋》 卷16 〈燕閒淸賞牋〉 下 "瓶花之宜"(《遵生八牋校注》, 610~611쪽).

근심이 있을 수 있기 때문이다. 그러므로 관요와 가요에서 만든 옛날 병들은 아래쪽에 네모난 구멍이 2개 있는데, 가죽 끈을 여기에 꿰고 꽃병 받침 궤의 다리에 묶어서 꽃병이 쓰러져 상하는 일이 없도록 했다.《준생팔전》[85]

眼者, 爲穿皮條縛於几足, 不令失損.《遵生八牋》

　꽃을 기르는 병(瓶)도 역시 정밀하게 잘 만들어진 물건이어야 한다. 예전에 강남(江南) 사람이 집안에 소장하고 있는 오래된 고(觚)를 본 적이 있는데, 비취색 동록(銅綠, 구리 표면의 녹)이 고(觚)의 안쪽까지 슬어 있고, 모래 반점이 우둘투둘 일어나 있어서, 꽃의 화려한 집이라 부를 만했다. 그 다음으로는 관요(官窯)·가요(哥窯)·상요(象窯)[86]·정요(定窯) 등의 요(窯)에서 만든 병이니, 문양이 곱고 아름다우며 광택이 반들반들하여 모두 꽃의 정령이 사는 그윽한 집이었다.

養花瓶亦須精良. 嘗見江南人家所藏舊觚, 靑翠入骨, 砂斑[8]坒起, 可謂花之金屋. 其次官、哥、象、定等窯, 細媚滋潤, 皆花神之精舍也.

　대체로 서재 안에 두는 꽃병은 짧고 작아야 하니, 동기(銅器)나 요기(窯器)를 막론하고 형태는 짧고 작아야만 비로소 청아한 즐길거리에 들 수 있다. 모양이 그렇지 않으면 집의 대청에서 향불을 피우는 향로와 무엇이 다르겠는가. 비록 오래된 병(瓶)이라도 이런 요소를 갖춘 병이 아니면 속되다. 그러나 꽃의 형태는 종류에 따라 크고 작은 것이 있으며, 모란·작약·연꽃 같은 꽃은 형태가 본래 크므로, 병의

大抵齋瓶宜矮而小, 毋論銅器、窯器, 形製短小者, 方入淸供. 不然與家堂香火何異. 雖舊亦俗也. 然花形自有大小, 如牧丹、芍藥、蓮花, 形質旣大, 不在此限.《瓶史》

85　《遵生八牋》卷16〈燕閒淸賞牋〉下 "瓶花之忌"(《遵生八牋校注》, 611쪽).
86　상요(象窯) : 중국 송나라 때부터 원나라 때까지 자기를 굽던 유명한 가마터 중의 하나. 절강성(浙江省) 영파부(寧波府) 상산(象山) 근처에 있었으므로 '상요'라 이름 붙여진 것이다. 게나 오이 문양의 자기가 많았다고 한다.
⑧　斑 : 저본에는 "班".《瓶史·器具》에 근거하여 수정.

크기에 제한을 두지 않는다. 《병사》[87]

6) 꽃의 품등 | 花品

꽃병에 꽂아 놓는 꽃으로 청아한 즐길거리에 들
만한 꽃은 수십 종이 있는데, 구품(九品)과 구명(九命)
으로 그 차례를 매긴다.

瓶花入供者數十種, 以九
品、九命次第之.

일품구명(一品九命)[88][89]【난·모란·매화·납매[90]·수
선·전다[91]·서향[92]·수창포[93]】

一品九命.【蘭, 牧丹, 梅, 臘梅,
水仙⑨, 滇茶, 瑞香, 菖陽⑩】

이품팔명(二品八命)【혜(蕙)[94]·도미(酴醾)[95]·서부해당
[96]·보주말리[97]·함소(含笑)[98]·황백산다[99]·암계[100]·

二品八命.【蕙, 酴醾, 西府海
棠, 寶珠茉莉, 含笑, 黃白山

---

87 《瓶史》下〈器具〉(《叢書集成初編》1559, 6쪽).

88 일품구명(一品九命): 여기에서부터 원주 안에 나열된 꽃의 순서는 저본과 다른데, 원출전인 《병화보(瓶花
譜)》·오사카본·규장각본이 일치하고 저본의 전사 과정에 오류가 있는 것으로 보여 《병화보(瓶花譜)》·오
사카본·규장각본의 순서를 따랐다.

89 일품구명(一品九命): 여기서는 꽃의 가장 높은 등급을 의미한다. 관직의 품계는 일품구명이 가장 높다. 품
(品)은 1품에서 9품까지 관직의 등급이고, 명(命)은 천자로부터 하사받은 관직 및 하사품의 서열이다. 《주
례(周禮)》〈대종백(大宗伯)〉에 기록된 중국 고대의 관제(官制)를 보면, 1명(命)을 받으면 비로소 관직을 얻
고, 2명을 받으면 제의(祭衣)를 받고 상사(上士)가 되며, 3명을 받으면 하대부(下大夫)의 지위를 얻고, 4명
을 받으면 제기(祭器)를 받고 상대부(上大夫)가 되며, 명수(命數)가 커질수록 지위가 점점 높아져 상공(上
公)으로서 공덕(功德)이 있는 자는 9명을 받는데, 9명을 받아야 비로소 백(伯)이 된다.

90 납매: 섣달에 피는 매화.

91 전다: 산다(山茶, 동백)과에 속하는 상록 교목의 일종으로, 잎이 좁고 길며 잎맥이 뚜렷하고 꽃은 담홍색
에서부터 자색까지 다양하다.

92 서향: 쌍떡잎식물 도금양목 팥꽃나무과의 상록 관목. 꽃이 피면 그 향이 천리를 간다고 하여 천리향이라고
도 부른다. 높이가 1~2m이고, 줄기는 곧게 서고 가지가 많이 갈라진다.

93 수창포: 붓꽃과에 속하는 다년생 초본식물. 봄이 되면 자색·백색 등의 색깔로 창포와 비슷한 모양의 꽃이 핀다.

94 혜(蕙): 구절난(九節蘭). 곡우 전후에 꽃과 줄기가 돋고, 7~8개의 꽃이 핀다.

95 도미(酴醾): 장미목 장미과에 속하는 소관목. 초여름에 장미꽃과 닮은 연한 살구색 꽃이 피는데, 그 색이
도미주((酴醾酒)와 같다고 해서 붙은 이름이다.

96 서부해당: 중국에만 있는 특유의 장미과(薔薇科) 낙엽 교목(落葉喬木). 건조한 지역의 볕이 잘 드는 곳에
서 자라고 꽃은 분홍색이며, 자모해당(子母海棠)·소과해당(小果海棠) 등으로도 불린다.

97 보주말리: 상록 소관목. 키는 1m 정도이고 가지에 잎 외에도 작고 뾰족한 초록 줄기가 있다. 꽃은 흰색이고
향이 진하며 6월에서 10월 사이에 핀다.

⑨ 水仙:《瓶花譜·品花》에는 "各色細葉菊".

⑩ 蘭……菖陽: 저본에는 "蘭、梅、臘梅、水仙、牧丹、滇茶、瑞香、菖陽". 오사카본·규장각본·《瓶花譜·品花》
에 근거하여 수정.

암계(국립수목원)

백릉[101]·솔가지·차꽃】

　삼품칠명(三品七命)【작약·각종 색깔의 겹꽃잎 복숭아나무·연[102]·정향[103]·촉다[104]·대나무】

　사품육명(四品六命)【산반[105]·야합[106]·새란(賽蘭)[107]·

茶、巖桂、白菱、松枝、茶花[11]】

三品七命.【芍藥、各色千葉桃、蓮、丁香、蜀茶、竹】

四品六命.【山礬、夜合、賽蘭、

98　함소(含笑) : 목련과 초령목속의 상록 관목. 봄철에 연한 노란색 꽃이 피는데, 은은한 향기가 난다.

99　황백산다 : 황색이나 흰색의 동백. 쌍떡잎식물목 물레나무과에 속한다. 이른 봄에 꽃이 피고 열매는 둥글고 3~4cm 정도의 크기이다.

100　암계 : 녹나무과 녹나무속 식물. 일명 소화계(少花桂). 해발 400m 이상의 계곡이나 사암·석회암이 있는 곳, 밀림에서 생장한다.

101　백릉 : 마름으로 추정된다. 《임원경제지 예원지(藝畹志)》 권2 《화류(花類)》 〈무궁화〉를 살펴보면, "백릉은 꽃이 순백색으로 우아하며 또 오래도록 피어서 늦겨울까지 화려함이 지속되다가 비로소 진다. 또한 추위를 두려워하므로 꽃이 진 뒤에는 집 안에 보관해야 한다."라 했다.

102　연 : 연의 열매가 들어있는 연방(蓮房). 《이아(爾雅)》 〈석초(釋草)〉를 살펴보면, "연은 부위에 따라 줄기는 '가(茄)'라고 하고, 잎은 '하(蔼)'라고 하며 뿌리는 '밀(蔤)'이라 하고 꽃은 '함담(菡萏)'이라 하며 그 열매인 연밥은 '연(蓮)'이라 한다."라 했다. 이에 대하여 곽박(郭璞)이 "강동(江東) 사람들은 연꽃을 '부용(芙蓉)'이라 한다."고 주석을 달았다. 연의 명칭은 부위뿐 아니라 지역에 따라서도 서로 다름을 알 수 있다.

103　정향 : 열대 상록성 아교목으로, 우리말로는 '수수꽃다리'라 한다. 꽃봉오리는 정향이라고 하고 다 핀 꽃을 말린 것은 모정향이라고 한다. 꽃봉오리가 못처럼 생겼고 향이 있으므로 정향(丁香)이라는 이름이 붙었다.

104　촉다 : 상록 교목으로 꽃의 색이 홍색과 흰색이고 반점이 있으며 '천다(川茶)'라고도 한다.

105　산반 : 노린재나무과의 검은재나무. 3~7cm 정도의 꽃대 하나에 10~30송이의 작은 꽃이 무더기로 핀다.

106　야합 : 쌍떡잎식물 장미목 콩과의 낙엽 소교목. 자귀목. 꽃은 연분홍색이고 작은 가지 끝에 부채살처럼 가닥가닥 꽃잎이 피는데, 밤중에 잎이 접혀지기 때문에 합환화(合歡花)라고 한다.

107　새란(賽蘭) : 미상. 난의 일종으로 추정되나, 정확히는 알 수 없다.

[11]　蕙……茶花 : 저본에는 "蕙、寶珠、酴醾、西府海棠、山茶、巖桂、白菱、茉莉、含笑、黃白、松枝、茶花". 오사카본·규장각본·《瓶花譜·品花》에 근거하여 수정.

불상(국립수목원)

금훤(국립수목원)

장미·추해당108·금규(당아욱)·살구나무·신이109·각 종 색깔의 겹꽃잎 석류나무·불상110·배나무】

 오품오명(五品五命)【매괴(해당화)·담복(치자나무)·자미(배롱나무)111·금훤112·망우(원추리)·두적113】

 육품사명(六品四命)【옥란·영춘·부용·소형114·유아(버들개지)·다매115 】

薔薇, 秋海棠, 錦葵, 杏, 辛夷, 各色千葉榴, 佛桑, 梨⑫】

五品五命.【玫瑰, 薔薇, 紫薇, 金萱, 忘憂, 豆蔲】

六品四命.【玉蘭, 迎春, 芙蓉, 素馨, 柳芽, 茶梅】

---

108 추해당 : 베고니아과의 원예 화초.

109 신이 : 목련과의 백목련. 신이라는 이름의 신(辛)은 맛이 매워 붙여졌고, 이(夷)는 띠의 어린 싹을 뜻하는 이(荑)에서 왔다. 목련의 꽃봉오리가 처음 생길 때 띠의 어린 싹과 비슷하기 때문이라고 전해진다. 또한 꽃이 아직 피기 전 꽃봉오리가 작은 복숭아처럼 털이 있어 후도(侯桃)라고 불리기도 한다.

110 불상 : 중국 남부, 인도 동부가 원산지이며 높이는 2.5~5m에 달한다. 꽃잎은 달걀 모양을 띠고 있고 끝이 뾰족한 편이다. 꽃은 대부분 여름부터 가을까지 피지만 온실에서는 사계절 내내 핀다. 노란색, 하얀색, 분홍색, 주황색 등의 꽃이 핀다. 부상화(扶桑花), 하와이무궁화라고 부르기도 한다.

111 자미(紫薇) : 배롱나무(목백일홍). 부처꽃과의 낙엽 소교목. 잎은 마주나고 긴 타원형으로 윤이 난다. 7~9월에 붉은색·흰색 등의 꽃이 가지 끝에 원뿔 모양으로 피고, 열매는 타원형으로 10월에 익는다. 중국이 원산지이다.

112 금훤 : 원추리와 같은 과의 꽃.

113 두적 : 생강과의 약초.

114 소형(素馨) : 말리(茉莉). 물푸레나무과의 상록 관목. 높이는 1m 정도이며, 잎은 5~9개의 잔잎으로 된 깃 모양 겹잎이다. 여름에 4~5개로 갈라진 희고 누런 통꽃이 돋아온 꽃대 주위에 핀다. 잎은 식용하고 꽃의 향기가 높아 정원에 관상용으로 재배한다.

115 다매 : 차나무과 동백나무속 소교목. 일명 해홍(海紅). 산다(山茶)인 동백에 비하여 키가 작아 애기동백이라고 불린다. 원산지는 일본이다.

⑫ 山礬……梨 : 저본에는 "山礬, 夜杏, 辛夷, 合, 賽蘭, 薔薇, 秋海棠, 錦葵, 各色千葉榴, 佛桑, 梨". 오사카본·규장각본·《瓶花譜·品花》에 근거하여 수정.

금작(국립수목원)

추규(국립수목원)

칠품삼명(七品三命)【금작116·철쭉·구기자나무·봉선화·겹꽃잎 자두나무·지각(탱자나무)117·진달래】

七品三命.【金雀、躑躅、枸杞、金鳳、千葉李、枳殻、杜鵑⑬】

팔품이명(八品二命)【겹꽃잎 접시꽃·옥잠화·맨드라미·낙양화118·능금·추규119】

八品二命.【千葉戎葵、玉簪、鷄冠、洛陽花、林禽、秋葵】

구품일명(九品一命)【전춘라(동자꽃)120·전추라(털동자꽃)121·고량강122·석국123·나팔꽃·모과·담죽엽124】

九品一命【翦春羅、翦秋羅、高良薑、石菊、牽牛、木瓜、

---

116 금작: 콩과에 딸린 늘푸른떨기나무. 키는 1~2m이고 밑동부터 많은 가지를 친다. 잎은 어긋나게 나며 5월경에 잎겨드랑이에서 노란빛의 나비 모양 꽃이 핀다. 양골담초라고도 한다.

117 지각 : 운향과에 속하는 상록성의 작은큰키나무(소교목). 흰 꽃이 핀다.

118 낙양화: 모란의 이칭. '일품구명'의 '모란'과 같은 꽃인데 품등의 차이가 큰 팔품이명에 다시 나오는 이유가 무엇인지는 분명하지 않지만, 같은 모란인데 종이 다른 경우인 것으로 추정된다.

119 추규: 아욱과 무궁화속 식물. 원산지는 아프리카 북동부이다. 개화 시기는 6~7월이며, 연노란색의 꽃이 피고 중심부가 홍색이다. 꽃이 핀 후 7~10일 정도 후에 고추 모양의 열매가 생기는데, 이 열매를 식용한다.

120 전춘라(翦春羅, 동자꽃): 석죽과의 여러해살이풀. 높이는 1m 정도이며, 잎은 마주나고 긴 달걀 모양이다. 6~8월에 진한 붉은색 꽃이 2~3개씩 핀다. 산지(山地)에서 자라는데, 한국의 중부 이북, 일본, 만주 등지에 분포한다.

121 전추라(翦秋羅, 털동자꽃): 동자꽃과 비슷하지만 꽃받침의 길이가 짧고 털이 비교적 많으며 꽃잎이 깊게 갈라지는 점이 다르다. 높이는 60~90cm이며, 잎은 마주나고 넓은 피침 모양으로 끝이 뾰족하다. 여름과 가을에 꽃대가 올라와 검붉은 빛의 꽃이 핀다.

122 고량강(高良薑): 생강의 한 종류. 높이는 90~110cm이며, 봄에 붉은 점과 흰 테가 있는 흰 꽃이 핀다. 씨를 홍두구(紅豆蔲)라 하여 뿌리와 같이 한약재로 쓴다.

123 석국: 석죽과의 다년생 초본식물. 일명 석죽(石竹), 패랭이꽃. 5월에서 10월 사이에 자주색·분홍색·흰색의 꽃이 핀다.

⑬ 金雀……杜鵑: 저본에는 "金雀、躑躅、枸杞、金千葉李、枳殻、杜鵑、鳳". 오사카본·규장각본·《瓶花譜·品花》에 근거하여 수정.

전추라(털동자꽃)(국립수목원)

담죽엽(국립수목원)

목서(국립수목원)

《병화보》[125]

여러 꽃들은 가까이 있어서 쉽게 구할 수 있는
꽃을 취한다. 예를 들어 봄에는 매화·해당화이고,
여름에는 모란·작약·석류이며, 가을에는 목서(木
樨)[126]·연(蓮)·국화이고, 겨울에는 납매이다. 《병사》[127]

7) 가지 꺾기

꽃가지를 꺾을 때는 집안에 있는 정원이나 그 옆
의 텃밭에서 해야 한다. 새벽녘 이슬을 머금었을 때
반쯤 핀 꽃을 골라 꺾어 꽂아두면, 향기와 색깔이
며칠이 지나도 덜하지 않다. 만약 해가 높이 떠서 가

淡竹葉[14]【《瓶花譜》】

諸花, 取其近而易致者. 入春
爲梅, 爲海棠;夏爲牧丹, 爲
芍藥, 爲安石榴;秋爲木樨、爲
蓮, 爲[15]菊;冬爲蠟梅.《瓶史》

折枝

折取花枝, 須得家園、隣
圃. 侵晨帶露, 擇其半開者
折供, 則香色數日不減. 若
日高露晞折得者, 不特香

---

124 담죽엽(淡竹葉): 솜대나 조릿대의 잎. 한방에서 열을 내리고 오줌을 잘 나오게 하는 데에도 쓴다.
125 《瓶花譜》〈品花〉(《叢書集成初編》1559, 2~3쪽).
126 목서(木樨): 물푸레나무과의 상록 대관목. 잎은 마주나고 긴 타원형이며 가장자리에 잔 톱니가 있거나 밋
    밋하다. 잎의 길이는 7~12cm, 폭은 2.5~4cm이다. 꽃이 흰 것은 은목서라 부르고 노란 것은 금목서라고
    부른다.
127 《瓶史》下〈花目〉(《叢書集成初編》1559, 5쪽).
[14] 翦春羅……淡竹葉: 저본에는 "翦春羅、翦春羅、木瓜、淡竹葉、高良薑、石菊、牽牛". 오사카본·규장각본에
    근거하여 수정.
[15] 爲: 저본에는 없음. 《瓶史·花目》에 근거하여 보충.

지에 이슬이 말라버린 뒤에 꺾었다면, 단지 향기가 온전하지 않고 색깔이 선명하지 않을 뿐만 아니라 1~2일이 지나면 곧 시들어 떨어진다.

【안】《화한삼재도회(和漢三才圖會)》에 "일반적으로 모란·작약·연꽃을 병에 꽂아두고자 한다면 이르거나 늦은 시간에 잘라서는 안 되니, 사시(巳時, 오전 9~11시) 혹은 신시(申時, 오후 3~5시)라야 좋다."[128]라 했으니, 가지 꺾기에 대한 설명이 여기의 내용과는 다르다.】《병화보》[129]

일반적으로 꽃을 꺾을 때는 가지를 잘 선택해야 한다. 어떤 가지는 위쪽은 무성하지만 아래쪽이 빈약하고, 또는 왼쪽은 높고 오른쪽이 낮거나, 오른쪽은 높고 왼쪽이 낮기도 하다. 더러는 가지 2개가 서로 휘감으면서 지탱하여 접해 있기도 하고, 눌려서 아래로 늘어지거나 한쪽으로 굽어 있기도 하다. 혹은 줄기 1개가 여러 가지들 사이에서 불쑥 뻗어나오기도 하고, 위쪽은 모여 있고 아래쪽은 무성하게 퍼져나가 병의 입구를 뒤덮기도 한다. 위를 올려다보거나 아래로 굽은 모습, 높거나 낮은 모습, 듬성듬성하거나 빽빽한 모습, 기울어지거나 똑바로 있는 모습 등을 취하여 각각의 자태를 갖추어서 화가가

不全色不鮮, 且一兩日卽萎落矣.

【案】《和漢三才圖會》云"凡牡丹、芍藥、蓮花欲插瓶, 不宜早晚翦, 可於巳時或申時", 折枝, 與此異.】《瓶花譜》

凡折花須擇枝, 或上茸[16] 下瘦, 或左高右低, 右高左低, 或兩蟠臺接, 偃亞偏曲, 或挺露一幹中出, 上簇下蓄, 鋪蓋瓶口, 取俯仰、高下、疏密、斜正, 各具意態, 全得畫家折枝花景象, 方有天趣. 若直枝蓬頭花朵, 不入淸供. 同上

---

128 일반적으로……좋다:《화한삼재도회(和漢三才圖會)》권93〈방초류(芳草類)〉"작약(芍藥)"(《倭漢三才圖會》11, 145쪽).

129 《瓶花譜》〈折枝〉(《叢書集成初編》1559, 3쪽).

[16] 茸:《瓶花譜·折枝》에는 "葺".

묘사한 꺾은 꽃가지의 경상(景象)[130]을 온전하게 얻어
야만 비로소 자연스러운 운치가 있을 것이다. 만약
곧은 가지에 꽃이 덥수룩하게 늘어져 있으면, 청아
한 즐길거리에 들 수 없다. 《병화보》[131]

꽃은 초화(草花)나 목화(木花)에 상관없이 모두 병
에 꽂아두고 즐길 수 있다. 다만 꽃을 꺾어 취할 때
는 2가지 방법이 있으니, 연한 가지를 취할 때는 손
으로 꺾어 취하고, 단단한 줄기는 가위로 잘라야 한
다. 꽃을 아끼는 사람이라면 또한 이 사실을 반드시
알아야 한다. 《병화보》[132]

花不論草、木, 皆可供瓶中
插貯. 第摘取有二法, 取柔
枝宜手摘取, 勁幹宜翦却.
惜花人亦須識得. 同上

단단한 가지를 꺾으면 오히려 쉽게 모양을 잡을
수 있지만 유독 초화는 꺾어 취하기가 가장 어렵다.
숙달된 명인이 살아 있는 꽃을 묘사하여 그 자취를
그려놓은 정도가 아니라면, 꺾은 꽃의 형태가 속된
모습에서 벗어나기 어려울 듯하다. 《병화보》[133]

採折勁枝尚易取巧, 獨草
花最難摘取. 非熟翫名人
寫生畫跡, 似難脫俗. 同上

8) 꽃꽂이

꽃가지를 꺾고서 입구가 작은 병 안에 급히 꽂아
넣은 다음 병 입구를 빽빽하게 막아 그 기(氣)가 새
어 나가지 않도록 하면, 며칠 동안 두고 감상할 수

插貯

折得花枝, 急須插入小口
瓶中, 緊緊塞之, 勿泄其
氣, 則數日可玩. 《瓶花譜》

---

130 경상(景象) : 경치(景致)를 가리킨다. 여기에서는 단순한 눈에 보이는 경물의 묘사만이 아닌, 화가가 그린
 꽃가지의 오묘한 경지를 의미하는 것으로 보인다.
131 《瓶花譜》〈折枝〉(《叢書集成初編》1559, 3~4쪽).
132 《瓶花譜》〈折枝〉(《叢書集成初編》1559, 4쪽).
133 《瓶花譜》, 위와 같은 곳.

있다. 《병화보》[134]

꽃을 꽂을 때는 꽃과 병이 잘 어울려야 하니, 꽃이 병보다 약간 높이 나오게 한다. 가령 병의 높이가 1척이면 꽃은 병 입구에서 1.3~1.4척 정도가 나오게 하고, 병의 높이가 0.6~0.7척이면 꽃은 병 입구에서 0.8~0.9척 정도 나오게 해야 좋다. 꽃이 병에서 너무 높이 나오게 하지 말아야 하니, 너무 높으면 병이 쉽게 엎어지기 때문이다. 꽃이 너무 낮게 하지도 말아야 하니, 너무 낮으면 우아한 정취를 잃기 때문이다. 《병화보》[135]

插花須要花與瓶稱, 令花稍高于瓶. 假如瓶高一尺, 花出瓶口一尺三四寸;瓶高六七寸, 花出瓶口八九寸乃佳. 忌太高, 太高瓶易仆; 忌太低, 太低雅趣失. 同上

작은 병에 꽃을 꽂을 때는 빈약한 듯해야지, 번잡하게 해서는 안 된다. 만약 가지를 1개만 꽂는다면, 기이하고 고아(古雅)한 모양의 가지나 굴곡지거나 비스듬하고 가느다란 모양의 가지를 선택해야 한다. 가지 2종류를 꽂아두고자 한다면 높이를 달리하고 합쳐서 꽂되, 완연히 가지 하나에서 자연스럽게 나온 듯이 하거나, 또는 꽃가지 2개가 서로 다른 방향을 향하게 하되, 먼저 가지를 모아서 총생하는 듯한 형태가 잡히면, 삼끈으로 묶어서 고정한 뒤에 꽂는다. 《병화보》[136]

小瓶插花宜瘦巧, 不宜繁雜. 若止插一枝, 須擇枝柯奇古, 屈曲斜裊者. 欲插二種, 須分高下合插, 儼若一枝天生者, 或兩枝彼此各向, 先湊簇像生, 用麻絲縛定插之. 同上

병의 꽃은 비록 번잡하고 어수선하지 않아야 하

瓶花雖忌繁宂, 尤忌花瘦

---

134 《瓶花譜》〈插貯〉(《叢書集成初編》1559, 4쪽).
135 《瓶花譜》, 위와 같은 곳.
136 《瓶花譜》, 위와 같은 곳.

지만, 더욱 금해야 할 일은 꽃이 병보다 빈약하게 되는 일이다. 이때는 옆으로 뻗은 꽃가지를 꺾어서 작은 병의 좌우에 퍼지도록 꽂아야 아름다운 모습을 이룰 수 있을 것이다. 《병화보》[137]

병 속에 꽃을 꽂을 때는 단지 1~2종류만 꽂아야지, 종류가 약간이라도 많아지면 어수선하고 번잡스러워 보기가 싫을 수도 있다. 하지만 가을꽃만은 종류가 많아도 상관없다. 《병화보》[138]

꽃을 꽂을 때는 꽃이 병과 잘 어울려야 하니, 꽃이 병보다 0.4~0.5척 정도 높으면 좋다. 가령 병의 높이가 2척이고, 병의 배부분(중간부분)이 크고 아래가 실하다면 꽃은 병 입구에서 2.6~2.7척 정도 나오게 하고, 반드시 비스듬하면서 어수선해 보이는 가지를 꺾어다가 좌우에 펼친 다음 병의 양 옆면이 절반 정도가 덮히도록 꽂으면 우아하다.

만약 병이 높으면서 빈약해 보일 정도로 좁으면 도리어 하나는 높고 하나는 낮은 가지 2개나 굴곡지거나 비스듬하고 가느다란 가지가 알맞으니, 병의 몸통과 비교하여 몇 촌 정도 짧아야 아름답게 보인다. 가장 금해야 할 일은 꽃이 병보다 빈약한 경우이다. 또한 번잡한 꽃가지도 금한다. 이런 병에 만약 꽃가지를 묶어서 다발을 만든다면 전혀 우아한 정취

于瓶. 須折敧斜花枝, 鋪撒小瓶左右, 乃爲得體也. 同上

瓶中插花, 止可一種、兩種, 稍過多, 便宂雜可厭. 獨秋花不論也. 同上

插花須要花與瓶稱, 花高於瓶四五寸則可. 假如瓶高二尺, 肚大下實者, 花出瓶口二尺六、七寸, 須折斜宂花枝, 鋪左右, 覆瓶兩傍之半則雅.

若瓶高瘦, 却宜一高一低雙枝, 或屈曲斜裊, 較瓶身少短數寸似佳. 最忌花瘦於瓶, 又忌繁雜. 如縛成把, 殊無雅趣.

137《瓶花譜》, 위와 같은 곳.
138《瓶花譜》, 위와 같은 곳.

가 없게 된다.

만약 작은 병에 꽃을 꽂을 때는 꽃을 병 위로 낼 때 병의 몸통과 비교해서 0.2척 정도 짧게 해야 한다. 만약 병의 길이가 0.8척이라면 꽃은 0.6~0.7척 정도만 되어야 비로소 빼어난다. 만약 병이 왜소하면 꽃이 병보다 0.2~0.3척 정도 높아도 괜찮다. 꽃꽂이에 맵시가 있으면 청아한 감상거리를 제공할 수 있다. 그러므로 꽃꽂이와 그림걸기 2가지 일은 진실로 이 일을 좋아하는 사람이 직접 해야 하지, 하인들에게 맡겨서는 안 된다. 《준생팔전》[139]

꽃꽂이는 너무 번잡하면 안 되지만, 그렇다고 너무 빈약해서도 안 된다. 꽃의 종류는 많아야 2~3종을 넘기지 않게 하고, 높고 낮음과 성글고 빽빽함을 마치 화원(畫苑)의 화가들이 그림 속의 경물(景物)을 배치하듯이 해야 비로소 빼어난다. 병을 배치할 때는 두 개가 서로 마주보게 놓는 일을 금하고, 나란히 놓는 일을 금하며, 줄지어 놓는 일을 금하고, 끈으로 묶는 일도 금한다.

꽃이 이른바 '정돈되었다'는 말은 바로 들쭉날쭉 가지런하지 않아서 자태가 자연스럽다는 뜻이다. 이는 마치 소식(蘇軾)[140]의 문장이 마음 내키는 대로 끊

若小瓶插花, 令花出瓶, 須較瓶身短少二寸. 如八寸長瓶, 花止六、七寸方妙. 若瓶矮者, 花高于瓶二、三寸亦可. 插花有態, 可供淸賞. 故插花、挂畫二事, 是誠好事者本身執役, 不可托之僮僕.《遵生八牋》

插花不可太繁, 亦不可太瘦. 多不過二種、三種, 高低、疏密[17] 如畫苑布置方妙. 置瓶忌兩對, 忌一律, 忌成行列, 忌以繩束縛.

花之所謂"整齊"者, 正以參差不倫, 意態天然. 如子瞻之文隨意斷續, 靑蓮之詩

139《遵生八牋》卷16〈燕閑淸賞箋〉下"瓶花三說"'瓶花之宜'(《遵生八牋校注》, 611쪽).
140 소식(蘇軾): 1037~1101. 중국 송(宋)나라의 문인. 자는 자첨(子瞻), 호는 동파(東坡). 당송팔대가(唐宋八大家) 중 한 명으로,《적벽부(赤壁賦)》등 다양한 작품을 남겼다. 저서로는《동파전집(東坡全集)》이 있다.
[17] 疏密: 저본에는 "密".《瓶史·五宜稱》에 근거하여 보충.

어지거나 이어진 경우나 이백(李白)[141]의 시가 대구(對句)에 구속되지 않은 경우와 같다. 만약 가지와 잎의 모양이 비슷하고, 붉은색과 흰색이 서로 나란히 짝을 이루면 이는 형조(刑曹)의 섬돌 아래에 심어 놓은 나무나 무덤 입구의 화표(華表)[142]처럼 운치가 없다. 《병사》[143]

不拘對偶. 若夫枝葉相當, 紅白相配, 此省曹墀下樹、墓門華表也.《瓶史》

9) 병에서 꽃 기르기

일반적으로 꽃은 비와 이슬을 자양분으로 삼아 살아간다. 그러므로 병에서 꽃을 기를 때는 빗물이 좋으니, 또한 비와 이슬로 생장하는 뜻을 취한 것이다. 《병화보》[144]

滋養

凡花滋雨、露以生, 故瓶中養花, 宜天水, 亦取雨、露之意.《瓶花譜》

꽃을 자양하는 가장 좋은 재료는 빗물이니, 빗물을 많이 받아 놓았다가 필요할 때 써야 한다. 어쩔 수 없는 경우라면 맑고 깨끗한 강물이나 호수의 물을 사용한다. 우물물은 맛이 짜서 꽃을 길러도 무성해지지 않으니 쓰지 말아야 한다. 《병화보》[145]

滋養[18]第一雨水, 宜多蓄聽用. 不得已則用淸淨江、湖水. 井水味醎, 養花不茂, 勿用. 同上

꽃이 꽂혀 있는 병의 물에는 대체로 약간의 독이 있을 수 있으므로, 반드시 매일 아침마다 물을

插花之水, 類有小毒, 須朝朝換之, 花乃可久. 若

---

141 이백(李白):701~762. 중국 당(唐)나라의 시인. 자는 태백(太白). 호는 청련거사(靑蓮居士). 두보(杜甫)와 함께 중국 최고의 시인으로 꼽힌다.

142 화표(華表):묘 앞에 세우는 문으로, 망주석(望柱石) 등이 이에 해당한다.

143 《瓶史》卷下〈五宜稱〉(《叢書集成初編》1559, 6~7쪽).

144 《瓶花譜》〈滋養〉(《叢書集成初編》1559, 4쪽).

145 《瓶花譜》, 위와 같은 곳.

[18] 養:저본에는 "長".《瓶花譜·滋養》에 근거하여 수정.

갈아줘야 꽃이 오래간다. 만약 2~3일이 지나도록 물을 갈아주지 않으면 꽃이 바로 시들어 떨어진다. 《병화보》[146]

兩、三日不換, 花輒零落. 同上

꽃병의 꽃은, 매일 밤마다 바람이 불지 않는 곳을 택해서 이슬을 맞게 하면 며칠 동안 감상할 수 있다. 이것이 하늘과 사람이 함께 꽃을 기르는 방법이다. 《병화보》[147]

瓶花每至夜間, 擇無風處露之, 可觀數日. 此天與人參之術也. 同上

꽃병에 주는 물은 반드시 바람을 맞고 햇볕을 쬔 것이라야 한다. 우물물이 아무리 달아도 이 물로 꽃을 기르면 대부분 무성해지지 않는다. 쓴 물은 더욱 금해야 하니, 장맛비를 많이 저장해두고 쓰는 일만 못하다. 물을 저장하는 방법은 처음 독에 물을 부을 때 불살라서 그을린 흙 한 덩어리를 물에 집어 넣는 것이다. 이렇게 하면 해가 지나도 물이 썩지 않으니, 이 물로는 단지 꽃을 기를 뿐만 아니라 차를 끓여도 좋다. 《병사》[148]

瓶水須經風日者. 井水雖甘, 養花多不茂. 苦水尤忌, 不若多貯梅水爲佳. 貯水之法, 初入甕時, 以燒熱煤土一塊投之. 經年不壞, 不獨養花, 亦可烹茶. 《瓶史》

10) 여러 가지 꽃 꽂는 법
매화
[병화보][149] 매화를 처음 꺾었을 때, 꺾인 곳을 불로 지진 다음 진흙으로 단단해지도록 해야 한다.

諸花插法
梅花
[瓶花譜] 初折, 宜火燒折處, 固滲以泥.

---

146 《瓶花譜》〈滋養〉(《叢書集成初編》1559, 5쪽).
147 《瓶花譜》, 위와 같은 곳.
148 《瓶史》卷下〈四擇水〉(《叢書集成初編》1559, 6쪽).
149 《瓶花譜》〈事宜〉(《叢書集成初編》1559, 5쪽).

[계신잡지(癸辛雜志)[150]][151] 매화를 꺾어서 소금에 꽂아두면 꽃이 피어날 때 향이 짙고 매우 활짝 핀다. 또는 소금에 절인 돼지 삶은 국물을 뜨거울 때 매화 꽃병에 담아두면 매화가 도리어 꽃잎을 떨구고 열매를 맺을 수 있다.

[군방보][152] 붕어 삶은 탕은 매화를 꽂아두기에 좋다.

[여초태설][153] 고기 삶은 국물에서 기름기를 제거한 다음 식혀서 꽃가지를 꽂으면, 꽃이 활짝 피었다가 다시 열매를 맺는다.

모란

[병화보][154] 모란을 처음 꺾었을 때 꺾인 곳을 등불로 지지는데, 부드럽게 될 때까지 지지다 멈춘다. 또한 물에 꿀을 타서 꽃을 기르면 좋으니, 꿀을 넣으면 이 때문에 꽃이 시들지 않는다.

[癸辛雜志] 折梅花, 插鹽中, 花開酷有肥態, 一以醃豕滾汁, 熱貯瓶梅, 却能放葉結子.

[群芳譜] 煮鯽魚湯可插梅.

[呂初泰說] 煮肉汁去肥, 放冷插花, 盡開更結實.

牡丹

[瓶花譜] 初折, 宜燈燃折處, 待軟乃歇. 又宜蜜養[19], 蜜仍不壞.

---

150 계신잡지(癸辛雜志): 중국 송나라의 문인 주밀(周密, 1232~1298)이 지은 수필집. 《계신잡지(癸辛雜識)》라 쓰기도 한다. 주밀의 자는 공근(公謹), 호는 초창(草窓). 송나라 말기에 관직에 올랐으나 송나라가 멸망한 뒤에는 절강성(浙江省) 항주(杭州)에 살면서 풍류로 생애를 보냈다. 시문과 서화에 능했고 미술품의 감식에 뛰어났다. 저서로 《초창운어(草窓韻語)》·《운연과안록(雲煙過眼錄)》·《무림구사(武林舊事)》·《제동야어(齊東野語)》·《호연재아담(浩然齋雅談)》 등이 있다.
151 출전 확인 안 됨 ; 《廣羣芳譜》卷24〈花譜〉"梅花三", 586쪽.
152 《廣羣芳譜》, 위와 같은 곳.
153 출전 확인 안 됨 ; 《遵生八牋》卷16〈燕閑淸賞箋〉下 "瓶花三說" '瓶花之法'(《遵生八牋校注》, 612쪽).
154 《瓶花譜》〈事宜〉(《叢書集成初編》1559, 5쪽).
[19] 養 : 저본에는 "釀". 《瓶花譜·事宜》에 근거하여 수정.

[여초태설]155 모란은 먼저 가지를 지져야 한다. 끓인 물을 주둥이가 작은 병 속에 붓고 모란 1~2가지를 꽂은 다음 입구를 단단히 막으면 꽃과 잎이 모두 활짝 피어서 며칠 동안 감상할 수 있다. 또 꿀물에 모란을 꽂아두면 시들지 않는다고 한다.

[군방보]156 모란을 자를 때에는 그 가지를 짧게 잘라야 줄기를 상하게 하지 않는다. 또한 신속하게 잘라야 뿌리를 상하게 하지 않는다. 자르고 나서는 바로 밀랍으로 가지 끝을 봉한다. 아래쪽에 있는 꽃을 솎아서 자를 때에는 우선 잘린 곳을 불로 지지고, 마찬가지로 잘린 줄기 끝을 밀랍으로 봉한 다음 병 속에 꽂아두면 며칠 동안 감상할 수 있다. 이미 시든 꽃은 아래의 줄기 절단면이 문드러진 곳을 잘라 버리고, 대나무 시렁에 설치한 물항아리 안에 가지와 줄기를 완전히 담가 놓으면, 하룻저녁에 다시 생기가 돈다.

작약

[준생팔전]157 모란과 방법이 같다.

[呂初泰說] 牡丹當先燒枝. 貯滾湯小口瓶中, 插一二枝, 緊緊塞口, 則花葉俱榮, 數日可翫. 又云蜜水插牡丹不瘁.

[群芳譜] 翦牡丹, 須短其枝, 庶不傷幹. 又須急翦, 庶不傷根. 既翦旋以蠟封其枝, 翦下花, 先燒斷處, 亦以蠟封其蔕, 置瓶中, 可供數日玩. 如已萎者, 翦去下截爛[20]處, 用竹架之水缸中, 盡浸枝梗, 一夕復鮮.

芍藥

[遵生八牋] 與牡丹同法.

---

155 출전 확인 안 됨:《遵生八牋》卷16〈燕閑淸賞箋〉下 "瓶花三說" '瓶花之法'(《遵生八牋校注》, 612쪽).
156《廣群芳譜》卷34〈花譜〉"牡丹三", 823~824쪽.
157《遵生八牋》卷16〈燕閑淸賞箋〉下 "瓶花三說" '瓶花之法'(《遵生八牋校注》, 612쪽).
[20] 爛 : 저본에는 "欄".《廣群芳譜·花譜·牡丹三》에 근거하여 수정.

연꽃

[병화보]¹⁵⁸ 연꽃을 처음 꺾었을 때, 난발(亂髮)¹⁵⁹로 밑동을 얽고 진흙으로 구멍을 막아야 한다.

[준생팔전]¹⁶⁰ 연꽃을 꺾었을 때, 꺾인 곳을 난발로 얽어매고 꺾인 곳에 난 구멍을 진흙으로 막은 다음 먼저 연꽃을 꽃병 속에 집어넣어 바닥까지 닿도록 하고, 그런 다음 물을 부어주는데, 물이 연꽃줄기에 난 구멍에 들어가지 않도록 한다. 이는 구멍 속으로 물이 들어가면 연꽃이 쉽게 썩기 때문이다.

[군방보]¹⁶¹ 병에 따뜻한 물을 붓고 종이로 덮은 다음, 꽃줄기를 뾰족하게 깎아서 될 수 있는 대로 빠르게 꽂는다. 또는 십자(十字) 모양의 대나무 못을 꽃술에 꽂아 흰 즙이 나오게 한 후 병에 꽂는데, 이와 같이 하면 꽃이 오래간다.

치자

[병화보]¹⁶² 치자꽃을 처음 꺾었을 때, 그 밑동을 두드리고 짓찧어 약간의 소금으로 비빈다.

[준생팔전]¹⁶³ 자른 가지의 밑동을 두드리고 짓찧어

荷花

[甁花譜] 初折, 宜亂髮纏根, 取泥封竅.

[遵生八牋] 採將亂髮纏縛折處, 仍以泥封其竅, 先入甁中至底, 後灌以水, 不令入竅. 竅中進水則易敗.

[群芳譜] 甁注溫湯, 蓋以紙, 削尖花桿, 隨手急插. 或將竹釘十字扦蘂, 使出白汁, 方插甁. 如此則耐久.

梔子

[甁花譜] 初折, 宜搥碎其根, 擦鹽少許.

[遵生八牋] 將折枝根搥碎

---

158 《甁花譜》〈事宜〉(《叢書集成初編》1559, 5쪽).
159 난발(亂髮) : 저절로 빠진 사람의 머리털.
160 《遵生八牋》, 위와 같은 곳.
161 《廣羣芳譜》卷31 〈花譜〉 "荷花三", 751쪽.
162 《甁花譜》〈事宜〉(《叢書集成初編》1559, 5쪽).
163 《遵生八牋》卷16 〈燕閑淸賞箋〉下 '甁花三說' '甁花之法'(《遵生八牋校注》, 612쪽).

소금으로 비비고, 물속에 넣어서 꽂아두면 꽃이 누렇게 되지 않는다. 치자열매가 맺히면 초겨울에 가지를 꺾어 병에 꽂아둔다. 그 열매가 붉은빛이 돌아 꼭 꽃봉오리 같아서 볼만하다.

擦鹽, 入水插之, 則花不黃. 其結成梔子, 初冬折枝插瓶. 其子赤色, 儼若花蕊可觀.

해당화

[병화보]164 해당화를 처음 꺾었을 때, 박하(薄荷)의 부드러운 잎으로 밑동을 감싸 물속에 넣는다.

[군방보]165 박하수(薄荷水)166로 해당화를 기르면 꽃이 핀 채로 오래간다.

海棠

[瓶花譜] 初折, 薄荷軟葉包根入水.

[群芳譜] 以薄荷水養之, 花開耐久.

접시꽃

[물류상감지]167 줄기를 깎아서 불에 지지고, 석회수에 담갔다가 말린 뒤에 물병 속에 꽂아두면 줄기 꼭대기까지 꽃이 피고 잎에 생기가 없어지지 않는다.

[병화보]168 접시꽃은 끓인 물에 가지를 꽂아두면 꽃잎이 시들지 않는다.

蜀葵

[物類相感志] 削煨了, 以石灰蘸過乾, 插水瓶中, 開至頂而葉不軟.

[瓶花譜] 戎葵沸湯插枝21, 葉不萎.

---

164 《瓶花譜》〈事宜〉(《叢書集成初編》1559, 5쪽).
165 《廣羣芳譜》卷36〈花譜〉"海棠二", 861쪽.
166 박하수(薄荷水): 박하잎을 증류하여 얻은 박하유와 물을 일정비율로 섞은 액체.
167 《說郛》卷22下〈物類相感志〉"花竹"(《文淵閣四庫全書》877, 295쪽).
168 《瓶花譜》, 위와 같은 곳.
21 枝: 저본에는 없음.《瓶花譜·事宜》에 근거하여 보충.

수선화

[군방보]169 꽃병에 꽃을 꽂을 때 소금물을 사용하는 방법은 매화와 같다.

봉선화

[군방보]170 병에 꽃을 꽂을 때 끓인 물을 사용하거나, 또는 석회를 끓인 물에 넣어 사용하기도 하는데, 이렇게 하면 꽃이 15일 정도 피어 있다.

부용화

[병화보]171 끓인 물에 가지를 꽂아두어야 잎이 시들지 않는다.

영지

[준생팔전]172 산속에서 영지를 캐고 돌아와서 광주리에 담긴 채로 밥시루 위에 놓고 쪄서 익힌 다음 햇볕에 말려 보관하면 썩지 않는다. 주석으로 뿌리 모양의 관(管)을 만들어 영지 밑동에 달고 물병에 꽂아두는데, 이때 댓잎·길상초(吉祥草)173를 함께 꽂아두면 주석관만 물에 잠기기 때문에 영지의 밑동은 썩지 않는다. 화분 위에다 올려 장식할 때도 이 방법을 쓴다.

水仙花

[群芳譜] 插瓶用鹽水, 與梅同.

鳳仙花

[群芳譜] 插瓶用沸水, 或石灰入湯, 可開半月.

芙蓉花

[瓶花譜] 用沸湯插枝, 葉乃不萎.

靈芝

[遵生八牋] 山中採歸, 以籮盛置飯甑上, 蒸熟曬乾, 藏之不壞. 用錫作管套根, 插水瓶22中, 伴以竹葉、吉祥草則根不朽. 上盆亦用此法.

169《廣羣芳譜》卷52〈花譜〉"水仙", 1246쪽.
170《廣羣芳譜》卷47〈花譜〉"鳳仙", 1131쪽.
171《瓶花譜》〈事宜〉(《叢書集成初編》1559, 5쪽).
172《遵生八牋》卷16〈燕閑淸賞箋〉下 "瓶花三說" '瓶花之法'(《遵生八牋校注》, 612쪽).
173 길상초(吉祥草) : 백합과의 여러해살이풀. 줄기는 땅으로 뻗으며, 잎은 뭉쳐나고 피침 모양이다. 가을에 연보라색 꽃이 꽃줄기 끝에 이삭 모양으로 피고 열매는 처음에는 붉으나 마르면 검은색으로 바뀐다.
22 水瓶 : 저본에는 "瓶水".《遵生八牋·燕閑淸賞箋·瓶花三說》에 근거하여 수정.

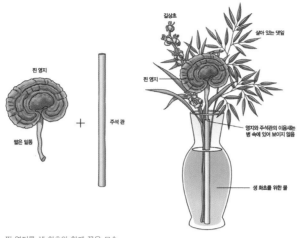

찐 영지를 생 화초와 함께 꽂은 모습

여러 가지 꽃에 대한 전반적인 방법

[준생팔전][174] 사계절에 피는 꽃들은 모두 꽃병에 꽂아둘 수 있다. 다만 꽃꽂이하려는 의도에 따라 꽃을 잘라온다. 꽃의 성질이 생수나 끓인 물 중 무엇에 알맞은지 여부는 모두 앞에서 언급한 방법에 비추어 기른다. 은자의 아취로는 비록 들판의 풀이나 한적한 곳의 꽃이라도, 꺾어다가 꽃병에 꽂아 책상에 두면 청아한 즐길거리가 되지 않는 경우가 없다. 다만 각자 마음 가는 바를 취하는 것이라, 원래 일정한 기준이 없었으니, 굳이 여기에 구애될 필요는 없다.

[여초태설][175] 사계절에 피는 꽃들은 모두 꽃병의 바닥에 진흙 한 줌씩을 더해야 한다.

諸花總法

[遵生八牋] 四時花, 俱可入瓶, 但以意巧取裁. 花性宜水宜湯, 俱照前法. 幽人雅趣, 雖野草、閑花, 無不採揷几案, 以供清玩. 但取自家生意, 原無一定成規, 不必拘泥.

[呂初泰說] 四時花, 皆宜瓶底加泥一撮.

174《遵生八牋》, 위와 같은 곳.
175 출전 확인 안 됨.

11) 꽃 씻기

꽃은 2일에 1번씩 씻어줘야 한다. 꽃 씻는 법은 달고 맑은 샘물로 꽃에 살살 조금씩 뿌리는데, 마치 가랑비에 술이 깨듯이, 맑은 이슬에 갑옷이 젖듯이 한다. 손으로 꽃을 건드려도 안 되고, 손톱 끝으로 자르거나 긁어내서도 안 된다. 또한 솜씨가 서툴거나 거친 노비에게 맡겨서도 안 된다. 《병사》[176]

추울 때 피는 꽃은 성질이 물 뿌리는 일을 견디지 못하므로 얇은 명주로 보호해줘야 한다. 《병사》[177]

沐花

花須經日一沐. 沐之之法, 用泉甘而淸者, 細微澆注, 如微雨解醒, 淸露潤甲. 不可以手觸花及指尖折剔. 亦不可付之庸奴猥婢. 《瓶史》

寒花, 性不耐浴, 當以輕綃護之. 同上

12) 꽃이 꺼리는 것

꽃꽂이의 금기사항은 대개 6가지가 있다. 첫 번째는 우물물에 꽂아두는 일이고, 두 번째는 오랫동안 물을 갈아주지 않는 일이고, 세 번째는 기름 묻은 손으로 만지작거리는 일이며, 네 번째는 고양이나 쥐가 꽃에 상처를 내는 일이고, 다섯 번째는 향불의 연기와 등불의 그을음이 꽃에 닿는 일이고, 여섯 번째는 꽃을 밀실에 가둬두어 바람과 이슬을 맞을 수 없게 하는 일이다. 《병화보》[178]

꽃 아래에서 향을 피워서는 안 된다. 향의 기운은 건조하고 맹렬해서 한 번 그 독기를 쏘이면 곧바로 꽃이 마르고 시들어버린다. 그러므로 향은 꽃

花忌

瓶花之忌, 大槪有六：一, 井水揷貯；二, 久不換水；三, 油手拈弄；四, 貓鼠傷殘；五, 香煙燈煤燻觸；六, 密室閉藏, 不沾風露. 《瓶花譜》

花下不宜焚香. 香氣燥烈, 一被其毒, 旋卽枯萎. 故香爲花之劍刃. 棒香、合香尤

---

176 《瓶史》卷下〈八洗沐〉(《叢書集成初編》1559, 7~8쪽).
177 《瓶史》卷下〈八洗沐〉(《叢書集成初編》1559, 8쪽).
178 《瓶花譜》〈花忌〉(《叢書集成初編》1559, 5쪽).

을 죽이는 칼날이다. 봉향(棒香, 막대향)이나 합향(合香, 조합한 향)은 더욱 사용해서는 안 되니, 향 안에 사향[麝臍]이 있기 때문이다. 한희재(韓熙載)[179]는 "물푸레나무에는 용뇌향(龍腦香)이 알맞고, 도미(酴醾)[180]에는 침수향(沈水香)이 알맞으며, 난초에는 사절향(四絶香)[181]이 알맞고, 함소화(含笑花)에는 사향(麝香)이 알맞으며, 치자나무 꽃에는 단향(檀香)이 알맞다."라 했는데, 이는 죽순에 고기를 곁들이는 일과 다를 바 없으니,[182] 관가의 부엌에서 잔치음식을 차려 낼 때나 하는 일이지 고아한 선비의 일이 아니다. 향의 기운이나 그을음이 꽃에 닿으면 모두 꽃을 죽일 수 있으니, 신속하게 막고 제거해야 한다. 《병사》[183]

不可用, 以中有麝臍故也. 韓熙載謂"木犀宜龍腦, 酴醾宜沈水, 蘭宜四絶, 含笑宜麝, 薝葍宜檀", 此無異筍中夾肉, 官庖排當所爲, 非雅士事也. 至若燭氣煤煙, 皆能殺花, 速宜屛去.《瓶史》

13) 꽃병 관리

겨울 동안에는 아름다운 화초가 별로 없어서, 겨우 수선화·납매(蠟梅)·매화 등 몇 종류가 있을 뿐이다. 이때는 주둥이가 넓게 벌어져 있는 모양의 오래된 준(尊)이나 뢰(罍)에 꽂아두기에 아주 좋으니, 주석으로 꽃의 줄기를 대신할 관(管)을 만들어 꽃에 달아서 용기에 꽂고 물을 담으면 준이나 뢰가 깨지거나 터지는 근심을 면할 수 있다. 만약 작은 자기(磁器)병

護瓶

冬間別無嘉卉, 僅有水仙、蠟梅、梅花數種而已. 此時極宜敞口古尊、罍插貯, 須用錫作替管盛水, 可免破裂之患. 若欲用小磁瓶插貯, 必投以硫黃少許. 日置南窓下, 令近日色, 夜置臥

---

179 한희재(韓熙載) : 902~970. 중국 오대십국(五代十國) 시기 남당(南唐)의 관리이자 문장가.
180 도미(酴醾) : 장미목 장미과에 속하는 소관목. 초여름에 연한 살구색 꽃이 피는데 그 색이 도미주(酴醾酒)와 같다고 해서 붙은 이름이다.
181 사절향(四絶香) : 미상.
182 이는……없으니 : 죽순과 고기는 모두 고급스러운 식재료인데 동시에 사용하면 맞지 않으니, 꽃과 향이 서로 어울리더라도 꽃을 꽂아두고 향을 피우는 일을 동시에 하면 고아한 취미에 맞지 않는다는 의미이다.
183《瓶史》卷下〈七花祟〉(《叢書集成初編》1559, 7쪽).

에 꽂아두고 싶으면 반드시 유황(硫黄) 약간을 집어 넣어야 한다. 낮에는 남쪽 창문 아래에 두어서 햇빛을 가까이하도록 하고, 밤에는 침상 곁에 두어서 사람의 기운을 가까이하도록 하면 또한 꽃이 얼지 않을 수 있다. 다른 방법으로는 묽은 고기즙에서 뜬 기름을 떠낸 다음 병 속에 붓고 꽃을 꽂아두면 꽃이 모두 피고 꽃병에도 대체로 해가 없다. 《병화보》[184]

꽃꽂이에는 끓인 물에 꽂아두는 게 알맞은 경우가 있다. 이때에는 먼저 평범한 병에 끓인 물을 담아 꽃을 꽂고, 그 입구를 꽉 막는다. 물이 식을 때까지 기다렸다가 식으면 비로소 좋은 병에 담겨 있던 빗물을 식힌 물로 바꾸어주고 꽃을 꽂는데, 이렇게 하면 병에 해가 되지 않는다. 만약 바로 좋은 병에 끓인 물을 넣으면 반드시 귀중한 기물을 손상시키게 될 것이니, 경계해야 한다. 《병화보》[185]

14) 취우호(翠羽壺, 공작 깃털을 꽂은 병)

자기로 만든 담병(膽瓶)에 공작(孔雀)의 꼬리털 2~3가닥을 꽂아 천연궤(天然几)[186] 위에 올려둔다. 연산(研山)[187]·향정[香鼎, 정(鼎) 모양 향로]과 나란히 두되, 병이 작아서 격식에 맞아야 비로소 청아한 즐길

榻傍, 俾近人氣, 亦可不凍. 一法用淡肉汁去浮油, 入瓶插花, 則花悉開而瓶略無損. 《瓶花譜》

瓶花有宜沸湯者, 須以尋常瓶貯湯插之, 緊塞其口, 候旣冷, 方以佳瓶盛雨水易却, 庶不損瓶. 若卽用佳瓶貯沸湯, 必傷珍重之器, 戒之. 同上

翠羽壺

用瓷膽瓶, 插孔雀尾兩三莖, 置天然几上. 與研山、香鼎爲伍, 瓶須小而入[23]格, 乃稱清供. 《金華耕讀記》

---

184 《瓶花譜》〈護瓶〉(《叢書集成初編》1559, 5쪽).

185 《瓶花譜》, 위와 같은 곳.

186 천연궤(天然几) : 탁자 상판의 양 끝이 살짝 위로 올라가 있고 다리는 두 개인데 각각 판자처럼 길게 연결된 형태의 궤이다. 《임원경제지 이운지》권1 〈상(牀)과 탑(榻)〉 "고궤(靠几, 안석)"에 보인다.

187 연산(研山) : 작은 돌을 쌓아 산 모양을 만들어 책상에 두고 감상하는 기물이다.

23 入 : 저본에는 "三人". 오사카본·규장각본에 근거하여 삭제.

〈난정수계도(蘭亭修禊圖)〉 중 취우호의 모습(국립중앙박물관)

거리에 걸맞게 된다.《금화경독기》[188]

15) 윤회매(輪回梅, 인조 매화)

벌이 꽃의 정수를 가져다 꿀을 만들고, 그 꿀에서 밀랍(蜜蠟)이 생기고, 그 밀랍으로 매화를 만드는데, 이 매화를 '윤회매(輪回梅)'라 한다.

그 방법은 다음과 같다. 먼저 밀랍을 녹여서 꽃잎을 만든다.[189]

【밀랍을 반죽하는 사람이 치자(梔子)로 물들이기 때문에 밀납이 황색으로 되는데, 밀랍을 기름처럼

輪回梅

蜂采花精釀蜜, 蜜生蠟,
蠟爲梅, 是謂"輪回梅".

其法:熔蠟爲瓣.

【煉蠟者, 染以梔, 故色黃,
煮蠟如油, 榨于堅紙, 承

---

188 출전 확인 안 됨.
189 밀랍으로 꽃잎 만드는 과정을 표현하면 대체로 다음과 같다.

매화골에 밀랍 묻히기   매화골과 꽃잎 분리하기   이어 붙인 꽃잎

끓인 다음 질긴 종이에 짜내어 깨끗한 그릇에 받는다. 일반적으로 3번 짜면 찌꺼기는 걸러져 그 빛깔이 맑고 하얗게 된다.

짜낸 밀랍을 작은 자기 대접에서 끓이는데, 불길이 세면 물고기 눈이나 게거품 모양이 생기므로, 불길을 적당히 조절해서 과도하게 끓어오르지 않게 한다. 대접을 평지에다 내려놓고 재나 그을음이 떨어지지 않도록 한다. 만약 물고기 눈이나 게거품 모양이 생기면 꽃잎이 모두 탈피된 매미 껍데기처럼 되어서 쓰기에 적당하지 않다.

재질이 단단하고 나뭇결이 고른 2~3촌 길이의 재목으로 꽃잎을 본뜬 도구를 만드는데, 이를 '매화골(梅花骨)'이라 부른다. 그 머리 부분을 깎아서 하나의 매화 꽃잎 모양을 만들 때 머리와 배는 둥글고 볼록하게 만들고 꼬리는 점점 뾰족하게 만든다. 이렇게 하면 반으로 쪼갠 표주박 자루 모양과 같거나 올챙이 모양처럼 된다. 대체로 나무 끝부분은 길가의 이정표를 세우는 돈대[堠]190처럼 튀어나오게 만들고, 꽃잎 부분의 꼬리는 마치 돈대에 세운 이정표의 '튀어나온 부분[顙]'처럼 만든다. 이를 목적(木賊)191으로 솔질해서 극도로 윤기가 나고 매끈하게 한다. 1개의 그릇에 찬 샘물을 담아 밀랍이 있는 대

以潔器. 凡三榨則滓篩而色瑩白.

煎榨蠟於小磁楪, 火猛則生魚眼、蟹沫, 火候適中, 竢其不暴沸. 出楪于平地, 禁墮灰煤, 若有魚眼、蟹沫, 瓣皆如蟬繭, 不中[24]用.

以性堅理均之木二三寸, 爲摹瓣之具, 號曰"梅花骨". 剡其頭爲梅單瓣形, 頭腹圓凸而尾殺尖, 如剖有柄瓠, 又如蝌蚪. 大抵突寄于木端如路旁之堠, 面瓣之尾猶堠之顙也. 刷以木賊, 極其潤滑. 一器貯冷泉于蠟楪畔, 先沈梅花骨於冷泉, 次沈蠟漿, 輕輕運手, 愼勿令蠟漿犯骨背. 仍又沈於冷泉, 瓣溜然退如荳

---

190 돈대[堠]: 양옆은 뾰족하게 튀어나오게 하고 가운데는 들어가게 깎은 나무 모양. 뒤에 소개되는 '매화골식' 그림 참고.

191 목적(木賊): 속새. 양치식물 속새과의 여러해살이풀. 줄기는 높이가 30~60cm이고, 가운데가 비었으며 가지는 없으나 마디가 뚜렷하다. 줄기에는 규산염 성분이 포함되어 있어 뿔이나 나무 도구를 닦을 때에 사용하면 매끈하게 다듬어진다.

[24] 中:《靑莊館全書·輪回梅十箋·一之原》에는 없음.

접의 곁에 놓고, 우선 매화골을 찬 샘물에 담갔다가 꺼낸 다음 납장(蠟漿, 밀랍 녹인 액)에 담가서 살짝살짝 손을 움직여 납장이 매화골의 등에 묻지 않게 조심한다. 이어서 이것을 다시 찬 샘물에 담그면 꽃잎이 콩껍질처럼 벗겨져서 물 위에 뜬다.

皮, 浮於水.

만약 손을 느리게 움직이면 꽃잎이 조악하게 되고 손을 너무 빠르게 움직이면 꽃잎이 부서진다. 또 밀랍이 끓을 때 담그면 꽃잎에 구멍이 나고 밀랍이 식을 때 담그면 꽃잎은 두꺼워진다. 손을 움직이는 핵심은 마음가짐에 있으니 마음이 민첩하게 움직이면 꽃잎이 고르게 되고 손도 따라서 날아 다닌다.

若手遲則瓣頑, 手疾則瓣壞, 且蠟沸則瓣穿, 蠟冷則瓣厚. 妙在心, 敏則瓣均而手飛.

일반적으로 밀랍에 담근 다음 곧 매화골 자루로 대접 가장자리를 한번 쨍 소리가 나도록 두드리면 꽃 두께가 고르게 될 것이다. 꽃잎이 매화골에서 빠져나오는 대로 건져서 종이 위에 엎어두면 금방 깨끗이 마른다. 대체로 꽃잎은 오목하면서도 깊이가 얕고 둥글면서 두께가 얇은 것이 중요하다.】

凡沈蠟而卽一頓骨柄於楪畔, 䂔然有聲則瓣調矣. 瓣隨脫隨拯, 覆于紙面, 則斯須乾淨. 大抵瓣貴凹而淺, 圓而薄.】

종이를 잘라 꽃받침을 만든다.[192]

剪紙爲萼.

【꽃받침은 삼록(三綠)[193] 물감을 들인 종이를 쓴

【萼用三綠紙. 準梢色荷葉

---

192 꽃받침 만드는 과정을 표현하면 대체로 다음과 같다.

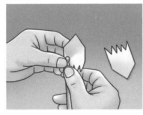

꽃받침 틀에 톱니 모양 종이 말기   꽃받침에 꽃잎 붙이기

193 삼록(三綠) : 광물성 녹색 안료 가운데 가장 엷은 녹색. 단청이나 산수화 따위에 쓰인다.

다. 종이 끝부분의 색깔은 연잎의 녹색을 기준으로
하되 너무 오래된 종이는 쓸 수 없고, 벽록색(碧綠色)
종이만 쓸 수 있다. 이것은 매화 중에 진기한 품등
이니, '녹악화(綠萼華)'라 부른다.

다른 매화의 꽃받침은 모두 황색이지만 5개의 톱
니[齟齬]처럼 만드는 부분은 유독 연한 녹색이다. 또
다른 나무 끝을 녹두 크기로 깎고 아래는 점점 뾰
족하게 만든다. 녹색 종이를 자르고 종이 끝의 톱니
모양은 두더지 발 같이 뾰족한 각이 5개 튀어나오게
오린다. 녹두 모양으로 깎은 나무의 둘레를 꼭 맞게
쌀 수 있을 크기의 종이로 만들되, 종이의 아래 양
가장자리는 잘라서 뾰족하게 만든다.

그 종이를 녹두 모양으로 깎은 나무에 거꾸로 감
는데, 이때 5개의 뾰족한 부분인, 녹두 반 쪽 크기
만큼은 녹두 모양이 달려 있는 나무 자루의 오목한
곳에 드리워지게 한 다음, 실로 종이 위의 오목한 부
분을 묶고 2~3번 둘레를 감는다. 엄지와 검지로 종
이의 뾰족한 부분을 비벼서 만 다음 감았던 실을 풀
고 나무 녹두에서 벗겨내면 둥그스름하게 꽃받침이
된다.[194] 이어서 그것을 납장에 담근 다음 굳기를 기
다렸다가 그 톱니 모양을 밖으로 펴면, 5개의 뾰족한
부분이 고르게 완전해지고, 어느 순간 살아 있는 듯
한 빛깔을 띠게 된다. 5개의 뾰족한 부분이 꽃받침이
되고, 말아서 꼬리가 된 부분은 꼭지가 된다.】

綠, 太老不可用, 惟碧而綠
者可用. 此梅之奇品, 號曰
"綠萼華"也.

它梅萼, 皆黃色, 五齟齬,
獨微綠. 剡木端如菉荳大
而下殺尖. 剪綠紙, 紙端
齟齬, 刻五出如土鼠掌. 恰
圍木荳之徑, 紙下兩畔, 剡
而尖之.

以紙倒圍木荳, 五出半粒
大, 垂荳之寄柄凹處, 以
線束紙上凹數三匝. 以拇
指, 食指, 卷紙之尖, 解線
脫之則團然成萼. 仍沈于
蠟漿, 待其堅, 外優其齟
齬則五出均完, 頓添活色.
五出者爲萼, 卷而爲尾者蒂
也.】

---

194 그……된다: 이상과 같이 꽃받침과 꽃자루를 만드는 모습은 뒤에 소개되는 전지선속식(剪紙線束式) 그림
  을 참고.

노루털을 잘라서 꽃술을 만든다.[195]

【노루털은 하얗고 속이 비어 있는데, 1개의 꽃술마다 50개의 털을 잘라서 섞이지 않도록 한다. 날카로운 끝을 밀랍에 담가서 흩어져 날아가지 않게 한 다음, 예리한 칼로 노루털뿌리의 양쪽 가장자리를 마치 규수(圭首)[196]처럼 뾰족하게 자른다. 가운데 1개 또는 2개의 꽃술은 특별히 길게 두고 자르지 않는데, 이것은 씨앗을 맺게 하는 꽃술로, 갓난애의 배꼽 꼭지와 같다. 이것은 그림에서 표현한 매화를 따라 만든 것이다. 진짜 매화는 중앙의 꽃술 10여 개가 도리어 움푹 들어가 있고 길이도 조금 짧다. 노루털이 없으면 때로는 흰모시[白苧][197] 날실[198]을 쓰기도 한다.

剪毛爲藥.

【獐毛白而中空, 一藥剪五十毛, 不使錯亂. 銳端蘸蠟, 不使飛散, 以利刀剪根之兩畔如圭首. 中二鬚或一鬚, 特長不剪, 此結子之鬚也, 猶孩之臍蔕也. 此遵畫梅也, 眞[25]花中央十餘毛, 反陷而少短. 無獐毛, 或用白苧經.

---

195 꽃술 만드는 과정을 표현하면 대체로 다음과 같다.

꽃잎 가운데에 꽃술 꽂기

꽃술 다듬고 끝에 가루 묻히기

완성된 꽃과 꽃술

196 규수(圭首): 신하가 왕 앞에서 드는 홀의 머리 부분.

서한(西漢)시대의 옥규(玉圭)

197 흰모시[白苧]: 잿물에 담갔다가 솥에 쪄 내어 빛깔이 하얀 모시.

198 날실: 피륙이나 그물을 짤 때, 세로 방향으로 놓인 실.

[25] 眞: 저본에는 "直". 《靑莊館全書·輪回梅十箋·四之藥》에 근거하여 수정.

5개의 꽃잎을 꽃받침에다 붙인 뒤에, 노루털뿌리는 다시 납장(蠟漿)을 묻혀 꽂는다. 석자황(石雌黃)[199] 가루와 포황(蒲黃, 부들)가루, 또는 황량(黃梁, 기장)가루와 개자(芥子, 겨자)가루를 고르게 섞어 놓는다. 따로 대꼬챙이끝에 풀을 묻혀 꽃술 끝에 살짝 바른 뒤 꽃술을 뒤집어서 준비해 둔 황색 가루를 묻힌다.

다른 하나의 방법이 있는데, 불로 털 꽃술의 끝을 태우면, 불탄 흔적이 자연스럽게 황색 가루를 묻힌 듯하다.】

뒤이어 납장으로 꽃잎을 이어 붙여 5개의 꽃잎을 만드는데, 꽃받침을 뒤에 붙이고, 꽃술을 가운데에 꽂으면 5개의 꽃잎이 나온 꽃이 완성된다.

【매화골로 만들어 놓은 꽃잎 중에 거칠고 빳빳한 꽃잎은 임의로 손톱으로 긁어내는데, 고르고 반듯하게 되도록 한다. 꽃잎 꼬리에다 납장을 살짝 묻히고 이를 포개 붙여 5개 꽃잎이 되도록 만든다. 손가락 끝에서 떨어지지 않게 잡고 있다가 5개 꽃잎이 완성되면 평상 위에다 엎어둔다. 꽃받침에 다시 납장을 묻혀 꽃 가운데에 붙이고, 꼭지를 들어서 감상해보면 5개 꽃잎이 또렷할 것이다.

꽃잎의 꼬리가 모인 부분은 서로 겹쳐 있어 구멍이 없다. 따라서 송곳 끝을 불에 달구어 구멍을 낸 다음, 이곳에 꽃술을 꽂고 가루를 묻힌 뒤, 다시 송

五瓣接于蕚, 然後獐毛根, 又染蠟漿揷之. 石雌黃屑、蒲黃屑, 或黃梁屑、芥子屑, 調均, 以竹籤抹糊, 輕塗藥端, 倒抹黃屑.

又有一法, 以火燒毛蕊之端, 則燒痕自然如抹黃.】

乃用蠟漿連瓣爲五, 粘蕚于背, 揷藥于中, 而五出之花成矣.

【瓣之麤頑者, 任意爪剪, 期於均正, 瓣尾乍染蠟漿[26], 疊粘爲五. 不離指頭, 五瓣已完, 覆於牀上. 以蕚復染蠟漿, 接于花中, 擧蔕以玩, 五瓣的歷矣.

瓣尾之會, 交加無竅. 於是燒錐尖穿之, 揷藥抹屑, 又以錐尖均之, 使之上散下

199 석자황(石雌黃) : 광석에서 캐낸 안료(顏料)의 일종으로, 비소(砒素)의 결정으로 이루어져 있다. 노란색의 단청 안료를 만드는 데 사용한다.
26 漿 : 저본에는 "裝". 《靑莊館全書·輪回梅十箋·五之花》에 근거하여 수정.

곳 끝으로 꽃술을 고르게 만든다. 이때 꽃술 위는 흩어지고 아래는 모이게 하되, 겹쳐서 끌리거나 서로 달라붙지 않게 한다. 《화보(畫譜)200》에서 "호랑이 수염 같이 굳세게 그리네."201라 했는데, 굳세고 곧은 털을 귀하게 여긴다는 뜻이다. 또 "가운데 꽃술 길고 주변의 꽃술 짧게 하며, 작은 점 이어 붙이듯 꽃술의 머리를 그리지."202라 했다.

피지 않은 꽃봉오리는 나무 끝을 콩의 크기 또는 녹두 크기로 깎아서 별도로 납장에 담가 본을 뜨는데, 이것을 '여(余) 자' 또는 '항주(項珠, 긴 목으로 받치고 있는 구슬)'라 한다. 꽃봉오리 가운데가 벌어져 꽃술 끝이 살짝 나와 있으면 '시(示) 자'라 하며, 동그란 봉오리에 꽃잎 하나가 끼어 있으면 '이(李, 자두)'라 한다. 5개 꽃잎이 말려 있어서 가운데 꽃술이 나와 있지 않으면 '옛 노전[古魯錢]203'이라 하고, 말려 있으면서도 꽃술이 나와 있으면 '수구(繡毬, 수놓은 공)'라 한다. 이 2가지는 5개 꽃잎을 연이어 붙이고 꽃잎 하나하나를 불에 쬔 다음 손가락으로 안쪽을 향해 휘게 하여 만든다.

撮, 不昝拖27不膠粘.《畫譜》曰"健如虎髥", 以勁直爲貴, 又曰"中長邊短, 碎點綴粘".

未開葩, 刻木端如菽大, 荳大, 別摹蠟漿, 此名"余字", 又曰"項珠". 葩中坼而乍露蘂端者, 曰"示字";圓葩挾單瓣者, 曰"李". 五瓣卷而中不吐蘂者, 曰"古魯錢";卷而吐蘂者, 曰"繡毬". 此二者, 五瓣旣聯, 面面近火, 以指向內揉之.

---

200 화보(畫譜) : 중국 남송의 화가인 양보지(楊補之, 1097~1169)가 지은 《사매결(寫梅訣)》에 실려 있는 화보다. 중국 청나라의 화가 이어(李漁, 1611~1680)가 편찬한 《개자원화전(芥子園畫傳)》에는 '화매전결(畫梅全訣)'이라는 제목으로 수록되어 있다. 《임원경제지 유예지(林園經濟志 遊藝志)》 권5 〈그림(화전)〉하 "매보·죽보·난보" '매화치기[寫梅]'에 "사매결(寫梅訣)"이라는 제목으로 전문이 실려 있다.
201 호랑이……그리네 : 《芥子園畫傳》2集〈梅譜〉"畫梅淺說" '畫梅全訣', 50쪽.
202 가운데……그리지 : 《芥子園畫傳》, 위와 같은 곳.
203 옛 노전[古魯錢] : 옛 동전. 중국 진(晉)나라의 문인 노포(魯褒, ?~?)가 돈에 대해 서술한 《전신론(錢神論)》을 지은 이후로 동전을 노전(魯錢)이라 부르기도 한다. 서유구 지음, 임원경제연구소 옮김, 《임원경제지 섬용지(林園經濟志 贍用志)》1, 풍석문화재단, 2016, 196쪽 참조.
27 拖 : 저본에는 "撼".《靑莊館全書·輪回梅十箋·五之花》에 근거하여 수정.

꽃잎 3개는 떨어져버렸고 남은 2개마저 떨어지려 하고 꽃술만 홀로 싱싱하면 무성한 꽃술을 '원이(猿耳, 원숭이 귀)'라 한다. 1개 봉오리에 2개 꽃잎이 끼어 있으면 '고(苽, 줄풀)'라 한다. 5개 꽃잎이 고르게 꽉 차 있으면 '규경(窺鏡, 거울을 보다)' 또는 '면일(面日, 해를 마주 보기)'이라 한다. 남북으로 난 꽃잎은 말려 있고 좌우로 난 꽃잎은 피어 있으면 '면(冕, 면류관)'이라 한다. 꽃잎이 하나 남아 있으면 '호면(狐面, 여우 얼굴)'이라 한다.

또 산두(蒜頭, 마늘쪽)·해아면(孩兒面, 갓난아이 얼굴)·토취(兔嘴, 토끼 주둥이)·구형(龜形, 거북이 모양)·풍락(風落, 바람에 떨어진 꽃잎)·삼태(三台, 삼태성)·배일(背日, 해를 등지다)·향양(向陽, 해를 향하다) 등이 있다.】204

매화나무나 복숭아나무의 가지로 윤회매의 가지를 만든다. 굵은 가지[植]를 만들려고 하면 복숭아나무·살구나무·철쭉 등의 늙은 줄기에 꽃을 이어 붙인다. 꽃과 꽃받침의 개수는 만들려고 하는 의도대로 한다. 그렇지만 적은 편이 차라리 낫지 번다해서는 안 된다.

【가지는 반드시 매화나무 가지 또는 벽도(碧桃, 푸른 빛깔의 복숭아)나무 가지를 써야 하는데, 너무 촘촘해도 안 되고, 길어도 안 되며, 커도 안 된다. 가지

三瓣已落, 二瓣將殘, 蘂獨茂茂, 曰"猿耳". 葩挾二瓣, 曰"苽"; 五瓣均滿, 曰"窺鏡", 曰"面日28". 南北瓣卷, 左右瓣開者, 曰"冕". 獨餘一瓣者, 曰"狐面".

又有蒜頭、孩兒面、兔嘴29、龜形、風落、三台、背日、向陽.】

用梅、桃之枝爲條. 欲植則取桃、杏、躑躅等老幹點綴. 花蔕繁瘦隨意然寧瘦毋繁.

【條必梅條, 或碧桃條, 密不可, 長不可, 大不可. 體勢可入畫格者, 多不過三

---

204 이상의 꽃 명칭과 그림은 아래 그림 참고. 《임원경제지 유예지(林園經濟志 遊藝志)》 권5 〈그림(화전)〉 하 "매보·죽보·난보" '매화 치기 도식[圖式]'에도 명칭과 그림이 실려 있다. 서유구 지음, 임원경제연구소(심영환·조송식·고연희·정명현) 옮김, 《임원경제지 유예지》 2, 풍석문화재단, 2017, 535~554쪽 참고.

28 面日:《靑莊館全書·輪回梅十箋·五之花》에는 "迎面".
29 嘴: 저본에는 "觜".《靑莊館全書·輪回梅十箋·五之花》에 근거하여 수정.

의 전체적인 형세[體勢]가 그림의 품격에 맞는 경우는 가지가 많아야 3개를 넘지 않으며, 곁가지의 경우는 5~6개 정도이다. 색이 절반만 붉은 가지나, 병들어 검은 얼룩이 생긴 가지는 금한다.

條, 旁枝則五六條. 忌色半頳者, 病而黑斑者.

가지를 휘거나 펴거나, 깎거나 묶을 때에 자신의 의도와 능숙한 솜씨로 전체적인 형세를 따라가면서 만든다. 가지가 어리면 꽃이 외로워 보이고, 가지가 늙으면 꽃이 볼품없어 보인다. 가지는 어리지도 않고 늙지도 않아야 하고, 꽃은 반드시 잘 얽어서 붙여야 하니, 비스듬하거나 똑바르거나 위로 향하거나 아래로 굽은 모습 등이 각각 그 적당함을 최상으로 유지해야 한다.

揉之伸之, 剔之束之, 師心匠手, 仍其體勢. 枝嫩花獨, 枝老花慳. 不嫩不老, 花必纏綿, 偏正仰俯, 各極其宜.

굵은 가지는 복숭아나무·살구나무·도토리나무·철쭉 중에서 가시나 이끼가 있는 재목을 쓰는데, 괴이한 빛깔도 마다하지 않는다. 또 색이 검푸르고, 비에 벗겨지거나 흙에 침식되고, 좀이나 개미가 구멍을 뚫은 재목을 귀하게 여긴다.

楂用桃、杏、橡、躑躅, 有刺有蘚, 不厭[30]其怪[31]色, 貴黝黑, 雨剝土蝕, 蟫蟻穿漏.

잔가지에는 두병(斗柄)[205]·여자[女字, 여(女) 자 모양]·철편(鐵鞭)[206]·학슬(鶴膝, 학의 다리)·용각(龍角, 용의 뿔)·녹각(鹿角, 사슴의 뿔)·궁초(弓梢, 활대)·조간(釣竿, 낚싯대) 등의 모양이 있다.

梢有斗柄、女字、鐵鞭、鶴膝、龍角、鹿角、弓梢、釣竿.

---

205 두병(斗柄) : 북두칠성 가운데 자루가 되는 세 별.
206 철편(鐵鞭) : 병장기(兵仗器)의 하나. 그 모양은 타작에 쓰이는 도리깨와 닮았는데 자루와 고들개를 모두 쇠로 만든 것이다.
[30] 厭 : 저본에는 "壓".《靑莊館全書·輪回梅十箋·六之條》에 근거하여 수정.
[31] 怪 : 저본에는 "花".《靑莊館全書·輪回梅十箋·六之條》에 근거하여 수정.

《개자원화보》에서 "기조(氣條)에는 꽃을 달지 말라."[207]라 했다. 기조란 어린 가지가 자라면서 곧바르게 큰 가지이다. 칼끝으로 잔가지의 눈을 파서 여기에 꽃꼭지 끝을 꽂는데, 흔적이 보이지 않도록 한다. 또는 꼭지 끝을 아교에 묻혀서 잔가지의 눈에다 붙이기도 한다.

《개자원화보》에서 "드문드문 있는 가지를 귀하게 여기고 번다하게 있는 가지는 귀하게 여기지 않는다. 늙은 가지를 귀하게 여기고 어린 가지는 귀하게 여기지 않는다. 마른 가지를 귀하게 여기고 살찐 가지를 귀하게 여기지 않는다. 꽃봉오리를 머금은 가지를 귀하게 여기고 활짝 핀 가지는 귀하게 여기지 않는다."[208]라 했다.】

윤회매를 꽂을 때는, 꺾은 가지라면 고동병(古銅瓶, 오래된 구리 꽃병)이나 가요호(哥窯壺)[209]에 물을 담고 꽂아 두어야 가지가 시들지 않는다. 굵은 가지가 있으면 필통(筆筒) 모양 꽃병이나 자두(磁斗)[210]에 꽂아 두어야 한다.[211] 오래 두고 완상하려 할 때는 가지에 녹색 밀랍 찌꺼기를 진하게 묻혀 물을 뿜어 씻겨준

《譜》曰:"氣條莫安花."氣條者, 苗長抽直之條也. 以刀尖刺梢眼, 挿蔕尾, 勿見痕跡. 或蔕端漬膠傅于梢眼.

《譜》曰:"貴稀不貴繁, 貴老不貴嫩, 貴瘦不貴肥, 貴含不貴開."】

其植之也, 折枝則宜古銅缾、哥窯壺[32]貯水, 挿之, 枝不憔悴. 有植[33]則宜筆筒、磁斗. 欲耐久玩, 條漬綠蠟塵暗, 噴水浴之. 或運置雨中, 倍添新鮮. 或伴怪

---

207 기조(氣條)에는……말라:《芥子園畫傳》2集〈梅譜〉"畫梅淺說" '畫梅全訣'에는 "기조에는 꽃봉오리가 없다.(氣條無蕚.)"로 되어 있다. 《산림경제(山林經濟)》권2〈양화(養花)〉 "매(梅)"에서는 "어린 가지가 곧게 뻗어 올라간 것을 기조라 한다.(其抽嫩枝直上者, 謂之氣條.)"라 하였다.

208 드문드문……않는다:《芥子園畫傳》2集〈梅譜〉"畫梅淺說" '畫梅全訣'.

209 가요호(哥窯壺): 중국 송나라의 유명한 도자기 생산지 중 하나인 가요에서 만든 꽃병. 가요는 절강성 용천시(龍泉市)에 있던 가마이다.

210 자두(磁斗): 자기로 만든 됫박 모양의 사각 그릇.

211 고동병(古銅瓶)이나……한다: 윤회매를 꽂는 용기 그림이 《靑莊館全書》〈輪回梅十箋〉에는 있으나 여기에는 생략되어 있다. 그림 참고.

[32] 壺:《靑莊館全書·輪回梅十箋·七之植》에는 없음.

[33] 植:《靑莊館全書·輪回梅十箋·七之植》에는 "査".

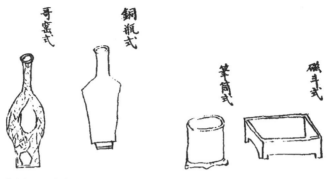

윤회매를 꽂는 용기(《청장관전서》〈윤회매십전〉)

다. 또는 비가 오는 곳에다 옮겨 두면 훨씬 더 신선해 보인다. 또는 괴석(怪石)을 옆에 두거나, 바위 구멍에 꽂아두면 풍류와 운치가 한결 뛰어나다. 《윤회매십전》[212]

石, 或植巖竇, 風韻殊勝. 《輪回梅十箋》

송(宋)나라 사람이 "납매(蠟梅)는 본래 매화 종류는 아니지만 매화와 같은 시기에 나오고, 색깔이 벌집과 비슷하기 때문에 '납매'라 부른다."라 했다. 《화경(花經)[213]》에서는 "납매의 원래 이름은 황매(黃梅)이니, 소식(蘇軾)과 황정견(黃庭堅)의 문호에서 납매라 명명했다."[214]라 했다. 지금 밀랍으로 만든 매화를 뒤섞어서 '납매'라고 부른다면, 어찌 황매와 혼동되지 않겠는가! 그러므로 억지로 '윤회매'라 명명했다. 황정견이 납매라 칭하면서 말하길 "일종의 매화 종류가 있는데, 여자 장인이 밀랍을 빚어서 만들기

宋人謂: "蠟梅本非梅類, 以其與梅同時, 色似蜜脾, 故名'蠟梅'." 《花經》曰: "蠟梅原名黃梅, 蘇、黃門命名'蠟梅'." 今蠟鑄梅, 渾稱"蠟梅", 不豈嫌於黃梅乎! 故强名之曰"輪回梅". 山谷稱蠟梅, 曰"有一種梅類, 女工撚蠟所成, 故以名之", 則宋時已有蠟造梅法,

---

212 《靑莊館全書》卷62 〈輪回梅十箋〉(《韓國文集叢刊》577, 109~112쪽).
213 화경(花經):《어정패문재광군방보(御定佩文齋廣群芳譜)》에 수록된 〈화보(花譜)〉로 추정된다.
214 납매의……명명했다:《御定佩文齋廣群芳譜》卷40 〈花譜〉.

때문에 그렇게 명명했다."[215]라 했으니, 그렇다면 송 나라 때 이미 밀랍으로 매화를 만드는 법이 있었겠 지만 지금은 찾아 볼 수 없다. 《윤회매십전》[216]

而今不可考也. 同上

매화골식(梅花骨式, 매화 꽃잎 틀 모양)

梅花骨式

측식(仄式, 옆면 모양)

仄式

전지오저어식(剪紙五齟齬式, 종이를 5개 톱니처럼 자른 모양)

剪紙五齟齬式

두투식(荳套式, 녹두처럼 생긴 꽃받침 씌우기 틀 모양)

荳套式

전지선속식(剪紙線束式, 자른 종이를 실로 묶는 모양)

剪紙線束式

악식(蕚式, 꽃받침 모양)

蕚式

예식(蕊式, 꽃술 모양)

蕊式

여자(余字, 여 자 모양)

余字

항주(項珠, 긴 목으로 받치고 있는 구슬)

項珠

시자(示字, 시 자 모양)

示字

이(李, 자두)

李

옛 노전[古魯錢, 옛 동전]

古魯錢

수구(繡毬, 수놓은 공)

繡毬

원이(猿耳, 원숭이 귀)

猿耳

고(苽, 줄풀)

苽

규경(窺鏡, 거울을 보다)

窺鏡

면(冕, 면류관)

冕

호면(狐面, 여우 얼굴)

狐面

토취(兔嘴, 토끼 주둥이)

兔嘴

---

215 일종의……명명했다:《格致鏡原》卷73〈花類〉4 "蠟梅".
216《青莊館全書》卷62〈輪回梅十箋〉"一之原"(《韓國文集叢刊》577, 109쪽).

원도1. 매화골식(梅花骨式) 등
《임원경제지 이운지》 오사카본)

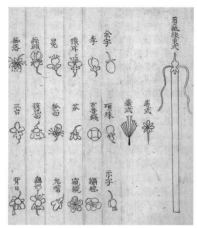

원도2. 전지선속식(剪紙線束式) 등 《임원경제지 이운지》
오사카본)

원도3. 영양(迎陽) 등
《임원경제지 이운지》 오사카본)

산두(蒜頭, 마늘쪽)	蒜頭
해아면(孩兒面, 갓난아이 얼굴)	孩兒面
구형(龜形, 거북이 모양)	龜形
풍락(風落, 바람에 떨어진 꽃잎)	風落
삼태(三台, 삼태성)	三台
배일(背日, 해를 등지다)	背日
영양(迎陽, 해를 향하다)[217]	迎陽
여자식[女字式, 여(女) 자 모양]	女字式

16) 종이꽃	紙花

민간의 장인들은 종이꽃을 만들 때 오목한 끌로 재단을 하므로 이 방법은 특이할 것이 없다. 지금

俗匠造紙花, 以凹錐裁之, 不足奇也. 今創一法: 圖章

---

217 영양(迎陽): 그림에는 '영양(迎陽)'으로 되어 있으나 본문에는 '향양(向陽)'으로 되어 있다. '햇볕을 향한다'
는 의미는 같다.

내가 창안한 하나의 방법은 다음과 같다. 도장석(圖章石, 인장 만드는 돌) 또는 연석(硯石, 벼룻돌)에다 매화 꽃잎 하나를 새기되, 너무 깊거나 얕지 않게 하고, 아주 매끄럽게 한다. 분지(粉紙)218를 나비 날개 크기로 찢은 뒤 혀끝의 침을 종이에 바른다. 다음으로 매화를 새겨 오목하게 파인 돌에다 종이를 덮고 깨끗한 솜으로 누르면 종이가 젖어서 오목한 속에 잘 붙는다. 이어서 종이를 구부려 잡고 불에다 구우면 금방 하얗게 마른다. 예리한 칼날 끝으로 꽃잎 가를 따라 오린 다음, 꼬리부분을 끌어올리면 꽃잎이 된다. 여기에 꽃술을 꽂고 꽃받침을 붙이는 일은 앞서의 사례에 의거해서 매화를 만든다.

石或硯石, 鑿梅單瓣, 不深不淺, 甚瑩潤, 裂粉紙蝶翅大, 沾舌尖津, 覆石凹, 以淨綿壓之, 紙濕而粘着凹中. 迺俯炙於火, 斯須乾白, 以利刀尖, 循瓣畔裁之, 仍提尾則成瓣. 挿蘂聯蕚, 依例爲梅.

만약 복숭아꽃을 만든다면 꽃잎 머리를 약간 뾰족하게 하고, 연지(臙脂)219 즙을 적신다. 꽃받침의 경우에는 먹물에 주사(朱砂)를 타서 참새의 머리 색깔같이 만든다. 가지는 꼭 푸르지 않아도 된다. 복숭아나무나 매화나무의 가지 끝에다 부드러운 잎 3~4개를 단다. 분지에 연한 녹색을 물들여, 잎을 물고기 모양으로 오리되, 잎의 뒷부분은 반드시 잎 앞면을 향해 굽게 하고, 가장자리는 반드시 자잘한 톱니모양을 만든다. 가지 끝에 붙일 잎은 조금 작게 만드는데, 아래 절반은 연한 녹색, 위 절반은 연지색으로 물들인다.

若造桃花, 瓣頭乍尖, 漬以臙脂汁. 蕚則墨諧硃如雀頭色. 條不必靑. 桃梅枝頭, 綴嫩葉三四枚, 粉紙漬軟綠色, 剪葉如魚, 而背必反張, 畔必細齟齬. 枝端葉差小, 而下半軟綠, 上半漬臙脂.

돌 위에 잎맥 무늬를 음각하되, 먼저 세로무늬

石上陰刻葉紋, 先刻一縱

218 분지(粉紙) : 분주지(粉周紙). 풀을 먹이고 다듬어서 만든, 색이 매우 희고 단단한 두루마리 종이.
219 연지(臙脂) : 화장할 때에 입술이나 뺨에 찍는 붉은 빛깔의 염료.

원도4. 도화판식(桃花瓣式) 등 (《임원경제지 이운지》 오사카본)

하나를 새기고, 좌우로 각기 5~6개의 비스듬한 가로무늬를 새긴다. 이때 살이 문드러진 물고기의 등뼈에 갈비뼈가 붙어 있는 모습처럼 새긴다. 이렇게 잎맥 무늬를 새긴 돌 위에다 종이 이파리를 덮고 무늬를 따라 엄지손톱으로 문지르면 종이의 모양이 잎처럼 자연스러워 보인다. 이를 그대로 납장에 적시면 선명하게 윤기가 나면서 매끈해진다. 《윤회매십전》[220]

紋, 左右各刻斜橫紋五六, 如肉爛之魚脊骨傅脅骨. 以紙葉覆刻上, 循其紋, 以拇指爪搯之, 則天然如葉, 仍漬蠟漿, 明潤膩膩. 《輪回梅十箋》

도화판식(桃花瓣式, 복숭아꽃 잎 모양)	桃花瓣式
도엽식(桃葉式, 복숭아나무 잎 모양)	桃葉式
연도엽첩식(軟桃葉貼式, 부드러운 복숭아나무 잎 붙이는 모양)	軟桃葉貼式
석각엽문식(石刻葉紋式, 돌에 새기는 잎맥 무늬 모양)	石刻葉紋式

---

220 《青莊館全書》卷62 〈輪回梅十箋〉 "五之花"《韓國文集叢刊》577, 111쪽).

| 복숭아꽃(김태연 작) | 매화꽃(김태연 작) | 운화(雲花, 김태연 작) |

17) 납화감(蠟花龕, 조화를 진열하는 감실)

식물을 1년 동안 심고 가꾸어도, 화무십일홍(花無十日紅) 즉 꽃은 10일 이상 붉게 피어 있지 못한다. 소인(騷人)[221]과 운치 있는 선비들은 봄을 아끼고 꽃향기를 그리워하는 마음을 금할 수 없었기에 조화를 제작하게 되었다. 꽃 중에 조화가 있는 까닭은 마치 미인의 전신(傳神)[222]이나 불가의 부처상과 같다.

예전에 한양의 어느 선비의 집에서 북쪽 벽을 따라서 긴 감실을 만들었는데, 《준생팔전(遵生八牋)》에 나오는 온각(熅閣)[223]의 제도와 같았다. 앞으로는 성

蠟花龕

一歲栽培, 花無十日之紅. 騷人、韻士不禁其惜春戀香之思, 於是有贗花之作. 花之有贗, 猶美人之傳神、禪家之塑像也.

曾見漢陽一士人家, 循北壁作長龕, 如《遵生八牋》熅閣之制. 前設疏欄、門

---

221 소인(騷人) : 시인이나 문인을 의미한다. 전국(戰國)시대 초(楚)나라의 굴원(屈原, B.C.340~B.C.278)이 《이소경(離騷經)》을 지었다는 고사에서 유래한다.

222 전신(傳神) : 초상화를 그릴 때 대상이 되는 인물의 외형만 아니라 정신까지도 담아서 그린 그림.

223 온각(熅閣) : 중국의 남방 지역에서 여름철 비가 많이 올 때 곰팡이나 습기를 방지하기 위해 약물, 서적, 모피 등을 보관하는 용도로 지은 건물. 《준생팔전》 권7 〈기거안락전(起居安樂牋)〉 상 "거실건치(居室建置)" "온각" 기사에 나온다. 《임원경제지 이운지》 권1 〈은거지[衡泌]의 배치〉 "임원 삶터의 여러 건축물과 정자" '온각'에 상세한 내용이 있다.

긴 난간과 사립문을 설치해서 푸른 빛깔의 비단을 붙였고, 안으로는 밀랍으로 만든 각종 이름난 꽃들을 배열했는데, 가끔 꽃자루와 꽃받침 사이에 '용(龍)'이나 '사(麝)'와 같은 1~2글자가 감춰져 있다.[224]

지금 향기가 뿜어져 나와 당오(堂奧, 마루와 내실)의 안에서 떠나지 않으니, 서로 만날 수 없는 봄의 난초와 가을 국화가 서로의 꽃과 함께 그 기이함을 다투고, 떨어지는 꽃과 새로 돋아나는 모양의 꽃술이 한 가지에 나란히 맺혀 고운 자태를 경쟁한다. 피는 시기가 다른 십우(十友)와 십이객(十二客)[225]의 꽃들이 서로 무릎을 맞대어 둥글게 늘어섰고, 8절기 동안만 불어오는 이십사번화신풍(二十四番花信風)[226]이 사시사철 불어온 것처럼 온화하여 이 또한 기이하다고 할

扇, 糊以碧紗, 內列蠟造各種名花, 往往蔕蕚間藏龍、麝一二字.

今香氣噴射, 不離堂奧之中而春[34]蘭、秋菊竝葩爭奇, 洛花、揚藥聯枝競姸. 十友、十二客促膝團圓, 二十四番花信風四時氤氳, 亦足奇也.《金華耕讀記》

---

224 '용(龍)'이나 ……있다 : 감실에 전시된 꽃이 조화임을 깨닫게 해주는 장치인 듯하다.

225 십우(十友)와 십이객(十二客) : 십우는 송나라의 문인 증단백(曾端伯, ?~?)이 10가지의 꽃을 벗에게 비유하면서 각각의 꽃에 명칭을 부여한 고사에서 유래한다. 십이객은 송나라의 문인 장경수(張景修, ?~?)가 12가지의 꽃을 손님에게 비유하여 시를 지은 고사에서 유래한다. 이 고사들은《옥지당담회(玉芝堂談薈)》에 기록되어 있다. "송나라의 증단백은 10가지의 꽃을 벗으로 삼았다. 도미(荼蘼)는 운치가 있는 벗, 말리꽃은 고아한 벗, 서향(瑞香, 천리향)은 남다른 벗, 연꽃은 깨끗한 벗, 암계(巖桂)는 신선 같은 벗, 해당화는 이름난 벗, 국화는 아름다운 벗, 작약은 고운 벗, 매화는 맑은 벗, 치자꽃은 고요한 벗이다. 장경수는 12가지의 꽃을 12명의 손님으로 삼아 각각 시 1장(章)을 지었다. 모란은 귀한 손님, 매화는 맑은 손님, 국화는 장수하는 손님, 서향은 아름다운 손님, 정향(丁香)은 소박한 손님, 난(蘭)은 그윽한 손님, 연꽃은 조용한 손님, 도미는 고아한 손님, 계수나무꽃은 신선 같은 손님, 장미는 거친 손님, 말리꽃은 멀리서 온 손님, 작약은 가까이서 온 손님이다.(宋 曾端伯以十花爲友. 荼蘼韻友, 茉莉雅友, 瑞香殊友, 荷花淨友, 巖桂仙友, 海棠名友, 菊花佳友. 芍藥艶友, 梅花淸友, 梔子禪友. 張景修以十二花爲客, 各詩一章. 牡丹貴客, 梅淸客, 菊壽客, 瑞香佳客, 丁香素客, 蘭幽客, 蓮靜客, 荼蘼雅客, 桂仙客, 薔薇野客, 茉莉遠客, 芍藥近客.)"《玉芝堂談薈》卷32〈鳥獸而官名〉.

226 이십사번화신풍(二十四番花信風) : 각 절기마다 꽃이 피는 시기에 불어오는 바람. 옛사람들은 24절기 중 소한(小寒)에서 곡우(穀雨)에 이르는 8절기의 기간, 즉 120일 동안 5일 간격으로 모두 24번 새로운 꽃이 필 때마다 훈풍이 불어온다고 여겼다. 예를 들면 소한에는 첫째로 매화가 피고, 그 5일 뒤 둘째로 동백꽃이 피고, 다시 5일 뒤 셋째로 수선화가 피는데, 각각 바람이 불어온다고 했다. 화신풍(花信風) 또는 이십사번풍(二十四番風)이라고도 한다. 송나라의 문인 진원정(陳元靚, ?~?)이 편찬한《세시광기(歲時廣記)》권1〈화신풍〉과 양(梁)나라의 문인 종름(宗懍, 501?~565)이 편찬한《형초세시기(荊楚歲時記)》에 그 명칭 및 내용이 나온다.

34 春 : 저본에는 "東". 오사카본·규장각본에 근거하여 수정.

만하다. 《금화경독기》[227]

18) 괴석(怪石) 살펴보는 법

怪石相法

미불(米芾)[228]이 돌을 살펴보는 방법에는 4가지가 있으니, '빼어남[秀]', '여윔[瘦]', '우아함[雅]', '파임[透]'이다. 4가지가 비록 돌의 아름다움을 모두 대표할 수는 없지만, 또한 거의 이 정도면 된다. 《어양석보(漁陽石譜)[229]》[230]

米元章相石之法有四, 曰"秀", 曰"瘦", 曰"雅", 曰"透". 四者雖不能盡石之美, 亦庶幾焉. 《漁陽石譜》

괴석이 작으면서 봉우리가 솟아 있고, 바위굴과 우뚝 솟은 모습 및 깊고 험한 골짜기의 형상이 많이 있다면 궤안(几案)에 올려 두고 완상할 만하다. 《동천청록》[231]

怪石小而起峰, 多有巖岫、聳秀、嵚嶔之狀, 可登几案觀翫. 《洞天淸錄》

19) 돌 위에 이끼 나게 하는 법

石上生苔法

만약 돌 위에 이끼가 나게 하려면, 교(茭)【'교'는 쇠꼴이며, 미나리와 비슷하다.】를 섞은 진흙에 말똥을 적당히 잘 섞은 다음 습기가 있는 곳에 발라 두면 오래지 않아 곧 이끼가 난다. 《종화법(種花

如欲石上生苔, 以茭【茭, 牛蘄, 似芹.】泥和馬糞調和得中, 塗[35]置濕潤處, 非久卽生. 《種花法》

---

227 출전 확인 안 됨.

228 미불(米芾): 1051~1107. 중국 북송(北宋)의 화가이자 서예가. 자는 원장(元章), 호는 녹문거사(鹿門居士) 또는 해악외사(海岳外史) 등이 있다. 미불의 그림은 "미법산수(米法山水)"라는 새로운 화법을 낳았다. 전통적인 기법에서 벗어나 바림의 기법을 사용했고 그 위에 붓을 옆으로 하여 넓적하게 미점준(米點皴)을 찍는 방식으로 그림을 그렸다. 그의 서법은 왕희지(王羲之)를 배웠고, 채양(蔡襄)·소식(蘇軾)·황정견(黃庭堅)과 함께 송나라의 4대 서예가라 한다. 대표 작품으로는 《촉소첩(蜀素帖)》과 《진적삼첩(眞跡三帖)》 등이 있고, 저서로는 《보진영광집(寶晉榮光集)》·《서사(書史)》·《화사(畫史)》·《해악명언(海岳明言)》 등이 있다.

229 어양석보(漁陽石譜): 중국 송나라 사람 어양공(漁陽公, ?~?)의 저서. 돌을 감상하는 법 및 품평 등의 내용이 수록되어 있다. 어양공의 사적은 미상이다.

230 《說郛》 卷96下 〈漁陽石譜〉.

231 《洞天淸祿集》 〈怪石辯〉(《叢書集成初編》 1552, 15쪽).

[35] 塗: 《居家必用·花草類·養菖蒲》에는 없음.

法)²³²》²³³

20) 돌 염색법　　　　　　　　　　　　染石法

주각(酒脚, 술병 속의 남은 술)을 끓여서 영벽석(靈壁
石)²³⁴에 바르면, 그 검은색이 마치 옻칠한 듯하고 오
래도록 칠이 벗겨지지 않으니, 지극히 오묘하다. 《양
초적유(兩鈔摘腴)²³⁵》²³⁶

以煮酒脚塗靈壁石, 其黑
如漆, 永不脫, 極妙. 《兩
鈔摘腴》

21) 수석 취미　　　　　　　　　　　　泉石供

여름철에 깨끗한 자갈을 골라서 동이에 쌓아놓
고 맑은 샘물을 주어 기르면, 이것이야말로 서재 가
운데 천연적인 오묘한 형상이니 더위를 가시게 하고
시력을 기를 수 있다. 소식에게는 《괴석공(怪石供)²³⁷》
이란 글이 있는데, 이것은 거의 수석 취미에 대한
내용이다. 《수품(水品)²³⁸》²³⁹

暑中取淨子石壘盆盂, 以
淸泉養之, 此齋閣中天然
妙相也, 能淸暑長目力. 東
坡有《怪石供》, 此殆泉石供
也. 《水品》

22) 물로 괴석 기르는 법　　　　　　　水養怪石法

돌을 깎아서 동이를 만들고 돌을 그 동이 속에

斲石爲盆, 置石於盆中, 灌

---

232 종화법(種花法):《거가필용사류전집(居家必用事類全集)》무집(戊集)〈화초류(花草類)〉에 이 기사가 수록
　　되어 있다. 종화법이라는 별도의 서적이 따로 있는 것이 아니라, 이 책에 수록되어 있는 '꽃을 심고 가꾸는
　　방법'을 총칭하여 서명으로 쓴 듯하다.

233《居家必用》戊集〈花草類〉"養菖蒲"(《居家必用事類全集》, 193쪽).

234 영벽석(靈壁石):안휘성 숙주시 영벽현에 있는 경산(磬山)에서 나는 돌. 아래 "중국 돌의 품등[中國石品]"
　　영벽석 항목 참고.

235 양초적유(兩鈔摘腴):중국 원나라의 문인 사호(史浩, ?~?)가 지은 책. 옛 고사 및 기물 등에 대한 내용이
　　기록되어 있다. 사호의 행적은 미상이다. 《설부(說郛)》권19하에 수록되어 있다.

236《說郛》卷19下〈兩鈔摘腴〉.

237 괴석공(怪石供):소식이 괴석에 대해 품평한 글.《동파전집(東坡全集)》권100에 수록되어 있다.

238 수품(水品):중국 명(明)나라의 문인 서헌충(徐獻忠, 1469~1545)이 편찬한 책. 찻물의 품등에 관하여 서
　　술했다.

239《水品》卷上〈七雜說〉(《中國茶書全集校證》2, 706쪽).

놓은 다음 물을 부어 잠기게 한다. 그 돌이 물을 흡수해서 돌의 꼭대기까지 물기가 올라오면 좋은 품등이다. 물을 흡수하지 못하는 돌은 민간에서 '사석(死石)'이라 부르는데, 낮은 품등이다. 간혹 물이 없는 곳에 방치해두었다가 강렬한 햇볕이나 혹독한 추위에 손상을 입게 되면, 비록 좋은 품등의 돌이라도 사석으로 변한다. 이것을 고치는 방법은 돌 전체를 축축한 땅속에 묻거나, 연못에 던져둔 뒤 해를 넘겨 꺼내면, 거의 그 성질을 회복하게 된다. 《증보산림경제(增補山林經濟)240》241

浸以水. 其引水至巓者, 佳品也. 不能引水者, 俗呼"死石", 下品也. 或抛棄無水處, 爲烈日嚴寒所傷, 則雖佳品亦變爲死石. 治之之法, 全身埋濕土中, 或投池水, 經年取出, 庶復其性.《增補山林經濟》

23) 겨울에 돌 관리하는 법

날씨가 몹시 추우면 물기를 제거해야 하니, 햇볕에 쬐어 습기가 없어질 때까지 말린다. 《청천양화록(菁川養花錄)242》243

冬月護石法

天氣沍寒, 須去水[36], 曝日曬乾以無濕氣爲度.《菁川養花錄》

24) 괴석 운반하는 법

괴석이 크면서 구멍이 뚫려 있으면 멀리 보낼 때 반드시 손상되거나 깨질 염려가 있다. 이때는 우선 아교가 섞인 점토로 여러 구멍들을 꽉 메운 다음 그

運怪石法

怪石大而穿透者, 致遠必有損折之慮. 先以膠泥實塡衆竅, 其外復以麻筋雜

---

240 증보산림경제(增補山林經濟) : 1766년(영조 42) 유중림(柳重臨, 1705~1771)이 홍만선(洪萬選)의 《산림경제》를 증보하여 편찬한 책. 16권 12책. 《산림경제》의 16항목 체제가 이 책에서는 23항목으로 확대되었고, 각 항목에서도 내용이 추가되었다.

241 《增補山林經濟》 卷4 〈養花〉 "怪石(附)" 《農書》 3, 253~254쪽).

242 청천양화록(菁川養花錄) : 조선 초기의 문신인 강희안(姜希顔, 1419~1464)이 저술한 원예서적. 청천자(菁川子)는 강희안의 호다. 필사본 1권 1책으로 전한다. 1474년(성종 5)에 동생 강희맹(姜希孟)이 강희안의 유고를 모아 서문을 썼다. 꽃과 나무의 재배법과 이용법, 명칭과 의미 등이 수록되어 있다. 《산림경제(山林經濟)》에도 그 일부분이 실려 있다. 《양화소록(養花小錄)》이라고도 한다.

243 《菁川養花小錄》〈怪石〉(고려대 해외한국학자료센터DB, 31쪽).

[36] 去水 : 《菁川養花小錄·怪石》에는 없음.

바깥에는 다시 삼줄기와 점토를 섞어 단단히 봉하되, 둥그렇게 한 덩어리가 되도록 만든다. 그리고 햇볕에 쬐어서 극도로 단단해지면, 비로소 큰 재목으로 수레를 만든 다음 배 안에 옮겨놓는다. 보내려고 하는 곳에 도착한 다음에 물속에 담가두면, 곧이어 점토가 제거되니 사람의 힘을 줄이면서도 다른 염려가 없다. 《계신잡지(癸辛雜志)[244]》[245]

泥固濟之, 令圓混, 日曬, 極堅實, 始用大木爲車, 置於舟中. 俟至欲致[37]處[38], 浸之水中, 旋去泥土, 則省人力而無他慮. 《癸辛雜志》

25) 중국 돌의 품등

영벽석(靈壁石)

[운림석보(雲林石譜)[246]][247] 숙주(宿州) 영벽현(靈壁縣)[248]의 경산(磬山)[249]에서는 돌이 밭 가운데서 나오는데, 세월이 오래되자, 채굴한 구멍의 깊이가 몇 장(丈)에 이르렀다. 그 돌의 바탕에는 붉은 점토가 가득 끼어 있어 토박이들은 대부분 쇠칼로 두루 벗겨내기를 거의 2~3번 한다.

中國石品

靈壁石

[雲林石譜] 宿州 靈壁縣 磬山, 石産田[39]中, 歲久穴深數丈. 其質爲赤泥漬滿, 土人多以鐵刃遍刮, 幾三兩次.

---

244 계신잡지(癸辛雜志): 중국 송나라의 문인 주밀(周密, 1232~1298)이 지은 수필집. 《계신잡지(癸辛雜識)》라 쓰기도 한다. 주밀의 자는 공근(公謹), 호는 초창(草窓). 송나라 말기에 관직에 올랐으나 송나라가 멸망한 뒤에는 절강성(浙江省) 항주(杭州)에 살면서 풍류로 생애를 보냈다. 시문과 서화에 능했고 미술품의 감식에 뛰어났다. 저서로 《초창운어(草窓韻語)》·《운연과안록(雲煙過眼錄)》·《무림구사(武林舊事)》·《제동야어(齊東野語)》·《호연재아담(浩然齋雅談)》 등이 있다.

245 《癸辛雜志》 前集 〈艮岳〉.

246 운림석보(雲林石譜): 중국 남송의 문인 두관(杜綰, ?~?)이 12세기에 편찬한 석보. 중국 최대의 석보로 평가되며 116종의 돌에 대한 명칭·품평·감상법 등을 수록하고 있다. 두관의 자는 계양(季陽), 호는 운림거사(雲林居士). 항상 돌을 감상하기를 좋아하여 일생에 걸쳐 각지의 이름난 괴석을 수집했다고 한다.

247 《雲林石譜》 卷上 〈靈壁石〉(《叢書集成初編》1507, 1쪽).

248 숙주(宿州) 영벽현(靈壁縣): 중국 안휘성(安徽省) 숙주시(宿州市) 영벽현 일대.

249 경산(磬山): 안휘성 숙주시 영벽현에 있는 산. 예로부터 이 산은 기암괴석(奇巖怪石)이 많이 나는 것으로 유명하다. 경석산(磬石山)이라고도 한다. 해발 미상.

[37] 致 : 저본에는 "置". 오사카본·규장각본에 근거하여 수정.

[38] 俟至欲致處 : 《癸辛雜志·艮岳》에는 "直俟抵京".

[39] 田 : 《雲林石譜·靈壁石》에는 "土".

돌의 본래 빛깔이 다 드러나면 곧바로 황배초(黃蓓草)250 빗자루 또는 대나무 빗자루에 자기 가루를 합해서 돌에 낀 묶은 때를 벗겨낸다. 그러면 두드렸을 때 쟁하는 소리가 난다. 돌의 바닥에 대부분 흙이 끼여 있는데, 완전히 제거할 수 없으면 그들의 부서지거나 튀어나온 곳을 감안해서 곧 뒤쪽으로 향하게 한다.

돌은 흙 속에 있기 때문에 그 크기에 따라서 어떤 형체를 보이면서 나타난다. 간혹 물건의 형상을 이루거나, 간혹 봉우리 모양을 이루면서 험준한 바위에 구멍이 뚫려 있기도 하다. 그 모양은 오묘하여 완만하게 구부러진 형세가 있기도 하고, 또는 많은 구멍이 막혀 있기도 하고, 또는 바탕이 질박하기도 하고, 또는 구름이나 해와 달이나 불상의 모양이 되기도 하고, 또는 사계절의 풍경 같은 모양이 되기도 한다. 이런 모양은 도끼나 끌에 의지하여 갈고 다듬어 그 아름다움을 완전하게 만들어야 한다. 1개의 면이나, 2~3개의 면, 또는 4개의 면이 완전한 돌은 수백 개 중에 1~2개도 없기 때문이다.

또한 돌의 결이 주름져 있는 다른 종류의 돌도 있다. 이 돌은 마치 호두껍데기 무늬 같으며 그 색깔은 약간 검다. 큰 경우에는 높이가 2~3척, 작은 경우에는 1척 남짓이다. 또는 주먹만 한 크기의 돌로, 비탈이 가파르고 산기슭이 이어지는 모양이 있지만,

既露石色, 卽以黃蓓帚或竹帚兼磁末, 刷治漬潤, 扣之鏗然有聲. 石底多有漬土, 不能盡去者, 度其頓放, 卽爲向背.

石在土中, 隨其大小, 具體而生, 或成物狀, 或成峯巒嶻嶪巖透空. 其狀妙有宛轉之勢, 或多空塞, 或質偏朴, 或成雲氣、日月、佛像, 或狀四時之景, 須籍斧鑿, 修治磨礱以全其美. 或一面、或三兩⁴⁰面、或四面全者, 數白之中無一二也.

又有一種石理躑跂, 若胡桃殼紋, 其色稍黑, 大者高二三尺, 小者尺餘. 或如拳大, 坡拖⁴¹拽脚;如大山勢, 鮮有高峰巖⁴²竇.

---

250 황배초(黃蓓草) : 줄기가 억세서 빗자루를 만드는 용도로 쓰는 황색의 풀.
⁴⁰ 兩:《雲林石譜·靈璧石》에는 "四".
⁴¹ 拖:《雲林石譜·靈璧石》에는 "阤".

큰 산의 형세와 같은 돌로, 높은 봉우리에 바위동굴
이 있는 모양은 드물다.

또한 다른 종류로 새로운 구덩이의 황토 진흙 무더기에서 나오는 돌이 있다. 이 돌은 봉우리 속이 비어 있어 기이하고 교묘하다. 이 돌 또한 깎고 다듬어야 하는데, 두드리면 소리가 약간 난다. 다만 돌이 청색이면서 담백하고, 약간 말리면 부드럽게 되어 인위적으로 다듬기 쉽다. 하지만 경산의 푸르고 윤기가 있으면서 단단한 돌만 못하다. 이 돌은 바람이나 햇볕을 피해야 한다. 만약 노출된 곳에 오래 있으면, 곧 색깔이 흰색으로 바뀌고 소리도 그에 따라서 줄어든다.

又有一種産新坑黃泥溝,
峯巒嵌空奇巧. 亦須刮治,
扣之稍有聲. 但石靑色淡,
稍燥軟, 易於人爲, 不若磬
山靑㊸潤而堅. 此石宜避
風日, 若露處日久, 卽色轉
白, 聲亦隨減.

영벽석

영벽석(《소원석보(素園石譜)》)

[동천청록]251 영벽석은 색깔이 옻칠 같고, 사이사이에 미세한 흰 무늬가 섞여 있어 마치 옥과 같다. 그

[洞天淸錄㊹] 靈璧石, 色
如漆, 間細白紋有如玉. 然

251 《洞天淸祿集》〈怪石辯〉(《叢書集成初編》1552, 15쪽).
㊷ 巖 : 저본에는 "嵒". 오사카본·《雲林石譜·靈璧石》에 근거하여 수정.
㊸ 靑 :《雲林石譜·靈璧石》에는 "淸".
㊹ 洞天淸錄 : 저본에는 없음. 일반적인 용례에 근거하여 보충.

러나 봉우리가 솟아오르지 않았고 바위굴도 없다. 아름다운 돌은 마치 연꽃 봉오리 같고, 또는 누워 있는 소 모양과 같기도 하고 똬리를 튼 이무기 같기도 하다. 두드리면 그 소리가 금옥(金玉)처럼 맑고[淸越], 날카로운 칼로 긁어도 거의 흠나지 않는다. 이 돌은 향기를 거둘 수 있으니 서재 안에 두면 향불의 연기가 하루 종일 서려 흩어지지 않는다. 봉우리 모양이 있는 돌은 취하지 않는데, 위조하는 사람들이 대부분 태호석(太湖石)252을 염색해서 만들기 때문이다. 대개 태호석도 소리가 약간 나고, 또 하얀 맥(脈, 돌에 박힌 줄무늬)이 있다. 그러나 이런 맥을 날카로운 칼로 긁어보면 가루가 된다.

[연북잡지(研北雜志)253]254 영벽석은 사수(泗水)255가에서 나는데, 본래는 악석(樂石, 악기를 만드는 돌)으로 사용된 돌이다. 《서경(書經)》에서 말한 "사빈부경(泗濱浮磬, 사수가에는 경쇠로 쓸 돌이 떠 있네.)256"이 바로 이 돌이다. 크고 두터우면서 맑은 모양이 마치 광택을 입힌 듯하지만 안개와 빗속에서의 푸르고 아름다운 자태

不起峯, 亦無巖岫. 佳者如菌蓓, 或如臥牛, 如蟠螭. 扣之聲淸越如金玉, 以利刀刮之, 略不動. 此石能收香, 齋閣中有之, 則香雲終日盤旋不散. 不取其有峰也, 僞者多以太湖石染色爲之. 蓋太湖石亦微有聲, 亦有白脈, 然以利刀刮之則成屑.

[研北雜志] 靈壁出於泗濱, 本樂石所用. 《書》云"泗濱浮磬"是也. 碩厚淸越如被塗澤, 而乏煙雨蒨倩45之姿.

---

252 태호석(太湖石) : 중국 강소성(江蘇省) 태호(太湖) 밑바닥이나 연안에서 나는 돌. 석회질로 되어 있고, 다양한 모양과 무늬가 있다. 당(唐)나라 때부터 유명해졌고 명(明)나라 때에는 가짜가 유통되기도 했다. 뒷부분에 자세히 나온다.

253 연북잡지(研北雜志) : 중국 원나라의 문인 육우(陸友, ?~?)가 편찬한 책. 고금의 기물 등에 관한 기사가 수록되어 있다. 육우의 자는 자우인(字友仁), 호는 연북생(研北生)이다. 저서로는 《묵사(墨史)》 등이 있다.

254 《研北雜志》 卷下《叢書集成初編》 2887, 129쪽).

255 사수(泗水) : 중국 산동성(山東省) 남서부 일대를 흐르는 강.

256 사빈부경(泗濱浮磬) : 《서경》 〈우공(禹貢)〉편에는 "역산(嶧山) 남쪽에는 오동나무가 우뚝 솟아 있고, 사수가에는 경쇠로 쓸 돌이 떠 있네.(嶧陽孤桐, 泗濱浮磬.)"라는 글이 있다. 사수가의 돌은 예로부터 소리가 맑아 석경을 만드는 재료로 사용되었고, 역산의 오동나무는 금(琴)을 만드는 재목으로 사용되었다.

45 倩 : 《研北雜志》에는 "蒨".

는 부족하다.

청주석(靑州石)

[운림석보]257 동굴에서 나는데, 큰 돌은 몇 척 크기이며 작은 돌도 1척 남짓 크기이다. 또는 주먹 크기의 돌이 있는데, 자잘하게 쪼개져서 돌무더기로 쌓여 있으며 모두 사물의 형상을 이루고 있다.

동굴 속에 있던 돌은 성질이 몹시 연약하지만, 바람을 쐬면 곧 단단해진다. 그 바탕은 영롱하고 구멍이 다른 돌보다 백배나 많으며, 구멍 속은 대부분 연한 흙으로 채워져 막혀 있다. 대나무 가지로 흙을 천천히 발라내고 쓸어내서 완전히 깨끗하게 하면 앞뒤로 뻥 뚫리게 된다.

봉우리가 우뚝하게 솟아오르는 형세는 없고, 돌의 색깔은 자줏빛을 띠는데, 약간 말린 후 두드리면

靑州石

[雲林石譜] 産穴中, 大者數尺, 小亦尺餘, 或大如拳, 細碎磊磈, 皆46成物狀.

在穴中, 性頗軟, 見風卽勁. 其質玲瓏, 竅眼百倍於他石, 眼中多爲軟土充塞. 徐以竹枝剔刷47淨盡, 宛轉通透.

無峯巒峭拔勢, 石色帶紫, 微燥扣之無聲. 土人以石

청주석

257《雲林石譜》卷上〈靑州石〉(《叢書集成初編》1507, 1~2쪽).

46 皆:《雲林石譜·靑州石》에는 "末".

47 剔刷:《雲林石譜·靑州石》에는 "洗滌".

소리가 나지 않는다. 토박이들은 끈적끈적한 석약(石藥)258으로 이어 붙여서 구름·고목(枯木)·괴석·기묘하게 기울어진 모습[欹側] 등의 형상을 닮게 만든다.

임려석(林慮石)

[운림석보]259 상주(相州)260의 임려석이 나는 곳은 지명이 교구(交口)261이다. 그 재질은 단단하면서 윤기가 있고, 두드리면 소리가 난다. 어떤 한 종류는 땅속에서 나오는데, 구멍이 있는 땅에서 캐낸다. 돌을 발견하려면 구덩이가 있는 곳을 찾는다. 돌은 대부분 거꾸로 자리잡고 아래쪽을 향해 있어서 드리워진 그 모양이 마치 종유석이 녹아서 굳은 모양과 같다. 반드시 끌로 거친 돌을 제거해야 하고, 돌 놓을 자리는 널빤지 정도 크기로 남기며, 널빤지 크기 밑판의 색깔은 대부분이 흰색이다. 이 돌의 모양은 산 하나를 지고 있어 봉우리가 빼어나게 솟아 있거나, 또는 사물의 형상과 같기도 하며 돌의 색깔은 매우 푸르다. 예전에 공물로 관청에 바친 돌은 남관(藍關)·창규(蒼虯)·동천(洞天)262이 있다. 이 돌들은 모두

藥粘綴, 以[48]像雲氣、枯木、怪石、欹側之狀.

林慮石

[又] 相州林慮石, 地名交口. 其質堅潤, 扣之有聲. 一種出土中, 采之穴地. 見石則尋坑坎處, 石多倒坐[49]向下, 垂如鍾乳融結. 必鑿去麤石, 留石坐[50]如板許, 板色多白[51]. 載山一坐, 峯巒秀拔[52], 或如[53]物狀, 石色甚碧. 曾貢入內府, 有藍關、蒼虯、洞天, 凡十餘品, 各高數寸, 甚奇異.

---

258 석약(石藥) : 금속이나 돌 등의 광물로 만든 약재.
259 《雲林石譜》卷上〈林慮石〉《叢書集成初編》1507, 2쪽).
260 상주(相州) : 중국 하남성(河南省) 안양시(安陽市) 일대의 옛 지명.
261 교구(交口) : 중국 하남성 안양시 용안구(龍安區) 교구촌(交口村) 일대.
262 남관(藍關)·창규(蒼虯)·동천(洞天) : 임려석 중에서 당시에 유명했던 돌의 명칭으로 추정된다.
[48] 以:《雲林石譜·青州石》에는 "四面取巧".
[49] 坐:《雲林石譜·林慮石》에는 "生".
[50] 坐:《雲林石譜·林慮石》에는 "座".
[51] 板色多白:《雲林石譜·林慮石》에는 "山多白".
[52] 秀拔:《雲林石譜·林慮石》에는 "下秀高拔".
[53] 如:《雲林石譜·林慮石》에는 "如無".

임려석

10여 가지의 품등이 있고, 높이는 각각 몇 촌(寸)이며, 모양은 매우 기이하다.

또 한 종류의 돌은 색깔이 조금 얼룩져 있고 약간 검은색이다. 땅속에서 나므로 흙의 묵은 때가 약간 있지만, 세척하기는 쉽다. 큰 산의 형세가 있고, 사면을 이리저리 둘러봐도 모두 손상된 곳이 없다. 천 개의 바위와 만 개의 골짜기 모양 같고, 봉우리가 연달아 뻗어 있다. 대체로 깊고 넓은 구멍이 많으며 앞뒤로 서로 통해 있어, 사람의 힘을 빌지 않아도 된다. 심지어 가운데가 비어서 향로를 놓아둘 수 있고, 조용히 바라보면 마치 연기와 구름이 바위굴 사이에서 출몰하는 것 같다. 이 돌은 숭녕(崇寧)연간(1102~1106)에 방사(方士)[263]가 지맥을 살펴보다가 우연히 발견했다. 큰 돌이라도 3~5척을 넘지 않고,

又一種, 色稍斑而微黑, 以産土中, 微有土漬, 易於洗滌. 有大山勢, 四面徘徊, 皆無損着⑤④. 千嵓萬壑, 峯巒迤邐. 類⑤⑤多嵌空洞穴, 宛轉相通, 不假人爲. 至有中虛, 可施香爐, 靜而視之, 若煙雲出沒巖岫間. 此石, 崇寧年間, 方士相視地脈, 偶得之, 大不踰三五尺, 小⑤⑥至如拳大, 奇乃⑤⑦百怪.

---

263 방사(方士): 도가에서 신선의 술법을 닦는 사람.
⑤④ 損着:《雲林石譜·林慮石》에는 "背稍著土".
⑤⑤ 類:《雲林石譜·林慮石》에는 "頗".
⑤⑥ 小:《雲林石譜·林慮石》에는 없음.
⑤⑦ 乃:《雲林石譜·林慮石》에는 "巧".

작은 돌은 주먹만 한 크기에 이르니, 기이하면서도
온통 괴이하다.

[연북잡지][264] 임려석은 멀리 하삭(河朔, 황하 북쪽 지역)
에서 난다. 흙이 두텁고 수심이 깊어서 몸체가 극히
말라 있지만, 말려보면 영롱하게 빛난다. 깊은 구멍
이 완연하여 끌로 뚫은 듯하지만, 그 실상은 모두
저절로 나타난 것이다.

[研北雜志] 林慮遠出河朔.
土厚水深, 體極枯, 燥然
玲瓏. 嵌空宛如鑱刻, 其
實皆出自然.

태호석(太湖石)

[태호석지(太湖石志)][265][266] 태호석은 동정호(洞庭湖)[267]
서쪽에서 나온다. 대부분 파도로 인해 부딪치면서
침식되어 깊은 구멍이 만들어지고, 파도에 잠기고
씻겨서 광택이 밝게 난다. 어떤 돌은 규찬(珪瓚, 제사
때 쓰는 옥잔)처럼 곱고 윤기가 나고, 칼과 창처럼 모나
고 뾰족하기도 하거나, 봉우리처럼 포개져 있거나,
병풍처럼 늘어서 있기도 하다. 또는 기름처럼 매끄
럽거나, 옻칠처럼 검푸르거나, 사람처럼, 들짐승처
럼, 날짐승처럼 생겼다. 호사가들이 이를 가져다 동
산이나 정원 섬돌의 완상하는 돌로 쓴다.

태호석 중에서 물속에서 나는 돌은 참으로 오랜

太湖石

[太湖石志] 石出西洞庭,
多因波濤, 激嚙而爲嵌空,
浸濯而爲光瑩. 或縝潤如
珪瓚, 廉劌如劍[58]戟, 矗
如峯巒, 列如屛障. 或滑如
肪, 或黝如漆, 或如人, 如
獸, 如禽鳥. 好事者取之以
充苑囿庭除之翫.

石生水中者, 良歲久波濤

---

264 《研北雜志》卷下(《叢書集成初編》2887, 129쪽).

265 태호석지(太湖石志) : 중국 송나라의 문인 범성대(范成大, 1126~1193)가 편찬한 석보. 태호 일대의 유명한
　　돌에 대한 품평을 수록하고 있다.

266 《說郛》卷96下〈太湖石志〉"太湖石"(《四庫全書》881, 501쪽).

267 동정호(洞庭湖) : 중국 호남성 북부에 있는 호수. 강서성 북쪽에 있는 파양호(鄱陽湖) 다음으로 중국에서
　　가장 큰 담수호이다.

58 劍 : 저본에는 "釖". 오사카본·《說郛·太湖石志·太湖石》에 근거하여 수정.

태호석

태호석(《소원석보》)

세월 동안 파도에 부딪쳐서 깊은 구멍이 생겨났다. 돌의 표면에 비늘 모양의 딱지가 만들어지면 '탄와(彈窩, 탄알 맞은 흔적)'라 하는데, 이 또한 물의 흔적이다. 두드리면 경쇠처럼 쨍하는 소리가 난다.

衝激, 成嵌空. 石面鱗鱗作靨, 名曰"彈窩", 亦水痕也. 扣之鏗然聲如磬.

[운림석보]268 태호석은 성질이 단단하면서 윤기가 있고, 깊숙이 뚫린 구멍이 앞뒤로 통해 있으며, 험하고 괴이한 형세가 있다. 어떤 종류는 색깔이 희고, 어떤 종류는 색깔이 푸르면서 검으며, 어떤 종류는 약간 푸르다. 그 바탕에는 무늬와 결이 가로와 세로로 나 있고, 농락(籠絡, 새장이나 그물 같은 무늬)이 나타나기도 하고 숨어 있기도 하면서269, 돌의 표면에 패인 구멍이 두루 많다. 이 구멍은 대개 바람과 파도에 부딪쳐서 생긴 것이므로 '탄자와(彈子窩)'라 한다.

[雲林石譜] 太湖石, 性堅而潤, 有嵌空, 穿眼宛轉, 嶮怪之勢. 一種色白, 一種色靑而黑, 一種微靑. 其質紋理縱橫, 籠絡起隱, 於石面遍多坳坎. 蓋因風浪衝激而成, 謂之"彈子窩".

---

268 《雲林石譜》 卷上 〈平江府太湖石〉(《叢書集成初編》1507, 2쪽)

269 농락(籠絡)이……하면서 : 새장이나 그물 같은 형태의 문양이 미세하게 있는 태호석을 볼 때에 각도에 따라 그 문양이 보이기도 하고 보이지 않기도 한다는 의미로 추정된다.

돌을 수집하는 사람은 쇠망치와 끌을 가지고 깊은 물속에 들어가므로 채굴 작업이 꽤 어렵고 힘들다. 기이하고 교묘한 돌을 헤아려서 취하고, 커다란 동아줄로 꿴다. 큰 배를 띄우고 나무 시렁[架]을 설치하여 여기에 밧줄을 감아서 돌을 꺼내 올린다. 꺼낸 돌들 사이에서 가파른 바위가 우뚝 솟아오르는 형세가 약간 있는 돌이 있으면 곧장 깎고 갈아 교묘하게 만든 뒤, 다시 물속에 넣어둔다. 오랜 시간이 흐르는 동안 바람과 물에 부딪치고 쓸리면 돌의 결이 살아 있는 듯하다.

이 돌 중 높이가 가장 높은 돌은 3~5장이지만, 바닥 너비는 십몇 척을 넘지 않으며 너비가 간혹 1척 남짓한 돌이 있기도 하다. 이런 돌은 오직 헌함(軒檻)[270]에 세워 놓거나 가산(假山)[271]을 꾸미고 다듬는 데에 알맞으며, 또는 원림(園林)에 쭉 배열해도 상당히 기이하여 훌륭하다. 크기가 작으면서도 기이하여 궤안 사이에 놓아 둘 수 있는 돌도 간혹 있다.

[동천청록][272] 태호석은 토박이들이 큰 석재나 높이가 1~2장 정도인 돌을 골라서 우선 조각한 뒤에 물살이 빠른 물속에 넣어서 물살에 부딪치게 한다. 시간이 오래 지나면 모양이 마치 천연으로 이루어진

採人携鎚鑿入深水中, 頗艱辛, 度奇巧取鑿, 貫以巨索, 浮大舟, 設木架, 絞而出之. 其間少有巉嵒峓[59]勢, 則就加鐫礱取巧, 復沈水中. 經久爲風水沖刷, 石理如生.

此石最高有三五丈, 低不踰十數尺, 間有尺餘. 唯宜植立軒檻, 裝治假山, 或羅列園林, 頗多奇偉[60]. 鮮有小奇[61], 置几案間者.

[洞天淸錄] 太湖石, 土人取大材或高一二丈者, 先雕刻, 置急水中, 舂撞之, 久如天成. 或用煙薰或染之,

---

270 헌함(軒檻) : 누각의 바깥 둘레에 난간이 있도록 만든 좁은 마루.
271 가산(假山) : 정원을 장식하기 위해 돌을 모아 쌓아서 인공적으로 만든 작은 산.
272 《洞天淸祿集》〈怪石辯〉(《叢書集成初編》1552, 16쪽).
[59] 峓:《雲林石譜·平江府太湖石》에는 "特".
[60] 奇偉:《雲林石譜·平江府太湖石》에는 "偉觀".
[61] 奇:《雲林石譜·平江府太湖石》에는 "巧".

듯하다. 또는 연기를 쏘이거나 염색하면 색깔도 검게 할 수 있고 작은 소리가 나니, 가산(假山)의 용도로 쓰기에 알맞다.

色亦能黑, 微有聲, 宜作假山用.

[연북잡지][273] 태호(太湖)[274]의 함지(咸池)[275]에서 나오는 하나의 기운이 기름진 진액을 아래로 흘려보내면, 물가에서 태호석이 생긴다. 태호석은 앞뒤로 모두 기이하고 교묘하며 푸른 윤기가 돌면서 무늬가 있다. 오(吳) 지역 사람들은 이 돌을 정원이나 객사에 심는다. 우뚝하게 높이 솟았기 때문에 높은 돌은 간혹 몇 장이며 낮은 돌도 몇 척 정도이다. 하지만 사계석(思溪石)[276]의 빼어나고 우수한 품질에는 미치지 못한다.

[研北雜志] 太湖咸池一氣下注膏液, 石生於水裔, 宛轉奇巧, 翠潤而文. 吳人以植園館, 亭然秀聳, 高或數丈, 低猶數尺, 不及思溪之精絶也.

무위군석(無爲軍石)

[운림석보][277] 무위군석은 땅속에서 나오고, 서로 이어져서 자란다. 기이하고 교묘한 돌을 골라 곧바로 잘라서 취하는데, 쉽게 세척할 수 있고 진흙이나 더러운 것이 달라붙지 않는다. 돌 색깔은 약간 검으면서 윤기가 난다. 큰 돌은 높이가 몇 척이지만, 또 1척이나 0.5~0.6척 정도인 돌도 있다. 무리 지어 있는

無爲軍石

[雲林石譜] 産土中, 連絡而生. 擇奇巧者, 卽斷取之, 易爲洗滌, 不着泥漬[62]. 石色稍黑而潤, 大者高數尺, 亦有盈尺及五六寸者. 多作群山[63]勢, 扣之有聲.

---

273 《硏北雜志》卷下(《叢書集成初編》2887, 130쪽).
274 태호(太湖): 중국 강소성과 절강성의 경계에 있는 호수. 파양호(鄱陽湖)와 동정호(洞庭湖)에 이어 중국에서 3번째로 큰 호수이다.
275 함지(咸池): 중국 전설상으로는 해가 목욕하는 곳을 뜻하지만, 여기에서는 태호 중의 깊은 물을 의미한다.
276 사계석(思溪石): 구주(衢州) 상산현(常山縣)에서 나는 돌. 자세한 내용은 뒤에 나온다.
277 《雲林石譜》卷上〈無爲軍石〉(《叢書集成初編》1507, 2~3쪽).
[62] 漬:《雲林石譜·無爲軍石》에는 "瀆".
[63] 山: 저본에는 "仙".《雲林石譜·無爲軍石》에 근거하여 수정.

무위군석

산의 형세를 대부분 이루고 있으며, 두드리면 소리가 난다. 2~3척 사이의 단에 무리 진 봉우리가 우뚝 솟아 있고, 높고 낮은 봉우리가 서로 이어져서 모두 수십 개 정도가 되기도 하며, 가파른 바위들이 윤택하니 진짜 산과 다르지 않다.

미불(米芾)이 태수가 되었을 때 무위군석 1개를 얻었다. 이 돌은 사면으로 가파른 바위가 험준하고 괴이한 모양이었지만 석묘(石苗)²⁷⁸로 나온 곳이 넓지 못했다. 훌륭한 무위군석은 얻기가 상당히 힘들다.

至段段⁶⁴二三尺間, 群峯耸拔, 連接高下, 凡數十許, 巉嵓潤澤⁶⁵, 不異眞山.

米芾爲太守, 獲一⁶⁶石, 四面巉嵓峻怪, 但石苗所出不廣, 佳者頗艱得之.

임안석(臨安石)

[운림석보]²⁷⁹ 항주(杭州) 임안현(臨安縣)²⁸⁰의 돌은 땅속에서 나온다. 2가지 종류가 있는데, 하나는 짙은

臨安石

[又] 杭州 臨安縣石出土中, 有兩種, 一深靑色, 一微靑

---

278 석묘(石苗) : 돌이 싹처럼 솟아오른 부분으로 보인다. 무위군석 사진 참조.
279《雲林石譜》卷上〈臨安石〉(《叢書集成初編》1507, 3쪽).
280 항주(杭州) 임안현(臨安縣) : 중국 절강성 항주시(杭州市) 임안구(臨安區) 일대.
⁶⁴ 段段 :《雲林石譜·無爲軍石》에는 "有一段".
⁶⁵ 潤澤 :《雲林石譜·無爲軍石》에는 "澗谷".
⁶⁶ 一 :《雲林石譜·無爲軍石》에는 "異".

무강석

청색이고, 하나는 옅은 청백색이다. 그 석질이 기괴하여 뾰족한 봉우리가 험하고 가파른 형세를 이룬다. 높은 돌은 십몇 척이고, 작은 돌은 몇 척인데, 따뜻하고 윤기가 있으면서도 단단하며, 두드리면 소리가 난다. 간혹 질박한 돌이 있으면 그 부위를 따라 도끼와 끌로 다듬고, 숫돌로 갈아서 교묘함을 증가시킨다.

白. 其質奇怪, 作尖峯崒崖勢. 高者十數尺, 小者數尺, 溫潤而堅, 扣之有聲. 間有質朴, 從而斧鑿修治, 磨礱增巧.

무강석(武康石)281

[운림석보]282 호주(湖州)283 무강석은 땅속에서 나온다. 어떤 돌은 청색이고, 어떤 돌은 황색이면서 얼룩무늬가 있다. 그 석질은 상당히 건조하면서 단단하지 않고, 가파른 바위나 봉우리가 뒤섞인 모양은

武康石

[又] 湖67州武康石出土中, 一靑色, 一黃色而斑. 其質頗燥不68堅, 無混然巉嵒峯巒. 雖多透空穿眼, 亦不

---

281 무강석(武康石): 중국 절강성 무강현(武康縣)에서 나는 돌. 호주시에 속해 있던 무강현은 1958년 행정구역 개편으로 호주시 덕청현(德淸縣)에 편입되었다.
282 《雲林石譜》 卷上 〈武康石〉 (《叢書集成初編》 1507, 3~4쪽).
283 호주(湖州): 중국 절강성 호주시(湖州市) 일대.
67 湖: 저본에는 "胡". 《雲林石譜·武康石》에 근거하여 수정.
68 不: 저본에는 "有". 《雲林石譜·武康石》에 근거하여 수정.

없다. 비록 뚫려 있는 구멍들이 많더라도 앞뒤로 뺑 뚫려 있지는 않다. 돌을 채취하는 사람들은 땅굴 속으로 들어가는데, 돌이 대부분 누워서 아주 넓게 자리잡고 있기 때문에 돌의 기이하고 교묘한 부분을 헤아린 다음 철로 만든 끌로 걸어서 끌어낸다.

甚宛轉. 採人入穴, 石多臥坐甚廣闊, 度奇巧處, 以鐵鑿揭取之.

곤산석(崑山石)

[운림석보]284 평강부(平江府) 곤산현(崑山縣)285의 돌은 땅속에서 나오는데, 대부분 붉은 흙이 쌓여 있거나 껴 있다. 이미 땅에서 나온 뒤에는 비용을 갑절로 들여 돌을 후비거나 깎고 세척한다. 그 석질은 돌무더기가 쌓인 형태이며, 가파른 바위와 뚫린 구멍들이 있으나, 솟아오른 봉우리의 형세는 없고, 두드리면 소리가 나지 않는다. 토박이들은 오직 그 색깔이 깨끗하고 흰 돌을 좋아하여, 돌에 작은 나무를 심기도

崑山石

[又] 平江府 崑山縣石産土中, 多爲赤土積漬, 旣出土, 倍費挑剔洗滌. 其質磊磈, 巉嵒透空, 無聳拔峯巒勢, 扣之無聲. 土人唯愛其色潔白, 或植小木, 或種溪蓀於奇巧處, 或置之器中, 互相貴重以求售.

곤산석

284《雲林石譜》卷上〈崑山石〉《叢書集成初編》1507, 4쪽)
285 평강부(平江府) 곤산현(崑山縣) : 중국 강소성(江蘇省) 곤산시(崑山市) 일대.

하고, 돌에서 기이하고 교묘한 곳에 붓꽃[溪蓀]²⁸⁶을
심기도 하고, 또는 그릇 속에 두기도 한다. 이렇게 짝
하는 서로를 모두 귀중하게 만들어서 팔려고 한다.

도주석(道州石)²⁸⁷

[운림석보]²⁸⁸ 도주(道州)²⁸⁹ 강화현(江華縣)²⁹⁰과 영녕
현(永寧縣)²⁹¹ 두 현에서 모두 돌이 나는데, 여기저기
있는 산들 사이에 돌이 있다. 강화현에서 나는 한
종류의 돌은 약간 청색이고, 다른 종류의 돌은 회
흑색(灰黑色)이며, 가파른 바위의 특별한 형세가 간
간이 있다. 그 석질은 모두 거칠며 껄끄럽고 말라 있
으며, 두드리면 소리가 난다. 아직 매우 교묘하게 생
긴 돌을 발견하지 못했다.

오직 영녕현에서 나는 돌이 큰 돌은 십몇 척이
고, 또는 2~3척 정도이거나 크기가 주먹만 한 돌도
있다. 산에 가서 돌을 캘 때마다 돌이 땅에 흩어져
있어 그 숫자를 알 수 없으니, 각자 사람들이 원하
는 만큼 캔다. 좋은 돌을 택하고 나면 대부분 진흙

道州石

[又] 道州 江華⑥⑨、永寧二
縣皆産石, 在亂山間. 江
華⑦⓪一種稍靑色, 一種灰
黑色, 間有巉嵒特⑦①勢.
其質皆⑦②矗澁枯燥, 扣之
有聲. 未見絶奇⑦③巧者.

唯永寧所産, 大者十數尺,
或二三尺, 至有大如拳者.
每就山採石, 散處土地,
莫知其數, 各隨人所欲.
既擇佳者, 多爲泥土、苔蘚

---

286 붓꽃[溪蓀]: 붓꽃과의 여러해살이풀. 높이는 60cm 정도이고 뿌리줄기가 옆으로 뻗고 잔뿌리가 나와 자란
   다. 초여름에 푸른빛이 도는 짙은 자주색 꽃이 꽃줄기 끝에 2~3개씩 핀다. 뿌리줄기는 피부병의 약재로
   쓰고 관상용으로도 재배한다.

287 도주석(道州石):《운림석보》에는 표제어가 "강화석(江華石)"으로 되어 있다.

288《雲林石譜》卷上〈江華石〉(《叢書集成初編》1507, 4쪽).

289 도주(道州): 중국 호남성(湖南省) 영주시(永州市) 일대.

290 강화현(江華縣): 중국 호남성 영주시 강화현 일대.

291 영녕현(永寧縣): 중국 호남성 영주시 영녕현 일대.

⑥⑨ 華: 저본에는 "革".《雲林石譜·江華石》에 근거하여 수정.

⑦⓪ 華: 저본에는 "革".《雲林石譜·江華石》에 근거하여 수정.

⑦① 特:《雲林石譜·江華石》에는 "之".

⑦② 皆:《雲林石譜·江華石》에는 "側背".

⑦③ 絶奇: 저본에는 "巉巧".《雲林石譜·江華石》에 근거하여 수정.

도주석

이나 이끼가 껴 있기 때문에 물에 1~2일 담가두었다가 자기 가루로 세차게 쓸어낸다.

어떤 종류는 짙은 청색이고, 어떤 종류는 연한 흑색이다. 그 석질은 단단하면서 윤기가 있으며, 두드리면 소리가 난다. 대부분 비틀리거나 패인 자국이 몰려 있어서, 태호(太湖)의 '탄자와(彈子窩)'와 상당히 비슷하다. 봉우리와 치솟은 바위의 사면에 또한 뚫린 구멍이 많이 있고, 험준하고 괴이한 온갖 모양이 있으며, 몇 척이나 되는 돌도 있다. 마치 큰 산의 기상과도 같아 천 개의 바위와 만 개의 골짜기가 있고 무리를 지은 봉우리들이 둘러싸고 있으며 가운데에 골짜기가 산기슭까지 뻗어 있다. 여러 사물을 닮은 형상은 너무 많아 모두 열거할 수가 없다.

[동천청록]292 도주석의 솟아 있는 봉우리는 아낄 만

所積, 以水漬一兩日, 用磁末痛刷.

一種色深靑, 一種微黑. 其質堅潤, 扣之有聲. 咸偏[74]多拗坎, 頗類太湖"彈子窩". 峯巒巉嵒四面亦多透空, 嶮怪萬狀, 或有數尺, 若太山氣象, 千嵒萬壑, 群峰環遶, 中有谷拽脚. 諸物像, 不可槪擧.

[洞天淸錄] 道州石起峰可

292《洞天淸祿集》〈怪石辯〉(《叢書集成初編》1552, 15쪽).
[74] 咸偏:《雲林石譜·江華石》에는 없음.

하다. 다만 돌이 거칠고 또한 매우 건조한데다 돌의 몸체가 무르기 때문에 충격에 견디지 못한다.

사계석(思溪石)²⁹³

[운림석보]²⁹⁴ 구주(衢州) 상산현(常山縣)²⁹⁵의 사계(思溪)는 지명이 석홍(石洪)이다. 사계석은 물밑에서 나온다. 옆으로 드리워진 돌은 종유석과 비슷하나 모래와 진흙이 뒤섞여 있으며, 서로 잇닿아 있지는 않다. 큰 돌도 있고 작은 돌도 있지만 몇 척을 넘지 않는데, 기이하고 교묘한 온갖 모양이 있다. 하나의 돌마다 번번이 뾰족한 십몇 개의 봉우리가 연속되어 있고, 높거나 낮게 솟아오르면서 깊은 구멍이 있으니, 온전히 큰 산의 기세와 같다. 또한 주먹만 한 크기의 돌도 있다.

또 봉우리가 우뚝 솟아 있고, 구멍이 구불구불 서로 이어져 있는 돌도 있다. 밑바닥에는 구멍이 뚫려 있는데 향로를 놓을 수 있으니, 마치 연기와 구름이 난봉(亂峯)²⁹⁶ 사이를 감아 도는 듯하다. 어떤 돌은 짙은 청색이고, 돌의 결이 솔의 털 같지만 어루만지면 손으로 바로 느껴지지는 않는다. 또 어떤 돌은 청색이면서 매끄러워 간혹 자기 가루로 쓸고

愛. 但石麤又枯燥之甚, 且體脆, 不任衝撞.

思溪石

[雲林石譜] 衢州 常山縣 思溪, 地名石洪, 石出水⁷⁵ 底. 側垂似鍾乳, 雜沙泥, 不相聯接. 或大或小, 不踰 數尺, 奇巧萬狀. 每一石, 輒⁷⁶有聯續尖銳十數峯, 高下峭拔嵌空, 全若大山 氣勢, 亦有如拳大者.

又有峯巒聳秀, 穴委曲相 通. 底坐透空⁷⁷, 堪施香 爐, 若煙雲縈遶亂峯間. 一種色深青, 石理如刷絲, 捫之輒隱手. 又一種青而 滑, 或以磁末刷治, 而顏色 溫潤, 扣之有聲. 間有質朴

---

293 사계석(思溪石):《운림석보》에는 표제어가 "상산석(常山石)"으로 되어 있다.

294《雲林石譜》卷上〈常山石〉(《叢書集成初編》1507, 4~5쪽).

295 구주(衢州) 상산현(常山縣): 중국 절강성 구주시(衢州市) 상산현 일대.

296 난봉(亂峯): 높이나 모양새가 고르지 않게 여기저기 솟은 산봉우리.

[75] 水 : 저본에는 없음.《雲林石譜·常山石》에 근거하여 보충.

[76] 輒 :《雲林石譜·常山石》에는 "則".

[77] 透空 : 저본에는 없음.《雲林石譜·常山石》에 근거하여 보충.

다듬으면 표면의 색이 부드러워지면서 윤기가 나고, 두드리면 소리가 난다. 질박하면서 교묘한 형세가 전혀 없는 돌이 간간이 있는데, 그 성질이 약간 쇳돌 같아 인위적으로 다듬을 수 없다.

全無巧勢者, 性稍礦, 不容人爲.

[연북잡지]²⁹⁷ 사계석은 단단하고 곧으며 부드럽고 윤기가 나서, 무늬와 석질이 모두 뛰어나다. 두드리면 종과 같은 소리가 나고, 사면이 모두 볼만하다. 그 자태가 밝고 빼어나며, 돌 전체의 느낌이 고아하면서도 오묘하다. 여러 돌들보다 훨씬 뛰어나므로 이에 비하면 영벽석조차 오히려 천한 돌처럼 보인다.

[硏北雜志] 思溪, 堅貞溫潤, 文質俱勝. 扣之如鍾, 四面皆可觀. 其姿裁明秀, 體氣高妙, 夐出諸石之上, 視靈壁猶儓父也.

개화석(開化石)

[운림석보]²⁹⁸ 구주(衢州) 개화현(開化縣)²⁹⁹ 용산(龍山)³⁰⁰의 깊은 땅속에서 돌무더기가 나온다. 어떤 돌은 가파른 바위가 볼만하고, 색깔은 약간 건조해보이며, 두드리면 소리가 난다. 또 별탄(鼈灘)³⁰¹이라는 곳에서도 물속에서 돌이 많이 나온다. 색깔은 약간 푸르면서 윤기가 있고, 석질은 반질거리면서 거칠다. 여러 봉우리가 늘어서 있는 모양의 돌이 간혹 있는데, 마치 큰 산의 형세와도 같다. 하지만 사계석과

開化石

[雲林石譜] 衢州 開化縣 龍山深土中, 出石磊磈, 或巉嵓可觀, 色稍燥, 扣之有聲. 又地鼈灘, 亦多産石水中. 色稍靑潤, 石質滑麤. 間有群峯羅列, 若大山氣勢, 比之思溪, 無峭⁷⁸峯勢, 叩之有聲.

---

297 《硏北雜志》 卷下(《叢書集成初編》 2887, 129쪽).
298 《雲林石譜》 卷上 〈開化石〉(《叢書集成初編》 1507, 5쪽).
299 구주(衢州) 개화현(開化縣): 중국 절강성 구주시(衢州市) 개화현 일대.
300 용산(龍山): 중국 절강성 구주시 개화현에 있는 산. 해발 1,193m. 예로부터 심산유곡이 많아 명승지로 알려져 있다.
301 별탄(鼈灘): 중국 절강성 구주시의 한 지명으로 추정되나 정확한 위치는 알 수 없다.
78 峭: 저본에는 "稍". 《雲林石譜·開化石》에 근거하여 수정.

비교해 보면 가파른 산의 형세가 없고, 두드리면 소리가 난다.

영석(英石)

[운림석보]302 영주(英州) 함광현(含光縣)과 진양현(眞陽縣)303 일대의 돌은 시냇물에서 나며, 몇 종류의 돌이 있다. 어떤 돌은 약간 청색인데, 간혹 하얀 맥(脈)이 그물처럼 얽혀 있는 무늬가 있다. 어떤 돌은 약간 회흑색이고, 어떤 돌은 옅은 녹색이다. 이 돌들은 각각 봉우리가 있고, 깊은 굴과 구멍이 서로 뻥 뚫려 통해 있다. 그 석질은 윤기가 있고, 두드리면 소리가 약간 난다.

또 한 종류의 돌은 백색이며, 사면에 봉우리가 우뚝 솟았고, 대부분 모가 나 있다. 약간 밝으면서 각 면마다 광택이 나서 사물을 비추어 볼 수 있으며, 두드려도 소리가 나지 않는다. 채취하는 사람이 물속으로 들어가서 돌의 기이하고 교묘한 곳을 헤아린 다음에 끌질을 해서 캐낸다. 이 돌은 바다 밖 멀리 있기 때문에 아는 사람들이 드물다.

그러나 황정견이 "상강태수(象江太守)304가 만금을

英石

[又] 英州 含光、眞陽縣之間, 石産溪水中, 有數種. 一微靑, 間有白脈籠絡. 一微灰黑, 一淺綠, 各有峯巒, 嵌空穿眼, 宛轉相通. 其質潤, 扣之微有聲,

又一種色白, 四面峯巒聳拔, 多稜角. 稍瑩徹, 面面有光, 可鑑物, 叩之無[79]聲. 採人就水中, 度奇巧處, 鑿取之. 此石處海外遼遠, 人罕知之.

然山谷云"象江太守費萬金

---

302 《雲林石譜》卷上 〈英石〉(《叢書集成初編》1507, 5～6쪽).

303 영주(英州) 함광현(含光縣)과 진양현(眞陽縣) : 중국 광동성(廣東省) 청원현(淸遠縣) 일대의 옛 지명. 송나라가 1120년 행정구역을 개편하면서 영주를 함광현과 진양현으로 분리하였다. 현대 중국이 1988년 행정구역을 개편하면서 함광현과 진양현 및 기타 지역을 청원현에 편입시켰다.

304 상강태수(象江太守) : 《설부(說郛)》 권26하 〈의산잡기(義山襍記)〉 "상강태수(象江太守)" 기사에 당나라 때 정번(鄭璠, ?～?)이라는 사람이 상강[象江, 광서성 상주(象州)] 일대에서 태수로 있을 때 괴석을 구하는 데 거금을 들였다는 고사가 나온다.

[79] 無 : 《雲林石譜·英石》에는 "有".

영석

들여서 괴석을 싣고 돌아왔다."305라 했으니, 옛날에 도 역시 캐올 수 있었을 것이다. 소식이 영석 1쌍을 얻었는데, 하나는 녹색이고 하나는 흰색이었으며, 그 명목을 '구지석(仇池石)'이라 했다. 그러나 그 실상 은 크고 작은 여러 종류의 돌이 각각 볼만한 점이 있으니, 유독 백색과 녹색의 돌만은 아니다.

載歸", 古亦能耳. 東坡獲 雙石, 一綠、一白, 目爲"仇 池". 然其實大小數種, 各 有可觀, 不獨白綠也.

[동천청록]306 영석은 구리 광석과 같고, 소리도 구 리와 같다. 거꾸로 매달려 바위 밑에서 자라고, 톱 질을 해서 캐내기 때문에 바닥에는 톱질의 흔적 이 남아 있다. 큰 돌은 더러 길이가 7~8척이고 솟 은 봉우리가 0.2~0.3척에 이르기 때문에 역시 궤안 에서 기이하게 완상할 만하다. 그러나 색깔에 윤기 가 흐르는 돌이 아낄 만하지만, 메마른 돌은 귀중히

[洞天淸錄] 英石如銅鑛, 聲亦如銅. 倒懸生嵒下, 以 鋸取之, 故底有鋸痕. 大者 或長七八尺, 起峯至二三 寸⑧, 亦几案奇玩. 然色潤 者可愛, 枯燥者不足貴.

305 상강태수(象江太守)가……돌아왔다:《산곡집(山谷集)》권25〈제발(題跋)〉"서호중구화산석(書壺中九華山 石)"에 있다.
306《洞天淸祿集》〈怪石辯〉(《叢書集成初編》1552, 15쪽).
⑧ 寸 : 저본에는 "十".《洞天淸祿集·怪石辯》에 근거하여 수정.

계천석

여길 만하지는 못하다.

계천석(桂川石)

[동천청록]307 계천석은 정강부(靖江府)308에서 나오는 돌이다. 이 돌은 비록 자연적으로 만들어져서 나오지만 돌이 거칠고 색깔이 아름답지 않다. 간혹 영롱한 무늬의 돌이 있는데, 고아하여 화단에 놓아두기에 적당하지만 그 외에 다른 쓸모는 없다.

강주석(江州石)

[운림석보]309 강주(江州) 호구(湖口)310의 돌에는 몇 가지 종류가 있다. 어떤 종류는 청색이 뒤섞여 있고, 봉우리와 바위골짜기 모양을 이루고 있다. 어떤 종

桂川石

[又] 靖江府所出, 雖出自然, 然石麤而色不佳. 或有玲瓏者, 雅宜置之花檻中, 它無用也.

江州石

[雲林石譜] 江州 湖口石[81]有數種, 一種靑色混然, 成峯巒嵒壑. 一種匾薄,

---

307 《洞天淸祿集》〈怪石辯〉(《叢書集成初編》1552, 15쪽).
308 정강부(靖江府) : 중국 강소성 정강시(靖江市) 일대.
309 《雲林石譜》 卷上 〈江州石〉(《叢書集成初編》1507, 6쪽).
310 강주(江州) 호구(湖口) : 중국 강서성(江西省) 구강시(九江市) 호구현(湖口縣) 일대.
[81] 石 : 저본에는 없음. 《雲林石譜·江州石》에 근거하여 보충.

강주석

류는 평평하면서 얇은 형태이고 깊은 굴과 구멍이 두루 뚫려 있어 목판을 날카로운 칼로 파고 새긴 모양과 거의 같다. 돌의 결은 솔의 털과 같고 빛깔도 약간 윤기가 있다. 두드리면 소리가 난다. 토박이인 이정신(李正臣)³¹¹이 이 돌을 모아 소식에게 크게 칭찬받았다. 그 돌의 명목을 호중구화[壺中九華, 단지 속의 구화산(九華山)³¹²]라 했고, '백금(百金)을 보내어 작고 영롱한 돌을 사네.'³¹³라는 시 구절이 있다.

또 한 종류가 있는데, 봉우리 1~2개나 3~4개를 빼어나게 이루고 있고, 높이 차이가 험하고 가파르다. 뻗어 있는 산자락 모양이 없으나 마주보거나 등

嵌空穿眼遍⁸²透, 幾若木板以⁸³利刀剜刻之狀, 石理如刷絲, 色亦微潤, 扣之有聲. 土人李正臣蓄此石, 大爲東坡稱賞, 目爲"壺中九華", 有"百金歸買小玲瓏"之語.

又有一種, 挺然成一兩峯或三四峯, 高下峻峭. 無拽脚, 有向背, 首尾一律⁸⁴.

---

311 이정신(李正臣): ?~?. 중국 송나라의 화가. 자는 단언(端彦). 꽃·대나무·새 그림을 잘 그린 화가로 알려져 있다.

312 구화산(九華山): 중국 안휘성(安徽省) 청양현(靑陽縣) 남서쪽에 있는 산. 고대에는 '구자산(九子山)'이라 했으나 당(唐)나라 때의 시인 이백(李白)이 '구화산'으로 개칭했으며, 산속에 이백서당(李白書堂)의 터가 있다. 9개의 봉우리가 높이 솟아 있으면서 계곡의 경치가 빼어나고, 지장보살(地藏菩薩)의 영지(靈地)로 알려져 있다.

313 백금(百金)을……사네:《동파전집(東坡全集)》 권28 〈시일백십수(詩一百十首)〉 "호중구화시(壺中九華詩)"에 있다.

⁸² 遍:《雲林石譜·江州石》에는 "通".

⁸³ 以:《雲林石譜·江州石》에는 "似".

⁸⁴ 一律:《雲林石譜·江州石》에는 "相顧".

지는 모양은 있어서 수미(首尾)가 한결같다. 어떤 돌은 크고 어떤 돌은 작은데, 토박이들은 대부분 돌받침대로 연결시키거나, 잘게 쪼개진 여러 돌들을 아교와 옻칠로 끈끈하게 연결하고, 교묘하게 다듬어 윗부분이 쟁반 모양인 산으로 만든다. 바로 승려가 부처에 공양을 바치는 모양과도 같은데, 돌들이 짝을 지어 서로 마주하고 있으나 별다른 의미는 없다.

원석(袁石)

[운림석보]314 원주(袁州) 만재현(萬載縣)315에는 현 치소에서 십여 리 거리인 곳에 돌이 셀 수 없을 만큼 많게 들과 밭 곳곳에서 나온다. 그 석질은 가파르고 험준하며, 약간 청색이다. 간혹 봉우리가 많고, 바위와 구멍이 사방을 향하고 있기도 하다. 또한 돌의 틈 속 위나 아래로 작은 나무들이 자라는 경우가 있는데, 울창하여 즐길 만하다. 어떤 돌은 높이가 3~4척이고, 어떤 돌은 5~6척이며, 큰 산의 기세와 온전히 같다. 몇백 보를 걸어가도 돌이 끊임없이 나오기에, 그곳의 지명(地名)은 난석리(亂石里)316이다.

원주 분의현(分宜縣)317에는 현 치소와 20리 거리

或大或小, 土人多綴以石座, 及以細碎諸石膠漆粘綴, 取巧爲盆山. 政[85]如僧人排設供佛者, 兩兩相對, 殊無意味.

袁石

[又] 袁州 萬載縣去[86]縣十餘里, 石無數出野田間. 其質嶙峻, 微靑色. 間多峯巒, 嵒竇四向. 又有石罅中上下生小林木, 蓊蔚可喜. 或高三四尺, 或五六尺, 全如太山氣勢. 經行數百步, 不斷[87], 地名亂石里.

袁州 分宜縣距縣二十里,

---

314 《雲林石譜》卷上 〈袁石〉(《叢書集成初編》1507, 6~7쪽).

315 원주(袁州) 만재현(萬載縣): 중국 강서성(江西省) 의춘시(宜春市) 만재현 일대. 북송시대에는 의춘시 일대가 원주에 속했으나, 현재 행정구역상으로 만재현과 원주구(袁州區)는 의춘시에 속해 있다.

316 난석리(亂石里): 중국 강서성 의춘시 만재현 난석과(亂石堝) 부근으로 추정된다.

317 분의현(分宜縣): 중국 강서성 신여시(新余市) 분의현 일대. 의춘시와 동쪽으로 인접해 있다. 북송시대에는 원주에 속했다.

[85] 政: 《雲林石譜·江州石》에는 "正".

[86] 去: 저본에는 "土". 오사카본·《雲林石譜·袁石》에 근거하여 수정.

[87] 斷: 《雲林石譜·袁石》에는 "斷目".

원석   평천석   평천석(《소원석보》)

인 곳에 오후령(五侯嶺)318이 있다. 오후령의 정상 사방으로 모두 산과 돌이 험하고 가팔라서 마치 자르고 찢고 꺾고 뒤집혀진 형세와 같다. 일반적으로 산 아래의 어떤 돌은 서 있고 어떤 돌은 엎드려 있는데 분명 이 돌들은 산 정상에서 떨어져 굴러온 돌들일 것이다. 돌의 색깔은 감청(紺靑)색이면서 윤기가 나고, 기괴한 온갖 모양을 하고 있다.

有五侯嶺. 嶺上四旁, 皆山石岝崿峭絕, 若劃裂摧倒勢. 凡山下石或立或伏, 當是山上飛墮者, 石88色紺靑而潤澤, 奇怪萬狀.

평천석(平泉石)

[운림석보]319 평천석은 관중(關中)320에서 나온다.

平泉石

[又] 出自關中, 考89之《李

---

318 오후령(五侯嶺): 미상. 《운림석보》 권상 〈원석〉에는 오후령 주석에서 "'侯'는 또는 '猴'로 쓰여 있는데, 그 명칭은 미상이다.(侯或作猴字, 不詳其名.)"라 했다.

319 《雲林石譜》 卷上 〈平泉石〉(《叢書集成初編》 1507, 7쪽).

320 관중(關中): 중국 섬서성(陝西省) 위수(渭水) 주변의 분지. 사방으로 함곡관(函谷關) · 무관(武關) · 산관(散關) · 소관(蕭關)이 위치하고 있다. 주(周)의 호경(鎬京), 진(秦)의 함양(咸陽), 한(漢) · 수(隨) · 당(唐)의 장안(長安) 등 역대 국가의 수도가 관중에 있었다.

88 石: 저본에는 "色". 《雲林石譜 · 袁石》에 근거하여 수정.

89 考: 저본에는 "秀". 오사카본 · 규장각본 · 《雲林石譜 · 平泉石》에 근거하여 수정.

연주석(《소원석보》)

《이덕유평천장기(李德裕平泉莊記)321》를 살펴보면 평천에는 돌이 물속에서 나온다. 하나의 기이한 돌을 얻을 때마다 모두 '유도(有道)' 2글자를 깎았다고 한다.

德裕平泉莊記》, 石産水中, 每獲一奇, 皆鐫"有道"二字.

연주석(兗州石)

[운림석보]322 연주(兗州)323에는 갈색 같은 돌이 나오는데, 이를 '율옥(栗玉, 밤 색깔의 옥)'이라 한다. 가파른 바위와 봉우리의 형세가 있으나 구멍은 없다. 그 석

兗州石

[又] 兗州出石如褐色, 謂之"栗⑨玉". 有巉嵒峯巒勢, 無穿眼. 其質甚堅潤,

---

321 이덕유평천장기(李德裕平泉莊記): 중국 당나라의 관료 이덕유(李德裕, 787~850)의 별장인 평천장을 소재로 쓴 글. 평천장은 낙양(洛陽) 교외에 있었다고 한다. 이덕유의 자는 문요(文饒)이고, 감찰어사(監察御史)·한림학사(翰林學士)·회남절도사(淮南節度使) 등을 역임한 뒤, 무종(武宗) 회창(會昌) 연간에 권세를 누려 재상이 되었다. 번진(藩鎭)의 소요를 저지하였고 폐불(廢佛) 정책을 단행했으나 선종(宣宗)이 즉위하자 반대파의 저항에 밀려 관직에서 멀어졌다. 저서로는 《회창일품집(會昌一品集)》등이 있다. 현재 전해지는 《고금합벽사류비요(古今合璧事類備要)》〈별집(別集)〉권21 "이덕유평천장기"에는 '기이한 돌[奇石]' 수집에 대한 내용이 있지만, '유도(有道) 2글자를 새겼다'는 구절은 없다.

322 《雲林石譜》卷上 〈兗州石〉《叢書集成初編》1507, 7~8쪽).

323 연주(兗州): 중국 산동성 서남부와 하남성 동부 일대의 옛 지명. 고대 중국 지역을 구분할 때 주로 통칭하던 구주(九州) 중 하나였고, 후한 때에는 13주 중의 하나였다.

⑨ 栗: 저본에는 "栗".《雲林石譜·兗州石》에 근거하여 수정.

질은 매우 단단하면서도 윤기가 있으며, 두드리면
소리가 난다. 다만 봉우리 모양이 천편일률인 점이
흠일 뿐이다.

扣之有聲, 但欠⑨¹峯巒一
律耳.

습경석(襲慶石)

[운림석보]³²⁴ 습경부(襲慶府)³²⁵ 태산(泰山)³²⁶의 돌은
흙속에서 난다. 돌의 크기가 3~4척을 넘으며, 간혹
돌무더기 중 자잘한 돌이 있다. 색깔은 회백색이고,
어떤 돌은 약간 청색이다. 또한 골짜기가 깊고 험하
며 기괴한 형세를 갖춘 돌이 있는데, 그 석질이 매우
연해서 깎거나 갈 수 있다.

襲慶石

[又] 襲慶府 泰山石産土
中, 大小踰三四尺⑨², 間有
磊魂碎小者, 色灰白, 或微
靑. 亦有嵌巘奇怪勢, 其質
甚軟, 可施鐫礱.

역산석(嶧山石)

[운림석보]³²⁷ 역산(嶧山)³²⁸은 습경부(襲慶府) 추현(鄒
縣)³²⁹에 있는데, 이 산의 흙속에서 아름다운 돌이
난다. 간혹 바위 동굴처럼 구멍이 깊게 뻥 뚫려 있
다. 또 봉우리가 높기도 하고 낮기도 하지만 우뚝 솟
은 형세는 없다. 그 석질은 단단한 광석이라 도끼나

嶧山石

[又] 嶧山在襲慶府 鄒縣,
山土中産美石. 間有嵒穴
穿眼, 宛⑨³轉深邃. 亦有
峯巒高下, 無崷崒勢. 其質
堅礦, 不容斧鑿. 色若挼⑨⁴

---

324 《雲林石譜》卷上〈襲慶石〉(《叢書集成初編》1507, 11쪽).
325 습경부(襲慶府) : 중국 북송에서 1118년 산동성 제녕시(濟寧市) 일대에 설치한 행정구역.
326 태산(泰山) : 중국 산동성 태안시(泰安市)에 있는 산. 주봉인 천주봉(天柱峰)은 해발 1545m. 중국 서쪽 지
　　역에서는 가장 높은 산 중의 하나이며 예로부터 신성한 산으로 여겨졌다. 천자가 행하는 최고의 의식인 봉
　　선(封禪, 천지에 드리는 제사)을 진(秦)나라 시황제(始皇帝)가 태산에서 처음으로 거행하였다.
327 《雲林石譜》卷上〈嶧山石〉(《叢書集成初編》1507, 11쪽).
328 역산(嶧山) : 중국 산동성(山東省) 추성시(鄒城市)에 있는 산. 해발 582m. 예로부터 명산으로 알려져 왔다.
　　'추역산(鄒嶧山)' 또는 '추산(鄒山)'이라고도 한다.
329 추현(鄒縣) : 중국 산동성 추성시 일대.
⑨¹ 欠 : 《雲林石譜·兗州石》에는 "見".
⑨² 尺 : 저본에는 "寸". 《雲林石譜·襲慶石》에 근거하여 수정.
⑨³ 宛 : 《雲林石譜·嶧山石》에는 "不甚宛".
⑨⁴ 挼 : 저본에는 "按". 《雲林石譜·嶧山石》에 근거하여 수정.

습경부 태산석

역산석

역산석((소원석보))

끌이 박히지 않는다. 색깔은 마치 뇌람(挼藍)[330] 같
고, 어떤 돌은 나뭇잎 색깔과 같다.

藍, 或如木葉.

뇌양석(耒陽石)

[운림석보][331] 형주(衡州) 뇌양현(耒陽縣)[332]의 흙속에
서 돌이 나오는데, 돌이 무더기로 쌓여 있는 모습
은 가파른 바위와 같으며 크기가 일정하지 않다. 석
질은 약간 단단한데, 어떤 종류는 색깔이 청흑색이
고, 어떤 종류는 회백색이며, 어떤 종류는 황색이면
서 얼룩무늬가 있다. 사면이 기이하고 교묘하며, 두
드리면 소리가 난다. 궤안 위에 놓아둘 수 있어, 크
기가 작아도 감상할 만하다.

耒[95]陽石

[又] 衡州 耒[96]陽縣土中出
石, 磊磈巉嵒, 大小不等.
石質稍堅, 一種色靑黑, 一
種灰白, 一種黃而斑. 四面
奇巧, 扣之有聲. 可置几案
間, 小有可觀.

---

330 뇌람(挼藍): 남초(藍草, 쪽풀)를 물에 담가 짓이겨 만든 푸른색의 염료.
331 《雲林石譜》 卷上 〈耒陽石〉 《叢書集成初編》 1507, 8쪽).
332 형주(衡州) 뇌양현(耒陽縣): 지금의 중국 호남성(湖南省) 형양시(衡陽市) 뇌양현 일대.
[95] 耒 : 저본에는 "來". 《雲林石譜·耒陽石》에 근거하여 수정.
[96] 耒 : 저본에는 "來". 《雲林石譜·耒陽石》에 근거하여 수정.

양양석〈소원석보〉

진강석〈소원석보〉

양양석(襄陽石)

[운림석보]³³³ 양양부(襄陽府)³³⁴의 성(城, 치소)에서 십여 리 거리에 '봉황산(鳳凰山)³³⁵'이 있는데, 이 산의 땅속에서 돌이 나온다. 높이는 1척 남짓이고, 어떤 돌은 주먹만 하다. 가파른 바위가 험준하고 괴이하며 가끔 큰 산의 형세와 같다. 색깔은 청흑색이고, 간혹 회갈색(灰褐色)과 같은 돌도 있다. 두드리면 소리가 나며, 궤안 위에 놓아둘 수 있다.

진강석(鎭江石)

[운림석보]³³⁶ 진강부(鎭江府)³³⁷의 성(城)에서 15리 거리의 지명은 '황산(黃山)³³⁸'이다. 또 그 동쪽에는 현

襄陽石

[又] 襄陽府去城十數里, 有山名"鳳凰", 地中出石. 高尺餘, 或如拳者. 巉嵒嶮怪, 往往如大山勢, 色青黑, 間有如灰褐者. 叩之有聲, 可置几案間.

鎭江石

[又] 鎭江府去城十五里, 地名"黃山", 又其東有峴

333《雲林石譜》卷上〈襄陽石〉《叢書集成初編》1507, 8쪽).
334 양양부(襄陽府): 중국 북송에서 1119년 호북성(湖北省) 양양시(襄陽市) 일대에 설치한 행정구역. 양양시와 인근의 곡성현(穀城縣), 남장현(南漳縣)을 포괄하였으며, 치소는 양양시(襄陽市) 한수남양성구(漢水南襄城區)에 있었다.
335 봉황산(鳳凰山): 중국 호북성 양양시 남장현에 있는 산. 해발 미상.
336《雲林石譜》卷上〈鎭江石〉《叢書集成初編》1507, 8쪽).
337 진강부(鎭江府): 중국 북송에서 1113년 강소성 진강시(鎭江市)에 설치한 행정구역. 치소는 진강시 단도구(丹徒區)에 있었다.
338 황산(黃山): 중국 강소성 진강시 단도구에 있는 산. 해발 미상.

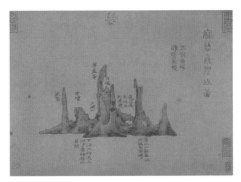

미불의 《연산명》 중 〈연산도(研山圖)〉(북경 고궁박물원)

산(峴山)³³⁹이 있다. 이 두 산 모두 흙속에서 돌이 난다. 이 돌은 작은 돌의 경우 전체를 쓰고, 큰 돌의 경우 깎아서 쓰는데, 서로 이어진 부분이 기괴하여 온갖 형상이 있다. 색깔은 황색이고 맑으면서 윤기가 있으며 단단하고, 두드리면 소리가 난다. 간혹 색깔이 회갈색인 돌이 있는데, 돌에 구멍이 많고 서로 뚫려 있어, 소리를 낼 수 있다.

미불(米芾)이 작은 돌을 가져다 연산(研山)³⁴⁰을 만들었는데, 매우 기이하고 특별한 자태가 있었다. 이 중 현산의 돌은 대부분 맑으면서 윤기가 나고, 황산에서 나는 돌은 색깔에 토맥(土脈, 돌에 있는 흙빛 무늬)이 많기 때문에 깎아서 다듬을 수 있는 돌은 적다.

山, 皆産石土中. 小者或全質, 大者或鐫取, 相連處奇怪萬狀. 色黃, 清⁹⁷潤而堅, 扣之有聲. 間有色灰褐者, 石多穿眼相通, 可出音⁹⁸.

米元章取小石爲研⁹⁹山, 甚奇¹⁰⁰特, 峴山石多清¹⁰¹潤, 而産於黃山者, 色¹⁰²多土脈, 少有可鐫治者.

---

339 현산(峴山): 중국 강소성 진강시 경구구(京口區)에 있는 산. 현재는 경현산(京峴山)이라 한다. 해발 미상.
340 연산(研山): 미불(米芾, 1051~1107)이 만든 괴석. 《연산명(研山銘)》에는 이 괴석에 대한 품평과 그림이 실려 있다.
⑰ 清: 저본에는 "青". 《雲林石譜·鎮江石》에 근거하여 수정.
⑱ 音: 《雲林石譜·鎮江石》에는 "香".
⑲ 研: 저본에는 "峴". 오사카본·《雲林石譜·鎮江石》에 근거하여 수정.
⑳ 甚奇: 저본에는 없음. 《雲林石譜·鎮江石》에 근거하여 보충.
㉑ 清: 저본에는 "青". 《雲林石譜·鎮江石》에 근거하여 수정.
㉒ 色: 《雲林石譜·鎮江石》에는 "率".

청계석(淸溪石)

[운림석보]341 광남(廣南) 청계진(淸溪鎭)342으로부터 30~50리 되는 곳에는 흙속에서 돌이 나오는데, 가파른 벼랑 모양이며 험준하고 기괴하다. 어떤 종류의 돌은 색깔이 매우 맑으면서 윤기가 나고, 두드리면 소리가 맑게 퍼진다. 어떤 돌은 백색으로, 궤안 위에 놓아둘 만하다. 돌이 나는 곳이 서로 가까이 있지만 청색과 녹색의 돌은 다른 곳에서 나는 돌보다 훨씬 기이하다.

형석(形石)343

[운림석보]344 형문(形門) 서산(西山)345은 태항산(太行山)346과 접해 있고, 그 산속에 돌이 있는데, 색깔이 흑색이다. 봉우리가 기이하고 교묘하여 궤안 위에 놓아둘 만하다.

구지석(仇池石)

[운림석보]347 소주(韶州)348 동남쪽 70~80리 되는 곳

淸溪石

[又] 廣南 淸溪鎭之三五十里, 土中出石, 巉崖嶮怪. 一種色甚淸潤, 扣之聲韻淸越. 一種白色, 可置几案間. 石所産相隣, 靑色、綠色尤奇於他處之産.

形石

[又] 形門 西山接太行山, 山中有石, 色黑, 峯巒奇巧, 可置几案間.

仇池石

[又] 韶州之東南七八十里,

341《雲林石譜》卷上〈淸溪石〉《叢書集成初編》1507, 9쪽).

342 광남(廣南) 청계진(淸溪鎭) : 중국 광동성(廣東省) 동완시(東莞市) 청계진 일대.

343 형석(形石) :《운림석보》권상 형석(形石)의《총서집성초편(叢書集成初編)》본의 주석에는 "원래 형석(刑石)으로 되어 있다. 지금의 판본은 별본을 따랐다.(原作刑. 今從別本.)"라 했다.

344《雲林石譜》卷上〈形石〉《叢書集成初編》1507, 9쪽).

345 형문(形門) 서산(西山) : 형문과 서산의 위치는 현재 확인되지 않는다. 다만 비슷한 지명인 형주(荊州)는 현재 하북성 형태시(邢台市)이며, 서쪽의 높은 산악지대가 태항산과 이어져 있어 형문의 서산은 형주 서쪽의 산악지대 일대로 추정된다.

346 태항산(太行山) : 중국 산서성·하북성·하남성·북경에 걸쳐 있는 산. 해발 2,882m. 오항산(五行山)·왕모산(王母山)·여와산(女媧山)이라고도 한다.

347《雲林石譜》卷上〈仇池石〉《叢書集成初編》1507, 9쪽).

348 소주(韶州) : 중국 광동성 소관시(韶關市) 일대.

구지석 《소원석보》

변산석 《소원석보》

은 지명이 구지(仇池)³⁴⁹인데, 흙속에서 작은 돌이 난다. 봉우리와 바위 구멍이 아주 기이하고 교묘하며, 돌의 색깔은 맑으면서 윤기가 나고, 두드리면 소리가 난다. 청계석의 품목(品目)과 서로 상당히 비슷하다.

地名仇池, 土中産小石. 峯巒嵒竇甚奇巧, 石色淸潤, 扣之有聲. 頗與淸溪品目相類.

변산석(卞山石)

[운림석보]³⁵⁰ 호주(湖州)³⁵¹ 서문 밖 십 리에 변산(卞山)³⁵²이 있다. 이곳에서 나는 돌이 기이하고 교묘하며, 산 곳곳에 퍼져 있다. 골짜기와 바위가 높고 험하며, 색깔은 영벽석(靈璧石)과 비슷하지만 맑으면서 윤기가 나기 때문에 더욱 뛰어나다. 섭몽득(葉夢得)³⁵³의 석림(石林)³⁵⁴이 곧 그곳이다.

卞山石

[又] 湖州西門外十[103]里有卞山, 産石奇巧, 布山間. 嵌嵒礧魂, 色類靈璧, 而淸潤尤勝. 葉少蘊 石林卽[104]其地也.

---

349 구지(仇池) : 중국 광동성 소관시 곡강현(曲江縣) 지역으로 추정되나 정확한 위치는 비정하기 힘들다.

350 《雲林石譜》卷上〈卞山石〉(《叢書集成初編》1507, 11쪽).

351 호주(湖州) : 중국 절강성 호주시(湖州市) 일대.

352 변산(卞山) : 중국 절강성 호주시 서북쪽에 있는 산. 변산(弁山)이라고도 한다. 해발 521m.

353 섭몽득(葉夢得) : 1077~1148. 중국 송나라의 문인. 자는 소온(少蘊), 호는 석림거사(石林居士). 복건안무사(福建安撫使) 등을 역임하였고, 학문에 통달하였는데 특히 사(詞)에 뛰어났다. 만년에 고향인 변산의 석림곡에 은거하면서 저술활동을 했다. 저서로 《피서록화(避暑錄話)》·《석림시화(石林詩話)》등이 있다.

354 석림(石林) : 중국 절강성 호주시 변산의 석림곡(石林谷).

[103] 十:《雲林石譜·卞山石》에는 "十五".

[104] 卽:《雲林石譜·卞山石》에는 "得".

길주석(吉州石)

[운림석보]355 길주(吉州) 안복현(安福縣)356의 동쪽으로 2~3리 되는 곳에 수령(秀嶺)357이 있다. 이곳에서는 돌이 흙속에서 나는데, 서로 이어져 있지는 않다. 그 석질은 가파른 바위 모양이며 맑으면서 윤기가 나는데, 두드리면 소리가 난다. 간혹 돌의 2~3면이 혼연하게 막혀 있기도 하다. 돌의 높이는 몇 척 정도로, 작으면서도 교묘한 돌은 없다.

또 백마묘(白馬廟)358가 있는데, 안복현에서 20여 리 거리이다. 흙속에서 역시 돌이 나오는데, 석질은 약간 청색이고, 어떤 돌은 약간 백색이다. 4면에 깊은 구멍이 있어 험하면서 괴이하다.

또 불승담(佛僧潭)359이 있는데, 안복현의 서쪽으로 14~15리에 있다. 이곳에서는 돌이 흙속에서 나는데 역시 맑으면서 윤기가 나고 깊은 구멍이 있으며 구멍이 앞뒤로 뻥 뚫려 있고, 두드리면 어떤 돌은 소리가 난다.

또 큰 산과 비슷한 모양의 돌 종류도 있는데, 4면의 봉우리에 험한 형세가 있다. 간혹 작으면서도 교묘한 돌도 있다. 어떤 사람은 불승담에서 먼 곳에서

吉州石

[又] 吉州 安福縣之東二三里有秀嶺. 石産土中, 不相聯綴. 其質巉嵒清潤, 扣之有聲. 間有三兩面或混然窒塞, 高數尺, 無小巧者.

又有白馬廟, 去縣二十餘里. 土中亦出石, 石質稍青, 或色稍白, 四面嵌空嶮怪.

又有佛僧潭, 在縣西十[105]四五里, 石[106]産土中, 亦清[107]潤嵌空, 穿眼宛轉, 扣之或有聲.

又有一種如大山, 四面嶵崒勢, 間有小巧者. 或云潭遠側[108], 皆枯燥無聲, 色亦

---

355 《雲林石譜》 卷上 〈吉州石〉 (《叢書集成初編》 1507, 12쪽).
356 길주(吉州) 안복현(安福縣) : 중국 강서성 길안시(吉安市) 안복현 일대.
357 수령(秀嶺) : 중국 강서성 길안시 안복현 동쪽에 있는 고개. 현재는 몽강령(蒙岡嶺)이라고 한다.
358 백마묘(白馬廟) : 중국 강서성 길안시 길주구(吉州區)에 있는 사당.
359 불승담(佛僧潭) : 중국 강서성 길안시 안복현 서쪽에 있는 못으로 추정되나, 상세한 위치는 확인되지 않는다.
[105] 十 : 《雲林石譜·吉州石》에는 없음.
[106] 石 : 저본에는 없음. 오사카본·규장각본·《雲林石譜·吉州石》에 근거하여 보충.
[107] 淸 : 저본에는 "青", 《雲林石譜·吉州石》에 근거하여 수정.
[108] 側 : 《雲林石譜·吉州石》에는 "則".

나는 돌도 모두 메마르고 소리가 나지 않으며, 색깔도 역시 회백색이라 했다.

灰白.

또 안복현의 서쪽으로 60리 되는 곳인 경운향(慶雲鄕)360에는 지명으로 구암산(久嵒山)361이 있다. 이 산속에 바위 하나가 있는데, 매우 깊이 박혀 있는 바위 옆의 땅속에서 돌이 나온다. 어떤 돌은 크고 어떤 돌은 작은데, 깊은 구멍이 있고 가파른 바위 모양이며 4면에 독특한 돌의 형세가 있고, 뚫린 구멍이 적게 있지만, 수많은 사물의 모양을 하고 있어 완연히 천연의 모습이다.

又縣西六十里慶雲鄕, 地名久嵒山, 中有一嵒, 深邃嵒之側土中出[109]石. 或大或小, 嵌空巉嵒, 四面特石[110], 少有穿眼, 數多物像, 宛比天然[111].

일반적으로 이 4가지 종류의 돌 모두 백마묘(白馬廟)의 돌과 비슷하면서도 거기에 맑으면서 윤기가 나기까지 하니, 완전한 아름다움을 갖추었다.

凡此四種, 若白馬廟, 加之淸[112]潤, 有全美矣.

전주석(全州石)

[운림석보]362 전주(全州)363 상강(湘江)364 일대에서 물길을 거슬러 올라가면, 강변 양쪽 기슭이 좁아지는 곳에 흙이나 돌 위에 마치 종유석처럼 매달려 있는

全州石

[又] 全州 湘江一帶, 泝流而上, 江邊兩岸狹處, 間有土石上[113]懸石如鍾乳, 嵌

---

360 경운향(慶雲鄕) : 중국 강서성 길안시 안복현 서쪽에 있는 마을로 추정되나, 상세한 위치는 확인되지 않는다.

361 구암산(久嵒山) : 《운림석보》에서는 "구암산(久巖山)이라 했다. 중국 강서성 길안시 안복현 서쪽에 있는 산으로 추정되나, 상세한 위치는 확인되지 않는다.

362 《雲林石譜》 卷上 〈全州石〉 (《叢書集成初編》 1507, 12쪽).

363 전주(全州) : 중국 광서성(廣西省) 계림시(桂林市) 전주현(全州縣) 일대. 춘추전국시대에는 호남성 장사(長沙)를 포괄하는 지역이었고, 송대에는 전주현·청상현(淸湘縣)·관양현(灌陽縣)을 포괄하는 지역이었다.

364 상강(湘江) : 중국 광서성 흥안현(興安縣)·전주현 및 호남성 형양시(衡陽市)·상담시(湘潭市)·장사시(長沙市) 등을 거쳐 동정호(洞庭湖)로 흘러드는 강.

[109] 出 : 저본에는 "有". 오사카본·《雲林石譜·吉州石》에 근거하여 수정.

[110] 石 : 《雲林石譜·吉州石》에는 "勢".

[111] 比天然 : 《雲林石譜·吉州石》에는 "然天成".

[112] 淸 : 저본에는 "靑".《雲林石譜·吉州石》에 근거하여 수정.

[113] 上 : 《雲林石譜·吉州石》에는 "山".

돌이 간혹 있다. 이 돌에는 깊은 구멍과 가파른 바위가 온갖 형상을 이루고 있다. 두드리면 소리가 맑게 퍼진다. 그 색깔은 영벽석과 비슷하여, 짙푸른 색깔을 즐길 만하다.

空巉嵒萬狀, 扣之聲淸越. 其色若靈璧, 靑翠可喜.

소주석(韶州石)

[운림석보]365 소주(韶州) 황우탄(黃牛灘)366의 물속에서 돌이 나는데, 봉우리와 가파른 바위 등의 온갖 괴이한 모양이 있다. 그 색깔은 어떤 돌은 회색이고, 두드리면 약간 소리가 난다. 일반적으로 물에서 돌을 채취하며, 석질은 메마르다. 자기 가루로 문질러 다듬어야 곧 색깔이 약간 푸르게 된다. 기이하고 교묘하면서도 작은 돌이 간혹 있다.

韶州石

[又] 韶州 黃牛灘水中産石, 峯巒巉嵒百怪. 其色或灰, 扣之微有聲. 凡就水採取, 枯燥, 便⑭用磁末刷治, 卽色稍靑. 間有奇巧而小者.

융석(融石)

[동천청록]367 융주(融州) 노군동(老君洞)368에서 나오는 돌 역시 높게 솟은 봉우리 모양이며, 거칠고 메마르면서 성질이 무른데, 그 정도가 도주석(道州石)보다 더 심하다.

融石

[洞天淸錄] 融州 老君洞所出亦起峯, 麤燥體脆, 又甚於道州石.

천석(川石)

[동천청록]369 천석은 기이하게 솟아올라 있고, 높으

川石

[又] 奇聳高大可愛. 然多人

365《雲林石譜》卷上〈韶州石〉《叢書集成初編》1507, 13쪽).
366황우탄(黃牛灘): 중국 광동성 청원시(淸遠市) 양산현(陽山縣) 소강진(小江鎭) 일대를 흐르는 하천.
367《洞天淸祿集》〈怪石辯〉《叢書集成初編》1552, 15쪽).
368융주(融州) 노군동(老君洞): 중국 광서성(廣西省) 융수현(融水縣) 노군동 일대. 노군동은 예로부터 도교(道敎)의 성지로 알려져 있으며, 경치가 수려해 '수월동천(水月洞天)'이라고도 불렸다.
369《洞天淸祿集》〈怪石辯〉《叢書集成初編》1552, 15쪽).
⑭ 便:《雲林石譜·韶州石》에는 "須".

550   이운지·권제 3

면서 거대하여 아낄 만하다. 그러나 대부분 사람의 힘으로 돌을 조각한 뒤에 급류의 물속에 두어 물살에 치이고 부딪치게 만들었으므로 그 색깔이 메마르다.

力雕刻後, 置急水中, 春撞之, 其色枯燥.

소유동천석(小有洞天石)

[동천청록]370 소식의 소유동천석은 돌 아래에 하나의 받침대를 만들어 그 받침대 안에 향로를 보관한다. 여러 개의 향로 구멍이 바위 구멍 사이를 바로 마주보게 하여 향을 피울 때면 구름 같은 연기가 바위 구멍 속에 가득 찼다.

小有洞天石

[又] 東波小有洞天石, 石下作一座子, 座中藏香爐, 引數竅正對山峀間, 每焚香則煙雲滿峀.

26) 우리나라 돌의 품등

경천석(敬天石)

[청천양화록]371 개성(開城)372의 남쪽 20여 리 되는 곳에 경천사(敬天寺)373가 있는데, 절 북쪽으로 3~4리 되는 곳에서 괴석이 많이 난다. 돌의 색깔은 푸른 옥빛인데, 봉우리가 가파르고 험준하며 낭떠러지와 가파른 골짜기는 아득하여 마치 구름과 번개를 은은하게 숨기고 있는 듯한 형상이다. 수분(水盆)374 안에 두면 돌이 물을 흡수해서 봉우리의 정상까지 이르게 할 수 있으니, 비록 한낮이라도 마르지 않는

東國石品

敬天石

[菁川養花錄] 松都南二十餘里有敬天寺, 寺北三四里多産怪石. 石色靑碧, 峯巒峭峻, 懸崖絶壑, 隱隱若藏畜雲雷之形. 置諸水盆中, 則能引水至峯頂, 雖日中不乾. 苔蘚斑爛, 形色似沈水香, 故俗謂之"沈香

---

370 《洞天淸祿集》〈怪石辯〉(《叢書集成初編》1552, 16쪽).
371 《菁川養花小錄》〈怪石〉(고려대 해외한국학자료센터DB, 30~31쪽);《山林經濟》卷2〈養花〉"怪石"(《農書》2, 217~218쪽).
372 개성(開城) : 황해북도 개성시 일대. 고려의 수도였다.
373 경천사(敬天寺) : 경기도 개풍군 광덕면 부소산에 있는 절. 고려시대의 유명한 고찰이었으며 경천사지십층석탑(敬天寺址 十層石塔)이 있던 절이다.
374 수분(水盆) : 물을 담아 꽃을 꽂거나 괴석 등을 배치하는 동이.

다. 이끼가 반질반질하면서 곱게 뒤덮여 있고 모양과 색깔이 침수향(沈水香)375과 비슷하므로 민간에서는 '침향석(沈香石)'이라 한다. 참으로 천하의 뛰어난 보물이다.

세상 사람들이 그 사정을 잘 알지 못하여 침향석을 얻으면, 곧바로 깊은 구멍을 파서 앞뒤로 꿰뚫거나, 사슴이나 부처의 형상을 새겨서 돌 중앙에 자리 잡게 한다. 더러는 암채(嵓菜, 바위에서 자라는 풀) 및 잡초를 오목하게 팬 곳에 심기도 하는데, 이는 모두 속된 사람들이나 하는 짓이다. 침향석은 돌의 결이 자연스럽게 구멍을 이루고 있는데, 이 구멍 속에 미세한 모래가 달라붙어 있어서 물이 한 번 돌바닥 구멍 입구로 들어오면 미세한 모래와 만나 습하게 하면서 자연스럽게 물을 흡수해서 정상까지 이르게 하는 것이다.

만약 이런 돌에 구멍을 파서 돌의 맥이 끊어지면 물이 위로 올라갈 수 없다. 암채를 심어서 뿌리가 구멍 속으로 파고들게 하면, 윤기가 나지 않을 뿐 아니라 돌도 갈라지게 될 것이다. 만약 그 돌의 품등이 매우 좋으면 이끼가 저절로 생기는데, 더부룩한 모양이 마치 소나무나 삼나무와 같으니 참으로 인위적으로 교묘히 만들 수 없는 모양이다. 창촉(昌歜)376도

石". 眞天下絶寶也.

世人不曉事, 得沈香石, 便斲嵌穴, 洞貫前後, 或刻作麋鹿、僧佛之形, 棲於中. 或種嵓菜及雜卉於坳凹處, 此皆俗子所爲. 沈香石, 石理自成竇穴, 穴中着細沙, 水一入石底穴口, 則接濕細沙, 自然引至頂上.

若斲嵌穴, 石脈[115]斷絶, 則水不能上矣. 種嵓菜, 使根穿入穴中, 則非但不潤, 石亦坼裂矣. 苟其石品佳甚, 則苔髮自生, 森鬆若松杉, 固無待巧施人爲. 昌歜亦勿種可也.

---

375 침수향(沈水香):침향나무에서 채취한 향. 침향나무는 수지(樹脂)가 많이 들어 있으며 은은한 향기가 나는데, 동물이나 바람 등으로 생긴 상처 부위에는 특히 많은 수지가 생성된다. 그 수지가 굳으면 독특한 향을 지니며, 견고하고 밀도가 높아서 물에 가라앉으므로[沈] 침수향 또는 침향(沈香)이라 한다.

376 창촉(昌歜):창포의 뿌리. 창포의 뿌리를 절이면 김치와 비슷한 종류의 음식이 된다고 한다. 주(周)나라 문왕(文王)이 이 음식을 매우 좋아했다는 고사가 전해진다. 여기서는 창포를 가리킨다.

[115] 脈:《菁川養花小錄·怪石》에는 "理".

심지 않아야 좋다.

신계석(新溪石)

[청천양화록]377 황해도 신계현(新溪縣)378에서 괴석이 나는데, 돌의 결이 상당히 물러서 물을 흡수하지 못한다.

안산석(安山石)

[청천양화록]379 경기도 안산군(安山郡)380에서 괴석이 나는데, 색깔은 황적(黃赤)색이고 대부분 흙과 모래가 섞여 있어서 좋은 품등은 아니다.

수락석(水落石)

[문견방(聞見方)381]382 양주(楊州)383 수락산(水落山)384에는 괴석이 있는데, 그 괴석의 봉우리마다 아름다운 부분이 많다. 돌은 단단하면서 윤기가 나고, 물을 흡수해서 꼭대기까지 이르게 할 수 있다. 돌 색

新溪石

[又] 海西 新溪縣産怪石, 石理頗軟, 不能引水.

安山石

[又] 京畿 安山郡産怪石, 色黃赤, 多雜土砂, 非佳品也.

水落石

[聞見方] 楊州之水落山有怪石, 峯峯多佳. 石堅潤而能引水至巓. 其色靑黑.

---

377 출전 확인 안 됨 ;《山林經濟》卷2〈養花〉"怪石"(《農書》2, 218쪽).
378 신계현(新溪縣) : 황해북도 신계군 일대.
379 출전 확인 안 됨 ;《山林經濟》, 위와 같은 곳.
380 안산군(安山郡) : 경기도 안산시 단원구, 상록구 부곡동·성포동·수암동·양상동·월피동·장상동·장하동, 시흥시 거모동·광석동·군자동·논곡동·능곡동·목감동·물왕동·산현동·월곶동·장곡동·장현동·정왕동·조남동·죽율동·하상동·하중동, 인천광역시 중구 일대.
381 문견방(聞見方) : 미상.
382 출전 확인 안 됨 ;《山林經濟》, 위와 같은 곳.
383 양주(楊州) : 경기도 고양시 덕양구 북한동·오금동·지축동·효자동, 구리시, 남양주시 시내, 별내면, 수동면 송천리·수산리·지둔리, 오남읍, 와부읍(팔당리 제외), 조안면 시우리, 진건읍, 진접읍, 퇴계원면, 화도읍, 동두천시(탑동 제외), 서울특별시 광진구, 노원구, 도봉구, 성동구 성수동, 송파구 신천동·잠실동, 은평구, 중랑구, 양주시 시내, 광적면, 백석읍, 은현면, 장흥면, 연천군 전곡읍, 청산면, 의정부시, 파주시 광탄면 기산리·영장리, 포천시 신북면 갈월리·금동리·덕둔리·삼정리, 서울특별시 강북구, 서대문구, 성북구, 종로구, 중구, 포천시 내촌면 일대.
384 수락산(水落山) : 서울특별시 노원구, 경기도 의정부시, 남양주시 별내면에 걸쳐 있는 산. 해발 638m.

깔은 검푸르다.

풍천석(豐川石)

[청천양화록]385 풍천(豐川)386에서 나오는 돌은 품질
이 상당히 좋다.

단양석(丹陽石)

[청천양화록]387 단양(丹陽)388에서 나오는 돌은 물을
잘 흡수해서 꼭대기까지 이르게 하며, 황적색 흙이
많다.

덕적석(德積石)

[금화경독기]389 덕적도(德積島)390는 서산(瑞山)391에
있다. 이 섬 북쪽 바다 방면의 바닷가 부근 산기슭
에서 품질이 좋은 돌이 많이 난다. 모두 파도에 부
딪치고 깎이면서 형성되었기 때문에 돌 표면의 주름
과 비늘 모양이 태호석(太湖石)의 '탄자와(彈子窩)'와 비
슷하다. 높은 바위 모양과 깊은 구멍은 구름과 연기
가 모여드는 형세를 이루고 있어 우리나라에서 나오
는 돌 중에서 이 돌을 으뜸으로 삼는다. 큰 돌은 몇
십 척이고 작은 돌이라도 3~5척으로, 다만 정원이

豐川石

[菁川養花錄] 出豐川者,
頗佳.

丹陽石

[又] 出丹陽者, 善引水至
巔, 而黃赤多土色.

德積石

[金華耕讀記] 德積島在瑞
山. 北海中濱海山脚, 多産
佳石. 皆因波濤激齧而成,
故石面皺鱗如太湖石之彈
子窩. 魂嵒嵌空, 能作雲
煙攢簇之勢, 吾東之産, 此
爲巨擘. 大者數十尺, 小亦
三五尺, 秖可植園館, 裝
綴假山. 其拳大奇巧, 爲几

---

385 출전 확인 안 됨;《山林經濟》, 위와 같은 곳.
386 풍천(豐川): 황해남도 연안군 풍천리 일대.
387 출전 확인 안 됨;《山林經濟》, 위와 같은 곳.
388 단양(丹陽): 충청북도 단양군 단성면, 단양읍, 대강면, 매포읍, 적성면, 제천군 금성면, 수산면 일대.
389 출전 확인 안 됨.
390 덕적도(德積島): 인천광역시 옹진군 덕적면에 있는 섬.
391 서산(瑞山): 충청남도 서산시 시내·대산읍·부석면·성연면·인지면·지곡면·팔봉면·음암면(성암리 제외),
    운산면 가좌리·갈산리·신창리·와우리·용현리·원평리·태봉리, 태안군 고남면·안면읍 일대.

나 객사에 심어 가산(假山)을 꾸밀 수 있다. 그 돌 중에서 주먹만 한 크기로, 기이하고 교묘하여 궤안(几案) 위에 장식물로 둘 만한 돌은 10개 중에서 1~2개도 얻기 힘들다.

금강석(金剛石)

[금화경독기]392 금강산(金剛山)393에서는 품질이 좋은 돌을 종종 얻을 수 있다. 하얀 바탕에 검은 무늬가 꽃과 새 및 숲과 나무 형상을 이루고 있다. 그 중에서 작고 아름다운 돌은 궤안 위에 둘 만하다.

낭간석(琅玕石)394

[오주서종박물고변(五洲書種博物考辨)395]396 낭간석은 민간에서는 '오행석(五行石)'이라 한다. 서남 해안에서 나오거나 어망에 딸려 나오기도 한다. 모양이 녹각채(鹿角菜)397와 같으며, 한 줄기가 뾰족하면서 크다. 몸체에 두루 소라 무늬가 있다. 또 미세한 구멍이 있는데, 그 흔적이 벌집이나 소의 처녑398과 비슷하다.

案間物者, 什未得一二也.

金剛石

[又] 金剛山中往往得佳石. 白質黑紋, 作花鳥, 林木之狀. 其小巧者, 可置几案間.

琅玕石

[五洲書種] 俗名"五行石". 生西南海藻, 或從漁網而出. 形如鹿角菜, 而一莖指尖大. 遍體螺紋. 又有細孔, 痕類蜂窠、牛腩. 色灰白, 一叢或至三四十莖, 卯

---

392 출전 확인 안 됨.

393 금강산(金剛山) : 강원도 금강군·고성군·통천군에 걸쳐 있는 산. 해발 1,638m. 여러 이칭이 있어 여름에는 봉래산(蓬萊山), 가을에는 풍악산(楓嶽山), 겨울에는 개골산(皆骨山)이라고 부른다.

394 낭간석(琅玕石) : 중국과 우리나라에서 나는 경옥(硬玉)의 일종. 짙은 녹색 또는 청백색이 나는 반투명한 돌이며, 주로 장식에 쓴다.

395 오주서종박물고변(五洲書種博物考辨) : 조선 후기 이규경(李圭景, 1788~?)이 1834년(순조 34) 저술한 과학기술서. 금·은·동과 합금, 옥석류(玉石類), 수은류(水銀類) 등의 금속 및 광석 물질의 명칭·분류·가공법에 관해 기술하고 있다. 《오주연문장전산고(五洲衍文長箋散稿)》에 그 내용이 수록되어 있다.

396 《五洲衍文長箋散稿》〈天地篇〉"地理類"'石'.

397 녹각채(鹿角菜) : 청각과의 해초. 높이는 15~40cm이며, 몸체는 짙은 녹색을 띠고 있다. 파도의 영향을 적게 받는 깊은 바다에서 자라는데, 전 세계에 널리 분포한다.

398 처녑 : 반추동물(反芻動物)의 3번째 위(胃)를 가리킨다. 일반적으로 반추동물은 위가 4~5개 방으로 나누어져 있는데, 음식물을 넣어두는 큰 첫 번째 위(혹위), 벌집과 같은 모양의 벽이 있는 두 번째 위(벌집위), 점막이 주름 모양으로 된 세 번째 위(겹주름위), 위선(胃腺)이 분포된 네 번째 위(주름위) 등의 4개 방으로 되어 있다.

녹각채

김홍도의 옥순봉도(국립중앙박물관)

색깔은 회백색이고, 하나로 뭉쳐서 나기도 하며 또는 30~40줄기로 나기도 하는데, 두드리면 쨍하는 금속성 소리가 난다. 거의 산호와 같은 종류이고, 더러는 석매(石梅, 매화 모양의 돌)·석백(石柏, 측백나무 모양의 돌)·석지(石芝, 영지버섯 모양의 돌) 따위도 있는데, 모두 완상할 만하다.

之鏗鏘有聲韻. 殆珊瑚之類, 或有石梅、石柏、石芝之屬, 并可玩者.

종유석(鍾乳石)

[오주서종박물고변]399 종유석은 깊은 산의 석굴 속에서 자란다. 그 모양은 얼음이 방울져서 빽빽하게 뭉치를 이루어 굳은 듯하다. 궤안에 올려 감상할 만하다.

鍾乳石

[又] 生深山石窟中. 形如氷溜而簇簇成叢者. 堪供几案.

옥순석(玉筍石)

[오주서종박물고변]400 옥순석은 단양(丹陽) 옥순봉

玉筍石

[又] 出於丹陽 玉筍峯. 形

---

399 《五洲衍文長箋散稿》〈天地篇〉 “地理類” ‘水土’.
400 《五洲衍文長箋散稿》〈天地篇〉 “地理類” ‘金銀銅鐵珠玉’.

(玉筍峯)[401]에서 난다. 그 모양이 대나무와 같고 색깔은 옥빛과 같다. 물을 부어주면 나무처럼 자라날 수 있다.

如竹, 色如玉. 灌水則能茁長如木.

물상석(物象石)

[오주서종박물고변][402] 물상석은 영춘(永春)[403]의 남쪽 동굴[404] 속에서 자라는데, 짐승이나 열매의 형상이 있으므로 괴석의 반열에 둘 만하다.

物象石

[又] 生永春南窟中, 有禽獸、果蓏之形, 可列怪石.

---

401 옥순봉(玉筍峯) : 충청북도 단양군 단양읍 장회리 남한강 남쪽과 제천시 수산면 괴곡리 경계에 있는 산. 해발 283m. 옥순봉이라는 명칭은 죽순과 비슷한 모양의 봉우리라는 뜻에서 유래했고, 단양팔경의 하나로 유명하다.

402 출전 확인 안 됨.

403 영춘(永春) : 충청북도 단양군 영춘면 일대.

404 영춘(永春)의 남쪽 동굴 : 충청북도 단양군 영춘면에 있는 온달동굴로 추정된다. 온달동굴은 주굴(主窟)과 지굴(支窟)의 길이가 800m인 석회암 천연동굴로서《신증동국여지승람(新增東國輿地勝覽)》권14 충청도 영춘현 고적도에 기록되어 있다.

2. 조수(鳥獸)와 물고기

禽魚供

1) 상학법[相鶴法, 학 관상(觀相)하는 법]

학은 양조(陽鳥)[1]이지만 음지에서 논다. 금기(金氣)가 불[火]의 정수에 의지하기 때문에 스스로 금(金)의 수 9와 화(火)의 수 7을 기른다. 7년이 지나면 약간 변하고, 16년(=7년+9년)이 지나면 크게 변하며, 160년이 지나면 변화가 그치고, 1600년이 지나면 형태가 정해진다.

몸은 순결함을 숭상하기 때문에 흰색을 띠고, 소리가 하늘까지 들리기 때문에 머리가 붉다. 물에서 먹기 때문에 부리가 길며, 상체가 앞으로 높이 솟아 있기 때문에 뒷발가락이 짧다. 육지에 살기 때문에 다리가 길고 꼬리는 둥글게 말려 있고, 구름을 타고 날아다니기 때문에 털이 풍성하고 살은 적다. 큰 목구멍으로 토하기 때문에 목이 길고, 자연의 새로운 기운을 받아들이기 때문에 수명을 헤아릴 수 없다.

학의 몸에 청색과 황색 두 색깔을 띠지 않는 이유는 청색이 배속된 목기(木氣)와 황색이 배속된 토기(土氣)가 내부에서 길러지기 때문에 밖으로 드러나

相鶴法

鶴, 陽鳥也, 而遊於陰. 因金氣依火精, 以自養金數九、火數七. 七年小變, 十六年大變, 百六十年變止, 千六百年形定.

體尙潔故色白, 聲聞天故頭赤. 食於水故喙長, 軒於前故後指短. 棲於陸故足高而尾周[1], 翔於雲故毛豐而肉疏. 大喉以吐故修頸, 以納新故壽不可量.

所以體無靑、黃二色者, 木、土之氣內養, 故不表於外. 是以行必依洲渚, 止不集林

---

1 양조(陽鳥) : 학의 이칭. 태양의 운행을 따라서 나는 새라는 의미도 있다.
[1] 周 : 저본에는 "彫". 《相鶴經》에 근거하여 수정.

지 않은 것이다. 이런 까닭에 움직일 때는 반드시 모래섬이나 물가에 의지하고 머무를 때도 수풀이나 나무에 모이지 않는다. 대개 학은 조류[羽族] 중의 으뜸이요 신선들의 준마(駿馬)이다.

높은 품등의 학 형상을 보면, 머리는 여위고 정수리가 붉으며, 눈이 튀어나오고 눈알은 검으며, 코가 높고 부리는 짧으며, 뺨이 머리뼈처럼 단단하고[䯏]【안 '䯏'는 《광운(廣韻)》에 "고(苦)와 규(圭)의 반절"[2]이라 했고, 《옥편(玉篇)》에는 "육축(六畜)[3]의 머리뼈"[4]라 했다.】 귀가 기울어졌으며[骽], 【안 '骽'은 《자전(字典)》에 "음(音)은 책이고, 그 뜻은 미상이다. 간혹 '骹'으로 쓰기도 하는데 잘못이다."[5]라 했다.】 목이 길고 몸뚱이는 꼿꼿하다. 가슴은 난새[鸞]를, 날개는 봉황을, 꼬리는 참새를, 등은 거북을, 배는 자라를 닮았다. 앞으로 높이 솟아 있기 때문에 뒷부분이 가라앉아 있고, 정강이가 높고 뼈마디는 거칠며, 넓적다리는 크고 발가락은 가늘다. 이것이 학의 형상이 갖추어진 것이다. 학이 울면 하늘까지 들리고, 날면 한 번에 천 리를 간다.

학은 2년이 지나면 새끼 때의 털이 빠지고 검은 반점의 털이 나며, 3년이 지나면 알을 낳아 품는다. 다시 7년이 지나면 깃촉이 갖추어지고, 다시 7년이

木, 蓋羽族之宗長[2], 仙人之駛驥也.

鶴之上相, 瘦頭朱頂, 露眼黑睛, 高鼻短喙, 䯏【案《廣韻》"苦圭切",《玉篇》"六畜頭中骨".】頰骹【案《字典》: "音責, 其義未詳. 或作骹者非."】耳, 長頸竦身. 鸞膺, 鳳翼, 雀尾, 龜背, 鱉腹, 軒前垂後, 高脛麤節, 洪髀纖指. 此相之備者也. 鳴則聞于天, 飛則一擧千里.

鶴, 二年落子毛, 易黑點, 三年産伏. 復七年羽翮具, 復七年飛薄雲漢, 復七年

2　고(苦)와 규(圭)의 반절:《廣韻》卷1〈十二齊〉"圭".
3　육축(六畜): 집에서 기르는 대표적인 여섯 가지 가축. 소, 말, 양, 돼지, 개, 닭을 이른다.
4　육축(六畜)의 머리뼈:《玉篇》卷7〈骨部〉79.
5　음(音)은……잘못이다:《康熙字典》卷34〈亥集〉上 "骨部".
[2]　宗長:《相鶴經》에는 "淸崇".

지나면 가볍게 하늘로 날아오른다. 다시 7년이 지나면 춤이 절도에 맞고, 다시 7년이 지나면 밤낮으로 온종일 울어도 음률에 들어맞는다.

다시 160년이 지나면 생물(生物, 산 것)을 먹지 않으며, 배에는 큰 털이 빠지고 무성한 털이 생기는데, 곧 눈처럼 깨끗하고 하얗거나 순흑(純黑)색이라서 흙탕물로도 털을 더럽힐 수 없다. 다시 160년이 지나면 암컷과 수컷이 서로 바라보며 눈동자를 굴리지 않아도 새끼를 밴다.

1600년이 지나면 마시기만 하고 먹지 않으며, 새끼를 배어 난새와 봉황을 낳아 함께 무리를 이룬다. 성인(聖人)이 재위하면 봉황과 함께 왕도 주위를 빙빙 날아다닌다. 부구백(浮邱伯)6 《상학경(相鶴經)7》8

학은 관상하기 어렵지 않지만, 사람이 반드시 학보다 청아한 뒤라야 관상할 수 있다. 무릇 정수리가 붉고 목은 푸르며, 깃털이 밝고 깨끗하며, 목이 가늘면서 길고, 몸이 높이 솟아 있으면서 똑바르고, 발은 야위고 뼈마디가 길며, 불에 익힌 음식을 먹지 않는 사람과 상당히 비슷해야만 '학'이라 말할 수 있다. 멀리서 바라봤을 때, 기러기·집오리·거위·황새처럼 생겼다면 이런 학은 품등이 낮다. 《산가청사

舞應節, 復七年晝夜十二時鳴中律.

復百六十年不食生物, 腹大毛落茸毛生, 乃潔白如雪, 或純黑, 泥水不能汙. 復百六十年. 雌雄相視, 目睛不轉而孕.

一千六百年飮而不食, 胎化産鸞鳳, 同爲群. 聖人在位, 則與鳳凰翔於旬. 浮邱伯《相鶴經》

鶴不難相, 人必淸於鶴而後可以相鶴. 夫頂丹頸碧, 毛羽瑩潔, 頸③纖而脩, 身聳而正, 足瘦而節高, 頗類不食煙火人, 迺可謂之"鶴". 望之如雁、鷺、鵝、鸛然, 斯爲下矣. 《山家淸事》

---

6 부구백(浮邱伯) : ?~?. 중국 전한 초기의 사상가. 순자(荀子)에게서 학통을 이었다고 하며 한나라 초기에 장안(長安)에 머물면서 황로사상(黃老思想)을 정치에 활용하도록 제자를 양성했다. 후대에는 사람들이 신선으로 받들었다고 한다. 저서로 《상학경》이 있다.

7 상학경(相鶴經) : 부구백이 지은 저서로, 학(鶴)의 의미와 가치를 감상하는 법이 기록되어 있다.

8 《相鶴經》(《叢書集成新編》44, 257쪽).

③ 頸 : 저본에는 "踁".《山家淸事·相鶴訣》에 근거하여 수정.

학을 관상할 때는 다만 표격(標格, 격조나 품성)이 매우 고풍스러우면서 울음소리가 청량(淸亮)한 점을 취한다. 목은 가늘면서 길어야 좋고, 발은 야위었으면서도 뼈마디가 있어야 좋고, 몸은 서 있는 사람의 모습이라야 좋고, 등은 곧으면서 반듯해야 좋다. 울음소리가 청량하지 않고 수컷의 소리를 내면 황새나 집오리와 비슷하고, 목에 살집이 있으면 거위나 기러기와 비슷하다.

코가 높으면서 부리가 짧으면 잠이 적고, 다리가 길면서 뼈마디가 성기면 힘이 세다. 정수리가 주홍빛 같으면 잘 울고, 눈이 튀어나오고 붉은색이면 멀리 보고, 날개깃을 말아서 가슴에다 붙이면 몸이 가볍다. 거북의 등과 자라의 배 모양이면 알을 잘 낳고, 봉황의 날개와 참새의 꼬리 모양이면 잘 난다. 앞이 가볍고 뒤가 무거우면 춤을 잘 추고, 넓적다리가 크고 발가락이 가늘면 잘 걷는다. 이런 학을 기르면 청아함과 고상함을 함께하고 맑은 흥취를 북돋을 수 있다. 《준생팔전》¹¹

相鶴, 但取標格奇古, 唳聲淸亮. 頸欲細而長, 足欲瘦而節, 身欲人立, 背欲直削. 聲雄則類鸛④、鶩, 頸肥則類鵝、雁矣.

隆鼻短口則少眠, 高脚疏節則多力. 頂若朱紅則善鳴, 眼露赤色則視遠, 回翎亞膺則體輕. 龜背、鼈腹則善産, 鳳翼、雀尾則善飛. 輕前重後則善舞, 洪髀纖指則善步. 蓄之者可以供⑤淸高, 助淸興.《遵生八牋》

---

9 산가청사(山家淸事) : 중국 송(宋)나라의 문인 임홍(林洪, ?~?)의 저서. 3권. 자연에 은거하는 생활의 방법과 의미 및 여러 일화 등을 수록하고 있다.

10 《山家淸事》〈相鶴訣〉(《叢書集成初編》2883, 1쪽).

11 《遵生八牋》卷15〈燕閒淸賞牋〉中 "養鶴要略"(《遵生八牋校注》, 609쪽).

④ 鸛 : 저본에는 "鶴". 오사카본·《遵生八牋·燕閒淸賞牋·養鶴要略》에 근거하여 수정.

⑤ 供 :《遵生八牋·燕閒淸賞牋·養鶴要略》에는 "共".

2) 순학법(馴鶴法, 학 길들이는 법)

《고금비원(古今秘苑)》[12]에 학을 부르는 법에서 "강진향(降眞香)[13]에 자작나무 껍질을 섞어서 함께 태우면 공중에 있는 학이 내려온다."[14]라 했는데, 이것은 방사[方士, 방술(方術)을 구사하는 사람]의 황당한 말일 뿐이다.

지금 황해도의 연안(延安)[15]·강령(康翎)[16] 등지에서 학을 길들이는 법은 다음과 같다. 매년 가을과 겨울에 들판에 볏짚이 남아 있을 때, 학이 논에 많이 모여들면 토박이들은 비단실을 얽고 올가미를 만들어 말뚝에 묶는다. 학이 내려올 곳을 헤아려서 말뚝을 땅에 묶고, 10여 걸음 정도를 연결하여 걸쳐 놓는다. 학이 내려오기를 기다렸다가 한 사람이 전립(氈笠)[17]을 쓰고 소매가 넓은 옷을 입고서 몹시 술 취한 사람처럼 갈지(之)자걸음으로 천천히 학에게 다가가면 학도 천천히 걸어가며 피한다. 학의 발이 올가미에 들어가는 것이 보이면 대번에 급히 학을 쫓는데, 학이 마침내 놀라서 날아가려다 발이 올가미에 걸리게 된다. 이때 급히 잡는데, 솜을 넣은 두꺼운 적삼

馴鶴法

《古今秘苑》有召鶴法, 云 "降眞[6]香和樺皮同燒, 則空中鶴至", 此方士荒唐之言耳.

今海西 延安、康翎等地馴鶴法:每於秋冬, 野有遺秉之時, 鶴多集于田, 土人用繭絲絞作搭繯, 繫以橛杖. 度鶴至處, 埋橛于地, 連亘十數步. 俟鶴降, 一人戴氈笠着闊袖衣, 作醉人酩酊步, 徐徐近之, 則鶴亦徐徐步避. 見入搭繯之內, 遂急逐之, 鶴乃驚飛而足罥于繯. 於是急掩之, 用裝綿厚衫袖兜其觜, 不爾則啄人也.

---

12 《고금비원(古今秘苑)》: 중국 청나라 시대에 편찬된 유서(類書). 묵마주인(墨磨主人, ?~?)이라는 인물이 편찬했다고 알려져 있으나, 자세한 신상정보는 미상이다. 의학·천문·지리·식생활·기예(技藝)·전고(典故) 등 다양한 분야의 기록을 담고 있다.

13 강진향(降眞香): 소방목(蘇枋木, 콩과의 작은 상록 교목)으로 만든 향. 모양이 닭의 뼈와 비슷하다고 해서 계골향(雞骨香)이라고도 하고, 강향(降香)·자등향(紫藤香) 등의 이칭이 있다.

14 강진향(降眞香)에⋯⋯내려온다:《古今秘苑》〈1集〉卷4 "召鶴", 8쪽.

15 연안(延安): 황해남도 연안군(延安郡) 일대.

16 강령(康翎): 황해남도 강령군(康翎郡) 일대. 황해남도에서 서해쪽으로 돌출한 옹진반도에 있다.

17 전립(氈笠): 짐승의 털을 집어넣어서 만든 모자. 조선시대에는 무관이 주로 썼다.

[6] 眞:《古今秘苑·召鶴》에는 없음.

소매로 학의 부리를 씌워야 한다. 그렇지 않으면 사람을 쪼아댄다.

잡고 나면 곧바로 그 깃촉[18]을 잘라서 날아가지 못하도록 한다. 담으로 둘러싼 공간에 여러 날을 두었다가 학이 배고프고 피곤해지면 조금씩 불에 익힌 음식을 준다. 먹이로 길들인 지 여러 달이 지나면 마침내 길들여 기를 수 있다. 《금화경독기》[19]

학은 노금(露禽)이다. 백로(白露)[20]가 될 때 내려와 울면서 서로 조심하라고 경고하면 집에서 길들여 기르는 학이 또한 이때 많이 날아가 버린다. 이때는 특히 학을 잘 살펴야 한다. 《금화경독기》[21]

3) 양학법(養鶴法, 학 기르는 법)

학을 집에서 기를 때는 반드시 물과 대나무를 가까이 두고, 먹이를 줄 때는 반드시 물고기와 벼를 갖춰야 한다. 새장 속에서 사육하면서 불에 익힌 음식을 먹이로 주다 보면 몸이 탁해져서 정채(精采, 정순한 기운)가 부족해지는데, 어찌 학이 속되어서이겠는가? 인간이 학을 속되게 만들었을 뿐이다. 《산가청사》[22]

既羅致卽剪其翮, 勿令飛去. 置之牆屋內數日, 待其飢困, 稍稍與以熟食. 食化數月, 遂可馴養. 《金華耕讀記》

鶴, 露禽也. 逢白露, 降鳴而相警, 卽馴養于家者, 亦多飛去. 此時特宜看顧. 同上

養鶴法

養以屋, 必近水竹；給以料, 必備魚稻. 蓄以籠, 飼以熟食, 則塵濁而乏精采, 豈鶴俗也? 人俗之耳. 《山家淸事》

---

18 깃촉 : 새의 깃 아래쪽에 있는 단단한 부분을 가리킨다. 속이 비고 거의 반원통상이며, 위쪽은 우축(羽軸)과 연결되고 맨 아래쪽은 피부 속에 파고 들어가 있다.
19 출전 확인 안 됨.
20 백로(白露) : 24절기의 하나. 처서(處暑)와 추분(秋分) 사이에 있으며, 9월 8~9일경이다.
21 출전 확인 안 됨.
22 《山家淸事》〈相鶴訣〉(《叢書集成初編》2883, 1쪽).

학 그림(《화경(花鏡)》)

만약 학을 기르려면 반드시 사슴을 친구로 삼아 줘야 한다. 이는 기운이 서로 들어맞고, 또 도기(道氣, 고매한 기상)를 북돋아 주기 때문이다. 《구선신은서》[23]

若養鶴, 必以鹿爲友. 此氣相合也, 又助道氣. 《臞仙神隱書》

학은 천성적으로 물고기와 새우, 뱀과 살무사를 좋아하므로 기르는 사람이 비록 매일 벼 같은 곡식으로 먹이더라도, 또한 간혹 물고기와 새우 같은 신선한 생물을 먹여야만 학의 깃털이 윤택해지고 정수리가 붉어질 수 있다. 《화경(花鏡)[24]》[25]

鶴性喜魚蝦、蛇虺, 養者雖日飼以稻穀, 亦須間取魚蝦鮮物喂之, 方能使毛羽潤而頂紅.《花鏡》

학이 병이 나면 뱀이나 쥐를 먹이거나, 보리를 삶아서 먹여야 한다. 《화경》[26]

鶴病, 宜飼蛇、鼠及大麥煮餵之. 同上

---

23 출전 확인 안 됨;《山林經濟》卷2〈牧養〉"養鹿"(《農書》2, 268쪽).
24 화경(花鏡): 중국 청나라의 문인 진호자(陳淏子, ?~?)가 편찬한 원예(園藝) 및 화훼 관련 서적. 부록으로 학·공작·사슴 등을 기르는 법이 수록되어 있다.
25 《花鏡》〈附錄〉"養禽鳥法" '鶴'(《中國農書叢刊》〈園藝之部〉, 404쪽).
26 출전 확인 안 됨;《山林經濟》卷2〈牧養〉"養鶴"(《農書》2, 268쪽).

학이 전복을 먹으면 죽는다. 《문견방(聞見方)27)》28

鶴食鰒魚⑦則死. 《聞見方》

4) 학에게 춤 가르치는 법

教鶴舞法

학에게 춤을 가르치려면, 학이 배고프기를 기다렸다가 먹이를 멀리 트인 곳에 놓아두고, 손바닥을 치면서 유인하면 학이 날개를 퍼덕이면서 우는데, 그 모습이 마치 춤을 추는 모양과 같다. 이렇게 오래하면 손바닥 치는 소리만 들어도 반드시 일어나 춤을 추니, 이것이 먹이로 길들이는 방법이다. 《산가청사》29

欲敎以舞, 俟其餒而寘食於闊遠處, 拊掌誘之, 則奮翼而唳, 若舞狀. 久而聞拊掌必起, 此食化也. 《山家淸事》

방구들에 불을 때서 방을 몹시 뜨겁게 한 뒤, 둥근 표주박을 방에 둔다. 학을 몰아서 방으로 들어가게 하면 학이 구들의 열기를 피해 표주박 위에 앉으려고 하는데, 표주박이 둥글고 미끄러워서 발을 붙일 수가 없으므로 자연스레 날개를 펼친다. 나는 듯하지만 날지 못하니, 이때 곧바로 북과 금(琴)을 연주해 그 곡조에 어울리게 하여 학이 저도 모르는 사이에 춤추는 법을 깨닫게 한다. 《증보산림경제》30

烘房堗⑧令極熱, 置圓瓠於房. 驅鶴入房中, 則鶴避堗熱, 欲坐瓠上, 而瓠圓滑不可住足, 自然張翼. 似飛不飛, 此時便鼓琴中其節, 使之暗解舞法. 《增補山林經濟》

27 문견방(聞見方): 조선 중기의 명의(名醫)였던 허임(許任, 1570~1647) 등이 저술한 《동의문견방(東醫聞見方)》으로 추정된다. 현재 이 책은 전체가 남아 있지 않고 그 내용만 《산림경제(山林經濟)》를 비롯한 여러 책에 전한다.

28 출전 확인 안 됨; 《山林經濟》, 위와 같은 곳.

29 《山家淸事》 〈相鶴訣〉 (《叢書集成初編》 2883, 1쪽).

30 《增補山林經濟》 卷5 〈牧養〉 "養鶴" '敎鶴舞法' (《農書》 3, 387~388쪽).

⑦ 鰒魚: 《山林經濟·牧養·養鶴》에는 "全鰒".

⑧ 堗: 저본에는 "突". 오사카본·《增補山林經濟·牧養·養鶴》에 근거하여 수정.

5) 양계칙법(養鸂鶒法, 비오리 기르는 법)

비오리【안 계칙(鸂鶒)은 일명 '계압(溪鴨)'·'자원앙(紫元央)'이다. 대개 이 물새의 깃털에는 5가지 빛깔이 있어서 감상할 만하다. 우리나라 말로는 '비오리'라 부른다.】의 알을 가져다 닭이 품도록 한다. 어린 새끼가 알 속에서 껍질을 쪼아대면 아주 자주 살펴본다. 새끼의 깃털이 마르지 않도록 침을 발라주면 깃털이 말라도 영원히 날아가지 않는다. 《산림경제보》[31]

예전에 한양의 필운대(弼雲臺)[32] 아래에서 어떤 사람의 집을 보았는데, 꽃이 핀 둑 아래에 돌로 작은 못 하나에 담을 쌓아두었다. 그 너비와 길이가 불과 십몇 척으로, 부평초가 푸르게 우거져 있는 가운데에 비오리 1쌍을 기르고 있었다. 한 마리는 떠다니고 다른 한 마리는 물결을 헤치면서 조용하고 편안하게 오가고 있어 곧 시끄러운 저잣거리 가운데에서 연무가 깔린 강호(江湖)의 물결을 상상하게끔 만드니, 이 또한 하나의 기이한 모습이다. 《금화경독기》[33]

비오리는 천성적으로 단호(短狐, 물여우)[34]를 먹으므로 비오리가 사는 곳은 다시 독기(毒氣)가 없으니,

養鸂鶒法

取鸂鶒【案 鸂鶒, 一名"溪鴨", 一名"紫元央". 蓋水鳥之毛有五采, 可翫者也. 東語呼爲"비오리".】卵, 使雞抱之. 臨啄抱時, 頻頻候視. 趁其鷇毛未燥以唾塗, 乾永不颺去.《山林經濟補》

曾見京都 弼雲臺下一人家, 花塢下石甃一小池. 廣袤不過十數尺, 萍藻蔥蒨中, 養鸂鶒一對. 一泛一掠波, 悠然自適, 卽夫闤闠之中, 作江湖煙波想, 亦一奇也.《金華耕讀記》

性食短狐, 所居處無復毒氣, 人家宜畜之.《本草拾遺》

---

31 《增補山林經濟》卷5〈牧養〉"養雉"'鳧鸂鶒'(《農書》3, 392쪽).

32 필운대(弼雲臺): 인왕산 자락 중 맨 남쪽 봉우리 아래의 바위. 현재 종로구 필운동 배화여대 뒤편이다. 중종 때 명나라 사신이 인왕산을 필운(弼雲)이라 부른 고사에서 명칭이 유래했다.

33 출전 확인 안 됨.

34 단호(短狐, 물여우): 날도랫과 곤충의 애벌레. 크기는 약 2~6cm이며, 분비액으로 원통 모양의 고치를 만들어 그 속에 들어가 물 위를 떠돌아다니며 작은 곤충을 잡아먹는다. 계귀충(溪鬼蟲)·사슬(沙蝨)·수호(水狐) 등의 이칭이 있다.

민가에서 기르기에 알맞다. 《본초습유(本草拾遺)[35]》[36]

6) 양록법(養鹿法, 사슴 기르는 법)

호거사(壺居士)[37]가 말하기를, "사슴은 천성적으로 대부분 조심하면서도 맹렬하니, 양독(良毒, 몸에 좋거나 독이 되는 음식)을 구별할 수 있어 단지 갈화(葛花, 칡꽃)·갈엽(葛葉, 칡잎)·녹총(鹿葱, 원추리)·녹약(鹿藥, 풀솜대)·백호(白蒿, 다북떡쑥)·수근(水芹, 미나리)·감초(甘草)·제니(薺苨, 모싯대)·제두호(齊頭蒿, 제비쑥)·산창이(山蒼耳, 산에서 나는 도꼬마리)만 먹을 뿐, 다른 풀은 먹지 않는다.[38]"라 했다.

손사막(孫思邈)[39]이 이 설을 《비급천금요방(備急千金要方)[40]》에 인용한 이후부터, 세상에서는 마침내 사슴이 먹는 구초(九草)[41]의 품목이 생겼다. 그러나 지금 사슴을 기르는 자들은 모두 콩 등의 곡식을 먹이지, 구초만 먹이지는 않는다. 《금화경독기》[42]

養鹿法

壺居士言："鹿性多警烈，能別良毒，止食葛花、葛葉、鹿葱、鹿藥、白蒿、水芹、甘草、薺苨、齊頭蒿、山蒼耳，他草不食."

自孫思邈引此說於《千金方》，而世遂有鹿食九草之目. 然今豢鹿者，皆餵以荳穀，不專於九草也. 《金華耕讀記》

---

35 본초습유(本草拾遺)：중국 당나라의 문인 진장기(陳藏器, 687~757)가 편찬한 본초학 서적. 그 내용 상당 부분이 명나라의 이시진(李時珍, 1518~1593)이 저술한 《본초강목(本草綱目)》에 수록되어 있다.

36 출전 확인 안 됨；《本草綱目》〈禽部〉 卷47 "鵁鶄鵁鶄", 2573쪽.

37 호거사(壺居士)：미상. 《본초강목(本草綱目)》 卷1 〈인거고금경사백가서목(引據古今經史百家書目)〉 목록에 《호거사전(壺居士傳)》이 나오지만, 구체적인 인물 정보는 확인되지 않는다.

38 사슴은……않는다：《備急千金要方》 卷80 〈食治〉 "鳥獸" 5(《文淵閣四庫全書》735, 821쪽).

39 손사막(孫思邈)：581?~682. 중국 당나라의 의학자. 어려서부터 학문을 익혀 천문과 의약 등의 분야에 정통했다. 여러 약방문을 집대성하여 참고하기 쉽도록 《비급천금요방(備急千金要方)》을 편찬했다. 그 외 저서로 《섭생진록(攝生眞錄)》·《침중소서(枕中素書)》·《복록론(福祿論)》·《천금익방(千金翼方)》 등이 있다.

40 비급천금요방(備急千金要方)：손사막이 650년 무렵에 저술한 의학서. 줄여서 천금방(千金方)이라고도 한다. 중국에서 체계적으로 편찬된 가장 오래된 의학 전서이다. 인명(人命)은 소중하여 천금(千金)의 가치가 있다는 의미에서 서명을 지었다. 후에 이 책을 보충하기 위하여 손사막은 《천금익방(千金翼方)》을 저술하였고, 이 책들은 당나라 때부터 송나라 때에 걸쳐서 널리 이용되었다.

41 구초(九草)：위에 나열된 9가지 풀을 의미한다. 갈화(葛花)와 갈엽(葛葉)은 칡 1종에 속한다.

42 출전 확인 안 됨.

사슴 그림(《화경(花鏡)》)

오환(吳煥)의 〈학록도(鶴鹿圖)〉

남중(南中)[43]에 사슴이 많은데, 수컷 1마리마다 100마리의 암컷을 거느려서 수컷이 파리하고 수척해지도록 암컷과 잘 노는 경우가 많다. 여름이 되면 오직 창포(菖蒲)만 먹는데, 창포 한 가지로도 저절로 살이 오르니 창포를 먹여야 한다. 《화경》[44]

南中多鹿, 每牡管百牝, 至羸瘦善遊牝多也. 及夏則惟食菖蒲, 一味自肥, 宜飼以菖蒲.《花鏡》

---

43 남중(南中): 중국 남방 지역. 운남성(雲南省)과 귀주성(貴州省) 일대를 넓게 포괄하는 명칭이다.
44 《花鏡》〈附錄〉 "養禽鳥法" '鹿'(《中國農書叢刊》〈園藝之部〉, 426쪽).

7) 사슴의 병 치료법

사슴이 병이 나면, 소금을 콩에 뒤섞어 먹인다. 《화경》[45]

醫鹿病法

鹿病, 用鹽拌料豆喂之. 《花鏡》

8) 금붕어 품평

예전에 금붕어의 색깔과 모양이 종잡을 수 없이 변하는 현상을 이상하게 여겨 어부(魚部)인 《산해경 (山海經)》[46] · 《이물지(異物志)》[47]를 두루 살펴보았으나, 역시 실려 있지 않았다. 《자허부(子虛賦)》[48]를 읽어보니, "대모(玳瑁)[49]를 망으로 잡고, 자패(紫貝)[50]를 갈고리로 잡는다."[51]라 했고, 또 "어고동(魚藁洞)[52]에 5색 문어(文魚)[53]를 두네."[54]라 했다. 여기에서 우리는 금

金魚品第

嘗怪金魚之色相變幻, 遍考魚部卽《山海經》、《異物志》, 亦不載. 讀《子虛賦》, 有曰"網玳瑁釣[9]紫貝", 及 "魚藁洞[10]置五色文魚". 固知其色相自來本異, 而金魚特總名也.

---

45 《花鏡》, 위와 같은 곳.

46 산해경(山海經) : 중국 고대의 지리서. 모두 18권이며 〈오장산경(五藏山經)〉 · 〈해외사경(海外四經)〉 · 〈해내사경(海內四經)〉 · 〈대황사경(大荒四經)〉 · 〈해내경(海內經)〉의 5부로 되어 있다. 2세기 이전에 만들어진 것으로 추정된다. 이 책은 우(禹)와 익(益)의 치수(治水) 사업에서 만들어진 것이라 하는데 작자는 알 수 없다. 지금 전해오는 책은 동진(東晉)의 곽박(郭璞)이 주석을 단 본이다. 낙양(洛陽)을 중심으로 동서남북의 지리 · 산맥 · 하천 등의 모양을 기록하였는데 산물 · 풍속 · 괴수(怪獸) · 요괴 · 신 등에 대한 기록도 있고, 특히 곤륜산(崑崙山)과 서왕모(西王母) 이야기 등이 유명하다.

47 이물지(異物志) : 중국 동한(東漢, ?~?)의 양부(楊孚)가 지은 책으로, 인물 · 지리 · 금수 · 초목 · 충어 · 곡물 등으로 내용을 나누어, 중국 영남(嶺南, 5령인 남령산맥 이남) 지역의 물산 · 토착민 풍속 · 생산기술을 상세히 기록하였다.

48 자허부(子虛賦) : 중국 전한(前漢)의 문인인 사마상여(司馬相如, BC.179~BC.117)가 지은 부(賦). 한대(漢代) 산문부의 전형적인 작품이다. 자허(子虛)가 초(楚)나라 왕을 위해 제(齊)나라 사신으로 가는 것을 가정하여, 초나라 운몽(雲夢)의 거대함과 군신(君臣)들이 수렵하는 모습, 초나라 풍물의 아름다움 등을 제나라 왕 앞에서 자랑하자, 오유선생(烏有先生)이 제나라 토지의 광활함과 산물의 풍부함을 이야기하여 자허를 반박하였다.

49 대모(玳瑁) : 거북목 바다거북과에 속하는 동물.

50 자패(紫貝) : 전새과의 조개. 자색 바탕의 등에 아름다운 담색 무늬가 있다.

51 대모(玳瑁)를……잡는다 : 《古今事文類聚》 前集 卷37 〈雜著〉 "古詩".

52 어고동(魚藁洞) : 수족관처럼 물통을 만들어 고기를 감상하던 용기. 《고반여사(考槃餘事)》(乙酉文庫, 1972, 186~187)의 역주에서는, 보안당비급본(寶顔堂秘笈本)《고반여사》에 근거하여 다른 본의 "魚藻同"은 "魚藁洞"의 오기라고 하였다. 본문의 "魚藁洞置五色文魚"는 《자허부(子虛賦)》에 나오지 않는다.

[9] 釣 : 저본에는 없음. 《漢魏六朝百三家集 · 子虛賦》에 근거하여 보충.

[10] 藁洞 : 저본에는 "藻同". 《考槃餘事 · 魚鶴箋 · 金魚品》역주에 근거하여 수정.

붕어의 색깔과 모양이 본래부터 서로 다르지만 '금
붕어'가 총명(總名)임을 알 수 있다.

다만 사람들의 기호가 도리어 시대에 따라 변하
였다. 이 때문에 처음에는 순홍(純紅)·순백(純白)색
물고기를 높이 치다가, 이어서 금회(金盔)[55]·금안(金
鞍)[56]·금피(錦被)[57] 및 인홍두(印紅頭, 머리에 붉은 사각형
무늬가 있는 것)·과두홍(裹頭紅, 머리가 붉은 것)·연새홍(連
顋紅, 아가미까지 붉은 것)·수미홍(首尾紅, 머리와 꼬리가 붉은
것)·학정홍(鶴頂紅, 학 정수리처럼 붉은 머리)을 높이 쳤다.
팔괘(八卦)[58]나 투색(骰色, 주사위)과 같은 무늬가 있는
것이 가짜로 나오기도 했다. 이어서 흑안(黑眼, 검은
눈)·설안(雪眼, 하얀 눈)·주안(珠眼, 옥색 눈)·자안(紫眼,
붉은 눈)·마노안(瑪瑙眼, 수정 같이 투명한 눈)·호박안(琥珀
眼, 호박색 눈)을 높이 쳤다.

그러다 그 색이 4홍(紅)에서 12홍·26홍까지 이
르고, 심지어는 이른바 '12백(十二白)' 및 '퇴금체옥
(堆金砌玉)'[59]·'낙화유수(落花流水)'[60]·'격단홍진(隔斷紅
塵)'·'연대팔판(蓮臺八瓣)'[61]이라 하는 별의별 색의 종류

惟人好尙與時變遷. 初尙
純紅、純白, 繼尙金盔、金
鞍、錦被及印紅頭、裹頭
紅、連顋紅、首尾紅、鶴頂
紅. 若八卦, 若骰色, 又出
贋僞[11]. 繼尙黑眼、雪眼、
珠眼、紫眼、瑪瑙眼、琥珀
眼.

四紅至十二紅、二六紅, 甚
有所謂"十二白"及"堆金砌
玉"、"落花流水"、"隔斷紅
塵"、"蓮臺八瓣"種種, 不

---

53 문어(文魚): 문어(紋魚). 연못에서 키우는 금붕어와 구별되는 어항의 금붕어를 가리킨다. 중국 명대(明代)
　　말기에 생긴 용어이다.
54 어고동(魚藁洞)에……두네:《考槃餘事》〈魚鶴箋〉"金魚品", 320쪽.
55 금회(金盔): 정수리에 붉은색 "왕(王)" 자가 있는 물고기.《長物志·魚類》(學古房, 2017).
56 금안(金鞍): 배에 말 안장 모양으로 금색 넓은 띠 무늬가 있는 물고기.
57 금피(錦被): 붉은색과 흰색의 비단처럼 고운 무늬가 있고 등지느러미가 없는 물고기.
58 팔괘(八卦):《주역(周易)》에 나오는 8종류의 상징적 의미를 지닌 기본 괘. 건(乾)·곤(坤)·진(震)·손(巽)·
　　감(坎)·리(離)·간(艮)·태(兌) 괘를 가리킨다.
59 퇴금체옥(堆金砌玉): 온몸이 순백색이고 등에 붉은 점이 있으며 경계선을 긋듯이 하나의 줄무늬가 있는 문양.
60 낙화유수(落花流水): 꽃이 흐르는 물에 떨어진 것처럼 온통 붉은 문양.
61 연대팔판(蓮臺八瓣): 흰색이나 붉은색 몸에 정수리에 국화꽃 모양의 무늬가 있는 문양.
[11] 又出贋僞: 저본에는 없음.《玉芝堂談薈·金魚》에 근거하여 보충

까지 생겨서 하나의 이름으로 총칭하지 못하고, 임의로 이름을 붙였으니, 금붕어에는 줄곧 일정한 명칭이 없었던 것이다.

화어(花魚)62의 경우는 민간에서 물고기의 나병(癩病)이라고 지목하여 말하지만, 실은 물고기의 오묘한 색이 모두 이 화어에서 나오고 있음을 모른다. 그러니 앞으로 금붕어의 변화를 이루 다 기록할 수 있겠는가마는 홍두(紅頭, 이마가 붉은 물고기) 종류는 결국 평범함에 속한다고 하겠다. 다만 눈은 홍철(紅凸, 붉고 튀어나온 것)을 귀하게 치기는 하지만 꼭 여기에 구애된다면 완전한 고기는 찾을 수 없을 것이다. 그러나 아름다운 물고기 색으로는 홍색이 황색과 섞인 것을 꺼리고, 백색이 밀랍색[蠟色]과 섞인 것을 꺼리니 이 또한 거울삼지 않을 수가 없다.

남어(藍魚)63·수정어(水晶魚)64 따위는 원래 저수지에 사는 물고기로, 물고기를 아는 사람이라면 거론하지 않을 품등이다. 3미(尾)니 4미(尾)니 하며 그 꼬리를 평하는 경우는 일종의 물고기 모양을 기준으로 평하는 것인데 답답한 이야기라 할 수밖에 없다. 그러나 색깔이 아주 선명하고 아름다운 물고기는 품등에 넣기도 한다. 다만 금관(金管)·은관(銀管)65을

一總之, 隨意命名, 從無定顔者也.

至花魚, 俗子目爲癩, 不知神品都出是花魚. 將來變幻, 可勝紀哉. 而紅頭種類, 竟屬庸板矣. 第眼雖貴於紅凸, 然必泥此, 無全魚矣. 乃紅忌黃、白忌蠟, 又不可不鑑.

如藍魚、水晶魚, 自是陂塘中物, 知魚者, 所不道也. 若三尾·四尾品尾, 原係一種體材, 近滯. 而色都鮮艶, 可當具品. 第金管、銀管、廣陵、新都、姑蘇競珍之.《養魚經》

---

62 화어(花魚) : 얼룩덜룩한 꽃무늬가 있는 물고기.
63 남어(藍魚) : 은어과의 반짝이는 회색이고 불투명한 작은 물고기.
64 수정어(水晶魚) : 은어과의 머리가 작고 투명한 물고기. 중국 산동성(山東省)과 절강성(浙江省) 지역의 하천에 많이 분포했다.
65 금관(金管)·은관(銀管) : 등에 비늘이나 등지느러미가 없고 금색 반점이 있는 물고기를 금관이라 하고, 은색의 반점이 있는 물고기를 은관이라 한다.

광릉(廣陵)⁶⁶·신도(新都)⁶⁷·고소(姑蘇)⁶⁸에서는 다투어
진귀하게 여긴다.《양어경(養魚經)⁶⁹》

9) 금붕어 기르는 법　　　　　　養金魚法

　금붕어를 기를 때는 토지(土池, 흙으로 된 연못)가 가
장 좋다. 물과 흙이 조화로워 부평과 마름이 쉽게 무
성해지는데, 여기에서 물고기가 수기(水氣)와 토기(土
氣)를 받으면 그 물과 흙의 성질이 물고기를 쉽게 자
라게 하기에 적당하다. 물고기가 부평과 마름 사이
를 나왔다 들어갔다 할 때, 다시 일종의 천취(天趣)⁷⁰
가 있으니, 여기에는 연과 부들을 심지 않아야 한다.

養金魚, 土池最佳, 水土
相和, 萍藻易茂, 魚得水、
土氣, 性適易長. 出沒萍
藻間, 又有一種天趣, 勿
種蓮蒲.

　오직 수석(水石) 1~2개만 연못 가운데 두어 수면
위로 올라오게 한 뒤, 그 위에 석창포(石菖蒲)를 심는
다. 연못 밖으로 매화나무와 대나무·금귤(金橘)나무
를 줄지어 심으면 이 나무들의 그림자가 연못 속으
로 스며들어 푸른색과 비취색이 서로 그늘이 된다.
초당(草堂) 뒤편에 이런 일단(一段)이 있다면 그 경치
가 곧 봉래(蓬萊)⁷¹와 삼도(三島)⁷²에 견주어도 뒤처지
지 않는다.

惟置上水石一二於池中,
種石菖蒲其上. 外列梅竹、
金橘, 影沁池中, 靑翠交
蔭. 草堂後有此一段, 景致
卽蓬萊、三島未多讓也.

　어떤 이는 "금붕어는 독 안에서 길러야 한다. 토
기를 가까이하지 않고 독 안에서 자라면 선홍색을

一云 : "金魚宜甕中養. 不
近土氣, 則色紅鮮."《群芳

66　광릉(廣陵) : 중국 춘추전국시대 초(楚)나라의 도읍이 있던 곳으로, 지금의 강소성(江蘇省) 양주시(揚州市)
　　서북쪽 지역.
67　신도(新都) : 중국 사천성(四川省) 성도(成都)의 일부에 해당하는 지역.
68　고소(姑蘇) : 중국 강소성(江蘇省)에 속한 지역으로, 소주(蘇州)라고도 불린다.
69　양어경(養魚經) : 중국 명(明)나라 왕상진(王象晉)이 편찬한 책《군방보(群芳譜)·학어보(鶴魚譜)》안의 편명.
70　천취(天趣) : 자연스러운 정취(情趣).
71　봉래(蓬萊) : 봉래산. 고대 전설 속의 신선이 사는 산으로, 선경(仙境)을 의미한다.
72　삼도(三島) : 신선이 산다는 봉래(蓬萊)·방장(方丈)·영주(瀛洲)의 세 섬. 삼신산(三神山).

띠게 되기 때문이다."[73]라 했다. 《군방보(群芳譜)》[74]

금붕어가 알을 낳는 때는 대부분 곡우(穀雨)[75]가 지난 뒤이다. 보슬비가 내릴 때는 그때에 알을 낳고, 만약 비가 많이 내리면 다음날 새벽 무렵 비로소 알을 낳는다. 그러므로 비가 그친 뒤에 씨고기[76]들을 풀과 함께 건져내서 새로 맑은 물을 담은 어항 안에 넣는다. 수컷 물고기가 어항을 따라 암컷 물고기를 뒤쫓으며 깨무는 모습을 보이면, 이는 바로 수컷이 씨를 뿌리려는 조짐이다. 깨무는 행동이 끝나면, 물고기를 건져내 이전의 어항에 넣는다.

어항에 넣어둔 풀을 해에 비추고 그 위를 보면 좁쌀만 한 크기에 수정처럼 맑은 색깔을 띤 알이 있다. 곧바로 이 풀을 건져다 얕은 와분(瓦盆) 안에 넣고 손가락이 3~4개가 잠길 정도의 물만 담아 나무 그늘이 약간 있는 곳에 두고 햇볕을 쬔다. 햇볕을 쬐지 못하면 새끼가 깨어나지 못하고, 햇볕이 너무 강해도 깨어나지 못한다. 1~2일 뒤, 곧 물고기가 나온다. 나온 고기 중에 큰 고기를 건져내지 않은 채 오래 두면 자기들끼리 잡아먹는다. 새끼 때는 수초가 많지 않아야 하는데, 헤엄칠 때 방해될까 염려되기 때문이다. 《군방보》[77]

譜》

金魚生子, 多在穀雨後. 如遇微雨, 則隨雨下子, 若雨大則次日黎明方下. 雨後將種魚連草, 撈入新淸水缸內. 視雄魚緣缸赶咬雌魚, 卽其候也. 咬罷, 將魚撈入舊缸.

取草映日, 看其上, 有子如粟米大, 色如水晶者, 卽是將草撈於淺瓦盆內, 止容三四指水, 置微有樹陰處曬之. 不見日不生, 烈日亦不生. 一二日便出. 大魚不撈久, 則自呑唅啖. 子時, 草不宜多, 恐礙動轉. 同上

---

73 출전 확인 안 됨.

74 출전 확인 안 됨.

75 곡우(穀雨) : 24절기의 하나. 청명(淸明)과 입하(立夏) 사이에 들며, 봄비가 내려서 온갖 곡식이 윤택해진다는 뜻이다. 양력으로 보통 4월 20~21일경이다.

76 씨고기 : 번식시킬 때 종자로 삼아 기르는 물고기. 여기서는 수컷뿐만 아니라 암컷도 모두 해당된다.

77 출전 확인 안 됨.

금붕어는 기름기 진 먹이를 가장 두려워하기 때문에 기름기와 소금기가 없는 떡밥을 쓴다. 청명일(淸明日)[78]이 지나길 기다려야 하니, 그 전에는 먹이는 것을 피한다.《군방보》[79]

金魚, 最畏油喂, 用無油鹽蒸餅. 須過淸明日, 以前忌喂. 同上

겨울철에는 금붕어가 사는 독을 땅속에 비스듬히 묻는데, 밤에는 이엉으로 덮어준다. 몹시 추울 때도 독에 항상 손가락 1~2개 두께의 얇은 얼음이 있으면 물고기가 해를 넘겨도 병에 걸리지 않는다.《군방보》[80]

冬月, 將甕斜埋地內, 夜以草蓋覆之. 俾嚴寒時常有一二指薄冰, 則魚過歲無疾. 同上

어항 속은 새로 길어온 물로 자주 갈아줘야 하는데, 여름철에는 더욱 부지런히 바꿔줘야 한다.《군방보》[81]

缸內, 宜頻換新水, 夏月尤宜勤換. 同上

【안《군방보》에는 또 물고기의 병을 치료하는 여러 방법이 나와 있지만,《전어지(佃漁志)》에서 이미 상세하게 다루었으므로[82] 여기에서는 싣지 않는다.】

【案《群芳譜》又有治魚病諸法, 已詳《佃漁志》, 今不載.】

벽돌을 쌓아 만든 연못[水池] 세 곳에, 갑(甲)·을(乙)·병(丙)으로 이름을 붙인다. 갑지(甲池)에는 큰 금붕어 10마리를 기르는데, 떡을 살짝 쪄서 소금기가

甎砌水池三座, 甲、乙、丙爲號. 甲池養大金魚十箇, 以旋蒸無鹽料蒸餅薄切,

---

78 청명일(淸明日) : 청명(淸明)은 양력 4월 5일 무렵인데, 곡우의 앞 절기이다. 따라서 곡우(穀雨) 뒤에 알을 낳는다는 앞의 설명과는 배치되는 말이다.

79 출전 확인 안 됨.

80 출전 확인 안 됨.

81 출전 확인 안 됨.

82 전어지(佃漁志)에서……다루었으므로 :《임원경제지 전어지》 권2 〈목축·양어·양봉〉 "물고기"에 자세히 보인다.

없는 떡밥을 얇게 쪼개고 이를 대꼬챙이에 꽂아 햇볕에 쬐어 말린 다음, 날마다 조금씩 가져다가 먹인다. 물고기가 알을 낳으려는 조짐을 살펴서 미리 습초(濕草, 수초)를 볕에 쬐어 말렸다가 연못 속에 흩뿌리면, 물고기가 습초 위에다 알을 낳는다. 물고기 알이 다 나오면 습초를 모두 건진 뒤 햇볕에 쬐어 완전히 말리고, 다시 이 알을 병지(丙池) 안에 흩뿌려 넣는다.

그러면 여기서 침처럼 가느다란 물고기가 나오는데, 시간이 오래될수록 점점 커진다. 간혹 대모(玳瑁) 등딱지 무늬가 있으면서 초어(草魚)[83]의 모양과 비슷한 물고기가 있는데, 이것은 날이 오래 지나면 그대로 커져 금붕어가 된다. 봄이 되면 새끼 물고기의 색이 여러 색으로 변하지만, 가을에는 새끼 물고기의 색이 변하지 않기 때문이다. 길이를 살펴 손가락만 해지면, 다시 이 물고기를 전부 걸러서 을지(乙池)에 넣어 기른다. 금붕어를 기를 때 이러한 방법을 본받는다면, 큰 고기가 작은 고기를 삼키고 먹는 근심이 없어질 것이다. 《거가필용》[84]

10) 먹이로 붕어 색깔 바꾸는 법

물고기를 기르는 자는 물고기를 금색으로 변하게 할 수 있다. 어떤 사람이 "저잣거리의 웅덩이나 도랑에 사는 작고 붉은 벌레를 먹였는데, 모든 물고기에

竹籤揷晾乾, 逐日少取饋飼. 候魚跌子, 預將濕草晒乾, 撒入池中, 魚跌子濕草上. 候魚子跌盡, 漉起濕草晒極乾, 却撒入丙池內.

魚出如針細, 久而漸長大. 間有玳瑁斑者如草魚狀者, 日久仍爲金魚矣. 緣春魚子色雜, 秋魚子不變故也. 候長如指大, 却盡數漉入乙池養. 倣此則無大魚吞唊小魚之患. 《居家必用》

飼魚變色法

豢魚者, 能變魚以金色. 或云：ʺ以闤市洿渠之小紅蟲飼, 凡魚百日皆然, 初白如

---

83 초어(草魚)：민물고기의 하나. 숭어와 비슷한데 큰 것은 몸무게가 20kg 이상인 것도 있으며, 비늘이 잉어처럼 크고 이빨이 발달하였다. 주로 풀을 먹고 사는데 매우 빨리 자란다.
84 《居家必用》丁集〈宅舍〉 "養魚類" '棟㸎養金魚法'(《居家必用事類全集》, 161쪽).

게 100일 동안 그렇게 한다. 그러면 처음에는 은빛 같은 백색이다가 점차 누렇게 변하고, 오래 지나자 금색이 되었다."라 했다.

【안】 박지원(朴趾源)의 《열하일기》에 "심양(瀋陽)으로 가는 길에 수레에 실린 동이를 보았는데, 동이 안에 붉은 벌레가 담겨 있었다. 이 벌레가 수면 위를 떠다니는데, 마치 새우알 같이 작았다. 이는 물고기 새끼를 기르는 먹이라고 했다."[85]라 하니, 이 말과 부합한다.】《정사(程史)[86]》[87]

금붕어가 흙과 가까이 있으면 색깔이 선홍색이 되지 않으니, 금붕어는 반드시 어항에서 길러야 한다. 어항은 바닥이 뾰족하고 입구가 커야 좋은 제품이다. 일반적으로 새 어항은 물을 담기 전에, 생토란으로 문질러놓으면 물을 부은 후에 곧바로 이끼가 생겨서 물이 살아난다.

금붕어의 새끼가 나온 뒤에는 곧 삶은 달걀이나 오리알의 노른자를 손가락으로 작게 떼어 먹인다. 10일이 지난 후에 강물이나 도랑의 더러운 물속에서 사는 작고 붉은 벌레를 잡아다가 먹인다. 다만 붉은 벌레는 반드시 맑은 물로 씻어내서 들러붙은

銀, 次漸黃, 久則金矣."

【案】朴趾源《熱河日記》云"瀋陽途中, 見車載盆, 盆中貯紅蟲, 浮動水面, 微如鰕卵, 云[12]供魚兒食料", 與此合.】《程史》

金魚近土, 則色不紅鮮, 必須缸畜. 缸宜底尖口大者爲良. 凡新缸未畜水時, 擦以生芋, 則注水後便生苔而水活.

子出後, 卽用熟鷄[13]、鴨子黃捻細飼之. 旬日後, 隨取河渠[14]穢水內所生小紅蟲飼之. 但紅蟲必須淸水漾過, 不可着多.

---

85 심양(瀋陽)으로……했다:《燕巖集》卷15〈別集〉"熱河日記"'盛京雜識'(《국역열하일기》1권, 543쪽).
86 정사(程史): 중국 송(宋)나라 문학가인 악가(岳珂, 1183~1243)가 양송 시기의 사료(史料)를 기술한 수필. 각계 인물의 언행과 정치적 부패상 등을 다루었다.
87 《程史》卷12〈金鯽魚〉(《叢書集成初編》2870, 99쪽).
[12] 云:《燕巖集·別集·熱河日記》에는 "爲".
[13] 鷄: 저본에는 없음.《花鏡·附錄·養鱗介法》에 근거하여 보충.
[14] 渠: 저본에는 없음.《花鏡·附錄·養鱗介法》에 근거하여 보충.

오물이 많게 해서는 안 된다.

　100여 일이 지난 후, 검은색 물고기는 점차 화백 (花白)[88]색으로 변하고, 다음에는 차츰 순백색으로 변해간다. 만약 애초에 담황색으로 변했다면, 다음 에는 차츰 순홍(純紅)색으로 변해갈 것이다. 그중에 색이 울긋불긋한 물고기는 제멋대로 변한 놈이다. 《화경》[89]

至百餘日後, 黑者漸變花白, 次漸純白. 若初變淡黃, 次漸純紅矣. 其中花色, 任其所變.《花鏡》

11) 유리 어항에 금붕어 기르는 법

　혹 구운 유리로 물고기를 기르는 어항을 만드는 데, 모양이 둥근 합(盒)과 비슷하지만 가운데는 불룩하면서 위아래는 줄어든다. 물을 담아서 여러 색깔과 무늬의 물고기를 기르고, 오목(烏木)[90]으로 받침대를 만들어 책상 위에 놓는다. 혹은 유리로 주발 모양 어항을 만들고, 여기에 주석(朱錫)으로 손잡이를 달아 처마 사이에 매달아 놓으면, 물고기가 헤엄치거나 입을 뻐끔거리거나, 어릿어릿하거나 팔딱거리는 모습을 또렷하게 볼 수 있으니, 책상 주위를 벗어나지 않고도 물가에 있는 듯한 분위기를 만들 수 있다. 《금화경독기》[91]

玻瓈盒養金魚法

或燔玻瓈作養魚之器, 形似圓盒而中豐上下弇. 貯水豢五色文魚, 烏木爲座, 置之几上. 或作玻瓈椀, 用錫爲提梁, 懸之簷間, 游噎圉洋, 歷歷可數, 不離几案之間, 而能作濠梁想.《金華耕讀記》

88　화백(花白):흑색과 백색이 뒤섞인 모습.

89　《花鏡》〈附錄〉"養鱗介法" '金魚'(《中國農書叢刊》〈園藝之部〉, 432쪽);《秘傳花鏡》卷6〈養鱗介法〉"金魚"(《續修四庫全書》1117, 358쪽).

90　오목(烏木):흑단(黑檀) 줄기 중심부의 검은 부분. 빛깔은 순흑색 또는 담흑색으로 몹시 단단하며 젓가락·담배설대·문갑 따위를 만드는 데 쓴다.

91　출전 확인 안 됨.

12) 거북의 등에 녹색 털 나게 하는 방법

평범한 검은 거북은, 크든 작든 구분 없이, 생강의 자연즙을 등 위에 바르면 저절로 녹색 털이 난다. 생강즙을 바르면서 또한 회반죽을 바르면 더 쉽게 난다. 【안】 금붕어가 연못 속에 있을 때는, 이 거북을 집어넣어야 한다. 도주공(陶朱公)이 말한 '신수(神守)[92]'가 이것이다.】《고금비원》[93]

養龜生綠毛方

以尋常烏龜, 不分大小, 用生薑自然汁, 塗背上則自生綠毛. 塗薑汁, 又用污泥塗, 易生. 【案】 金魚池中, 宜內此龜, 陶朱公所謂"神守", 是也.】《古今秘苑》

---

92 도주공(陶朱公)이……신수(神守): 춘추시대 월(越)나라 범려(范蠡)가 의돈씨[猗頓氏, 춘추시대 노(魯)나라의 대부호(大富豪)]에게 치부(致富)의 한 방법으로 양어에 대해, 못에 잉어가 360마리가 되면 못 속의 교룡(蛟龍)이 어른이 되어 잉어들을 데리고 날아가 버리기 때문에 이를 방지하기 위해 거북[神守]을 넣으라고 한 고사를 말한다. 거북을 넣으면 그곳이 강호(江湖)인 줄 알고 잘 산다고 하였다.
93 《古今秘苑》 1集 卷2 "養龜生綠毛", 2쪽.

✿ 임원경제연구소

임원경제연구소는 고전 연구와 번역, 출판을 주요 목적으로 하는 사단법인이다. 문사철수(文史哲數)와 의농공상(醫農工商) 등 다양한 전공 분야의 소장학자 40여 명이 회원 및 번역자로 참여하여, 풍석 서유구의 《임원경제지》를 완역하고 있다. 또한 번역 사업을 진행하면서 축적한 노하우와 번역 결과물을 대중과 공유하기 위해 관련 전문가 및 단체들과 교류하고 있다. 연구소에서는 번역 과정과 결과를 통하여 '임원경제학'을 정립하고 우리 문명의 수준을 제고하여 우리 학문과 우리의 삶을 소통시키고자 노력한다. 임원경제학은 시골 살림의 규모와 운영에 관한 모든 것의 학문이며, 경국제세(經國濟世)의 실천적 방책이다.

번역, 교열, 교감, 표점, 감수자 소개

번역

정진성
태동고전연구소에서 한학을 공부했다. 성균관대 대학원 한문학과에서 석사를 마치고 박사과정을 수료했다. 《임원경제지》 중 《유예지》를 공역했다.

정명현
고려대 유전공학과를 졸업하고, 도올서원과 한림대 태동고전연구소에서 한학을 공부했다. 서울대 대학원 '과학사 및 과학철학 협동과정'에서 전통 과학기술사를 전공하여 석사와 박사를 마쳤다. 석사와 박사 논문은 각각 〈정약전의 《자산어보》에 담긴 해양박물학의 성격〉과 《서유구의 선진농법 제도화를 통한 국부창출론》이다. 《임원경제지》 중 《본리지》·《섬용지》·《유예지》·《상택지》·《예규지》를 공역했다. 또 다른 역주서로 《자산어보 : 우리나라 최초의 해양생물 백과사전》이 있고, 《임원경제지 : 조선 최대의 실용백과사전》을 민철기 등과 옮기고 썼다. 현재 임원경제연구소 소장으로《인제지》번역 사업에 참여하고 있다.

김수연
한국전통문화대학교 전통조경학과를 졸업하고 한림대 태동고전연구소에서 한학을 공부했다. 현재 임원경제연구소 연구원으로 근무하며《섬용지》·《유예지》·《상택지》·《예규지》를 공역했다.

민철기
연세대 철학과를 졸업하고 도올서원에서 한학을 공부했다. 연세대 대학원 철학과에서 학위논문으로《세친(世親)의 훈습개념 연구》를 써서 석사과정을 마쳤다. 임원경제연구소 번역팀장과 공동소장을 역임했고, 현재는 선임연구원으로 재직하며《섬용지》·《유예지》·《상택지》·《예규지》를 공역했다.

정정기
서울대 가정대학 소비자아동학과에서 공부했고, 도올서원과 한림대태동고전연구소에서 한학을 익혔다. 서울대 대학원에서 성리학적 부부관에 대한 연구로 석사를,《조선시대 가족의 식색교육 연구》로 박사를 마쳤다. 음식백과인《정조지》의 역자로서 강의와 원고 작업을 통해 그에 수록된 음식에 대한 소개에 힘쓰며, 부의주를 빚고 가르쳐 집집마다 항아리마다 술이 익어가는 꿈을 실천하고 있다. 현재 임원경제연구소 번역팀장으로《임원경제지》번역 사업에 참여하여《섬용지》·《유예지》·《상택지》·《예규지》를 공역했다.

김현진
공주대 한문교육과를 졸업하고 한림대 태동고전연구소와 한국고전번역원에서 한학을 공부하고 성균관대학교 대학원 한문학과에서 석사과정을 수료했다. 현재 임원경제연구소 연구원으로 근무하며《섬용지》·《유예지》·《상택지》·《예규지》를 공역했다.

강민우

한남대 사학과를 졸업하고 한림대 태동고전연구소에서 한학을 공부했다. 성균관대학교 대학원 사학과에서 석사 과정을 마쳤다. 현재 임원경제연구소 연구원으로 근무하며 《섬용지》·《유예지》·《상택지》·《예규지》를 공역했다.

김광명

전주대 한문교육과를 졸업하고 한국고전번역원에서 한학을 공부했으며, 성균관대학교 대학원 고전번역협동과정에서 석박사통합과정을 수료했다. 현재 임원경제연구소 연구원으로 근무하며 《유예지》·《상택지》·《예규지》를 공역했다.

최시남

성균관대학교 유학과 학사 및 석사를 마쳤으며 동 대학원 박사과정을 수료했다. 성균관한림원과 도올서원에서 한학을 공부했다. 석사논문은 〈유가정치사상연구:《예기》의 예론을 중심으로〉이며 호서대학교에서 강의를 했다. IT회사에서 조선시대 왕실 자료와 문집, 지리지 등의 고전적 디지털화 작업을 했으며 《섬용지》를 이동인 등과 번역했다. 현재 임원경제연구소 연구원으로 근무하며 《유예지》·《상택지》·《예규지》를 공역했다.

김용미

동국대 철학과를 졸업하고, 고전번역원 국역연수원과 일반연구과정에서 한문 번역을 공부했다. 고전번역원에서 추진하는 고전전산화 사업에 교정교열위원으로 참여했고, 《정원고사》 공동번역에 참여했으며, 현재 전통문화연구회에서 추진하고 있는 《모시정의》 공동번역에 참여하고 있다. 현재 임원경제연구소 연구원으로 근무하고 있다.

자료정리
고윤주(숙명여자대학교 경제학과)

감수

안대회(성균관대학교 교수)

박동춘(동아시아 차문화연구소장)

정진단(한국향도협회회장), 김세중(서울과학기술대 강사)

윤영신(하수꽃꽂이협회회장), 김태연(대구대학교 명예교수)

교감·표점·교열·자료조사

임원경제연구소

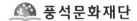 **풍석문화재단**

(재)풍석문화재단은《임원경제지》등 풍석 서유구 선생의 저술을 번역 출판하는 것을 토대로 전통문화 콘텐츠의 복원 및 창조적 현대화를 통해 한국의 학술 및 문화 발전에 기여함을 목적으로 설립되었다.

재단은 ①《임원경제지》의 완역 지원 및 간행, ②《풍석고협집》,《금화지비집》,《금화경독기》,《번계시고》,《완영일록》,《화영일록》등 선생의 기타 저술의 번역 및 간행, ③ 풍석학술대회 개최, ④《임원경제지》기반 대중문화 콘텐츠 공모전, ⑤ 풍석디지털자료관 운영, ⑥《임원경제지》등 고조리서 기반 전통음식문화의 복원 및 현대화 사업 등을 진행 중에 있다.

재단은 향후 풍석 서유구 선생의 생애와 사상을 널리 알리기 위한 출판·드라마·웹툰·영화 등 다양한 문화 콘텐츠 개발 사업,《임원경제지》기반 전통문화 콘텐츠의 전시 및 체험교육 등을 목적으로 하는 서유구 기념관 건립 등을 추진 중에 있다.

풍석문화재단 웹사이트 및 주요 연락처

웹사이트

풍석문화재단 홈페이지 : www.pungseok.net

출판브랜드 자연경실 블로그 : https://blog.naver.com/pungseok

풍석디지털자료관 : www.pungseok.com

풍석문화재단 음식연구소 홈페이지 : www.chosunchef.com

주요 연락처

풍석문화재단 사무국

주　소 : 서울 서초구 방배로19길 18, 남강빌딩 301호

연락처 : 전화 02)6959-9921 팩스 070-7500-2050 이메일 pungseok@naver.com

풍석문화재단 전북지부

연락처 : 전화 063)290-1807 팩스 063)290-1808 이메일 pungseokjb@naver.com

풍석문화재단 음식연구소

주 소 : 전북 전주시 완산구 교동 138

연락처 : 전화 010-8983-0658 이메일 zunpung@naver.com

조선셰프 서유구(음식연구소 부설 쿠킹클래스)

주 소 : 전북 전주시 완산구 교동 141-1(향교길)

연락처 : 전화 010-8983-0658 이메일 zunpung@naver.com

서유구의 서재 자연경실(풍석 서유구 홍보관)

주 소 : 전북 전주시 완산구 교동 141-1(향교길)

연락처 : 전화 010-3010-2057 이메일 pungseok@naver.com

풍석학술진흥연구조성위원회

(재)풍석문화재단은 《임원경제지》의 완역완간 사업 등의 추진을 총괄하고 예산 집행의 투명성을 기하기 위해 풍석학술진흥연구조성위원회를 두고 있습니다.

풍석학술진흥연구조성위원회는 사업 및 예산계획의 수립 및 연도별 관리, 지출 관리, 사업 수익 관리 등을 담당하며 위원은 아래와 같습니다.

위원장 : 신정수(풍석문화재단 이사장)

위 원 : 서정문(한국고전번역원 고전번역연구소장), 진병춘(풍석문화재단 사무총장)
　　　　 안대회(성균관대학교 한문학과 교수), 유대기(활기찬인생 2막 이사장)
　　　　 정명현(임원경제연구소장)

풍석문화재단 사람들

이사장	신정수 ((前)주택에너지진단사협회 이사장)
이사진	김윤태 (우석대학교 평생교육원장) 김형호 (한라대학교 이사) 모철민 ((前)주 프랑스대사) 박현출 ((前)서울시농수산식품공사 사장) 백노현 (우일계전공업그룹 회장) 서창석 (대구서씨대종회 총무이사) 서창훈 (우석재단 이사장 겸 전북일보 회장) 안대회 (성균관대학교 한문학과 교수) 유대기 (활기찬인생 2막 이사장) 이영진 (AMSI Asia 대표) 정명현 (임원경제연구소 소장) 진병춘 (상임이사, 풍석문화재단 사무총장) 채정석 (법무법인 웅빈대표) 홍윤오 ((前) 국회사무처 홍보기획관)
감사	홍기택 (대일합동회계사무소 대표)
음식연구소장	곽미경 (《조선셰프 서유구》 저자)
재단 전북지부장	서창훈 (우석재단 이사장 겸 전북일보 회장)
사무국	박정진, 박소해
고문단	이억순 (상임고문) 고행일 (인제학원이사) 김영일 (한국ABC협회고문) 김유혁 (단국대 종신명예교수) 문병호 (사랑의 일기재단 이사장) 신경식 (헌정회 회장) 신중식 ((前) 국정홍보처 처장) 신현덕 ((前) 경인방송 사장) 오택섭 ((前) 언론학회 회장) 이영일 (한중 정치외교포럼 회장) 이석배 (공학박사, 퀀텀연구소 소장) 이수재 ((前) 중앙일보 관리국장) 이준석 (원광대학교 한국어문화학과 교수) 이형균 (한국기자협회 고문) 조창현 ((前) 중앙인사위원회 위원장) 한남규 ((前) 중앙일보 부사장)

《임원경제지·이운지》완역 출판을 후원해 주신 분들

㈜DYB교육 ㈜벽제외식산업개발 ㈜우리문화 (사)인문학문화포럼 ㈜청운산업
대구서씨대종회 강흡모 고관순 고경숙 고유돈 곽미경 곽의종 곽중섭 곽희경
구자민 권정순 권희재 김경용 김동범 김동섭 김문자 김병돈 김상철 김석기
김성규 김순석 김영환 김용도 김유혁 김익래 김일웅 김정기 김정연 김종보
김종호 김지연 김창욱 김춘수 김태빈 김현수 김홍희 김후경 김 훈 김홍룡
나윤호 류충수 민승현 박낙규 박동식 박미현 박보영 박상준 박용희 박재정
박종규 박종수 박찬교 박춘일 박현출 배경옥 백노현 변홍섭 서국모 서봉석
서영석 서정표 서창석 서청원 송은정 송형록 신동규 신영수 신응수 신종출
신태복 안순철 안영준 안철환 양덕기 양성용 양태건 양휘웅 오미환 오성열
오영록 오영복 오인섭 용남곤 유종숙 유지원 윤남철 윤석진 윤정호 이건호
이경근 이근영 이기웅 이기희 이동규 이동호 이득수 이범주 이봉규 이상근
이세훈 이순례 이순영 이승무 이영진 이우성 이재용 이정언 이진영 이 철
이태영 이태인 이태희 이현식 이효지 임각수 임승윤 임종훈 장상무 장우석
전종욱 정갑환 정 극 정금자 정명섭 정상현 정소성 정여울 정용수 정우일
정연순 정지섭 정진성 정창섭 정태윤 조규식 조문경 조재현 조창록 주석원
진병춘 진선미 진성환 차영익 차흥복 최경수 최경식 최광현 최승복 최연우
최정원 최진욱 최필수 태의경 하영휘 한승문 허영일 허 탁 홍미숙 홍수표
황재운 황재호 황정주 황창연